U0740917

企业财务管理制度全书：
制度、流程、表格、文案

陈燕　孙勇　编著

人民邮电出版社
北京

图书在版编目（CIP）数据

企业财务管理制度全书：制度、流程、表格、文案 / 陈燕，孙勇编著. -- 北京：人民邮电出版社，2023.10
ISBN 978-7-115-62520-5

Ⅰ. ①企… Ⅱ. ①陈… ②孙… Ⅲ. ①企业管理－财务管理－财务制度 Ⅳ. ①F275

中国国家版本馆CIP数据核字(2023)第161249号

内 容 提 要

本书以企业财务管理的需要为起点，但不拘泥于简单的管理制度的堆砌，而是结合现代企业经营管理需求，构建各个环节具体的财务管理制度与流程，形成完整的制度体系。

本书详细介绍了企业财务管理的相关内容：从财务岗位管理，到财务预算管理，再到筹资与投资管理、资产管理、成本费用管理、会计核算管理、账款管理，最后到财务控制与审计稽核管理、财务分析管理。

本书编列的各种制度、流程、表格、文案等，与企业的日常财务工作实际紧密联系，读者在实际工作中遇到相关问题可以随时查阅参考。希望本书能为企业财务管理制度的建立与完善提供科学的思路和有效的方法。

◆ 编　　著　陈　燕　孙　勇
　　责任编辑　李士振
　　责任印制　周昇亮

◆ 人民邮电出版社出版发行　　北京市丰台区成寿寺路 11 号
　　邮编　100164　　电子邮件　315@ptpress.com.cn
　　网址　https://www.ptpress.com.cn
　　天津翔远印刷有限公司印刷

◆ 开本：787×1092　1/16
　　印张：43.5　　　　　　　　　　2023 年 10 月第 1 版
　　字数：1 198 千字　　　　　　　2023 年 10 月天津第 1 次印刷

定价：298.00 元

读者服务热线：(010)81055296　印装质量热线：(010)81055316
反盗版热线：(010)81055315
广告经营许可证：京东市监广登字 20170147 号

前　言

本书写作目的

在市场经济中，企业是一个从事生产经营活动，实行自主经营、独立核算、自负盈亏、自我发展，以盈利为目的的经济组织，其最终目的在于实现生存发展，因此，如何降低成本费用、如何保证产品质量和注重产品营销，如何最终实现经济利益成为了企业最关心的问题，而财务管理正是这些管理工作的核心。财务管理它通过对企业资金周而复始运动的描述，比较企业内部各个职能子系统的工作效率和效益，并将其联系起来，贯穿于企业再生产的全过程、各环节。另一方面，企业对经济活动的规划也是通过财务预测、财务决策和财务计划来实现的，以此对人力、物力、财力进行协调。由此，我们不难看出，一个规范的财务管理制度，需要涉及计划管理、资产管理、生产管理、销售收入管理等多个方面，既要注重对财务人员、财务岗位的现代化管理，又要开展预算、投资、筹资等多种经济活动。现代化财务管理制度的科学制定和有效落实，不仅能强化企业内部控制，保障财务决策的科学性、财务信息的可靠性，更对公司治理结构的优化、财务风险的防范至关重要。

本书从企业财务管理实际出发，深入剖析企业在开展财务管理工作过程中的重点内容，并结合制度、流程、表格、文案等多方面、多层次的内容，旨在让读者全面把握企业财务管理工作中的关键事项和实际操作，内容兼具时效性和全面性，力求成为读者在开展日常财务工作时的重要工具书。

本书主要内容

本书通过对企业财务管理体系进行讲解，一方面对最新的制度规定进行汇集、介绍，另一方面基于制度规范、总结了实践中广泛使用的操作流程与文件，详细介绍了企业在制定财务管理制度中所需要关注的重点问题，使企业能够更好地熟悉制度，学会方法，正确有效开展财务管理工作。

本书使用方法

本书体系完整，内容全面，通过阅读，将会带给不同需求的读者不同的收获。

企业财会人员及相关负责人：了解公司财务管理体系，为制定、完善公司财务管理制度提供范本，做好企业财务管理的制度性规范工作。

企业培训及咨询人员：查询企业财务管理体系规范，确保能及时、全面掌握最新的制度要求、流程、表格规范与文案，满足业务需要。

会计师事务所、资产评估公司从业人员：审计和资产清查过程中需要对企业的财务会计制度进行了解和评估，相关从业人员通过学习可以提升业务能力，以更好地对企业财务工作进行审查。

本书主要作用

本书全面、有针对性地介绍了企业财务管理制度，并通过制度、流程、表格和文案四种形式对企业财务管理制度的各个板块进行分解剖析，让读者轻松掌握企业财务管理的关键点，力求成为企业在建立、完善财务管理制度过程中必备的指导工具书。

本书的编写得到了多位企业财务人员，其他相关人员的热情支持，在此一并表示感谢。由于水平有限，书中疏漏在所难免，恳请广大读者批评指正。

编者

目　录

第一篇

财务岗位管理

第1章　财务岗位管理制度

1.1　财务部组织架构及岗位职责

一、总则

1. 公司财务部的基本任务是：做好各项财务收支的计划、控制、核算、分析和考核工作；参与经营投资决策；有效利用公司各项资产；努力提高经济效益。

2. 本制度适用于公司的全体财务部员工。

二、组织架构及岗位职责

1. 财务部的常见组织结构如图 1-1 所示。

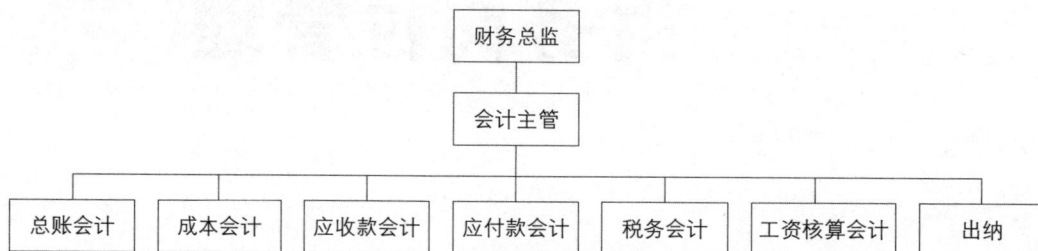

图 1-1　财务部的常见组织结构

2. 公司财务部的主要工作职责。

（1）负责公司资金的筹措运用、资本营运、会计核算和成本核算工作。

（2）负责编制并执行公司年度、月度财务收支计划。

（3）负责各类经济合同的审核，按规定的程序和条件核付各类款项。

（4）负责内部费用的支出报销，及时办理职工各类社会保险。

（5）负责组织财产清查工作，建立各类财务辅助台账。

（6）负责组织债权债务的清理和催收工作。

（7）负责与银行、审计、税务及社保等相关部门的业务联系工作。

（8）定期整理、装订、备份会计凭证和报表等资料并妥善保管。

（9）定期分析、比较有关资料，及时编制月度、季度、年度分析报告。

（10）参与公司投资项目的可行性研究。

（11）参与制订公司中长期发展计划、项目开发计划，参与编制年度、季度、月度经营工作计划。

（12）完成公司领导交办的其他工作。

3. 财务经理岗位职责。

（1）在公司董事会领导下，负责主持财务部的全面工作，组织并督促部门人员全面完成本部门职责范围内的各项工作任务。

（2）贯彻落实本部门岗位责任制和工作标准，密切与生产、业务、采购、仓库等部门的工作联系，加强与有关部门的协作配合工作。

（3）负责组织公司财务管理制度、会计成本核算规程、成本管理会计监督及其有关的财务专项管理制度的拟定、修改、补充和实施。

（4）组织领导编制公司财务计划并进行审查。拟定资金筹措和使用方案，全面平衡资金，开辟财源，加速资金周转，提高资金使用效率。

（5）组织领导本部门按上级规定和要求编制财务决算工作。

（6）负责组织公司的成本管理工作。进行成本预测、控制、核算、分析和考核，降低消耗、节约费用，提高盈利水平，确保公司利润指标的完成。

（7）负责建立和完善公司财务稽核、内部审计控制制度，监督其执行情况。

（8）负责指导及督促仓库主管做好内部管理工作。

（9）负责审核公司的报表、记账凭证。

（10）负责定期编制财务分析报告，考核经营成果，并及时提出建议，促进公司不断提高管理水平。

（11）负责审核上报财政、税务、工商、海关等部门的税务资料。

（12）负责协助各部门制定考核指标，分析各考核指标的执行情况，并及时提出改进措施。

（13）审查公司经营计划及各项经济合同，并认真监督其执行，参与公司技术、经营以及产品开发、基本建设、技术改造和其他项目的经济效益的决议。

（14）参与审查调整价格、工资、奖金及涉及财务收支的各种方案。

（15）组织考核、分析公司经营成果，提出可行的建议和措施。

（16）负责财务人员的业务培训。规划会计机构、会计专业职务的设置和会计人员的配备，组织会计人员的培训和考核，坚持会计人员依法行使职权。

（17）负责向公司董事会汇报财务状况和经营成果。定期或不定期汇报各项财务收支和盈亏情况，以便管理层及时进行决策。

（18）向主管领导提议相关人选，并对其工作进行考核评价。

（19）完成公司领导交办的其他工作任务。

4. 应付款会计岗位职责。

（1）负责每月与往来客户对账。要求每月 20 日前核对完所有客户的往来对账单，将往来对账单妥善保管，并定期按客户装订成册，以备查询。

（2）负责审核采购部门出具的订购单、客户送货单、仓库每日进仓明细表是否一致，包括单价、金额、数量等明细项目。及时提醒仓库提交有关的入库单据。

（3）负责审核仓库提交的有关单据与财务输单员在 ERP 系统的入仓单的有关项目是否一致，如不一致，应及时知会财务输单员更改 ERP 数据。

（4）负责公司外发加工单的审核，并及时输入 ERP 系统调整应付余额。

（5）负责定期与总账会计的总账、明细账的往来账科目相互核对，做到账账相符。

（6）负责及时与采购部门、供应商沟通，保证往来账目清晰、准确。

（7）定期进行往来账的清查核对工作，在清查过程中，若发现确实无法支付的往来款项，应查明原因，分清责任，并按规定程序上报有关部门及董事会批示。

（8）定期编制应付账款结余明细表，并交给董事会及出纳人员，以便公司安排付款事宜。

（9）负责及时将物料采购进仓单据整理好，月末时交总账会计进行账务处理。

（10）完成财务经理安排的其他工作。

5. 税务会计岗位职责。

（1）根据国家财务会计法规和行业会计规定，结合公司特点，负责拟订公司会计核算的有关细则和具体规定，报经领导批准后组织实施。

（2）根据国家会计法规规定，准确、及时地做好账务和结算工作，正确进行会计核算，填制和审核会计凭证，登记明细账和总账；对款项和有价证券的收付，财物的收发、增减和使用，资产基金增减和经费收支进行核算。

（3）负责编制公司月度、年度会计报表，年度会计决算及附注说明和利润分配核算工作，并按时提交相关报表给公司董事会审核。

（4）负责公司税金的计算、申报和解缴工作，协助有关部门开展财务审计和年检。

（5）负责会计监督。根据规定的成本、费用开支范围和标准，审核原始凭证的合法性、合理性和真实性，审核费用发生的审批手续是否符合公司规定。

（6）及时做好会计凭证、账册、报表等财会资料的收集、汇编、归档等会计档案管理工作。

（7）主动进行财会资讯分析和评价，向领导提供及时、可靠的财务信息和有关工作建议。

（8）协助做好部门内务工作，负责指导及安排税务会计助理的日常工作。

（9）完成财务经理安排的其他工作。

6. 总账会计岗位职责。

（1）负责审核现金及银行存款余额是否账实相符，并与ERP系统相核对。

（2）负责现金收支单据的审查。审查单据是否符合相关规定，项目是否填写齐全，数字计算是否正确，大小写金额是否相符，有关签名和盖章是否齐全等。

（3）负责复核仓库实物账务的准确性以及存货盘点表的准确性，保证账实相符，保证仓库实物账与总账、明细账金额相一致。每月审核成本会计编制的盘盈盘亏报告表，将盘盈、盘亏报财务经理和总经理审批后，按规定进行账务处理。

（4）负责定期对已审核的原始凭证进行会计凭证处理，并定期传递给财务经理审核，经审核无误后，将其作为正式会计凭证登账。填制记账凭证应做到数字真实、内容完整、账物相符。

（5）负责公司费用的核算，认真审核相关费用单据，并按部门归集、分配各项管理费用，编制各部门费用明细表，定期进行纵向分析。将公司费用开支异常情况及时汇报给财务经理或董事会，促使各部门杜绝浪费，自觉节约。

（6）负责公司往来债权债务账目的定期检查，包括与集团公司往来账务的检查核对，按时与应付款会计、应收款会计核对明细账目，发现呆账及账实不符情况，及时上报财务经理或董事会处理。

（7）负责公司日常财务核算，负责公司各项固定资产的登记、核对，按规定计提折旧，建立固定资产台账。

（8）负责编制和登记各类明细账、总账并定期结账。

（9）负责编制会计报表以及报表明细表，并进行财务报告分析。应在每月 15 日之前提交上月的相关报表给公司财务经理、董事会审核。

（10）负责整理会计资料。对会计资料及有关经济资料，应按月进行整理、装订，做到单据完整，凭证整洁、美观、易查。

（11）监督月末、年末存货的盘点工作。

（12）负责指导及安排总账助理人员的日常工作。

（13）完成财务经理安排的其他工作。

7. 成本会计岗位职责。

（1）在财务经理领导下，按照国家财会法规、公司财会制度和成本管理有关规定，负责拟订公司各部门成本核算实施细则，报上级批准后组织执行。

（2）主动与有关人员对公司重大项目、产品等进行成本预算，编制项目成本计划，提供有关的成本资料。

（3）负责公司产品成本核算、成本分析工作，按时编制相关产品成本核算、成本分析报表。应在每月 15 日之前提交相关报表给公司财务经理、董事会审核。

（4）负责每月检查、核实材料仓及成品仓的发出物品及物料统计是否完整无误。负责对仓库提供的盘点报告表与仓库存货明细账进行核对，以确定存货的盘盈、盘亏，并编制相关的盘盈、盘亏报表。

（5）负责检查车间补料的单据，发现异常及时反馈上级主管，促使各部门及时改进。

（6）负责对车间维修用品申请领用、各部门办公用品申请领用的情况进行监控，发现异常及时反馈给上级主管，并提出各部门用品的领用标准。

（7）负责公司采购物料、实际入库物料、实际领料的数据统计及分析，并按时编制相关的报表提交给董事会、财务经理、审计人员，并提出物料控制的相关建议。

（8）不断监督、调查各部门执行成本计划的情况，并就出现问题及时上报。按时提出降低成本的控制措施和建议。

（9）做好相关成本资料的整理、归档、数据库建立、查询、更新工作。

（10）负责指导及安排财务输单员的日常工作。

（11）完成财务经理安排的其他工作。

8. 工资核算会计岗位职责。

（1）负责每月及时向人事部、车间管理部门、后勤部及相关部门索取有关资料，每月按时核算公司员工工资。要求在每月 20 日之前完成上月工资明细表的编制工作。

（2）负责结算离职人员工资。

（3）及时清查人事部门提供的员工考勤记录及加班工时记录，并要求相关人员配合。

（4）保管公司领导关于公司员工工资调整批示。

（5）按月对已计算但未领取的工资进行清理，以便出纳人员办理相关手续交总账人员处理。

（6）完成财务经理安排的其他工作。

9. 出纳岗位职责。

（1）负责管理公司日常备用现金。严格遵守公司资金管理办法等相关制度，做到现金日清月结。每日清查盘点现金，保证账证相符、账款相符，发现差错应及时清查更正。

（2）负责公司日常现金收付业务。每日及时登记现金日记账，审核现金支付单据是否符合相关规定，包括审查报销手续、发票单据、金额是否准确无误，临时借支的用途、使用期限和报销期限等。

（3）负责管理公司银行存款账户及办理银行款项收付工作。每月按时到银行取得银行对账单，并与银行账相互核对，如有差异应及时编制银行存款余额调节表。

（4）严格审查临时借支的用途、报销控制使用限额和报销期限。

（5）负责保管及整理公司资金收付的有关单据，并及时交予总账助理人员进行账务处理。

（6）负责公司的资金预算工作，按时编制公司资金使用报表，并报送相关领导。

（7）负责公司工资的发放。

（8）完成财务经理安排的其他工作。

1.2　集团财务人员管理制度

一、总则

1.为了加强集团公司财务管理和会计监督，规范财务行为，明确财务人员的职责，根据《中华人民共和国会计法》《会计基础工作规范》《中华人民共和国公司法》，以及相关法律、法规，结合本集团的实际情况，制定本制度。

2.本制度适用范围：集团及全资、控股二级公司。

二、管理原则

1.统一管理、分级负责原则：集团财务机构及财务人员实行垂直管理，各层级、各岗位按照相应的职责和权限履行财务管理职责，承担相应的责任。

2.内部牵制管理原则：通过对职责分工和作业程序的适当安排，各项业务活动能够自动地被其他作业人员查证核对。

3.约束与激励原则：全面准确落实集团财务政策和制度；明确各级财务人员的岗位职责，建立科学规范的绩效评估体系。

三、机构设置及职责

1.财经中心组织结构如图1-2所示。

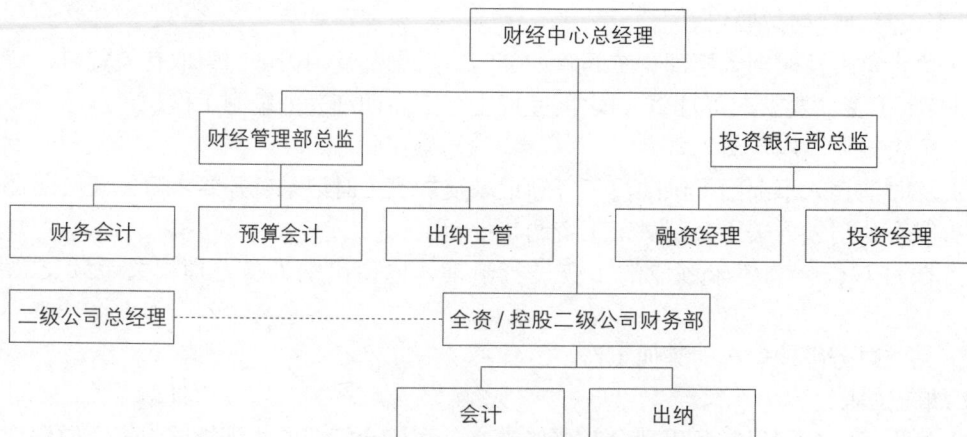

图1-2　财经中心组织结构

（1）财经中心组织结构根据集团发展战略确定，具体岗位定编需要根据集团各阶段的经营规模、经营管理要求、会计工作内容和业务量等情况从严确定，逐步到位。

（2）集团实行财会机构委派制，即各二级公司财务部为集团财经中心的派出机构，直属集团财经中心总经理领导，同时接受各二级公司总经理日常工作方面的领导和管理。

（3）图1-2中，"——"表示直接管理关系，"┈┈┈"表示间接管理关系。

2．集团财经中心职责。

（1）制定和完善集团公司财务管理制度、会计核算制度及其他财会规章制度，并负责组织实施。

（2）负责集团总部会计核算、报表合并和财务分析，对所属各二级公司财会业务进行指导、检查、考核，对发现的违反财务会计制度有关规定的行为应予以纠正。

（3）建立和完善集团预算管理体系，组织集团所属各二级公司年度预算的编制，负责预算执行情况的跟踪、分析并提出建议。

（4）负责集团及各二级公司投资权益的管理，参与投资项目效益论证、实施过程的财务监督，并向集团提供投资收益分析报告。

（5）根据集团经营战略，协调各所属二级公司之间的资金分配和资金调拨，策划集团融资方案并实施，提出财务风险防范措施。

（6）如实反映集团公司的财务状况和经营成果。负责集团授权经营考核及奖励方案的实施与跟踪。

3．财经中心总经理岗位职责。

（1）按照国家财经法规和公司制度的规定监督和审批集团公司财务收支行为，对违反国家财经法规和公司财务管理制度的行为以及其他有可能损害集团公司经济利益的行为，有权予以制止和纠正。

（2）负责建立和完善各项财务基础工作制度，采取有效措施确保各项财务制度得到有效执行，提高财务工作的规范化水平。

（3）负责组织集团公司会计核算，对财务会计基础工作的规范性，会计信息和会计资料的真实性、合法性负直接管理责任。

（4）负责集团公司的税务工作，与税务机关建立良好的税务关系，按照国家税务法规的规定及时足额申报缴纳各项税费；做好各开发项目的税务筹划，合法降低项目的税务成本。

（5）组织编制财务预算和各项财务收支计划草案，具体组织落实和监督执行集团公司制定的相关财务预算、计划、方案等。对于偏离预算、计划和既定方案的经济事项有权予以纠正或提请集团公司按规定进行处理。

（6）负责集团公司资金的筹集、回收和管理，确保资金的安全，保障公司项目开发和日常经营管理的资金需要，有效降低资金成本，提高资金的使用效率。

（7）负责集团公司的资产管理，确保公司资产的安全与完整，促进资产的保值增值。

（8）参与集团公司的经营计划和项目投资、重要经济合同签订、资产购置和重组，参与集团的利润分配方案和弥补亏损方案等重大经济事项的讨论和研究，为公司的重大经济决策提供财务依据和专业意见。

（9）接受和配合集团公司的内部审计以及有关主管部门的检查和监督。

（10）负责集团公司范围内的资本运作工作，引进战略投资者，策划集团公司上市，做好上市前期财务重组的准备工作。

（11）全面负责集团范围内和工商、税务、合作银行、评估机构、会计师事务所的外联工作，并保持良好的工作关系。

（12）负责对集团公司财务部门和财务人员的管理，定期对财务人员进行考核，审批本中心及各二级公司财务人员的任免、晋升、调动、奖惩事项。根据实际情况提出合理配置财务人员的方案，支持财务人员依法履行职责。

（13）根据集团公司制度规定履行与财务管理相关的其他职责。

4. 财经管理部总监岗位职责。

（1）负责财务制度的建设工作，建立、健全集团的财务管理制度。

（2）参与公司管理，为公司领导班子的经营管理、公司战略出谋划策，为公司管理层提供财务专业决策支持。

（3）做好资金的调配、全部资产的管理及结算工作，推行和落实集团范围内的资金预算和全面预算管理体系，审核各二级公司的资金报表，合理安排各二级公司的收支计划。

（4）负责集团整体的财务状况、经营业绩、财务分析工作，指导各二级公司的会计核算和财务管理工作。

（5）组织实施成本费用控制方案，不断地降低项目成本和营运费用。

（6）制定税务筹划方案，对各二级公司的税务进行有效的管理。

（7）组织对各二级公司进行财务审计，检查财经纪律的执行情况，对经营效率、资产利用率进行检查，出具审计报告，并提出改善措施。

（8）组织和实施财务部门的培训、财务系统内的工作会议，提升集团范围内财务人员的专业胜任能力，不断提高理论和实践操作水平，改善绩效，做好财务系统的绩效考核工作。

（9）承办公司领导交办的其他工作。

5. 投资银行部总监岗位职责。

（1）负责全面开展融资工作，广辟融资渠道、策划多种融资方案、制定融资策略，组织编制信贷计划、还款计划。确保集团范围内的资金需求，为顺利实施的投资项目做好资金安排。

（2）负责集团范围内财务的外联工作，与合作银行、评估机构、会计师事务所等外部单位保持良好的工作关系，增进沟通和协调。

（3）指导和监督各二级公司参与融资工作，全面统筹和规划。

（4）引进战略投资者，进行集团范围内的资本运营，制定资本运作方案，报董事会决策参考。

（5）策划公司上市，做好公司上市的前期准备工作。

（6）承办公司领导安排的其他工作。

6. 融资经理岗位职责。

（1）负责编制集团公司融资计划，公司融资制度的制订和修改。积极开拓新的银行合作伙伴，不断对银行关系进行拓展和优化。

（2）密切跟踪融资项目，参与公司的具体融资项目，跟踪公司存量贷款，及时归还，保持公司在银行系统的良好信用记录，向银行报送融资所需资料。

（3）提高融资效率，降低融资成本。评价各银行对公司融资的贡献度，确定与各银行关系的发展方向。

（4）积极开拓银行以外的融资渠道，联系基金、信托等融资机构。收集金融政策和金融信息等各项财经信息供领导参考。

（5）完成领导交办的其他工作。

7. 投资经理岗位职责。

（1）参与集团中、长期投资规划、集团资本运作方案的拟订。

（2）负责与外部战略投资人的沟通、协调，维护公司股东利益，草拟合作框架。

（3）在引入战略投资过程中，参与对公司的尽职调查、公司的规范化改造工作。

（4）参与集团上市的前期筹备工作，包括与境内外投资银行、会计师事务所、律师事务所、资产评估事务所的对接联系。

（5）完成领导交代的其他工作。

8. 财务会计岗位职责。

（1）严格遵守集团的财务管理制度，做好集团工资表及费用报销单据的复核等工作。

（2）负责集团公司财务会计核算工作，每月与各二级公司核对往来账。对各二级公司会计在账务上给予指导和监督。

（3）负责对本中心月工作计划及工作完成情况进行编报。完成集团公司月度、季度、半年度、年度财务报表及集团合并报表的编制、财务分析工作。

（4）定期检查《用友财务软件操作规定》执行情况，及时解决软件应用中存在的问题，负责财务软件管理工作，指导各二级公司会计对财务软件的应用。

（5）规范会计档案管理，保证会计资料的安全完整。

（6）完成领导临时安排的其他工作。

9. 预算会计岗位职责。

（1）负责编制集团公司资金计划及各二级公司资金计划汇总编制工作。

（2）参与集团公司各职能部门对集团各中心、各二级公司进行的月度考核。负责对集团各二级公司资产盘点的汇总核对工作及盈亏分析工作。

（3）负责参与次年集团公司财务预算及各二级公司财务预算汇总编制工作。按规定时间对财务预算执行情况进行监督和检查并对预算进行预警分析。

（4）完成领导临时安排的其他工作。

10. 出纳主管岗位职责。

（1）认真执行集团的财务管理制度，特别是现金及银行存款的管理制度，严格审核现金和银行收付款凭证，做好货币资金的收支工作。

（2）根据需要开立或注销银行存款账户，并进行有效的管理。

（3）做好现金和银行存款日清月结，及时登记现金和银行存款日记账，每月及时编制各个银行账户的银行存款余额调节表。

（4）保管好需要由出纳保管的有价证券及各种支票、本票、汇票等。

（5）每月按时发放员工工资，做到准确无误。

（6）完成领导下达的临时工作任务。

11. 二级公司财务经理岗位职责。

（1）负责贯彻执行国家财经法规和集团统一财务制度及各项管理制度和实施细则。

（2）严格按照集团统一制定的财务岗位职责，对本部门财务人员进行岗位考核，保证公司财务工作落到实处。

（3）严格执行集团收支两条线管理，负责组织编制财务预算，实行预算控制，进行预算分析，使预算管理落到实处。

（4）按集团规定时间及时报送会计报表、财务预算报表及各种辅助报表，对会计信息的真实性和各报表及时性承担直接责任。

（5）依据经营授权书及相关管理制度，对经营活动进行财务监督。对超权限事项，在得到上级授权单位的书面批准文件后，方可办理财务手续。

（6）负责组织资产的盘点清查工作，不定期对现金进行盘点，加强客户信用和应收账款管理，确保授信安全。

（7）配合集团总部及相关部门的审计、检查工作，及时纠正违规事项；对公司重大的投资、融资、并购等经营活动提供建议和决策支持，参与风险评估、指导、跟踪和控制。

（8）加强与当地税务机关的沟通和协调，依法妥善处理本单位各项税务事宜。

（9）规范会计档案管理，保证会计资料的安全完整。

12. 二级公司会计岗位职责。

（1）贯彻执行国家会计法规和集团公司制定的会计制度及实施细则。负责公司的会计核算工作，承担相应的财务管理职责。

（2）依据经营授权书和其他管理制度实施财务监督，对超权限的，在得到相应授权单位书面批准后方可办理财务手续。

（3）规范会计基础工作和核算流程，认真审核原始凭证，正确编制记账凭证，协助工程、采购、营销等其他部门建立必要的台账。

（4）规范费用业务的账务处理，开展费用分析。负责往来款项的对账并加强欠款的催收工作。

（5）依法进行税务事项的会计处理和纳税申报工作，严格发票的管理。准确、及时编制会计报表、财务预算报表及各种辅助报表。

（6）完成领导下达的临时工作任务。

13. 二级公司出纳岗位职责。

（1）认真贯彻国家现金管理条例、银行结算管理制度和总部收支两条线货币资金管理制度，规范资金流向和流量，不得坐支现金。

（2）负责办理现金及银行收、付款业务，坚持见票付款、收款开票的原则，妥善保管现金及收据、支票等资金往来票证。

（3）严格执行支票使用管理制度，设立支票备查簿，完善支票使用审批手续。及时准确地传递收付款单据，由核算会计进行账务处理，签章确认收付款凭证。

（4）期末进行现金盘点和编制银行存款余额调节表。编制现金支出旬报表，并报送给公司财务经理及集团财经中心。

（5）完成领导下达的临时工作任务。

四、培训管理

1. 培训组织体系。

（1）集团财经中心统一负责培训工作。集团财经中心培训为一级培训，集团人资行政中心、各二级公司培训为二级培训，两个层次协同运作。

（2）一级培训由集团财经中心主办，针对中心财务人员和二级公司财务人员，由集团统一安排财务管理、税务筹划和管理艺术等方面的培训。

（3）二级培训由集团人资行政中心及各二级公司财务部组织，针对实际需要开展本公司财务人员在职培训、内部管理制度培训、会计基本技能培训、企业文化培训。

2.培训要求。

参加培训人员，非特殊原因，未经部门负责人以上领导批准，不得拒绝参加。因故未能参加者，应事先请假，并转报财经中心；应参加而无特殊原因未参加者，以旷工论处。

3.培训方式。

（1）参加国家财务审计类各种证书考试、各种专业培训。

（2）集团财经中心组织授课讲座、推荐材料自学、组织座谈讨论、外聘专家内训等。

4.培训内容。

（1）入职培训。

①培训对象：新进财务人员。

②培训内容：集团统一会计核算制度、财务管理制度的培训由集团财经中心安排，所在公司已有财务经理的，由财务经理对其进行为期两个月的带教辅导。新开办二级公司新进财务人员统一到财经中心培训或由财经中心指定相关二级公司安排实习和带教辅导。

（2）岗位培训。

①培训对象：全体财务人员。

②培训内容：基本技能培训、专业技能培训、管理技能培训和创新技能培训及最新法规、科技、经济等知识培训，由集团领导、财经中心领导或外聘专家授课。

（3）资格和职称证书教育培训。

①培训对象：尚未达到任职岗位必备的资格或相关等级职称证书的财务人员。

②培训内容：会计从业资格考试、职称考试等，由财务人员根据自身发展需要自行选择。

5.培训费用。

（1）财务人员年度培训计划由集团财经中心根据财务人员队伍建设和集团业务拓展计划在每年年初确定，报经集团领导批准后实施。

（2）申请公费或部分公费的研修或培训，经财经中心总经理同意后，经集团董事会批准后可实施。

（3）公司全额负担费用的培训包括：财经中心统一组织安排的具有综合性和共同性知识的培训或讲座；公司为培养专门人才，由公司指定的国内受训；经集团董事会特准的培训。

（4）因工作需要的专业或业务能力提升培训，如职位说明书要求的岗位基本能力达标培训、岗位所需的资格达标考试、岗位所需的职称达标考试、进一步职称深造等，其培训费用由个人自理。

6.赴外参加培训，按出差规定办理。

7.建立财经中心内部讲师制度，财经中心领导、优秀二级公司财务经理是内部讲师的主要力量，受聘讲师培训工作业绩纳入其本人绩效考核。

五、考核管理

为了员工考核工作的连续性和统一性，财务人员的考核管理按集团公司的考核办法执行。

六、交接管理

1.交接原则。

为明确经济责任，保持财务工作的连续性，财务人员工作调动或因故离职时，应该与接替人员办理交接手续；没有办理交接手续的，不得离职。

2.交接前的准备工作。

（1）已经受理的经济业务尚未填制会计凭证的，应当填制完毕。

（2）尚未登记的账目，应当登记完毕，并在最后一笔余额后加盖经办人员印章。

（3）整理应该移交的各项资料，对未了事项写出书面材料。

（4）编制移交清册，列明应当移交的会计凭证、会计账簿、会计报表、印章、现金、有价证券、支票簿、发票、文件、其他会计资料和物品等内容；实行电算化的单位，移交人员还应当在移交清册中列明会计软件及密码、会计软件数据磁盘及有关资料、实物等内容。

3. 交接过程。

（1）财务人员办理交接手续时，必须由监交人负责监交。财务经理级以下人员交接，由财务经理监交；财务经理交接，由集团财经中心派人监交；集团财经中心人员交接，由财经中心总经理监交或派人监交。

（2）移、接交人员须按移交清册逐项移交，核对总账，做到账证、账表、账实一致，不一致的由移交人负责，书面说明原因。

（3）现金、有价证券要根据会计账簿有关记录进行点交。库存现金、有价证券必须与会计账簿记录保持一致。不一致时，移交人员必须限期查清。

（4）会计凭证、会计账簿、会计报表和其他会计资料必须完整无缺。如有短缺，必须查清原因，并在移交清册中注明，由移交人负责。

（5）银行存款账户余额要与银行对账单核对，如不一致，应当编制银行存款余额调节表调节相符，并注明未达账项形成原因。

（6）各种财产物资和债权债务的明细余额要与总账有关余额核对相符；必要时，要抽查个别账户的余额，与实物核对相符，或者与往来单位、个人核对清楚。

（7）移交人员经管的票据、印章和其他实物等，必须交接清楚；移交人员从事电算化工作的，要对有关电子数据在实际操作状态下进行交接。

（8）公司财务机构负责人、财务主管人员移交时，还必须将全部财务会计工作、重大财务收支和财务人员的情况等，向接替人员详细介绍。对需要移交的遗留问题，应当写出书面材料。

（9）移交人员对所移交的会计凭证、会计账簿、会计报表和其他有关资料的合法性、真实性承担法律责任。

（10）交接完毕，交接双方和监交者要在移交清册上签名，并注明清册页数、各自职务、交接日期。移交清册一式三份，交接双方各执一份，一份留集团财经中心存档。

（11）凡移交时存在未了事项或遗留问题的，在问题解决清楚或解决之前移交者不得离任。在以上事项未解决之前，人资行政中心不予办理调离手续。

（12）移交手续完成后，接替人应继续使用移交的账簿，不得另立新账簿，以保持会计核算的连续性。

（13）财务人员临时离职或者因病不能工作且需要接替或者代理的，财务部负责人、财务会计必须指定有关人员接替或者代理，并办理交接手续。临时离职或者因病不能工作的财务人员恢复工作的，应当与接替或者代理人员办理交接手续。离职人员必须遵守职业道德，严守原单位的商业秘密，包括公司的经营决策和重大举措，否则，应承担相应的责任，严重的需承担法律责任。

1.3　外派财务人员管理办法与考核制度

1.3.1　公司财务人员外派管理办法

一、总则

1. 为了规范公司的财务人员外派管理，明确财务一体化管理后外派财务人员的产生、外派、轮岗、职责及权利，规范外派财务人员的流动机制，制定本办法。

2. 定义。

（1）外派：按照财务一体化管理的要求，经公司领导同意，由集团公司财务管理部向各下属子公司及其他需要实施财务统一管理的经营单位派出财务负责人、财务总监、财务经理或其他相应人员的行为。

（2）外派财务人员：按照公司规定，由财务管理部统一管理，经公司审批同意，在一定时间内到下属子公司担任该单位财务负责人、财务总监、财务经理或其他相应职务的公司员工。

二、权责部门及职责

1. 财务管理部职责。

（1）负责外派财务人员管理，监督管理外派财务人员日常工作。

（2）制定和落实外派财务人员各项管理政策和规范。

（3）协调人力资源部等各方面力量组织安排外派财务人员竞聘工作，审核外派财务人员任职资格，安排外派财务人员轮岗调动，协助办理外派、外派期间工作调动、结束外派手续。

（4）协助子公司相关职能部门实施外派财务人员职能管理。

（5）记录子公司相关财务工作职责和工作效率，作为外派财务人员的考核依据。

（6）培训子公司财务人员，指导子公司财务工作的开展。

2. 人力资源部职责。

（1）按照公司规定和财务管理部的要求组织开展外派财务人员竞聘、资格审核、外派信息发布、轮岗等工作。

（2）协助财务管理部组织实施日常的外派财务人员管理。

（3）协助财务管理部建立外派财务人员的管理体系与业绩记录档案。

（4）协助财务管理部制定外派财务人员的薪资管理和职称管理有关实施细则。

三、外派财务人员的管理

1. 外派资格。

（1）认同公司核心价值观，富有工作热情，坚守诚信准则，将公司利益放在第一位，勇于承担责任。

（2）具有 3 年以上财务相关工作经验，在集团公司至少有 1 年以上工作经验。

（3）近两次半年考核记录良好（考核等级为"A"及以上）。

（4）职称和技能认证等级达到外派财务人员的最低要求，即具备集团公司业务中级职称，并达到财务专业技能认证 3 级以上的水平。

（5）具有较丰富的企业管理、财务管理、财务会计、金融、法律等方面的专业知识，至少在其中一方面有比较全面的职业技能与较深厚的专业功底。

（6）具备较强的统筹策划能力、组织协调能力、应变能力、决策能力和沟通能力。

（7）因违规违纪行为被查处的人员，不得担任外派财务人员。

2.工作职责。

（1）工作定位。

①外派财务人员在各子公司负责管理财务体系工作，属于子公司经营管理核心层成员，全面参与子公司经营管理，直接向子公司总经理负责。

②具体管理职能包括对子公司财务体系人员的管理、业务规划与开展、组织架构管理等。

③外派财务人员在子公司工作1年后，由财务管理部按照外派财务人员的职称、资历、能力、业绩等因素，进行综合评估，决定是否向子公司董事会推荐其担任子公司副总经理职位。

（2）主要职责：领导和组织子公司财务工作，参与和支持子公司经营决策，构建和规范子公司内控流程，贯彻和执行集团公司财务管理部的管理要求。

（3）负责对象：子公司总经理、子公司董事会、子公司监事会、集团公司财务管理部部长。

（4）报告对象与内容。

①定期向子公司总经理进行业务决策支持汇报。

②定期向子公司董事会提供财务数据和财务分析报告。

③定期接受子公司监事会工作检查。

④定期向集团公司财务管理部提交财务报表和工作汇报。

（5）参与子公司经营管理活动，提供有效的建议和决策支持。根据子公司短、中、长期经营计划，组织编制相应的财务计划和控制标准并监督执行。

（6）维护集团公司利益，贯彻集团公司管理要求，确保子公司资产安全，保持负债和资本结构的相对合理，保证公司现金流，有效控制财务风险。

（7）配合集团公司各职能部门对子公司的管理，协调和处理好各项工作事务。

（8）其他公司需要的管理或业务工作。

3.编制管理。

（1）所有外派财务人员的编制隶属集团公司财务管理部。

（2）对外派财务人员采用矩阵化管理，即接受集团公司财务管理部和所在子公司总经理的双重管理。

4.薪酬管理。

（1）集团公司财务管理部按照公司对外派财务人员的职位评定确定职位薪资。

（2）集团公司财务管理部依据具体外派财务人员的能力与经验，为其确定相应的职称薪资。

（3）上述内容相加作为外派财务人员的薪资标准。由集团公司财务管理部在外派生效后将此薪资标准通知拟任职的子公司，由子公司依照此标准按月进行核发。

（4）外派财务人员的薪资调整，由集团公司财务管理部负责发起，并征求所在子公司总经理的意见后进行确定，子公司总经理拥有建议权。

5.考核管理。

（1）外派财务人员的半年度考核采用矩阵化考核的方式，由所在子公司的总经理以及集团公司财务管理部按照一定的权重（各50%的权重），从不同角度对其进行考核评估。

（2）最终的考核结果由集团公司财务管理部负责汇总，此考核结果直接作用于外派财务人员的职称评定、薪资调整。

（3）集团公司财务管理部有权按照外派财务人员的考核情况，结合各子公司同等人员的奖金均值，提出外派财务人员奖金额度的建议。

（4）外派财务人员在一个子公司任职原则上以 3 年为一个任期，任期届满后必须轮岗，即回到集团公司财务管理部任职或者以重新竞聘的方式去其他子公司任职。

四、外派操作流程

（一）人员选拔

1. 外派财务人员的选拔采用公开竞聘方式；根据子公司岗位需求情况，由集团公司财务管理部在集团公司的财务体系内部公开组织竞聘活动。

2. 竞聘评委：集团公司总经理，集团公司财务总监，子公司总经理，集团公司人力资源部、财务管理部部长。

3. 竞聘人员范围：集团公司正式员工以及各个子公司正式员工。

4. 竞聘人员基本要求：外派财务人员的任职资格要求。

5. 竞聘组织。

（1）按照财务管理部的要求，由人力资源部统一组织外派财务人员的竞聘。

（2）人力资源部在集团公司财务体系内部（含各个子公司）公开发布竞聘公告，通知内部招聘信息，规定报名截止日。

（3）人力资源部收集竞聘报名简历（规定模板），汇总人员信息。

（4）财务管理部对报名信息进行初步筛选，并向符合硬性条件规定的人员发出竞聘通知。

（5）人力资源部确定竞聘时间，邀请竞聘评委，并提前准备好相应的材料，做好竞聘活动的组织。

（6）在竞聘结束后，人力资源部收回各个评委的打分表，进行分数统计，并将初步的得分情况通知财务管理部及集团公司有关领导。

6. 结果确认。

（1）财务管理部按照竞聘结果，提出初步的外派人选方案并征求子公司意见后，报集团公司领导审批同意，最终确定外派财务人员。

（2）人力资源部与财务管理部共同通知竞聘胜出人员、子公司领导，公布竞聘结果。

（二）人员外派

1. 人员外派启动。

（1）财务管理部按照竞聘结果，填报《外派财务人员审批表》，经集团公司领导审核同意后，在人力资源部备案，并启动外派流程。

（2）若拟外派财务人员属于集团公司财务管理部编制人员，则直接与财务管理部签订新的劳动合同，由财务管理部确认其外派职位、薪资、职称，启动外派。

（3）若拟外派财务人员属于集团公司下属子公司人员，则按照集团公司体系内部人员流动的有关规定，在原单位办理离职手续并在集团公司按照社招方式办理正式入职手续后，由财务管理部确认其外派职位、职称、薪资，启动外派。

2. 待遇确认。

（1）外派财务人员的薪资待遇，由财务管理部确定，并填写《外派确认通知单》，通知相应子公司。

（2）外派财务人员的福利待遇，按照所在子公司的福利待遇进行核发，原享有的权益暂时中止并保留，待外派结束且返回集团公司任职以后恢复。

3. 财务人员外派流程如图 1-3 所示。

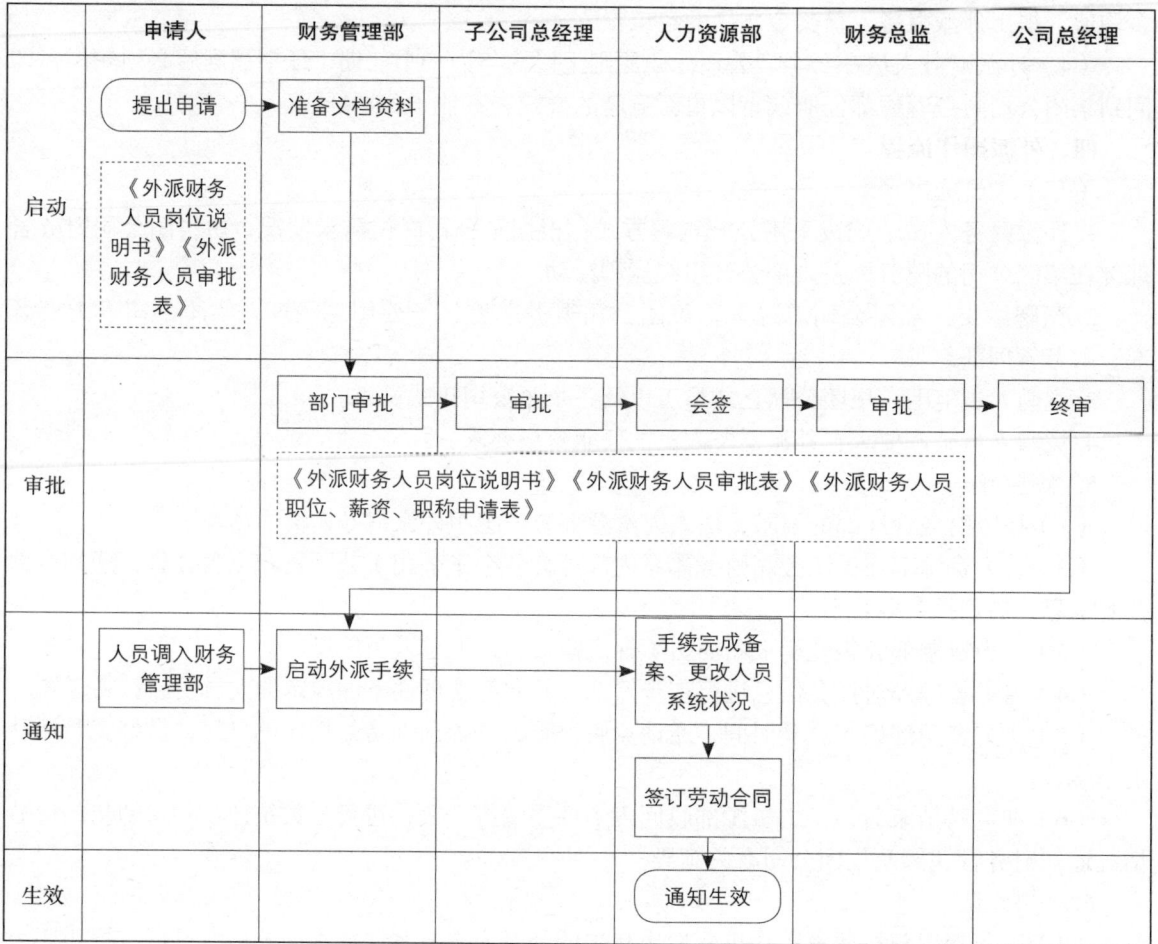

	申请人	财务管理部	子公司总经理	人力资源部	财务总监	公司总经理
启动	提出申请 《外派财务人员岗位说明书》《外派财务人员审批表》	准备文档资料				
审批		部门审批 《外派财务人员岗位说明书》《外派财务人员审批表》《外派财务人员职位、薪资、职称申请表》	审批	会签	审批	终审
通知	人员调入财务管理部	启动外派手续		手续完成备案、更改人员系统状况 / 签订劳动合同		
生效				通知生效		

图 1-3　财务人员外派流程

（三）正常结束外派

1. 外派任期期满轮岗到财务管理部安排工作的，属于正常结束外派。

2. 属于正常结束外派需要轮岗的人员应提前填写《外派财务人员结束外派审批表》，财务管理部组织相应材料后报上级领导审批同意，安排轮岗。

3. 在外派财务人员任期期满前 2 个月，财务管理部即应考虑安排新的竞聘工作，以便选拔胜任的外派财务人员接任。

4. 轮岗人员应认真按照《外派财务人员离任交接清单》的规定内容与继任人员进行工作交接，完成交接后方可到新的岗位任职。

5. 离任后的 3 个月为共同责任期，即轮岗人员应与继任人员一起对子公司财务管理工作承担责任，配合继任人员处理重大财务管理事项。

6. 共同责任期后的 3~6 个月为连带责任期，即轮岗人员对子公司财务管理承担连带责任，在子公司财务遇到问题时协助继任人员妥善解决。

7. 对于在共同责任期和连带责任期履行责任不到位的人员，由财务管理部按照内部财经纪律给予一定的处罚，包括降薪、降职等。

8. 轮岗回流人员的薪资，由财务管理部按照拟聘任职位重新进行核定，并报人力资源部核准后执行，同时该员工原暂时中止的各项权益恢复。

9. 正常结束外派轮岗流程如图 1–4 所示。

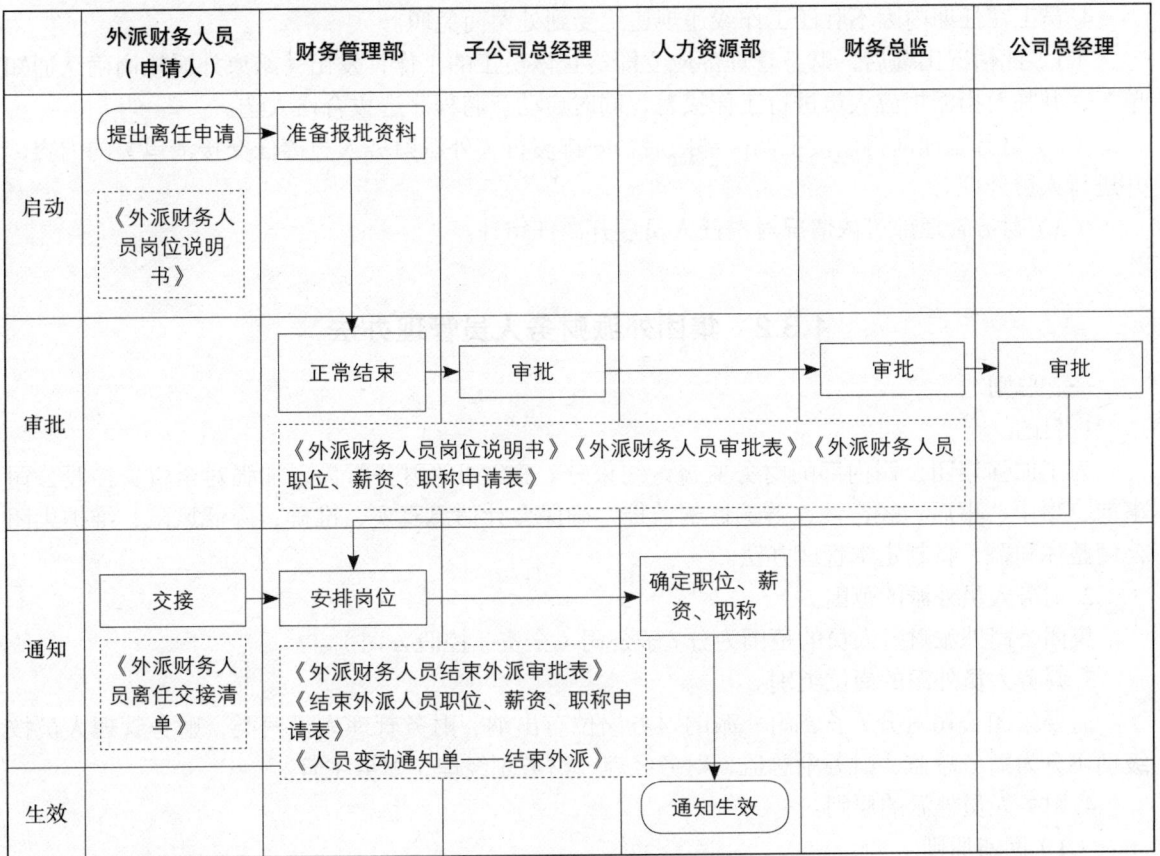

外派财务人员 （申请人）	财务管理部	子公司总经理	人力资源部	财务总监	公司总经理

图 1-4　正常结束外派轮岗流程

（四）非正常结束外派

1. 外派财务人员在外派期间发生如下情况，会导致非正常结束外派。

（1）按照工作需要由财务管理部安排到其他岗位工作。

（2）外派财务人员在外派期间提出工作调动或离职。

（3）外派财务人员在工作中出现不胜任工作状况、违规违纪问题被免职。

（4）其他导致外派无法正常持续的情况。

2. 因工作需要，由财务管理部在正常外派未结束的情况下提前终止外派的，由财务管理部提出，并征得子公司总经理意见后，按照正常结束外派的有关流程操作。

3. 员工个人原因导致外派非正常终止。

（1）员工本人应提前 2 个月通知财务管理部和子公司总经理，并由财务管理部启动新的竞聘程序选拔继任人选。

（2）在继任人员到位之前，员工本人应严格履行本人的工作职责。

（3）员工应按照规定，与继任人员进行工作交接并认真填写完成《外派财务人员离任交接清单》，并由继任人员确认交接的内容。

（4）交接工作完成后，财务管理部发出《结束外派轮岗确认通知单》，通知子公司总经理、人力资源部，员工返回财务管理部履行调离、离职手续。

（5）财务管理部可依情况对离任人员展开离任审计。

4.员工在任期内因不胜任工作或违规违纪受到处罚而免职。

（1）此情况出现后，财务管理部应立即终止该员工的工作，发出《结束外派轮岗确认通知单》，并临时指派相应人员进行工作接替，同时启动竞聘程序选拔合格人选。

（2）财务管理部将该员工调回部门后，安排履行《外派财务人员离任交接清单》的内容，并进行人员处理。

（3）财务管理部可依情况对离任人员展开离任审计。

1.3.2　集团外派财务人员管理办法

一、总则

1.目的。

为了加强集团公司内部的财务监督，约束分/子公司的财务行为，加强对全资、控股公司事前、事中、事后、经常性、普遍性的监控，确保会计信息真实、准确，降低风险，维护集团公司整体利益，特制定本管理办法。

2.财务人员外派的范围。

集团公司外派财务人员的范围为分/子公司（全资、控股公司）。

3.财务人员外派的岗位类别。

需要集团公司对分/子公司外派的财务岗位有出纳、财务管理人员两类，财务管理人员按级别可分为财务总监、财务副总监、财务经理、财务副经理、财务主管。

4.财务人员外派的原则。

（1）回避原则。

外派财务人员与派往公司经营层有亲属关系（亲属关系指三代以内血亲和两代以内姻亲）的，不得派至该公司任职。

（2）属地招聘原则。

为保证外派岗位人员的工作稳定及便利性，外派的出纳必须为有当地户籍的人员或能提供当地户籍担保的人员；财务负责人也尽量为有当地户籍的人员（条件优秀且工作意愿强烈的则可不受此限制）。

（3）岗位轮换。

基于更有效地进行财务监督的目的，对于外派的财务负责人在集团内部进行定期轮换。外派的财务负责人任期一般为2年，任期届满，经考核合格的，实行岗位轮换；离开任职公司后2年内不得再担任该公司的外派财务负责人。

二、外派财务人员的任职资格及职责权利

1.财务人员的任职资格要求。

（1）财务管理人员的任职资格要求。

①具备良好的思想品德，具有正直、廉洁、守法、敬业、敢于坚持原则的品格。

②熟悉国家财经法律、法规、规章制度，具有扎实的财会知识、较强的业务处理能力，5年及以上财会工作经验。

③具有会计专业本科及以上学历。

④主管及以下人员应具备初级及以上专业技术职称；副经理及以上人员应具备中级及以上专业技术职称。

⑤具备组织协调能力。

⑥身体健康，能够适应本职工作。

（2）出纳的任职资格要求。

①具备良好的思想品德，具有正直、廉洁、守法、敬业、敢于坚持原则的品格。

②熟悉国家财务政策、会计法规，熟悉银行结算业务和出纳流程，具有 1 年及以上出纳工作经验。

③财务相关专业大专以上学历。

④具有良好的沟通能力、服务意识、学习能力、独立工作能力。

⑤精通 Office 软件，如 Word、Excel；熟练操作财务软件。

⑥身体健康，能够适应本职工作。

2. 财务人员的职责。

（1）财务管理人员的职责。

财务管理人员的职责包括财务监督及财务管理两个方面。

①财务监督职责。

a. 完善各项财务管理制度，建立科学的会计监督机制，健全对资金收付管理的内部牵制制度，提高监督管理水平，支持所在公司其他会计人员依法行使职权。

b. 监督所在公司执行国家财经法律、法规、财务会计制度，监督所在公司遵守集团制定的财务制度情况，对所在公司对外报送财务报告的真实性、完整性以及集团资产保值情况承担相应责任。

c. 按照权限对投资、融资、资金、资产、收益分配、重大担保等重大事项向集团公司报批。

d. 定期向集团公司报告所在公司管理及重大经营管理情况，及时报告所在公司经营负责人违反国家财经法律、法规、纪律事项。

e. 每月至少 1 次向集团公司财务总监当面报告当月的主要财务工作。

②财务管理职责。

a. 负责组织会计核算工作，确保会计核算质量，提供准确真实的会计信息及数据。

b. 配合集团公司做好预算管理、财务分析工作，提高预算管理及财务分析水平。

c. 参与对所在公司的经济业务活动进行分析决策。

d. 负责组织各项财务报表和管理报表的编制和及时报送。

e. 组织所在公司财会机构的设置、会计人员配备，对所在公司会计人员进行业务考核。

f. 采取有效措施加强对费用、成本的控制，降低费用，节约成本。

g. 依法做好税务筹划工作，合理减轻企业税负。

（2）出纳的职责。

①遵守集团公司及外派公司的规章制度，坚持原则，依法依制办事。

②有权对不符合规定或事项不清的收付业务拒绝办理。

③日清月结，及时做好出纳登账及资金收付、银行对账工作。

④保管好重要票证及相关资金收付单据、印章、密码等。

⑤对违规的收付事项有权查问并向财务负责人反映，重大的还需向集团财务总监反映。

3.财务人员的权利及义务。主要指财务管理人员的权利和义务。

（1）有权监督检查所在公司的各项财务会计活动及相关业务活动的真实性、合法性和有效性。

（2）有权审核所在公司的重要报告和财务报表、重大经济合同、不良资产处理方案、规定范围内的财务收支、提供贷款担保、债务担保、资产抵押、对外投资等事项的真实性、合法性和有效性。

（3）有权组织所在公司的经济核算、财务管理工作，有权参与财务决策等方面的工作。

（4）有权对所在公司会计人员进行业务考核，并对会计人员的任免、调动和奖惩提出方案。

（5）有权向集团公司报告所在公司及其负责人违反国家财经法律、法规、集团公司财经纪律的事项，并提出处理意见。

三、外派财务人员的选拔及人事管理

1.外派财务人员的产生。

外派财务人员可由集团公司直接任命，也可由集团公司在集团范围内通过竞聘的方式选拔，在无法满足条件和要求的情况下可面向社会公开招聘。

2.直接任命程序。

（1）根据财务人员的任职资格要求，由集团财务管理中心提出初步人选，报主管财务工作的副董事长初审、提名。

（2）集团人力资源部负责按相关规定对拟聘人选进行资格审查，提出聘任方案报集团公司总经办研究通过。

（3）董事长签发任命文件，由集团人力资源部专函向拟任职的人员传发任命文件，安排就任。

3.需要竞聘和公开招聘时，集团财务管理中心提出相关意见和建议，由集团人力资源部负责拟定竞聘方案或招聘方案，报总经办审定后，由集团人力资源部组织实施。

4.子公司对外派财务人员的任免有建议权，同时子公司具有对人员任命的上诉权，若上诉无效，必须执行。不可以用其他人员替代财务人员的工作。

5.派往公司发现外派的财务人员不能胜任本职工作时，可以书面报告集团财务管理中心，集团财务管理中心和集团人力资源部审查核实后，按任免程序进行调整。

6.派驻的财务人员有下列情况之一的，应予解聘。

（1）因健康原因无法正常履行岗位职责的。

（2）年度考核为不称职的。

（3）工作中违法违纪、渎职失职造成企业经营困难和经济重大损失的。

7.经录用的财务人员由集团统一聘任纳入集团人员编制，人事档案原件由集团人力资源部管理，外派公司的人力资源部留存其复印件备查。

四、外派财务人员的薪酬

1.外派财务人员的薪酬待遇由集团财务管理中心提出初步建议，会同集团人力资源部拟定薪酬构成方案，上报主管财务工作的副董事长初审，再提交总经办审核，报董事长审批后执行。外派财务管理人员的工资、奖金由集团公司会同派往的公司根据考核结果确定（外派出纳则由外派财务管理人员会同派往公司的相关部门根据考核结果确定），其他各项福利待遇同派往公司同等职别的待遇。

2. 外派财务人员的薪酬及福利待遇由派往公司承担，派往公司需定期将工资及奖金汇入集团公司指定账户，由集团人力资源部根据考核结果统一发放。

五、外派财务人员的考核

1. 考核机构。

集团总经办是考核的领导机构；集团人力资源部是考核的组织机构；集团财务管理中心是考核的执行机构。

2. 考核内容。

考核内容包括所在公司业绩、财务监督和财务管理三部分（外派出纳不参与集团考核，直接由外派的财务管理人员会同外派公司相关部门进行考核，但需将考核结果上报集团财务管理中心及集团人力资源部备案），如表 1-1 所示。

表 1-1　　　　　　　　　　　考核内容

考核维度	所在公司业绩	财务监督	财务管理
考核主体	经营管理部	集团财务管理中心、集团人力资源部	所派驻公司总经理
考核权重	5%	55%	40%
考核周期	年	季	季

（1）所在公司业绩考核暂按利润指标完成情况分等级打分，具体由经营管理部负责解释。

（2）财务监督。

①主要考核财务人员对所在公司的财务监管效果。每季度考核，年度考核结果为四个季度考核结果的算术平均数。

②集团财务管理中心、集团人力资源部对财务监督维度进行考核，其中集团财务管理中心占 90%，集团人力资源部占 10%。

③财务监督的考核在季度结束的次月 10 日内完成。

（3）财务管理。

①主要考核财务人员对所在公司的财务管理工作效果。每季度考核，年度考核结果为四个季度考核结果的算术平均数。

②所在公司总经理对财务管理维度进行考核，占 100% 的权重。

③财务管理的考核在季度结束的次月 10 日内完成。

3. 考核程序。

（1）季度结束 10 日内，集团人力资源部负责组织针对财务监督维度和财务管理维度对财务人员进行考核评分。

（2）年度结束后，集团人力资源部负责汇总所在公司业绩、财务监督和财务管理维度得分，由总经办确定最终考核结果。

4. 考核评分。

（1）考核评分表中的所有考核指标均按照 A、B、C、D 四个等级评分，具体定义和对应关系如表 1-2 所示。

表 1-2   评分等级定义

等级	A：优秀	B：称职	C：基本称职	D：合格
得分	90~100	80~89	70~79	70 以下

（2）考评的最后得分根据各考核指标的得分及权重加权平均而得。

1.3.3 外派财务人员履职考核管理细则

一、总则

1. 为规范公司外派财务人员的工作程序和业务行为，促进财务管理工作规范化，建立外派财务人员工作的考核管理机制，客观全面评价外派财务人员工作表现，提高其绩效水平，鼓励财务人员积极做好本职工作，不断提高集团公司财务工作水平，特制定本细则。

2. 本细则适用于公司向全资及参、控股公司外派的所有财务人员。

3. 本细则所称履职考核是集团公司财务部对集团派出的财务人员在所在公司承担的财务工作职责进行的内部考核。

二、考核的办法和内容

1. 外派财务人员的履职考核主要采取集团公司及参、控股公司双重考核的办法，重点考核财务人员的财务监督和财务管理能力。具体考核主体、考核指标、考核权重、考核周期如表 1-3 所示。

表 1-3   考核主体、考核指标、考核权重、考核周期具体情况

考核主体	集团公司财务部	所在公司负责人
考核指标	财务监督	财务管理
考核权重	60%	40%
考核周期	年	年

2. 财务管理主要考核财务人员对所在公司财务管理的效果，由所在公司负责人进行考核；财务监督主要考核财务人员对所在公司财务监督的效果，主要由集团公司党群人事部协同配合集团公司财务部进行考核，其中财务部考核占 60%，所在公司负责人考核占 40%。

3. 集团公司本部可以依据实际情况对年度考核指标、考核重点内容进行适当调整。

4. 有下列情形之一者，经集团公司财务部认定，对外派财务人员的考核实行一票否决，集团公司财务部直接认定外派财务人员为不称职。

（1）有重大违反职业道德、徇私舞弊、挪用贪污等行为。

（2）故意泄露公司商业机密或敏感信息给公司带来较大损失的行为。

（3）其他重大违反有关财经法律、法规的行为。

5. 外派财务人员业绩考核结果以实际总分数高低，分四个级别：

实际总分数在 85 分以上，为优秀；70~84 分为称职，55~69 分为基本称职，55 分以下为不称职。

三、考核程序

1. 外派财务人员工作考核主要采用分部门人员、分大类指标分别考核进行加权汇总的计分

方法。依据年度考核指标及权重，各大类考核指标最高分为 100 分，考核部门或人员根据外派财务人员本年度的实际工作表现及能力打分。根据年度实际情况进行考核记分，将考核结果作为岗位调整的主要依据。

考核部门或人员根据外派财务人员实际工作表现及能力，在各项指标分值范围内进行考核打分。

（1）所在公司负责人对外派财务人员的财务管理能力及业绩进行考核计分，根据该大类指标所占权重（40%）计算分值。

（2）集团公司财务部对外派财务人员的履职能力考核计分，根据该大类指标所占权重（60%）计算分值。

（3）汇总前两项考核得分，计算出外派财务人员最终考核得分。

2.外派财务人员考核结果核定后由集团公司发放至本人，允许被考核人申诉，进行解释，反应自己的意见，以促进考核工作及其他各项工作的改进。

1.4　财务部绩效考核管理制度

一、总则

1.目的。

通过推行员工绩效管理制度，帮助员工加深理解自己的职责和目标，充分调动员工的积极性和创造性，在部门内营造绩效导向的氛围，促进公司各项目标的实现，同时为绩效奖励、岗位轮换、职务及薪资调整等提供决策依据，特制定本制度。

2.原则。

（1）公开、公平、公正原则。

（2）客观原则。

（3）业绩改善原则。

绩效考核是一个管理手段而非最终目的，考核责任人将通过不断沟通帮助考核对象发现工作中存在的问题，找到改进的方向，从而使组织和员工达到更高的业绩水平。

3.适用范围。

（1）本制度适用于财务部的所有正式员工。

（2）试用期员工不参加绩效考核。

（3）集团财务职能分部负责人、项目公司财务部负责人按部门考核。

二、考核分工

1.考核分级进行，由直接上级负责对下属进行考核。集团财务行政分部负责对上述考核结果进行审核、汇总与反馈。

2.考核对象及考核内容。

（1）对部门员工的考核包括季度考核和年度考核。季度考核包括季度工作计划考核（季度日常重点工作考核）、有效建议评价，年度考核包括年度重点工作计划考核、年度能力素质评价、360°评估。

（2）对部门负责人（部门）的考核包括季度和年度考核。季度考核包括季度部门工作计划考核（季度项目公司财务管理工作评估），年度考核包括年度部门重点工作计划考核、年度能力素质评价、年度工作总结、360°评估。

（3）区域化管理的项目公司，区域财务经理作为项目公司财务负责人进行考核，其他财务人员作为部门员工进行考核。

（4）未实行区域化管理的项目公司，会计主管（财务经理）作为项目公司财务负责人进行考核。

（5）具体如下。

①集团财务职能分部负责人的考核包括季度工作计划考核、年度重点工作计划考核、年度能力素质评价、年度工作总结、360°评估。

②集团财务职能分部员工的考核包括季度工作计划考核、有效建议评价、年度能力素质评价、360°评估。

③项目公司财务负责人的考核包括季度项目公司财务管理工作评估、年度重点工作计划考核、年度能力素质评价、年度工作总结、360°评估。

④项目公司财务部员工的考核包括季度日常重点工作考核、有效建议评价、年度能力素质评价、360°评估。

三、考核内容解释

1. 季度工作计划、年度重点工作计划、季度日常重点工作、季度项目公司财务管理工作。

（1）季度工作计划。根据部门年度重点计划分解到员工的各季度工作计划、常规工作以及临时工作，反映部门目标的最关键、最具有影响力的季度需要努力实现的目标。

（2）年度重点工作计划。根据集团财务年度整体工作目标分解制定的职能分部年度重点工作计划，年终由财务部总经理对各职能分部、项目公司财务部的年度重点工作计划完成情况进行考核。

（3）季度日常重点工作是反映部门目标的最关键、最具有影响力的季度需要努力实现的目标以及岗位职责最重要的部分。

（4）季度项目公司财务管理工作是指项目公司财务部季度管理会计、财务会计、税务管理、资金管理、财务分析及上市报表五方面工作，由项目公司财务部分析财务管理工作中存在的问题，提出改善建议。

（5）对季度工作计划、年度重点工作计划、季度日常重点工作、季度项目公司财务管理工作进行考核，总分100分，采取自评和复评相结合方式，考核结果以复评为准。考核时，根据工作计划完成情况来计算考核分数，以确定考核等级。考核等级及对应分数见表1-4。

表1-4　　　　　　　　　　　考核等级及对应分数

定义	等级评分描述	评分分数
卓越	持续超出期望，超额完成任务，业绩卓越	$X \geqslant 90$
优秀	部分超出期望，达成业绩目标，业绩优秀	$80 \leqslant X \leqslant 89$
称职	大部分（85%以上）达成业绩目标，业绩正常	$70 \leqslant X \leqslant 79$
有待改进	相当部分（50%以上）业绩目标没有达成，需要改进	$60 \leqslant X \leqslant 69$
不合格	大部分（70%以上）业绩目标没有达成	$X \leqslant 59$

（6）若季度/年度工作计划、日常重点工作变更，在评估打分前，员工可先修订计划、日

常重点工作内容，经部门负责人审核通过后生效。

2. 有效建议评价。

（1）有效建议评价为加分项目，主要指为公司提出合理化建议或方案，使公司在经济指标、内部运营指标方面有显著的改善，并能提供详细数据支持这一结果，且对公司其他方面没有造成任何负面影响。

（2）有效建议主要由员工通过邮件方式发至集团财务行政分部；集团财务行政分部将定期收集到的建议分发到各项目公司财务负责人，1 周内回复给集团财务行政分部，集团财务行政分部将附项目公司意见的有效建议分门别类地发给各职能部门审核；职能部门按其有效性予以员工不同程度的加分。评分结果由集团财务行政分部在每季季末 20 日前统一公布。

（3）最后通过并采纳的有效建议，每条总分为 20 分，多条建议可以累加。有效建议等级评分说明如表 1-5 所示。

表 1-5　　　　　　　　　　　　有效建议等级评分说明

等级评分描述	评分分数
创新的，有据可依，可行性强，经济效益高	15~20
目的明确，可行性强，经济效益较高	10~14
一般性的，针对解决个别问题，内容清楚，可操作性强	5~9
对经营管理有所改善，但可操作性弱，作用和效益相对较低	0~4

3. 年度能力素质评价。

能力素质包括业务指导、沟通协调、执行能力、团队协作等，针对不同考核对象，考核内容和侧重点有所区别。总分 100 分，能力素质评价主要采用个人自评和上级复评相结合的方式，考核结果以复评为准。考核时，根据实际表现直接确定考核等级。考核等级及对应分数见表 1-6。

表 1-6　　　　　　　　　　　　能力素质评价等级及说明

定义	等级评分描述	评分分数
卓越	充分展现能力素质，持续超出期望	$X \geqslant 90$
优秀	基本展现能力素质，部分超出期望	$80 \leqslant X \leqslant 89$
称职	大部分（85% 以上）达成业绩目标，合格	$70 \leqslant X \leqslant 79$
有待改进	相当部分（50% 以上）业绩目标没有达成，需要改进	$60 \leqslant X \leqslant 69$
不合格	基本没有达成期望	$X \leqslant 59$

4. 年度工作总结。

（1）年度对部门负责人考核时的加分项目，财务部总经理根据述职材料准备、观点思路、表达能力、改进计划等，酌情评分，总分 10 分。

（2）集团职能部门对年度工作计划完成情况进行总结，分析存在的问题，提出改善方案，完成下一年度工作计划。

5. 360°评估。

360°评估指由各岗位员工的上级、直接下级、同级等全方位对员工个人的绩效进行评价，包括沟通技巧、人际关系、专业技术能力、行政能力等，总分100分。

6. 季度考核及年度考核等级和考核分数如表1-7所示。

表1-7 季度考核及年度考核等级和考核分数

等级	定义	等级描述	综合评分分数
S	卓越	持续超出期望，超额完成任务，业绩卓越；充分展现能力素质，持续超出期望	$X \geqslant 90$
A	优秀	部分（95%~100%）超出期望，达成业绩目标，业绩优秀；基本展现能力素质	$80 \leqslant X \leqslant 89$
B	称职	大部分（85%以上）达成业绩目标，业绩正常	$70 \leqslant X \leqslant 79$
C	有待改进	相当部分（50%以上）业绩目标没有达成，需要改进	$60 \leqslant X \leqslant 69$
D	不合格	大部分（70%以上）业绩目标没有达成	$X \leqslant 59$

四、考核方法

1. 对集团财务职能部门及部门负责人的考核。

（1）季度部门工作计划考核（40%）。

根据部门年度工作计划分解制定部门季度工作计划，各职能部门报送季度工作计划并作为考核依据，财务部总经理进行复评。总分100分，由部门负责人确定各项工作计划的单项分值。

季度工作计划考核平均分 = $\sum$ 季度工作计划考核得分 ÷ 4

（2）年度重点工作计划考核（30%）。

根据集团财务部年度整体工作目标分解制订各职能分部年度重点工作计划，年末由部门负责人根据年度重点工作计划完成情况进行初评，由财务部总经理完成复评。总分100分，由部门负责人确定各项重点工作计划的单项分值。

（3）年度能力素质评价（30%）。

评价内容包括业务指导、沟通协调、团队综合绩效、辅助决策、管理创新、职业操守，采用部门负责人个人自评和上级复评相结合的方式评价。总分100分。

（4）年度工作总结。

部门负责人对年度内财务管理工作的总结，工作总结为加分项目，总经理根据材料准备、观点思路、表达能力、改进计划等，酌情评分，总分10分。

（5）年度综合考核得分。

年度综合考核得分 = 季度工作计划考核平均分 × 40%+ 年度重点工作计划评价评分 × 30%+ 年度能力素质评价得分 × 30%+ 年度工作总结考核分数

年终由集团财务行政分部负责对部门负责人（或高级经理）进行360°评估，360°评估结果只作为年度考核的评价参考，不作为评分依据。

2. 对集团财务职能部门员工的考核。

（1）季度工作计划考核（60%）。

根据部门年度重点工作计划分解制订部门季度工作计划，部门负责人每季度应沟通制定工作计划，包括重点工作、常规工作、临时工作。部门负责人在自评的基础上对各员工的季度工作计划完成情况进行复评。总分 100 分，由部门负责人确定各项计划的单项分值。

（2）有效建议评价（20 分）。

有效建议评价为加分项目，由评审部门对每条有效建议给予最多 20 分的考核分。多条有效建议可以累计加分。

（3）季度考核。

$$季度考核得分 = 季度工作计划考核得分 + 有效建议评分$$
$$季度考核平均得分 = \sum 各季度考核得分 \div 4$$

（4）年度能力素质评价（30%）。

评价内容包括执行力、团队协作、工作态度、沟通协调、学习能力，采用个人自评和上级复评相结合的方式评价。总分 100 分。

（5）360° 评估（10%）。

由项目公司财务负责人对各财务岗位相对应接口的岗位及业务部门进行 360° 评估。总分 100 分。

（6）年度综合考核得分。

季度考核平均得分 ×60%+ 年度能力素质评价得分 ×30%+360° 评估得分 ×10%

3. 对项目公司财务部及负责人的考核。

（1）季度财务管理工作评估（40%）。

每季度从管理会计（20 分）、财务会计（20 分）、税务管理（20 分）、资金管理（20 分）、财务分析及上市报表（20 分）五方面实施评估。总分 100 分。首先由部门负责人进行自评，在各职能分部负责人初评后由财务部总经理完成复评。

$$季度财务管理工作评估平均分 = \sum 季度财务管理工作评估得分 \div 4$$

（2）年度重点工作计划考核（30%）。

根据集团财务部年度整体工作目标分解制订各项目公司年度重点工作计划，年末由部门负责人对年度重点工作计划完成情况进行初评，由财务总经理完成复评。总分 100 分，由部门负责人确定各项计划的单项分值。

（3）年度能力素质评价（30%）。

评价内容包括业务指导、沟通协调、团队综合绩效、辅助决策、管理创新、职业操守，采用个人自评和上级复评相结合的方式评价。总分 100 分。

（4）年度工作总结。

部门负责人对年度内财务管理工作的总结，工作总结为加分项目，可从材料准备、观点思路、表达能力、改进计划等方面。年度工作总结为加分项目，由项目公司总经理酌情评分，总分 10 分。

（5）年度综合考核得分。

年度综合考核得分 = 季度财务管理工作评估平均分 ×40%+ 年度重点工作计划考核评分 ×30%+ 年度能力素质评价得分 ×30%+ 年度工作总结考核分数

年终由集团财务行政分部对部门负责人进行 360° 评估，360° 评估结果只作为年度考核的评价参考，不作为评分依据。

4. 对项目公司财务部员工的考核。

（1）季度日常重点工作考核（60%）。

根据项目公司财务各岗位日常重点工作关键绩效指标进行考核，一人多岗位的员工，员工日常重点工作由财务部负责人与员工根据工作业务性质，在《项目公司财务部各岗位考核关键绩效指标库》中挑选关键绩效指标。至少要选择 5 个及以上关键绩效指标，各项指标分值由部门负责人确定，总分 100 分。季度由部门负责人在员工自评的基础上对各岗位的季度重点工作完成情况进行复评。

（2）有效建议评价（20 分）。

有效建议评价为加分项目，按季度由评审部门给予每条有效建议最多 20 分的考核分。

（3）季度考核。

$$季度考核得分 = 季度日常重点工作考核得分 + 有效建议评分$$
$$季度考核平均分 = \sum 各季度考核得分 \div 4$$

（4）年度能力素质评价（30%）。

评价内容包括执行力、团队协作、工作态度、沟通协调、学习能力，采用个人自评和上级复评相结合的方式评价。总分 100 分。

（5）360°评估（10%）。

360°评估总分为 100 分。

（6）年度综合考核得分。

$$年度综合考核得分 = 季度考核平均分 \times 60\% + 年度能力素质评价得分 \times 30\% + 360°评估$$
$$得分 \times 10\%$$

五、考核等级比例控制

1.为了确保考核结果的客观和公平，体现绩效导向原则，各职能分部以及各项目公司财务部需对员工考核的等级进行比例控制，员工考核等级遵循的比例分布如表 1-8 及表 1-9 所示。

表 1-8 　　　　　　　　季度考核等级比例分布

等级考核	S	A	B	C	D
比例	≤ 5%	30%~35%	40%~45%	≥ 10%	1%~5%

表 1-9 　　　　　　　　年度考核等级比例分布

等级考核	S	A	B	C	D
比例	5%	30%	50%	10%	5%

2.季度考核中，各考核等级人数由参加该季度考核的人数和相应考核等级的比例确定；年度考核中，各考核等级人数由参加年度考核的人数和相应考核等级的比例确定。

3.季度考核为 D 且经过业绩改善期仍不能达到公司要求而被淘汰的人数，可以计入年度考核等级为 D 的人数。

4.员工考核结果的比例每年由集团财务行政分部提出调整方案，报集团财务部总经理审批。

六、考核程序

1.季度考核，下季度第 1 个月完成。每季度最后 1 个月 20 日前，制订下季度工作计划，直接报上级主管审核；自评及复评于每季度最后 1 个月 30 日前完成，次月 5 日上传到集团财务行政分部。

2. 第四季度结束（即会计年度结束）后第1个月进行年度考核。年度考核及次年度工作计划各部门于次年1月20日前完成，1月22日将本部门《员工年度工作绩效考核汇总表》提交集团财务行政分部，集团财务行政分部于次年1月31日前完成各部门和部门员工上年度绩效等级最终评定。

七、考核结果反馈及申诉

1. 绩效反馈。年度考核结束后15日内，直属上级应对年度考核等级为S和C、D的员工进行反馈。年度绩效考核等级为D的员工以及部门负责人进行工作或职务调整，并自动进入业绩改善期。业绩改善期为3个月，直属上级帮助制订绩效改进计划，有针对性地开展绩效面谈，以帮助该等级员工改进工作以达到部门要求。员工在业绩改善期满后仍不能达到部门要求的，公司将做调动工作、降级和自动离职处理。

2. 员工申诉。当员工对各个周期的评价、评定结果有异议，且无法与直属上级取得一致意见时，可向集团财务行政分部申诉，由该分部进行协调处理。

八、考核结果应用

1. 季度奖金。

（1）计算方式：月基本工资 × 季度考核系数。

（2）考核期间休假、停职超过15个工作日的，取消季度奖金，15个工作日以下的，由各部门经理依其季度工作完成情况进行考核。

（3）发放：季度奖金依季度考核状况与工资一起于每季度末次月10日发放。

2. 年度绩效奖金。

（1）部门绩效奖金总额的确定。

部门绩效奖金总额 ＝ 部门员工基本工资 × 部门绩效分数 × 公司系数

公司系数由集团财务行政分部每年根据公司情况确定并向员工公布。

（2）员工年度绩效考核的应用。

各部门根据各员工的绩效分数确定年度绩效奖金。

员工年度绩效奖金 ＝ 部门绩效总额 × 相应员工计算比例

（3）员工的考核结果将作为评选"优秀员工""优秀管理干部"的主要依据，年度绩效考核平均分少于95分的，原则上不能参与评优。

（4）各部门的考核结果作为年度评选"先进部门"的主要依据，年度平均成绩少于95分的部门，原则上不能参与评优。

（5）绩效分数小于60分（即绩效考核等级为D）的员工不参与分配年度绩效奖金，部门负责人绩效分数小于60分（即绩效考核等级为D）的部门负责人不参与分配年度绩效奖金。

（6）当年考核周期不满1个月者，该年度无年度绩效奖金。

（7）员工在12月31日前以任何形式离职，取消享有年度绩效奖金的资格。

3. 集团财务行政分部对项目公司财务部上报的考核结果进行核实，如发现弄虚作假将从重处罚。

4. 机动绩效奖励应用如表1-10所示。

表 1-10 机动绩效奖励应用

序号	奖励项目	适用对象	说明
1	优秀财务人员	除职能分部及项目公司财务负责人外的员工	为表彰优秀员工，激励全员，每年年末部门将对表现突出且年度绩效等级为 S 的员工，授予"优秀财务人员"荣誉称号，颁发荣誉证书并给予 2 000 元现金奖励
2	突出贡献奖	符合条件的员工	对获得集团内外重大荣誉、参加集团内外各类重大专业竞赛并获奖的员工，经部门审议后给予相应奖励。由部门牵头组织的重大项目、关键事件或临时性重要安排等，取得突出成效并具有一定创新性的，部门对项目组或做出突出贡献的员工给予相应奖励
3	职称晋升奖励	符合条件的员工	对通过会计、税务和金融专业初级、中级及以上技术职称考试的员工，凭有效成绩证明及发票在所在部门报销相应报名费用（不含教材费用）。对于参加注册会计师或注册税务师考试的员工，每通过一门可凭有效成绩证明及发票在所在部门报销单科报名费用，不含教材费用；对通过全部科目的员工，凭全科合格成绩证明，财务部给予一次性 500 元现金奖励，每月工资增加相应职称补贴

九、附则

1. 调动部门员工考核。在考核期内调动部门的员工，由该员工现任直属上级征求其前任直属上级意见后进行考核，前任直属上级将该员工调动前的绩效考核资料随员工变动表一起移交给后任直属上级。

2. 考核档案管理。集团职能部门及项目公司财务部负责人指定专人整理、归档员工考核原始资料，记录并维护员工考核信息。

3. 解释权。集团财务部保留对本制度的解释权。

1.5 财务负责人管理制度

一、总则

1. 为加强公司财务负责人的管理，规范公司财务会计管理工作，充分发挥财务负责人在公司经营管理中的重要作用，加强财务监督，保证公司各项经济活动的规范运作，依据《中华人民共和国会计法》本公司管理规章制度等有关规定，制定本制度。

2. 公司的财务负责人是指具有相应专业技术资格和工作经验，负责公司财务会计相关管理工作，由总经理提名、董事会聘任的公司高级管理人员。财务负责人是依法对公司经营活动进行会计核算和监督的负责人。

3. 公司设财务负责人一名，对公司财务、会计活动进行管理和监督，对公司所有财务数据、财务报告的真实性、合法性、完整性负责，接受监事会的监督。

4. 财务负责人必须按照国家有关法律、法规和制度，认真履行职责，切实维护全体股东的利益。

二、任职资格

1. 财务负责人不得在公司控股股东及其关联方中担任除董事、监事外的其他职务，不得在控股股东及其关联方领薪。

2.财务负责人任职资格和条件如下。

（1）具有高度的敬业精神，有良好的职业道德和职业操守，遵纪守法，具有高度的责任心和较强的领导组织能力。

（2）具有 5 年以上大中型企业全面财务管理工作经验。

（3）具有较强的经济分析、财务分析、财务计划和管理、外汇管理和资本运营能力，熟练掌握企业会计准则、税务法律法规、上市公司法律法规及其他相关法规制度。

（4）具备较强的业务敏感性和良好的判断决策能力、较强的沟通能力和文字表达能力。

3.凡有下列情形的，不得担任财务负责人或会计机构负责人。

（1）无民事行为能力或者限制民事行为能力。

（2）曾违反法律、法规和公司财务制度，曾有弄虚作假、贪污受贿等违法违纪行为。

（3）按照有关法律、法规规定不宜担任财务负责人或会计机构负责人的。

三、职责与权限

1.财务负责人主要履行以下工作职责。

（1）定期或不定期向总经理、董事会报告工作，提出财务运作、财务管理等方面的分析和建议，报告公司的经济情况和财务状况。

（2）参与公司战略规划和经营计划的制订、资产购置、对外投资、企业并购、重大经济合同签订等重大事项的研究、审议，协助管理层做出决策并负责财务资源调配。

（3）组织编制公司年度预算、决算方案，拟定利润分配方案或亏损弥补的建议方案。

（4）监控公司年度财务预算、经营计划和投资计划的执行情况，促使管理层及时掌握正确信息和做出决策，督促业务单位和部门完成年度预算和绩效目标。

（5）组织制定和完善公司财务管理制度及财务相关的内部控制制度，监督、检查公司财务运作和资金收支情况，保障公司财务活动的合法性，及时发现和制止可能造成公司重大损失的经营行为。

（6）组织编制公司财务报表和对外披露的财务信息，确保其真实、准确、完整以及符合相关规定。配合监管部门对公司财务报表的审计及其他鉴证工作。

（7）组织制定公司融资方案、担保方案以及开展税务筹划工作，并监控其执行情况。

（8）负责对公司会计部门的设置、会计人员的配备等提出建议方案。

（9）与金融机构、外部审计师、评级机构、税务机关等保持良好沟通关系，以有效开展相关工作。

（10）法律、行政法规、监管机构、《公司管理规章制度》和董事会规定的其他职责。

2.财务负责人主要具有以下权限。

（1）财务决策参与权：参与公司对外投资、营销策略、产权转让、资产重组、工程项目建设、筹资融资、抵押担保、资金调度、利润分配、预算、重大经济合同签订、业务流程再造等涉及财务收支的重要经济事项的决策和执行，从其合法性、真实性、效益性等方面进行审查，协助管理层做好决策分析。

（2）对财务管理制度及相关内部控制制度执行情况具有监督权，对董事会或管理层批准的重大决策的执行情况以及本公司内部控制制度的执行情况进行监督。

（3）会计机构设置的建议权和授权范围内的财务人员人事管理权。

（4）公司大额资金支出审批联签权。

（5）对违反《中华人民共和国会计法》等国家财经法律、法规规定的经济事项，有权拒付、纠正和向上报告。

（6）法律、行政法规和公司制度规定的其他权限。

四、考核与任免

1. 财务负责人由总经理提名，经董事会决定聘任或解聘，会计机构负责人由公司管理层决定聘任或解聘。

2. 对财务负责人的考核按照公司绩效管理制度执行。考核结果作为续聘、解聘和奖惩的重要依据。考核内容包括专业胜任能力、组织协调能力、工作职责履行情况以及主管综合评价等方面。

3. 财务负责人可以在任期届满以前提出辞职，但应提前 1 个月向公司董事会提交书面辞职报告，经董事会批准后离任。

4. 财务负责人离任前，应与接管人员办清交接手续。财务负责人办理交接手续，由公司内审部门负责监交。财务负责人离任前，应当接受董事会离任审查。

五、责任追究

1. 财务负责人对下列事项负有主要责任。

（1）公司提供和披露的财务会计信息的真实性、准确性和完整性。

（2）公司会计核算规范性、合理性以及财务管理合规性、有效性。

（3）公司财务会计内部控制制度的完整性、有效性。

（4）国家金融经济类法规、税收法规、会计准则、财务制度在本公司的贯彻执行。

2. 财务负责人应严格遵守国家法律、法规，正确履行工作职责。对财务负责人履职不到位、玩忽职守，造成公司出现财务会计信息严重失真、财务管理工作混乱、重大财务决策失误、内部控制制度失效、徇私舞弊等情况的，公司应依照国家有关规定追究其相应责任，并根据情节轻重，给予通报批评、经济处罚、免职等处分，涉嫌犯罪的，依法移交司法机关处理。

3. 财务负责人有以下情形之一的，公司应当予以解聘。

（1）在履行职务时出现重大错误或疏漏，给公司造成重大损失。

（2）违反国家法律、政策法规、公司规章制度，给公司造成重大损失。

1.6　财务部内部工作管理条例

一、目的

为了提高工作效率和质量，更好地完成部门的工作，特制定本管理条例。

二、适用范围

本部门全体员工。

三、部长职责

（1）每月 28 日前制订出本部门的下月工作计划，报送综合管理部。

（2）每月 5 日前写出上月的工作总结。

（3）每月 14 日前完成成本计算单的填制。

（4）每月 15 日前审核财务报表。

（5）每日定时组织召开部门晚会并做好会议记录。

（6）月底完成费用归集使用情况报告。

（7）严格执行公司下达的各项规章制度及工作流程。

（8）按值日表打扫卫生，保持办公室整洁。

四、会计职责

（1）及时准确录入记账凭证，对费用按使用部门进行核算。

（2）每月 15 日前完成税务报表填制，并进行网上申报，并查询申报结果，发现问题并及时解决。

（3）每月 15 日前完成财务报表的编制，经部长审核报综合管理部。

（4）每月 15 日前将报税资料交给报税员进行税务申报。

（5）每月 15 日前确认应交税费的扣款情况。

（6）每月 25 日开始收集整理进项发票，30 日前完成进项发票认证。

（7）根据计划内容按时完成工作。

（8）严格执行公司下达的各项规章制度及工作流程。

（9）按值日表打扫卫生，保持办公室整洁。

五、材料会计兼报税员职责

（1）及时准确地录入出入库单，对费用按使用部门进行核算。

（2）每月 3 日前完成抄税工作并及时打印出抄税资料。

（3）每月 8 日前完成个人所得税报表填制工作。

（4）每月 15 日前向财务会计索取报税资料，完成报税工作。

（5）每月 18 日前完成销售发票填开工作。

（6）每月 20 日前完成购买增值税专用发票工作。

（7）每季度对库房进行一次物资清点，并上报盘点表。

（8）严格执行公司下达的各项规章制度及工作流程。

（9）按值日表打扫卫生，保持办公室整洁。

六、出纳员职责

（1）及时准确地填制现金／银行票据和费用报销单。

（2）每日核对现金日记账和银行存款日记账，做到账实相符。

（3）每月 15 日前完成住房公积金缴存业务及报表打印工作。

（4）每月 25 日前完成工资表发放明细填制及发放工作。

（5）每月收到银行对账单后及时进行银行存款对账。

（6）对于公司内部网络维护事宜必须及时处理。

（7）严格执行公司下达的各项规章制度及工作流程。

（8）按值日表打扫卫生，保持办公室整洁。

1.7　财务部会议管理制度

一、目的

为了规范财务部会议制度，提高会议效率，使会议能真正达到分析问题、解决问题的目的，特制定本制度。

二、适用范围

本制度适用于财务部的正式会议，各分／子公司可参照执行。

三、职责

（1）组织者：负责会议的统筹协调。

（2）财务会计员（财务文员）：负责会议室的安排，会议执行力的统计、会议决议的督促及检查。

四、定义

（1）决议型会议：财务部各层级就具体的方案、策略、工作进行商议，形成一致决议并在会后落实的会议。

（2）报告型会议：财务部各层级互相沟通、下级向上级汇报工作，提出问题，上级向下级宣传贯彻思想的会议。

（3）沟通型会议：财务部各岗位、人员之间就某项工作互相协调，达成一致的行动计划，并于会后落实的会议。

（4）培训型会议：财务部各岗位、人员之间互相学习技能、交流经验、沟通思想的会议。

五、会议的分级、分类和审批

（1）跨部门会议：由相关部门组织人员参加，并经财务总监批准和办公室核实后，由主管部门负责组织召开。

（2）财务部内部工作会议：如财务部周例会、季度述职会等，由相关岗位人员参加，经财务部长批准（必要时经财务总监批准）后由会议组织者负责组织召开。

六、会议的申请程序

（1）会议召开前财务会计员应先向办公室确定会议室是否空闲，避免会议地点有冲突的现象。

（2）组织者应提前2天填写《会议申请／通知单》，应写明会议名称、会议主题、需讨论项目、会议时间、地点、参会者名单及应准备的资料，经财务部长批准后将通知发放给参会人员。

（3）跨部门会议的组织者必须提前2个工作日填写《会议申请／通知单》，交财务总监批准并交办公室审核后，由办公室统一发放。

（4）财务部应减少临时会议的召开，因特殊情况临时召开的临时会议，需说明原因，并视紧急程度由财务部长批准后组织召开。

七、会议的组织与召开

（1）凡涉及多个部门负责人或需要公司领导参加的各种会议，均须于会议召开前5个工作日与相关领导确认后，方可召开。

（2）已提出申请的会议，如需改期，或遇特殊情况需要更改计划安排时，组织者应提前2个工作日调整会议计划。未经财务总监或财务部长许可，任何人不得随意打乱正常会议计划。

（3）财务部部门会议不能安排在公司级会议相同时间召开（与会人员、地点不发生时间冲突除外）。应坚持小会服从大会，局部服从整体的原则。

（4）所有会议的组织者和与会人员都应分别做好会议准备，如拟好会议议程、提案、汇报总结提纲、发言要点、工作计划草案、决议决定草案等，并及时通知与会人员。

（5）会议组织者在召开会议前应明确会议目的，并将会议目的在会前进行传达，避免召开会议时参会人员意见不一致和发生题外争论。

（6）会议应遵循"遵守时间，在原定的时间开始，在原定时间之内结束"的原则。如需延长会议时间，应征得与会人员同意并决定延长的时间。

（7）会议组织者应合理安排与会者的发言，有发言超时、偏离主题的现象应及时制止。

（8）会议得出的结论要向与会者确认。

八、会议程序

（1）确定会议议题、参会人员，协调会议时间。

（2）提前 2 个工作日发出会议通知（述职会议应提前 1 周）。

（3）做好会务准备，如会场布置、座次安排、会场签到、会场设施配备等。

（4）做好会议记录，如需要时可摄像、录音、照相等。

（5）撰写会议纪要、决议。

（6）财务部长、财务总监阅改、签批。

（7）财务文员督办、检查会议决议落实情况，做好会议执行力的统计；会议记录及执行情况要向财务部长报告（特别是跨部门会议）。

（8）会议决议使用后存档。

九、会议纪律

（1）参会者无特殊情况一律不允许请假，避免在会议当天外出、出差或安排其他会议。

（2）对迟到，第一次予以 50 元的负激励，第二次 100 元，第三次 200 元（以此类推，以年度累计，次年重新累计）。没请假缺席者予以 200 元 / 次的惩罚。

（3）参会者不允许在会场随便走动或者中途离场，对中途无故离场者予以 200 元 / 次的负激励。

（4）所有通信设备应调至关机或振动状态，否则第一次铃响予以 50 元的负激励，第二次 100 元，第三次 200 元。

（5）因特殊情况需在开会期间接打电话的应离开会场。

（6）所有会议的处罚情况于会后统计并进行通报。

十、会议注意事项

（1）要严格遵守会议的开始与结束时间，组织者对参会人员进行考勤。

（2）组织者要在会议开始时就议题的要旨进行简洁的说明。

（3）组织者要把会议事项的进行顺序与时间的分配预先告知与会者。

（4）组织者应当引导发言者在预定时间内做出结论。

（5）在必须延长会议时间时，应取得与会人员的同意才能延长时间。

（6）主持人在会议结束后应把整理出来的结论进行总结，由全体与会人员确认。

（7）会议结束后 2 个工作日内（如遇节假日可顺延），组织者或财务会计员应整理出会议决议，明确责任人、完成时间，经财务部长和财务总监签批后，将会议纪要交财务会计员督办，确保决议的有效实施。

十一、财务部述职会议

（1）述职宗旨：相互学习，共同提高。

（2）述职采取互动形式，所有与会人员都应积极思考，踊跃发言，与述职人展开良性互动，把述职变成一个学习的机会，一个展示自我的舞台。

（3）如果互动期间冷场，由组织者点将，无法表达意见或文不对题的罚款 50 元 / 次。

（4）述职会不是声讨会，不能在会上相互责备，工作协调上的事情应于会前或会后协商解决。

（5）所有参会人员除公司领导外，不允许坐在最后一排。

1.8 股东大会召开制度与程序

1.8.1 股东大会召开的制度依据

根据《中华人民共和国公司法》第九十八条至一百零七条，股东大会召开的制度如下。

第九十八条 股份有限公司股东大会由全体股东组成。股东大会是公司的权力机构，依照本法行使职权。

第九十九条 本法第三十七条第一款关于有限责任公司股东会职权的规定，适用于股份有限公司股东大会。

第一百条 股东大会应当每年召开一次年会。有下列情形之一的，应当在两个月内召开临时股东大会：

（一）董事人数不足本法规定人数或者公司章程所定人数的三分之二时；

（二）公司未弥补的亏损达实收股本总额三分之一时；

（三）单独或者合计持有公司百分之十以上股份的股东请求时；

（四）董事会认为必要时；

（五）监事会提议召开时；

（六）公司章程规定的其他情形。

第一百零一条 股东大会会议由董事会召集，董事长主持；董事长不能履行职务或者不履行职务的，由副董事长主持；副董事长不能履行职务或者不履行职务的，由半数以上董事共同推举一名董事主持。

董事会不能履行或者不履行召集股东大会会议职责的，监事会应当及时召集和主持；监事会不召集和主持的，连续九十日以上单独或者合计持有公司百分之十以上股份的股东可以自行召集和主持。

第一百零二条 召开股东大会会议，应当将会议召开的时间、地点和审议的事项于会议召开二十日前通知各股东；临时股东大会应当于会议召开十五日前通知各股东；发行无记名股票的，应当于会议召开三十日前公告会议召开的时间、地点和审议事项。

单独或者合计持有公司百分之三以上股份的股东，可以在股东大会召开十日前提出临时提案并书面提交董事会；董事会应当在收到提案后二日内通知其他股东，并将该临时提案提交股东大会审议。临时提案的内容应当属于股东大会职权范围，并有明确议题和具体决议事项。

股东大会不得对前两款通知中未列明的事项作出决议。

无记名股票持有人出席股东大会会议的，应当于会议召开五日前至股东大会闭会时将股票交存于公司。

第一百零三条 股东出席股东大会会议，所持每一股份有一表决权。但是，公司持有的本公司股份没有表决权。

股东大会作出决议，必须经出席会议的股东所持表决权过半数通过。但是，股东大会作出修改公司章程、增加或者减少注册资本的决议，以及公司合并、分立、解散或者变更公司形式的决议，必须经出席会议的股东所持表决权的三分之二以上通过。

第一百零四条　本法和公司章程规定公司转让、受让重大资产或者对外提供担保等事项必须经股东大会作出决议的，董事会应当及时召集股东大会会议，由股东大会就上述事项进行表决。

第一百零五条　股东大会选举董事、监事，可以依照公司章程的规定或者股东大会的决议，实行累积投票制。

本法所称累积投票制，是指股东大会选举董事或者监事时，每一股份拥有与应选董事或者监事人数相同的表决权，股东拥有的表决权可以集中使用。

第一百零六条　股东可以委托代理人出席股东大会会议，代理人应当向公司提交股东授权委托书，并在授权范围内行使表决权。

第一百零七条　股东大会应当对所议事项的决定作成会议记录，主持人、出席会议的董事应当在会议记录上签名。会议记录应当与出席股东的签名册及代理出席的委托书一并保存。

1.8.2　需要召开股东大会的情形

一、召开定期股东大会的情形

1. 有限公司。

（1）定期会议应当依照公司章程的规定按时召开。

（2）股东大会定期会议每两次会议之间的最长间隔期限以及具体召开时间，我国公司法允许由公司章程决定，定期会议应按章程的规定按时召开，无故不得取消、提前或延迟。

2. 股份有限公司。

股东大会应当每年召开一次年会。

二、召开临时股东会议的法定情形

1. 有限责任公司（《中华人民共和国公司法》第三十九条）。

代表十分之一以上表决权的股东，三分之一以上的董事，监事会或者不设监事会的公司的监事提议召开临时会议的，应当召开临时会议。

2. 股份有限公司（《中华人民共和国公司法》第一百条）。

有下列情形之一的，应当在两个月内召开临时股东大会：

（1）董事人数不足本法规定人数或者公司章程所定人数的三分之二时；

（2）公司未弥补的亏损达实收股本总额三分之一时；

（3）单独或者合计持有公司百分之十以上股份的股东请求时；

（4）董事会认为必要时；

（5）监事会提议召开时；

（6）公司章程规定的其他情形。

1.8.3　召开股东大会的程序

（一）会前 1：会议筹备

1. 确定召开股东大会；

2. 会务组织；

3. 会议提案、内容和确定会议议程；

4. 准备会议资料。

（二）会前2：会议通知

（三）会前3：会前检视

1. 修正会议议题；

2. 印发会议资料；

3. 签到和清点参会人数；

4. 落实委托授权签字；

5. 关注签字事项的准备。

（四）会中：审议及决议

1. 律师见证；

2. 审议及表决；

3. 会议记录及签字；

4. 会议决议及签字。

（五）会后

1. 出具法律意见书；

2. 补正资料；

3. 发文；

4. 准备及披露；

5. 归档。

第 2 章　财务岗位工作流程

2.1　销售会计岗位工作流程

销售会计岗位工作流程如图 2-1 所示。

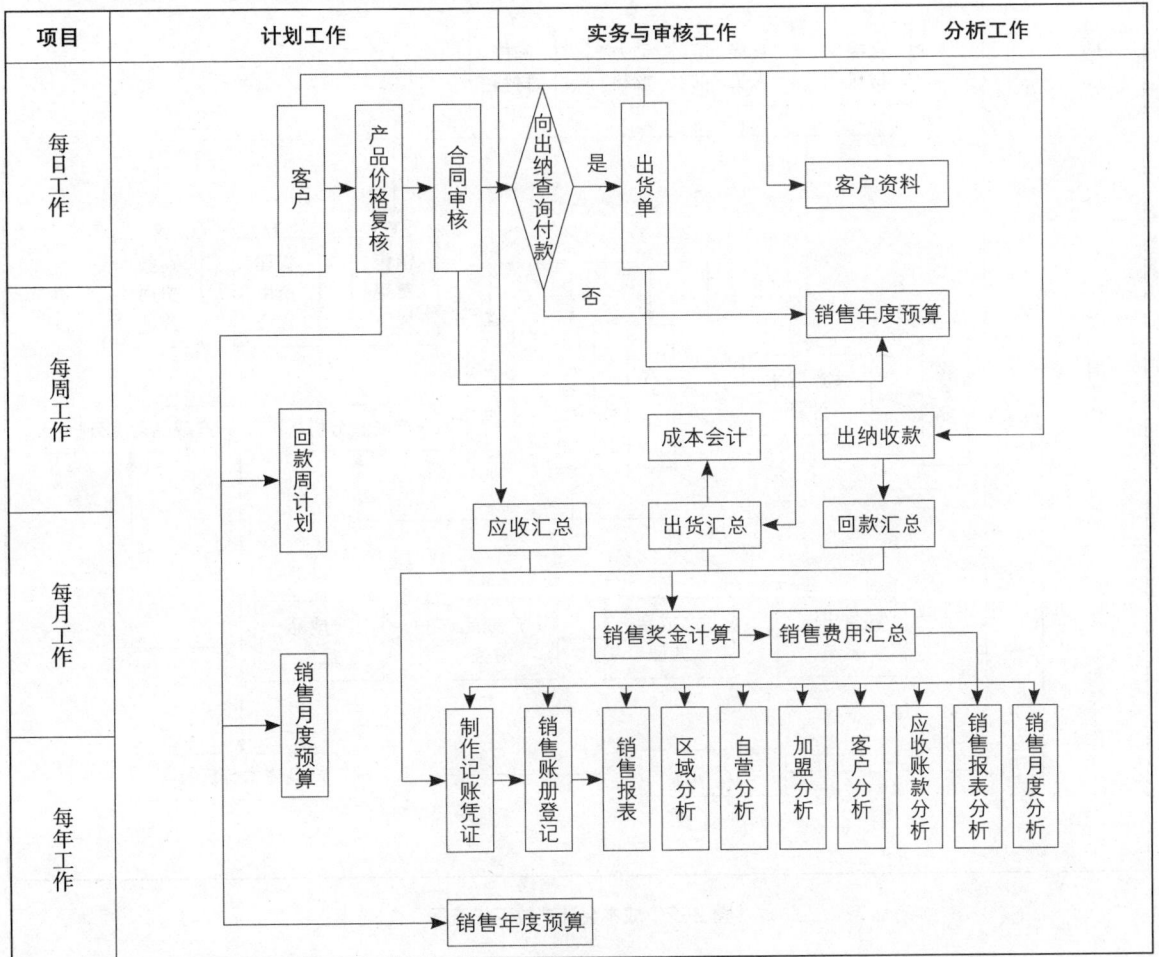

图 2-1　销售会计岗位工作流程

2.2　成本会计岗位工作流程

成本会计岗位工作流程如图 2-2 所示。

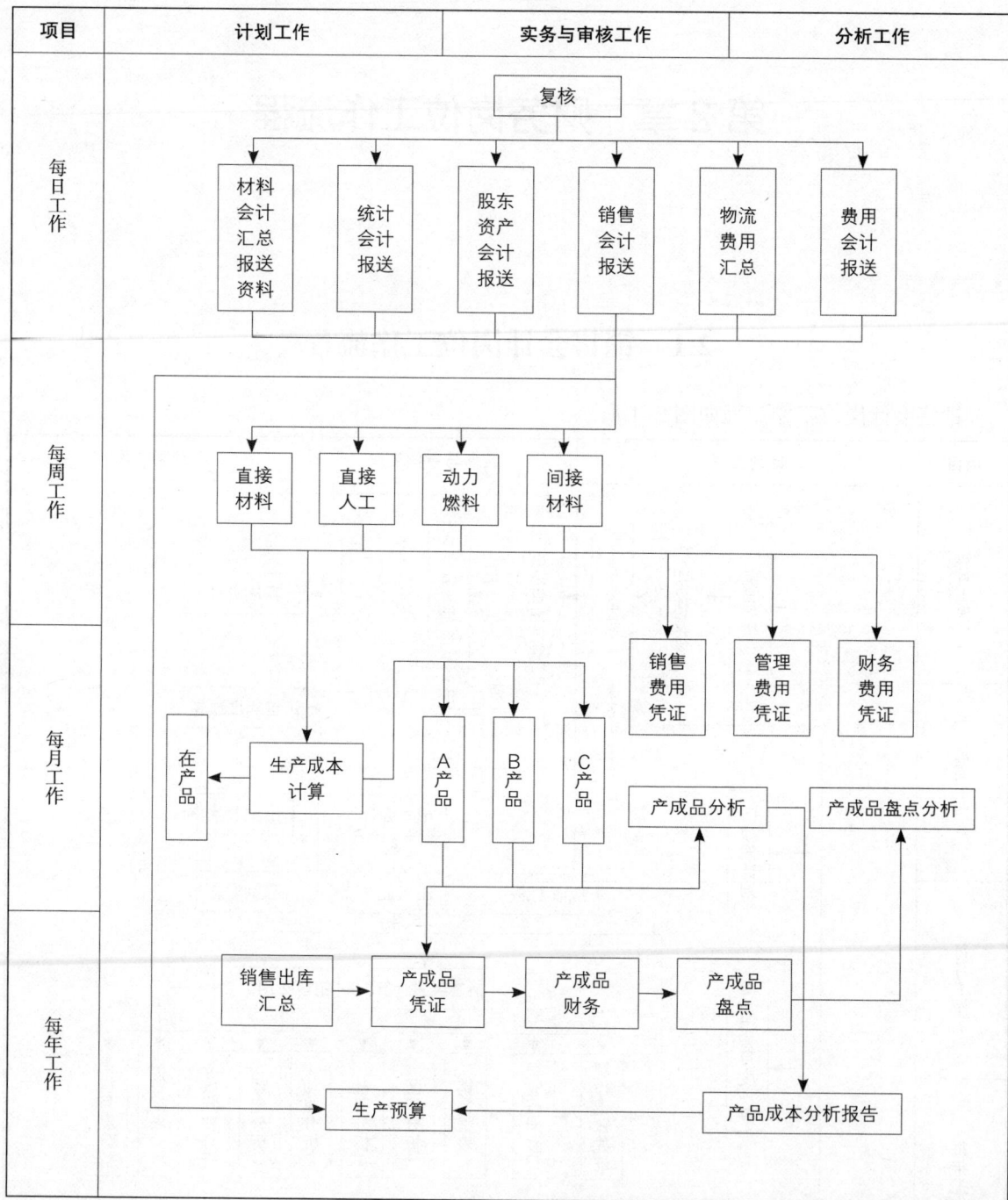

项目	计划工作	实务与审核工作	分析工作

图 2-2　成本会计岗位工作流程

2.3　总账会计岗位工作流程

总账会计岗位工作流程如图 2-3 所示。

项目	计划工作	实务与审核工作	分析工作

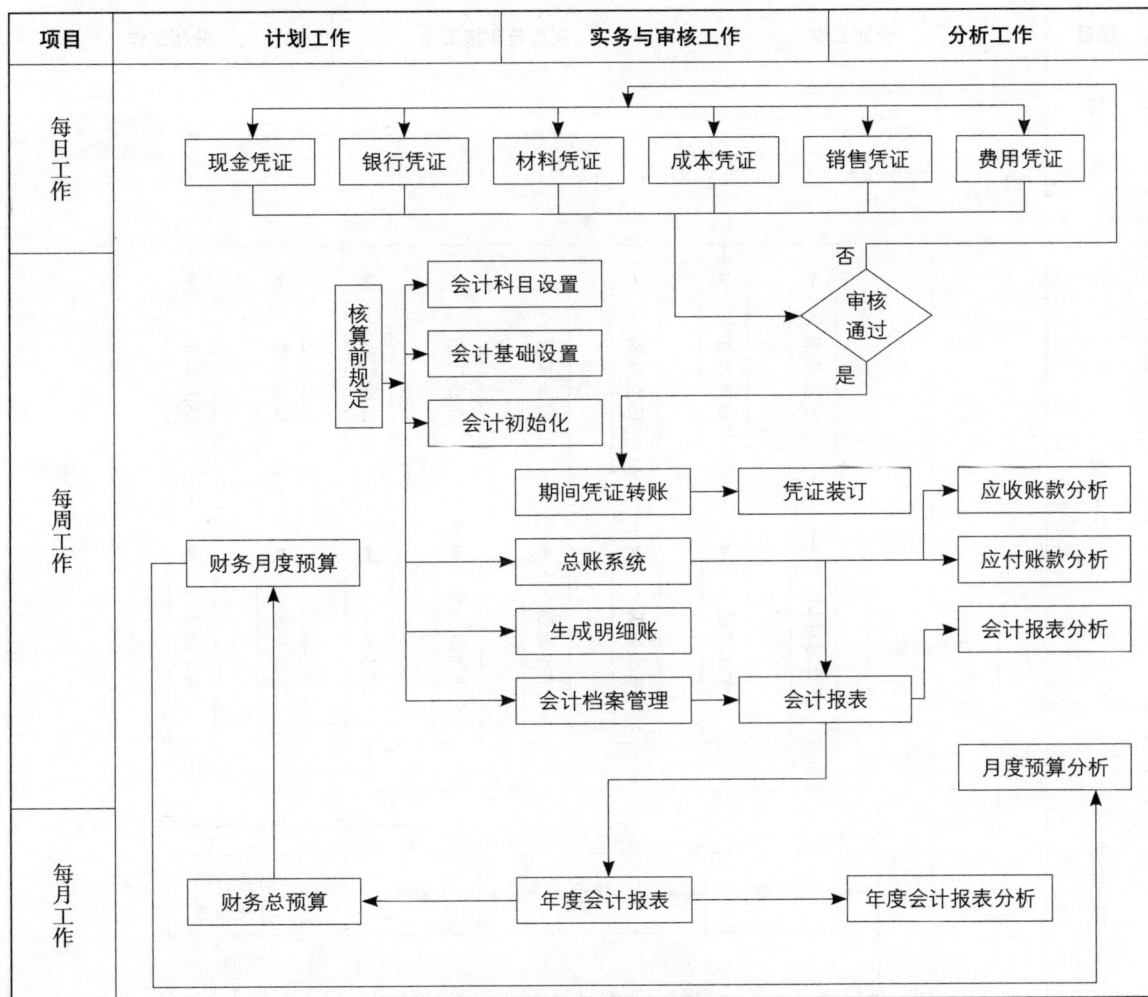

图 2-3　总账会计岗位工作流程

2.4 财务分析岗位工作流程

财务分析岗位工作流程如图 2-4 所示。

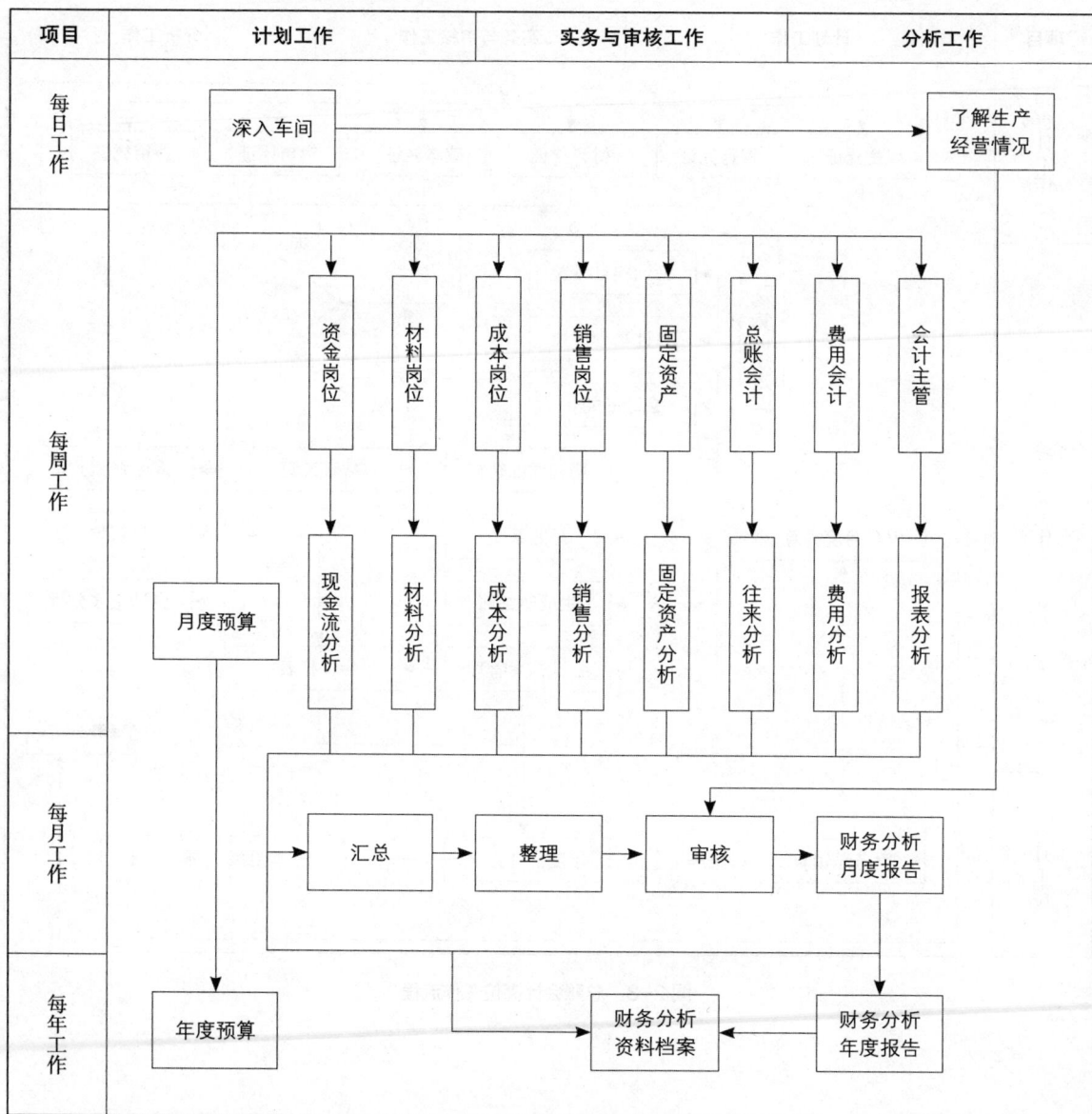

项目	计划工作	实务与审核工作	分析工作

每日工作：深入车间 → 了解生产经营情况

每周工作：资金岗位、材料岗位、成本岗位、销售岗位、固定资产、总账会计、费用会计、会计主管；月度预算、现金流分析、材料分析、成本分析、销售分析、固定资产分析、往来分析、费用分析、报表分析

每月工作：汇总 → 整理 → 审核 → 财务分析月度报告

每年工作：年度预算、财务分析资料档案、财务分析年度报告

图 2-4 财务分析岗位工作流程

2.5 预算会计岗位工作流程

预算会计岗位工作流程如图 2-5 所示。

预定完成时间	流程	编制部门	送达部门
年 月 日	发放预算表，编制预算 组织机构及人员框架 / 企业战略计划 销售及回款预算 销售费用	财务部 人事部 / 管理层 销售部	各项预算控制部门 财务部 销售预算部 销售部 / 物流部
年 月 日	产品及研发预算	研发部	生产部 / 财务部
年 月 日	生产预算	生产计划部	生产计划部 / 财务部
年 月 日	采购预算	采购部 / 生产计划部	财务部
年 月 日	人力资源预算 费用预算 固定资产及其他资产 预算	采购部 / 生产计划部	财务部
年 月 日	财务预算汇总 利润表预算 资产负债表预算 现金流量表预算	财务部	预算管理委员会

图 2-5 预算会计岗位工作流程

2.6 财务主管岗位工作流程

财务主管岗位工作流程如图 2-6 所示。

43

项目	计划工作	实务与审核工作	分析工作
每日工作		完善核算制度 / 执行财务制度 / 办理会计业务 / 组织会计核算 / 执行预算指标 / 审核会计凭证 / 管理往来账 / 协助各种审计 / 资金管理 / 部门人员管理	
每周工作	个人工作计划	传达指令或部门会议	
每月工作		组织资产盘点 / 审核会计账簿 / 审核会计报表 / 编制会计报告 / 审核报税资料 / 审核分析汇总 / 管理财务档案	
每年工作	主导财务预算制度 → ERP核算调整 → 会计报表编制 → 报审计部门审核 → 个人年度工作计划		

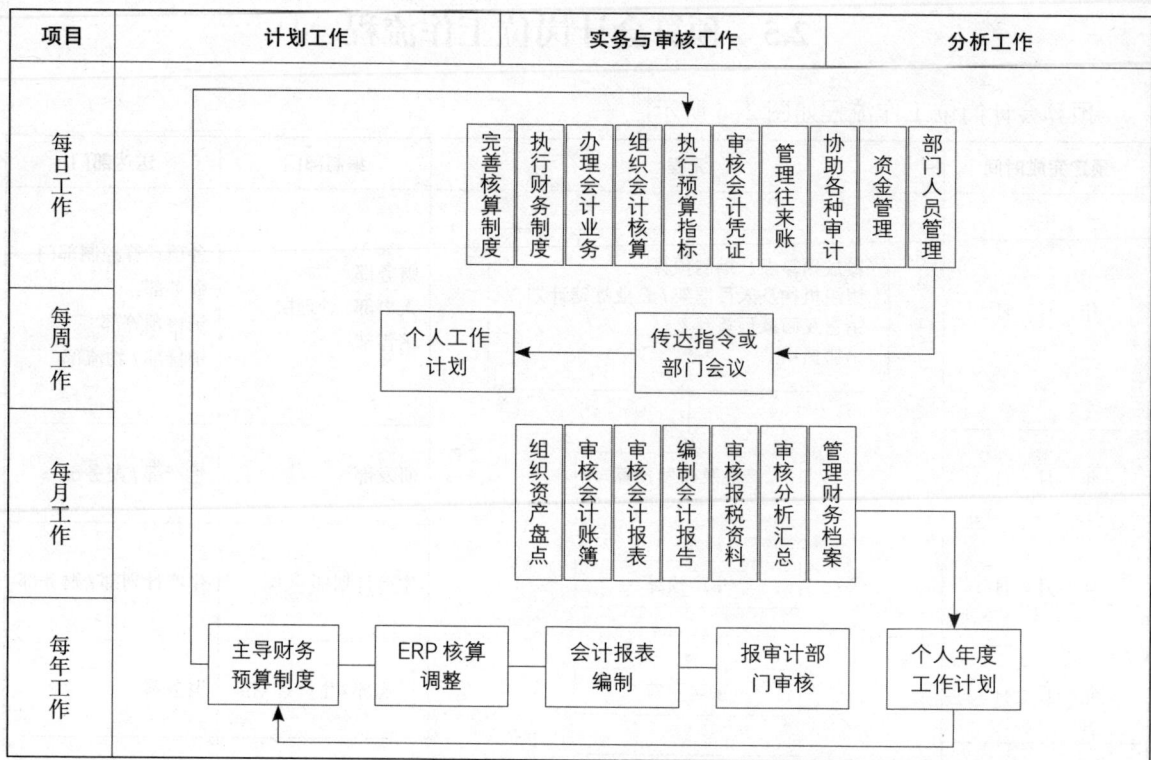

图2-6　财务主管岗位工作流程

2.7　财务经理岗位工作流程

财务经理岗位工作流程如图2-7所示。

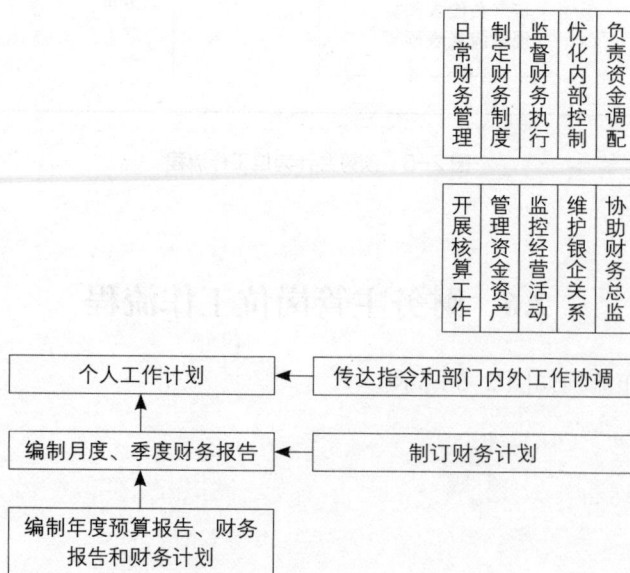

日常财务管理 / 制定财务制度 / 监督财务执行 / 优化内部控制 / 负责资金调配

开展核算工作 / 管理资金资产 / 监控经营活动 / 维护银企关系 / 协助财务总监

个人工作计划 ← 传达指令和部门内外工作协调

编制月度、季度财务报告 ← 制订财务计划

编制年度预算报告、财务报告和财务计划

图2-7　财务经理岗位工作流程

1. 全面负责财务部的日常管理工作。
2. 组织制定财务方面的管理制度及有关规定，并监督执行。
3. 制定、维护、改进公司财务管理程序和政策，制订年度、季度财务计划。
4. 负责编制及组织实施财务预算报告，月、季、年度财务报告。
5. 负责公司全面的资金调配、成本核算、会计核算和分析工作。
6. 负责资金、资产的管理工作。
7. 监控可能会对公司造成经济损失的重大经济活动。
8. 管理与银行及其他机构的关系。
9. 协助财务总监开展财务部与内外的沟通和协调工作。
10. 完成上级交给的其他日常事务性工作。

2.8　财务总监岗位工作流程

财务总监岗位工作流程如图 2-8 所示。

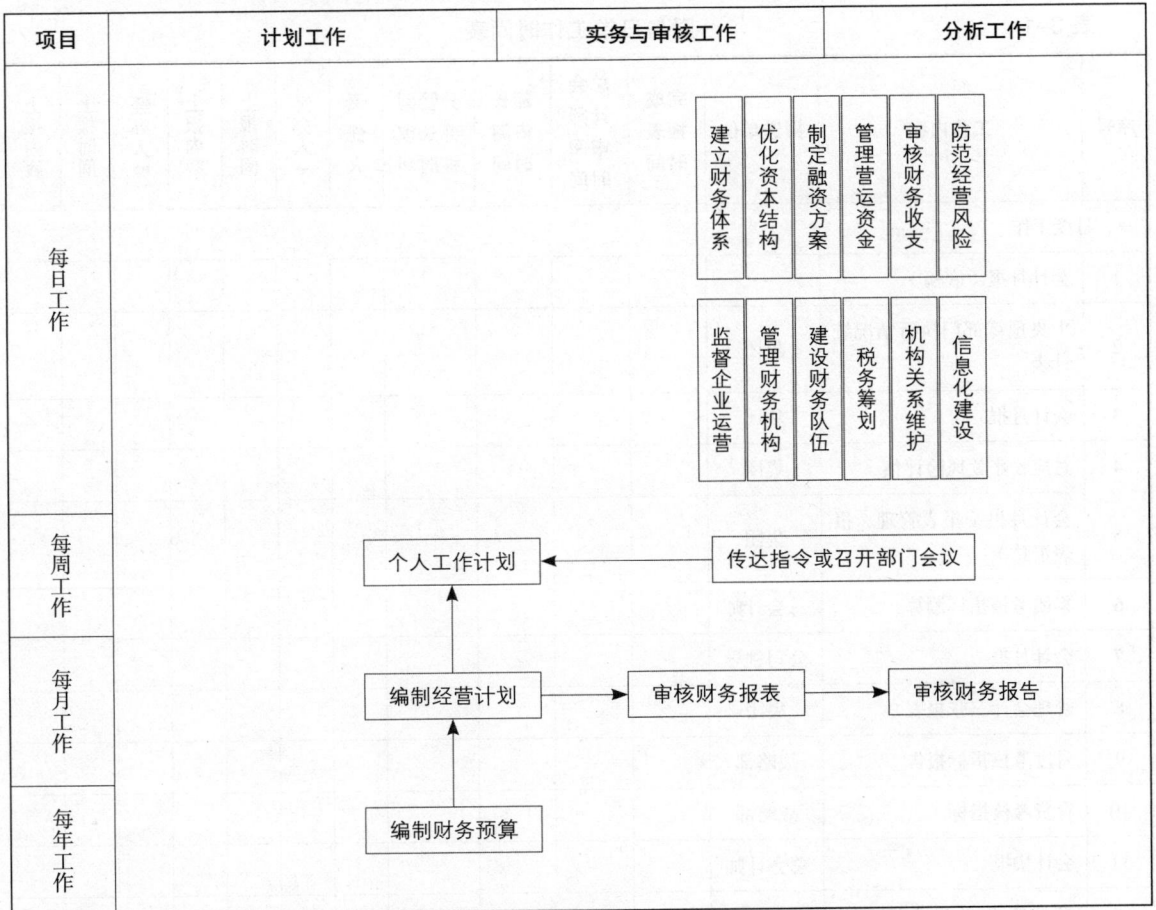

图2-8　财务总监岗位工作流程

第3章 财务人员管理表格

3.1 财务日常工作时间表

财务日常工作时间如表 3-1 所示。

表 3-1   财务日常工作时间表

序号	工作内容	报送单位	完成报表时间	总会计师审阅时间	部长审阅时间	分管副部长审核时间	责任人	经办人一	上报时间	上报内容	经办人2	上报时间	上报内容
一、月度工作													
1	会计月报（底稿）	—											
2	中央预算部门执行情况统计表	集团											
3	会计月报	集团											
4	月应收账款风险评估	集团											
5	会计月报（报表管理、报表汇总）	集团											
6	集团考核指标测算	总会计师											
7	会计月报	公司领导											
8	管理会计三张报表	集团											
9	月度考核指标报告	战略部											
10	存货考核指标	战略部											
11	会计快报	总会计师											
12	月度资金平衡会计资料（含改革资金报表）	总会计师											

续表

序号	工作内容	报送单位	完成报表时间	总会计师审阅时间	部长审阅时间	分管副部长审核时间	责任人	经办人 1	上报时间	上报内容	经办人 2	上报时间	上报内容
13	月度资金平衡会计资料（含改革报表）	总会计师											
14	月度税金申报表	税务局											
15	月度社保资料	社保局											
16	月度大企业税收数据采集资料	集团公司税务机关											
二、季度工作													
1	季度逾期应收账款监控报表	集团											
2	季度成本总结	集团											
3	信息化运行季报（含服务情况）	集团											
4	总会计师重大事项独立报告	集团											
5	季度经济运行分析会计资料	战略部											
6	季度经济运行分析会计资料	总会计师											
7	季度车间考核资料	战略部											
8	季度中干考核资料	人力资源部											
9	董事会资料	总会计师											
10	季度税金申报表	税务局											
三、年度工作													
1	下年度的全面预算												
1.1	内部预算（一上）	预算管理委员会											
1.2	内部预算（二上）	预算管理委员会											
1.3	内部预算（三上）	预算管理委员会											
1.4	上报集团预算（一上）	集团											

续表

序号	工作内容	报送单位	完成报表时间	总会计师审阅时间	部长审阅时间	分管副部长审核时间	责任人	经办人1	上报时间	上报内容	经办人2	上报时间	上报内容
1.5	上报集团预算（二上）	集团											
1.6	上报集团预算（三上）	集团											
2	滚动预算	预算管理委员会											
3	全面预算应用指南	总会计师											
4	分/子公司管理会计报告	总会计师											
5	财务决算报表	集团											
6	年度税金申报资料	税务局											

3.1.1 外派财务人员审批表

外派财务人员审批表如表3-2所示。

表3-2　　　　　　　　　外派财务人员审批表

填表日期：　　年　月　日

姓名		性别		出生年月	
现部门		拟派往单位			
现职务		拟派往单位职务			
毕业院校		专业		学位	
简历				签名：　　年　月　日	
管理能力、专业能力介绍				签名：　　年　月　日	
财务管理部意见				签名：　　年　月　日	
拟派往单位意见				签名：　　年　月　日	
人力资源部意见				签名：　　年　月　日	
公司财务总监意见				签名：　　年　月　日	
公司总经理意见				签名：　　年　月　日	

3.1.2　外派财务人员结束外派审批表

外派财务人员结束外派审批表如表 3-3 所示。

表 3-3　　　　　　　　　　**外派财务人员结束外派审批表**

填表日期：　　　年　月　日

姓名		工号		出生年月	
外派时间		外派子公司		担任职务	
轮岗工作意向					
外派期间业绩简介					
轮岗安排意见					（财务管理部）
子公司领导意见				签名：　　年　月　日	
公司财务总监意见				签名：　　年　月　日	
公司总经理意见				签名：　　年　月　日	

3.1.3　外派财务人员结束外派离任工作交接表

外派财务人员结束外派离任工作交接表如表 3-4 所示。

表 3-4　　　　　　　　**外派财务人员结束外派离任工作交接表**

交接单位			交接工作期间			
离任人员		接任人员		监督交接人		
基础工作交接						
业务交接	一类：制度文档	具体内容（没有可填"无"）	交接形式：书面/电子	移交人	接收人	监交人
	会计核算	会计报表				
		会计档案				
		会计政策				
		会计估计				
		会计科目及下级科目使用说明				

续表

业务交接	一类：制度文档	具体内容（没有可填"无"）	交接形式：书面／电子	移交人	接收人	监交人
	会计核算	减值计提政策				
		收入／成本政策				
		流动资产核算／管理				
		存货核算／管理				
		存货盘点记录				
		固定资产核算／管理				
		固定资产表				
		长期投资核算／管理				
		往来核算／管理				
		月业务合同				
		负债核算／管理				
		其他				
	资金管理	出纳管理制度				
		票据				
		现金情况				
		银行账户情况				
		定期对账情况				
		个人借款情况				
		专项资金情况				
		其他				
	税务	税务发票				
		税务申请表				
		证书				
		税务卡				
		税务通知书				
		其他				
	预算	预算制度				
		年度预算文件				
		定期预算月／季报告				
		预算执行报告				

续表

一类：制度文档	具体内容（没有可填"无"）	交接形式：书面/电子	移交人	接收人	监交人
	部门人事				
	内部控制				
	成本控制				
	工作分析报告				
	投资管理				
筹资管理	贷款合同				
	票据贴现				
	其他				

二类：实物资产	具体内容	接收人	交接形式	是否交接
财务档案				
业务合同				
书面工作记录				
纳税上报材料				
发展规划材料				
财务印鉴				
各类企业证书				
办公用品				
交通工具				
其他				

三类：其他	具体内容	接收人	交接形式	是否交接
银行账户信息				
公司邮箱				
系统权限				
其他				

(业务交接)

责任期内重点关注项目配合			
约定项目	约定内容	是否完成	完成质量（总经理签）
重点项目 1			
重点项目 2			
重点项目 3			

其他				
历史问题说明及后续待办事宜：				
其他需要说明事项：				
责任期整体评估：				
签名确认	离任人员： 年 月 日		接任人员： 年 月 日	总经理： 年 月 日

3.2　财务工作交接表

财务工作交接表如表 3-5 所示。

表 3-5　　　　　　　　　　　　　　　　财务工作交接表

交接人姓名		所属项目	
职务		工作交接原因	☐ 离职 ☐ 调动 ☐ 临时离岗
接替人姓名			
交接清单			
遗留问题说明			
交接人签字：	接替人签字：	监交人签字：	

3.3　财务经理交接清单

财务经理交接清单如表 3-6 所示。

表 3-6　　　　　　　　　　　　　　　　财务经理交接清单

交接单位：　　　　　　　　　　　交出人：　　　　　　　　　　　交接日期：
交接前提 截至交接日，相关会计报表打印成册，会计凭证处理完毕。会计档案整理归档，会计账簿登记完毕。
1.税务事项 　（1）发票管理 　　　①购进尚未使用的发票（发票号码、购进日期） 　　　②购进已用的发票

③已核销的发票

④可抵扣进项发票的复印件

⑤开票税控机操作资料

（2）纳税申报资料

①增值税申报表

②所得税申报资料

③涉税会计报表

（3）涉税相关资料 / 证件 / 申请 / 税务批复

（4）增值税相关管理资料，联系人等信息

2. 会计报表（要求所有报表均需要打印成册，并经单位负责人签字）

（1）对外报表

报表明细

（2）对内报表

报表明细

（3）科目余额表（包括核算项目）

3. 会计凭证

（1）交接日以前月份的所有会计凭证（装订成册）

（2）交接日当年度会计凭证及未装订凭证

（3）截至交接日，凭证代替事项

4. 软件账号及密码

（1）金蝶系统操作用户及密码

（2）金蝶处理情况

（3）重要文件未处理记录，公文转发情况

5. 会计账簿

（1）历年账套的磁盘备份

（2）历年的会计账簿明细账、总账打印件（要求列示明细科目、所属期间等）

6. 往来账

（1）交接日上月往来明细账

（2）交接日上月客户应收账款核对账，交接日上月与总部往来明细核对表

（3）交接日上月客户对账函，截至上季度的客户询证函、客户对账清单

7. 固定资产和低值易耗品

（1）固定资产盘点表

（2）低值易耗品盘点表

（3）后附明细表

8. 托管商品

（1）商品盘点表

（2）盘盈盘亏处理登记表

9. 货币资金

（1）库存现金：盘点表（截至交接日的盘点表）

（2）银行存款：以交接日上月或当月银行对账单为准，银行存款余额调节表、未达账项明细表

10. 客户合同

（1）物流合同（平时对账的依据）

（2）保证金合同（标号：有效期，是否在有效期内）

11. 重要文件及资料

12. 财务证件及资料

（1）营业执照正、副本

（2）税务查账报告、年审报告及开票资格证书等

（3）银行开户许可证、公司用银行储蓄存折（列出当日金额）/密码等

（4）验资报告

（5）办公室钥匙

（6）财务专用章

13. 保证金项下相关资料

（1）合同

（2）对账函

（3）客户基础资料

（4）其他

14. 其他资料

（1）计算机内存储资料清单

......

15. 待处理事项

移交人： 接收人： 监交人：

3.4 财务人员工作交接考评表

财务人员工作交接考评表如表 3-7 所示。

表 3-7   **财务人员工作交接考评表**

考评部门：

所属公司（全称）					
所属部门					
移交人		接收人		监交人	
工作交接日期： 年 月 日			规定考评日期： 年 月 日		
交接考评记录	1. 移交工作存在的问题： 2. 接交工作存在的问题： 3. 监交工作存在的问题： 4. 其他问题： 考评人（签字）：				
	移交人意见： 签字： 日期：		接收人意见： 签字： 日期：		监交人意见： 签字： 日期：
财务部门	接收人： 日期： 反馈人： 日期：		处理意见： 签字： 日期：		
备注					

3.5　成本会计岗位考核指标组成表

1. 成本会计岗位业绩考核指标组成表如表 3-8 所示。

表 3-8　　　　　　　　　　成本会计岗位业绩考核指标组成表

考核指标及权重	信息来源	考评人	考评标准			
提供各类成本核算明细表（30%）	有关报表	直接上级	优	良	中	差
			各类成本核算明细表提交及时，数据准确，计算正确；错误率不超过1%	各类成本核算明细表提交及时、准确；迟交1次，或错误率超过1%，但不超过2%	各类成本核算明细表提交基本及时、准确；迟交2次，或错误率超过2%，但不超过3%	各类成本核算明细表提交不及时、不准确；迟交超过2次，或错误率超过3%
提供产品、配件建议价格表（20%）	有关报表	直接上级	优	良	中	差
			各类产品、配件建议价格表提交及时，数据准确，计算正确；错误率不超过1%	各类产品、配件建议价格表提交及时、准确；迟交1次，或错误率超过1%，但不超过2%	各类产品、配件建议价格表提交基本及时、准确；迟交2次，或错误率超过2%，但不超过3%	各类产品、配件建议价格表提交不及时、不准确；迟交超过2次，或错误率超过3%
提交成本分析报告（20%）	有关报告	直接上级	按照规定定期提交成本分析报告，由直接上级按照以下方面对报告考核。 （1）考核因素：报告上交及时（20分），内容全面（20分），报告数据准确（20分），问题分析合理（20分），建议合理（20分） （2）本项得分为：考评期内所有成本分析报告平均分数 × 本项权重			
完成有关制证工作（20%）	有关凭证	直接上级	优	良	中	差
			有关凭证填写完整、准确、清晰；制证及时、规范，保存完好；发生错误不超过5次	有关凭证填写完整、准确、清晰；制证规范，保存完好；发生错误超过5次，但不超过10次	少数凭证填写不准确；制证不够及时，少数凭证缺失；发生错误超过10次，但不超过15次	部分凭证填写不准确；制证不够及时，部分凭证缺失；发生错误超过15次
保守工作秘密（10%）	部门经理有关部门	直接上级	（1）由部门经理或有关部门查实本岗位违反有关保密规定的行为 （2）本项得分为：发生违反有关保密规定的行为扣除全部10分，扣完为止			

2. 成本会计岗位能力与态度考核指标组成表如表 3-9 所示。

表 3-9　　　　　　　　　　成本会计岗位能力与态度考核指标组成表

能力指标	指标一：准确性 权重：30%	指标三：团队合作 权重：20%	指标五：沟通能力 权重：10%
	指标二：专业知识和技能 权重：30%	指标四：解决问题的能力 权重：10%	
态度指标	指标一：是否认真完成任务 权重：30%	指标三：是否遵守上级要求 权重：20%	指标五：是否及时准确向上级汇报工作 权重：10%
	指标二：是否有责任感，愿意承担更多的责任 权重：20%	指标四：是否虚心好学，要求上进 权重：20%	

3.6　销售会计岗位考核指标组成表

1. 销售会计岗位业绩考核指标组成表如表 3-10 所示。

表 3-10　　　　　　　　　　销售会计岗位业绩考核指标组成表

考核指标及权重	信息来源	考评人	考评标准			
			优	良	中	差
提交销售核算明细表及有关报表（40%）	有关报告	直接上级	销售核算明细表及有关报表提交及时，数据准确，计算正确，无重大差错	销售核算明细表及有关报表提交及时、准确，极少出现延迟现象，极少出现差错，未造成经济损失或影响，发生次数不超过2次	销售核算明细表及有关报表提交基本及时、准确；偶尔出现延迟现象；出现差错，但未造成经济损失或影响，发生次数超过2次，但不超过4次，或出现1次造成经济损失或影响的差错	销售核算明细表及有关报表提交不及时、不准确；经常出现延迟现象，经常出现差错；出现差错，但未造成经济损失或影响，发生次数超过4次，或出现1次以上造成经济损失或影响的差错
			优	良	中	差
开具销售单（10%）	有关单据	直接上级	开具销售单及时、清晰、准确、符合要求；无延迟，差错率不超过1%	开具销售单准确、符合要求；极少出现延迟现象，极少出现差错；差错率超过1%，但不超过2%	开具销售单基本及时、准确；偶尔出现延迟现象，偶尔出现差错；差错率超过2%，但不超过3%	开具销售单不及时、不准确；经常出现延迟现象，经常出现差错；差错率超过3%

考核指标及权重	信息来源	考评人	考评标准			
结算运费（10%）	有关单据	直接上级	优	良	中	差
			运费支付、结算准确；极少出现延迟现象，未出现差错	运费支付、结算基本准确；极少出现延迟现象，极少出现差错	运费支付、结算基本及时、准确；偶尔出现延迟现象，偶尔出现差错	运费支付、结算不及时、不准确；经常出现延迟现象，经常出现差错
开具、邮寄发票（10%）	有关单据	直接上级	优	良	中	差
			开具、邮寄发票及时、清晰、准确、符合要求；无延迟现象	开具、邮寄发票准确、符合要求；极少出现延迟现象，极少出现差错	开具、邮寄发票基本及时、准确；偶尔出现延迟现象，偶尔出现差错	开具、邮寄发票不及时、不准确；经常出现延迟现象，经常出现差错
核对账务（20%）	有关单据	直接上级	优	良	中	差
			每月及时、全面核对往来账务，对对账结果及时进行处理和调整，分析账务中存在的问题，改进有关工作	每月核对往来账务，对对账结果进行处理和调整	核对往来账务不及时、不全面，对对账结果处理不及时	未对往来账务进行核对
保守工作秘密（10%）	部门经理有关部门	直接上级	（1）由部门经理或有关部门查实本岗位违反有关保密规定的行为 （2）本项得分为：发生违反有关保密规定的行为扣掉全部10分，扣完为止			

2. 销售会计岗位能力与态度考核指标组成表如表 3-11 所示。

表 3-11　　　　　　销售会计岗位能力与态度考核指标组成表

能力指标	指标一：准确性 权重：30%	指标三：团队合作 权重：20%	指标五：沟通能力 权重：10%
	指标二：专业知识和技能 权重：30%	指标四：解决问题的能力 权重：10%	
态度指标	指标一：是否认真完成任务 权重：30%	指标三：是否遵守上级要求 权重：20%	指标五：是否及时准确向上级汇报工作 权重：10%
	指标二：是否有责任感，愿意承担更多的责任 权重：20%	指标四：是否虚心好学，要求上进 权重：20%	

第二篇

财务预算管理

第4章　财务预算管理制度

4.1　全面财务预算管理制度

第一章　总则

第一条　为推动××有限责任公司建立全面预算管理体系，防范经营风险，强化内部控制，优化资源配置，实现公司战略目标，按照财政部等五部委联合发布的《企业内部控制基本规范》以及《企业内部控制应用指引第15号——全面预算》的规定，结合公司的实际情况，特制定本管理制度。

第二条　本制度适用于公司及下属公司的一切经济活动，包括经营、投资、财务等各项活动，以及企业的人、财、物各个方面。供、产、销各个环节全部纳入全面预算管理，做到全员参与，全面覆盖，并进行事前预算、事中控制和事后分析相结合的全程监控。

第三条　本制度中所称全面预算是指在科学预测和决策的基础上制定的，以货币及其他数量形式反映的公司在未来一定期间内全部经营活动各项目标的行动计划和相应措施的数量说明。全面预算包括经营预算（也称业务预算）、投资预算、筹资预算、财务预算。

第四条　全面预算管理贯穿公司及下属公司经营管理活动的各个环节，预算管理包括预算编制、审批、执行、分析、调整、考核及监督等环节，是提高公司整体绩效和管理水平的重要途径，其主要任务如下。

1. 推进战略目标管理，让战略落地，实现长期规划和短期计划相结合。

2. 加强公司内部信息沟通，使各部门和下属公司的目标与活动一致。

3. 明确公司内部各个层次的管理责任和权限，提高管理效率。

4. 通过对公司的经营活动进行控制、监督和分析，以及对预算执行情况进行考核和评价，实现管理过程和管理目标相结合。

第二章　全面预算管理体制

第五条　公司实行统一规划、逐级管理的全面预算管理体制，确定以下管理原则。

1. 统一规划原则。全面预算目标由公司统一规划，并与公司经营目标相一致，各级预算必须服从于公司的战略目标和经营目标。

2. 分级管理原则。全面预算目标按逐级分解的原则实行分级管理，经下达的全面预算指标由公司各级部门负责落实，各单位对各自归口的业务做预算，并对预算执行负责，公司统一对各单位全面预算执行情况分析考核。

3. 全员参与原则。本着谁花钱、谁编预算、谁控制、谁负责的原则，全体员工共同参与预算的编制过程，而不是由财务部门一个部门来编制公司预算。

4. 实事求是原则。根据市场状况及本单位的实际需要，合理确定本单位的预算额度。

5. 上下结合原则。自上而下分解目标，自下而上编制预算。

6. 轻易不调整原则。预算一旦确定，没有审批，不予调整，以保证预算的严肃性与合法性。

第六条　全面预算管理在内容上实行经营预算、投资预算、筹资预算和财务预算相结合，在预算编制上实行零基预算、固定预算及弹性预算相结合的预算管理体系。经营预算既要有数量指标，又要有价值量指标。

第七条　经营预算是指与公司各项经营活动直接相关的，反映预算期内公司预计生产经营活动的预算，是其他预算的基础，主要包括营业收入预算、生产预算、制造费用预算、产品成本预算、营业成本预算、采购预算、期间费用预算、营业外收支业务预算等。

1. 营业收入预算是预算期内公司销售各种产品或提供各种劳务预计实现的销售量或者业务量及其收入的预算，主要依据年度目标利润、预计市场销量或劳务需求及提供的产品结构以及市场价格编制。

2. 生产预算是从事工业生产的公司在预算期内所要达到的生产规模及其产品结构的预算，主要在营业收入预算的基础上，依据各种产品的生产能力、各项材料及人工的消耗定额及其物价水平和期末存货状况编制。在此基础上进一步编制直接人工预算和直接材料预算。

3. 制造费用预算是公司在预算期内为完成生产预算所需各种间接费用的预算，在生产预算基础上，按照费用项目及其上年预算执行情况，根据预算期降低成本、费用的要求编制。

4. 产品成本预算是公司在预算期内生产产品所需的生产成本、单位成本的预算，主要根据生产预算、直接材料预算、直接人工预算、制造费用预算等汇总编制。

5. 营业成本预算是公司对预算期内为了实现营业收入而在人力、物力、财力方面必要的成本预算，主要依据产品成本预算、采购预算或提供各种劳务成本、年实际执行情况等资料编制。

6. 采购预算是公司在预算期内为保证生产或者经营的需要而从外部购买各类商品、各项材料、低值易耗品等存货的预算，主要根据营业预算、生产预算、期初存货情况和期末存货经济存量编制。

7. 期间费用预算是预算期内公司组织经营活动必要的管理费用、财务费用、销售费用等的预算，应区分变动费用与固定费用、可控费用与不可控费用的性质，根据上年实际费用水平和预算期内的变化因素，结合费用开支标准和公司降低成本、费用的要求，分项目、分责任单位进行编制。

8. 公司非流动资产处置、取得的政府补助、对外捐赠、债务重组、非货币性资产交换等收入或支出，应根据实际情况和国家有关政策规定，编制营业外收支业务预算。

第八条　投资预算是公司在预算期内与资本性投资有关的业务安排，主要包括固定资产投资预算、权益性投资预算和金融工具投资预算。

1. 固定资产投资预算是公司在预算期内购建、改建、扩建、更新固定资产进行资本投资的预算，应根据公司有关投资决策资料和年度固定资产投资计划编制。

2. 权益性投资预算是公司在预算期内为了获得其他企业单位的股权而进行资本投资的预算，应根据公司有关投资决策资料和年度股权投资计划编制。

3. 金融工具投资预算是公司在预算期内为持有国债、企业债券、金融债券等债券投资，股票投资及其他股权投资，基金投资，期货、期权、认股权证等衍生金融工具投资，委托贷款和委托理财等而进行的资本投资预算，应根据公司有关投资决策资料、市场行情和风险业务管理要求编制，一般按交易性金融资产、债权投资和其他债权投资等分类编制。

第九条 筹资预算是公司在预算期内预计吸收的投资、需要新借入的长短期借款、经批准发行的债券以及对原有借款和债券还本付息的预算，主要依据公司有关资金需求决策资料、发行债券审批文件、期初借款余额及利率等编制。公司经批准发行股票、配股和增发股票，应当根据股票发行计划、配股计划和增发股票计划等资料编制预算。股票发行费用，也应在筹资预算中分项安排。

第十条 财务预算是指在预测和决策的基础上，围绕公司发展战略目标，对一定时期内公司资金取得和投放、各项收入和支出、公司经营成果及其分配等资金运动所做的具体安排的最终成果体现。财务预算包括资产负债预算、利润预算和现金流量预算，形式上体现为预计资产负债表、预计利润表和预计现金流量表。

1. 预计资产负债表是综合反映公司期末财务状况的预算报表，根据预算期期初实际数和当期营业预算、生产预算、采购预算、资本预算、筹资预算等有关资料分析编制。

2. 预计利润表是反映公司在预算期内利润目标的预算报表，根据营业预算、产品成本预算、生产预算、期间费用预算、其他专项预算等有关资料分析编制。

3. 预计现金流量表是反映公司预算期内现金收支及其结果的预算报表，以经营预算、投资预算和筹资预算为基础，根据各项预算有关现金收支的预算汇总编制。

第三章 全面预算管理体系及职责

第十一条 公司全面预算管理的组织体系以全面预算管理委员会、全面预算管理办公室为主体，公司对下属公司的全面预算实行垂直式管理，各下属公司设立全面预算管理领导小组和全面预算管理工作小组，同时在本单位内部设立全面预算归口管理部门和全面预算责任部门。

第十二条 董事会是全面预算管理的最高决策机构，批准下属公司的年度全面预算及其调整方案，并通过董事会授权全面预算管理委员会组织制定，下达正式年度全面预算及其调整方案。其主要职责包括制定公司的发展战略和中长期经营目标。

1. 按照公司战略目标、中长期规划，审批确定公司年度经营目标。
2. 保持与全面预算管理委员会的沟通，提供预算政策指导。
3. 审议年度全面预算方案，审批预算。
4. 审批预算考核制度。
5. 审批预算调整申请。

第十三条 全面预算管理委员会是全面预算管理的领导、组织和协调机构，全面负责年度经营目标的拟定并分解到公司及下属公司等工作，承担全面预算管理领导及调控职能。全面预算管理委员会由董事长任主任，财务总监任常务副主任，各集团副总经理任副主任、集团各职能部门、各下属公司负责人为委员。全面预算管理委员会为非常设机构，通过定期、不定期召开预算工作会议开展工作。全面预算管理委员会在董事会的领导和授权下，决定和处理全面预算管理的重大事宜，主要行使以下职责。

1. 根据董事会审批的战略目标，确定公司及下属公司的具体年度经营目标，并上报董事会审批。

2. 将经董事会审批的年度经营目标下达到公司及下属公司。

3. 组织拟定和审议全面预算管理制度和流程操作规范。

4. 监督、协调预算编制工作的开展，以确保及时、准确地完成预算的编制。

5. 组织召开公司全面预算管理例会，对全面预算管理办公室提交的各单位预算草案和公司整体预算提出质询，并就必要的修改与调整提出建议。

6. 汇总、审查、平衡下属公司的初步预算，协调、处理内部机构间的预算矛盾和分歧。

7. 全面预算编制和执行中，对例外事项和突发事件进行协调。

8. 制定公司预算，上报董事会，履行相应批准程序。

9. 分解下达公司及下属公司的年度预算，并根据重大形势变化进行适当的调整、修订。

10. 研究分析公司及下属公司的预算执行业绩报告，汇总上报董事会。

11. 确定预算考核的原则、依据、程序和指标体系，按照董事会批准的预算考核制度，兑现公司及下属公司的奖惩措施。

第十四条　全面预算管理办公室是全面预算管理委员会的执行机构，公司财务管理部担负全面预算管理办公室的职责，并且由财务总监担任全面预算管理办公室主任，组织和管理全面预算管理办公室工作。组员包括财务部、企业计划管理部，以及其他业务部门相关的预算人员。全面预算管理办公室在全面预算管理委员会的领导下行使以下职权。

1. 具体负责拟定和修改公司全面预算管理办法及相关制度、预算编制方针、预算编制程序、预算编制手册（编制说明、编制表格）、预算执行监控方法等，报全面预算管理委员会审议。

2. 协助全面预算管理委员会的工作，按照全面预算管理委员会下达的经营目标，具体指导并组织各责任部门编制预算，并对其编制的预算进行初步审查、协调和平衡，汇总后编制公司的全面预算方案，并报全面预算管理委员会审查。

3. 向下属公司下达经董事会批准的正式全面预算，监督各单位全面预算执行情况，定期进行全面预算执行情况的分析评价和反馈。

4. 组织全面预算管理的培训工作，向全面预算编制、执行单位提供技术支持，提出全面预算管理制度和流程操作规范的改进建议。

5. 负责全面预算日常管理工作，每月召开全面预算管理协调会，监控、总结预算执行情况，落实全面预算管理的要求，每季度向全面预算管理委员会汇报工作和预算执行情况。

6. 负责将经营业务状况发生改变或突发事项、预算内出现偏差较大或预算外的费用项目，及时报告公司全面预算管理委员会，并拟定预算调整方案。

7. 负责协调处理预算执行过程中出现的一些问题。

8. 按照预算考核指标体系为预算考核提供相关综合评价信息。

9. 完成全面预算管理委员会交办的其他工作。

第十五条　下属公司全面预算管理领导小组是本单位全面预算管理的决策和领导机构，承担本单位全面预算的管理及调控职能。下属公司全面预算管理领导小组由总经理、财务经理、各部门经理组成，其中总经理为领导小组组长。下属公司全面预算管理领导小组的主要职责如下。

1. 根据全面预算管理委员会下达的年度经营目标，确定本公司各部门的预算目标。

2. 根据公司全面预算管理制度，组织拟定和审议本公司全面预算管理办法和流程操作规范。

3. 监督、协调本公司全面预算编制工作，监督全面预算编制流程的执行，以确保及时、准确地完成预算的编制。

4. 组织召开本公司预算管理例会，对本公司全面预算管理工作小组提交的各部门预算草案提出质询，并就必要的修改与调整提出建议。

5. 汇总、审查、平衡各部门的初步预算，协调、处理内部机构间的预算矛盾和分歧。

6. 负责本单位全面预算编制和执行，对例外事项和突发事件进行协调，对重大调整事项（超过审批后预算 5% 的影响事项）上报公司全面预算管理委员会。

7. 根据公司预算考核的要求，组织本公司的预算考核工作。

8. 各公司总经理是其公司的全面预算管理工作的第一责任人。

第十六条　下属公司全面预算管理工作小组是本公司全面预算管理领导小组的执行机构，由公司的财务部门负责工作小组的具体工作。在本公司全面预算管理领导小组的领导下行使以下职权。

1. 根据公司预算管理制度，具体负责拟定和修改本公司预算管理办法、预算编制方针、预算编制程序、全面预算编制手册（编制说明、编制表格）、预算执行监控方法等，报本公司全面预算管理领导小组审议。

2. 负责协助全面预算管理领导小组，具体指导并组织各责任部门编制预算，并对其编制的预算进行初步审查、协调和平衡，汇总后编制本公司的全面预算方案，并报本公司全面预算管理委员会审查。

3. 负责监督责任部门预算执行情况，定期进行预算执行情况的分析评价和反馈。

4. 组织预算管理的培训工作，向责任部门提供技术支持，提出预算管理制度和流程操作规范的改进建议。

5. 负责本公司全面预算日常管理工作，每月召开全面预算管理协调会，落实本公司全面预算管理的要求，每季度向全面预算管理领导小组汇报工作和预算执行情况。

6. 负责将经营业务状况发生改变或突发事项、预算内出现偏差较大或预算外的费用项目，及时报告全面预算管理领导小组，并拟定预算调整方案。

7. 负责协调、处理本公司预算执行过程中出现的一些问题。

8. 按照预算考核指标体系为预算考核提供相关综合评价信息。

9. 完成全面预算管理领导小组交办的其他工作。

10. 负责汇总经审批的本公司全面预算上报集团。

第十七条　责任部门是全面预算管理的编制、执行与反馈部门。责任部门即公司（包括下属公司）内各业务部门和职能部门，以部门为主体进行全面预算管理。其主要的职责如下。

1. 负责执行本公司全面预算管理制度。

2. 根据本公司全面预算管理领导小组或工作小组下发的经营目标，编制本部门年度预算草案。

3. 按照全面预算管理工作小组的要求，对预算差异形成的具体原因进行分析。

4. 确认预算的考核结果。

5. 提出预算调整与修正申请。

6. 负责提出本部门管理的预算指标变更申请报告。

7. 在整个预算过程中，就发现问题及时与全面预算管理领导小组或工作小组沟通，以促进预算工作的不断改进。

8. 完成全面预算管理工作小组交办的其他工作。

第十八条　为保证全面预算的有效编制，根据公司管理的实际情况，在责任部门中规定某一部门承担相应的归口管理工作。这些部门（又称归口管理部门）的主要职责是根据各责任部门提交的预算金额，同时协助预算管理工作小组对相应归口业务范围内公司整体预算编制进行平衡，并提出相应调整建议。即各责任部门将有归口管理的预算，先报送到相应的归口管理部门，归口管理部门在审核后，对责任部门报送的预算进行平衡调整和测算金额，再上报全面预算管理办公室或工作小组进行汇总。

第四章　全面预算目标的确定与下达

第十九条　年度经营目标是制定预算目标的依据。公司全面预算管理中，年度经营目标即年度预算目标。制定公司的年度经营目标，至少应依据以下条件。

1. 历史水平，包括历史平均水平与最好水平、行业平均水平与最好水平。

2. 各业务所在行业和市场的竞争状况、发展趋势等，尤其要注重研究所在行业的销售价格水平，努力达到同行业同条件的价格。

3. 外部环境变化，包括市场预测、国家相关行业的经济政策预测、产品生命周期预测等。

4. 内部资源评估，包括资源的利用能力、资金融通能力、自身的管理能力等，尤其关注自身的增长潜力。

第二十条　在确定年度预算目标后，公司及下属公司根据年度预算目标在本公司／责任部门和归口管理部门中进行分解。年度预算目标经分解并审批通过后，各责任部门和归口管理部门依据分解的预算目标编制详细预算。

第五章　全面预算的编制

第二十一条　预算编制程序。

1. 预算编制遵循上下结合的编制原则。

2. 各下属公司根据全面预算管理委员会下达的年度预算目标和编制方针，组织本单位各责任部门编制本部门预算方案初稿。

3. 责任部门编制完成预算表后，将有归口管理的预算表递交相应归口管理部门进行汇总、审核，除此之外上交本单位全面预算管理工作小组进行审核。归口管理部门汇总并审核后，应提出调整意见，并测算金额，及时上报至全面预算管理工作小组。

4. 下属公司全面预算管理工作小组对各归口管理部门提交的预算进行汇总，提交本单位全面预算管理领导小组。

5. 下属公司全面预算管理领导小组审核预算初稿，平衡后发还相关部门进行预算方案修正；审核通过后提交公司全面预算管理办公室。

6. 全面预算管理办公室汇总后提交公司全面预算管理委员会审核平衡，审核不通过发还相关部门进行预算方案修正；审核通过后向董事会提交年度预算草案。

7. 董事会对全面预算管理委员会提交的预算草案进行审批，最终确定年度预算以文件形式正式下达。

第二十二条 预算编制依据。

1. 预算编制以收入（销售／劳务等）预测为起点。

2. 经营预算根据本行业的特点，结合本公司自身的业务情况确定预算的起点。相关责任部门在编制经营预算时应考虑以下因素：在常规经济条件下的业务规模、竞争情况、季节性因素、稳定合同及潜在合同的进展情况等。

3. 投资预算应在公司经营目标和预算目标基础上进行编制。投资预算是在项目资本预算基础上，单独反映资本项目对年度经营的影响而形成的预算。相关责任部门根据项目资本预算编制年度资本预算。

4. 筹资预算应在经营预算和投资预算的基础上进行编制。根据各责任部门编制的经营预算和投资预算，全面预算管理办公室负责编制汇总经营预算和汇总资本预算，在此基础上，由资金管理部门编制资金预算。

5. 财务预算应在经营预算、投资预算和筹资预算基础上进行编制。根据各责任部门编制的经营预算、投资预算和筹资预算，全面预算管理办公室负责编制汇总经营预算、汇总资本预算和汇总资金预算，在此基础上，由财务部门编制财务预算。

第二十三条 预算编制方法。

按照预算项目与作业活动关系的紧密程度，对不同预算项目，采用不同的编制方法，不限于以下预算编制方法。

1. 零基预算是指在编制成本费用预算时，不考虑以往会计期间所发生的费用项目或费用数额，而是所有的预算支出以"零"作为出发点，一切从实际需要与可能出发，逐项审议预算部门各项预算的内容及开支标准是否合理的预算方法。

2. 固定预算是以预算期内正常的，可能实现的某一业务量（如生产量、销售量）水平为固定基础，不考虑可能发生的变动因素而编制预算的方法。

3. 弹性预算是在变动成本法的基础上，以未来不同业务水平为基础编制预算的方法，是固定预算的对称。弹性预算是以预算期间可能发生的多种业务量水平为基础，分别确定与之相应的费用数额而编制的、能适应多种业务量水平的费用预算，以便分别反映在各业务量的情况下所应开支（或取得）的费用（或利润）水平。

第六章　全面预算的执行与控制

第二十四条 全面预算的执行。

1. 下属公司各责任部门是本单位全面预算的执行机构。

2. 责任部门的第一负责人，即各部门的经理是责任部门预算执行的直接负责人。

3. 分管领导对其负责的责任部门的预算执行负有主要责任。

4. 下属公司的总经理对其公司的预算执行负最终责任。

第二十五条 全面预算的控制。

1. 下达的预算指标是与业绩考核挂钩的硬性指标，一般情况不得突破。预算指标是制定考核方案的重要依据，根据预算执行情况对责任人进行考核和奖惩。

2. 严格按照费用预算项目开支，不得相互替代；预算剩余可以跨月转入使用，但不能跨年度使用。

3. 成本、费用如遇预算控制不善确需突破时，必须由责任部门提出书面申请，说明原因。总经理批准后报集团全面预算管理办公室审批，超过 5% 报全面预算管理委员会审批，并纳入预算外资金控制。

4. 预算内资金控制。预算内资金是指经董事会审批通过后下达的正式预算，包括预算调整后的资金。预算内支出，按照本单位财务管理制度规定的审批流程进行审批。

5. 预算外资金控制。预算外资金是指责任部门预算控制不善或计划性不强等自身管理原因造成的，导致需要突破预算的资金，不包括预算调整的资金。预算外资金，须由责任部门根据业务的实际需要填写申请，该申请应该包括使用目的、使用的责任部门和责任人、使用目标、使用方式等内容。该申请经下属公司全面预算管理领导小组审批通过后报公司全面预算管理委员会审批，经全面预算管理委员会审批通过后执行。同时，该责任部门的预算外资金需备案。全面预算管理办公室及下属分 / 子公司全面预算管理工作小组应对各部门预算外资金的当期及后期的预算表进行清晰的标记，预算外资金使用的考核按照申请中明确的使用目标单独进行。

第七章　全面预算的反馈与分析

第二十六条　全面预算执行信息反馈。

1. 预算执行过程中，各责任部门要及时检查、追踪预算的执行情况，以全面预算业绩报告和差异分析报告等书面报告的形式，全面系统地报告每个责任部门及整个公司预算执行的进度和结果。全面预算管理工作小组根据自己的记录与各责任部门的反馈报告形成总预算执行分析报告，在月度预算例会上对本月预算执行情况进行沟通，并及时解决执行过程中出现的问题。

2. 预算信息反馈的方式。

（1）定期书面报告包括预算业绩报告和差异分析报告。预算业绩报告同预算编制表格一一对应，即对于各责任部门编制的每项预算，全面预算管理工作小组都向其提供相应实际经营情况与预算对比情况的书面报告。差异分析报告是对预算业绩报告的补充，只对发生重大差异的项目进行分析和报告。由全面预算管理工作小组要求产生重大差异的责任部门完成差异原因分析报告。

（2）为保证预算目标的顺利实现，全面预算管理委员会和下属公司全面预算管理领导小组在月度召开预算例会，对照预算业绩报告和差异分析报告及时总结预算执行情况，提出改进措施，并对今后预算工作做好部署。

第二十七条　全面预算的分析。

1. 全面预算差异分析的周期。

下属公司每月制定差异分析报告，并召开月度预算例会，审议和讨论各责任部门预算的执行情况；同时，下属公司应将月度差异分析报告提交全面预算管理办公室备案。

2. 负责差异分析的责任部门。

（1）全面预算管理委员会讨论通过全面预算办公室提交的重大差异分析报告，对全面预算管理办公室确定的预算执行差异原因及责任部门进行审议，并提出处理意见。

（2）全面预算管理办公室分析全面预算执行情况，汇总下属公司的差异分析报告，并加以综合分析，每月出具公司总的全面预算差异分析报告，并上报全面预算管理委员会；审议确认导致差异的原因；确认应对差异负责的责任单位，提出处理意见，并上报全面预算管理委员会。

（3）下属公司全面预算管理领导小组每月参与公司月度预算例会，讨论下属公司提交的重大差异分析报告；对下属公司全面预算管理工作小组确定的预算执行差异原因及责任部门进行审议，并提出处理意见。

（4）下属公司全面预算管理工作小组每月分析全面预算执行情况，汇总各责任部门的差异分析报告，并加以综合分析，出具下属公司总的全面预算差异分析报告，并上报下属公司全面预算管理领导小组审议确认导致差异的原因；确认应对差异负责的责任部门，提出处理意见，并上报下属公司全面预算管理领导小组；向有关责任部门提供业绩报告，协调差异分析工作。

（5）责任部门每月记录本部门全面预算执行情况，找出问题，分析本部门差异产生原因，提出改进建议；落实由本部门负责的改进措施。

3. 全面预算差异分析程序。

（1）每月 8 日前，由下属公司各部门向责任部门提交业绩报告。

（2）各责任部门根据业绩报告中标注的重大差异进行解释和分析，形成部门差异分析报告，并于每月 10 日前提交全面预算管理工作小组。

（3）全面预算管理工作小组汇总各责任部门差异分析报告，并制定公司整体差异分析报告，于每月 12 日前提交全面预算管理领导小组审批。

（4）每月 15 日前，全面预算管理办公室召开月度预算例会，对前 1 月下属公司及各部门的全面预算目标完成情况进行分析、评价，为全面预算管理委员会对全面预算的执行进行动态控制提供依据。

第八章　全面预算的调整

第二十八条　全面预算调整的原则。

1. 全面预算经批准，在公司内部即具有"法律效力"，不得随意更改与调整。

2. 当内外部环境向着劣势方向变化、影响预算的执行时，应首先挖掘与预算目标相关的其他因素的潜力，或采取其他措施来弥补。只有在无法弥补的情况下，才能提出预算调整申请。

3. 当内外部环境向着有利方向变化，而且具备中长期的稳定趋势，有明确证据表明经营预算目标可加以提高，公司内部应积极主动提出调整申请，或在与经营班子协商一致后，提出调整申请。

第二十九条　全面预算调整的分类。

1. 预算一般性调整是指各责任部门为完成年度预算目标，在预算执行过程中，以原来的预算为基础，结合预算执行进度和外部环境的变化，在不影响年度预算目标的前提下，对预算执行进度或个别预算项目进行调整。

2. 预算的重大性调整也可称为预算修正，是指在预算执行过程中，因预算制定时无法预见的重大外部环境改变或发生重大业务调整，按照实际情况的变化对年度预算目标进行修正。全面预算是公司年度经营的重要依据，应保持一定的稳定性，原则上，年度预算目标不允许修改，只有当外部环境发生重大变化，或公司战略决策发生重大调整时，才能考虑进行预算修正（预算重大性调整）。具体条件如下。

（1）董事会调整公司发展战略，重新制订公司经营计划。

（2）总经理办公会决定追加或缩减任务。

（3）市场形势发生重大变化，需要调整相应预算。

（4）国家政策发生重大变化。

（5）生产条件发生重大变化。

（6）外部市场环境发生重大变化。

（7）发生不可抗力的事件。

（8）其他造成预算调整的客观原因。

第三十条　全面预算调整权限。

1. 董事会对涉及年度经营目标的调整具有决定权。

2. 全面预算管理委员会在董事会授权内有权调整全面预算。

3. 全面预算管理办公室在保证公司年度经营总目标不变的情况下，对月度、季度预算及年度预算项目的内部结构调整具有决定权。

第三十一条　全面预算调整方式。

1. 由上而下的全面预算调整。当内外部环境发生变化，而且具备中长期的稳定趋势，有明确证据表明预算目标和现时情形差异重大时，董事会与下属公司相关领导协商一致，可以在预算年度内进行公司经营目标的调整，同时下达全面预算调整要求，并最终确认全面预算调整方案。

2. 由下而上的全面预算调整。在预算执行过程中，当内外环境发生明显变化，且符合上述预算调整条件时，全面预算管理办公室和全面预算管理领导小组可以向全面预算管理委员会提出预算调整申请。

3. 全面预算调整申请包括的内容。

（1）导致无法实现全面预算的原因，并附相关文件（如市场价格变动情况说明、相关政策变化情况说明、变更后的经营计划、公司下达追加或缩减任务、项目可行性建议书等）。

（2）已经采取的其他弥补措施和效果。

（3）调整内容。

（4）调整后的预算方案。

第九章　全面预算的考核

第三十二条　预算考核是全面预算管理中承上启下的关键环节，在预算控制中发挥着重要作用。

第三十三条　公司内的考核暂以企业管理部出台的相关考核办法为准。

第十章　附则

第三十四条　本制度与《中华人民共和国公司法》《企业会计准则》《企业会计制度》相抵触时，按有关制度执行。

第三十五条　本制度由财务部负责解释和修订。

第三十六条　本制度自公司董事会审议通过后实施。修改时由财务总监提出，总经理审核，董事会批准。

4.2　资金预算管理细则

第一章　总则

第一条　目的。

规划、控制、监督资金的运作，提高资金使用效率。

第二条　范围。

1. 部门范围：公司所有部门。

2. 资金收支预算范围：公司各部门预计单笔业务支出超过 2 000 元的；公司所有资金收入与支出。

3. 业务范围：公司所有收入业务；有资金支出的业务并符合上一条规定范围的才进行资金预算，不须资金支出的业务不纳入资金预算范围。

第二章　组织机构

第三条　机构设置。

1. 资金预算管理的组织机构包括预算管理委员会、财务部。

2. 预算委员会是实施资金预算管理的最高管理机构，组成成员包括总经理、副总经理、财务经理、办公室主任。

3. 财务部是资金预算管理的具体操作部门，由财务部综合组牵头，其他核算组协助完成。

第四条　职责。

1. 预算委员会职责。

（1）全面指导资金预算过程中出现的新问题、新现象。

（2）预测公司未来资金的收入情况，规划长期资金的支出情况。

（3）对每期的资金预算进行核准并下达核准后的资金支出报告。

（4）审阅每月的资金预算考核报告。

2. 财务部职责。

（1）全面负责资金预算的日常操作和各部门进行预算过程中的问题解答。

（2）向预算委员会提交预算报告。

（3）每月编制预算执行报告。

第三章　预算流程

第五条　预算流程如图 4-1 所示。

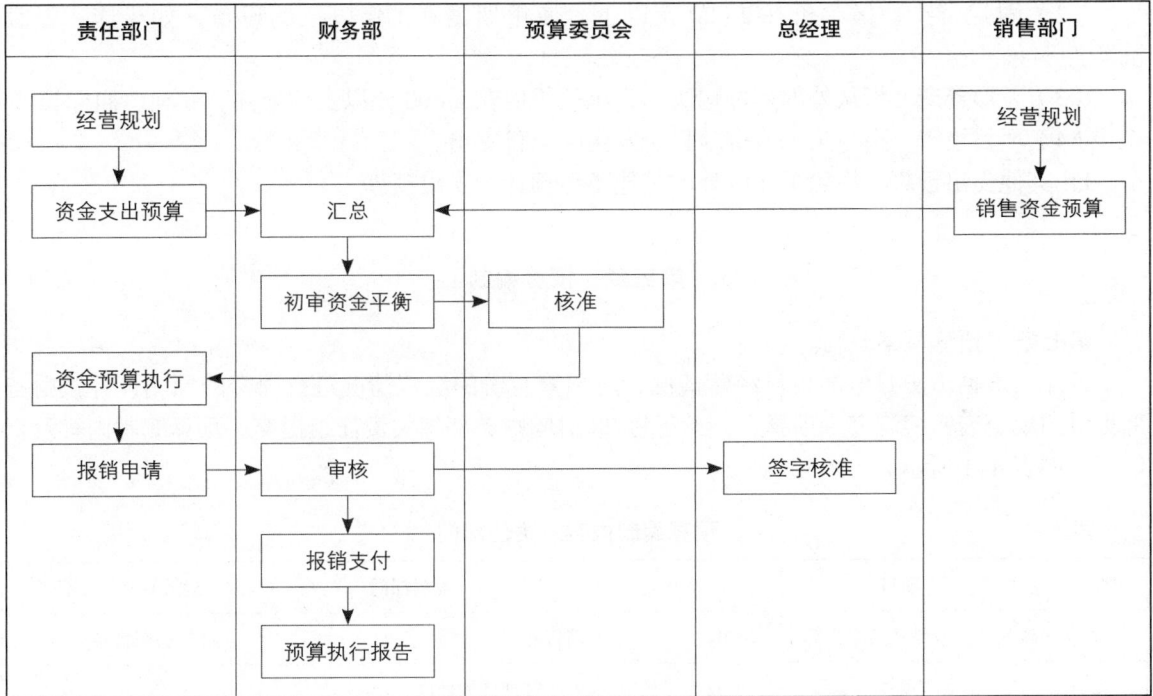

图 4-1　预算流程

第四章　资金预算管理体系

第六条　为了实现资金预算管理，资金预算体系构成如下。

1. 销售收入及销售现金收入预算。

2. 生产资金预算，包括材料采购资金预算、外协加工资金预算、低值品采购资金预算。

（1）材料采购资金，指直接构成产品成本的材料所需的资金。

（2）外协加工资金，指委托其他厂家进行半成品加工所需的资金。

（3）低值品采购资金，指购买不属于长期投资范围但每次支出超过 2 000 元的辅料、低值品所需的资金。

3. 样品采购资金预算，指销售部对外采购的样品资金支出预算。

4. 人工工资预算，指生产人员、办公人员、销售人员的工资支出预算。

5. 销售费用预算，指销售部发生的费用预算。

6. 管理费用预算，指管理部门发生的各项费用支出预算。

7. 财务费用预算，指借款利息支出预算。

8. 税金费用预算，指所得税、增值税等各项税费的支出预算。

9. 职工福利预算，指为直接满足职工生活需求的支出预算，包括职工食堂支出、房租支出、车辆租金支出、职工医疗支出、职工服装支出等预算。

10. 长期投资资金预算，包括在建工程资金预算、固定资产资金预算、无形资产资金预算、项目投资预算。

（1）在建工程，指公司厂房、车间等投资在 2 000 元以上的基本建设。

（2）固定资产，指单价在 2 000 元以上，使用期限在 1 年以上的设备，如机床、计算机等。

（3）无形资产，指从外部单位购买的，单位价值在 5 000 元以上的软件、专利、商标等。

（4）项目投资，指为某个投资项目所发生的项目支出。

11. 其他支出预算，指除上述以外的其他不可预计的支出预算。

第五章　预算编制

第七条　预算草案编制。

各部门根据历史月份的生产经营情况，对预算月份的经营情况进行周密的预测，并按财务部提供的规范表格编制资金预算表，于每月 28 日向财务部相关责任组提交。预算编制内容及责任部门如表 4-1 所示。

表 4-1　　　　　　　　　　　　预算编制内容及责任部门

序号	项目		表编号	编制部门	对应财务部责任组
1	销售收入及销售资金预算		C01	销售部门	财务部销售核算组
2	生产资金支出	生产预算	C02	生产管理计划部门	财务部存货核算组
3		材料采购支出	C03-1	副总办、供应部、生管部	
4		外协采购支出		供应部	
5		低值品采购支出		供应部	
6		直接人工支出	C04	生管部	
7	样品采购支出		C03-1	销售部	
8	间接人工支出		B03	财务部	
9	销售费用支出		C05	销售部	财务部销售核算组
10	管理费用支出		C06	各部门、财务部	财务部会计核算组
11	财务费用支出		B06	财务部	
12	税金费用支出		C08	财务部	
13	职工福利支出		C09	总经办	
14	长期投资支出		C10	有长期投资的部门，其中在建工程投资由办公室负责	财务部综合组
15	新产品开发支出		C11	技术部	
16	其他支出		C11	总经办	

第八条　财务部预审与汇总。

1. 财务部各责任组收到各部门预算草案后，应注意是否有异常支出预算，是否符合公司发展目标，是否与预测经营情况相符，是否与历史支出相近等例行性预审。

2. 各责任组预审完毕，于每月 30 日按有关表格进行初步汇总。

3. 财务部综合组根据各责任组提供的初步汇总数据，编制《资金预算表》，并进行初步的资金平衡，同时提出本月资金支出意见报告书。平衡后将有关表格在每月 1 日提交预算委员会进行核准。

第九条　预算委员会核准。

每月 2 日左右，由财务部经理负责召集预算委员会进行各项预算资金的核准。财务部应于每月 2 日将预算委员会的核准预算及时下达给各部门。

第十条　表单编制流程。

表单编制流程如图 4-2 所示。

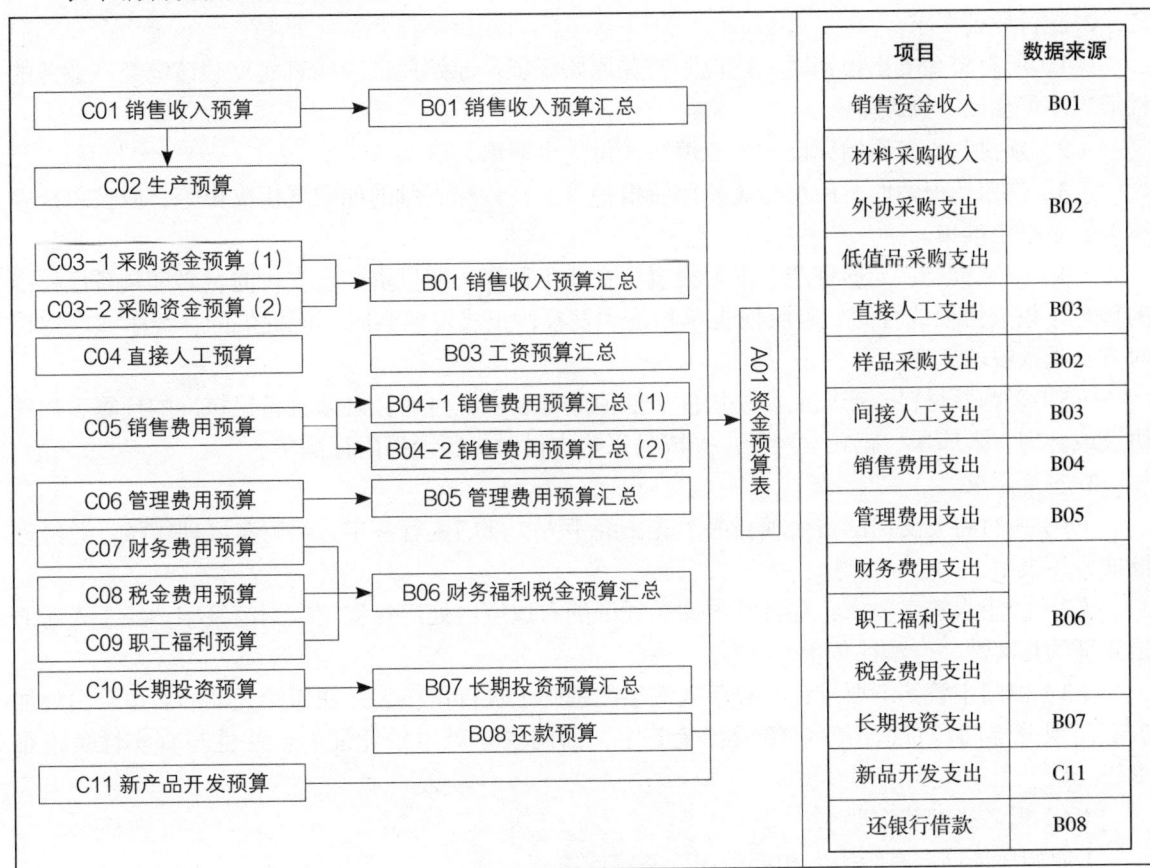

图 4-2　表单编制流程

第六章　预算执行、控制与反馈

第十一条　部门资金支出。

1. 有预算项目的资金支出，各部门根据财务部下达的预算核准金额严格执行。对于实际支付与预算金额相差较大的，部门主管将承担相应的经济责任。

2. 对于不可预料的资金支出，部门主管在要求支付时应给予详尽的描述。

3. 一般费用如差旅费的支出由部门主管批准后可不受预算资金的约束。

4. 总经办已规定应由相关职能部门支出的，如办公用品采购与维护、低值品的采购与维护，应由部门主管提出申请，由相关部门按规定进行支出，各部门不得自行支出资金。

第十二条 资金支出审核控制。

1. 时间要求。

（1）公司各部门发生的费用支出在该业务发生后一周内向财务部提供相关支付凭证申请支付。

（2）在财务部有借款事项的，在业务处理完毕后一周内向财务部办理结算。

（3）申请支付 2 000 元以上的现金或带走的银行支票，应于支付日的前 1 日向财务部递交《付款申请单》。

2. 支付凭证要求。

（1）所有资金支出报销时，均应附有关原始凭证。原始凭证应能真实反映该笔经济业务的性质，不得涂改、撕毁等。

（2）预付款没有原始凭证的，应填写《付款申请单》。

（3）差旅费报销时，应填写《差旅费报销单》，特殊支付的如乘飞机支出等，应按总经办有关规定附核准单。

（4）固定资产、无形资产、项目投资、在建工程等长期投资要求支付时，必须具备已核准的预算、相关协议或合同、验收报告单和正式发票；正式发票当时不能提供的，经手人应提请对方开具预收款凭证。

（5）采购原材料、产成品、外协件、低值品等要求支付时，必须具备已核准的预算、相关协议或合同、入库单、正式发票等。产成品采购支付时，还须另附订购单。

3. 签章要求。

（1）所有将要支出的资金项目必须先由经手人、部门主管签字，经财务经理审核，总经理批准方可报销。

（2）经手人签字要求：在合法的原始凭证的右边空白处用签字笔或钢笔签字，经手人对原始凭证的真实性、合法性负责。

（3）部门主管签章要求：在经手人签字的基础上进行审核，并在原始凭证的右边空白处加盖部门或分部门印章，用签字笔或钢笔签字，部门主管对原始凭证的合法性与真实性负连带责任。

（4）财务经理签章要求。

①原始凭证均应有经手人和部门主管签字或签章。

②对于预算内的资金和单笔业务支出在 2 000 元以下合理范围内的支出，在原始凭证上加盖"财务审核"字样的印章，并签字。

③对于预算外资金支出，原则上财务经理不予签章。如对预算外资金附有合理的描述，财务经理在原始凭证上加盖"预算外资金审核"字样的印章并签字。

（5）总经理在财务经理签章的基础上对每笔资金进行签字确认，对于预算外资金，由总经理最终决定是否支付。

（6）出纳在审查支付凭证时，支付凭证同时具有经手人、部门主管、财务经理、总经理签字，方可支付；支付完毕，在原始凭证上加盖"付讫"印章。

第十三条 预算执行反馈报告。

1. 预算编制提交时间考核。

各部门应严格按预算编制时间要求编制预算并提交财务部相关责任组。财务部每月编制

《预算报表提交时间考核表》并于每月 6 日公布。

2. 预算执行考核表。

财务部详细记录各责任部门的资金收支情况，并编制《资金预算执行考核表》，于每月 6 日公布。

4.3　月度费用预算管理

第一章　总则

第一条　本司目前采用增量预算与零基预算相结合的方法。

第二章　预算方法

第二条　公共预算费用：由归口管理部门进行统一预算后，提交财务部进行审核，审核通过后反馈公共预算部门，公共预算部门再将相关预算信息以电子邮件形式传递给相应部门。传递信息只需提供相关部门本部门的信息。公共费用预算部门给财务部提交预算表时要同时提交电子版。

第三条　部门预算费用：由各部门先填预算工作底稿，然后汇总各费用项目的预算工作底稿的总额填费用预算总表。对于公共费用部分，收到公共费用预算部门提交的信息后，直接做入《月度费用预算表》中，不用附《预算工作底稿》。

第四条　专项费用：对于公司统办的活动，如中秋、运动会以及规定须专项预算的费用由归口部门提交专项预算，经财务部审核后，由预算部门按费用归属将信息传递给相应部门，由相关部门做入本部门月度费用预算中。

第三章　预算科目

第五条　公共预算费用：折旧、工资、提成、电话费、福利、保险、食堂费用、水费、电费、汽车费、摊销费用等。

第六条　部门预算费用：除第五条提到的预算表上的其他费用科目。

第四章　预算提交时间

第七条　每月 25 日前提交下月预算，次月 10 日前追加一次预算。超过 10 日则不能再追加预算。

第五章　预算对口人员管理

第八条　各部门须指定一名人员负责每月部门费用预算。

第九条　各部门月度费用预算在提交财务审核前，须经部门负责人审核。生产系统的预算，按公司人事安排，须经最终负责人审批。

第六章　费用预算方法

第十条　各部门必须严格根据预算工作底稿进行预算编制。

第十一条　对于难以预计是否发生的费用不能进行预算外编制，应具体参见预算办法。

第十二条　各部门的相关费用可参照本部门的下月计划及历史费用水平进行预算。

第十三条　各部门提交财务部审核预算前，必须同时提交预算的电子版。

第十四条　对于公共部门如行政部、采购部、品管部、财务部，原则上按工资表上的人员分配进行相应费用预算。不能划分到具体人头的，须按财务部划分标准进行预算。

第十五条　各预算表格不能随便改动，如需更改，需提前知会财务部。

第十六条　对于专项预算表格，各部门可以在满足财务要求必须含有要素外，自行调整表格。

第十七条　财务部审核各部门预算参照历史费用水平、公司费用规定、相关部门的费用开支计划原因进行审核。对于超支预算部门，直接在财务审核栏填写实审金额。

第十八条　财务部门审核各部门费用预算确认符合标准后，汇总各部门费用预算额，提交总经理审核。

第七章　预算控制

第十九条　财务部根据各部门月度费用预算表进行审核控制。试行期间对于超出预算发生的费用，相关费用报销部门必须提交原因说明。

第二十条　原则上当月预算费用如有剩余不能移入下个月使用。

第二十一条　对于属于由公共部门报销，但费用并非属于公共部门一个部门发生的费用，由公共部门平时进行登记，并共享给相关部门，便于及时监控。

第二十二条　对于跨月费用，登记月份原则上与财务入账时间要保持一致。

第二十三条　各部门文员，根据本部门统计的费用，对部门预算费用进行初步统计对比，如有超出预算的费用，及时提醒本部门人员。

第二十四条　各部门负责人必须及时关注本部门费用开支情况，对异常超支情况及时做出调整。

第二十五条　试行期间各部门费用预算准确率定为预算额的正负10%。超出或低于10%的，下月财务部在审核各部门费用开支时，会考虑进行相应调整。

第二十六条　每月财务部统一导出各部门当月费用发生额给各个部门，各个部门进行调整后，与当月预算进行对比。各部门需要调整的费用仅指跨月的费用部分。

第二十七条　基于存在跨月费用报销原因，各部门提交《月度费用预算表》时，要同时提交《累计费用预算表对比表》，对于跨月费用应调整计入相应月份。

第八章　附则

第二十八条　本办法自公布之日起试行3个月。

4.4　管理费用预算实施及管控制度

第一条　目的。

为促进公司建立、健全内部约束机制，推动公司加强费用预算控制管理，进一步合理降低各项费用，以达到公司利润最大化，以及为推进公司全面预算管理奠定基础，结合公司目前的实际情况，特制定本制度。

第二条　适用范围。

本制度适用于公司所有涉及管理费用的部门和个人。

第三条　职责。

1. 行政部是公司管理费用预算的主要负责管控部门，其主要职责如下。

（1）制定公司预算管理基本制度和预算编制、考核办法。

（2）组织、协调公司管理费用预算编制工作，审查、平衡公司管理费用预算，负责向公司提交预算草案，负责向公司报告预算编制情况。

（3）组织、协调公司管理费用预算执行工作，对预算执行情况进行控制和监督，负责向公司提交预算执行情况报告。

（4）审查、研究公司预算调整事项，负责向公司提交预算调整草案。

（5）对预算指标的完成情况进行考核，负责向公司提出考核建议。

（6）负责预算管理的其他工作。

2. 公司各相关职能部门是预算管理的管控部门，在行政部的指导下开展工作，其主要职责如下。

（1）制定分管业务预算的管理细则。

（2）按照授权审批程序，严格执行批准的预算方案，对预算的执行、分析、控制和监督实行全过程管理。

（3）为预算调整和考核提供分管业务的基础数据。

（4）为预算管理提供本部门预算及预算执行、调整、分析、考核的基础资料等。

第四条　原则。

1. 为高效地控制、节约管理费用支出，提高经营效益，需对维持各部门正常运作而必须开支的非生产性支出实行预算管理、总额控制。这些支出统称管理费用。

2. 管理费用的范围具体包括：工资、福利费、修理费、招聘费、办公费、租赁费（指办公场地）、邮电费、社会保险费、住房公积金、劳动保护费、股东会费、培训费、咨询费、差旅费、税金、水电费、商业保险费（房屋）、招待费、车辆费、企业文化费、年检审计费、折旧费等。

3. 管理费用预算坚持以编定支，根据工作要求，实行总量控制。

4. 各单项管理费用原则上专款专用。任何单项管理费用原则上都不得超支。

5. 固定资产和低值易耗品的预算纳入管理费用预算范围，同时编制，其编制、执行按《固定资产管理办法》相关条款执行。

第五条　预算的编制及审批。

1. 每年 11 月 15 日前，公司各职能部门根据下一年度的工作安排，制定下一年度人员编制计划，上报行政部。

2. 每年 11 月 30 日前，行政部完成对公司管理费用预算的组织编制、汇总工作。公司高层的业务费列入年度管理费用预算计划，由总经办负责编制并进行汇总。

3. 每年12月25日前，行政部组织公司高层完成对人员编制申请和行政费用预算总额的最终审定，发布定编及管理费用预算方案。

第六条 预算调整。

1. 公司管理费用预算以年度为周期编制，年度预算与经营计划目标一致，为年度经营计划实现提供保障。年度预算制定、下达后必须严格遵照执行，原则上不得进行调整或变更。但确因环境或政策变化导致预算与实际出现较大差异，必须进行调整或变更的，须遵循如下原则。

（1）公司利润最大化原则。预算调整后要有利于实现公司的利润最大化。

（2）必要性及严谨性。调整预算必须由调整部门提供必要、合理的理由，提供专门的分析报告，同时填写《预算调整申请表》并对调整结果负责。

2. 遇特殊情况调整预算，需提报行政部审核，行政部每月月初进行预算调整并汇总（包括调增和调减），以及修正公司的年度预算。最终由总经理批准执行。

第七条 执行。

管理费用使用部门控制职责：各职能部门对经批准的涉及各自部门的《管理费用预算表》所列项目负控制职责。

第八条 预算内管理费用报销程序。

1. 控制目标。

（1）确保所有费用报销均在费用预算内，严格控制费用支出。

（2）确保所有费用的列支均做到合理、合法、合规，并且得到及时准确的记录。

2. 管理费用报销流程。

（1）各部门费用报销人员将原始票据整理粘贴好，并依据管理费用相关科目分项填写报销单，有两个及以上管控人的必须分页填写，以便审核。

（2）部门主管审核费用的发生是否真实，并了解是否超出管理费用预算标准范围，确定是否同意报销。

（3）管控部门/管控人审核费用是否在资金计划内，是否在部门预算内，不在资金计划和部门预算内的费用予以退回，要求按照规定程序补充资金计划和（或）超预算计划。

（4）预算内管理费用由行政部经理负责审核，审核费用是否在资金计划内，将超出审批权限的报销单退回。

（5）财务主管审核费用内容及原始票据的真实性、合法性，报销单填写是否齐全，计算是否正确，是否已经过规定程序审核批准，各程序的审批是否在规定的审批权限内，对不合规的票据予以没收，或退回换合格票据。

（6）财务经理审核凭证科目使用是否正确，原始票据与报销单金额是否一致，数据计算是否正确。

（7）签批：签批程序参照公司财务管理相关程序。

第九条 超支处理。

1. 预算期内管理费用已实际超支，在预算计划尚未做出调整之前，原则上不允许超支部门再行发生管理费用，确因工作需要，超支部门应按本制度执行。

2. 调整预算后方可据实报销。

第十条 报销时间。

各项行政费用的报销时间截至当年的12月31日，逾期报销，费用计入下一年度。

第十一条　监控。

1. 各管控部门 / 管控人每月定期向行政部报送管理费用执行情况报表，行政部每月定期向财务部报送管理费用执行情况报表，财务部每月向公司提交管理费用预算执行情况报表。

2. 公司总经办审计专员每季度定期对各部门管理费用预算执行情况进行审计。对审计发现的超预算情况，审计专员及时进行审计，查明情况。

3. 管理费用预算执行的超额和节支情况与考核挂钩，作为奖金发放的考核标准之一。

第十二条　账务处理。

各管控部门根据实际情况需要，在会计核算制度规定的范围内设置科目，对各部门的各项管理费用进行登记。

第十三条　奖惩规定。

行政部将依据批准的年度《管理费用预算表》制定相应的奖励及处罚措施，具体的方案依据当年度的预算情况决定。

4.5　经营计划与预算制度

第一条　经营计划与预算制定

科学技术的日新月异，使得生产技术不断改良，促成了近代工业的精细分工与大量生产，从而引起市场剧烈的竞争，企业所赚取的利润也日趋微薄。因此近代企业的经营趋势将由以往"成本决定售价"的旧观念改为"售价决定成本"的新意识。如果企业不能生产物美价廉的产品，那么非但不能赚取利润，甚至无法继续生存。所以，如何使成本降低，获取最大利润成为企业界努力研究的重大课题。一般言之，降低成本不外乎改良生产技术与提高工作效率两方面。前者有赖于技术人员的努力，以及更新生产设备、改善工作方法和开发新而低廉的代替料源；而后者则有赖于实施有效的管理技术，运用经济效益最佳的管理方法，使企业所有的机能与资源获得合理的调配与运用。

本制度即基于后者的需要而制定。目的：在年度开始之前，对下一年度的经营目标与经营方针预作提示，责成各部门依据公司目标，拟订（或修订）相关管理制度或改善方案，并配合年度预算的编制，预测产品市场的增减变动，配合设定产能与成本标准，拟订年度产销计划，预估年度损益及资金的调度运用，并作为考核各部门执行绩效的依据。公司通过各种标准的设定、事前的合理规划，并经由各管理阶层的积极参与，可以达到避免错误、减少浪费、激励士气、降低成本创造利润的目的。

第二条　经营目标。

1. 总目标：加强管理，研究创新，扩大营业额，控制成本，创造利润。

2. 各部门目标。

（1）贸易部。

①充分消化现有产能。

②利用现有市场，购销相关产品，扩大营业额。

③销售费用的控制，如运输费用、报关费用、保险费用等。

④呆品处理。

⑤制定外销成长率、年度外销金额。

（2）内销部。

①估计内销产品销售数量，协调生产管理中心建立适当库存量。

②建立内销销售网，增加现有客户的采购规格及数量。

③呆品处理。

④设定内销成长率、年度内销金额。

（3）供应部。

①建立机物料 ABC 分类，实施重点控制。

②建立各主要原物料安全库存量、经济采购量。选择优良供应厂商，商订长期采购合同；加强比价功能，降低采购价格。

③降低平均库存量：A 料（　　）天，（　　）千克；B 料（　　）天，（　　）千克；机物料降低（　　）%，（　　）元。

（4）总务部、人事科。

①建立员工晋升、薪资、考核、奖惩的人事制度。

②精简人事，控制管理费用。

（5）事业关系室。

①建立人、物出入厂管理规则。

②加强警卫勤务训练。

（6）会计部。

①修订现行会计制度，精简作业流程，加强管理会计功能。

②适时提供各项管理报表。

③强化现金预测功能，灵活调度资金。

④严格审核费用开支，控制预算。

⑤每月实施存货盘点。

（7）总经理室（生产管理中心）。

①研究开发新产品、新技术、新配方。

②推动或审核各种专案研究。

③协调产销活动，拟订或修订生产计划，追踪管理生产进度；协助一厂、二厂调度人力，协调各中间生产单位原料的调度移拨，避免产能闲置或停机待料，或超量生产。

④研拟人员训练计划。

（8）一厂、二厂。

①总务。

a.改善员工伙食方案。

b.改善工作环境，照顾员工生活，加强福利娱乐措施。

②工程保全：拟订年度机器设备维修计划。

③质管。

a.拟订（修订）质量管理标准。

b.推动 QCC（质量管理圈）。

c.改善提案制度。

④生产。

a.严格管理生产进度，全力完成生产计划目标。

b. 管理原料耗用。

c. 灵活调度人员，避免人工闲置。

d. 机动调拨各种原料，避免停机待料。

e. 加强机器修护，强化在职训练，提高生产效率，精减人员编制。

第三条　预算编制的内容及说明。

1. 营业计划说明书。

营业计划说明书是贸易部与内销部在预算年度中营业计划的书面报告，内容包括：市场的展望、新产品的开发、旧产品的淘汰、新客户的开发或旧客户的淘汰、广告或其他销售推广政策、售价政策、授信及账款回收政策、业务人员的增减异动、销售费用的限制、本年度营业方面所可能遭遇的困难及其克服对策等的说明。

2. 客户类别销售计划表。

贸易部及内销部根据市场情况、客户往来情况预计各客户的销售量，以确定的售价编制客户类别销售计划表。（外销方面如无法依客户类别预估，则依销售地区类别预测）

3. 产品类别销售计划表。

本表系以产品类别为主，分内外销，由表二汇总编制而成。

4. 生产计划说明书。

本表由一厂、二厂就产量及产能运用计划、质量计划、新产品或新技术（包括新配方）的研究开发计划、机械修护计划、机械淘汰更新及扩建计划、人员合理化计划、成本控制计划、本年度生产上可能遭遇的困难及其克服对策等加以说明。

5. 标准产能设定表。

本表是生产管理中心按各生产部门正常编制下，主要生产设备的设计产能及生产效率所设定的标准产能，编制产销配合计划表的参考，并作为考核实际生产效率的依据。

6. 标准用料设定表。

本表是生产管理中心按各生产部门产制品每单位主要原料的标准耗用量，编制生产计划及供应部编制采购计划的参考，并作为考核原料耗用的依据。

7. 标准人工费用设定表。

本表是各部门在标准产能下，配置的人员编制及用人费用标准。本表依性质分为直接人工及间接人工两项，待生产计划确定后，作为编制人工费用预算及考核人工效率的依据。

8. 标准制造费用设定表。

本表是各部门在标准产能下，耗用的电力、重油、机物料、维修费用等费用标准，分为变动及固定两项。本表是生产计划确定后编制制造费用预算表及考核费用支出的依据。

9. 服务部门费用分摊设定表。

本表是按费用性质，依服务部门提供服务的比重，分配服务部门费用给生产部门的标准。

10. 产销配合计划表。

本表是本公司预算年度产销活动的基本报表，由总经理室及生产管理中心根据营业部门及生产部门提供的资料，综合市场环境、生产状况、制成品存货水准及成本利润等因素，加以协调而编制，提经公司预算委员会讨论的年度产销计划。

11. 生产计划表。

本表是生产管理中心依据经核定实施的产销配合计划表内所列各项产品生产数量，而排定的各中间及最后生产部门产制品的计划生产数量表，作为预算年度追踪考核各生产部门生产进度达成率的依据。

12. 主要材料耗用量预算表。

本表由生产部门依据生产计划及标准用料设定表加以汇编而成。

13. 资材计划说明书。

本表由供应部就库存政策、采购政策、付款计划等加以说明。

14. 主要材料采购预算表。

本表由供应部依据主要材料耗用量预算表斟酌材料的合理库存、经济采购量及材料价格趋势等予汇编，作为编制主要材料耗用成本的依据。

15. 固定资产扩建 / 改良及专案费用预算表。

本表是供应部根据营业计划说明书、生产计划说明书、产销配合计划表及公司预算委员会决议事项所编制的年度资本支出及专案支出预算与完工进度表。

16. 工缴汇总表。

本表是一厂、二厂依据生产计划表、标准人工费用设定表、标准制造费用设定表、固定资产扩建 / 改良及专案费用预算表所编制的人工及制造费用年度预算表。

17. 生产成本预算表。

本表是会计部依据生产计划表、主要材料耗用量预算表、主要材料采购预算表、工资汇总表所编制的各产品直接材料、直接人工及制造费用的总成本及单位成本预算表。

18. 销货成本预算表。

本表是会计部根据产销配合计划表及生产成本预算表加以汇编而成的。

19. 营业收入预算表。

本表是会计部根据产销配合计划表及预估的其他收入加以汇编而成的。

20. 推销管理财务费用预算表。

本表是会计部参酌前年度实际开支，并依据年度营业管理计划所编制的推销管理财务费用年度预算表。

21. 损益预算表。

本表是会计部依据销货成本预算表、营业收入预算表、推销管理财务费用预算表编制的年度损益预算表。

22. 资金来源运用表。

本表是会计部根据年度产销库存计划、资本支出计划及债务偿还计划等资料编制而成的。

23. 管理计划说明书。

本表由公司总务部及人事科就组织编制合理化计划、人员增减异动计划、人力发展训练计划、管理规章办法的推行计划等加以说明，以供总经理室编写经营计划及会计部编制管理费用预算参考。

24. 经营计划说明书。

经营计划说明书由总经理室就前述有关资料，就营业生产、资材管理等计划加以说明。

第四条 推行预算制度的组织。

1. 公司预算管理委员会。

主任委员：总经理。

副主任委员：副总经理。

委员：贸易部经理、内销部经理、供应部经理、总务部经理、会计部经理、总经理室主任、生产管理中心主任。

一厂厂长

二厂厂长

执行秘书：会计部副经理

2. 一厂预算管理委员会。

主任委员：厂长。

委员：

副厂长

主任

执行秘书：专员。

3. 二厂预算管理委员会。

主任委员：厂长。

委员：

副厂长

主任

科长

执行秘书：专员。

4. 预算委员会的职责。

（1）决定公司或各厂的经营目标及方针。

（2）审查公司各部及一厂、二厂的初步预算并讨论建议修正事项。

（3）协调各部门间的矛盾或分歧事项。

（4）预算的核准。

（5）环境变更时，预算的修改及经营方针的变更。

（6）接受并分析预算执行报告。

5. 预算执行秘书的职责。

（1）提供各部门编制预算所需的表单格式及进度表等。

（2）提供各部门所需的生产、收入、成本与费用等资料以供编制预算参考。

（3）汇总各部门的初步预算，提出建议事项，交预算委员会讨论。

（4）督促预算编制的进度。

（5）比较与分析实际执行结果与预算的差异情况。

（6）劝导各部门切实执行预算有关事宜。

（7）其他有关预算推行的策划与联络事项。

第五条　预算编审程序及日程进度。

10 月 1 日，公司预算管理委员会执行秘书着手拟订预算年度初步设定的经营目标，及准备预算编制筹备事项，并编成会议资料。

10 月 11 日，召开公司预算管理委员会会议，说明预算编制程序，颁布公司年度经营目标。

10 月 12 日，召开一厂、二厂预算管理委员会会议，根据公司年度经营目标，颁布一厂、二厂年度经营目标，责成各部门主管着手拟订各项管理计划大纲及完成进度表，并设定产能、用料、人工及费用预算标准。

10 月 13 日，贸易部、内销部及一厂、二厂各级主管开始编制预算，总务部、人事科、事业关系室开始拟订各项管理计划大纲及完成进度表。

10月26日，总经理室及生产管理中心开始编制预算。

公司预算委员会执行秘书汇总各单位的初步预算及计划大纲，做成修正案提交公司预算委员会讨论。

11月1日，召开第二次公司预算管理委员会会议，协调修正总经理室及生产管理中心提报的年度产销计划。核定一厂、二厂提报的产能、用料、人工及费用预算标准，以及各部门提报的管理计划大纲及完成进度表。

11月2日，总经理室、生产管理中心、贸易部、内销部根据公司预算委员会决议事项修正预算，一厂、二厂根据核定的生产计划及用料标准，编制材料耗用量预算及人工制造费用预算。各部门根据核定的管理计划大纲及进度表着手草拟计划草案。

11月9日，供应部开始编制预算。

11月13日，一厂、二厂开始编制生产成本预算。

11月20日，会计部开始编制预算。

12月1日，总经理室开始编制经营计划说明书。

12月5日，召开第三次公司预算管理委员会会议，讨论通过年度经营计划及年度预算案。

12月6日，颁布年度经营计划及年度预算。

12月7日，各单位开始编制下一年度1月预算。

4.6 某公司全面预算管理制度

第一章 总则

第一条 全面预算管理的目的。

为推动全面预算管理的顺利实施，提高公司管理水平，强化内部控制，防范经营风险，实现公司经营目标，根据公司的实际情况及管理要求，特制定本管理制度。

第二条 全面预算管理的任务。

全面预算管理贯穿公司经营管理活动的各个环节，是提高公司整体绩效和管理水平的重要途径，其主要任务如下。

1. 推进战略目标管理，实现长期规划和短期计划相结合。公司通过编制全面预算，细化公司战略规划和年度经营计划，对公司整体经营活动进行一系列量化的计划安排，有利于战略规划与年度经营计划的监控执行。

2. 为绩效管理提供制度依据。公司通过全面预算管理与绩效管理相结合，为公司的全体员工设立行为标准，明确工作努力的方向，促使其行为符合公司战略目标及年度经营目标的要求。

3. 强化事中控制与成本监控。公司通过寻找经营活动实际结果与预算的差距，可以迅速发现问题并及时采取相应的解决措施。公司通过强化内部控制，可以降低公司日常的经营风险，加强对费用支出的控制，有效降低公司的营运成本。

4. 加强公司内部信息沟通，使各部门的目标和活动协调一致。公司通过全员参与、全方位和全过程预算管理体系的设计，实现对公司整体经营活动的事前规划、事中控制和事后分析反馈，增强公司对经营活动的控制能力。

5. 促进资源优化配置。公司通过编制全面预算，使公司管理层必须认真考虑完成经营目标所需的方法与途径，并对市场可能出现的变化做好准备，促进公司各类资源的有效配置，提高资源利用效率。

第三条　全面预算管理的范围。

一切生产经营活动，全部纳入预算管理，做到全员参与、全面覆盖，并进行事前、事中、事后相结合的全程监控。

第四条　全面预算管理体系的模式。

根据公司的实际经营条件和管理特点，公司全面预算管理的重点是目标利润。公司采取以成本控制为核心的全面预算管理模式，以销定产、以产促销，提高公司内部管理水平，提高公司核心竞争力，推动公司各项目标的完成，以保证最大限度地实现公司经营目标利润。

第二章　全面预算的管理体制与组织体系

第五条　全面预算管理体制。

公司实行统一规划、逐级管理的全面预算管理体制，确定以下管理原则。

1. 统一规划原则。全面预算管理目标由公司统一规划，并与公司经营目标相一致，各级预算必须服从于公司的战略目标和经营目标。

2. 分级管理原则。全面预算管理目标按逐级分解的原则实行分级管理，经下达的全面预算指标由公司各级部门负责落实，各单位对各自归口的业务做预算，并对预算执行负责，公司统一对各单位全面预算执行情况进行分析考核。

3. 适度性原则。遵循实事求是的原则，防止低估或高估预算目标，增产节约和增收节支并重，保证预算在执行过程中切实可行。

4. 上下结合原则。自上而下分解目标，自下而上编制预算。

5. 不调整原则。预算一旦确定，没有审批，不予调整，以保证预算的严肃性与合法性。

第六条　全面预算管理的组织体系。

全面预算管理的组织体系以全面预算管理委员会、全面预算管理办公室为主体，跨部门设立预算责任网络。

全面预算管理的组织机构包括：董事会、总经理、全面预算管理委员会、全面预算管理办公室及全面预算责任网络。

全面预算组织结构如图 4-3 所示。

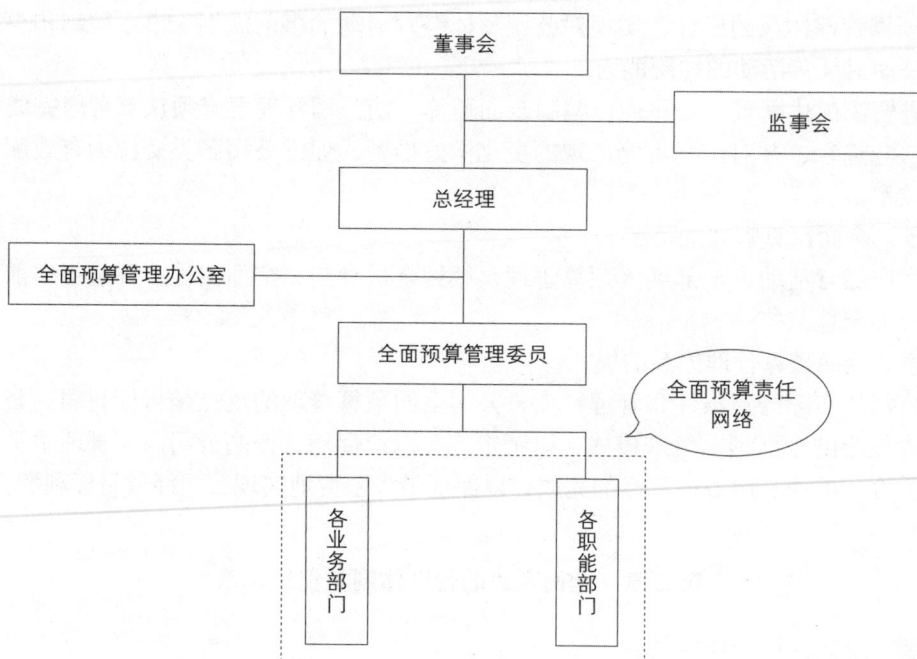

图 4-3　全面预算组织结构

第七条　董事会。

董事会是全面预算管理的最高决策机构，董事会依据公司的发展战略，结合股东的期望收益、经营环境、经营计划等因素审议、批准公司上报的年度全面预算方案及其调整方案，并通过总经理授权全面预算管理委员会组织制定、下达正式年度全面预算方案及其调整方案。

第八条　总经理。

总经理负责组织制定公司全面预算管理制度及预算方案，负责将董事会决议和公司年度经营计划落实在公司全面预算方案中，负责组织实施经董事会批准通过的预算方案及其调整方案，并对预算方案的执行负最终责任。

第九条　全面预算管理委员会。

全面预算管理委员会是实施公司全面预算管理的最高决策咨询机构，以预算会议的形式审议各项预算事项，为非常设机构。

全面预算管理委员会由包括公司总经理在内的领导班子组成：委员会主任由公司总经理担任，委员会副主任由总经理办公会成员、财务总监担任，委员由各职能部门部长、各生产厂厂长担任。全面预算管理委员会设秘书一名，由委员会主席安排，并经委员会其他成员认可。

全面预算管理委员会在总经理的授权下行使以下职责。

1. 组织拟订公司预算管理办法及相关制度、年度预算基本假设、预算目标（包括总目标和目标分解体系）、预算编制方针和预算编制程序、预算执行监控方法，报总经理批准。

2. 组织召开质询会，对全面预算管理办公室提交的各部门预算草案和公司整体预算草案提出质询，并就必要的修改与调整提出建议。

3. 审议全面预算管理办公室提交的公司全面预算草案、各部门年度预算草案和调整草案，经总经理审批后上报董事会审批。

4. 审议全面预算管理办公室提交的公司季度滚动全面预算草案和各部门季度滚动预算

草案。

5. 审查、分析预算执行分析报告，提出改善措施。

6. 在总经理授权下协调、裁定公司预算编制、执行过程中各部门发生的重大冲突。

7. 审议与全面预算执行情况挂钩的考核及奖惩办法。

第十条　全面预算管理委员会的议事规则。

全面预算管理委员会通过定期召开会议的形式履行其职责，全面预算管理委员会会议根据全面预算管理办公室报请的审议内容，由全面预算管理委员会主任为召集人确定会议议程，并主持议事。如主任因特殊原因缺席，由主任指定副主任代为履行上述职责。

第十一条　全面预算管理办公室。

全面预算管理办公室是全面预算管理委员会的执行机构，在全面预算管理委员会直接领导下行使以下职权。

1. 具体负责拟定和修改公司预算管理办法及相关制度、年度预算基本假设、预算目标（包括目标和目标分解体系）、预算编制方针、预算编制程序、全面预算编制手册（编制说明、编制表格）、预算执行监控方法等，报全面预算管理委员会审议。

2. 根据年度经营计划，将全面预算管理委员会提出的全面预算总目标进行分解、下达。

3. 组织各部门编制预算或调整预算，对分厂、部门编制的预算草案或预算调整方案进行初步审查、协调和平衡，汇总编制公司预算草案或预算调整方案，上报全面预算管理委员会审议。

4. 向公司各部门下达经批准的全面预算方案，监督各部门预算执行情况，定期进行预算执行情况的分析评价和反馈。

5. 组织预算管理的培训工作，向预算编制、执行单位提供技术支持，提出改进预算管理工作的意见。

6. 遇特殊情况时，向全面预算管理委员会提出预算修正建议，或接受并初步审查各部门提出的预算调整申请。

7. 监督全面预算执行情况，并组织对全面预算执行结果进行分析评价和反馈，在规定的权责范围内处理相关问题，向全面预算管理委员会提交本预算年度全面预算管理工作的分析报告。

8. 协助全面预算管理委员会协调、处理预算执行过程中出现的一些问题。

第十二条　全面预算责任网络。

预算管理涉及面广、业务交叉点多，各有关部门必须做到分工协作、职责明确、充分沟通、密切配合。为确保预算管理工作的顺利进行，成立全面预算责任网络。

预算责任网络以公司的组织机构为基础，根据所承担的预算责任划分，包括公司各部门。

预算责任网络负责提供编制预算的各项基础资料，包括：本单位／部门的预算初稿和初稿依据；监督本单位／部门预算的执行情况并及时进行反馈；根据内外部环境的变化提出预算调整申请，协调本单位／部门内部资源及单位／部门之间的预算关系。各部门第一负责人对本部门预算承担第一责任。

第十三条　全面预算责任网络责任中心的划分。

全面预算责任网络是各级预算执行主体，根据其在组织内部具有的一定权限和承担的相应经济责任划分为不同的责任中心，以承担不同的预算目标责任。

责任中心可分为利润中心（内部利润中心）和费用中心。

1. 利润中心（内部利润中心）。利润中心（内部利润中心）为负有利润责任的公司／分厂，其决策能够决定本责任中心的利润（内部利润）、收入、成本费用等主要因素，控制目标是特定预算年度的利润（内部利润）及其相关指标（见表4-2）。

表4-2　　　　　　　　　　责任中心分类（1）

单位	责任中心	管理责任人	控制目标
业务一部	利润中心	部门经理	公司利润
业务二部	内部利润中心	部门经理	公司利润

2. 费用中心。

费用中心为负有期间费用责任的部门，控制目标是特定预算年度的各明细费用指标（见表4-3）。

表4-3　　　　　　　　　　责任中心分类（2）

单位	责任中心	管理责任人	控制目标
财务	费用中心	部门经理	
行政人事	费用中心	部门经理	
研发	费用中心	部门经理	各部门可控成本、费用
……	费用中心	……	

第三章　全面预算期与全面预算编制期

第十四条　全面预算期。

全面预算期指全面预算编制覆盖的经营期间和全面预算的实际执行期。公司全面预算期为每年的1月1日—12月31日。

第十五条　全面预算编制期。

全面预算编制期指全面预算实际编制的时间。

公司实行以一年为一期，每三个月滚动一次的预算编制方法，因此公司的全面预算编制分为年度预算编制与季度预算编制。

公司年度预算编制期为每年11月—12月（暂定），这一期间为编制下一预算年度的全面预算编制期。

公司季度预算编制期为每季度月末的15日（暂定），在这一时期，公司开始着手编制下一季度滚动预算。

第四章　全面预算的编制

第十六条　全面预算编制的主要内容。

按预算编制的相互关系，全面预算分三个层面：预测表、计划表及预算表。

1. 预测表是对外界市场情况和内部资源所做的预测，包括市场需求、销售价格、采购价格、生产能力的预测。预测结果只与内外部情况相关，不受公司战略目标和公司年度经营目标影响，是编制计划和预算的依据。

2. 计划表是在预测表的基础上，根据公司战略目标和年度经营目标制定的，包括公司主要生产经营活动的各项计划，如销售计划、生产计划、物资能源需求计划、采购计划等。此处所指的计划只是公司和各部门所有计划的一部分，作为制定预算表的依据。

3. 预算表是在对市场情况及内部资源状况充分分析研究的基础上，对涉及全面预算大的计划进行进一步的细化和价值量化，形成的一个完整的具备一定风险防范措施的资源优化配置方案。

按预算涉及的业务活动领域，预算包括业务预算与财务预算两大类。

1. 业务预算又分为销售预算和生产预算，用于计划公司的基本经济业务，包括销售收入预算、销售费用预算、货款回收预算、各项采购预算、生产计划预算、各种生产物资预算、能源需求计划及预算、制造费用预算、产品成本预算、生产成本预算、库存物资结存预算、运输计划及预算、零修计划预算、工资及工资附加费分摊预算、运输费预算、差旅费预算等。

2. 财务预算是关于资金筹措和使用的预算，包括现金预算、长期资本支出预算、长短期借款预算、预算会计报表等。

第十七条　年度全面预算的编制程序。

在编制下一预算年度的年度全面预算之前，全面预算管理委员会组织公司全面预算管理办公室、各部门做好各项准备工作，包括信息收集、本预算年度经营计划及预算的执行情况资料的整理，测算并调整制定预算的有关指标数据，分析研究下一预算年度的发展趋势，预测下一预算年度全面预算的总体情况，拟定全面预算假设。

1. 每年 11 月 1 日前，全面预算管理委员会根据总经理办公会确定并经董事会批准的公司年度经营目标，确定下一预算年度的全面预算目标。

2. 根据下一预算年度全面预算目标和公司初步分解的经营计划目标，全面预算管理办公室负责将全面预算目标具体分解到各部门。

3. 全面预算管理办公室制定详细的全面预算指导文件，在 11 月 15 日之前下发到各部门。

4. 全面预算指导文件具体包括：公司全面预算目标下达文件；全面预算假设、表格、编制说明和编制进度要求。

5. 公司各部门全面分析以前年度预算执行情况，根据下一预算年度经营环境的变化、年度经营目标、全面预算目标、全面预算指导文件的要求及部门计划，编制下一预算年度的预算草案，交本部门或生产单位主管领导初审，由主管领导提出意见并进行修改。

6. 11 月 20 日之前，公司各部门将审核后的全面预算草案上报公司全面预算管理办公室，全面预算管理办公室初步审查各部门上报的预算草案是否符合编制要求，并提出修改意见。

7. 公司全面预算管理办公室负责汇总平衡各部门的预算草案，编制公司总体预算，包括现金预算表、预计资产负债表、预计利润表、预计现金流量表及其他有关资料，提交全面预算管理委员会审议。

8. 11 月 30 日前，全面预算管理委员会组织召开全面预算编制质询会，审议各部门及公司整体全面预算草案。

9. 12 月 5 日前，全面预算管理办公室组织各部门，根据全面预算编制质询会的审议，修改各部门及公司整体全面预算草案，并报全面预算管理委员会审核。

10. 12 月 15 日前，全面预算管理委员会将通过审核的全面预算草案由总经理签批后报董事会审批，批准后的全面预算方案，由全面预算管理办公室确定成文后正式下达给各部门执行。

第十八条 全面预算编制质询会会议细则。

1. 全面预算编制质询会的目的：对各部门的年度经营计划和预算草案进行质询，提出修改意见，以确保各部门经营目标的切实可行和公司整体目标的实现。

2. 会前准备：全面预算管理委员会提前 3 周下达会议议程及规则和材料要求，各部门提前 1 周准备好经营计划或预算草案及相关材料。

3. 参加人员：总经理、各业务部门经理、财务经理、全面预算管理委员会成员、全面预算管理办公室成员、公司各部门负责人及预算编制人员，其他预算有关人员视情况参加。

4. 召开时间：年度预算草案编制结束或年中预算调整草案编制结束后 10 日内。

5. 会期：1~2 天。

6. 主要议程。

总经理介绍公司的总体经营目标和财务目标，以及各部门分解目标。

各部门汇报各自计划，接受与会人员质询，明确修改方向。

总经理总结发言，明确各部门计划修改方向。

7. 会议规则。

各部门所呈报的图表采用标准格式。

质询及对质询的应答以事实及数据为基础。

质询对事，不针对人。

与会人员对各部门预算有质询权，总经理对修正要求有终决权。

会议必须形成明确的预算修改意见，并形成会议记录，与会人员签字认可。

8. 会后事项。

（1）全面预算管理办公室分发全面预算编制质询会会议对各部门预算草案修改的要求和时间表。

（2）全面预算管理办公室跟踪全面预算的修改，重新汇总，直至与公司的要求达成一致。

（3）将重新汇总编制的全面预算草案报全面预算管理委员会审核，董事会批准。

第十九条 全面预算预备费。

编制全面预算时，公司预留一定的预备费作为预算外支出的备留，预备费总额为公司年度预算总成本的一定比例。

全面预算预备费总额根据全面预算编制和执行经验、对全面预算年度基本假设的信赖和争议程度、全面预算年度重大经营政策环境的变化，以及其他不确定因素的分析等确定，由全面预算管理办公室建议提留比例，经全面预算管理委员会审批通过。该比例一般为 10% 左右，首次可以扩大到 15%。

在公司预算工作执行有一定积累、预算数据较准确的前提下，当预测到预算年度经营环境比较稳定时，全面预算预备费比例可限定为 3%~5%；当预测到预算年度经营环境变化比较大时，全面预算预备费比例可限定为 5%~10%；当预测到预算年度经营环境将发生剧烈变化时，全面预算预备费比例可设定为 10%~15%。

第五章　全面预算的执行、控制与分析

第二十条 全面预算方案的指令性要求。

公司年度全面预算方案和季度滚动全面预算方案一经批准下达，即具有指令性，各责任中心必须按照预算方案的要求，认真组织实施，以确保预算目标的实现。

第二十一条　全面预算的执行部门。

各责任中心是全面预算的执行机构。责任中心的第一负责人是责任中心预算执行的直接责任人；主管具体业务和部门的公司副总经理对其负责的责任中心的预算执行负有主要责任。

第二十二条　全面预算执行控制的原则。

全面预算执行控制方法原则上依金额进行管理，同时运用预算项目管理、数量管理的方法。

金额管理：从预算的金额方面进行管理。

预算项目管理：按预算项目进行管理，不同预算项目之间不得相互冲抵。

数量管理：对一些预算项目（如原材料消耗），除进行金额管理外，从预算的数量方面进行管理。

第二十三条　全面预算执行控制体系。

1.责任中心第一负责人：根据本责任中心的预算目标，负责本责任中心具体业务活动的领导和监督，按照预算目标控制资金及成本的支出，完成制定的工作目标。

2.公司财务部：依据预算目标对责任中心的各种经济行为实施事中审核，确保预算执行部门在预算目标框架下运营。

3.公司总经理：在董事会授权的额度范围内对各责任中心的预算外行为进行审批控制。

第二十四条　全面预算控制。

1.下达的预算指标是与业绩考核挂钩的硬性指标，一般情况不得突破，预算指标是制定业绩合同和考核设计方案的重要依据，考核部门根据预算执行情况对责任人进行考核、奖惩。

2.费用预算剩余可以跨月转入使用，但不能跨年度使用。

3.成本、费用预算如遇特殊情况确需突破时，必须由相关部门提出申请，说明原因，经总经理审批纳入预算外支出。

4.预算内资金控制。

（1）预算内支出，根据不同的审批权限由公司各责任中心第一负责人、主管副总经理、总经理审批，送财务部审核，财务部根据资金的周转情况和资金需求情况，办理拨付手续。

（2）财务部建立预算资金拨付台账制度，各责任中心建立预算执行台账，每季度末与财务部核对。

5.预算外资金控制。

（1）预算外支出中的资金支付，首先在预算预备费中列支，超出部分，总经理无权审批，应报董事会审批。

（2）预算外资金申请，须由责任中心根据业务的实际需要填写申请，该申请应该包括使用目的、使用的责任中心和责任人、使用目标、使用方式等内容。总经理在董事会授权范围内对各责任中心的预算外行为进行审批控制，在董事会授权范围外须向董事会专项申请，由董事会审批。

（3）全面预算管理办公室应对各部门预算外资金的实际使用情况进行另行建账管理。预算外资金的实际使用应在其影响的当期及后期的预算表中做出清晰的标志，预算外资金使用的考核按照申请中明确的使用目标单独进行。

第二十五条　全面预算执行信息反馈。

1. 预算执行过程中，各部门要及时检查、追踪预算的执行情况，以全面预算执行分析报表、分析报告和专题报告等形式，全面、系统地报告每个责任中心及整个公司预算执行的进度和结果，于每月 3 日前报送全面预算管理办公室及各主管领导。全面预算管理办公室根据自己的记录与各部门的预算执行报表、分析报告进行核对，纠正偏差，分析差异产生的原因，形成总预算执行分析报告，在月度业绩考核会上对当月预算执行情况进行沟通，并及时解决执行过程中出现的问题。

2. 全面预算执行分析报表是针对各项经营活动预算执行结果设计的分析表格。

3. 全面预算执行分析报告是定期编制的报告，用来全面、系统地报告每个责任中心及整个公司的预算执行的进度和结果。专题报告是对重大预算差异的调研报告，不定期编制。

4. 公司总经理、财务部及各级管理人员应定期审阅预算执行情况的反馈报告，以了解和掌握预算执行的进度，并及时组织相关责任部门解决预算执行过程中存在的问题。

第二十六条 全面预算差异分析。

1. 在全面预算执行过程中，全面预算管理办公室及各预算执行部门都要对差异进行分析，发现问题，找出原因，并提出改进措施，加强对整个经营活动的控制。

2. 负责分析差异的责任部门。

（1）全面预算管理委员会。

①讨论通过全面预算管理办公室提交的重大差异分析报告。

②对全面预算管理办公室确定的预算执行差异原因及相关责任部门进行责任审定，并提出处理意见。

（2）全面预算管理办公室。

①分析全面预算执行情况，汇总各部门提供的差异分析报告，并加以综合分析，出具公司总的全面预算差异分析报告，并上报全面预算管理委员会。

②确认导致差异的原因。

③确认应对差异负责的责任部门，提出处理意见，并上报全面预算管理委员会。

④向有关责任部门提出差异的数据，协调差异分析工作。

（3）各责任中心。

①记录本部门全面预算执行情况，找出问题，分析本部门差异产生的原因，提出改进建议。

②出具全面预算差异分析报告，上报全面预算管理办公室。

③落实由本部门负责的改进措施。

3. 全面预算差异数据记录。

各责任中心都要建立全面预算记录台账（也可根据公司的信息化水平进行计算机管理），按全面预算项目详细记录全面预算额、实际发生额、差异额、累计全面预算额、累计实际发生额、累计差异额。

4. 全面预算差异分析程序。

（1）全面预算执行过程中，各责任中心要及时检查、追踪全面预算的执行情况，形成全面预算分析报告，经本部门领导审批后于每月 3 日前将上月全面预算分析报告交全面预算管理办公室及各主管领导。

（2）全面预算管理办公室根据自己的记录与各部门的全面预算分析报告进行核对，纠正偏差，分析差异产生的原因，落实责任部门，提出不利差异的改进措施以及对有利差异进行巩固、推广的措施建议，并提出处理建议，最后由全面预算管理办公室于每月 5 日前，形成每月总的全面预算分析报告，出具初步全面预算考核意见。

（3）每月 6 日前，全面预算管理委员会召开月度业绩考核会，对前一月各部门的全面预算目标完成情况进行分析、评价、考核，形成正式的全面预算分析报告及全面预算考核意见，为全面预算管理委员会对全面预算的执行进行动态控制提供依据。

（4）每月 8 日前，全面预算管理办公室根据审批后的公司预算分析报告，组织相关责任部门落实各项不利差异的改进措施，以及对有利差异进行巩固、推广的措施，将每月全面预算考核意见交综合计划部、人力资源部，其根据公司《绩效考核管理制度》及相关制度规定，对相关责任部门、责任人进行考核。

5.预算差异分析报告的内容。

（1）本期预算额、本期实际发生额、本期差异额、累计预算额、累计实际发生额、累计差异额。

（2）对差异额进行的分析。

（3）产生不利差异的原因、责任归属、改进措施，以及形成有利差异的原因和今后进行巩固、推广的建议。

第二十七条　全面预算的冲突与仲裁。

1.在执行预算中各责任中心发生利益冲突，且自行协调无效时，应将有关事项报全面预算管理办公室协调，全面预算管理办公室协调无效时，上报全面预算管理委员会仲裁。

2.全面预算管理委员会做出仲裁决议后，通过全面预算管理办公室下达《全面预算仲裁决议书》给相关部门。

3.仲裁决议一经形成，各部门须无条件执行。

第六章　全面预算考核评价

第二十八条　全面预算评价的目的与原则。

1.全面预算评价的目的如下。

（1）考核各部门的全面预算执行情况并与相应的激励约束机制挂钩，实施事后控制，增强全面预算管理过程的完整性和权威性。

（2）分析各部门的全面预算执行结果以及全面预算管理系统的控制能力，为改进下一期全面预算的编制、执行和监控工作提供有益的建议。

（3）评价公司整体全面预算完成情况，分析公司财务状况和经营状况，及时发现和解决经营中的潜在问题，确定改进措施，明确下阶段的工作重点，确保全面预算的完成，或者必要时修正全面预算，以适应外部环境的变化。

2.全面预算评价的原则如下。

（1）目标原则：以全面预算目标为基准，按全面预算完成情况评价全面预算执行者的业绩。

（2）激励原则：全面预算目标是对全面预算执行者业绩评价的主要依据，考核必须与激励制度相配合。

（3）时效原则：全面预算考核是动态考核，每期全面预算执行完毕应立即进行。

（4）例外原则：对一些阻碍全面预算执行的重大因素，如产业环境的变化、市场的变化、重大意外灾害等，考核时应作为特殊情况处理。

（5）分级考核原则：在责任清晰的基础上，依据业绩考核制度，坚持上级对下一级进行分级评价。

（6）可控性原则：各责任主体以其责权范围为限，仅对其可以控制的全面预算执行差异负责。

（7）全面评价原则：以全面预算内容为核心，进行财务指标与非财务指标相结合的考核。

（8）总体优化原则：全面预算考核要支持公司总目标，符合总体优化原则。

第二十九条 全面预算考核评价的责任部门及职责。

1. 全面预算管理委员会。

（1）审议与全面预算执行情况挂钩的考核及奖惩办法。

（2）监控全面预算执行情况，审批全面预算管理办公室上报的全面预算差异分析报告，审议对相关责任部门的考核意见。

2. 全面预算管理办公室。

（1）监控全面预算执行情况，组织进行预算差异分析，找出原因，落实责任归属，提出对全面预算执行的相关责任部门的考核意见，报全面预算管理委员会审批。

（2）将审批后的全面预算执行考核意见交综合计划部、人力资源部，由综合计划部、人力资源部根据公司《绩效考核管理制度》及相关制度规定，对相关责任部门、责任人进行奖惩。

3. 综合计划部。

（1）根据公司绩效考核制度及全面预算管理体系，设计有关全面预算考核的指标体系。

（2）根据全面预算管理委员会审批后的全面预算执行考核意见，对相关责任部门进行奖惩。

4. 人力资源部。

（1）根据公司实际情况、全面预算管理体系和相关制度规定，设计公司绩效考核制度。

（2）根据全面预算管理委员会审批后的全面预算执行考核意见，对相关责任人进行奖惩。

第三十条 全面预算考核评价的内容。

1. 对公司经营业绩进行评价。

2. 对全面预算执行部门进行评价。

3. 对全面预算管理系统进行评价。

第三十一条 全面预算考核评价的执行。

每月8日前，全面预算管理办公室将每月的全面预算执行考核意见交综合计划部、人力资源部，由综合计划部、人力资源部根据公司《绩效考核管理制度》及相关制度规定，对相关责任部门、责任人进行考核。

第七章 全面预算的调整

第三十二条 全面预算调整的原则。

1. 全面预算一经批准，在公司内部即具有相应效力，不得随意更改与调整。

2. 当内外部环境向着劣势方向变化，影响预算的执行时，应首先挖掘与预算目标相关的其他因素的潜力，或采取其他措施来弥补。只有在无法弥补的情况下，才能提出预算调整申请。

3. 当内外部环境向着有利方向变化，而且具备中长期的稳定趋势，有明确证据表明经营预算目标可以提高，公司内部应主动积极提出调整申请，或董事会在与公司经营班子进行协商一致后，提出调整申请。

全面预算调整的条件如下。

当有下列情况之一发生，且有明确证据表明预算目标和现实情形有重大差异，严重影响全面预算的执行时，可按规定的程序申请进行全面预算的调整。

1. 董事会调整公司发展战略，重新制订公司经营计划。

2. 公司总经理办公会决定追加（或缩减）任务。

3. 市场形势发生重大变化，需要调整相应预算。

4. 国家相关政策发生重大变化。

5. 生产条件发生重大变化。

6. 发生不可抗力的事件。

7. 董事会或者全面预算管理委员会认为应该调整的其他事项。

第三十三条　全面预算调整权限。

1. 公司全面预算的调整权属于董事会和全面预算管理委员会。

2. 董事会对涉及公司年度经营目标的调整具有决定权。

3. 全面预算管理委员会在保证公司年度经营总目标不变的情况下，对月度、季度预算及年度预算项目的内部结构调整具有决定权。

第三十四条　全面预算调整方式。

1. 由上而下的全面预算调整。当内外部环境发生明显变化，而且具备中长期的稳定趋势，有明确证据表明预算目标和现实情形差异重大时，董事会在与公司经营班子协商一致后，可以在预算年度内进行公司经营目标的调整，同时下达全面预算调整要求，并最终确认全面预算调整方案。

2. 由下而上的全面预算调整。在预算执行过程中，当内外部环境发生明显变化，且符合上述预算调整条件时，全面预算办公室、各责任中心可以向全面预算委员会提出预算调整申请。

3. 全面预算调整申请中必须包括：

（1）导致无法实现全面预算的原因，并附相关文件（如市场价格变动情况说明、相关政策变化情况说明、变更前后的经营计划、公司下达追加或缩减任务、项目可行性建议书等）；

（2）已经采取的其他弥补措施和效果；

（3）调整内容；

（4）调整后的预算方案。

第三十五条　全面预算调整的程序。

1. 预算调整申请部门填写全面预算调整申请表，提交全面预算执行分析报告，说明调整内容及原因，交公司主管副总经理审批（如预算调整由董事会提出，可直接按第三步程序开始）。

2. 预算调整申请部门将主管副总经理签字同意的全面预算调整申请表上交全面预算管理办公室。

3. 全面预算管理办公室对全面预算调整申请表及相关报告进行审查并签署意见，将同意上报的全面预算调整申请表及相关报告递交全面预算管理委员会讨论并提出是否调整的建议。

4. 全面预算管理办公室将全面预算管理委员会讨论通过的调整方案报总经理审批。

5. 对于重大调整（调整金额超过预算金额 10% 的属于重大调整），预算管理委员会须将调整申请及审批意见提交董事会进行审批。

6. 董事会或全面预算管理委员会批准全面预算调整后，由全面预算管理委员会下达给全面预算管理办公室。

7. 全面预算管理办公室留存全面预算调整申请表，并根据审批意见，编写《全面预算调整通知书》，并将调整预算目标下达给相关责任中心。

第八章　附则

第三十六条　本制度由全面预算管理办公室拟定，全面预算管理委员会审核，经总经理批准后实施。

第三十七条　本制度由全面预算管理办公室负责解释说明。

第三十八条　本制度自颁布之日起实施。

4.7　某公司财务预算制度总则

财务预算是以货币的形式对公司各项工作计划的综合表述，是对公司财务的综合安排，是公司经营控制的依据，以达到增收节支，实现公司价值最大化。

一、财务预算的目的

1. 优化公司资产，强化费用开支计划及控制职能，合理安排资金用途，提高资金使用效率。

2. 在费用预算内，给予各部门较大的灵活性和自主权。

3. 减少费用审批环节，提高工作效率。

4. 考核业绩，奖励先进，惩罚落后。

二、财务预算的分类

财务预算按时间分为年度预算、季度预算、月度预算。

三、财务预算的组织

公司成立专门的预算管理委员会，成员包括总经理、运营总监，各部门经理（或主管）、财务部有关人员。预算管理委员会由财务部负责，其主要任务如下。

1. 制定和颁发有关财务预算的制度和政策。

2. 对各部门编报的预算的可靠性和可行性进行审核。

3. 协调各部门在财务预算中的矛盾。

4. 向总经理和运营总监提供预算报告。

5. 负责预算执行的监督，并提出分析报告。

预算管理委员会作为一个临时机构而存在，负责预算的审核和审核过程中存在的矛盾问题的处理。财务部作为常设机构，负责预算的汇总编制及监督执行。

总部各部门负责人、地区部门负责人对本预算部门提交的各项预算内容负责，并有义务按规定及时上交有关预算表。

四、财务预算提交期

月度预算提交期——每月 30 日或 31 日（2 月为月底最后一天）。

季度预算提交期——每季第一个月的 10 日内。

年度预算提交期——每年 1 月 1 日至 1 月 31 日。

五、财务预算编制方法

1. 以销售收入及费用预算编制为起点，依次编制各项预算。

2. 任何预算编制都要经过从下到上、从上到下反复编制调整才能达成一致，总部各部门对其职能范围内的预算进行平衡，财务部负责汇总及综合平衡。

六、财务预算编制的落实措施

1. 每个员工要清楚认识到财务预算是一个严肃的预算，公司全体员工必须严格执行，尤其是中高层员工必须以身作则。

2. 财务预算要有人跟进，监督预算的执行。

3. 对预算编制不负责的部门必须对其部门负责人进行处罚。

4. 每月财务部提交内部报表时，对上月预算执行情况进行分析。分析预算未完成是编制失误，还是执行不力导致的，是预算执行不力导致的，应对部门负责人进行必要的处罚。

5. 各预算编制部门负责人对预算编制与执行负责。

6. 财务部按部门预算分拨资金及报销费用，费用预算各项目之间不准调节使用，工资、房租、水电费、座机费、网络费必须绝对保证，任何人挪用以上费用预算必须严惩。

7. 本部门预算的执行应结合公司总部相关规定。

七、例外事项

预算是基于正常业务编制的，凡发生了无法预见的情况而未列入预算的费用均需执行增补预算申请制度，是否批准由总部财务部审核后报总经理决定。凡未严格编制预算而造成费用预算缺口不在支付之列，不予报销，出现三次以上情况者将对部门负责人进行处罚。

八、费用预算执行

1. 各部门所编制并经核准通过的财务预算，作为费用开支及部门考核的依据之一。

2. 各部门费用超出预算或有预算外支出项目，执行预算增补申请制度。

3. 各部门预算完成指标，作为对各部门主管考核的重要依据。

4. 月度、季度、年度预算的执行情况，均会在例行股东会上披露。

4.8　财务预算实施细则

一、费用预算编制审批流程

费用预算编制审批流程如图 4-4 所示。

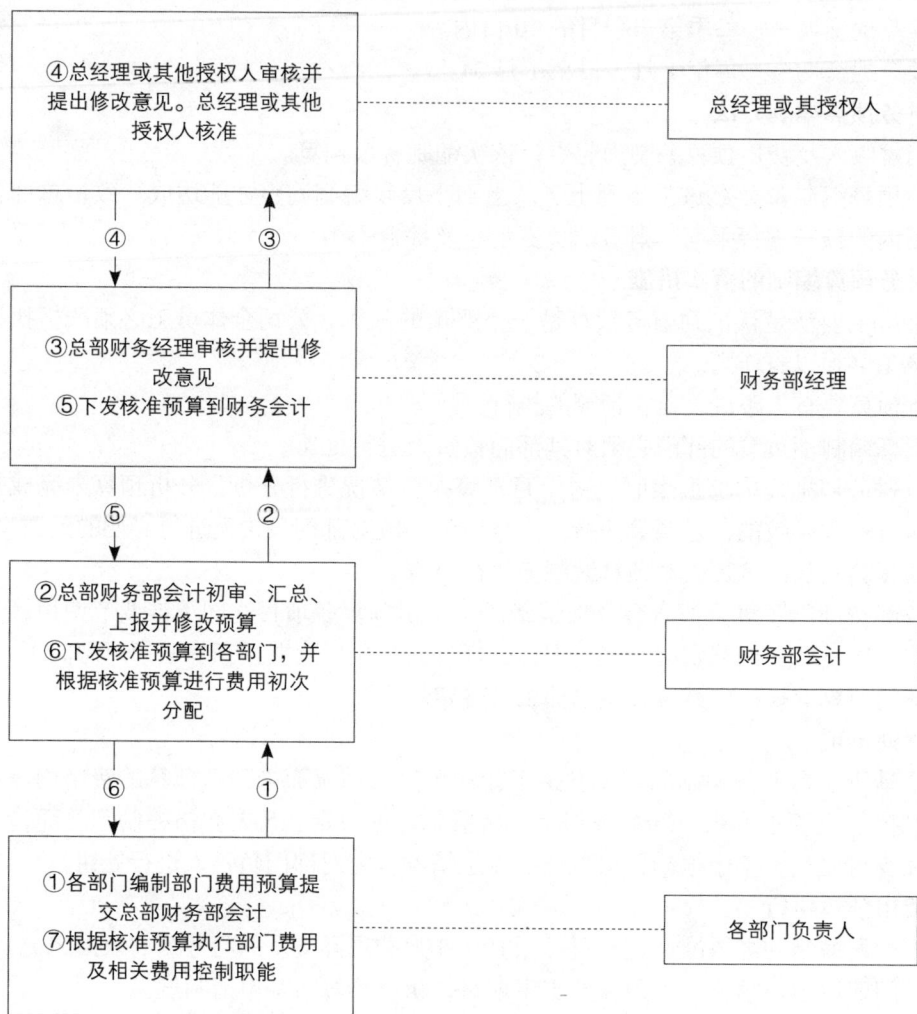

图 4-4　费用预算编制审批流程

二、费用预算实施部门及预算项目

　　财务部门根据可控原则将预算项目划分至各费用控制部门，由各费用控制部门编制预算并执行费用控制职能。预算项目具体分类如表 4-4 所示。

表 4-4　　　　　　　　　　　　　　　　预算项目具体分类

部门	类别	预算编制及费用控制项目
行政人事部	行政	租赁费（含办公场地及宿舍租赁费、物业管理费、垃圾清理费）、水电费、通信费（移动电话费、固定电话费、会议电话费、网络信息费）、车辆费（车辆保险费、车辆维修保养费、油费、路桥费、停车费）、财产保险费、低值易耗品、办公费（邮寄费、饮用水费、办公用品采购及维修费、服务费）、中介服务费、会务费、仓储费等
	人事	工资、奖金、补贴、社会保险费、劳保费、意外医疗费、残疾人保障金、福利费（员工生日礼物等）、培训费、招聘费等

续表

部门	类别		预算编制及费用控制项目
财务部			折旧费、低值易耗品摊销、其他资产摊销、资产盘盈盘亏、坏账损失、财务费用、中介服务费、固定资产折旧费、固定资产购置、其他
地区分部	差旅费、电话费、招待费、礼品费、交通费、福利补贴、预算外项目支出		
		行政	租赁费（含办公场地及宿舍租赁费、物业管理费、垃圾清理费）、水电费、通信费（移动电话费、固定电话费、会议电话费、网络信息费）、办公费（邮寄费、饮用水费、办公用品采购及维修费、服务费）等
		人事	工资、奖金、补贴、社会保险费、劳保费、意外医疗费、残疾人保障金、福利费（员工生日礼物等）、培训费、招聘费等
所有部门			办公费、差旅费、电话费、招待费、固定资产购置费、其他

各部门在规定的预算提交期将费用预算报总部财务部会计审核，总部在次月 5 日之前下发核准的次月预算。费用控制部门除预算本部门的六项费用外，还要预算由部门控制的费用项目。

三、预算项目编制方法

具体来看公司预算可分为固定费用、人工费用、销售费用等多种具体科目，每类项目应列示具体明细费用，其具体分类可参考表 4-5。

表 4-5　　　　　　　　　　　　　　预算项目示例表

行次	费用项目	本月预算数（编制说明）
1	租赁费	
2	仓储费	
3	水电费	
4	财产保险费	
5	固定资产折旧费	
6	办公费	
7	其中：办公用品费（合计）	
8	邮寄费	
9	饮用水费	
10	服务费	
11	办公用品采购及维修费	
12	中介服务费	
13	低值易耗品摊销	

行次	费用项目	本月预算数（编制说明）
14	车辆费	
15	其中：车辆保险费	
16	车辆维修保养费	
17	油费	
18	路桥费	
19	停车费	
20	会务费	
21	通信费	
22	其中：移动电话费	
23	固定电话费、IP 话费	
24	会议电话费	
25	网络信息费	
26	其他资产摊销（长期资产摊销费）	
27	财务费用（手续费）	
28	折旧费	
29	资产盘盈盘亏	
30	坏账损失	
31	固定资产购置	
32	其他	
33	固定费用小计	
34	工资	
35	奖金	
36	补贴	
37	福利费	
38	培训费	
39	社会保险费	
40	劳保费	
41	意外医疗费	
42	残疾人保障金	
43	招聘费	

行次	费用项目	本月预算数（编制说明）
44	兼职人员费用	
45	人工费用小计	
46	差旅费	
47	招待费	
48	运杂费	
49	礼品费	
50	交通费	
51	销售费用小计	
52	不可预计支出	
53	预算外费用小计	
54	费用性支出合计	
55	日常费用支出合计	
56	固定资产新增购置	
57	增值税	
58	所得税	
59	其他	

四、总部财务部核定预算及核准划拨资金

1. 公司初定预算。

总部财务部根据各部门预算理由和历史情况审核各部门提交的月度预算，并给出当月初定预算。

2. 预算差异分析。

费用性支出项目差异用本月实际费用减去本月预算费用，正数差异为预算超支，负数差异为预算节余。

预算超支视不同情况分析，预算合理幅度（5%）内超支的，不作为超支处理。超出合理幅度的项目，属于报销不均衡或预算期与报销期不一致，且超支可用前两月节余弥补的，不作为超支处理。

凡不属于上述范围的超支，按超支金额冲减下一预算期总部财务部初定预算，视同该部门提前使用下一月预算。

3. 冲减差异后总部财务核定预算金额和资金划拨金额。

总部初定预算金额冲减预算超支后的金额即为预算差异。冲减差异后总部核定预算项目下的"当月核准预算费用"为最终核定预算。

五、预算增补

费用预算编制可以允许在预算 20% 范围之内进行增补。预算增补要求上交预算增补申请，

增补预算申请经过总经理或其授权人批准后方可执行。××××年×月起各部门费用预算，只能允许在预算10%范围之内进行增补。凡超出增补范围的，需提供费用控制方案。

1. 日常费用增补预算流程/固定资产增补预算流程如图4-5所示。

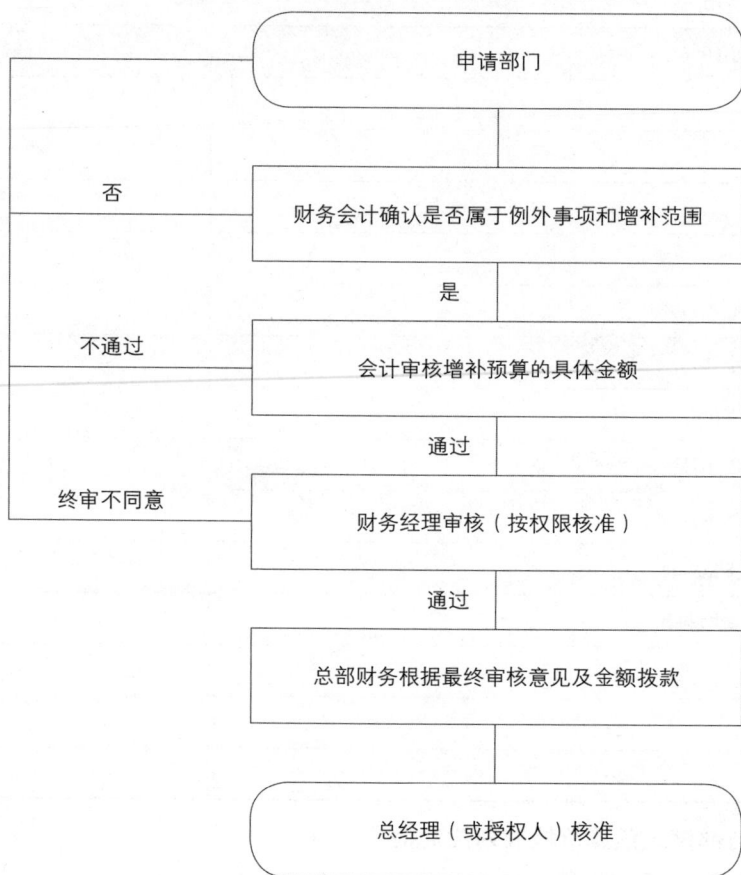

图4-5　日常费用增补预算流程/固定资产增补预算流程

2. 增补预算申请单。

增补预算申请单如表4-6所示。

表4-6　　　　　　　　　　　　　　　　增补预算申请单

日期：　　　年　月　日　　　　　　　　　　　编号：

序号	费用支出摘要	预算项目	申请支付金额	申请增补预算金额	批复支付金额	批复增补预算金额
1						
2						
3						
4						
	合计					

续表

支付方式：□现金支付　　　□基本账户转账支付　　　□总部代付　　　□其他
支付类别：□预算内支出项目及金额　　　□预算外支出项目 □预算内支出项目，费用金额超出预算　　　元 □其他
支出超预算原因：□预算计算基数变动　　　□预算金额过低　　　□预算项目遗漏　　　□新增业务内容 □其他 具体说明（内容过多则另附说明报告）：   会计意见：   财务经理意见：   总经理或授权人意见：   财务部核准意见： 经公司审核，同意你部支付以上费用共计　　　元，公司另行增补本月预算金额　　　元，扣减下月预算金额　　　元。 （人民币大写：　　　　　　）

总经理：　　　　　财务经理：　　　　　会计：　　　　　制表：

六、预算分析

每月 12 日财务部根据实际发生费用总额结合登记记录对各部门所控费用进行专项费用部门统计，报各部门负责人。

每月 15 日前财务部报出总部费用预算执行分析报表，向各部门通报预算执行结果。各部门应根据预算执行结果分析预算编制的合理性及控制力度。

七、说明

以上为暂行规定，总部财务部对以上规定具有修改权及解释权。

本细则从发布之日起开始实施。

4.9　某集团公司预算管理制度

一、概述

（一）预算管理制度的定位

1.预算是集团公司经营计划的组成部分，通过完整的财务数据系统，具体描述业务计划内容，并落实相关责任目标。

2.预算管理以经营计划、营销计划为基础，以责任会计制和经济责任制为基本管理工具，对集团公司实施目标化和责任化管理。

3. 集团公司的中期战略规划、年度经营计划基本指标是预算管理的原则基准。

4. 预算编制结果是用以指导集团公司年度经营、财务评价和绩效考核的依据。

（二）预算管理制度的内容

预算管理制度包含以下内容：预算管理模式、预算管理组织及关系、预算目标体系、预算编制与调整、预算执行监控、预算考评与反馈。

（三）预算管理基本循环

预算管理基本循环如图4-6所示。

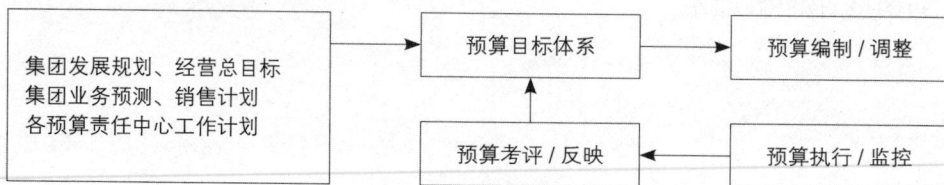

图4-6　预算管理基本循环

1. 预算目标：考虑各业务部门工作预期，结合集团公司战略发展规划和总体业务预测，参考上期预算执行情况和考评结果，制定预算方针，确定公司预算目标。

预算目标包括集团公司总目标和各责任中心分解目标的全面目标体系，在预算中主要包括各项财务指标及部分重点关注的业务运行指标。

总目标包括净资产收益率、息税前利润、总资产周转率等综合财务指标，分解目标包括二级利润中心的利润、收入中心的销售收入、成本中心的生产成本、各基层单位的明细预算目标项等。

2. 预算编制/调整：通过总目标确定和目标分解，确定预算年度的目标体系，分解各部门预算目标之后，各部门根据公司预算基本方针及预算组织方案，编制本部门预算草案，由各公司财务部及集团公司财务部对各级预算进行汇总，并据此编制预计利润表、预计资产负债表和预计现金流量表。

年度预算执行过程中，可根据外部环境的变化、实际经营情况与预算的差异程度、业务目标的修正等因素的变动，按照相应的管理权限及调整规范，对年度预算进行调整，剩余年度的经营按调整后的预算方案执行。

3. 预算执行/监控：各级责任中心和基层业务/职能部门按预算标准开展经营活动。

在预算执行过程中，为保证预算执行的严肃性和可控性，通过计划调整控制、资金收付权限监控、业务审批权限监控、部门预算反馈报告等手段来进行预算执行和监控，确保预算目标实现。

4. 预算考评/反映：预算年度考评报告反映了预算目标的完成情况，是下一年度预算目标确立的基础，同时也是对部门和员工进行绩效考核的依据。

（四）预算管理控制目标

1. 保障公司按既定的战略规划开展年度经营活动，并为经营计划的完成提供保障体系。

2. 细化公司的整体经营目标，使其建立在各部门切实可行的预测基础之上，从而有助于监控公司风险，落实公司的长远战略发展。

3. 以事前控制的方式加强业务循环的内部控制，有效降低成本费用。

4. 及时进行过程反馈，加强事中控制，了解存在的差距和问题并采取改正措施，与绩效管理体系相结合，使公司对部门和员工的考核"有章可循，有法可依"。

5.鼓励员工参与制定全面预算，加强员工对公司战略目标和基本政策的关注，便于公司管理层与员工的及时沟通，使各责任单位和责任人按照预算目标实现自我控制，保证目标利润的完成。

二、预算管理模式

集团公司推行责任预算模式，其基本的构成模式如图4-7所示。

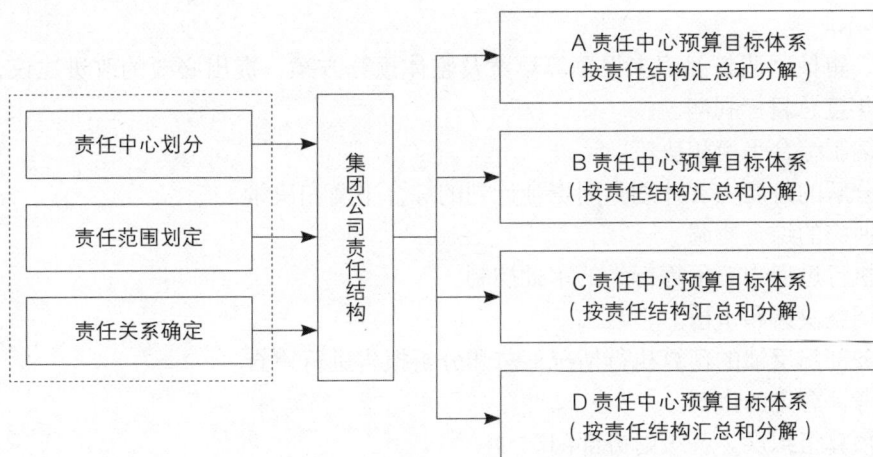

图 4-7　集团公司责任预算模式图

责任预算指按照责任会计划分的责任中心体系，进行总体目标分解、预算编制和预算执行考核的预算模式。

预算目标的汇总和分解对应各级责任中心，并按责任中心的特点和责任范围，确定可控部分和不可控部分。

责任预算可按责任结构对预算期内的各项资源进行计划、组织、分配，达到对资源有效和动态的配置，以明确各单位责任目标，提供考核依据，提高经济效益。

责任预算将公司的整体经营目标细化，有助于监控公司长远战略的发展。

责任预算要求各责任中心按统一、规范的格式编制预算，有助于统一预算数据和计划信息，提高计划效率。

三、预算管理组织及关系

预算组织体系是预算推进的主体与基础，必须与公司现行治理结构、管理体制及业务流程、岗位分工、组织结构相结合，明确每一预算层次和预算岗位的权责。

责任预算的组织要素包括：预算决策机构、预算组织机构、预算编制执行机构、预算监控机构、预算考评机构。

结合责任预算组织体系的要素，集团公司设立四层预算管理组织。

（一）预算决策层

1.董事长办公会。

（1）预算管理组织性质：预算决策机构，预算管理体系的最高决策机构。

（2）构成：集团公司董事会成员、核心高管层。

（3）基本职能。

①提出年度预算管理的总目标、总方针。

②审议审批集团公司的年度预算和决算；

③审议审批预算调整方案；

④其他预算管理重大事宜决策。

2. 总裁办公会。

（1）预算管理组织性质：预算决策机构，预算编制和调整的总体平衡决策。

（2）构成：集团总裁、副总裁、总工程师、集团总部各部门经理。

（3）基本职能。

①讨论、审核、调整部门上报预算草案及整体预算方案，提出必要的改进建议，确定各责任中心和本年度总目标利润。

②预算编制综合平衡和决策。

③预算分解的月度经营计划和周资金计划的综合平衡和决策。

④预算冲突的综合协调。

⑤预算执行过程中超预算行为的审批控制。

⑥预算调整决策和审核。

⑦对财务部门反馈的预算执行情况汇总和分析报告进行审查。

⑧预算考评意见的审核。

（二）预算组织层（各级财务部门）

（1）预算管理组织性质：预算组织机构。

（2）构成：财务部门设预算管理岗，与财务部部门负责人具体负责预算管理事宜；具体岗位为集团公司财务管理部的预算管理岗、财务管理部部长，下属各级公司财务部的预算管理岗、财务部部长。

（3）基本职能。

①纵向接受集团公司财务管理部职能管理，负责预算组织工作的计划和控制。

②负责组织各部门编制预算，承担预算目标汇总和分解、预算政策等上下沟通。

③负责预算制定程序中对各级预算编制部门的预算编制辅导。

④预算冲突的汇报。

⑤预算编制信息汇总和财务数据转换、处理等工作；

（三）预算编制执行层（责任中心）

（1）预算管理组织性质：预算编制和执行机构。

（2）构成：集团公司的各级责任中心（利润中心、收入中心、费用中心和成本中心），明确为各业务部门和职能部门。

（3）基本职能。

①填报预算报表，参与编制和修订预算和具体分解年度预算至月度经营计划和周资金计划。

②在日常经营活动中执行综合平衡后的预算，促进生产经营完成预算任务，加强预算自律，严格控制预算外行为。

③定期提供预算实际执行数据。

④预算冲突上报。

（四）预算监控及考评层

1. 董事长办公会和总经理办公会。

（1）预算管理组织性质：预算监控机构。

（2）构成：集团公司董事长办公会、总经理办公会。

（3）基本职能。

以预算为依据进行各项经营事务超预算行为的审查审批。

2. 监察审计部。

（1）预算管理组织性质：预算监控和考评机构。

（2）构成：集团公司监察审计部。

（3）基本职能。

①对预算编制和组织情况进行监控，提出独立意见，向董事长汇报。

②定期或不定期进行预算执行情况检查，包括常规和特定事项的审查。

③对年度预算情况和专项预算等提供整体考评意见。

四、预算目标体系

预算目标是集团公司和各级责任中心编制详细责任预算的基本依据，以责任中心考核指标为基础，表现为综合的财务指标结构体系。

集团公司的预算目标体系由总战略规划目标和分解的各级责任中心责任目标两个层次构成。

1. 目标制定权限。

集团公司的总战略规划目标由董事会提出，并根据实际情况进行修正。

集团财务管理中心根据董事会的战略规划目标，对比过去年度预算执行情况，制定集团公司一级利润中心的各项综合财务目标。

集团总经理办公会根据一级利润中心的综合财务目标向集团下属各公司或部门分解责任中心目标，形成分解目标草案。

各负责编制本部门预算的责任中心根据集团分解的责任中心目标草案，分别开展确定自身预算期责任目标的工作。

各基层责任中心根据部门情况和上年度预算执行情况，编制本部门预算目标草案，并形成各责任中心预算分解目标草案说明（对与总目标分解一致和不一致的说明），向上层层汇总至集团财务部。

最终由集团总经理办公会统一综合平衡，确定责任中心目标，并向上汇报至董事会办公会审批通过。

2. 重点预算目标列示。

表 4-7 列示了主要的责任预算目标。

表 4-7　　　　　　　　　　　　主要责任预算目标

单位	主要责任预算目标
利润中心	净资产利润率 息税前利润 净资产增长率 资产现金回收率

续表

单位	主要责任预算目标
收入中心	销售额增长率 销售利润率 销售回款率 销售收现率
费用中心	费用率（费用/营业收入；费用/产品销售收入；资金费用率） 费用总额 单项费用定额
成本中心	成本利润率 产品单位成本 产品生产成本消耗定额

五、预算编制与调整

（一）预算编制流程

见第五章。

（二）预算编制流程说明

预算编制流程说明见表4-8。

表4-8　　　　　　　　　预算编制流程说明

序号	流程说明
（一）预算准备阶段	
1	董事长办公会根据当年整体经营计划和业务预期下达预算年度经营规划总目标和基本预算假设，以正式文件形式下达给集团财务管理中心
2	集团财务管理中心预算管理岗根据董事长办公会下达的预算年度经营规划总目标，制定综合财务预算目标草案（主要包括净资产利润率、资产增值率等指标）和预算假设
3	集团总裁办公会按综合财务预算目标草案，结合本年度各业务整体经营预期，分解形成初步责任预算目标草案，重点分解至二级利润中心，以正式文件形式通过集团财务管理中心向各级责任中心下发
4	各隶属公司财务部门依据初步责任预算目标草案，组织编制各责任中心预算目标草案，同时提交目标草案说明，重点说明各责任目标与总目标分解不一致的原因或修正预算假设的建议
5	集团财务管理中心通过财务部门纵向汇总形成预算目标草案，由集团总裁办公会综合平衡，确定预算目标体系，上报董事长办公会
6	董事长办公会对预算目标体系进行审议、必要的修正，审批后形成年度预算方针的正式文件，通过集团财务管理中心下达
7	财务部门根据年度预算方针的要求，制定预算编制组织方案，包括时间要求和数据汇总等细则，纵向下达给各级财务部门
8	各责任中心按年度预算方针和预算目标体系的要求，明确自身的责任预算目标，用以指导预算编制
（二）预算编制阶段	
1	各级责任中心根据责任预算目标，按照集团财务管理中心的预算编制时间进度和编制标准等要求，由下至上编制预算草案

续表

序号	流程说明
2	集团财务部门通过各级财务部门纵向汇总，初步审阅责任中心预算草案的上报材料，如责任中心的预算草案与责任预算目标体系不一致，返回至相应部门重新编制；如一致，则由集团财务管理中心汇总处理，形成预算草案总表
3	财务管理中心预算草案总表上报集团总裁办公会讨论，集团总裁办公会负责审核和提出具体调整意见
4	集团总裁办公会审核后的预算草案上报董事会办公会，如不通过，附修正意见，发回各责任中心重新编制；经修正后的预算草案再经以上步骤1~3，如得以通过，形成集团年度预算方案
5	集团财务管理中心将年度预算方案分解下发各级责任中心，作为日常经营的预算执行标准
（三）预算调整阶段	
1	集团总经理办公会根据经营环境等实际因素的变化，向董事长办公会提出预算调整议案；该议案的提请也可根据下级各单位的预算调整申请表提出，该申请须经财务管理中心预算管理岗签署调整分析意见，并经集团公司主管副总裁审签通过
2	董事长办公会审议预算调整议案，如通过，则发出预算调整指令
3	集团财务管理中心根据预算调整指令，首先调整预算目标体系，并向各级责任中心下达
4	各级责任中心根据预算调整指令和调整后的预算目标体系，调整编制责任中心预算
5	调整预算的步骤可参考预算编制步骤1~5

（三）预算编制方法、预算假设和编制说明

1. 预算编制方法。

根据集团预算编制基础，为了促进集团公司在预算年度能够及时按照实际经营状况的变化情况，实施适度弹性预算管理，在预算编制方法上，采取季度滚动编制方式，以季度阶段性预算执行情况的总结反馈为基础，及时对预算年度剩余各季度的预算标准进行适应性修正。

季度滚动编制的具体操作规程如下。

上年末（10~12月）制定下一年度全年预算和第一季度预算，同时分解至1~3月的月度计划，并同时估算第二~四季度预算。

第一季度结束前（3月中旬）制定第二季度预算，并分解至4~6月的月度计划，同时调整第三~四季度的估算。

第二季度结束前（6月中旬）制定第三季度预算，并分解至7~9月的月度计划，同时调整第四季度估算。

第三季度结束前（9月中旬）制定第四季度预算，并分解至10~12月的月度计划。

第四季度结束前（11月中旬）制定下一年度全年预算和下年度第一季度的季度预算。以此类推。

2. 预算假设。

预算假设指编制预算时对外部经营环境的基本假设，由董事长办公会在经营计划的基础上，协调集团高管层的综合意见后统一制定。集团财务管理中心负责编制预算假设，在预算准备阶段，各责任中心分解制定责任目标过程中，可对预算假设提出调整建议，董事长办公会依据由下至上对预算假设的调整建议，最终决定预算年度的预算假设。

预算调整可根据实际情况较大偏离预算假设而提出，调整预算案则可首先调整预算假设。

预算假设的主要内容：主要产品及原材料市场行情、行业政策和政府规定、同业竞争格局、行业工资增长率、银行利率、税收政策等。

预算假设为预算方案的必要组成部分，与预算方案一同下发各单位执行。

3. 编制说明。

费用预算严格采取零基预算的方法，即所有付现费用（不包括职工工资和福利）预算年度的标准制定不在上年基础上按递增方式获得目标数据，而是根据各业务或职能部门本年度的实际费用节约目标、费用开支性质和方式、费用开支依据的经济分析，以及对有关经济行为等的预计情况，重新设定相关费用开销定额，或重新根据经营收入等相关指标获得对费用总额的预期判断，编制预算年度费用预算。

费用预算按定额控制和非定额控制两种方式进行编制和执行控制，列入定额控制的费用项目由集团财务管理中心统一规定，各下属公司根据业务性质不同可制定有差异的标准口径，非定额性质的费用（主要包括业务经费等）可考虑以业务规模为基数制定超额递减的百分比上限。

非付现部分的费用，如属于长期资产／递延资产摊销或折旧性质的费用，按集团公司各法人执行的会计政策，预计该部分费用的支出情况。

附：付现费用的预算编制方法。

（1）单位定额计算：对业务招待费、通信费、交通费等可采取单位定额的方式，以个人／部门为最小费用开销单位，设定定额，并根据定额计算预算年度的费用总开支。

（2）总额判断：广告费、运输费等以预算年度的销售规模、业务量等营业总量指标为基础，按合理费用规模等原则确定相对比例或其他配比／相关关系，从而计算预算年度这些费用的总开支。

（四）预算调整说明

1. 预算调整的权限。

总经理办公会根据预算执行情况、实际经营环境与预算假设的偏差、集团经营目标变更、董事会追加预算年度经营任务、突发事件等因素，可向董事长办公会提出预算调整议案。

集团内下属各单位也可提出预算调整申请，经财务部预算管理岗签署分析意见后，经集团主管副总裁审签，报集团总经理办公会审批，审批通过后可由总经理办公会向董事长办公会提出预算调整议案。

董事长办公会决定是否调整预算，并下达预算调整指令，集团财务管理中心根据指令编发预算调整通知书。

2. 预算调整期间。

（1）常规调整。

一般以半年度为预算常规调整期间，半年度预算总结时，根据对当年实际经营状况的重新判断，由董事长办公会牵头，可对下半年预算进行系统调整，组织全面的预算调整工作。

常规调整以微调为主，如个别项目调整、个别产品品种调整、个别部门费用调整等。

但常规调整也可能涉及全面调整，即对产供销、资金、费用、固定资产等各项目在集团公司内进行全方位调整。

（2）非常规调整。

非常规调整由非常规事件引发，在任何坚持原预算方案将严重偏离实际经营的情况下，都可提出预算调整，但必须首先由总经理办公会收集信息详细论证，再报批董事长办公会。

3. 预算调整相关表格。

预算调整相关表格见表 4-9、表 4-10。

表 4-9 　　　　　　　　　　　　　　　　**预算调整申请表**

申请部门：

责任中心代码：　　　　　　　　　　　年　月　日

预算项目	
预算数	
预算增减额	
预算增减幅度	
调整原因：	部门负责人：
财务部预算管理岗分析意见：	集团分管副总意见：
总经理办公会意见：	

表 4-10 　　　　　　　　　　　　　　　　**预算调整通知书**

申请部门：

责任中心代码：　　　　　　　　　　　年　月　日

预算项目	
原预算数	
预算增减额	
调整后预算数	
财务管理中心预算管理岗签字	
财务总监签字：	

六、预算执行与监控

1. 预算执行与监控职责。

（1）预算执行机构及职责。

各责任中心和各单位 / 部门是预算的执行机构，实际经营活动严格执行分解的预算案各项标准，预算执行的直接责任人是各责任中心的负责人和各单位 / 部门的负责人。

（2）预算监控机构及职责。

①预算监控包含以下方面的内容。

a. 预算执行监控：对实际运营中各单位执行预算情况的监控。

b. 预算制度性监控：对预算体制的合理性、运行有效性、效率性等进行整体制度性监控。

②预算执行实行四级监控。

a. 一级监控为预算执行机构自控，由各责任中心的负责人和各单位/部门的负责人负责具体业务的预算标准执行督促和控制，根据本单位/部门的责任预算控制资金及成本的支出，努力达成和超过责任预算的收入利润指标。

b. 二级监控为财务部门审核监控，由各级财务部门预算管理岗依据预算标准对预算执行部门的各种经济行为实施事中审核，确保预算执行机构在预算标准框架下运营。

c. 三级监控为高层审批监控，由总经理办公会、董事长办公会对各预算执行机构的预算外行为进行审批控制。

d. 四级监控为监察审计部独立监控，由监察审计部通过不定期抽查、流程穿行测试等方式对单笔业务的预算执行控制情况和预算体系的制度有效性实施监控。

（3）预算监控权限。

预算监控权限指各级监控主体在预算执行过程中各种预算事项的控制权限。

预算监控权限的划分详见表4-11。

表4-11   预算监控权限

预算执行事项	权限部门
预算内行为	预算执行机构责任人：经济行为预算执行实质审定 财务部门：预算执行的有效性审核
预算外行为	总经理办公会：预算外行为的合理性审定 董事长办公会：预算外行为的最终审批

2. 费用开支监控。

费用开支监控主要指销售部门发生的办公业务费用，以及其他职能部门发生的管理费用支出；费用开支监控主要监控各责任中心的可控费用。

（1）费用性质列表。

在预算表中根据各部门的各种费用可控性，将可控费用和不可控费用分别列示。表4-12概括了管理费用和销售费用中的可控和不可控费用。

表4-12   可控和不可控费用

项目	销售费用	管理费用
不可控费用	职工工资	职工工资
	职工福利/社保费	职工福利/社保费
	固定资产折旧费	职工教育经费
	集团销售费用分摊	工会经费
	其他	外部行政费用
		集团管理费用分摊
		其他

续表

项目	销售费用	管理费用
可控费用	业务招待费	业务招待费
	运输费	修理费
	保险费	物料消耗
	广告费	办公费
	差旅费	水电费
	交通费	劳务费
	租赁费	差旅费
	物料消耗	交通费
	委托代销手续费	运输车辆费
	办公费	培训费
	修理费	诉讼费
	劳保费	咨询费
	销售佣金	劳保用品支出
	其他	公杂费
		外事费
		董事会会费
		审计费
		其他

（2）预算费用项目监控。

各级财务部门预算管理员负责根据预算标准监控费用开支。

各部门发生的预算内费用开支报销时，持有关原始凭证和费用预算执行监控表，按审批权限要求报签。各级财务部门预算管理员根据原始凭证及签字后的费用预算执行监控表付款。

预算外费用，实行逐笔申请制。即每笔预算外费用均由经办人持经部门经理签字的申请单，由审批权限人审签。

费用预算执行监控表见表4-13。

表 4-13　　　　　　　　　　　　费用预算执行监控表

预算部门：　　　　开支项目：　　　　年　月　日　　　　　　　金额单位：元

本期预算额度	累计已付款	尚可使用额度	本次付款	部门经理签字	超预算审批权限人签字

财务部预算管理岗：　　　　　　　　　　填表人：

113

七、预算考评与反馈

1. 预算考评。

（1）预算考评内容。

预算执行考评：对各责任中心的预算执行情况进行考核评价。

预算体制制度性考评：对预算体制的合理性、运行有效性、效率性等进行整体制度性评价。

（2）预算运行实行三级考评。

一级考评为预算执行机构自评，由各责任中心的负责人和各单位/部门的负责人对本单位/部门内部人员的预算执行情况实施考评。

二级考评为财务部门考评，由各级财务部门预算管理岗依据预算标准对预算执行部门的各种经济行为实施事中审核，确保预算执行机构在预算标准框架下运营。

三级考评为监察审计部考评，由监察审计部对单笔业务的预算执行控制情况和预算体系的制度有效性进行考评。

（3）预算考评机构和考评依据。

财务管理中心与人力资源部共同完成预算考核指标及其标准的制定。

考评的基本依据是各责任中心的可控预算目标。

2. 预算反馈制度。

为保证预算目标顺利实现，在预算执行过程中各级预算单位应定期召开预算例会，对照预算指标及时总结预算执行情况、计算差异、分析原因、提出改进措施。预算例会按照召开的频度应当形成不同形式的预算反馈表。

（1）各责任中心。

每月召开预算例会，根据本部门预算执行情况，进行总结分析，确定下期工作重点；将本部门预算反馈表连同预算工作总结送交财务部。

（2）财务部。

财务部每月分部门编制预算执行表，比较实际与预算目标的差异，并进行差异分析，作为财务部检查和考评预算执行情况的依据；对预算管理制度提出制度改进建议和相关的规程修正建议。

（3）总裁办公会。

每月召开预算检查工作会，预算检查工作会的主要内容：听取财务部关于公司利润预算执行情况的分析报告、预算考核报告以及制度建议等；沟通公司预算执行情况，确定工作重点，针对业务运行中存在的问题，及时进行协调、督促、帮助各部门积极完成预算。

第 5 章　财务预算管理流程

5.1　总公司预算编制流程

总公司预算编制流程如图 5-1 所示。

各部门	财务副总经理 / 计划财务部	总经理 / 预算委员会（中远期）

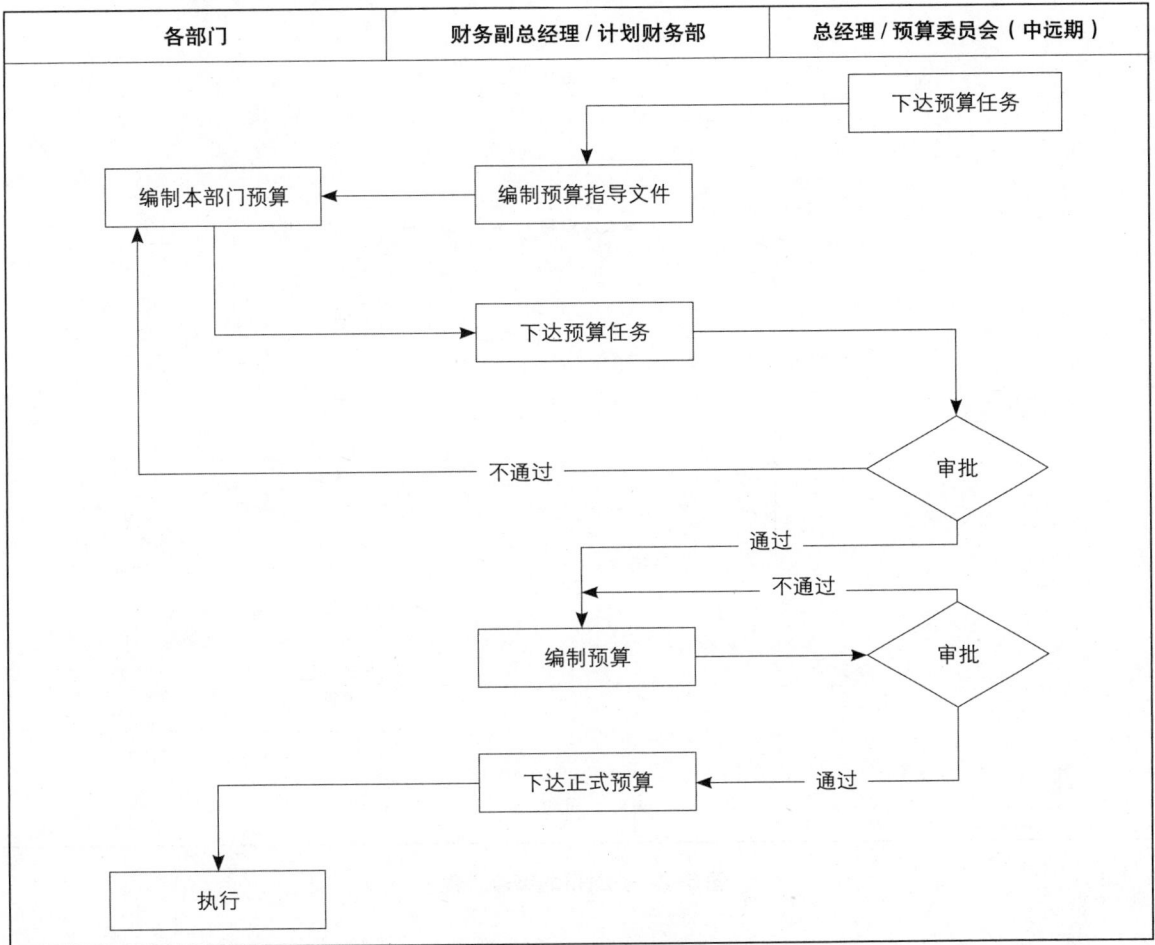

图 5-1　总公司预算编制流程

5.2 子公司预算编制流程

子公司预算编制流程如图 5-2 所示。

子公司各部门	子公司财务部	子公司总经理	母公司财务副总经理 / 计划财务部	总经理 / 预算委员会（中远期）

```
                                                                    ┌──────────┐
                                                                    │ 下达预算 │
                                                                    │   任务   │
                                                                    └────┬─────┘
                                                                         │
  ┌──────────┐                                          ┌──────────┐
  │ 编制本部 │◄─────────────────────────────────────────│ 编制预算 │
  │ 门预算   │                                          │ 指导文件 │
  └────┬─────┘                                          └──────────┘
       │
       │      ┌──────────┐
       └─────►│ 汇总部门预算 │
              └─────┬────┘
       否           │
  ┌────────────◄  ◄ 审批 ◄
                    │是
              ┌──────────┐     ┌────┐ 是   ┌────┐
              │ 编制子公司 │────►│ 审批 │────►│ 审批 │
              │   预算   │     └──┬─┘      └──┬─┘
              └────┬─────┘        否 否        │是
                   │                           │
            否 ◄───┘              ┌──────────┐ │
                                  │ 编制预算 │◄┘
                                  │ 平衡表   │
                                  └────┬─────┘
                                       │
                                    ◄ 审批
                                       │是
                                  ┌──────────┐
                                  │ 正式下达 │◄─ 是
                                  │   预算   │
                                  └────┬─────┘
  ┌────┐      ┌────┐                  │
  │执行│◄─────│备案│◄─────────────────┘
  └────┘      └────┘
```

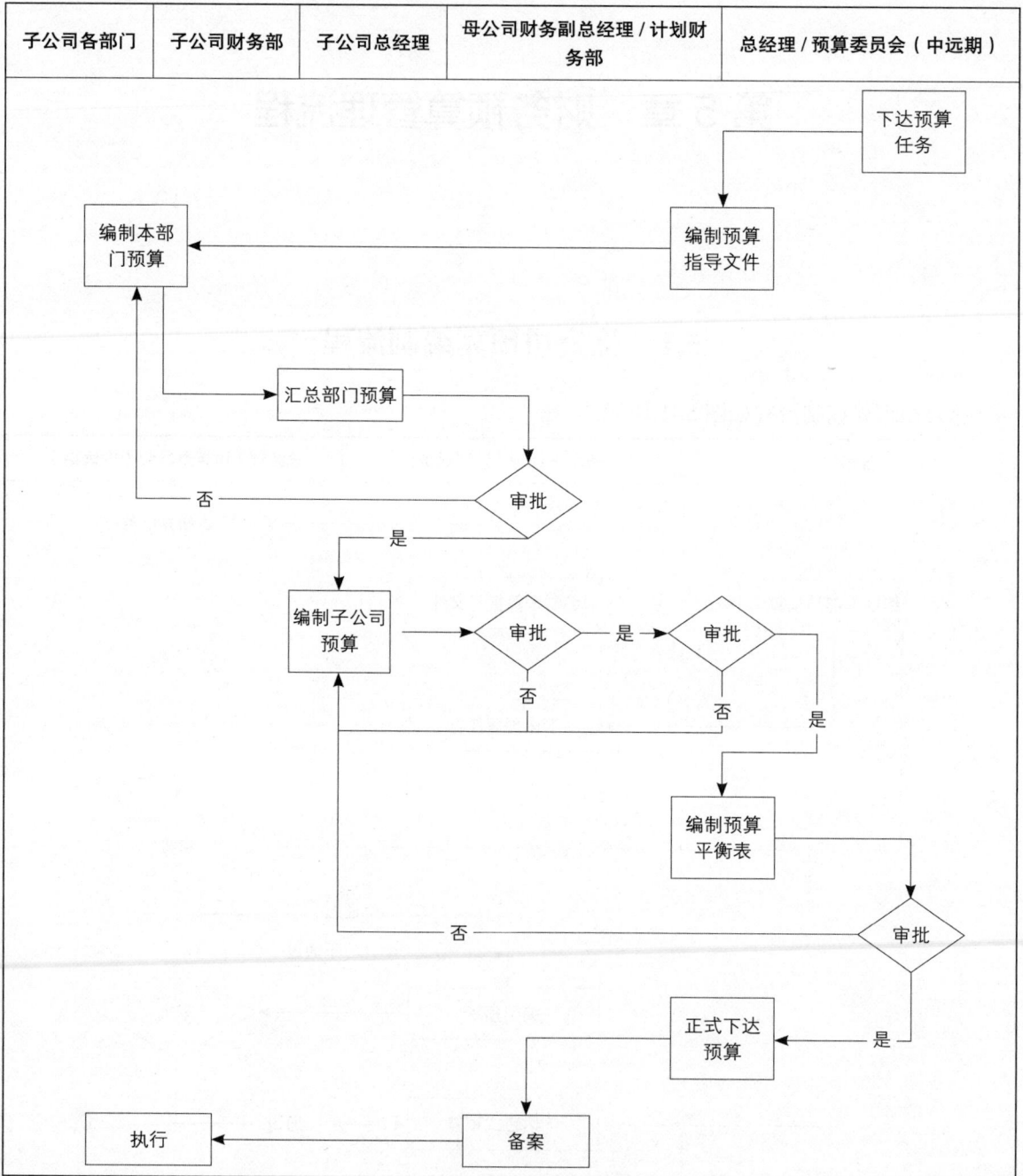

图 5-2 子公司预算编制流程

5.3　财务预算修正流程

财务预算修正流程如图 5-3 所示。

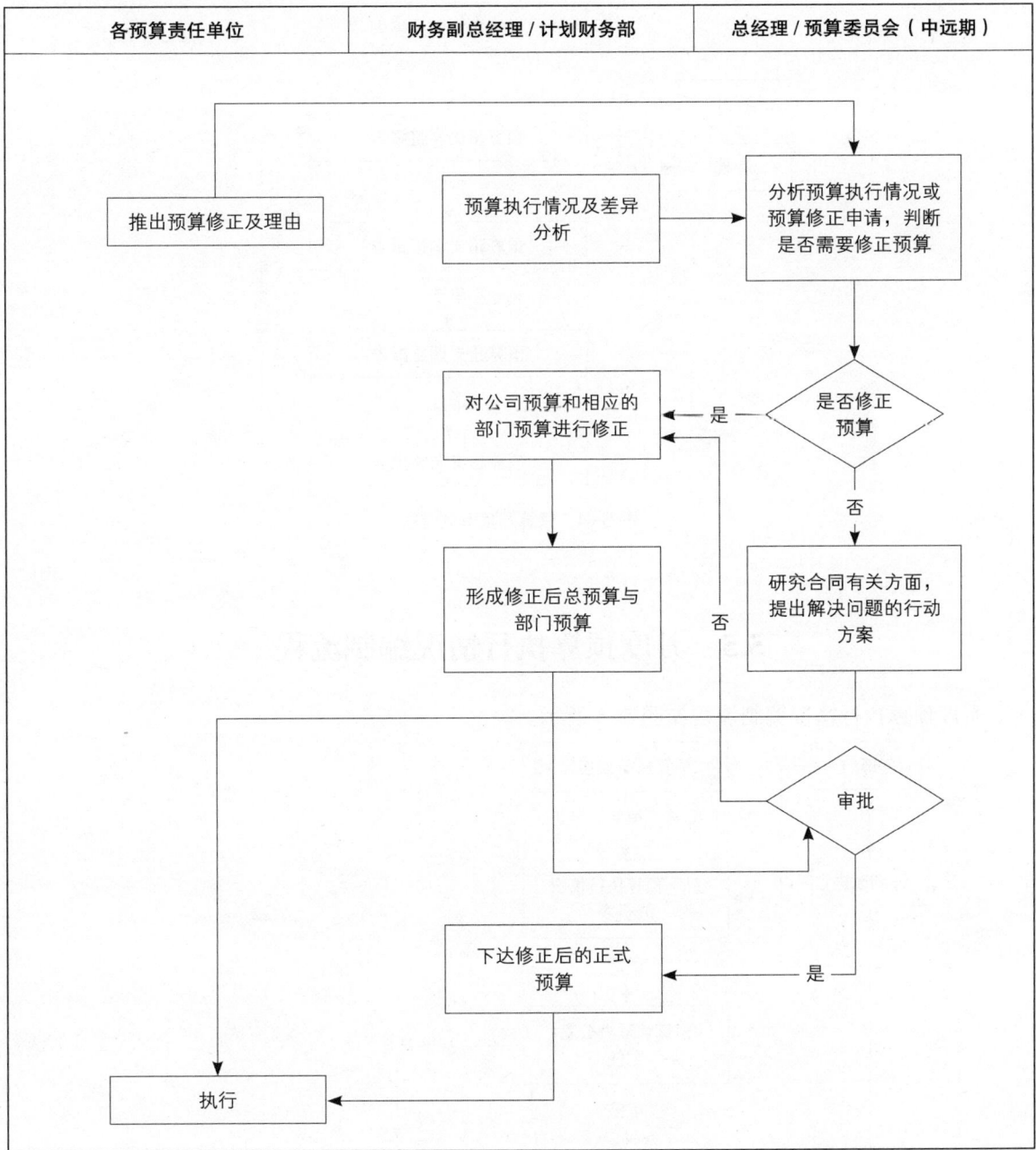

各预算责任单位	财务副总经理 / 计划财务部	总经理 / 预算委员会（中远期）

图 5-3　财务预算修正流程

5.4　预算调整审批流程

预算调整审批流程如图 5-4 所示。

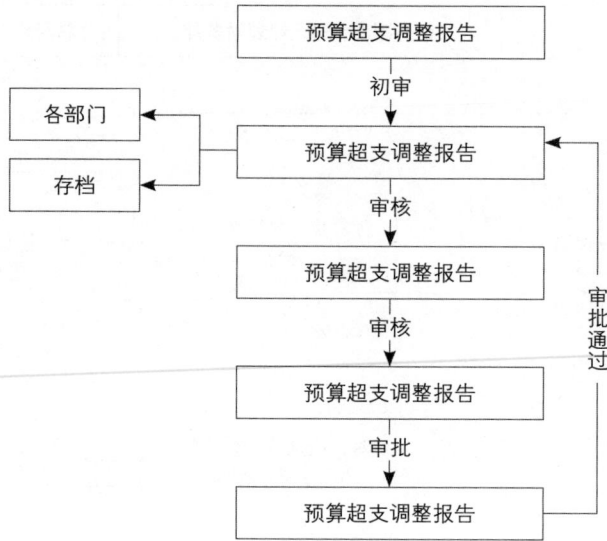

```
                        ┌─────────────────┐
                        │  预算超支调整报告  │
                        └────────┬────────┘
                             初审 │
  ┌────────┐        ┌─────────────────┐
  │ 各部门  │◄───────┤  预算超支调整报告  │◄──────┐
  └────────┘   │    └────────┬────────┘       │
  ┌────────┐   │         审核 │              审
  │ 存档   │◄───┘    ┌─────────────────┐       批
  └────────┘        │  预算超支调整报告  │       通
                    └────────┬────────┘       过
                         审核 │
                    ┌─────────────────┐
                    │  预算超支调整报告  │
                    └────────┬────────┘
                         审批 │
                    ┌─────────────────┐
                    │  预算超支调整报告  │───────┘
                    └─────────────────┘
```

图 5-4　预算调整审批流程

5.5　月度预算执行情况编制流程

月度预算执行情况编制流程如图 5-5 所示。

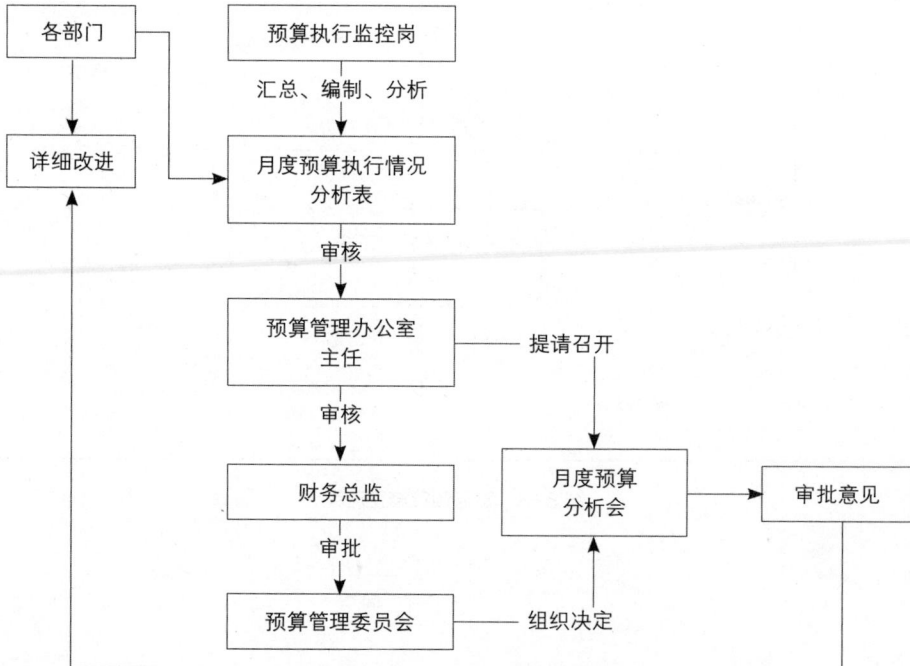

```
  ┌────────┐              ┌─────────────┐
  │ 各部门  │──────┐       │ 预算执行监控岗 │
  └───┬────┘      │       └──────┬──────┘
      │           │     汇总、编制、分析 │
      ▼           │       ┌─────────────┐
  ┌────────┐      └──────►│ 月度预算执行情况│
  │ 详细改进 │             │    分析表     │
  └───▲────┘             └──────┬──────┘
      │                     审核 │
      │                ┌─────────────┐
      │                │ 预算管理办公室 │──── 提请召开 ──┐
      │                │     主任     │              │
      │                └──────┬──────┘              │
      │                   审核 │                     ▼
      │                ┌─────────────┐        ┌─────────────┐      ┌────────┐
      │                │   财务总监   │        │  月度预算    │─────►│ 审批意见 │
      │                └──────┬──────┘        │   分析会     │      └────────┘
      │                   审批 │              └──────▲──────┘
      │                ┌─────────────┐              │
      └────────────────│ 预算管理委员会 │── 组织决定 ──┘
                       └─────────────┘
```

图 5-5　月度预算执行情况编制流程

5.6　年度预算计划报告编制流程

年度预算计划报告编制流程如图 5-6 所示。

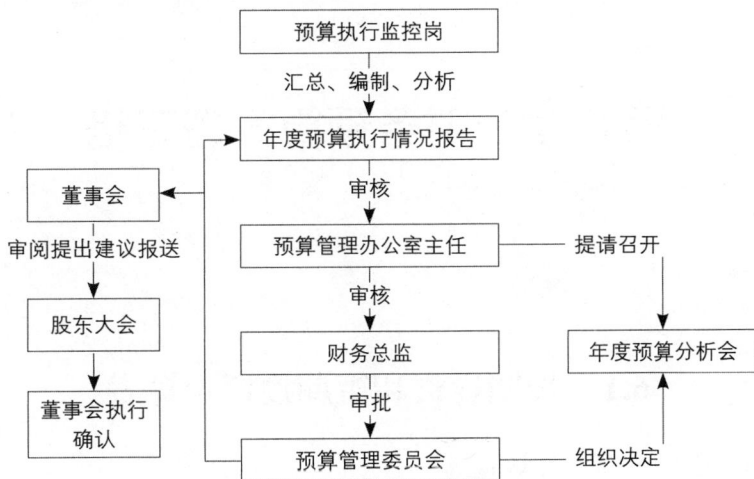

```
            ┌─────────────────┐
            │  预算执行监控岗  │
            └─────────────────┘
                    │ 汇总、编制、分析
                    ↓
            ┌─────────────────┐
        ┌──→│ 年度预算执行情况报告 │
        │   └─────────────────┘
        │           │ 审核
   ┌────────┐       ↓
   │ 董事会 │←──┌─────────────────┐           ┌──────────┐
   └────────┘   │ 预算管理办公室主任 │───────────│ 提请召开 │
        │ 审阅提出建议报送  └─────────────────┘           └──────────┘
        ↓           │ 审核
   ┌────────┐       ↓
   │ 股东大会 │   ┌─────────────────┐           ┌──────────────┐
   └────────┘   │   财务总监       │           │ 年度预算分析会 │
        │        └─────────────────┘           └──────────────┘
        ↓           │ 审批
   ┌────────┐       ↓
   │ 董事会执行 │  ┌─────────────────┐           ┌──────────┐
   │   确认    │  │ 预算管理委员会   │───────────│ 组织决定 │
   └────────┘   └─────────────────┘           └──────────┘
```

图 5-6　年度预算计划报告编制流程

5.7　财务预算考核标准流程

财务预算考核标准流程如图 5-7 所示。

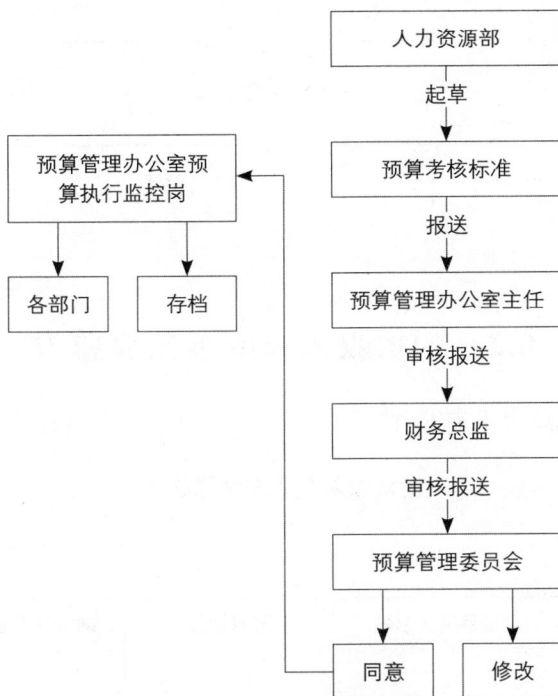

```
                              ┌─────────────────┐
                              │   人力资源部     │
                              └─────────────────┘
                                      │ 起草
                                      ↓
   ┌────────────────┐           ┌─────────────────┐
   │ 预算管理办公室预  │←──────────│  预算考核标准    │
   │ 算执行监控岗     │           └─────────────────┘
   └────────────────┘                  │ 报送
        │       │                      ↓
        ↓       ↓                ┌─────────────────┐
   ┌──────┐ ┌──────┐             │ 预算管理办公室主任 │
   │ 各部门 │ │ 存档 │             └─────────────────┘
   └──────┘ └──────┘                  │ 审核报送
                                      ↓
                              ┌─────────────────┐
                              │   财务总监       │
                              └─────────────────┘
                                      │ 审核报送
                                      ↓
                              ┌─────────────────┐
                              │ 预算管理委员会   │
                              └─────────────────┘
                                   │        │
                                   ↓        ↓
                              ┌──────┐  ┌──────┐
                              │ 同意 │  │ 修改 │
                              └──────┘  └──────┘
```

图 5-7　财务预算考核标准流程

第6章 财务预算管理表格

6.1 长期投资和短期投资预算表

长期投资和短期投资预算表见表6-1。

表 6-1 　　　　　　　　　　长期投资和短期投资预算表

预算年度：

预算编制单位： 　　　　　　　　　　　　　　　　　　　　　单位：人民币元

预算投资项目	出资方式及投资时间	出资金额	资金来源	备注
合计				

制表人： 　　　　　　　　　　　　　　　　　　复核人：

注：该表的数据将会影响现金流量。

6.2 销售收入及成本预算总表

销售收入及成本预算总表见表6-2。

表 6-2 　　　　　　　　　　销售收入及成本预算总表

预算年度：

预算编制单位： 　　　　　　　　　　　　　　　　　　　单位：人民币元

月份	期初应收款	当月销售总额	当月回款	转入下月应收款	备注
1月					
2月					
3月					

续表

月份	期初应收款	当月销售总额	当月回款	转入下月应收款	备注
4 月					
……					
12 月					

制表人：　　　　　　　　　　　　　　　　　　　　复核人：

注：该表中的当月销售总额由后续的产品销售预测以及服务收入预测汇总得出。

6.3　固定资产购置预算表

固定资产购置预算表见表 6-3。

表 6-3　　　　　　　　　　　　　　固定资产购置预算表

预算年度：

预算编制单位：　　　　　　　　　　　　　　　　　　　　　　单位：人民币元

拟购置资产名称	规格型号	数量	预计金额	预计投入使用时间	备注
合计					

制表人：　　　　　　　　　　　　　　　　　　　　复核人：

注：该表的数据将会影响现金流量和折旧费。

6.4　财务费用预算表

财务费用预算表见表 6-4。

表 6-4　　　　　　　　　　　　　　财务费用预算表

预算年度：

预算编制单位：　　　　　　　　　　　　　　　　　　　　　　单位：人民币元

筹资金额	利率	计息时间	金额	备注

制表人：　　　　　　　　　　　　　　　　　　　　复核人：

6.5 全面预算执行差异分析表

全面预算执行差异分析表见表6-5。

表6-5　全面预算执行差异分析表

编制单位：　　　　　　　编制时间：　　　　　　　金额单位：万元

项目	本月预算	本月实际发生额	本月实际与预算差异		累计预算	累计实际发生额	累计实际与预算差异		本月实际占当季预算比例（%）
			绝对差异	相对差异（%）			绝对差异	相对差异（%）	

制表人：　　　　　　　审核人：　　　　　　　审批人：

6.6　销售收入预算表

销售收入预算表见表 6-6。

表 6-6

销售收入预算表

金额单位：万元

项目	上年实际	本年预算	销售单价	第一季度							……			第四季度								
				1月		2月		3月		合计		……	……	10月		11月		12月		合计	
				销量	销售额	销量	销售额	销量	销售额	销量	销售额	……	……	销量	销售额	销量	销售额	销量	销售额	销量	销售额
一、销售收入（分产品）																					
产品 1																					
产品 2																					
产品 3																					
……																					
销售收入总计																					
二、销售收入（分销售员）																					
销售员 A																					
产品 1																					
产品 2																					
产品 3																					
……																					
小计																					

续表

项目	上年实际	本年预算	销售单价	第一季度								合计		……	……	……	第四季度								合计	
				1月		2月		3月									10月		11月		12月					
				销售量	销售额	销售量	销售额	销售量	销售额	销售量	销售额	销售量	销售额				销售量	销售额	销售量	销售额	销售量	销售额	销售量	销售额	销售量	销售额
销售员B																										
产品1																										
产品2																										
产品3																										
……																										
小计																										
销售员C																										
产品1																										
产品2																										
产品3																										
……																										
小计																										
销售收入总计																										
三、销售回款																										
销售回款率																										
销售回款额																										

续表

项目	上年实际	本年预算	销售单价	第一季度								......	第四季度						合计	
				1月		2月		3月		合计			10月		11月		12月			
				销售量	销售额	销售量	销售额	销售量	销售额	销售量	销售额	......	销售量	销售额	销售量	销售额	销售量	销售额	销售量	销售额
应收与预收账款																				
期初应收账款																				
期初预收账款																				
本期销售收入																				
本期销售回款																				
期末应收账款																				
期末预收账款																				

制表人：

审核人：

审批人：

填表说明如下。

1. 根据产品销售年度经营目标值，参考上年同期的销售量，预计预算编制年度将会签订合同的产品名称，销量和销售额，并结合当年已签订跨预算年度的合同中所列示的产品的名称，销量和销售额，预测产品的名称，销量和销售额，填写本表。

2. 根据经分解的预算年度经营目标值和各产品销售计划，参考上年同期的销售量和第四季度产品销售收入预算，填写预计各月销量。

3. 根据产品市场的价格波动趋势和市场部提供的最新市场价格，预测各种预计新签合同产品的各月销售单价，销售金额（单价 × 销量）。并据此填写各种预计新签合同产品各月的预计销售额。

4. 根据对各地区相应客户历史付款记录，公司的客户信用管理政策及对未来市场的付款变动情况的预测等，预计销售货款的收款时间，并填写销售回款栏。

125

6.7 存货耗用及销售预算表

存货耗用及销售预算表见表6-7。

表 6-7 存货耗用及销售预算表

项目	上年实际	本年预算	第一季度				......	第四季度			
			1月	2月	3月	合计	......	10月	11月	12月	合计
预计生产其他产品耗用量											
产品1											
产品2											
产品3											
产品4											
......											
小计											
本期预计销量											
产品1											
产品2											
产品3											
产品4											
......											
小计											
加：预计期末存货											
产品1											
产品2											
产品3											
产品4											
......											
小计											
合计											
减：预计期初存货											
产品1											
产品2											
产品3											

续表

项目	上年实际	本年预算	第一季度				……	第四季度			
			1月	2月	3月	合计	……	10月	11月	12月	合计
产品4											
……											
小计											
预计本期生产量											
产品1											
产品2											
产品3											
产品4											
……											
小计											

制表人：　　　　　　　　　审核人：　　　　　　　　　审批人：

填表说明如下。

1. 以保证销售计划、其他产品生产计划和月末产成品/自制半成品库存为前提，充分考虑生产周期等因素，进行各月份产品生产任务的划分。

2. 根据其他产品预计耗用本产品数量，填列预计生产其他产品耗用量栏。

3. 将销售部提供的各产品销售收入预算中列示的销售数量，填列在各产品每月的预计销量栏。

4. 根据当年第四季度的存货收发存滚动预算、储运部提供的库存状况历史记录，以及对未来安全库存的预测报告，估计预算编制年度的期初和期末库存数量，并分别填列各产品每月的预计期末存货栏和预计期初存货栏。

5. 将各产品每月的预计生产其他产品耗用量、预计销量和预计期末存货的合计数填列在每月的合计栏。

6. 根据"预计本期生产量=预计生产其他产品耗用量+本期预计销量+预计期末存货-预计期初存货"，计算各产品的预计本期生产量。

6.8　单位产品原材料定额预算表

单位产品原材料定额预算表见表6-8。

表 6-8   单位产品原材料定额预算表

金额单位：万元

项目	耗用材料种类	上年实际			本年预算		
		单位产品耗用材料定额	计划单价	目标成本	单位产品耗用材料定额	计划单价	目标成本
产品 1	材料一						
	材料二						
	材料三						
	……						
	单位产品原材料定额总计						
产品 2	材料一						
	材料二						
	材料三						
	……						
	单位产品原材料定额总计						
产品 3	材料一						
	材料二						
	材料三						
	……						
	单位产品原材料定额总计						
产品 4	材料一						
	材料二						
	材料三						
	……						
	单位产品原材料定额总计						

制表人：   审核人：   审批人：

填表说明如下。

1. 原材料金额应根据生产部门的原材料消耗定额资料进行预算编制。

2. 原材料计划单价根据最新原材料市场的价格波动情况进行预算编制。

6.9　单位产品人工成本定额预算表

单位产品人工成本定额预算表见表 6–9。

表 6–9　　　　　　　　　　单位产品人工成本定额预算表

单位：万元

项目	上年实际				本年预算			
	每月标准产量（1）	人数（2）	工资标准（元/人）（3）	单位产品人工成本（4）=（3）×（2）÷（1）	每月标准产量（1）	人数（2）	工资标准（元/人）（3）	单位产品人工成本（4）=（3）×（2）÷（1）
产品1								
产品2								
产品3								
产品4								
……								
合计								

制表人：　　　　　　　　审核人：　　　　　　　　审批人：

填写说明如下。

1. 生产部门应核定每月的标准产量与定员人数，再根据月工资标准核定单位产品人工成本。

2. 采用计时工资制的企业可以根据单位产品的人工工时定额和小时工资率来核定单位产品人工成本。

6.10　制造费用预算表

制造费用预算表见表 6–10。

表6-10

制造费用预算表

单位：万元

项目	上年实际	本年预算	第一季度				第二季度				第三季度				第四季度			
			1月	2月	3月	合计	4月	5月	6月	合计	7月	8月	9月	合计	10月	11月	12月	合计
工资及福利费																		
折旧费																		
维修费																		
办公费																		
水电费																		
保险费																		
包装费																		
租赁费																		
其他																		
合计																		
现金支出																		

制表人： 审核人： 审批人：

填表说明如下。

1. 制造费用各项目，根据去年实际发生、本年计划发生及产量等因素确定。
2. 根据工资及附加预算表，填列"工资及福利费"栏。
3. 根据固定资产折旧预算表，填列"折旧费"栏。
4. 扣除折旧费等非现金支出后，计算现金支出额。

6.11 单位产品制造费用预算表

单位产品制造费用预算表见表 6–11。

表 6–11　　　　　　　　　　单位产品制造费用预算表

金额单位：万元

项目	单位产品定额工时	产量	产品工时总额	项目									
				工资及福利费	折旧费	维修费	办公费	水电费	保险费	包装费	租赁费	其他	合计
产品 1													
产品 2													
产品 3													
产品 4													
……													
合计													

制表人：　　　　　　　审核人：　　　　　　　审批人：

填表说明如下。

1. 随产量或工时变动的制造费用，可以根据以往年度单位产品或单位工时的费用情况，来核定单位产品的费用定额。

2. 固定制造费用应先预算固定制造费用的总额，再根据产品的工时总额来分配单位产品的制造费用定额。

6.12 某产品单位产品标准成本表

某产品单位产品标准成本表见表 6–12。

表 6-12　　　　　　　　　　　某产品单位产品标准成本表

单位：万元

项目	上年实际			本年预算		
	单价	单耗	成本	单价	单耗	成本
直接材料						
材料 1						
材料 2						
材料 3						
……						
直接材料合计						
直接人工						
制造费用						
工资及福利费						
折旧费						
维修费						
办公费						
水电费						
保险费						
包装费						
租赁费						
其他						
制造费用合计						
单位产品标准成本						

制表人：　　　　　　　　　审核人：　　　　　　　　　审批人：

填表说明如下。

1. 此表根据表 6-7 至表 6-11 单位产品成本的预算汇总而成。

2. 单位产品标准成本的资料，可以作为计算产品销售成本和生产成本的依据。

6.13　销售成本预算表

销售成本预算表见表 6-13。

表 6-13

销售成本预算表

金额单位：万元

项目	上年实际	本年预算	单位标准成本	第一季度								……	第四季度								
				1 月		2 月		3 月		合计			10 月		11 月		12 月		合计	
				销量	销售成本	销量	销售成本	销量	销售成本	销量	销售成本		销量	销售成本	销量	销售成本	销量	销售成本	销量	销售成本
产品 1																				
产品 2																				
产品 3																				
产品 4																				
……																				
合计																				

制表人：

审核人：

审批人：

填表说明如下。

1. 根据销售预算表来填列"销量"一栏。

2. "单位标准成本"为表 6-12 数据。

3. 销售成本 = 销量 × 单位标准成本。

6.14 生产成本预算表

生产成本预算表见表6-14。

表 6-14 生产成本预算表

项目	成本项目	上年实际	本年预算	单位标准成本	第一季度								......
					1月		2月		3月		合计		
					产量	生产成本	产量	生产成本	产量	生产成本	产量	生产成本	
产品1													
产成品成本	直接材料												
	直接人工												
	燃料和动力												
	制造费用												
加：期末在产品成本	直接材料												
	直接人工												
	燃料和动力												
	制造费用												
减：期初在产品成本	直接材料												
	直接人工												
	燃料和动力												
	制造费用												
产品1生产成本合计	直接材料												
	直接人工												
	燃料和动力												
	制造费用												
	小计												
产品2													
产成品成本	直接材料												
	直接人工												
	燃料和动力												
	制造费用												

续表

项目	成本项目	上年实际	本年预算	单位标准成本	第一季度								……
					1 月		2 月		3 月		合计		
					产量	生产成本	产量	生产成本	产量	生产成本	产量	生产成本	
加：期末在产品成本	直接材料												
	直接人工												
	燃料和动力												
	制造费用												
减：期初在产品成本	直接材料												
	直接人工												
	燃料和动力												
	制造费用												
产品 2 生产成本合计	直接材料												
	直接人工												
	燃料和动力												
	制造费用												
产品 3													
产成品成本	直接材料												
	直接人工												
	燃料和动力												
	制造费用												
加：期末在产品成本	直接材料												
	直接人工												
	燃料和动力												
	制造费用												
减：期初在产品成本	直接材料												
	直接人工												
	燃料和动力												

续表

项目	成本项目	上年实际	本年预算	单位标准成本	第一季度								......
					1月		2月		3月		合计		
					产量	生产成本	产量	生产成本	产量	生产成本	产量	生产成本	
	制造费用												
产品3生产成本合计	直接材料												
	直接人工												
	燃料和动力												
	制造费用												
......													
合计	直接材料												
	直接人工												
	燃料和动力												
	制造费用												

制表人：　　　　　　　　　　审核人：　　　　　　　　　　审批人：

填表说明如下。

1. 根据产量预算表来填列"产量"一栏。

2. "单位标准成本"为单位产品标准成本表数据。

3. 生产成本 = 产量 × 单位标准成本。

4. 将所有产品的生产成本汇总，即总的生产成本。

6.15　管理费用预算表

管理费用预算表见表6-15。

表6-15　　　　　　　　　　　　　　管理费用预算表

单位：万元

项目	上年实际	本年预算	第一季度				......	第四季度			
			1月	2月	3月	合计		10月	11月	12月	合计
一、可控部分											
修理费											

项目	上年实际	本年预算	第一季度				……	第四季度			
			1月	2月	3月	合计		10月	11月	12月	合计
（1）大修理费											
（2）零修费											
材料消耗											
低值易耗品消耗											
水电费											
办公费											
会议费											
差旅费											
通勤费											
服务费											
电话费											
运输及车辆费											
外宾招待费											
出国人员经费											
技术开发费											
业务招待费											
绿化费											
警卫消防费											
劳动保护费											
咨询费											
公众股利息											
存货跌价准备											
……											
可控部分小计											
二、不可控部分											
工资及奖金											
职工福利费											
工会经费											
职工教育经费											

续表

项目	上年实际	本年预算	第一季度				……	第四季度			
			1月	2月	3月	合计		10月	11月	12月	合计
劳动保险费											
待业保险费											
住房公积金											
财产保险费											
上缴上级管理费											
土地使用费											
排污费											
取暖费											
诉讼费											
审计费											
折旧费											
无形资产摊销											
其中：动迁费											
递延资产											
发行费用											
坏账损失											
存货盘盈盘亏											
……											
不可控部分小计											
三、管理费用总计											
管理费用总计											
四、现金净流量											
现金收入											
现金支出											
现金净流量											

制表人：　　　　　　　　　　审核人：　　　　　　　　　　审批人：

6.16　人员及工资预算表

人员及工资预算表见表6-16。

表 6-16　　　　　　　　　　　　　　　人员及工资预算表

单位：万元

项目	上年实际	本年预算	第一季度				……	第四季度			
			1月	2月	3月	合计		10月	11月	12月	合计
一、管理/职能部门人员											
1.高层管理人员											
（1）人员数字											
期初数											
本期增加											
本期减少											
期末数											
（2）工资、奖金及福利											
工资及奖金											
职工福利费											
小计											
2.职能部门人员											
（1）人员数字											
期初数											
本期增加											
本期减少											
期末数											
（2）工资、奖金及福利											
工资及奖金											
职工福利费											
小计											
管理/职能部门人员工资合计											
二、销售人员											
1.人员数字											
期初数											

续表

项目	上年实际	本年预算	第一季度				……	第四季度			
			1月	2月	3月	合计		10月	11月	12月	合计
本期增加											
本期减少											
期末数											
2.工资、奖金及福利											
工资及奖金											
职工福利费											
销售人员工资合计											
三、采购人员											
1.人员数字											
期初数											
本期增加											
本期减少											
期末数											
2.工资、奖金及福利											
工资及奖金											
职工福利费											
采购人员工资合计											
四、车间管理人员											
1.人员数字											
期初数											
本期增加											
本期减少											
期末数											
2.工资、奖金及福利											
工资及奖金											
职工福利费											
车间管理人员工资合计											
五、生产工人											
1.厂内生产工人											

续表

项目	上年实际	本年预算	第一季度				……	第四季度			
			1 月	2 月	3 月	合计		10 月	11 月	12 月	合计
（1）人员数字											
期初数											
本期增加											
本期减少											
期末数											
（2）工资、奖金及福利											
工资及奖金											
职工福利费											
小计											
2.临时生产工人											
（1）人员数字											
期初数											
本期增加											
本期减少											
期末数											
（2）工资、奖金及福利											
工资及奖金											
生产工人工资合计											
六、人员总数及工资总计											
人员总数											
工资总计											

制表人：　　　　　　　　审核人：　　　　　　　　审批人：

6.17　销售费用预算表

销售费用预算表见表 6–17。

表 6-17 销售费用预算表

单位：万元

项目	上年实际	本年预算	第一季度				……	第四季度			
			1月	2月	3月	合计		10月	11月	12月	合计
一、可控部分											
工资及奖金											
职工福利费											
差旅费											
电话费											
广告费											
会务费											
办公费											
运费											
邮寄费											
其他											
小计											
二、不可控部分											
折旧费											
小计											
销售费用合计											
三、现金净流量											
现金收入											
现金支出											
现金净流量											

制表人： 审核人： 审批人：

6.18 营业外收支预算表

营业外收支预算表见表6-18。

表 6-18　　　　　　　　　　　　营业外收支预算表

单位：万元

项目	上年实际	本年预算	第一季度				……	第四季度			
			1月	2月	3月	合计		10月	11月	12月	合计
一、营业外收入											
1.固定资产盘盈											
2.处置固定资产净收益											
3.出售无形资产收益											
4.罚款净收入											
5.其他											
合计											
二、营业外支出											
1.固定资产盘亏											
2.处置固定资产净损失											
3.出售无形资产损失											
4.债务重组损失											
5.捐赠支出											
6.罚款支出											
7.非常损失											
8.其他											
合计											
三、营业外收支净额											
营业外收支净额											
四、现金净流量											
现金收入											
现金支出											
现金净流量											

制表人：　　　　　　　　审核人：　　　　　　　　审批人：

6.19　其他业务利润预算表

其他业务利润预算表见表 6-19。

表 6-19   其他业务利润预算表

单位：万元

项目	上年实际	本年预算	第一季度				......	第四季度			
			1月	2月	3月	合计		10月	11月	12月	合计
一、其他业务收入											
1. 出售材料收入											
2. 提供服务收入											
3. 代购代销收入											
4. 其他											
合计											
二、其他业务支出											
1. 出售材料成本、费用、税金											
2. 提供服务成本、费用、税金											
3. 代购代销成本、费用、税金											
4. 其他											
合计											
三、其他业务利润											
其他业务利润											
四、现金净流量											
现金收入											
现金支出											
现金净流量											

制表人：   审核人：   审批人：

6.20　预计资产负债表

预计资产负债表见表 6-20。

表 6-20   预计资产负债表

单位：万元

项目	上年实际	本年预算	第一季度				......	第四季度			
			1月	2月	3月	合计		10月	11月	12月	合计
流动资产											

项目	上年实际	本年预算	第一季度				……	第四季度			
			1月	2月	3月	合计		10月	11月	12月	合计
货币资金											
交易性金融资产											
衍生金融资产											
应收票据											
应收股利											
应收利息											
应收账款											
其他应收款											
预付账款											
应收补贴款											
存货											
待摊费用											
一年内到期的长期债权投资											
其他流动资产											
流动资产合计											
非流动资产											
债权投资											
其他债权投资											
长期应收款											
长期股权投资											
其他权益工具投资											
其他非流动金融资产											
投资性房地产											
固定资产											
在建工程											
生产性生物资产											
油气资产											
使用权资产											
无形资产											
开发支出											

项目	上年实际	本年预算	第一季度				……	第四季度			
			1月	2月	3月	合计		10月	11月	12月	合计
商誉											
长期待摊费用											
递延所得税资产											
其他非流动资产											
非流动资产合计											
资产合计											
流动负债											
短期借款											
交易性金融负债											
衍生金融负债											
应付票据											
应付账款											
预收款项											
合同负债											
应付职工薪酬											
应交税费											
其他应付款											
持有待售负债											
一年内到期的流动负债											
其他流动负债											
流动负债合计											
非流动负债											
长期借款											
应付债券											
其中：优先股											
永续债											
租赁负债											
长期应付款											
预计负债											

项目	上年实际	本年预算	第一季度				......	第四季度			
			1月	2月	3月	合计		10月	11月	12月	合计
递延收益											
递延所得税负债											
其他非流动负债											
非流动负债合计											
负债合计											
所有者权益（或股东权益）											
实收资本（或股本）											
其他权益工具											
其中：优先股											
永续债											
资本公积											
减：库存股											
其他综合收益											
专项储备											
盈余公积											
未分配利润											
所有者权益（或股东权益）合计											
负债和所有者权益合计											

6.21 预算利润表

预算利润表见表6–21。

表6–21　　　　　　　　　　　　　　　预算利润表

单位：万元

项目	上年实际	本年预算	第一季度				...	第四季度			
			1月	2月	3月	合计		10月	11月	12月	合计
一、营业收入											
减：营业成本											
税金及附加											

续表

项目	上年实际	本年预算	第一季度				...	第四季度			
			1月	2月	3月	合计		10月	11月	12月	合计
销售费用											
管理费用											
研发费用											
财务费用											
其中：利息费用											
利息收入											
加：其他收益											
投资收益（损失以"–"填列）											
其中：对联营企业和合营企业的投资收益											
以摊余成本计量的金融资产终止确认收益（损失以"–"填列）											
净敞口套期收益（损失以"–"填列）											
公允价值变动收益（损失以"–"填列）											
信用减值损失（损失以"–"填列）											
资产减值损失（损失以"–"填列）											
资产处置收益（损失以"–"填列）											
二、营业利润（亏损以"–"填列）											
加：营业外收入											
减：营业外支出											
三、利润总额（亏损总额以"–"填列）											
减：所得税费用											
四、净利润（净亏损以"–"填列）											
（一）持续经营净利润（净亏损以"–"填列）											

项目	上年实际	本年预算	第一季度				...	第四季度			
			1月	2月	3月	合计		10月	11月	12月	合计
（二）终止经营净利润（净亏损以"–"填列）											
五、其他综合收益的税后净额											
（一）不能重分类进损益的其他综合收益											
1. 重新计量设定受益计划变动额											
2. 权益法下不能转损益的其他综合收益											
3. 其他权益工具投资公允价值变动											
4. 企业自身信用风险公允价值变动											
……											
（二）将重分类进损益的其他综合收益											
1. 权益法下可转损益的其他综合收益											
2. 其他债权投资公允价值变动											
3. 金融资产重分类计入其他综合收益的金额											
4. 其他债权投资信用减值准备											
5. 现金流量套期储备											
6. 外币财务报表折算差额											
……											
六、综合收益总额											
七、每股收益											
（一）基本每股收益											
（二）稀释每股收益											

6.22 预计现金流量表

预计现金流量表见表6-22。

表6-22　　　　　　　　　　　　　　预计现金流量表

单位：万元

项目	上年实际	本年预算	第一季度				……	第四季度			
			1月	2月	3月	合计		10月	11月	12月	合计
一、经营活动产生的现金流量											
销售商品、提供劳务收到的现金											
收到的税费返还											
收到其他与经营活动有关的现金											
经营活动现金流入小计											
购买商品、接受劳务支付的现金											
支付给职工以及为职工支付的现金											
支付的各项税费											
支付其他与经营活动有关的现金											
经营活动现金流出小计											
经营活动产生的现金流量净额											
二、投资活动产生的现金流量											
收回投资所收到的现金											
取得投资收益所收到的现金											
处置固定资产、无形资产和其他长期资产收回的现金净额											
收到其他与投资活动有关的现金											
投资活动现金流入小计											
购建固定资产、无形资产和其他长期资产支付的现金											
投资支付的现金											
取得子公司及其他营业单位支付的现金净额											
支付的其他与投资活动有关的现金											
投资活动现金流出小计											

项目	上年实际	本年预算	第一季度				……	第四季度			
			1月	2月	3月	合计		10月	11月	12月	合计
投资活动产生的现金流量净额											
三、筹资活动产生的现金流量											
吸收投资收到的现金											
取得借款收到的现金											
收到其他与筹资活动有关的现金											
筹资活动现金流入小计											
偿还债务支付的现金											
分配股利、利润或偿付利息支付的现金											
支付其他与筹资活动有关的现金											
筹资活动现金流出小计											
筹资活动产生的现金流量净额											
四、汇率变动对现金及现金等价物的影响											
五、现金及现金等价物净增加额											
加：期初现金及现金等价物余额											
六、期末现金及现金等价物余额											

制表人：

第三篇

筹资与投资管理

第 7 章　筹资与投资管理制度

7.1　公司融资管理办法

融资是指公司根据其生产经营活动对资金的需求量，采用适当的融资渠道和融资方式，从公司外部有关单位和个人或从公司内部获取所需资金的一种行为，是公司财务管理的重要内容。

一、融资基本要求

融资要求是公司以最低的融资成本，适量、适时、适度地筹集公司生产经营所需的资本时，必须要考虑的因素。财务经理作为公司财务事务的负责人，在为公司进行融资的过程中，一定要考虑相关要求，如表 7-1 所示。

表 7-1　　　　　　　　　　　　　公司融资基本要求

序号	内容	详细说明
1	讲究效益	公司通过投资收益与融资成本的比较，权衡融资与投资的效益，并考虑以下两方面内容： （1）分析投资机会，讲求投资效益，避免盲目融资 （2）分析融资方式，寻求最优的融资组合，努力降低融资成本，提高融资效率
2	数量与结构合理	（1）确定合理的融资数量，使所需融资的数量与投资所需数量达到平衡 （2）确定合理的资本结构：股权资本和债权资本结构合理、长期资本与短期资本结构合理
3	融资要及时	公司应及时地取得资本来源，使融资与投资在时间上相协调，减少资本闲置或融资滞后而贻误投资的风险
4	不得违背国家法律法规	公司在进行融资时，必须遵守国家有关法律法规

二、预测资金需求的步骤

（一）预测销售量及销售收入

公司预测资金需求量时，要以公司的销售预测为起点，销售量及销售收入预测影响因素如表 7-2 所示。

表 7-2   销售量及销售收入预测影响因素

序号	内容	详细说明
1	外部因素	国家宏观经济形势、公司所处城市及城区经济发展趋势、可能的突发事件、客源结构的变化、旅游消费模式的转变等
2	内部因素	公司广告的投放及其产生的效应、促销手段的实施、定价策略等。公司确定各营业部门的销量后，需要根据现销与赊销比、收账政策，确定公司的现金流入量

（二）预计公司投资数额

公司若增加投资数额，应考虑两个方面的内容，一是旅游人数的增加对公司规模扩大所产生的影响，二是公司服务质量的提高对公司软硬件设施建设产生的影响。

（三）预计成本费用开支

依据成本费用与销售量之间的数量关系，公司成本费用可以分为固定费用和变动费用。合理预计公司销售量指标后，可以根据变动费用与销售量之间的函数关系确定变动费用的开支，并逐项分析固定费用的影响因素，确定固定费用的开支范围。

（四）预计利润和留存收益

利用公司销售收入和成本费用开支的关系，可以测算出公司利润；利用测算的公司利润和公司股利支付政策，可以确定公司的留存收益。留存收益是公司筹集资金的方式之一。

（五）预测融资金额

公司依据以上预测的结果，可以合理预测需筹集的资金数额。

三、预测资金需求的方法

公司预测资金需求的方法主要有趋势分析法、比率预测法、销售百分比法、线性回归法。

（一）趋势分析法

按趋势分析法计算预测期资金需求量的公式如下。

$$预测期资金需求量 = 基期资金量 \times (1 + 增长速度)^n$$

式中，n 为基期到预测期的期数，一般是年数。

采用趋势分析法必须符合以下两个条件。

一是假定事物发展变化的趋势已掌握，并将持续到预测期。

二是假定相关财务变量虽有变化，但不会改变这种趋势。

公司在融资之前，应当采用一定的方法预测资金需求量，只有这样，才能使筹集来的资金既能满足生产经营的需要，又不会有太多的闲置。

（二）比率预测法

比率预测法是指以一定财务比率为基础，预测未来资金需求量的方法。能用于预测的比率可能有很多，如存货周转率、应收账款周转率等，但常用的是资金与销售额之间的比率。常用的比率预测法是销售额比率法，其假定公司的变动资产、变动负债与销售收入之间存在着稳定的百分比关系。

大部分流动资产是变动资产（如库存现金、应收账款、存货），固定资产等长期资产视不同情况而定：当生产能力有剩余时，销售收入增加不需要增加固定资产；当生产能力饱和时，销售收入增加需要增加固定资产，但不一定按比例增加。部分流动负债是变动负债（随销售收入变动而变动，如应付账款等）。

（三）销售百分比法

销售百分比法是指以资金与销售量的比率为基础，预测未来资金需求量的方法。它以目前的或预期的销售额的某一个百分比作为设定促销预算的基础。譬如，某家公司决定以预期销售额的 3% 为促销预算，假定该公司预估下一年度的销售额为 100 万元，则该公司下年度的促销预算为 3 万元。销售百分比法的原理是根据预计的销售额预测资金的需求量。根据资产负债表中占用在各资产上的资金与销售收入的关系，将资产负债项目分为两类，即与销售收入的变动同比例变动的项目和不随销售收入变动而变动的项目。在此基础上，编制出预计资产负债表，并推算出预计销量下的资金需求量。

按销售百分比法计算资金需求量的公式如下。

$$资金需求量 = 预测期销售收入 \times 预定销售资金率$$

式中，"预定销售资金率"可以按上年实际销售资金率确定，也可按以前年度平均销售资金率确定，或者按预测期规定应达到的销售资金率确定。

（四）线性回归法

线性回归法是假定资金需求量与营业业务量之间存在线性关系而建立数学模型，然后根据历史有关数据，用回归方程确定参数，并以此预测资金需求量的一种方法。在财务管理中，最简单、最常用的回归模型如下。

$$y = a + bx$$

式中：y——资金需求量；

a——不变资金规模；

b——单位业务量所需要的变动资金规模；

x——业务量。

不变资金是指在一定的营业规模内，不随业务量增减的资金，主要包括为维持营业而需要的最低数额的现金、原材料的保险储备、必要的成品或商品储备，以及固定资产占用的资金。变动资金是指随业务量变动而同比例变动的资金，包括在最低储备以外的现金、存货、应收账款等所占用的资金。

运用线性回归法必须注意以下几个问题。

（1）资金需求量与业务量间的线性关系应符合实际情况，如果线性关系不存在，则需要考虑采用多元回归法。

（2）确定不变资金规模与单位变动资金规模时，应利用预测年度前连续几年的历史资料。一般认为历史跨度越长，计算越准确。为满足计算需要，在条件允许的情况下，使用的历史资料应尽量不少于三年。

（3）在具体测算中，应考虑价格等因素对资金需求量的影响。

四、以最低综合成本融资

公司通过多种渠道或用多种方式进行融资时，必须计算公司的综合融资成本（也叫加权平均融资成本）。综合融资成本以各种资金占全部资金的比重为权数，对各项个别融资成本进行加权平均确定。其计算公式如下。

$$k_w = \sum k_j w_j$$

式中：k_w——综合融资成本；

k_j——第 j 种个别融资成本；

w_j——第 j 种个别资金占全部资金的比重（权数）。

计算方法：先分别算出各种资金占全部资金的比重（权数），然后将各种资金的比重乘以相应的个别融资成本，再将得出的结果相加，即可得出综合融资成本。公司可通过计算，选择综合融资成本最低的融资结构进行融资。

五、利用表外融资

表外融资是指公司融资所形成的费用及取得的经营成果不在资产负债表内直接反映，而在利润表中反映的融资，如经营性租赁融资、应收账款融资、代销商品和来料加工融资等。表外融资不涉及负债的增加，不支付融资费用和用资费用，减少了公司的融资成本。

六、注意融资隐性利息

由于不注意融资方法，公司实际承担的借款利率往往高于公司的名义借款利率，从而加重公司的借款利息负担，增加了公司的融资成本。现结合公司短期银行借款对利率加以分析。

（一）补偿性余额借款法

这种方法下，银行要求公司借款时，必须按实际借款额的一定百分比（通常为 10%～20%）在银行中保留最低存款余额。公司实际借款利率的计算公式如下。

$$公司实际借款利率 = \frac{公司借款实际支付的利息}{公司借款总额 - 补偿性余额} = \frac{名义利率}{1 - 补偿性余额比例}$$

（二）预扣利息借款法

预扣利息借款法下，银行向公司发放贷款时，先从本金中扣除利息部分，贷款到期时公司再偿还全部本金。由于公司实际可利用的借款数只有本金扣除利息后的差额部分，因而，其借款的实际利率也高于名义利率。公司实际借款利率的计算公式如下。

$$公司实际借款利率 = \frac{公司借款实际支付的利息}{借款总额 - 公司借款实际支付的利息} = \frac{名义利率}{2 - 名义利率}$$

（三）借款期内分期等额偿还借款法

公司偿还银行贷款本金的方式主要有两种：一种是到期后一次偿还，另一种是贷款期内定期等额分次偿还。若采用后一种偿还方式，公司可以利用的借款数会逐期减少，但借款利息并未减少，所以公司实际负担的利息费用较高。公司实际借款利率的计算公式如下。

$$公司实际借款利率 = 公司借款实际支付的利息 ÷（借款总额 ÷ 2）$$
$$= 2 × 名义利率$$

综上所述，公司采用上述借款方法都会提高公司借款的实际利率，这不可避免地造成了公司的隐性利息负担，增加了公司的融资成本。

七、利用合法融资

合法融资主要包括以下内容。

（1）公司必须按公司营业执照批准的经营范围开展业务，超出经营范围的须通过合法批准。

（2）被融资人及反融资人必须合法注册登记，且具有独立承担民事责任的主体资格；融资贷款项目必须符合国家产业政策，且各项开发经营法律手续完备。要建立以信用记录、信用调查、信用评估、信用发布为主要内容的社会信用管理系统，将有不良信用记录的申请人拒之于公司融资大门之外。

（3）必须依据《中华人民共和国民法典》等的有关规定，本着"认真、谨慎、合法"和

"互惠、互利、平等"的原则，与被融资人、融资人和贷款人签订有关合同。所有合同文本必须经公司法律顾问审核。

（4）加强内部管理，建立和健全各项规章制度。加强对员工的培训，帮助其树立爱岗敬业的理念，杜绝玩忽职守、徇私舞弊现象的发生。在实施反融资措施方面，避免"感情用事"和"心慈手软"等现象的出现。

八、对融资实行分级管理

（1）融资项目的洽谈、受理、考案、签约、保后管理和债权清偿及有关重大问题的决定与处理，必须坚持公开、民主的原则，坚持程序化管理和规范操作，严禁"暗箱操作"或"地下运作"。

（2）严格项目审核和评审制度，充分发挥公司融资风险控制委员会、融资业务评审委员会和评审专家的作用，提高融资质量和专业操作水平。

（3）公司日常行政和经营管理实行在董事会领导下的总经理负责制。总经理办公室由各部门负责人以上人员组成，负责议决公司日常行政和经营管理工作。

（4）总经理的审批权限按授权程序确定，总经理在董事会授权的审批权限内进行操作，对公司融资业务负总责，业务部门必须按总经理授权范围进行融资业务的受理和调查。

（5）业务部门应定期将融资业务的运作情况以书面或当面陈述的方式向总经理报告，总经理在授权范围内承担对融资项目审批、融资金额代偿和追偿全部领导责任。

九、加强内部稽核

加强内部稽核包括以下几个方面的内容。

（1）成立以公司财务经理为首的稽核部门，定期对项目部、业务部、财务部进行稽核。

（2）为了确保稽核工作的公正性，稽核人员不参与对借贷人的检查与评估，也不参加业务部门的日常工作。

（3）融资项目的审批人员和业务负责人员包括融资回收责任人在离职时，由稽核部门对其履行现职情况进行审计，离职者必须对审计结果负责。

十、健全融资机制

健全融资机制包括以下几个方面的内容。

（1）加强内部管理，打造一支高素质的职业管理团队。公司应有一支由投资专家、金融专家、公司管理专家、会计师、律师等组成的管理团队，具备一定的风险管理经验。

（2）健全并不断完善规章制度，推行按规章制度操作。融资项目的审批人员和业务负责人在具体业务操作中，应严格执行"审、保、偿"分离制度、"三查"制度、限额审批制度及规避风险的五项制度。规避风险的五项制度包括目标预警制度、信用记录制度、风险保证和反融资制度、运行监测制度、债权追偿制度。

（3）实行市场化运作，确保融资工作有效、优质运行。首先，融资审批要坚持以市场为导向开拓相应业务；其次，建立规范的市场化经营管理工作机制；最后，实行岗位问责机制，确定不同岗位的风险，并制定相应的责任机制。

（4）科学、合理地设定反融资措施。首先，采取公司主要股东对公司债务承担无限连保证责任，将债务风险最小化；其次，实行闭环可流通原则，与相关的拍卖典当公司合作，尽可能保证融资物的可流通性，增大兑现力度；最后，实行债务人利益可触原则，利用利益制约机制解决利益问题，确保融资设定的目的能够顺利实现，从而确保公司的权益。

7.2　筹资管理

筹资管理是公司财务管理的一个重要组成部分。公司进行筹资管理，就是通过对筹资进行科学的谋划与合理的组合，以达到公司的战略目标。不同的筹资方式与筹资渠道决定了筹资成本的大小，甚至在一定程度上影响公司的经营成本和理财成效。筹资风险影响着公司的风险水平与筹资来源。也就是说，筹资的成本、风险及结构，既影响公司的竞争力，也影响公司的健康发展。

7.2.1　筹资管理制度

一、公司筹资管理制度

下面是某公司的筹资管理制度，仅供读者在拟定或实施筹资管理制度时参考。

×× 公司筹资管理制度

第一章　总则

第一条　根据相关规定，结合公司实际情况，特制定本制度。本制度制定的目的是规范公司经营运作中的筹资行为，降低筹资成本，减少筹资风险，以提高资金运作效率。

第二条　本制度适用于公司的权益资本筹资和债务资本筹资。

第三条　权益资本筹资是由公司所有者投入及以发行股票的方式进行的筹资；债务资本筹资指公司以负债方式借入资金并到期偿还资金的筹资，包括短期借款、长期借款、应付债券、长期应付款等方式筹资。

第四条　筹资原则。

（1）严守国家法律法规。

（2）统一筹措，分级使用。

（3）综合考量，降低成本。

（4）负债适度，预防风险。

第五条　公司财务部统一负责资金的筹措、管理、协调及监督工作。

第二章　权益资本筹资

第六条　权益资本通过吸收直接投资和发行股票这两种方式取得。

（1）吸收直接投资是指公司以协议等形式吸收其他公司及个人投资的筹资方式。

（2）发行股票是指公司以发行股票方式筹集资本的方式。

第七条　公司吸收直接投资程序。

（1）吸收直接投资须经公司股东大会或董事会批准。

（2）公司与投资者签订投资协议，约定投资金额、所占股份、投资日期及投资收益与风险的分担等。

（3）财务部门负责监督筹集资金的到位情况和实物资产的评估工作，并请会计师事务所办理验资手续，公司将据此向投资者签发出资报告。

（4）财务部门收到投资款后须及时完成股东名册的建立。

（5）财务部门负责完成工商变更登记和公司章程修改手续的办理。

第八条 吸收直接投资不得吸收投资者已设有担保物权及租赁资产的出资。

第九条 在生产经营期间内筹集的资本金，除投资者依法转让外，不得以任何方式抽走。

第十条 投资者实际缴付的出资额超出其资本金的差额（包括公司发行股票的溢价净收入）以及资本汇率折算差额等计入资本公积。

第十一条 发行股票程序。

（1）经过股东大会批准并拟订发行新股申请报告后，方可发行股票进行筹资。

（2）董事会向相关授权部门提出申请并获得批准。

（3）公告招股说明书和财务会计报表及附属明细表，与证券经营机构签订承销协议。定向募集时向新股认购人发出认购公告或通知。

（4）招认股份，缴纳股款。

（5）改组董事会、监事会，办理变更登记手续并向社会公告。

第十二条 公司财务部负责完成股东名册的建立，其内容包括：股东姓名或名称、地址及各股东所持股份、股票编号及股东取得股票的日期等。

第三章 债务资本筹资

第十三条 公司财务部统一负责债务资本的筹资工作。经财务部批准，分支机构可办理短期借款。

第十四条 公司短期借款筹资程序。

（1）根据财务预算，财务部首先应明确公司短期内所需资金，并完成筹资计划表的编制。

（2）按照筹资规模大小，筹资计划分别由筹资主管、财务部经理及总经理审批。

（3）财务部负责借款合同的签订工作，并监督资金的到位及使用情况，借款合同的内容包括：借款人、借款金额、利率、借款期限、利息及本金的偿还方式、违约责任等。

（4）双方法人代表或授权人确认签字。

第十五条 公司短期借款审批权限。

短期借款采取限额审批制，投资限额标准如下（超过限额标准的由董事会审核）。

（1）筹资主管审批限额：_____万元。

（2）财务部经理审批限额：_____万元。

（3）总经理审批限额：_____万元。

第十六条 在短期借款到位当天，财务部应根据借款类别在短期筹资登记簿中登记。

第十七条 公司按照借款计划使用该项资金，不得随意变更资金用途，如有变更须经原审批机构审批。

第十八条 财务部及时计提和支付借款利息并实行不相容岗位分离。

第十九条 财务部应建立资金台账，以详细记录各项资金的筹集、运用及本息归还情况。财务部针对未领取利息单独列示。

第二十条 公司长期债务资本的筹集方式包括：长期借款、公司债券、长期应付款等。

第二十一条 公司借入长期借款必须编制长期借款计划使用书，包括：项目可行性研究报告、项目批复、公司批准文件、借款金额、用款日期、计划还款期限等。

第二十二条　长期借款计划使用书由项目负责人、财务部经理及总经理根据其职权范围进行审批。

第二十三条　财务部负责长期借款合同的签订工作，其主要内容包括：贷款种类、贷款用途、贷款金额、利率、贷款期限、利息及本金的偿还方式、资金来源、违约责任等。

第二十四条　长期借款利息的处理。

（1）筹建期间发生的应计利息计入开办费。

（2）生产期间发生的应计利息计入财务费用。

（3）清算期间发生的应计利息计入清算损益。

（4）与购建固定资产或无形资产相关的应计利息，资产达到预定可使用状态前，计入购建资产的价值。

第二十五条　公司发行债券筹资程序。

（1）发行债券筹资应先由股东大会做出决议。

（2）向国务院证券管理部门申请并提交公司登记证明、章程、债券募集办法、资产评估报告和验资报告等。

（3）制定公司债券募集办法，其主要内容包括：公司名称、债券总额和票面金额、债券利率、还本付息的期限和方式、债券发行的起止日期、公司净资产、已发行尚未到期的债券总额及公司债券的承销机构等。

（4）同债券承销机构签订债券承销协议或包销合同。

第二十六条　公司发行的债券应载明公司名称、债券票面金额、利率及偿还期限等事项，并由董事长签名确认、公司盖章。

第二十七条　公司债券发行价格可采用溢价、平价、折价三种方式，财务部确保债券溢价和折价采用直线法合理分摊。

第二十八条　公司对发行的债券应置备公司债券存根簿予以登记。

（1）发行记名债券的，公司债券存根簿应记明债券持有人的姓名或名称、地址，债券持有人取得债券的日期、债券编号、债券总额、票面金额、利率，债券的发行日期、还本付息的期限和方式。

（2）发行无记名债券的，应在公司债券存根簿上登记债券的总额、利率、偿还期限、偿还方式、发行日期和债券编号等。

第二十九条　财务部在取得债券发行收入的当天，应立即将款项存入银行。

第三十条　财务部指派专人保管债券持有人明细账，并负责定期组织核对。

第三十一条　公司按照债券契约的规定及时支付债券利息。

第三十二条　经董事会授权的情况下，公司债券的偿还和回购由财务部负责办理。

第三十三条　公司未发行债券必须由专人管理。

第三十四条　其他长期负债筹资方式，还包括补充贸易引进设备价款和融资租入固定资产应付的租赁费等形成的长期应付款。

第三十五条　财务部统一负责长期应付款的办理。

第四章　公司筹资风险管理

第三十六条　公司应定期召开财务工作会议，并由财务部负责评价公司的筹资风险。

公司筹资风险的评价准则如下。

（1）根据公司固定资产投资和流动资金的需要，决定筹资的时机、规模与组合。

（2）筹资时应充分考虑公司的偿还能力，全面衡量收益情况和偿还能力，量力而行。

（3）对筹集来的资金、资产和技术应具有吸收、消化的能力。

（4）筹资的期限适当。

（5）负债率和还债率要控制在一定范围内。

（6）筹资要考虑税款减免及社会条件的制约。

第三十七条 筹资成本是公司筹资效益的决定性因素，对选择评价公司筹资方式有重要意义。财务部采用加权平均资本成本最小的筹资组合评价公司资金成本，以确定合理的资本结构。

第三十八条 筹资风险的评价方法采用财务杠杆系数法。财务杠杆系数越大，公司筹资风险就越大。

第三十九条 财务部应根据公司实际经营状况、现金流量等因素，科学合理地安排借款的偿还期及归还借款的资金来源。

第五章　附则

第四十条 本制度的编制、修改及最终解释权均归财务部所有。

第四十一条 经总经理办公会讨论通过，本制度自公布之日起实施。

二、筹资管理合同

公司筹集资金需要运用到相应的合同。

下面列出的 3 种合同范本，仅供读者参考使用。

×× 银行贷款合同

签订合同单位

×× 公司（以下简称"借款方"）：

×× 银行（以下简称"贷款方"）：

根据国家相关规定，借款方由于 ×× 用途需要进行贷款，经贷款方审核，批准发放。为明确双方权责，特订立本合同，双方将恪守信用，共同遵守。

第一条 借款方向贷款方借款金额为：＿＿＿＿＿＿＿（大写）元人民币，用途为＿＿＿＿＿＿＿。预计用款为＿＿＿年＿＿＿元；＿＿＿年＿＿＿元；＿＿＿年＿＿＿元；＿＿＿年＿＿＿元；＿＿＿年＿＿＿元。

第二条 自获取贷款当天起，将按实际支用金额计算利息及复利。合同规定的借款期内，年息为＿＿＿%。借款方若未能如期归还贷款，逾期部分加收利息＿＿＿%。

第三条 借款方保证自＿＿＿＿＿＿年＿月起至＿＿＿＿＿＿年＿月止，用国家规定的还贷资金偿还全部贷款。预定为：＿＿＿年＿＿＿元；＿＿＿年＿＿＿＿＿元；＿＿＿年＿＿＿元；＿＿＿年＿＿＿元；＿＿＿年＿＿＿元；＿＿＿年＿＿＿元；＿＿＿年＿＿＿元。逾期未能归还的，贷款方有权限期追回贷款，或申请借款方的其他开户银行代扣清偿。

第四条 因国家计划、产品价格、税率及概算等因素变更，需要调整合同条款时，需由双方确认并签订变更合同的文件，作为本合同的附件执行。

第五条 贷款方有权检查、监督贷款的使用情况，了解借款方的经营、计划、财务活动及物资库存等情况。借款方有责任向贷款方提供相关的统计、会计报表等资料。

第六条　贷款方保证按照本合同的规定供应资金。因贷款方责任，未能如期提供贷款，贷款方应按延期天数，支付借款方违约数额____％的违约金。

第七条　借款方应严格按照合同规定使用贷款，否则，贷款方有权收回部分或全部贷款，对违约使用的部分按原定利率加收罚息____％。

第八条　本合同自双方签章起生效，贷款本息全部清偿后自动失效。本合同正本一式两份，借、贷双方各执一份保存；副本____份，报送_____、_____、_____等部门各执一份存档。

借款单位：（签章）　　　　　　　　贷款单位：（签章）

地址：　　　　　　　　　　　　　　地址：

法人代表：（签字）　　　　　　　　法人代表：（签字）

开户银行名称及账号：

签订日期：　　　年　月　日　　　　签订日期：　　　年　月　日

××公司短期借贷合同

贷款单位（以下简称"贷款方"）：

借款单位（以下简称"借款方"）：

借款方为革新技术，引进更新生产设备，向贷款方申请出口商品生产中短期贷款。双方根据《中华人民共和国民法典》中关于借款合同的规定，协商订立本合同，约定共同遵守如下条款。

第一条　贷款金额。

本合同项下最高金额为：_____（大写）万元人民币。

第二条　贷款期限。

本合同项下贷款期限为自____年__月__日起至____年__月__日止。

第三条　贷款用途。

本合同项下贷款属于固定资产贷款性质，借款方限用于_____。

第四条　贷款利率及利息计收。

（1）本合同项下为月息____‰（一个月按 30 天计算）。

（2）贷款使用期间，若中国人民银行贷款利率发生变更，本合同规定利率将做相应调整。

（3）本合同项下贷款利息按季计收，结息日为每季最后一个月的 24 日。

（4）贷款利息由贷款方在结息日主动从借款方在贷款方及其分、支机构开立的专用基金存款户中收取。

第五条　贷款支用。

（1）用款计划：_____。

（2）本合同项下贷款，借款方应按照上述所列使用时间支用，如有变更，须事先取得贷款方同意。

（3）借款方未向贷款方提出更改支用时间的申请并取得贷款方的同意，其超过本贷款合同所列使用时间支用贷款金额的部分或全部时间，视为自动取消，未支用金额不得再继续支用。

（4）借款方在支用贷款时，应在实际支用日 3 个工作日前向贷款人提交相关借款凭证，贷款方凭以发放贷款。

第六条 贷款偿还。

（1）还款计划：_____。

（2）本合同项下贷款应按上述所列还款计划偿还。确因特殊情况借款方未能如期归还，借款方应向贷款方提出延期申请，经贷款方同意，方可延期偿还。

（3）借款方以贷款项目税前新增利润归还贷款。

第七条 贷款保证。

本合同项下的贷款以出具的无条件不可撤销担保书作为偿还贷款的保证。

第八条 违约及违约处理。

（1）违约。

借款方发生以下情况之一或数项时构成违约。

①借款方未能按本合同及贷款申请书所列的还款计划偿还贷款本息。

②借款方未按规定的用途使用贷款。

③借款方所投资的项目在贷款期内由于任何原因"关、停、并、转"。

④借款方违反合同的其他行为。

（2）违约处理。

借款方构成前款违约行为，贷款方有权按下列一项或数项规定处理。

①以书面形式告知借款方违约问题，并责成借款方限期采取有效措施，纠正违约情况。

②对借款方未按规定用途使用的，挤占挪用贷款，在本合同规定利率基础上加收利息100%。

③对借款方未能如期偿还贷款，贷款方对逾期部分的贷款在本合同规定的利率基础上加收利息30%。

④停止发放本合同项下的全部贷款或尚未支用的贷款余额。

⑤提前收回本合同项下的部分或全部贷款本息，由贷款方主动从借款方专用基金账户中扣收；或采取贷款方认为必要的其他措施，追索未偿付的贷款本息。

⑥向担保人追索未偿还的本合同项下的全部贷款本息。

第九条 合同的生效、变更及解除。

（1）本合同经借、贷双方签章起生效，在贷款本息全部清偿后自动失效。

（2）除由于贷款违约原因外，借款方或贷款方任何一方要求变更或解除合同，应征得另一方同意，双方协商一致前，本合同仍然有效。

（3）本合同所依据的国家相关规定发生变更，合同双方应对本合同进行相应的修改、变更或解除本合同。

第十条 其他。

（1）本合同项下贷款项目的贷款申请书作为本合同的附件执行，与本合同具有同等法律效力。

（2）借款方保证向贷款方按月提供相关计划、统计、财务会计报表等资料。

借款方：（签章）　　　　　　　　贷款方：（签章）

负责人：（签字）　　　　　　　　负责人：（签字）

签订日期：　　年　月　日　　　　签订日期：　　年　月　日

××公司借款合同

借款单位：（以下简称"借款方"）

贷款单位：（以下简称"贷款方"）

为明确责任，恪守信用，双方依照相关法律法规，协商一致，订立本合同。

第一章　借款

第一条　借款金额：_____（大写），_____（小写）。

第二条　借款用途：_____。

第三条　借款期限：自____年__月__日起至____年__月__日止。

第四条　在本合同期限内，借款的实际放款及还款日以借据为准。借据作为本合同的附件执行，与本合同具有同等法律效力。

第五条　贷款方应在借款方办理借款手续后____个工作日内发放借款。

第六条　借款方用合同资金（不限于），归还本合同项下借款本息。

第七条　本合同到期，借款方应主动归还全部借款本息。不主动归还的，借款方同意贷款方从借款方账户划收。

第二章　借款利率和计息

第八条　本合同项下借款利率根据国家相关规定，确定为月息____%。

第九条　本合同项下借款，自贷款方放款当天起计息，按日计息，按季结息，借款到期还清本息。

第十条　经贷款方同意，借款方提前归还借款的，仍按合同约定的利率和实际用款天数计算利息。

第十一条　借款方在贷款方结息日前应在其账户备足应付利息，由贷款方从借款方账户划收。

第三章　担保

第十二条　本合同项下借款本息和可能发生的违约金、实现债权的费用由向贷款方提供方式担保，并另行签订合同编号为_____的担保合同。

第十三条　如果担保合同中约定的有关事项发生，贷款方认为足以影响担保人的担保能力的，借款方应重新提供令贷款方满意的担保。

第四章　双方承诺

第十四条　借款方承诺。

（1）按照本合同规定的用途使用借款。

（2）不利用借款从事违法经营活动。

（3）在本合同项下借款全部清偿前，借款方有任何一种改变经营方式行为（包括承包、租赁、合并、分立、股份制改造、联营、与外商合资或其他形式）时，应最迟于改变经营方式前一个月告知贷款方，并保证贷款本息的清偿。

（4）发生歇业、解散、停业整顿、被吊销营业执照时，保证立即归还贷款本息。

（5）当客观上有危及借款安全情况时（包括涉及重大经济纠纷的诉讼、财务状况恶化等），应在事件发生后____天以书面形式通知贷款方，并保证贷款本息的清偿。

（6）据实如期提供贷款方要求的资料（包括资产负债表、利润表，所有开户银行、账号、存款余额等），并配合贷款方调查、审查和检查与借款相关的生产、经营及财产等情况。

第十五条 贷款方承诺。

（1）如期足额发放贷款。

（2）对借款方的债务、财务、生产及经营情况保密。

第五章　合同的变更

第十六条 借款方需延长借款期限的，应在借款到期前____日内向贷款方提出申请，并取得担保人书面同意。

第十七条 借款方如要将本合同项下债务转让给第三方，应取得贷款方书面同意。在受让人和贷款方重新签订借款合同前，本合同有效。

第十八条 借、贷任一方需变更本合同其他条款，均应以书面形式通知对方，经双方协商一致，达成书面协议。

第十九条 借、贷双方协议变更本合同内容，均应征得担保人书面同意。

第六章　违约责任

第二十条 借款方未按本合同约定的用途使用借款，贷款方可停止发放尚未发放的贷款，并提前收回已发放的部分或全部贷款，同时对违约使用部分按国家规定，在违约使用期间每日计收万分之____利息。

第二十一条 借款方未按合同约定的还款期限归还借款本息时，贷款方可按国家规定对逾期贷款每日计收万分之____利息。

第二十二条 借款方违反本合同第十一条，未如期支付利息的，贷款方对借款方未支付的利息计收复息。

第二十三条 借款方违反本合同第十三条和第十四条第（2）项、第（3）项、第（4）项以及第十七条时，贷款方可停止发放尚未发放的借款，并提前收回已发放的部分或全部借款。不能收回的，视为贷款逾期，贷款方有权按国家规定计收逾期贷款利息。

第二十四条 借款方违反本合同第十四条第（5）项、第（6）项时，应向贷款方支付违约金。

第二十五条 贷款方未按本合同第五条约定向借款方提供贷款的，应根据违约金和违约天数，每日支付给借款方相应违约金。

第七章　争议的解决

第二十六条 在本合同的履行中产生的纠纷，双方应首先协商解决，协商不成的，可向贷款方所在地人民法院提起诉讼。

第八章 其他

第二十七条 本合同经借、贷双方加盖公章并由双方法定代表人或法定代表人授权的代理人签章后生效。有担保合同的，担保合同生效后，方可办理借款手续。

第二十八条 本合同自其项下贷款本息和可能发生的违约金、实现债权的费用得到全部清偿时，自动失效。

第二十九条 借款方变更住所、通信地址及营业范围、法定代表人、注册资金等工商登记事项时，应在相关事项变更后____日内以书面形式告知贷款方。

第三十条 双方约定的其他事项。

第三十一条 本合同未尽事宜，遵照国家相关法律法规和规章办理。

第三十二条 本合同一式____份，借、贷双方各执一份保存。

借款方：（签章）　　　　　　　　　贷款方（签章）

负责人：（签字）　　　　　　　　　负责人：（签字）

签订日期：　　　年　月　日　　　　签订日期：　　　年　月　日

三、筹资申请

公司在筹资时经常会用到筹资申请。筹资申请是在向可以直接拨款、贷款的上级、金融机构申请拨款、贷款等筹资活动时使用的一种公文。下面列出某化工公司的筹资申请，以供读者阅读参考。

×× 公司关于开发新产品的筹资申请

×× 银行 ×× 市分行：

为调整公司产品结构，增加公司新品种，扩大生产领域，增强公司应变能力，提高经济效益和出口创汇能力，在 ×××× 年新产品试制工作中，公司采用 ×× 法成功地分离出纯度大于 ××% 的合格的 A 新产品，并取得了工艺控制参数，为我省化工行业填补了一项空白。本公司开发的 A 新产品具有以下特点。

（1）质量好，销路广。目前在国内生产该产品的只有 B 公司，年产量仅有 ×× 吨，而国内需求量则为 ×× 吨，缺口 ×× 吨。该产品因为质量好，国内销路广，且国外市场也有一定的缺口，更可销往国外市场，所以该产品完全具备新产品的开发条件。

（2）经济效益可观。A 新产品市场销售价格为 ×××× 元／吨，而其原料的成本每吨仅为 ×× 元。如 A 新产品的年产量达到 ×× 吨，即可创税利 ×× 万元，经济效益非常可观。

（3）原料供应有保证。该产品原料本公司每年可生产 ×× 吨，如 A 新产品提取率按 ××% 计算，需用 ×× 吨。这表明，原料供应有充分的保证。

（4）投资少，建设工期短。A 新产品借公司 C 车间 ×××× 年进行技术改造，建设期只有 ×× 个月，预计在 ×××× 年 ×× 月 ×× 日即可投产。项目总投资仅需 ×× 万元，属于投资少、见效快的项目。

（5）还款能力强。该产品的经济效益每年可实现 ×× 万元，在年内即可增加经济效益 ×× 万元。鉴于本公司 A 新产品属于科技开发项目，有投资少、工期短、见效快、效益高及还款能力强等特点，基本具备科技开发贷款资格。

现特向贵行申请给予科技开发贷款××万元，保证在××××年×季度末全部还清，望予支持，以确保该新产品开发项目的如期投产。

××公司

日期：××××年××月××日

四、筹资预算报告

筹资预算报告是为了提高经济效益和对本期资金投入进行安排，根据所需资金数额，有针对性地提出完成筹资工作的可行性措施的书面报告。下面列出某医药公司的筹资预算报告，以供读者阅读参考。

××公司筹资预算报告

（一）固定资产投资估算

（1）工程费用。主要工程项目包括：中药前处理及提取车间、片剂车间、胶囊车间、水针车间等估算为××万元，其中前处理车间利用已建厂房价值××万元。

辅助工程项目包括：化验与药检房、动物房、中药库、成品库、五金库等估算为××万元。除动物房需新建外，其余全部利用已建房改建，原有厂房价值××万元。

公用工程包括：给排水、电机、全厂电气、工艺外管等估算为××万元；煤库、变电所、锅炉房利用已有建筑，价值××万元。

服务工程包括：门卫室、厕所、办公楼、食堂等估算为××万元。

工具及生产器具购置费估算为××万元。

工程费用估算为××万元，其中利用原有建筑物等××万元。

（2）其他费用。包括：土地使用费、建设单位管理费、技术转让费、生产员工培训费、勘察设计费、联合试运转费、办公用品购置费、城市基础设施配套建设费等。根据国家规定的费率和标准估算为××万元。其中土地使用权由合资方入股，价值××万元。

（3）预备费用。包括基本预备费和涨价预备费。根据国家其他相关费用取费标准，基本预备费按全部费用扣除已有建筑物等××万元的××%计算，在建设期考虑物价上涨因素，涨价预备费按工程费用扣除已有建筑物××万元，根据今年用款计划，每年按××%计算，该部分费用估算为××万元。

（4）建设期利息。本项目固定投资中申请银行贷款××万元，贷款年利率××%，系统内各公司筹资××万元，年利率××%，借款利息当年支付，以单利计算，经计算，建设期利息为××万元。

（二）流动资金估算

本项目采用扩大指标法估算，参照同类生产公司流动资金占用和周转情况，正常年份所需流动资金按每百元销售收入占用××元计算，正常年份所需流动资金××万元（其中投产后第一年需××万元，第二年需××万元，第三年需××万元）。

项目投资由固定资产投资和流动资金构成，经测算，本项目投资总额××万元，其中固定资产投资××万元，流动资金××万元（逐年投入）。

（三）资金筹措方式与筹资成本

（1）项目总资金筹措及项目筹资成本。本项目总投资××万元，自有资金××万元，由总公司拨付（详见附件承诺书）。土地使用权和已建房屋作价××万元，银行贷款××万元，年利率××%，总公司系统内各分公司集资××万元，年利率××%，尚有××万元需自筹或申请银行贷款。项目总资金成本为年利率 × ×%。

（2）固定资产投资资金筹措和筹资成本。项目固定资产投资总额 × × 万元，自有资金 × × 万元，土地使用权和已建房屋作价 × × 万元，申请银行贷款 × × 万元，年利率 × ×%，总公司系统内部集资 × × 万元，年利率 × ×%，尚有 × × 万元需追加银行贷款加以解决。固定资产投资筹资成本为年利率 × ×%。

（3）流动资金筹措和筹资成本。项目建成后正常年份所需流动资金 × × 万元，按生产负荷逐年投入。项目自有资金 × × 万元，由总公司拨付。其余尚需公司自筹或申请银行贷款，第一年需 × × 万元，第二年需 × × 万元，第三年需 × × 万元。

× × 公司财务部

日期：× × × × 年 × × 月 × × 日

筹资活动在给公司带来现金流的同时，也给公司带来了一定的筹资风险，尤其是债务资本筹资。为保护债权人的利益，债权人往往通过合同的方式对贷款资金的期限、利率以及用途等做出约定，并约定违约处理情况。某些情况下，债权人还可能提前收回贷款。所以面对这些情况，公司一定要遵守筹资管理制度，按流程进行筹资管理，并执行合同的相关规定，按时支付本金及利息，不要随意改变资金的用途，以免公司陷入资金短缺的困境。

7.2.2　筹资管理内部控制制度

一、筹资管理内部控制的定义

筹资活动是公司资金活动的起点，也是公司整个经营活动的基础。公司应当根据经营和发展战略的资金需要，确定融资战略目标和规划，结合年度经营计划和预算安排，拟定筹资方案，明确筹资用途、规模、结构和方式等相关内容，对筹资成本和潜在风险进行充分估计。如果是境外筹资，还必须考虑所在地的政治、经济、法律和市场等因素。

筹资管理的内部控制，也就是对筹资管理活动的控制。它不仅决定着公司能不能顺利筹集生产经营和未来发展所需资金，而且决定着公司能以什么样的筹资成本筹集资金，能以什么样的筹资风险筹集所需资金，并决定着公司所筹集资金最终的使用效益。较低的筹资成本、合理的资本结构和较低的筹资风险，能够使公司应付自如、进退有据，不至于背负沉重的压力，可以从容地追求长期目标，实现可持续发展；而较高的筹资成本、不合理的资本结构和较高的筹资风险，常常使公司经营压力倍增。公司一方面要保持更高的资金流动性以应付不合理资本结构带来的财务风险，一方面要追求更高的投资收益以补偿高额的筹资成本。

二、筹资管理的流程

公司筹资管理的内部控制，应该根据筹资管理的流程，区分不同筹资方式，按照业务流程中不同环节体现出来的风险，结合资金成本与资金使用效益情况，采用不同措施进行控制。

筹资管理的流程一般为：提出筹资方案；论证筹资方案；审批筹资方案；筹资计划编制与实施；筹资活动的监督、评价与责任追究。

一般由财务部门根据公司经营战略、预算情况与资金现状等因素，提出筹资方案，一个完整的筹资方案应包括筹资金额、筹资形式、利率、筹资期限、资金用途等内容。财务部门提出筹资方案的同时还应与其他生产经营相关业务部门沟通协调，在此基础上才能形成初始筹资方案。

初始筹资方案还应经过充分的可行性论证。可行性论证是筹资业务内部控制的重要环节。

一般可以从下列几个方面进行分析论证。

一是筹资方案的战略评估。主要评估筹资方案是否符合公司整体发展战略。公司应对筹资方案是否符合公司整体战略方向进行严格审核，只有符合公司发展需要的筹资方案才具有可行性。另外，公司在筹资规模上，也不可过于贪多求大，资金充裕是公司发展的重要保障。

二是筹资方案的经济性评估。主要分析筹资方案是否符合经济性要求，是否以最低的筹资成本获得了所需的资金，是否还有降低筹资成本的空间以及更好的筹资方式，筹资期限等是否经济合理，利息、股息等水平是否在公司可承受的范围之内。

三是筹资方案的风险评估。对筹资方案面临的风险进行分析，特别是对利率、汇率、货币政策、宏观经济走势等重要条件进行预测分析，对筹资方案面临的风险做出全面评估，并有效地应对可能出现的风险。

通过可行性论证的筹资方案，需要在公司内部按照分级授权审批的原则进行审批，重点关注筹资用途的可行性。重大筹资方案，应当提交股东（大）会审议，筹资方案需经有关管理部门批准的，应当履行相应的报批程序。审批人员与筹资方案编制人员应适当分离。

公司应根据审核批准的筹资方案，编制较为详细的筹资计划，经过财务部门批准后，严格按照相关程序筹集资金：通过银行借款方式筹资的，明确借款规模、利率、期限、担保、还款安排、相关的权利义务和违约责任等内容；发行债券方式筹资的，应当合理选择债券种类，并对还本付息方案做出系统安排，确保按期、足额偿还到期本金和利息；发行股票方式筹资的，应当依照国家的规定，优化公司组织架构，进行业务整合，并选择具备相应资质的中介机构，确保符合股票发行条件和要求。同时，公司应当选择合理的股利支付方式，兼顾投资者的近期与长远利益，调动投资者的积极性，避免分配不足或过度。

公司应严格按照筹资方案确定的用途使用资金，确保款项的收支、股息和利息的支付、股票和债券的保管等符合有关规定。

三、筹资管理的关键风险点及控制措施

筹资管理的关键风险点及控制措施包括以下几方面内容。

（一）提出筹资方案

该环节的主要风险有缺乏经营战略规划、对公司资金现状认识不清、筹资方案内容不完整、考虑不够周密、测算不准确等。

公司首先应该制定经营战略，这样才能有效地指导公司的各项活动。公司应当根据经营战略，确立筹资目标和规划，结合年度全面预算与资金现状等因素，提出筹资方案，明确筹资用途、规模、结构、方式和期限等相关内容，对筹资成本和潜在风险进行充分估计。境外筹资还应考虑所在地的政治、经济、法律、市场等因素。一个完整的筹资方案应包括筹资金额、筹资形式、利率、筹资期限、资金用途等内容。

（二）论证筹资方案

该环节的主要风险有对筹资方案论证不科学、不全面等。

公司应当对筹资方案进行科学论证，进行可行性研究，防范筹资风险。筹资方案论证应从以下几个方面进行。

（1）筹资方案的战略评估：主要评估筹资方案是否符合公司发展战略，筹资规模是否适当等。筹资的目的是满足公司经营发展需要，因此筹资方案要符合公司整体发展战略。既不可盲目筹集过多资金，因为资金都是有成本的，资金闲置会增加公司财务负担；同时也应避免筹资不足，以免影响投资和生产经营活动的开展。

（2）筹资方案的经济性评估：主要分析筹资方案是否经济，是否以最低的筹资成本获得所需资金。公司应合理地选择股票、债券等筹资方式以及筹资期限。在风险相同的情况下，应尽可能地降低筹资成本。确定筹资期限也应考虑实施战略过程中资金的流入量和流出量，避免过长或过短，从而导致资金闲置或多次筹资。

（3）筹资方案的风险评估：对筹资方案面临的风险，如利率、汇率、宏观经济形势、货币政策等因素进行预测分析。如考虑债权筹资方式带来的到期还本付息压力以及股权筹资方式带来的控制权转移或稀释的风险等，并对可能出现的风险采取有效的防范措施。

重大筹资方案应当形成可行性研究报告，全面反映风险评估情况。公司可以根据实际需要，聘请具有相应资质的专业机构进行可行性研究。

（三）审批筹资方案

该环节的主要风险有缺乏完善的授权审批制度、审批不严等。

主要控制措施如下。第一，公司应当按照分级授权审批的原则对筹资方案进行严格审批，重点关注筹资用途的可行性和相应的偿债能力。重大筹资方案，应当按照规定的权限和程序，实行集体决策或联签制度。筹资方案需经有关部门批准的，应当履行相应的报批程序。第二，筹资方案发生重大变更的，应当重新进行可行性研究并履行相应的审批程序。

（四）筹资计划编制与实施

该环节的主要风险有筹资计划不完整、筹资成本支付不利、缺乏对筹资活动的严密的跟踪管理等。

主要控制措施如下。

第一，财务部门应根据批准的筹资方案制订严密的筹资计划，严格按照规定权限和筹资计划筹集资金。公司通过银行借款方式筹资的，应当与有关金融机构进行洽谈，明确借款规模、利率、期限、担保、还款安排、相关的权利义务和违约责任等内容。双方达成一致意见后，签署借款合同，并据此办理相关借款业务。公司通过发行债券方式筹资的，应合理选择债券种类，对还本付息方案进行系统安排，确保按期、足额偿还到期本金和利息。公司通过发行股票方式筹资的，应当依照《中华人民共和国证券法》等有关法律、法规和证券监管部门的规定，优化公司组织架构，进行业务整合，并选择具备相应资质的中介机构协助公司做好相关工作，以确保符合股票发行条件和要求。

第二，公司应当加强债务偿还和股利支付环节的管理，对偿还本息和支付股利等进行恰当安排。公司应当按照筹资方案或合同约定的本金、利率、期限、汇率及币种，准确计算应付利息，与债权人核对无误后按期支付。公司应当选择合理的股利分配政策，兼顾投资者近期和长远利益，避免分配过度或不足。股利分配方案应当经过股东（大）会批准，并按规定履行披露义务。

（五）会计系统控制

该环节的主要风险有缺乏有效的筹资会计系统控制、会计记录和处理不准确等，导致未能如实反映筹资状况。

主要控制措施如下。第一，公司应当加强筹资业务的会计系统控制，建立筹资业务的资金筹集、本息偿还记录、凭证和账簿，按照国家统一会计准则和制度，正确核算和监督资金筹集、本息偿还、股利支付等相关业务。第二，妥善保管筹资合同或协议、收款凭证、入库凭证等，定期核对，确保筹资活动符合筹资方案的要求。

筹资管理关键控制点总结详见表 7-3。

表 7-3 筹资管理关键控制点总结

控制点	控制目标	控制措施
审批	保证负债筹资在授权下进行	借款筹资经授权的业务主管批准或经有关委员会批准；公司发行债券经股东（大）会批准；债券的偿还和回购根据董事会授权办理
签约	保证协议双方的权利和义务	银行借款，签订借款合同；发行债券，签订债券契约和相应的承销或包销合同；若为担保贷款，签订相应的担保合同
记账	保证负债筹资业务的记录真实完整	建立严密完善的账簿体系和记录制度；核算方法符合会计准则和会计制度；筹资业务明细账与总账分离
核对	保证账账相符、账证相符，会计核算正确	定期对筹资业务的原始凭证、明细账与总账进行核对
保管	保证记录安全	有关负债筹资业务明细账指定专人保管；保管好公司债券存根簿

7.3 对外投资管理

投资战略作为公司发展战略的重要组成部分，是公司未来发展战略得以实现的基本条件。投资战略的实施与公司的整体布局、发展速度和增长潜力关系很大，它将直接影响到公司在未来生产中的经营行为、资产运作、管理政策等。只有投资战略成功了，公司才能保持或增强竞争优势，并为后续不断发展积累丰厚的物质基础。反之，投资战略失败，公司则可能误入歧途，甚至破产。

所以，从这个角度来说，公司制定投资管理制度尤为必要。因为它可以规范公司项目投资运作和管理，保证投资资金的安全和有效增值等。该制度对项目的初选与分析、审批与立项、组织与实施、运作与管理以及项目的变更与结束等都要做出具体的规定。

7.3.1 对外投资管理制度

一、公司对外投资管理制度

公司在将要计划对外投资时，都要制定相应的管理制度。下面列出的是某公司的对外投资管理制度，可供读者参考。

×× 公司投资管理制度

第一章 总则

第一条 制定本制度的目的是规范公司项目投资运作和管理，保证投资资金的安全及有效增值，使投资决策科学化，经营管理规范化、制度化，使公司能在激烈的市场竞争中，稳健、持续地发展，获得良好的社会效益和经济效益。

第二条 本公司及下属各单位的项目投资，均须严守本制度。

第三条 本公司及下属各单位的重大投资项目，均由总经理办公室及董事会审核决定，由总经理和各项目经理负责组织实施。

第四条　公司投资发展部（以下简称"投资部"）为本公司项目投资管理的职能部门，其职责范围另文规定。

第二章　项目的初选与分析

第五条　各投资项目的选择需依据公司的战略方针及长远规划，综合考量产业的主导方向及产业间的结构平衡，以实现投资组合的最优化。

第六条　各投资项目的选择均需经过充分的调查考证，并提供详细准确的资料及分析，确保资料内容真实、可靠、有效。项目分析的内容如下。

（1）市场状况。

（2）投资回报率。

（3）投资风险（包括政治风险、汇率风险、市场风险、经营风险等）。

（4）投资占用时间。

（5）投资流动性。

（6）投资管理。

（7）税收优惠条件。

（8）对实际资产和经营控制的能力。

（9）投资成本预算。

（10）投资项目的筹资能力。

（11）投资的外部环境及社会法律约束。

凡合作投资项目在人事、资金、技术、管理、生产、销售及原料等方面无控制权的，原则上不予考虑。公司进行的必要股权投资除外。

第七条　各投资项目依所掌握的相关资料，完成初步实地考察及调查考证后，由投资项目的提出单位（公司投资部或下属公司）给出项目建议，并完成可行性报告及实施方案的编制，按审批程序及权限报送公司主管领导审核。经过主管领导调研认为可行的，应尽快给予审批或按程序提交相关会议审定；对暂不考虑的项目，应在五天内给予答复，并将相关资料存入备选项目档案。

第三章　项目的审批与立项

第八条　投资项目审批权限。

主管副总经理审批：不超过 ×× 万元的项目。

主管副总经理提出意见报总经理审批：×× 万元以上 ×× 万元以下的项目。

总经理办公室审批：×× 万元以上 ×× 万元以下的项目。

董事会审批：超过 ×× 万元的项目。

第九条　凡投资超过 ×× 万元的项目均视为重大投资项目，公司投资部应根据原项目建议书、可行性报告及实施方案给出初审意见，经公司主管副总经理审核后，根据项目审批权限报请总经理、总经理办公室或董事会，进行复审或全面考证。

第十条　总经理办公室负责全面审核考证重大项目的合法性和前期工作内容的完整性、基础数据的准确性、财务预算的可行性及项目规模、时机等因素。必要时，可指派专人再次对项目进行实地考察，或聘请专业论证小组对项目进行科学的论证，以加强对项目的认识和了解，保证投资的可靠和可行。

充分论证后，总经理办公室或董事会签署确立达到立项要求的重大投资项目。

第十一条 确立投资项目后，凡确定为公司直接实施的项目，均由公司法定代表人或授权委托人对外签署经济合同书及进行相关手续的办理；凡确定为二级单位实施的项目，均由该法人单位的法定代表人或授权委托人对外签署经济合同书及进行相关手续的办理。其他未经授权的任何人所签订之合同，均视无效。

第十二条 各投资项目的负责人均由实施单位的总经理委派，并对总经理负责。

第十三条 项目负责人负责组织各投资项目的业务班子，并报实施单位总经理做最后核定。项目负责人还需与本公司或二级单位签订经济责任合同书，明确权责、利益的划分，并按本公司资金有偿占有制度确定完整的经济指标及合理的利润基数与比例。

第四章 项目的组织与实施

第十四条 应根据形式的不同，具体落实各投资项目的组织实施工作。

（1）属于公司全资项目的，由总经理选定项目负责人及组织业务班子实施项目运作，设立办事机构，制定员工责任制、生产经营计划、公司发展战略及具体运作措施等；同时认真执行本公司相关投资管理、资金有偿占有及合同管理等规定，建立完善的项目财务管理制度。财务主管由公司总部选定，对本公司负责，并接受财务检查，同时每月应以报表形式将月度经营运作情况汇报给公司总部。

（2）属于投资项目控股的，按全资投资项目组织实施；非控股的，则以加快资金回收原则，委派业务人员积极参与，展开工作，并通过董事会传达公司意图和监控其经营管理，保证实现预期利益。

第五章 项目的运作与管理

第十五条 原则上，项目的运作与管理由公司分管项目投资的副总经理及项目负责人统一负责，并由公司采取总量控制、财务监督及业绩考核的管理方式加以监督，项目负责人对主管副总经理负责，副总经理对总经理负责。

第十六条 各项目在完成工商注册登记及完成相关法定手续的办理成为独立法人进入正常运作后，属公司全资项目或控股项目，归公司全资及控股公司统一管理；属二级公司投资项目的，由二级公司负责管理，同时接受公司各职能部门的协调及指导。协调及指导的内容包括：合并会计报表，财务监督，落实年度经济责任目标、检查与考核，公司管理考评，经营班子任免和例行或专项审计等。

第十七条 凡公司持股及合作开发项目未列入合并会计报表的，应委派业务人员以投资者或股东身份积极参与开展工作，并通过被投资公司的董事会及股东大会贯彻公司意图，掌握被投资公司经营现状，维护公司权益；委派的业务人员应于每季度（不超过半年）以书面形式向公司报告被投资公司的资产及经营状况，年度应另附董事会及股东大会相关资料。因故未委派人员的，由公司投资部代表公司按上述要求进行必要跟踪管理。

第十八条 公司管理部为公司全资及控股项目的综合协调管理的牵头部门，公司投资部为持股及合作公司（未列入合并会计报表部分）的综合协调管理的牵头部门。

第十九条　针对贸易及证券投资项目，需采用专门的投资程序和保障、监控制度，具体办法另定。

第六章　项目的变更与结束

第二十条　投资项目的变更，包括发展延伸、投资增减或滚动使用、规模扩大或缩小、后续或转产、中止或合同修订等，均需呈请公司总部审核。

第二十一条　投资项目变更，由项目负责人以书面形式报告变更理由，按报批程序及权限呈交总部相关领导审核，重大的变更应参照立项程序予以审定。

第二十二条　项目负责人在实施项目运作期内产生工作变动，应主动完成善后工作，如属公司内部调动，则须与接手人完成工作的交接后才可离岗。属个人原因卸任或离职的，必须承担相应的经济损失，否则，产生严重后果的，应追究其个人责任。

第二十三条　投资项目中止或结束，项目负责人及相应机构应及时完成总结及清理，并以书面形式报告公司。属全资及控股项目的，由企管部负责汇总整理工作，经公司统一审核后责成相关部门完成相关清理手续；属持股或合作项目的，由投资部负责汇总整理工作，经公司统一审核后，责成相关部门完成相关清理手续。如有待决问题，项目负责人必须负责彻底清理，不得久拖或借故推诿。

第七章　附则

第二十四条　本制度自公布起实施。未尽事项按本公司相关制度执行办理。

第二十五条　本制度的最终解释权归董事会所有。

二、投资管理合同

公司为保证投资资金的安全性与收益率，都需要签订合同。下面列出两种合同范本，以供公司在投资时参考。

范本一

××公司投资管理服务合同

第一条　合同当事人。

甲方：

有效联系电话／手机：

详细地址：

乙方：

有效联系电话／手机：

详细地址：

第二条　前言。

1. 本合同订立的目的与原则。

（1）本合同订立的目的是保障甲、乙双方的合法权益不受侵犯，明确合同当事人的权责，规范双方的运作。

（2）本合同订立的原则为：公平自愿、诚实守信、充分保障合同当事人的合法权益不受侵犯。

2. 投资管理服务内容。

1）合作投资：合同有效期内甲、乙双方在期货市场投资合作。合作方式为：甲方在期货公司营业部开设资金账户存入资金，授权乙方对该账户的交易进行管理，双方按照合同约定的比例承担风险、分享投资收益。

2）交易和咨询服务：本服务是指在合同有效期内，乙方在甲方授权账户上进行具体投资操作，拥有独立决策权与交易权，并及时向甲方提供需要的咨询服务。甲方对合作账户有知情权。

第三条 投资管理服务具体内容。

1. 甲方资金和账户管理。

（1）甲方在期货公司开立期货交易账户，即：本合同指定的期货交易账户。

交易账户：_____。

甲方承诺上述账户为自己的名义开设或实际为其所有，如有第三方对上述账户主张权利，产生的一切后果均由甲方承担。

（2）本合同生效后甲方有义务为乙方提供期货账户的资金存入证明，乙方收到资金存入证明后的 3 日内（以账户账面的实际资金为客户权益）应开始为其提供投资管理服务。

（3）若在合同允许范围内的投资标的发生改变，需要牵涉新金融产品的开户办理，乙方应以书面形式告知甲方进行办理，甲方应在收到书面通知后 10 日内提示办理各项手续，否则视为甲方放弃在该领域的投资行为。

2. 投资方向及限制。

（1）本合同指定资金账户的投资范围是国内期货市场依法公开发行上市的各种产品及双方商定的其他上市交易品种。

（2）甲、乙双方均不得违反本合同约定的投资方向，不得将本账户的资金挪作他用，任何一方擅自改变上述账户的资金用途而产生的后果，由造成损失的一方承担，另一方有权追究其违约责任。

（3）合作期限。

（1）本合同期限为_____，本合同起始日为以下二者较晚者。

①合同签订之日。

②甲方向乙方提供书面的资金存入证明当天（以账户账面的实际资金为客户权益）。

（2）合同期满后，双方协商延续本合同或另行签订合同。

第四条 费用支付方式。

1. 费用约定。

本合同订立的合作方式可阐述为：甲方出资金，乙方负责实际操作投资事宜，双方按一定比例分享投资收益。

投资净收益 = 本合同指定交易账户内期末总资产 – 期初总资产 –（新增资金 – 退出资金）

2. 费用结算。

（1）结算基准日：本合同生效日为第一个结算基准日。合同有效期内每月第一个交易日为结算基准日。（以基准日交易账户的账面客户权益为本月起始资金）

（2）结算周期：每个自然月为一个结算周期。

（3）结算方式：每月最后一个交易日停盘即结算。乙方以期货公司提供的结算依据（含客户权益和持仓明细等）计算并通知甲方支付约定比例的投资收益。甲方如有异议应于接到通知后 2 日内以书面形式向乙方提出，双方共同计算并确认，逾期未提出异议，视为甲方确认该计算结果。

（4）费用支付：本期结算结果确认后，甲方应在 3 日内支付给乙方约定的分红，乙方需为甲方出具收款凭证。

第五条　违约责任。

1. 当事人一方不履行合同义务或履行不符合约定的，应当承担继续履行、采取补救措施或赔偿损失等违约责任。

2. 当事人一方违约时应根据违约情况向对方支付相应数额的违约金，违约金每天支付本金的万分之一。

当事人就迟延履行约定违约金的，违约方支付违约金后，还应当履行债务。

3. 如乙方未按照合同约定及时提供服务，导致甲方产生损失，甲方有权终止合同，并有权要求乙方按照本合同管理资金的 2% 支付违约金，违约金不足以弥补甲方损失的应补足甲方损失。

4. 当事人一方因第三方原因造成违约的，也应向对方承担违约责任。

第六条　合同的变更与终止。

1. 本合同的变更或修改需经甲、乙双方协商一致确定。

2. 如本合同中的约定与国家相关法律法规发生冲突，甲、乙双方应对管理账户内资金余额进行清算，并按照本合同规定承担各自的责任。

3. 本合同出现以下情形之一的，应立即终止。

（1）基于甲、乙双方利益，经甲、乙双方协商一致终止本合同时。

（2）本合同规定的其他可终止的事项出现时。

第七条　免约责任。

1. 因不可抗力未能履行合同的，根据具体情况，部分或全部免除责任，法律另有规定的除外。当事人迟延履行后发生不可抗力的，不能免除责任。

本合同所称“不可抗力”，是指不能预见、避免并不能克服的客观情况，主要包括以下几种。

（1）交易所强制停盘。

（2）网络中断。

（3）自然灾害，如地震、台风、洪水等。

2. 当事人一方因不可抗力未能履行合同的，应及时通知对方，以减轻对对方可能造成的损失，并应在合理期限内提供证明。

第八条　争议的处理和解决方式。

本合同在执行中产生的纠纷，甲、乙双方未能协商一致时，可向人民法院提出诉讼或申请仲裁机构仲裁。

第九条　合同文本及效力。

1. 本合同签订于＿＿＿＿＿＿，签订日期为：＿＿＿年＿月＿日。

2. 本合同包含＿＿＿个附件，为本合同的组成部分，具有同等法律效力。

甲方：　　　　　　　　　　　乙方：

法定代表人：　　　　　　　　法定代表人：

签章：   签章：

日期：   年   月   日   日期：   年   月   日

范本二

<h1 style="text-align:center">××公司合伙协议</h1>

第一条 项目名称：＿＿＿＿＿＿＿＿＿＿＿＿＿＿＿。

第二条 主要经营地：＿＿＿＿＿＿＿＿＿＿＿＿＿＿。

第三条 经营范围：＿＿＿＿＿＿＿＿＿＿＿＿＿＿。

第四条 合伙期限，自＿＿年＿月＿日起，至＿＿年＿月＿日止，共＿＿年。

第五条 出资金额、方式与期限。

（1）合伙人以＿＿＿方式出资人民币＿＿＿＿＿元。

（2）各合伙人的出资，于＿＿＿年＿月＿日前到位。

本合伙协议共计出资人民币＿＿＿＿＿元，视为共有财产，不得随意请求分割。合伙终止后，各合伙人的出资仍为个人所有，届时返还。

第六条 盈余分配与债务承担。

合伙各方共同经营、共担风险、共负盈亏。

（1）盈余分配：以＿＿＿＿＿＿＿＿为依据，按比例分配。

（2）债务承担：合伙债务先以合伙财产偿还，合伙财产不足时，以＿＿＿＿＿＿＿＿为依据，按比例承担。

（特别提示：盈余分配与债务承担可约定按各合伙人各自投资或平均分配，未约定分担比例的，由各合伙人按投资分担；任一方对外偿还后，另一方应按比例在10日内向对方支付自己应负担的部分。）

第七条 入伙、退伙及出资转让。

1. 入伙。

（1）新合伙人入伙，必须获取全体合伙人同意，确认并签署本合伙协议。

（2）除入伙协议另有约定外，新合伙人与原合伙人享有同等权利，承担同等责任。新合伙人对入伙前合伙企业的债务承担连带责任。

2. 退伙。

（1）自愿退伙。合伙的经营期限内，有以下情形之一的，合伙人可以退伙。

①合伙协议约定的可退伙条件出现。

②获得全体合伙人同意。

③发生合伙人难以继续合伙的情况。

合伙协议未约定合伙企业的经营期限的，合伙人在不给合伙企业事务执行造成不利影响的前提下，可退伙，但需提前＿＿＿日通知其他合伙人。合伙人擅自退伙导致合伙企业产生损失的，需赔偿损失。

（2）当然退伙。合伙人有下列情形之一的，当然退伙。

①死亡或被人民法院宣告死亡的。

②被依法宣告为无民事行为能力人的。

③丧失偿债能力的。

④被人民法院强制执行在合伙企业中的全部财产份额。

以上情形的退伙以实际发生之日为退伙生效日。

（3）除名退伙。合伙人有以下情形之一的，经其他合伙人一致同意，可决议将其除名。

①未履行出资义务的。

②因故意或重大过失导致合伙企业产生损失的。

③执行合伙企业事务时有不正当行为的。

④合伙协议约定的其他情况。

对合伙人的除名决议应以书面形式告知被除名人。被除名人自接到除名通知起，除名生效。被除名人对除名决议有异议的，可在接到除名通知起 1 个月内，向人民法院提起诉讼。

合伙人退伙后，其他合伙人与该退伙人按退伙时的合伙企业的财产状况进行结算。

3. 出资转让。

允许合伙人转让其在合伙企业中的全部或部分财产份额。在同等条件下，合伙人有优先受让权。如向合伙人以外的第三方转让，第三方应按入伙对待，否则以退伙对待转让人。合伙人以外的第三方受让合伙企业财产份额的，经修改合伙协议即成为合伙企业的合伙人。

第八条　合伙负责人及合伙事务执行。

1. 全体合伙人共同执行合伙企业事务。

2. 合伙协议约定或全体合伙人决定，委托＿＿＿为合伙负责人，其权限如下。

（1）对外开展业务，签订合同。

（2）管理合伙企业日常事务。

（3）出售合伙企业的产品、货物，购进常用货物。

（4）支付合伙企业债务。

第九条　合伙人的权利与义务。

1. 合伙人的权利。

（1）合伙事务的经营权、决定权和监督权，合伙的经营活动由合伙人共同商定，无论出资多少，每个人都有表决权。

（2）合伙人享有合伙利益的分配权。

（3）合伙人分配合伙利益应以出资额比例或者按合同的约定进行，合伙经营积累的财产归合伙人共有。

（4）合伙人有退伙的权利。

2. 合伙人的义务。

（1）按照合伙协议约定维护合伙财产的统一。

（2）分担合伙企业的经营损失。

（3）为合伙债务承担连带责任。

第十条　禁止行为。

（1）未经全体合伙人同意，禁止任何合伙人私自以合伙企业名义进行业务活动；如其业务获得利益，归合伙企业所有，造成的损失按实际损失进行赔偿。

（2）禁止合伙人参与经营与本合伙企业有竞争关系的业务。

（3）除合伙协议另有约定或经全体合伙人同意外，合伙人不得同合伙竞争方进行交易。

（4）合伙人不得从事损害本合伙企业利益的一切活动。

第十一条　合伙营业的继续。

（1）在合伙人死亡或被宣告死亡的情况下，依死亡合伙人的继承人的选择，既可退继承人应继承的财产份额，继续经营；也可依照合伙协议的约定或者经全体合伙人同意，接纳继承人为新的合伙人继续经营。

（2）在退伙的情况下，其余合伙人有权继续以原企业名称继续经营原企业业务，也可选择、吸收新的合伙人入伙经营。

第十二条 合伙企业的解散和清算。

1. 合伙企业有以下情形的可以解散。

（1）合伙期满。

（2）全体合伙人同意终止合伙关系。

（3）已不具备法定合伙人数。

（4）合伙事务完成或不能完成。

（5）被依法撤销。

（6）出现法律、行政法规规定的合伙企业解散的其他原因。

2. 合伙企业的清算。

（1）合伙企业解散后应当进行清算，并通知债权人。

（2）清算人由全体合伙人担任或经全体合伙人过半数同意，自合伙企业解散后半个月内指定合伙人或委托第三方，担任清算人。半个月内未确定清算人的，合伙人或其他利害关系人可申请人民法院指定清算人。

（3）合伙财产在支付清算费用后，按以下顺序清偿：合伙企业所欠招用职工的工资和劳动保险费用；合伙企业所欠税款；合伙企业的债务；返还合伙人的出资。

（4）合伙财产清偿后如有剩余，则按本协议第六条第一款的办法进行分配。

（5）清算时合伙企业有亏损，合伙财产不足清偿的部分，依本协议第六条第二款的办法办理。各合伙人应承担无限连带清偿责任，合伙人由于承担连带责任，所清偿数额超过其应当承担的数额时，有权向其他合伙人追偿。

第十三条 违约责任。

（1）合伙人未按期缴纳或未缴足出资的，应赔偿由此给其他合伙人造成的损失；如果逾期____年仍未缴足出资，按退伙处理。

（2）合伙人未经其他合伙人同意而转让其财产份额的，如果其他合伙人不愿接纳受让人为新的合伙人，可按退伙处理，转让人应赔偿其他合伙人因此造成的损失。

（3）合伙人严重违反本协议，或因重大过失或违反合伙企业法而导致合伙企业解散的，应当对其他合伙人承担赔偿责任。

（4）合伙人违反第九条规定，应按实际损失赔偿；劝阻不听者可由全体合伙人决定除名。

第十四条 争议解决方式。

凡因本协议或与本协议相关而引起的一切争议，合伙人共同协商，如协商未能达成一致，提交仲裁委员会仲裁。仲裁裁决是终局的，对各方均有约束力。

第十五条 其他。

（1）入伙协议是本协议的组成部分，具有同等法律效力。

（2）经协商一致，合伙人可修改本协议或对未尽事宜进行补充；补充、修改内容与本协议相冲突的，以补充、修改后的内容为准。

（3）本协议一式____份，合伙人各执一份保存，送登记机关存档一份。

（4）本协议自全体合伙人签章起生效。

合伙人：（签章）

签约日期：　　　年　　月　　日

签约地点：

三、项目投资申请

项目投资申请是下属分公司、部门或项目组就项目投资是否可以实施等事项向总公司请求批准的上报性公文。项目投资申请的内容包括：投资原因、投资金额及资金来源、投资配套工作和时间安排。下面列出某公司的申请，以供读者阅读参考。

××公司关于增加产能进行技术改造的请示

公司总部：

本公司自从进行改制以来，生产能力一直处于高峰状态，已达极限。公司现有的设备大部分已超过使用期限，属于修补替换范围，总体潜力已挖掘殆尽。面对市场日益增长的需要，我们必须在进一步挖掘改造的基础上，增加新的生产力。

在经过行业领导、技术专家及工程设计人员的充分考证后，本公司认为目前资金固然紧张，但新增生产能力可为本公司打下良好基础，生产的稳定增长既可满足市场需要，也可增加税收利益，提高员工收入水平。

经过可行性调查研究，本公司申请的项目为：××。拟新建的××系统是××公司系统技术改造的重大配套项目，是整个规划的重要组成部分，如这个改造计划能实现，可称得上是公司发展的一个里程碑。为了与新增的生产能力相配套，促进税收利益水平的大幅度提高，还必须新建××系统和机组，做好上述配套项目的技术改造。

这项连续配套工程的总投资约为××亿元，投资构成为：××系统××亿元、××投资××亿元、××系统××亿元、××系统××亿元。

投资来源为：银行贷款××亿元，包括××亿元外汇。除本公司外汇留成外，缺乏部分拟由××银行调剂贷款解决。

设备来源：大部分设备由国内订购，少数精、尖电器设备由国外引进。××系统拟从××国购进二手设备，并聘请外国专家指导安装调试，争取按计划试车投产。

工程设计：以××设计院、本公司设计院为主体，全力以赴，共同承担。

施工队伍：由 A 建设公司、B 建设公司及 C 公司承包。

时间安排：争取在报告批准之日起，用×年时间完成并交付使用。

这些连续配套项目工期长、困难大、资金少、风险高，虽然我们的担子很重，但从公司及集团公司长远发展来考虑，一旦建成，必是多年受益、功遗后世。因此，我们必须要把公司的技术改造做好。只有这样，本公司和集团公司的生产能力和实力才能持续稳定地增强。

上述报告如无不妥，请予批准施行。

附：可行性研究报告三份（略）

××公司财务部

日期：××××年××月××日

四、投资情况说明书

投资情况说明书是公司就对外投资资金的来源、运用方向及回收情况的说明性文书，其目的是让公司股东了解资金的实际运营情况及效果，监督资金的使用。投资情况说明书的内容包

181

括：投资事项、投资总额及运用方向、资金来源和收益情况。下面是某公司的投资情况说明书，供公司参考运用。

××公司投资情况说明书

股东大会：

××××年××月××日，本公司与A省B市C公司签订了联办D服装公司的协议。现将联营双方投资数额及我方投资的资金来源情况简述如下。

（1）双方向联营公司的固定资产投资共××万元，其中，我方投资××万元，C公司投资××万元（主要用于进口生产服装的新型设备）；产权归各自所有，由联营公司使用，按公司会计制度规定计提折旧。

（2）双方投入的流动资产为××万元。其中，我方投入××万元，C公司投入××万元（作为储备金使用，主要用于进口××等原材料），并负责筹措进口原材料所需的外汇。

（3）我方投资的资金来源：我方按签订的协议向联营公司的固定资产投资数为××万元，其中包括由我方提供的部分厂房、办公室、库房等××平方米，折合人民币××万元；员工宿舍××间（××平方米），折合人民币××万元；供电设施××万元，车辆及部分辅助设施折合人民币××万元。由我方投入的流动资产为××万元，这笔资金经向市××银行申请，同意作为新厂的流动资金贷给。

（4）利润分成：经双方协商一致，按联营公司实现利润的50%分成，如有亏损亦按此比例承担。利润分配均以年终财务结算为准。

请各位股东审定。

××公司
日期：××××年××月××日

7.3.2 对外投资控制制度

一、对外投资的定义

对外投资作为公司的一种营利活动，对筹资成本补偿和公司利润创造，具有举足轻重的意义。公司应该根据自身发展战略和规划，结合公司资金状况以及筹资可能性，拟定投资目标，制订投资计划，合理安排资金投放的数量、结构、方向与时机，慎选投资项目，突出主业，谨慎从事股票或衍生金融工具等高风险投资。境外投资还应考虑政治、经济、金融、法律、市场等环境因素。如果采用并购方式进行投资，应当严格控制并购风险，注重并购协同效应的发挥。

二、对外投资的流程

对外投资的流程一般为：拟定投资方案；论证投资方案；审批投资方案；投资计划编制与实施；到期处置投资项目。

公司应根据自身发展战略、宏观经济环境、市场状况等，提出本公司的投资项目规划，在对规划进行筛选的基础上，确定投资项目。

公司对投资项目应进行严格的可行性研究与分析。可行性研究需要从投资战略是否符合公司的发展战略、是否有可靠的资金来源、能否取得稳定的投资收益、投资风险是否处于可控或可承担范围内、投资活动的技术可行性、市场容量与前景等几个方面进行论证。

公司要通过分级审批，集体决策的形式来审批投资方案，决策者应与方案制定者适当分离。重点审查投资方案是否可行、投资项目是否符合投资战略目标和规划、是否具有相应的资金能力、投入资金能否按时收回、预计收益能否实现，以及投资和并购风险是否可控等。

公司根据审批通过的投资方案，与被投资方签订投资合同或协议，编制详细的投资计划，落实不同阶段的资金投入数量、投资具体内容、项目进度、完成时间、质量标准与要求等，并按程序报经有关部门批准，签订投资合同。

在投资项目执行过程中，公司必须加强对投资项目的管理，密切关注投资项目的市场条件和政策变化，准确做好投资项目的会计记录和处理。公司应及时收集被投资方经审计的财务报告等相关资料，定期组织投资效益分析，关注被投资方的财务状况、经营成果、现金流量以及投资合同履行情况，发现异常情况的，应当及时报告并妥善处理。

对已到期投资项目的处置同样要经过相关审批流程，妥善处置并实现公司最大的经济收益。公司应加强投资收回和处置环节的控制，对投资收回、转让、核销等决策和审批程序进行明确规定。

三、对外投资的关键风险点及控制措施

投资活动作为公司的一种重要的营利活动，它的开展情况对筹资成本的补偿、公司利润的创造和公司发展战略的实现等具有重要意义。

对外投资的关键风险点及控制措施包括以下几方面内容。

（一）拟订投资方案

该环节的主要风险有投资方案与公司发展战略不符、风险与收益不匹配、投资项目未突出主业等。

主要控制措施如下。第一，公司应当根据发展战略、投资目标和规划，合理安排资金投放结构，科学确定投资项目，拟订投资方案，合理确定投资规模，权衡投资项目的收益和风险。第二，公司选择投资项目应当突出主业，谨慎从事股票投资或衍生金融产品等高风险投资。境外投资还应考虑政治、经济、法律、市场等因素的影响。第三，公司采用并购方式进行投资的，应当严格控制并购风险，重点关注并购对象的隐性债务、承诺事项、可持续发展能力、员工状况及其与本公司治理层及管理层的关联关系，合理确定支付对价，确保实现并购目标。

（二）论证投资方案

该环节的主要风险有论证不全面、不科学，如未对投资目标、规模、方式、资金来源、风险与收益等进行客观评价。

主要控制措施如下。第一，公司应当加强对投资方案的可行性研究，重点评价投资方案是否符合公司发展战略、投资规模是否合适、投资方式是否恰当、资金来源是否可靠、风险是否处于可承担范围内以及收益是否稳定可观等，保证筹资成本的足额补偿和投资的盈利性。第二，对于重大投资项目，应该委托具备相应资质的专业机构进行可行性研究并提供独立的可行性研究报告。

（三）审批投资方案

该环节的主要风险有缺乏严密的授权审批制度、审批不严等。

主要控制措施如下。第一，公司应当按照职责分工、审批权限以及规定的程序对投资项目进行决策审批，重点审查投资方案是否可行，投资项目是否符合国家产业政策及相关法律、法规的规定，是否符合公司投资战略目标和规划，是否具有充足的资金支持，投入资金能否按时收回，预期收益能否实现，以及投资和并购风险是否可控等。第二，重大投资项目，应当按照规定的权限和程序实行集体决策或者联签制度。投资方案需经有关管理部门批准的，应当履行

相应的报批程序。

（四）投资计划编制与实施

该环节的主要风险有投资计划不科学、缺乏对项目的跟踪管理。

主要控制措施如下。

第一，公司应根据审批通过的投资方案编制详细的投资计划，确定不同阶段的资金投入数量、项目进度、完成时间、质量要求等，并报经有关部门批准。投资活动需与被投资方签订投资合同或协议的，应签订合同并在合同中明确出资时间、金额、方式、双方权利义务和违约责任等内容。

第二，公司应当指定专门机构或人员对投资项目进行跟踪管理，做好投资项目的会计记录和处理，及时收集被投资方经审计的财务报告等相关资料，定期组织投资效益分析，关注被投资方的财务状况、经营成果、现金流量以及投资合同的履行情况；发现异常情况，应当及时报告并妥善处理。

（五）到期处置投资项目

该环节的主要风险有处置不符合公司利益、缺乏责任追究制度等。

主要控制措施如下。第一，公司应当加强投资收回和处置环节的控制，对投资收回、转让、核销等决策和审批程序进行明确规定。第二，重视投资到期本金的回收。转让投资应当由相关机构或人员合理确定转让价格，报授权批准部门批准，必要时可委托具有相应资质的专门机构进行评估。核销投资应当取得不能收回投资的法律文书和相关证明文件。对于到期无法收回的投资，公司应当建立责任追究制度。

（六）会计系统控制

该环节的主要风险有缺乏有效的投资会计系统控制，会计记录和处理不及时、不准确等。

主要控制措施如下。第一，公司应当加强对被投资方的影响控制程度，合理确定投资会计政策。对投资项目的会计系统控制，根据对被投资方建立投资管理台账，记录持股比例、权限、收益等事项。第二，合理计提减值准备。存在当期大幅下跌等情形的，应当根据国家统一的会计准则和制度规定，合理计提减值准备、确认减值损失。

对外投资关键控制点总结详见表7-4。

表 7-4 对外投资关键控制点总结

控制点	控制目标	控制措施
立项	减小投资失败的概率	重大投资决策之前，进行可行性研究；对待投资对象进行评估；向专家咨询等
审批	保证投资发生经过授权	投资业务经过高层管理机构或股东大会授权；投资损失准备经过授权的业务主管审批
取得	保证投资业务的安全完整	取得相应证券；获得相应的投资协议
保管	保证投资业务的安全	有价证券由金融机构托管或公司自行保管
记账	保证投资业务的记录真实完整	建立详尽的会计核算制度，按每一种证券分别设立明细账，详细记录相关资料；核算方法符合会计准则的规定；正确记录投资跌价准备
核对	保证账账相符，账证相符，会计核算正确	定期对有价证券进行盘点，定期核对投资业务的原始凭证、明细账与总账
负责	减小投资决策失误的概率	对重大投资决策的失误，追究相关人员的责任

7.4　对外担保管理

7.4.1　对外担保决策制度

公司在对外担保前，都要制定相应的对外担保决策制度。下面列出的是某公司的对外担保决策制度，可供读者参考。

××公司对外担保决策制度

第一章　总则

第一条　为规范××公司（以下简称"公司"）对外担保管理，控制公司经营风险，根据《中华人民共和国民法典》《中华人民共和国公司法》《中华人民共和国证券法》，并参照《深圳证券交易所股票上市规则》（以下简称《上市规则》）、《关于规范上市公司与关联方资金往来及上市公司对外担保若干问题的通知》、《关于规范上市公司对外担保行为的通知》等有关法律、法规、规范性文件，及《××公司章程》（以下简称《公司章程》）的有关规定，特制定本制度。

第二条　本制度所称对外担保，是指公司为他人提供的担保，包括公司对控股子公司的担保。

第三条　公司全体董事及高级管理人员应审慎对待和严格控制对外担保产生的债务风险。

第四条　除另有规定外，公司对外提供担保，应当采取反担保等必要的防范措施，且反担保的提供方应当具有实际承担能力。

第五条　本制度适用于公司及控股子公司。

第二章　对外担保的审批权限和程序

第六条　公司股东大会和董事会是对外担保的决策机构，公司一切对外担保行为，须按程序经公司股东大会或董事会批准；未经公司董事会或股东大会批准，公司及控股子公司不得对外提供担保。

第七条　公司下列对外担保行为，须经股东大会审议通过。

（一）公司及控股子公司的对外担保总额，达到或超过最近一期经审计净资产的50%以后提供的任何担保。

（二）公司的对外担保总额，达到或超过最近一期经审计总资产的30%以后提供的任何担保。

（三）为资产负债率超过70%的担保对象提供的担保。

（四）单笔担保额超过最近一期经审计净资产10%的担保。

（五）对股东、实际控制人及其关联方提供的担保。

第八条　董事会有权决定除法律、法规、公司章程及本制度规定须由股东大会审议批准情形以外的对外担保。董事会审议担保事项时，应经出席董事会会议的三分之二以上有表决权的董事同意并经全体独立董事三分之二以上同意。

第九条　在董事会审议对外担保之前（或提交股东大会表决前），公司应将债务人的资信状况、该担保事项的利益和风险书面报告董事会或股东大会。股东大会或者董事会对担保事项做出决议时，与该担保事项有利害关系的股东或者董事应当回避表决。董事会秘书应当详细记录有关董事会和股东大会的讨论和表决情况。

第十条　公司对外担保应按照有关法律、法规、规章的规定签订书面担保合同。担保合同应当按照公司内部管理规定妥善保管，并及时通报监事会、董事会秘书和财务管理部门。

第十一条　公司董事长或经合法授权的其他人员根据公司董事会或股东大会决议代表公司签署担保合同。未经公司股东大会或董事会决议通过并授权，任何人不得以公司名义代表公司签订任何担保合同。

第三章　对外担保的日常管理

第十二条　公司财务管理部门是公司对外担保的日常管理部门，负责被担保人资信调查、评估，担保合同的审核、后续管理，及对外担保档案管理等工作。

第十三条　财务管理部门应及时将对外担保的相关资料提供给证券投资管理部门备案。

第十四条　财务管理部门应持续关注被担保人的情况，关注其日常生产经营、资产负债、对外担保以及分立合并、法定代表人变化等情况。公司发现有证据证明被担保人丧失或可能丧失履行债务能力时，应及时采取必要措施，有效控制风险；若发现债权人与债务人恶意串通，损害公司利益，应立即采取措施确认担保合同无效；被担保人违约而造成经济损失的，应及时向被担保人进行追偿。

第四章　法律责任

第十五条　公司全体董事应当严格按照本制度及相关法律、法规及规范性文件的规定审核公司对外担保事项，并对违规或失当的对外担保产生的损失依法承担连带责任。

第十六条　本制度涉及的公司相关审核部门及人员或其他高级管理人员，未按照规定程序擅自越权签署对外担保合同或怠于行使职责，给公司造成损失的，公司应当追究相关责任人员的责任。

第五章　附则

第十七条　本制度所称"以上""以下""以内"均含本数，"超过""少于""低于"不含本数。本制度所称"公司及控股子公司的对外担保总额"，是指包括公司对控股子公司担保在内的公司对外担保总额与控股子公司对外担保总额之和。

第十八条　本制度未尽事宜，依照国家有关法律、法规、《上市规则》、《公司章程》及其他相关规范性文件的有关规定执行。本制度与国家有关法律、法规、《上市规则》、《公司章程》及其他相关规范性文件的有关规定不一致的，以国家有关法律、法规、《上市规则》、《公司章程》及其他相关规范性文件的有关规定为准。

第十九条　本制度自公司股东大会审议通过后实施，修订亦同。

第二十条　本制度由公司董事会负责解释。

7.4.2 对外担保管理制度

公司在对外担保前，都要制定相应的对外担保管理制度。下面列出的是某公司的对外担保管理制度，可供读者参考。

××公司对外担保管理制度

第一章 总则

第一条 为加强××公司（以下简称"公司"）对外担保的管理，控制公司经营风险，切实维护公司和股东的合法利益，根据《中华人民共和国民法典》《上海证券交易所股票上市规则》《关于规范上市公司与关联方资金往来及上市公司对外担保若干问题的通知》《关于规范上市公司对外担保行为的通知》等法律、法规、规范性文件及《××公司章程》（以下简称《公司章程》）的相关规定，结合公司实际情况，特制定本制度。

第二条 本制度所称对外担保是指公司作为第三方与债权人约定，当债务人不履行债务时，为债务人向债权人提供的保证、抵押、质押或其他方式的担保。担保的债务种类包括但不限于银行授信额度、银行贷款、开立信用证、银行承兑汇票及银行保函等。

第三条 公司对外担保应当经过公司董事会或股东大会审议通过。

第四条 公司应规范担保调查、风险评估、审核批准、合同执行等工作环节，按照相关政策、制度、流程办理担保业务，定期检查担保政策和执行的情况与效果，切实防范担保业务风险。

第五条 公司财务部为公司担保业务的归口管理部门和公司本部担保业务经办部门，子公司财务部门或资金管理部门作为本公司担保业务职能管理部门。

第二章 担保对象

第六条 公司可以为纳入公司合并报表范围内的各级全资和控股子公司实施担保，公司不得为任何其他法人单位、非法人单位或个人提供担保。

第三章 担保风险评估与控制

第七条 公司必须对被担保人进行资信调查和风险评估，评估结果应出具附有法律意见书的书面报告，或委托外部中介机构对担保业务进行资信调查和风险评估工作。

第八条 内部风险评估原则。

（一）独立性原则：公司在担保风险评估过程中必须摆脱业务当事人利益关系，始终坚持独立立场，实施风险评估行为。

（二）客观性原则：公司应从实际出发，认真进行调查研究，排除人为干扰因素，坚持客观、公正的态度和采用科学的方法。评估指标须具有客观性，评估预测必须建立在公司实际情况之上。

（三）科学性原则：公司必须根据担保业务的不同情况，制定科学的评估方案与程序，从而获得科学的评估结果。

（四）专业性原则：评估团队必须由精通工程、财务、法律、经济管理等多学科的专家组成。团队成员必须具有良好的教育背景、专业知识和丰富经验。

第九条 公司在对被担保人进行资信调查和风险评估时，应当重点关注以下事项。

（一）担保业务是否符合国家法律、法规和本公司担保政策等相关要求。

（二）被担保人的资信状况，一般包括：基本情况、资产质量、经营情况、偿债能力、盈利水平、信用程度、行业前景等。

（三）对被担保人或有负债金额已接近或大于自身净资产金额的，原则上不接受该类担保申请。

（四）要求被担保人提供反担保的，应当对与反担保有关的资产状况进行评估。

第十条 内部风险评估程序。

（一）资料审核：资料审核的信息主要来源于被担保人，同时也可从其他途径获取评估资料，如银行、财税、客户等。

（二）实地调查：当资料审核中存在风险疑点时，可以进一步选择实地评估，进而提高风险评估可信度。

（三）项目综合分析：项目综合分析是在资料审核和实地调查的基础上，对已经获取的信息进行综合判断、分析、比较和评价，得出分析结论，并最终形成调查报告。综合分析的要点如下。

1.分析、判断被担保人的主体资格、还款意愿。

2.分析环境对被担保人的影响，主要包括：被担保人在行业中的地位、产品的市场竞争能力等。

3.分析被担保人的还款能力，主要通过对其现金流的分析，掌握其真实的财务状况和偿债能力，预测其未来的发展趋势，预计在未来的借款期间是否能够产生足够的现金流来偿还借款。

第十一条 公司应当与债权人按照协商一致的原则建立良好关系，并在合同中明确约定承担担保责任的方式和期间。

第十二条 公司办理担保业务时，应当与被担保人约定在担保期间可持续获得相关信息，并有权对相关情况进行核实。

第十三条 公司与债权人应当建立担保期间被担保人相关信息的交换机制，加强对被担保人的信用辅导和监督，共同维护双方的合法权益。

第十四条 公司对外提供担保时，可以采用反担保等必要措施防范风险。

（一）对获得担保批准的被担保人，必须以其合法有效、易于变现的资产做抵押或质押，或提供经公司认可的第三方信用担保做反担保。反担保金额应大于担保金额，原则上不能重复抵押、质押，根据审批情况，可同时采用一种或几种反担保措施。

（二）抵押物、质押物的抵押值、质押值计算，原则上应以公司认可的第三方评估公司给出的书面正式评估报告中的评估净值为计算依据。

（三）根据具体情况，公司可以选择被担保人的部分或所有股东、高管及财务主管做个人连带责任保证。

第十五条 公司担保业务的有权决策机构和审批权限与《公司章程》界定一致。

第十六条 公司担保业务办理流程。

（一）为确保公司担保业务合法、合规、科学、有序，被担保人须填报担保申请审批表，收集相关申请资料，并根据业务需要，提前五个工作日上报公司财务部。

（二）公司财务部按照本制度规定，对担保申请资料进行审查，包括担保事项的可行性、财务数据准确性和风险预测。

（三）公司董事会办公室根据上交所担保信息披露要求，审查担保业务合规性，确保担保信息符合披露标准。

（四）公司法律合规部须对担保事项中所涉及的相关合同文本进行合法性审查，并给出审查意见。

（五）对审查通过的担保申请，若公司担保累计余额在年度担保预算额度内，公司分管领导签字批准后办理；若担保累计余额超出年度担保预算额度，按照一事一议的原则，经有权决策机构审议批准后执行。

第十七条　公司遵循担保有偿原则，对担保和反担保业务手续费收费标准如下：被担保人的担保总额在其净资产 50% 及以下且资产负债率低于 70% 时，免收担保业务手续费；被担保人的担保总额超过其净资产 50% 以上或资产负债率超过 70% 的，其办理的每笔担保，以其办理的担保和反担保金额为基数，基本费率为 0.1%/ 年，单笔最低收费为 10 000 元。公司原则上不提供贷款担保，但确需办理担保的，按本制度第十六条规定申请、批准后，以担保贷款金额为基数，由公司财务部按年 1% 的费率标准酌定收取。

第四章　对外担保执行与披露

第十八条　公司对外担保由公司统一管理，并实行担保预算管理制度。

（一）公司对外担保年度预算期间为每年度 7 月 1 日至次年度 6 月 30 日。

（二）每年度，根据公司财务部通知，子公司上报对外担保年度预算时，须提前履行子公司内部决策程序，并将相关信息和资料作为附件于每年度 1 月 31 日前一并上报公司财务部。

（三）公司对外担保预算额度经公司总经理办公会、董事会审议通过后，由董事会提交股东大会审议批准，并及时披露公告。

（四）被担保人为公司所属全资和控股子公司的，实行对外担保额度管理模式，即：在对外担保预算期间，子公司可以在本公司预算额度范围内，按照本公司规定，自行安排担保申请与审批。当具体担保行为发生时，无须逐笔对有关信息进行临时公告披露，但需按有关要求，及时准确地在公司定期报告中披露实际对外担保数额。对于超出本公司预算额度或范围，但仍在公司对所属全资及控股子公司担保预算总额度内的新增担保，可以向公司财务部申请担保额度调剂，经公司总经理办公会审议批准后实施。

（五）对公司所属全资和控股子公司的新增担保超出经批准的担保预算总额度的，子公司须根据《公司章程》规定，按一事一议的原则，严格履行本公司内部决策程序后，收集相关资料与文件，向公司财务部重新提出预算申请，待有权决策机构审议批准后执行并及时披露公告。

第十九条　公司所属子公司需要出具类似具有担保性质的安慰函、承诺函等的，必须严格规范本级公司审批程序，充分了解担保对象资信程度和资产状况，按照本制度第十八条规定向公司财务部申请，待公司分管领导审批同意后实施。

第二十条　子公司须于每月 5 日前汇总上报本级担保统计明细表。

第二十一条　公司应当加强担保业务资料的收集与管理，包括担保合同、业务申请、相关协议、总经理办公会决议、董事会和股东大会决议等相关资料，并参照会计档案的保管要求保存和移交。

第二十二条　被担保人要求变更担保事项的，公司应当重新履行调查与审批程序，经有权决策机构审议通过后实施。

第二十三条　被担保人负责在担保合同失效后的 5 个有效工作日内返还公司担保资金和有关资产证明等。

第二十四条　当出现被担保人债务到期后 15 个工作日内未履行还款义务，或是被担保人破产、清算、债权人主张担保人履行担保义务等情况时，公司有义务及时了解被担保人的债务偿还情况，并履行信息披露义务。

第五章　担保监控与罚则

第二十五条　公司应当加强担保合同的日常管理，定期监测被担保人的经营情况和财务状况，对被担保人进行跟踪和监督，了解担保项目的执行、资金的使用、贷款的归还、财务运行及风险等情况，确保担保合同有效履行。

第二十六条　公司应建立风险预警机制，及时跟踪、了解、掌握被担保人的相关情况，特别是债务偿还情况，对可能出现的风险提前采取相应措施。在主债务到期前 15 日及时提醒债务人履行还款义务。

第二十七条　对于被担保人未按有法律效力的合同条款偿付债务或履行相关合同项下的义务的，公司应当按照担保合同履行义务，同时主张对被担保人的追索权。

第二十八条　子公司应指定人员对担保事务进行管理，名单向公司财务部报备。负责对外担保人员按照公司担保管理要求，具体管理本级公司担保业务，及时跟踪、掌握被担保人的有关情况。当发现被担保人出现财务状况恶化或存在重大违约事件而无力偿债的征兆时，须立即采取紧急措施，最大限度地减少损失，并及时将以上情况书面汇报公司财务部。

第二十九条　公司财务部每年将利用财务监察等形式对子公司的担保管理情况进行检查。检查形式分为现场检查和听取汇报。公司财务部根据检查情况，提出处理和整改意见。

第三十条　公司应当建立对外担保突发事件的发现、报告制度，制定处置预案，明确处置机构及其职责、处置措施和处置程序，及时、有效地处置对外担保突发事件。

第三十一条　对不按本制度规定及时、完整上报子公司担保统计明细表的，取消年度财务决算评比资格并在公司范围内进行通报。

第三十二条　子公司如未遵守本制度有关规定及程序，擅自发生担保事项或出具类似具有担保性质安慰函、承诺函等，造成损失的，按照公司资产损失责任追究办法的有关规定进行处理。

第三十三条　公司对外担保专人因工作失误给公司造成重大影响的，须严肃追究责任，给予其调岗、取消评优评先资格等处罚。

第六章　附则

第三十四条　本制度未尽事宜，按国家有关法律、法规、规范性文件及《公司章程》规定执行。

第三十五条　本制度由董事会负责解释及修订。

第三十六条　本制度自股东大会审议通过之日起生效并执行，修订时亦同。

第 8 章 筹资与投资管理流程

8.1 短期投资控制流程

一、业务目标

（一）战略目标

规范公司短期投资行为，提高资金运作效率，保证公司资产安全，降低投资风险，确保公司投资决策科学，切实保护投资者利益。

（二）经营目标

规范短期投资管理，降低短期投资风险，确保投资安全，提高投资回报。

（三）财务目标

确保短期投资账面价值的完整、真实、准确，及时收取投资回报。

（四）合规目标

投资、管理方式及操作符合国家有关法律法规，短期投资行为符合国家法律、法规和公司内部规章制度。

二、业务风险

（一）战略风险

公司短期投资行为不规范，危害公司资产的安全，增大了投资风险；公司投资决策缺乏科学论证，损害投资者利益。

（二）经营风险

1.短期投资方向不正确，导致投资低回报或无回报甚至投资权益损失。

2.管理不严使投资控制能力减弱，造成投资损失。

3.短期投资实施不当，变现不及时，对公司正常生产经营造成影响。

（三）财务风险

1.会计核算遗漏，造成财务报表不真实。

2.会计核算不规范，高估或低估短期投资价值，造成财务信息不真实。

（四）合规风险

1.短期投资违规操作导致违反国家法律、法规和公司内部规章制度的要求。

2.短期投资信息披露不及时、不充分，违反监管机构的规定，受到相应处罚。

三、业务流程步骤与控制点

（一）短期投资的提出、批准

1. 公司计划财务部根据公司资金盈余情况编制资金状况报表，部门负责人审核后，报总会计师。

2. 总会计师根据资金盈余情况及短期内资金计划安排，分析公司短期内可用于短期投资的资金及最长投资期限，向总经理汇报。

3. 总经理根据总会计师汇报，决定是否进行短期投资，如决定投资，总经理要求投资发展部对证券市场进行分析、论证，提交投资建议书。

（1）投资建议书内容包括但不限于：投资目的、投资方式、投资规模及资金来源、盈利方式、效益预测、风险预测、市场情况等。

（2）投资发展部根据总经理的要求，组成研究小组，进行投资环境分析和调查，收集信息，考察市场，积极与银行等金融机构沟通，根据证券市场上各种证券的情况编制投资建议书，经部门负责人审核后，报公司分管领导。

4. 投资发展部分管领导向总经理报送投资建议书，总经理将投资建议书、资金状况报表等资料提交公司董事长或董事会审批。

5. 公司委托理财事项应由公司董事会或股东大会审议批准，不得将委托理财审批权授予公司董事个人或经营管理层。

6. 公司、子公司、控股公司的对外投资活动必须经批准后进行，不得自行对外投资。其投资的批准应比照公司对外投资规定执行。

7. 公司董事会对短期投资事项进行审议，做出短期投资决议。短期投资决议内容应包括：投资限额、投资期限、投资种类、风险承受能力、止损线等。

（二）短期投资的实施

1. 公司根据短期投资的种类、特点和运作状况，建立完备的短期投资管理制度、投资决策机制、操作流程和风险监控体系，在风险可测、可控、可承受的前提下从事短期投资。

2. 公司应当健全短期投资授权制度，明确授权权限、时效和责任，对授权过程进行书面记录，保证授权制度的有效执行。

3. 公司必须建立短期投资防火墙制度，确保在人员、信息、账户、资金、会计核算上严格分离。

4. 公司进行委托理财的，应选择资信状况、财务状况良好，无不良诚信记录及盈利能力强的合格专业理财机构作为受托方，并与受托方签订书面合同，明确委托理财的金额、期间、投资品种、双方的权利义务及法律责任等。

5. 公司董事会应指派专人跟踪委托理财资金的进展及安全状况，出现异常情况时应要求其及时报告，以便董事会立即采取有效措施回收资金，避免或减少公司损失。

6. 公司自行实施短期投资的，应建立健全相对集中、权责统一的投资决策与授权机制。短期投资运作机构为董事会、投资发展部、实施项目组。

（1）董事会是短期投资的最高决策机构，在严格遵守中国证监会规定基础上，根据公司资产、负债、损益和资本充足等情况确定短期投资规模、可承受的风险限额等，并以董事会决议的形式进行落实，短期投资具体投资运作管理由董事会授权投资发展部决定。

（2）投资发展部是短期投资运作的最高管理机构，负责确定具体的投资配置策略、投资事项和投资品种等。

（3）实施项目组为短期投资的执行机构，应在投资决策机构做出的决策范围内，根据授权负责具体投资项目的决策和执行工作。

7. 计划财务部根据董事会的决定，按照公司资金管理的要求，开设短期投资资金账户，账户由计划财务部管理。

8. 短期投资资金的出入必须以公司名义进行，禁止以个人名义从短期投资账户中调入调出资金，禁止从短期投资账户中提取现金。

9. 投资发展部根据董事会的决定，开设股票、债券、基金等账户，账户由投资发展部管理。短期投资必须以公司自身名义、通过专用短期投资账户进行，并由实施项目组以外的部门负责短期投资账户的管理，包括开户、销户、使用登记等。严禁出借短期投资账户、使用非短期投资账户变相短期投资、账外短期投资。

10. 总经理召集总会计师、总经济师、投资发展部、计划财务部等相关人员，对短期投资中涉及短期投资规模、风险限额、资产配置、业务授权、止盈止损等方面的重大问题进行决策，决策应采取书面形式，由相关人员签字确认后存档。

11. 投资发展部根据确定的投资规模，编制短期投资资金计划，部门负责人审核后，报总会计师审批，由总会计师安排计划财务部执行。

12. 投资发展部组织人员，或在必要时外聘人员、委托相关专业机构，对投资品种、止盈止损、证券池建立等进行研究、论证，提出研究报告。研究人员负有当然的保密义务，研究报告的发送范围由总经理决定。

13. 实施项目组只能在确定的短期投资规模和可承受风险限额内，从证券池内选择证券进行投资。根据投资的规模和种类，投资发展部可设立多个实施项目组。

14. 实施项目组交易决定、指令发出、指令执行、审核、数据资料备份等岗位应当相互分离并由不同人员负责，关键岗位实行一岗双人制度。交易指令执行前应当经过审核，并强制留痕，短期投资数据资料备份由专人负责管理。

15. 实施项目组负责人通过采取逐日盯市、风险监控量化指标体系对投资风险进行测量，并定期对短期投资组合的市值变化进行敏感性分析和压力测试。

16. 短期投资类别、资金的统计应由投资发展部指定专门人员执行，并与计划财务部资金管理人员及时对账，对账情况要有相应记录及相关人员签字。

17. 计划财务部对短期投资资金进行独立管理，短期投资资金管理岗位应当与短期投资记录、核对及其经营业务资金管理岗位分离。

18. 投资发展部要根据公司实际情况，积极借鉴国际先进的风险管理经验，引进和开发有效的风险管理工具，逐步建立完善的风险识别、测量和监控程序，使风险监控走向科学化。

19. 投资发展部可通过建立短期投资风险监控系统，根据法律法规和监管要求，在监控系统中设置相应的风险监控阈值，通过系统的预警触发装置自动显示短期投资风险的动态变化，提高动态监控效率。短期投资风险监控系统由投资发展部部门负责人直接管理，并应具有过滤详细交易品种等详细信息的功能。

20. 投资发展部应指定专人对投资决策和投资操作中形成的档案实施管理，确保投资过程事后可查证。

21. 实施项目组负责人应定期（至少每月）和不定期（需要时）编制短期投资报告，向投资发展部报告。报告内容包括但不限于：投资决策执行情况、短期投资资产质量、短期投资盈亏情况、风险监控情况和其他重大事项等。

22. 投资发展部根据实施项目组提交的报告，整理、汇总后编制短期投资报告，经部门负责人审核，向分管领导报告。报告内容包括但不限于：投资决策执行情况、短期投资资产质量、短期投资盈亏情况、风险监控情况和其他重大事项等。

23. 投资发展部分管领导对短期投资报告审批后，报公司董事会，董事和有关高级管理人员应当对短期投资内部报告进行阅签和反馈。

（三）短期投资核算和管理

1. 计划财务部根据投资发展部提供的统计资料，实施复核程序后，建立并完善短期投资管理台账、财务投资项目明细账表，短期投资明细账表需经计划财务部负责人审核签字。

2. 计划财务部按照类别、数量、单价、应计利息、购进日等项目，及时登记公司短期投资。

3. 计划财务部和投资发展部负责保管与有价证券相关的凭证、资料。公司应建立严格的保密制度，至少由两名以上人员共同控制，不得一人单独接触与有价证券相关的凭证、资料。与有价证券相关的凭证、资料的存入和取出必须详细记录在登记簿内，并由在场的人员签名。

4. 有价证券的盘点工作由公司计划财务部和投资发展部负责实施。

5. 证券保管员和会计人员应在每月终了时进行月终盘点，并完成下列程序：

（1）盘点前必须将截至当月最后一天的证券登记入账并结出结存额；

（2）实地清点实物，核对卡片；

（3）月终编制有价证券盘点表。

6. 计划财务部认为必要时，可以根据有价证券盘点表抽样核对，复核盘点表。

7. 年终时，计划财务部根据公司盘点指令，组织人员全面盘点，编制有价证券盘点表，并由计划财务部负责人（或聘请注册会计师）参加盘点。

8. 公司购入的短期有价证券必须在购入当日记入公司名下。

9. 计划财务部应对公司的每一种短期投资设立明细账加以反映，每月还应当编制盈亏报表，对于债券应编制折、溢价摊销表。

10. 计划财务部应将投资收到的利息、股利及时入账。

11. 计划财务部根据有关投资变动凭证调整短期投资有关项目，及时更新记录短期投资增减变动。计划财务部负责人要对更新后的账目及权属进行审核。

12. 计划财务部每年年末根据短期投资盘点情况，对可能产生短期投资减值的，须会同投资发展部提出提取减值准备的意见，报总经理办公会批准后进行账务处理；对需要进行处置的短期投资，报总经理办公会批准后，按照规定进行处置，收回投资，减少损失。

（四）信息披露

1. 公司必须建立健全短期投资信息披露制度，自觉接受外部监督。披露按照《深圳证券交易所股票上市规则》规定执行。

2. 投资发展部为短期投资信息报告的负责部门，投资发展部应指定专人收集、汇总、整理短期投资信息，编制定期和不定期报告，报投资发展部部门负责人，由其依据报告的内容决定是否需要向董事会秘书报告。报告责任人，对报告信息存在虚假记载、误导性陈述或重大遗漏负有直接责任的，公司要对相关责任人员给予相应的处理，并及时向监管部门报告。

3. 短期投资信息披露程序，按照公司定期报告和临时报告规定执行。

（五）监督与检查

1. 短期投资的投资决策、投资操作、风险监控的机构和职能应当相互独立；短期投资的账户管理、资金清算、会计核算等后台职能应当由独立的部门或岗位负责，以形成有效的短期投资前、中、后相互制衡的监督机制。

2. 审计监察室应能够正常履行职责，并能从计划财务部、投资发展部、证券公司等获取短期投资运作信息与数据，通过实时全方位监控短期投资的风险，对监控信息定期向董事会提供风险监控报告，并将有关情况通报投资发展部、计划财务部，发现业务运作或风险监控指标值存在风险隐患或不合规时，要立即向董事会报告并提出处理建议。

3. 董事会及短期投资相关部门应对风险监控报告和处理建议及时予以反馈，报告与反馈过程要进行书面记录。

4. 审计监察室根据短期投资风险监控的检查情况和评估结果，提出整改意见和纠正措施，并对落实情况进行跟踪检查。

5. 公司应提高短期投资运作的透明度。短期投资交易系统、监控系统应当设置必要的开放功能或数据接口，以便监管部门能够及时了解和检查公司短期投资情况。

6. 审计监察室定期对短期投资的合规运作、盈亏、风险监控等情况进行全面审计，出具审计报告。

7. 公司应加强对短期投资人员的职业道德和诚信教育，强化短期投资人员的保密意识、合规操作意识和风险控制意识。短期投资关键岗位人员离任前，应当由审计监察室进行审计，对短期投资人员违规行为，审计监察室应提出处理意见，连同审计报告报董事会审议。

8. 短期投资信息报告责任人，对报告信息存在虚假记载、误导性陈述或重大遗漏负有直接责任的，公司要对相关责任人员给予相应的处理，并及时向监管部门报告。

9. 公司应建立完备的业绩考核和激励制度，完善风险调整基础上的绩效考核机制，遵循客观、公正、可量化原则，对短期投资人员的投资能力、业绩水平等情况进行评价。

四、短期投资管理业务流程表

短期投资管理业务流程表见表 8-1。

短期投资管理业务流程表

表 8-1

业务目标	业务风险	控制点	监督检查	不相容职务/岗位	授权及要求
1. 规范公司短期投资行为，提高资金运作效率，保证公司资产安全，降低投资风险，确保公司投资决策科学、切实保护投资者利益		（一）短期投资的提出、批准			
		1. 公司计划财务部根据公司资金盈余情况编制资金状况报表，部门负责人审核后，报总会计师	检查资金状况报表		
	短期投资实施不当，变现不及时，对公司正常生产经营造成影响	2. 总会计师根据资金盈余情况及短期内资金的资金用于短期投资的资金及最长投资期限，向总经理汇报	检查相关报告		
2. 规范短期投资管理，降低短期投资风险，确保投资安全，提高投资回报		3. 总经理根据总会计师汇报，决定是否进行短期投资，如决定投资，总经理要求投资发展部对证券市场进行分析、论证，提交投资建议书	检查投资建议书		
3. 确保短期投资账面价值的完整、真实、准确，及时收取投资回报		（1）投资建议书内容包括但不限于：投资目的、投资方式、投资规模及资金来源、盈利方式、效益预测、风险预测、市场情况等			
		（2）投资发展部根据总经理的要求，收集信息，考察市场，组成研究小组，进行投资环境分析和调查，盈利方式，积极与银行等金融机构沟通，根据证券市场上各种证券的情况编制投资建议书，经部门负责人审核后，报公司分管领导			
4. 投资、管理方式及操作符合国家有关法律法规	公司短期投资行为不规范，危害公司资产的安全，增大了投资风险，公司投资决策缺乏科学论证，损害投资者利益	4. 投资发展部分管领导向总经理报送投资建议书，资金状况报表等资料提交公司董事长或董事会审批，总经理将经理将投资建议书	检查短期投资审批记录		
5. 短期投资行为符合国家法律、法规和公司内部规章制度		5. 公司委托理财事项应由公司董事会或股东大会审议批准，不得将委托理财审批权授予子公司或董事个人或经营管理层	检查委托理财审批记录		
	管理不严使投资控制能力减弱，造成投资损失	6. 公司子公司、控股公司的对外投资活动必须经批准后进行，不得自行对外投资。其投资的批准应比照公司对外投资规定执行	检查公司子公司、控股公司的对外投资活动是否按照规定执行		

续表

业务目标	业务风险	控制点	监督检查	不相容职务/岗位	授权及要求
1. 规范公司短期投资行为，提高资金运作效率，保证公司资产安全，降低投资风险，确保公司投资决策科学，切实保护投资者利益 2. 规范短期投资管理，降低短期投资风险，确保短期投资安全，提高投资回报 3. 确保短期投资账面价值的完整、真实、准确，及时收取投资回报 4. 投资、管理方式及操作符合国家有关法律法规 5. 短期投资行为符合国家法律、法规和公司内部规章制度	短期投资方向不正确，导致投资方向不正确或回报无回报甚至资金损失	7. 公司董事会对短期投资事项进行审议，做出短期投资决议。短期投资决议内容应包括：投资限额、投资期限、投资种类、风险承受能力、止损线等	检查公司董事会审议记录		
		（二）短期投资的实施			
	管理不严使投资控制能力减弱，造成投资损失	1. 公司根据短期投资的种类、特点和运营状况，建立完备的短期投资管理制度、投资决策机制、操作流程和风险监控体系，在可承受的前提下从事短期投资	检查短期投资管理制度是否健全		
		2. 公司应当健全短期投资授权制度，明确授权权限、时效和责任，对授权过程做书面记录，保证授权制度的有效执行	检查授权制度及授权书面记录		
		3. 公司必须建立短期投资防火墙制度，确保在人员、信息、账户、资金、会计核算上严格分离	检查是否实施岗位分离		
	公司短期投资行为不规范，危害公司资产的安全，增大了投资风险，公司投资决策缺乏科学论证，损害投资者利益	4. 公司进行委托理财的，应选择信誉状况、财务状况良好、无不良诚信记录及具备相应合格专业理财机构作为受托方，并与受托方签订书面合同，明确委托理财的金额、期间、投资品种、双方的权利义务及法律责任等	检查委托理财实施是否符合规定		
	管理不严使投资控制能力减弱，造成投资损失	5. 公司董事会应指派专人跟踪际委托理财资金的进展及安全状况，出现异常情况时应要求其及时报告，以便董事会立即采取有效措施回收资金，避免或减少公司损失	检查委托理财实施是否符合规定		
	公司短期投资行为不规范，危害公司资产的安全，增大了投资风险，公司投资决策缺乏科学论证，损害投资者利益	6. 公司自行实施短期投资的，应建立健全相对集中、权责统一的投资决策与授权机制。短期投资运作机构为董事会、投资发展部、实施项目组	检查投资决策与授权机制		

授权及要求

续表

业务目标	业务风险	控制点	监督检查	不相容职务/岗位	授权及要求
1. 规范公司短期投资行为，提高资金运作效率，保证公司资产安全，降低投资风险，确保投资决策科学，切实保护投资者利益 2. 规范短期投资管理，降低短期投资风险，确保投资安全，提高投资回报 3. 确保短期投资账面价值的完整、真实、准确，及时收取投资回报 4. 投资、管理方式及操作符合国家有关法律法规 5. 短期投资行为符合国家法律、法规和公司内部规章制度	管理不严使投资控制能力减弱，造成投资损失	（1）董事会是短期投资的最高决策机构，在严格遵守中国证监会合规定基础上，根据公司资产、负债、损益和资本充足等情况确定短期投资规模、可承受的风险限额等，并以董事会决议的形式进行落实，短期投资具体运作管理由董事会授权投资发展部决定 （2）投资发展部是短期投资运作的最高管理机构，负责确定具体的投资配置策略、投资事项策划和投资品种等 （3）实施项目组为短期投资的执行机构，应在投资决策机构做出的决策范围内，根据授权负责具体投资项目的决策和执行工作 7. 计划财务部根据董事会的决定，按照公司资金管理的要求，开设短期投资资金账户，账户由计划财务部管理 8. 短期投资资金的出入必须以公司名义进行，禁止以个人名义从短期投资账户中调出资金，禁止从短期投资账户中提取现金 9. 投资发展部根据董事会的决定，开设股票、债券、基金等账户，短期投资必须以公司自身名义，投资账户进行，并由实施项目组以外的部门负责短期投资账户的管理，包括开户、销户、使用登记等。严禁出借短期投资账户，账外短期投资变相短期投资 10. 总经理召集总会计师、总经济师、投资发展部、计划财务部等相关人员，对短期投资中涉及短期投资规模、风险限额、资产配置、决策应采取书面形式，由相关人员签字确认后存档	检查短期投资资金账户开设、管理是否符合要求 检查短期投资资金是否符合规定 检查短期投资证券账户开设、管理是否符合要求 检查决策记录		

续表

业务目标	业务风险	控制点	监督检查	不相容职务/岗位	授权及要求
1. 规范公司短期投资行为，提高资金运作效率，保证公司资产安全，降低投资风险，确保公司投资决策科学，切实保护投资者利益	公司短期投资行为不规范，增大了损害公司资产的安全，公司投资决策缺乏科学论证，损害投资者利益	11. 投资发展部根据确定的投资规模，编制短期投资资金计划，部门负责人审核后，报总会计师审批，由总会计师安排计划由财务部执行	检查审批记录		
2. 规范短期投资管理，降低短期投资风险，确保短期投资安全、提高投资回报	短期投资方向不正确，导致投资低回报或无回报甚至投资权益损失	12. 投资发展部组织人员，或在必要时外聘人员，委托相关专业机构，对投资池中品种、止盈止损、证券池建立等进行研究、论证，提出研究报告。研究人员负有当然的保密义务，研究报告的发送范围由总经理决定	检查研究报告		
3. 确保短期投资账面价值的完整、真实、准确，及时收取投资回报		13. 实施项目组只能在确定的短期投资规模和可承受风险限额内，从证券池内选择证券进行投资。根据投资的规模和种类，投资发展部可设立多个实施项目组	检查实施项目组是否按照要求执行		
4. 投资、管理方式及操作符合国家有关法律法规	公司短期投资行为不规范，增大了损害公司资产的安全；公司投资决策缺乏科学论证，损害投资者利益	14. 实施项目组当交易决定、指令发出、指令执行、审核、数据资料备份岗位应当相互分离并由不同人员负责，关键岗位实行一岗双人制度。交易指令在执行前应当经过审核，并强制留痕，短期投资数据资料备份由专人负责管理	检查实施项目组是否按照要求执行		
5. 短期投资行为符合国家法律、法规和公司内部规章制度		15. 实施项目组负责人通过采取逐日盯市、风险监控量化指标体系对投资风险进行测量，并定期对短期投资组合的市值变化进行敏感性分析和压力测试	检查实施项目组是否按照要求执行		
	会计核算不规范，高估或低估短期投资价值，造成财务信息不真实	16. 短期投资类别、资金的统计应当由投资发展部指定专门人员执行，并与计划财务部资金管理人员及时对账，对账情况有相应要记录及相关人员签字	检查对账情况及相应记录		
	管理不严使投资控制能力减弱，造成投资损失	17. 计划财务部对短期投资记录、核对及其经营业务资金管理岗位应当与短期投资进行独立管理，短期投资资金管理岗位分离	检查是否实施岗位分离		

续表

业务目标	业务风险	控制点	监督检查	不相容职务/岗位	授权及要求
1. 规范公司短期投资行为，提高资金运作效率，保证公司资产安全，降低投资风险，确保公司投资决策科学，切实保护投资者利益	短期投资方向不正确，导致投资回报低或甚至无法回报甚至投资权益损失	18. 投资发展部要根据公司实际情况，积极借鉴国际先进的风险管理经验，引进和开发有效的风险管理工具，逐步建立完善的风险识别、测量和监控程序，使风险监控走向科学化	检查风险管理是否科学		
2. 规范短期投资管理，降低短期投资风险，确保投资安全，提高投资回报	短期投资实施不当，变现不及时，对公司正常生产经营造成影响	19. 投资发展部可通过建立短期投资风险监控系统，根据法律法规和监管要求，在监控系统中设置相应的风险监控阈值，通过系统的预警触发装置自动显示短期投资风险的动态变化，提高动态监控效率。短期投资风险监控系统由投资发展部门负责人直接管理，并应具有过滤详细交易品种等详细信息的功能	检查风险管理是否科学		
3. 确保短期投资账值的完整、真实、准确及时收取投资回报		20. 投资发展部应指定专人对投资决策和投资操作中形成的档案实施管理，确保投资过程事后可查证	检查相关档案		
4. 投资、管理方式及操作符合国家有关法律法规	管理不严使投资控制能力减弱，造成投资损失	21. 实施项目组负责人应定期（至少每月）和不定期（需要时）编制短期投资报告，向投资发展部编报。报告内容包括不限于：投资决策执行情况、短期投资资产质量、短期投资盈亏情况、风险监控情况和其他重大事项等	检查短期投资报告		
5. 短期投资行为符合国家法律、法规和公司内部规章制度		22. 投资发展部根据实施项目组提交的报告，整理、汇总后编制短期投资报告，经项目负责人审核，向分管领导报告。报告内容包括但不限于：投资决策执行情况和其他重大事项等	检查投资发展部根据实施项目组编制的报告，整理、汇总后编制的短期投资报告		
		23. 投资发展部分管领导对短期投资报告审批后，报公司董事会。董事和有关高级管理人员应当对短期投资内部报告进行阅鉴和反馈	检查对短期投资报告审批记录		
	会计核算遗漏，造成财务报表不真实	（三）短期投资核算和管理 1. 计划财务部根据投资发展部提供的统计资料，实施复核程序后，建立并完善短期投资管理台账，短期投资明细账表需经计划财务部负责人审核签字	检查短期投资管理台账、投资项目明细账		

续表

业务目标	业务风险	控制点	监督检查	不相容职务/岗位	授权及要求
1. 规范公司短期投资行为，提高资金运作效率，保证公司资产安全，降低投资风险，确保公司投资决策科学、切实保护投资者利益 2. 规范短期投资管理，降低短期投资风险，提高投资账面价值，确保短期投资安全、提高投资回报 3. 确保短期投资账面价值的完整、真实、准确，及时收取投资回报 4. 投资、管理方式及操作符合国家有关法律法规 5. 短期投资行为符合国家法律、法规和公司内部规章制度	会计核算遗漏，造成财务报表不真实	2. 计划财务部按照类别、数量、单价、应计利息、购进日等项目，及时登记公司短期投资	检查短期投资管理台账、投资项目明细账表		
		3. 计划财务部和投资发展部负责保管与有价证券相关的凭证、资料。公司应建立严格的保密制度，至少由两人以上人员共同控制，不得一人单独接触与有价证券相关的凭证、资料。与有价证券相关的人和取出必须详细记录在登记簿内，并由在场的人员签名	检查有价证券接触登记簿		
		4. 有价证券的盘点工作由公司计划财务部和投资发展部负责实施	检查有价证券盘点表		
	会计核算不规范，高估或低估短期投资价值，造成财务信息不真实	5. 证券保管员和会计人员应在每月终了时进行月终盘点，并完成下列程序	检查有价证券盘点表		
		（1）盘点前必须将截至当月最后一天的证券登记入账并结出结存额			
		（2）实地清点实物，核对卡片			
		（3）月终编制有价证券盘点表			
		6. 计划财务部认为必要时，可以根据有价证券登记入账有价证券盘点表抽样核对，复核	检查有价证券盘点表抽样核对记录		
		7. 年终时，计划财务部根据公司盘点指令，组织人员全面盘点，编制有价证券盘点表，并由公司计划财务部负责人（或聘请注册会计师）参加盘点	检查有价证券盘点表		
	管理不严使投资控制能力减弱，造成投资损失	8. 公司购入的短期有价证券必须在购入当日记入公司名下	检查短期有价证券是否在购入当日记入公司名下		

续表

业务目标	业务风险	控制点	监督检查	不相容职务/岗位	授权及要求
1. 规范公司短期投资行为，提高资金运作效率，保证公司资产安全，确保公司投资决策科学，切实保护投资者利益 2. 规范短期投资管理，降低短期投资风险，确保投资安全，提高投资回报 3. 确保短期投资账面价值的完整、真实、准确，及时收取投资回报 4. 投资、管理方式及操作符合国家有关法律法规 5. 短期投资信息披露及时和公司内部规章制度	会计核算遗漏，造成财务报表不真实	9. 计划财务部应对公司的每一种短期投资设立明细账加以反映，每月还应当编制盈亏报表，对于债券应编制折、溢价摊销表	检查盈亏报表、溢价摊销表		
	管理不严使投资控制能力减弱，造成投资损失	10. 计划财务部应将投资收到的利息、股利及时入账	检查收到利息、股利时是否及时入账		
	会计核算不规范，高估或低估短期投资价值，造成财务信息不真实	11. 计划财务部根据有关投资变动凭证调整短期投资有关项目，及时更新记录短期投资增减变动。计划财务部负责人要对更新后的账目及权属进行审核	检查账簿记录		
		12. 计划财务部每年年末根据有关短期投资盘点情况，对可能产生短期投资减值的，须会同投资发展部提出提取减值准备的意见，报总经理办公会批准后进行账务处理；对需进行处置的短期投资，报经理办公会批准后，按照规定进行处理，收回投资，减少损失	检查提取减值准备意见及批准记录		
		（四）信息披露 1. 公司必须建立健全短期投资信息披露制度，自觉接受外部监督。披露按照《深圳证券交易所股票上市规则》规定执行	检查披露是否按照深圳证券交易所股票上市规则执行		
	短期投资信息披露不及时，不充分，违反监管机构的规定，受到相应处罚	2. 投资发展部为短期投资信息报告的负责部门，投资发展部指定专人收集、汇总、整理短期投资信息，编制定期和不定期报告，报投资发展部部门负责人，由其依据报告的内容核定是否需要向董事会秘书报告。报告责任人，对报告信息存在虚假记载、误导性陈述或重大遗漏有直接责任的，公司要对相关责任人员给予相应的处理，并及时向监管部门报告	检查信息披露是否符合要求		
		3. 短期投资信息披露程序，按照公司定期报告和临时报告规定执行	检查短期投资信息披露是否符合规定		

续表

业务目标	业务风险	控制点	监督检查	不相容职务/岗位	授权及要求
1. 规范公司短期投资行为，提高投资效率，保证公司资产安全，降低投资决策风险，确保投资决策科学，切实保护投资者利益 2. 规范短期投资管理，降低短期投资风险，确保短期投资安全，提高投资回报 3. 确保短期投资账面价值的完整、真实、准确，及时收取投资回报 4. 投资、管理方式及操作符合国家有关法律法规 5. 短期投资行为符合国家法律、法规和公司内部规章制度	公司短期投资行为不规范，危害公司资产的安全，增大了投资风险；公司投资决策缺乏科学论证，损害投资者利益 管理不严，使投资控制能力减弱，造成投资损失	（五）监督与检查 1. 短期投资的投资决策、投资操作、风险监控的机构和职能应当相互独立；短期投资的账户管理、资金清算、会计核算等后台职能应当由独立的部门或岗位负责，中、后台相互制衡，以形成有效的短期投资前、中、后相互制衡的监督机制 2. 审计监察室应能够正常履行职责，并能从计划财务部、投资发展部、证券公司等获取短期投资运作信息与数据，通过实时对全方位监控短期投资的风险，对监控信息定期向董事会提供风险监控报告，并将短期投资信息定期向计划财务部、投资发展部、审计监察室通报，发现业务运作不合规或标准值存在风险隐患时，要立即向董事会报告并提出处理建议 3. 董事会及短期投资相关部门应对风险监控报告和处理建议及时予以反馈，报告与反馈过程要求进行书面记录 4. 审计监察室应根据短期投资风险监控的检查情况和评估结果，提出整改意见和纠正措施，并对落实情况进行跟踪检查 5. 公司应提高短期投资运作的透明度。短期投资交易系统、监控系统应当设置必要的开放或能数据接口，以便监管部门了解及时检查公司短期投资情况 6. 审计监察室定期对短期投资的合规运作、盈亏、风险监控等情况进行全面审计，出具审计报告	检查不相容岗位是否相互分离，是否有健全的监督机制 检查风险监控报告 检查董事会及短期投资相关部门对风险监控报告和处理建议反馈记录 检查审计监察室提出的整改意见和纠正措施，并对落实情况进行跟踪检查 检查短期投资交易系统是否符合相关部门要求 检查审计报告		

续表

业务目标	业务风险	控制点	监督检查	不相容职务/岗位	授权及要求
1. 规范公司短期投资行为，提高资金运作效率，保证公司资产安全、降低投资风险，确保公司投资决策科学、切实保护投资者利益 2. 规范短期投资管理，降低短期投资风险，确保短期投资安全、提高投资回报 3. 确保短期投资账面价值的完整、真实、准确，及时收取收取投资回报 4. 投资、管理方式及操作行为符合有关法律法规 5. 短期投资行为符合国家法律、法规和公司内部规章制度	管理不严使投资控制能力减弱，造成投资损失	7. 公司应加强对短期投资人员的职业道德和诚信教育，强化短期投资人员的保密意识，合规操作意识和风险控制意识。短期投资关键岗位人员离任前，应当由审计监察室进行审计，对短期投资人员违规行为，审计监察室应提出处理意见连同审计报告报董事会审议	检查离任审计报告及处理意见		
	短期投资信息披露不及时，不充分，违反监管机构的规定，受到相应处罚	8. 短期投资信息报告责任人，对报告信息存在任虚假记载、误导性陈述或重大遗漏负有直接责任的，公司要对相关责任人员给予相应的处理，并及时向监管部门报告	检查对相关责任人员是否给予相应的处理		
	管理不严使投资控制能力减弱，造成投资损失	9. 公司应建立完备的业绩考核和激励制度，完善风险调整基础上的绩效考核机制，遵循客观、公正、可量化原则，对短期投资人员的投资能力、业绩水平等情况进行评价	检查业绩考核和激励制度是否健全		

五、短期投资管理业务流程图

短期投资管理业务流程见图 8-1、图 8-2。

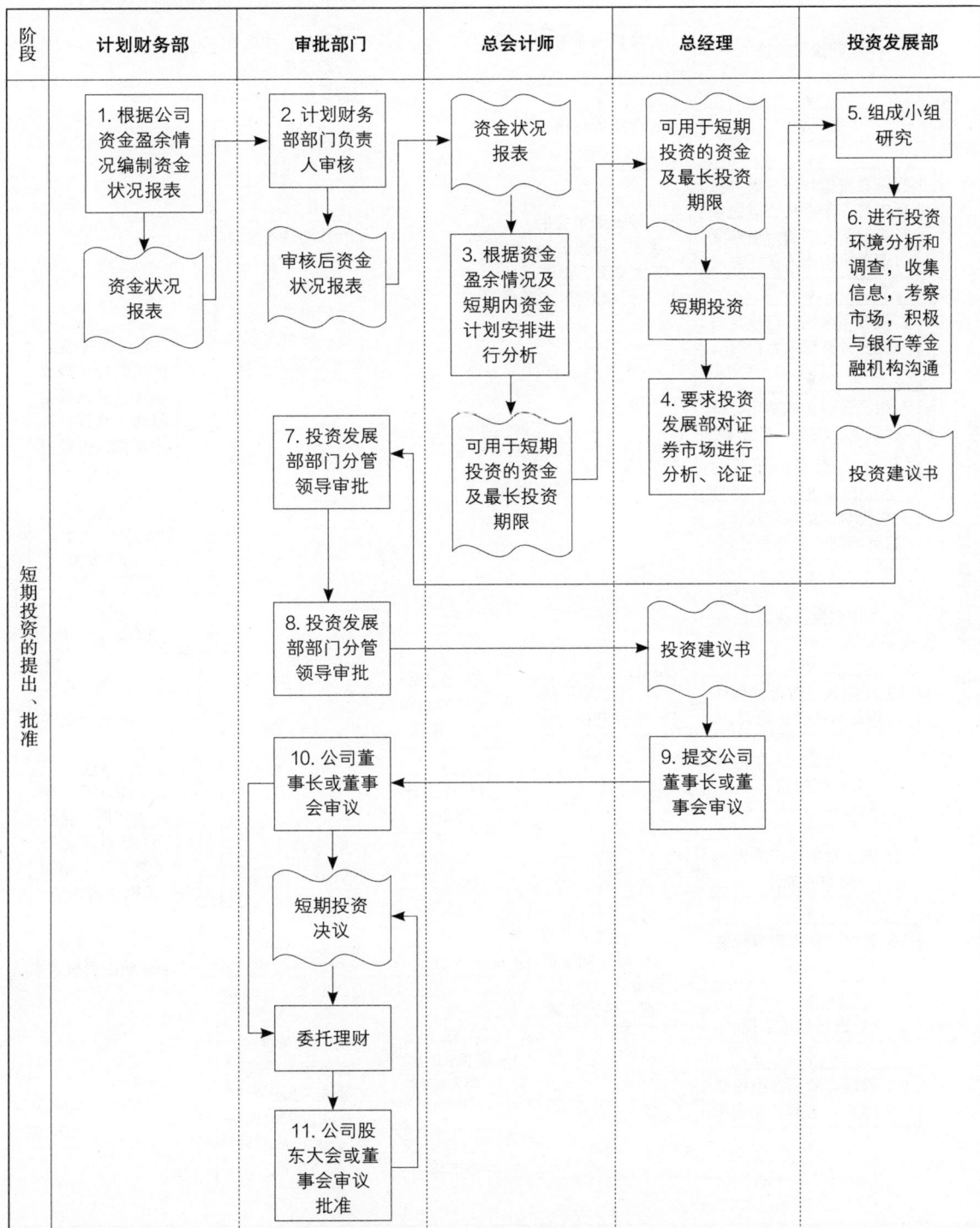

图 8-1 短期投资管理业务流程（1）

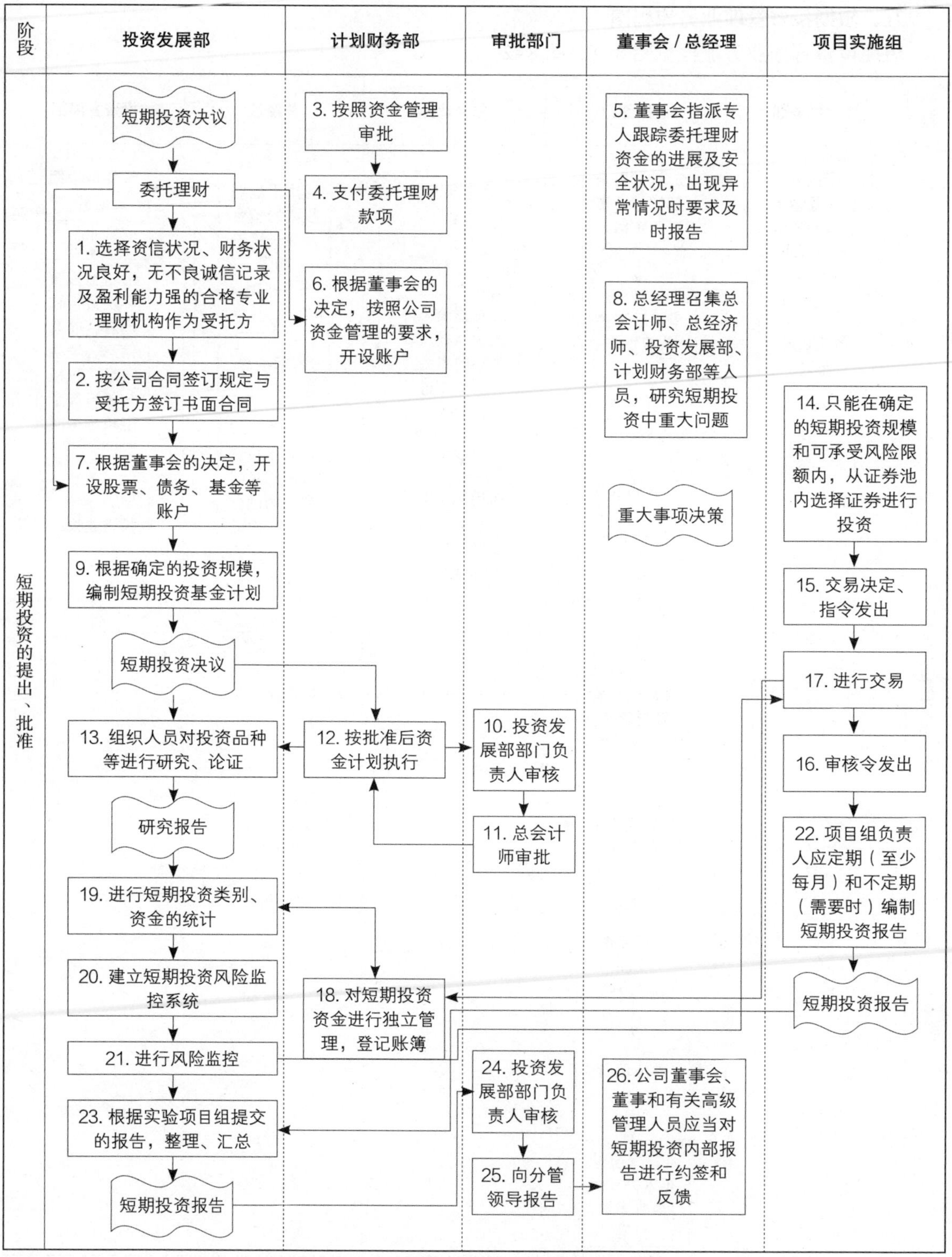

阶段	投资发展部	计划财务部	审批部门	董事会／总经理	项目实施组

短期投资的提出、批准

短期投资决议

委托理财

1. 选择资信状况、财务状况良好，无不良诚信记录及盈利能力强的合格专业理财机构作为受托方

2. 按公司合同签订规定与受托方签订书面合同

7. 根据董事会的决定，开设股票、债务、基金等账户

9. 根据确定的投资规模，编制短期投资基金计划

短期投资决议

13. 组织人员对投资品种等进行研究、论证

研究报告

19. 进行短期投资类别、资金的统计

20. 建立短期投资风险监控系统

21. 进行风险监控

23. 根据实验项目组提交的报告，整理、汇总

短期投资报告

3. 按照资金管理审批

4. 支付委托理财款项

6. 根据董事会的决定，按照公司资金管理的要求，开设账户

12. 按批准后资金计划执行

18. 对短期投资资金进行独立管理，登记账簿

10. 投资发展部部门负责人审核

11. 总会计师审批

24. 投资发展部部门负责人审核

25. 向分管领导报告

5. 董事会指派专人跟踪委托理财资金的进展及安全状况，出现异常情况时要求及时报告

8. 总经理召集总会计师、总经济师、投资发展部、计划财务部等人员，研究短期投资中重大问题

重大事项决策

26. 公司董事会、董事和有关高级管理人员应当对短期投资内部报告进行约签和反馈

14. 只能在确定的短期投资规模和可承受风险限额内，从证券池内选择证券进行投资

15. 交易决定、指令发出

17. 进行交易

16. 审核令发出

22. 项目组负责人应定期（至少每月）和不定期（需要时）编制短期投资报告

短期投资报告

图 8-2　短期投资管理业务流程（2）

8.2　投资控制流程

为强化公司投资控制应明确控制流程，下面以建筑行业公司的投资控制为例介绍投资控制的主要流程。

一、目的

为进一步搞好项目投资控制，明确职责，规范投资管理的程序和工作流程，实现投资效益最佳化，特制本程序。

二、适用范围

本程序适用于项目全过程的投资控制管理。

三、管理职责

（一）联合项目管理组

（1）对项目资金运作、投资变化以及其他重要事项进行决策。

（2）对工程实施过程中投资等工作进行宏观控制。

（3）批准投资控制考核指标及奖惩报告。

（二）项目管理部

（1）批准投资控制计划。

（2）督导项目投资控制执行工作。

（3）审批投资预算。

（三）控制部

（1）根据基础设计，编制工程编号，并下达执行。

（2）参与总体设计概算、基础设计概算审查。

（3）负责对已批复的基础设计概算进行分解，拟定投资控制总目标、分目标，并将目标下达到相关部门。

（4）负责编制投资控制考核办法，并配合综合部对各责任单位的投资控制情况进行考核。

（5）负责工程结算的管理工作，配合工程审计及竣工决算工作。

（6）定期编制项目投资预算，跟踪、监测、分析各项费用控制情况，定期编制投资控制报告。

（7）组织合同及招标策划，按照投资控制目标，确定各类合同涵盖的范围；确定同一类合同中不同的合同内容、界面划分。

（8）按概算分解各专业进度检测指标，作为进度控制的基准。

（四）综合部

（1）负责差旅、会议、工资、奖金、通信设备、交通、保安、公共关系等费用的管理。

（2）检查各项控制指标的执行情况，对各责任单位实施考核。

（五）设计 / 生产准备部

（1）负责设计估算、概算的报批工作。

（2）负责工程设计费用及设计变更的控制。

（3）负责图纸资料翻译、复制费的控制。

（4）负责国内技术及专利费的控制。

（5）负责生产用办公用品购置、联合试运转费、生产人员培训费等生产准备费用的控制。

（六）施工部

（1）负责施工费、临时设施费、大型吊车使用费、特殊技术措施费及现场签证的费用控制。

（2）负责第四方检验费用（不含设备监造和材料进货检验）的控制。

（3）负责现场施工 HSE 费用控制。

（4）负责绿化、市容等费用的控制。

（七）采购部

（1）负责按分配指标控制设备、材料的采购、监造、运输、入库检验、仓储保管等费用。

（2）负责超限设备运输费用的控制。

（八）HSE 部

负责 HSE 防火、消防、治安、培训费用控制。

（九）财务部

（1）负责审核合同、发票、结算文件、工程款审批单、验收单或验收报告、入库单等相关凭证的真实性、合法性、合规性。

（2）负责往来款项的管理。

（3）负责办理支付与结算手续。

（4）负责组织库存物资的定期盘点、账实核对。

（5）协助办理减免税手续。

（6）负责编制竣工决算，办理固定资产移交手续。

四、投资控制的基本原则

（一）投资控制的基础

详细了解工程项目的任务要求，明确工作条件，特别是限制性条件以及掌握项目实施的具体情况。

（二）投资控制的目的

满足合同的技术和商务要求，按照进度计划完成任务，将工程投资控制在批准的基础设计概算内。

（三）投资控制的基本方法

根据各阶段投资控制的基准，采用跟踪、监督、对比、分析、预测等手段，以项目变更的方式，对可能发生和已经发生的费用变化进行修正或调整，使项目在严格控制下实施。

（四）投资控制应遵守的准则

严格控制变更和签证的费用，只有经过规定的审批程序并获准之后，变更才能在项目中实施。

五、项目建设分阶段投资控制要点

（一）可行性研究估算批复后

设计 / 生产准备部责成总体院进行投资估算分解，以确定总体设计各专业费用限额，它是总体设计、基础设计阶段投资控制的依据。

（二）总体设计完成时

设计承包商应同时编制完成总体设计概算，总体设计概算是基础设计控制投资的基准。

（三）基础设计完成时

设计承包商应同时编制完成基础设计概算，基础设计概算是详细设计、采购、施工等工程建设实施阶段控制投资的基准。

（四）详细设计完成后

控制部根据批复的基础设计概算及在对工程竣工的费用做出全面预测的基础上，掌握费用控制情况，随时向项目管理部反馈情况，调整投资偏差。

投资控制工作程序见图 8-3。

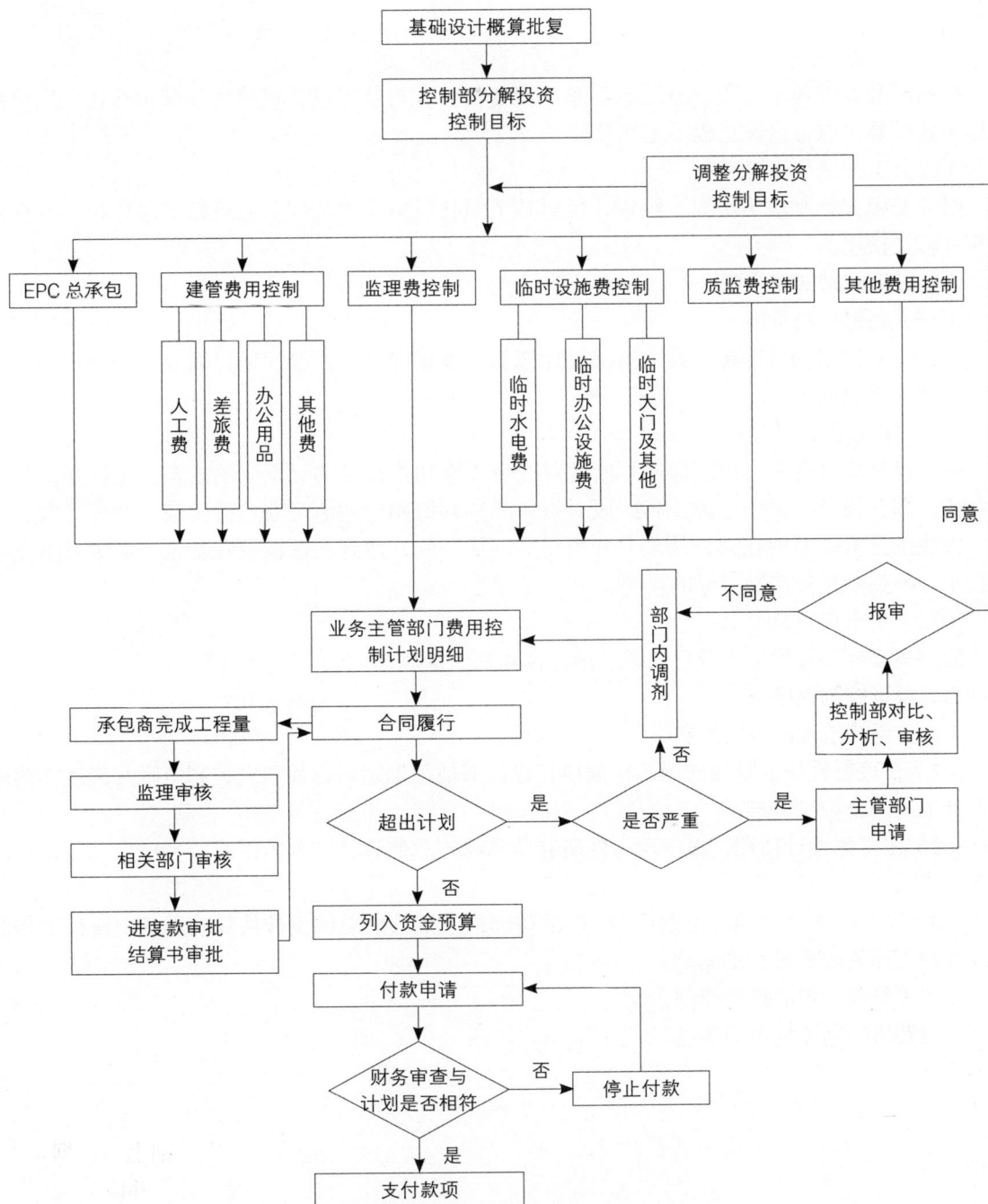

图 8-3　投资控制工作程序

（五）采购过程中

采购部按照批复的基础设计制定的采购限额，将采购费用控制在核定的限额费用之内实施采购。

（六）基础设计批复后

进行招标工作，控制部组织编制合理的标底，在施工过程中，按照合同严格控制工程费用。

（七）工程中交后

控制部及时按单项工程，分区域汇总工程费用，并与基础设计概算全面分析对比，用单项工程不超概算来保证区域工程不超概算。

（八）工程完全竣工后

财务部组织编制竣工决算，经审计后对整个项目所完成的全部费用进行汇总分析，办理固定资产移交使用。

六、投资控制实施步骤

（一）制定控制基准

项目投资控制的基准是批准的基础设计概算，投资控制就是要使项目的成本严格控制在批准的投资范围以内。

（二）进行跟踪和监测

在项目实施过程中，控制部应不断地对投资预算和执行中实际发生的成本（工程费用）进行评价，即在设计、采购、施工各阶段对费用的实耗值和初估值定期进行比较，对项目实施过程中发生的差异要及时核对，使项目费用得到严格控制，达到在保证装置安全、质量及进度的前提下，不突破投资控制目标的目的。

（三）变更和调整

变更签证等不可预见的费用依据总承包合同的约定执行。

七、投资控制程序

（一）设计阶段的投资控制

（1）在可行性研究阶段初期，根据项目建议书估算确定可行性研究控制范围及额度作为限额设计的第一个控制基准。

（2）在总体设计初期，根据可行性研究估算确定总体设计控制范围及额度作为总体设计的基础。

（3）在基础设计初期，由设计／生产准备部根据批准的总体设计估算确定基础设计的控制范围及额度作为限额设计的基础。

（二）采购阶段的投资控制

采购费用控制流程见图 8-4。

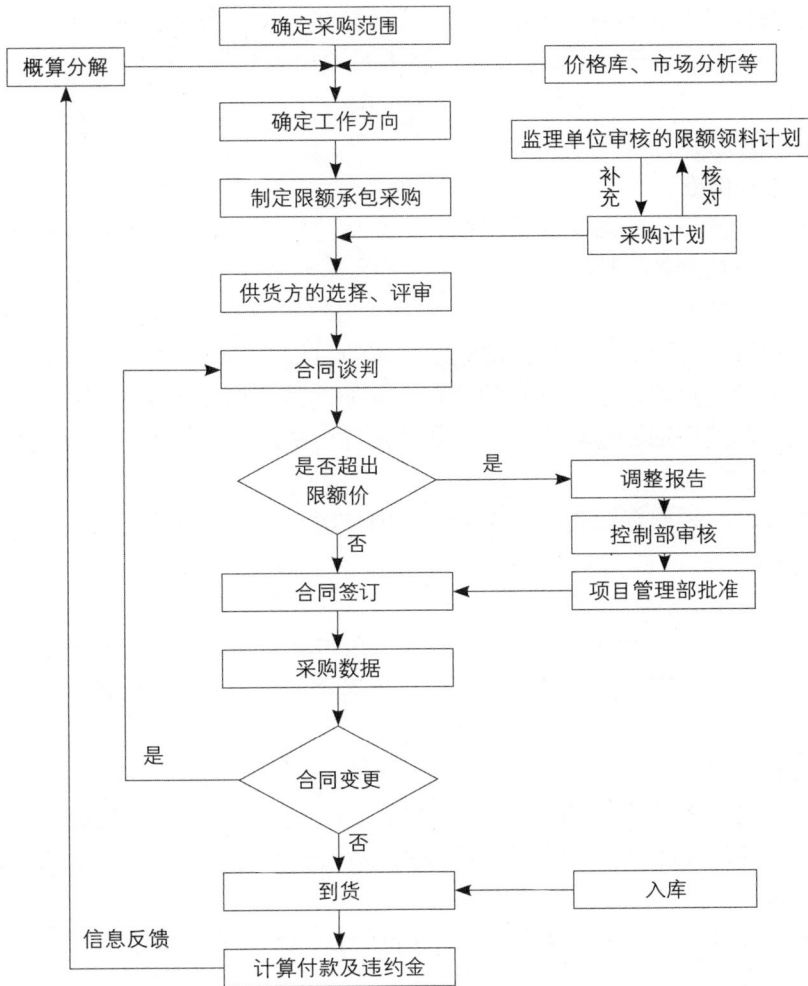

图 8-4　采购费用控制流程

（1）项目采购应在满足设备和材料使用功能的前提下，尽量降低费用，以限额承包采购方式对全部费用进行跟踪，并按限额价格对工作包（可以是单台设备，也可以是某一类设备或材料）进行控制。

①控制部按批复概算组织 EPC 总承包商填报设备和材料的明细表，建立采购数据库，作为审核 EPC 进度款的依据。

②国内外设备费，由控制部按批复概算的实际情况确定控制额度，必要时还可参与重大设备的招标、商务合同的谈判，采购部按照控制部下发的采购限额控制使用。

③主要材料一般采用两种方式管理：一种是由施工分包商提出材料限额领用计划，监理单位审核后报采购部，由采购部汇总、平衡形成材料采购计划，组织实施采购（供货周期较长的，也可根据设计部提供的综合料表编制采购计划，但最后批次进货时应按审批的材料限额领用计划据实调整），施工分包商直接办理出库领料手续，出库单转财务部做相应的账务处理（甲供方式）；另一种是针对安装专业部分零星材料的采购，由施工分包商提报需求计划，采购部批准后，由施工分包商采购，该部分材料费参照当期市场价格作为工程费构成纳入工程预结算管理。

④采购部应按月向控制部提交设备和材料合同台账、设备出库台账，并及时提供限额采购变更报告及设备、材料索赔情况统计表，控制部对偏离控制基准的费用进行分析，提出分析报告。

（2）采购费用控制流程。

①确定限额采购价格。

采购部根据控制部下达的限额采购目标，组织编写内部限额清单和控制措施，作为项目进行设备和材料费用跟踪检测的基础。

②采购的实施和跟踪。

采购清单发布后，采购部可依据此清单组织本项目设备及材料的采购工作。在采购阶段，控制部可根据需要参与重要设备和材料的采购合同的谈判。在合同谈判期间，主要对供货商的价格、供货方式、制造周期、运输方式、到货地点等对费用影响较大的方面进行分析比较，并提出合同谈判评审意见。

采购部在重大设备采购合同签订后7天之内向控制部提供采购合同相关资料，以便控制部对项目投资进行跟踪。

③限额价格的调整。

在采购合同签订之前，因重大原因将导致采购价格超出工作包限额价格时，采购部应及时以书面形式提出采购费用变更报告，经控制部审核确认并报项目主管经理或项目经理批准后方可调整。

④现场采购的控制。

现场发生的零星材料采购，由采购部批准后由承包商采购，其采购价格不超过现时市场价。承包商到相关部门办理甲切乙供材料审批后，纳入承包商往来款项结算。

⑤工程进度款、材料款的支付。

工程进度款及材料款应由部门验收合格后支付价款，确保进度及时。

⑥投资控制报告。

控制部每月25日前将采购费用汇总到月进度报表中。

（3）对EPC总承包商采购的监督管理。

为保证项目顺利实施，保护发包方、承包商的共同利益，本着甲、乙双方互惠双利的原则，由采购部对实施EPC总承包的各单项工程的采购实行透明化监督管理，结算时EPC总承包商应提供采购清单并附合同作为依据。

（三）施工阶段的投资控制

（1）制定控制目标。

①在施工前，投资控制工程师应制定分项目施工阶段的投资控制目标。控制部根据承包合同及项目总体统筹计划，编制项目投资预算，作为施工阶段费用控制主要目标，同时根据批准的基础设计概算制定项目设计变更的控制目标。

②控制部应根据施工承包合同、现场详勘资料、施工组织设计，会同监理单位一起制定现场签证的控制目标。

③控制目标经监理单位、施工部审核，控制部批准后，作为项目施工阶段投资控制的基准。

④各级承包商应及时办理现场签证，签证费用必须在当月上报监理单位审查估计，施工部审批后方可实施。签证单经控制部审核价格后纳入施工承包合同结算中。

（2）工程款的审核。

施工费审核流程见图 8-5。

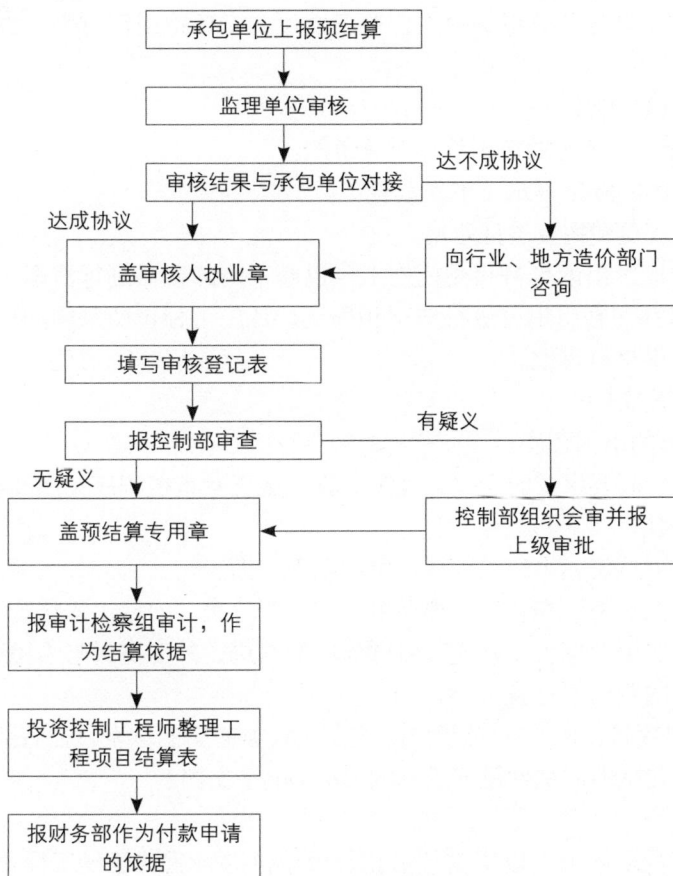

图 8-5　施工费审核流程

①在施工开始之前，各级承包商按承包合同规定提交预付款申请，报监理单位审核，施工部、控制部批准后送财务部作为支付依据，财务部编制资金预算。

②施工开始之后，各级承包商按照计划统计管理程序规定的上报日期上报当月工程量报表及付款申请单。监理单位审核后将报表上报施工部，核实后提交控制部审批。

（3）控制部可根据承包合同及合同有关条款（工程量计算规则、分部分项工程的划分等）计算当月完成的工程量费用。

（4）工程进度款的支付。

（四）收尾阶段的投资控制

（1）工程结算。

工程结算分为中间结算与完工结算。工程中交后，应进行工程完工结算，首先对现场发生的土建和安装费用进行结算，设备材料费用及其他专项费用结算由主管部门与财务部共同完成，作为结算的第二步工作。

（2）工程结算的组织。

①工程结算由控制部组织，施工部、采购部、财务部、HSE 部、设计 / 生产准备部等相关部门的人员配合。

②EPC总承包商负责编制工程结算书报控制部，由控制部批准。

③采购部和财务部负责编制国内外设备材料费用汇总表，由施工部确认。

④其他项目部门和财务部负责编制主管业务发生的专项费用汇总表，由专项费用管理部门确认。

（3）结算的原则和依据。

①EPC总承包合同中确定的包干价和有关条款。

②最终版施工图的实际工程量（工程量表）。

③已审核确认的变更费用及签证费用。

④对所有甲方仓库发出的材料和委托施工分包商采购的材料进行清理，按各专业分类核实发出领料清单的价格并与领出单位进行核对和确认。凡施工分包商采购的物资，必须具有经相关部门办理的甲切乙供材料审批。

⑤经审计后的结算文件。

（4）工程预结算的审核程序。

施工分包商按照合同要求及时上报工程预结算，施工费审核程序见图8-5。

（5）结算汇总表格。

①土建工程结算汇总表、土建工程结算单项工程明细表。

②安装工程结算汇总表、安装工程结算单项工程汇总表、安装工程结算单位工程明细表。

③国外设备材料费用汇总表（分成套引进与单机引进、外汇支付与人民币支付）。

④国内设备材料的费用汇总表。

⑤对EPC总承包项目，由EPC总承包商按上述分类递交汇总表，控制部审核。

⑥上述汇总表应包括书面文件及同版本的Excel电子文档。

（6）竣工决算。

竣工决算是指工程验收前，以实物数量和货币单位综合反映建设工程项目的实际造价和投资效益的总结性文件。竣工决算是固定资产移交的主要依据。

（7）项目费用汇总分析。

①在项目结束后，控制部和财务部一起编制项目全部费用汇总和成本分析，对项目从开工到竣工期间所发生的一切费用进行汇总、对比、分析，将限额设计、限额采购和施工费用控制结果与控制基准相比较，以核算项目费用是否控制在批准的控制范围内，评价项目的实施效果，对那些超出控制基准的项目要进行认真分析，找出原因，编写报告。

②项目的费用汇总分析应对项目的工程量、设备材料价格、其他费用及其他资料进行汇总和积累，建立项目数据库，为以后投资控制做好准备，同时也有利于提高项目管理和控制水平。

（五）工程费用支付和管理

随着工程项目的进展，工程量的变化和费用的变化随时都在发生。做好费用支付的管理是费用控制工作的重要环节。

（1）采购费用的支付。

①采购部根据采购合同编制下月设备、材料资金预算，于每月23日前报财务部，财务部平衡汇编资金预算，作为向公司申请资金的依据。

②采购价款突破采购限额时，采购部编写设备、材料采购限额变化分析表，控制部批准，作为调整控制成本的依据。

③工程建设项目结束后，控制部与财务部根据采购部提供的剩余物资清单及物资折价规定，编制采购成本与采购限价对比表，供财务部内部冲账。

④原材料、机械、仪表、电气的采购原则上不支付预付款，必须支付的，不得超过合同价款的 30%。

（2）工程进度款的支付。

①工程进度款的支付以已签订的施工承包合同条款的规定为依据，结合工程进展情况来执行，具体程序见图 8-6。

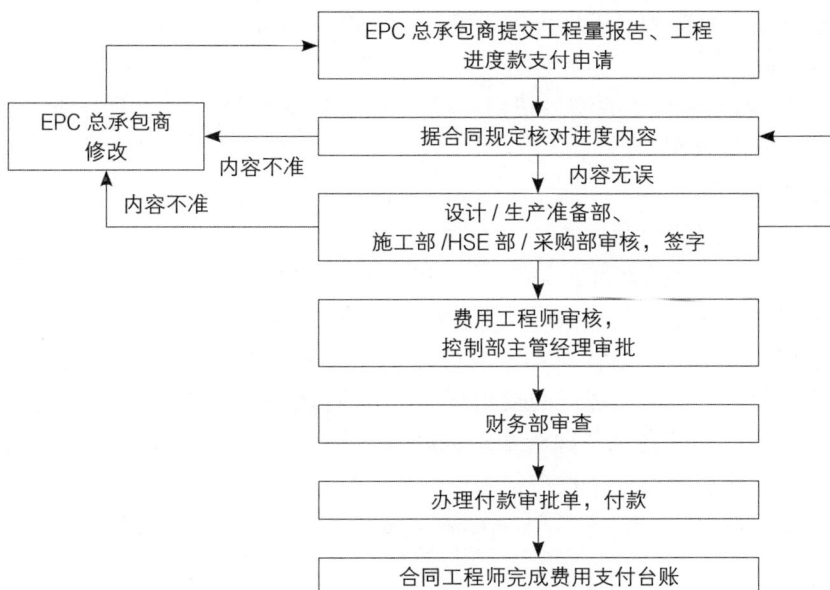

图 8-6　工程进度款支付程序

②根据合同的规定向各级承包商支付工程预付款，工程预付款的支付须经监理单位审核、控制部批准，作为办理付款审批单的依据。

③根据合同规定，每月由各级承包商按合同要求的时间及格式上报工程量完成情况报表（一式四份），首先由监理单位核实工程量及造价，然后控制部根据核定的工程量及合同条款规定审核预算，确认当月工程款，在此基础上，由各级承包商填写"工程进度款支付申请"，一式四份，经施工部审核相关文件（含 HSE、质量内容审核）后，报控制部批准，作为办理付款审批单的依据。

④根据合同规定，由财务部负责工程进度款的抵扣，经施工部审核后报控制部批准，作为办理付款审批单的依据。

⑤根据合同规定，每月拨付的工程进度款累计值达到合同价款的 80% 时，停止拨付，等工程结算审计完成后，按结算额继续支付，并预留 5% 工程款作为工程质保金，每次付款时应填写"合同履行与结算申请表"。

⑥根据合同规定，各级承包商已全部履行承包合同，自与项目管理部签署质保书之日起，剩余工程款抵扣违约金后的价款经监理单位、施工部审核后报控制部批准，作为办理工程尾款支付手续的依据。

（3）其他费用的支付。

生产准备费、HSE 费用、建管费等的支付，由费用职责主管部门提出申请，经控制部批准

（必要时请项目管理部批准）后，汇入投资预算中，并按财务管理程序规定办理付款手续。

（六）其他费用控制

（1）实施原则。

①控制部按照批复的基础设计概算分解并提出项目其他费用控制限额，经项目管理部批准后实施。

②项目其他费用限额，作为费用职责主管部门控制的上限，同时作为控制部动态跟踪的依据。

③控制部定期向项目管理部汇报投资控制的执行情况。

④控制部根据跟踪情况和建设现场实际情况及时修订和调整费用限额。

（2）控制范围。

其他费用控制的范围主要是项目费用构成中的临时设施费、生产准备费、工程建设管理费、环评费、劳动安全费等。

（3）实施工作程序。

①费用分解、制定控制基准。

a. 控制部、设计／生产准备部、施工部、HSE 部、综合部等费用职责主管部门负责提供该部门所控制费用的实施计划及费用使用计划，报项目管理部批准。

b. 控制部根据批准的基础设计概算、项目的费用组成及分公司有关规定，将其他费用进行分解，作为各费用职责主管部门费用的控制基准，报项目管理部批准后下达执行。

c. EPC 承包范围以外的费用（建管费、临时设施费、安全生产费等其他各项费用）的审核支付程序按照其他专项费用报告审批流程（见图 8-7）执行。

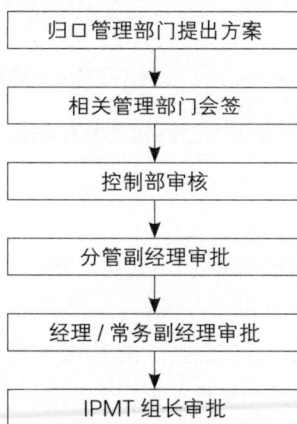

```
归口管理部门提出方案
        ↓
相关管理部门会签
        ↓
控制部审核
        ↓
分管副经理审批
        ↓
经理／常务副经理审批
        ↓
IPMT 组长审批
```

图 8-7　项目管理部其他专项费用报告审批流程

②费用的跟踪监督。

控制部根据财务部每月提供的项目费用支付情况、费用的控制点及项目的进度计划完成情况，定期编制项目其他费用的动态分析报告，经控制部主任审核后作为领导决策的依据。

八、项目工程费用报告

控制部根据项目有关部门提出的原始资料、数据及分析报告，进行分析和整理汇总，并相应地做出全面的项目实施费用报告。

（一）费用报告的作用

（1）沟通项目管理者对项目的状态、目标及实施完成情况的了解，并通过报告为上层管理者提供决策的依据。

（2）评价过去的工作和阶段的成果。

（3）分析项目存在的问题和预测将来的情况，便于提供预警信息。

（二）编制费用报告

（1）工程建设费用报告。

①费用控制工程师根据承包合同的价款，编制工程项目的费用分解报告，经控制部批准，作为对外编制报告的依据。

②费用控制工程师根据批准的工程建设总进度计划，监理工程师提供的年、季、月工程量需求计划，编制相应的年、季、月费用计划报告，报控制部批准，作为项目财务部资金准备的依据。

③费用控制工程师根据监理工程师每月提供的工程量及费用完成情况统计报告，汇编已完工程量费用报告，报控制部批准，作为进度与投资完成情况考核的依据。

（2）采购费用报告。

采购部根据项目的设备材料费用限额及项目的设备材料采购合同信息，编制项目的设备材料动态报告，报控制部。当发现费用突破当前阶段控制目标趋势时，采购部应及时向控制部提出报告，并提出相应的补救措施建议。

（3）其他费用报告。

费用控制工程师根据批准的工程项目的费用控制分解报告，编制项目的其他费用控制报告，报控制部批准，作为项目费用跟踪监督的基础。

8.3 投资决策控制程序

一、目的

公司通过对项目可行性研究和投资决策的控制，加强投资管理，保证公司在投资决策上的科学性、可靠性和高效益，防止投资决策的随意性、盲目性，降低投资风险。

二、范围

本程序适用于公司所有开发项目的可行性研究和投资决策。

三、职责

1. 公司总经理负责主持项目投资决策会议。

2. 项目分管领导负责向总经理报告对项目进行可行性研究的结果，负责指导可行性研究报告的编制。

3. 策划与营销中心负责编制可行性研究报告，收集所需资料。

4. 财务与资产经营部、工程部负责提供所分管的可行性研究报告所需资料，对可研报告从部门角度提出意见。

四、控制程序

1. 项目可行性研究的前期准备工作。

（1）策划与营销中心根据市场调查结果和收集的有关信息，进行投资项目的预选。

（2）策划与营销中心依据《市场调研管理办法》的规定，对预选项目的土地规划资料、周边地块价格、房价等情况进行调查，形成资料汇编。

（3）财务与资产经营部依据项目规模制订资金用款计划，编制资金流量表。

（4）策划与营销中心依据《政策法规收集管理办法》的规定，收集整理项目的有关政策法规。

（5）策划与营销中心根据资料汇总情况，编制项目建议书，对拟建项目的基本情况进行说明，初步估算项目的投资效益，进行综合分析，论述建设的必要性。

（6）项目建议书由策划与营销中心、财务与资产经营部、工程部经理会签后，报分管领导审核、总经理审批。

2. 项目可行性研究。

（1）策划与营销中心依据项目建议书对拟建项目进行经济、技术方面的分析论证和多方案的比较，提出科学、客观的评价意见。

（2）可行性研究主要内容。

①项目开发必要性分析。

a. 项目是否符合政府房地产产业政策、地区规划。

b. 通过市场调查和预测，对市场供需情况及项目竞争能力进行分析比较。

c. 分析项目建设规模是否合理。

②项目开发条件分析。

a. 项目位置是否合理，是否符合城镇规划和国土管理的要求。

b. 基础配套设施建设是否到位，交通运输是否有保证。

c. 工程地质和水文地质是否符合项目建设要求。

d. 拆迁工作是否可行，周围环境是否有利于项目建设。

（3）策划与营销中心负责，财务与资产经营部配合，进行建设项目基本经济数据的测算与评估，根据预测数据对项目的投入、产出效益、偿还贷款的能力等财务情况进行分析和评价，并计算评价项目经济效益的各项指标，主要内容包括：

a. 总投资的测算，分析投资构成比例是否合理，有无高估多算或漏项少算的情况；

b. 资金筹措方式和项目分步用款计划是否合理、得当；

c. 各种税金的计算是否符合国家规定的税种和税率；

d. 项目费用的鉴别和估算；

e. 项目利润预测。

（4）项目财务效益分析。

财务与资产经营部负责进行项目的财务效益分析，主要内容包括：

a. 编制项目财务效益分析表，主要有贷款偿还期计算表、财务平衡表、财务现金流量表等；

b. 财务动态分析指标的计算，主要有内部收益率、净现值、贷款偿还期等；

c. 财务静态分析指标的计算，主要有投资利润率、投资收益率、投资回收期等；

d. 根据各种计算指标，参考定性分析，做出财务分析效益评估结论。

（5）策划与营销中心依据项目的建设要求，对不确定性进行分析。

a. 盈亏平衡分析，包括生产能力利用率表示的盈亏平衡点。

b. 敏感性分析，包括工期延长、投资增减、主要原材料价格升降，以及生产能力利用程度等因素变化的敏感性分析。

（6）策划与营销中心根据项目开发中可能存在的不利因素，进行风险分析，预测项目开发中可能出现的风险，并提出回避风险的有效措施。

3. 可行性研究报告由策划与营销中心负责编制，或经总经理批准后，委托有资质的咨询单位承担可行性研究，提出科学、客观的评价意见。

可行性研究报告包括以下主要内容：

a. 项目开发的必要性分析；

b. 项目开发条件分析；

c. 基本经济数据的测算与分析；

d. 项目财务效益分析；

e. 项目不确定性分析；

f. 项目分析结论。

4. 项目开发的决策作为公司需重点控制的业务活动，在充分进行市场调研和论证的基础上进行。

（1）策划与营销中心组织，总经理主持，对可行性研究报告进行充分的论证，必要时，由策划与营销中心负责联系专家，进行决策咨询和进一步的论证。

（2）可行性研究报告经分管领导审核、总经理批准后，报集团公司进行最终决策。

5. 经批准的可行性研究报告的修改，严格按《文件控制程序》的规定执行，由策划与营销中心负责及时将修改情况通知有关部门。

6. 对项目可行性研究和决策中涉及的有关文件资料和质量记录，由策划与营销中心依据《文件控制程序》及《档案管理办法》的规定，进行收集、保管和归档。

五、支持性文件

1.《市场调研管理办法》。

2.《政策法规收集管理办法》。

3.《档案管理办法》。

8.4　筹资业务流程

一、业务目标

（一）经营目标

1. 保证生产经营和股份公司发展所需资金。

2. 保持合理的债务结构和降低筹资成本。

3. 按合同规定偿还债务，保证资金合理使用和安全。

（二）财务目标

保证筹资核算真实、准确、完整。

（三）合规目标

1. 筹资业务符合国家有关金融法律、法规和股份公司内部规章制度。

2. 借款合同、融资租赁合同等符合国家法律法规和股份公司内部规章制度。

二、业务风险

（一）经营风险

1. 资金短缺不能满足生产经营需要。

2. 资金冗余或债务结构不合理造成筹资成本过大。

3. 债务过高和资金安排不当，不能按期偿债。

4. 资金被非法挪用、占用、管理不当等造成资金流失。

5. 融资租赁和银行承兑汇票筹资未经审核，变更合同示范文本中涉及权利、义务条款导致的风险。

（二）财务风险

1. 筹资记录错误，账实不符。

2. 不能正确核算，造成投资成本或财务费用不实。

（三）合规风险

1. 筹资过程中发生不符合国家金融法律、法规的行为导致损失。

2. 借款合同、融资租赁合同不符合国家法律、法规和股份公司内部规章制度，导致损失。

三、业务流程步骤与控制点

（一）确定筹资计划

1. 财务部每年末根据股份公司下年度的利润预算、投资计划及有关资金安排，预测股份公司的自有资金和长短期融资规模，编制资金预算，按规定权限报批后执行。

2. 分（子）公司按照股份公司下达的经营计划和预计投资规模并按照资产负债率控制要求编制年度资金预算，分公司、全资子公司经总会计师审核后报财务部，控股子公司按照公司章程和制度规定的职责、权限审核后报财务部。分（子）公司财务部门根据年度资金预算，结合生产经营情况及投资计划的项目进度编制月度资金预算上报财务部，财务部结合年度资金预算执行情况确定月度资金预算。

（1）分公司按照股份公司下达的经营计划和预计投资规模并按照资产负债率控制要求编制年度资金预算，经副总会计师审核后报财务部，分公司财务处根据年度资金预算，结合生产经营情况及投资计划的项目进度编制月度资金预算上报财务部，财务部结合年度资金预算执行情况确定月度资金预算。

（2）各单位按照分公司下达的经营计划和预计投资规模并按照资产负债率控制要求编制年度资金预算，经单位主要负责人审核后报财务处。各单位财务部门根据年度资金预算，结合生产经营情况及投资计划的项目进度编制月度资金预算上报财务处，财务处结合年度资金预算执行情况确定月度资金预算。

3. 股份公司《短期综合授信额度协议》由董事长或经其授权的委托代理人与相关金融机构签署。在总的授信额度范围内，财务部按规定权限向各分公司、全资子公司下达票据授信额度，向控股子公司下达短期（含票据）授信额度。日常授信额度如需调整，由各分（子）公司向财务部提出申请，财务部按规定权限审批下达。日常授信额度如需调整，由分公司财务处向财务部提出申请，财务部按规定权限审批下达。

（二）执行筹资计划

1. 财务部按照资金预算和分公司、全资子公司的实际融资需求，与有关金融机构洽谈并办理相关融资业务手续，按规定权限签署融资合同（协议），境内外重大项目融资合同和银团贷款合同，法律事务部须参与谈判、审核合同，并向相关部门出具书面法律意见。

2. 分公司和全资子公司在财务部核定的金融机构和授信额度内，办理银行承兑汇票、结算贷款和财务公司承兑汇票业务。分（子）公司不得将授信额度再转授其下属分公司、全资子公司和控股子公司。分公司在财务部核定的金融机构和授信额度内，办理银行承兑汇票、财务公司结算贷款和财务公司承兑汇票业务，分公司不得将授信额度再转授其下属单位。

3. 控股子公司在财务部核定的金融机构和授信额度内，在当地金融机构办理贷款、银行承兑汇票等长短期融资业务，不得将授信额度再转授下属的分公司、全资子公司和控股子公司。

（三）向分公司、全资子公司分配资金

财务部根据投资计划和分公司、全资子公司的用款申请，按规定权限办理长期借款、债券和融资租赁的内部分割协议以及临时周转借款，并办理资金拨付手续。长期借款和债券在财务部按规定办理内部付款审批手续后划拨资金。融资租赁由分公司、全资子公司具体执行。

（四）从分公司、全资子公司收回资金

1.财务部统一偿还用于分公司、全资子公司的长期借款和融资租赁本金，并按照内部分割协议，从分公司、全资子公司收回利息和租金。

2.财务部按照临时周转借款协议按期计算并及时收回分公司、全资子公司短期借款本息。

（五）归还金融机构借款本息

各级财务部门负责借款本息的管理和核对工作，建立借款明细台账，月末及时核对，如有差异，及时查清原因处理；核对无误后，按规定权限办理付款审批手续，按时偿还本息。财务部负责借款本息的管理和核对工作，建立借款明细台账，月末如有差异，及时查清原因处理；核对无误后，按规定权限办理付款审批手续，按时偿还本息。

（六）账务处理

各级财务部门根据审核后的相关凭证，按照股份公司内部会计制度进行账务处理，会计凭证需由不相容岗位人员稽核，借款费用须提供计算依据。财务部根据审核后的相关凭证，按照股份公司内部会计制度进行账务处理，会计凭证需由不相容岗位人员稽核，借款费用须提供计算依据。

（七）编制筹资分析报告

1.财务部根据股份公司资金状况和金融业务市场的变化，编制筹资分析报告，提出筹资业务管理建议，经财务部主任审核后，报财务总监。

2.控股子公司财务部门分析筹资和资金运用情况，经部门负责人审核后报总会计师，并将问题反馈给财务部。

（八）筹资考核

财务部对各分（子）公司按月检查、按年考核，提出考核建议并进行考评。

四、筹资管理流程

1.筹资管理作业流程见图 8-8。

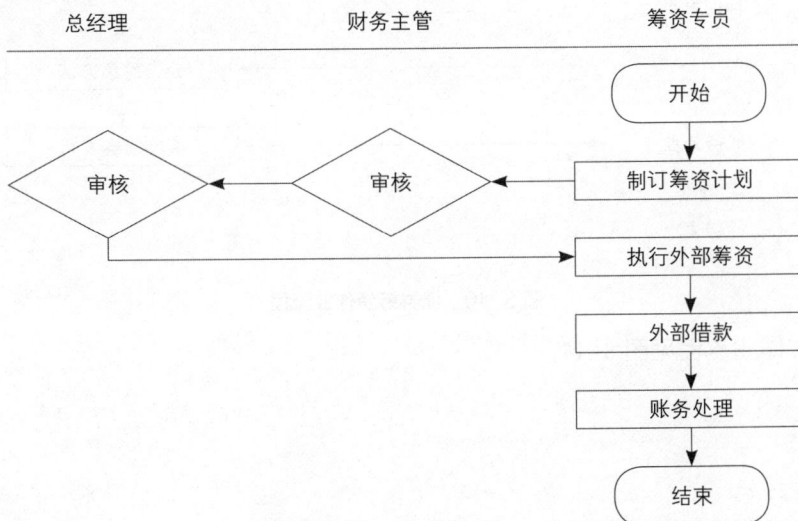

图 8-8　筹资管理作业流程

2. 银行借款筹资作业流程见图 8-9。

银行	财务主管	筹资专员

开始 → 制订借款计划 → 审核 → 审查 → 签订合同

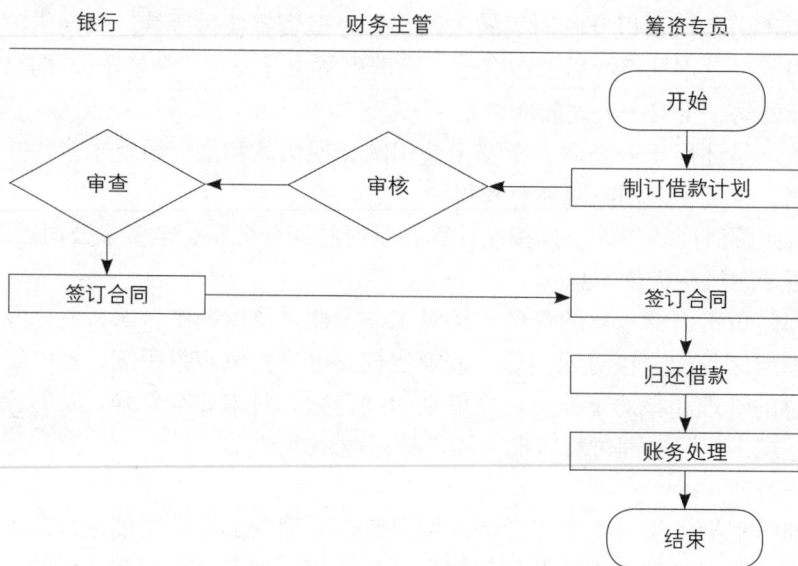

图 8-9　银行借款筹资作业流程

3. 债券筹资作业流程见图 8-10。

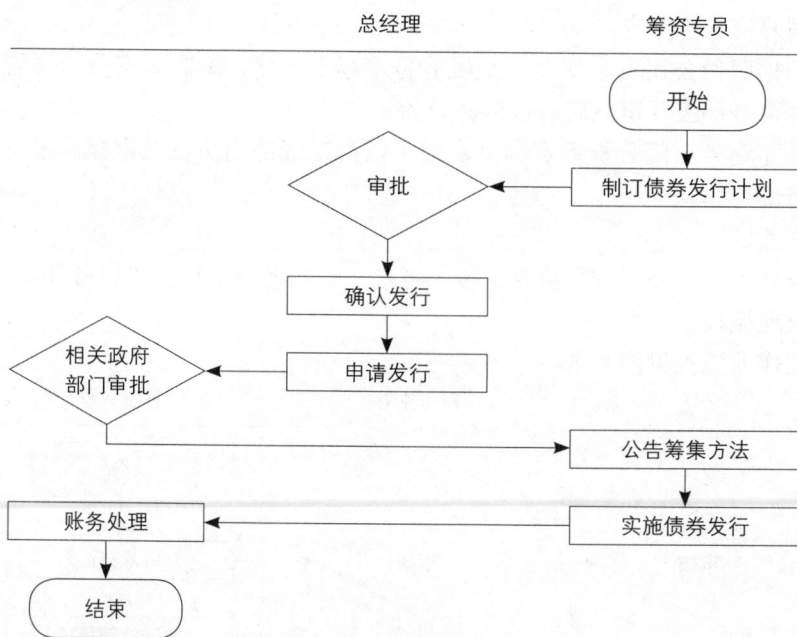

图 8-10　债券筹资作业流程

4. 租赁筹资作业流程见图 8-11。

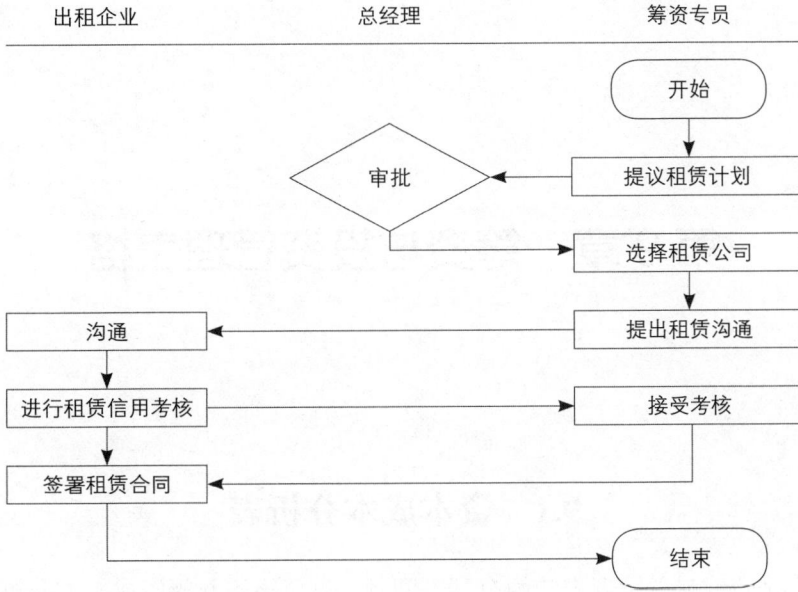

图 8-11　租赁筹资作业流程

5. 股票筹资作业流程见图 8-12。

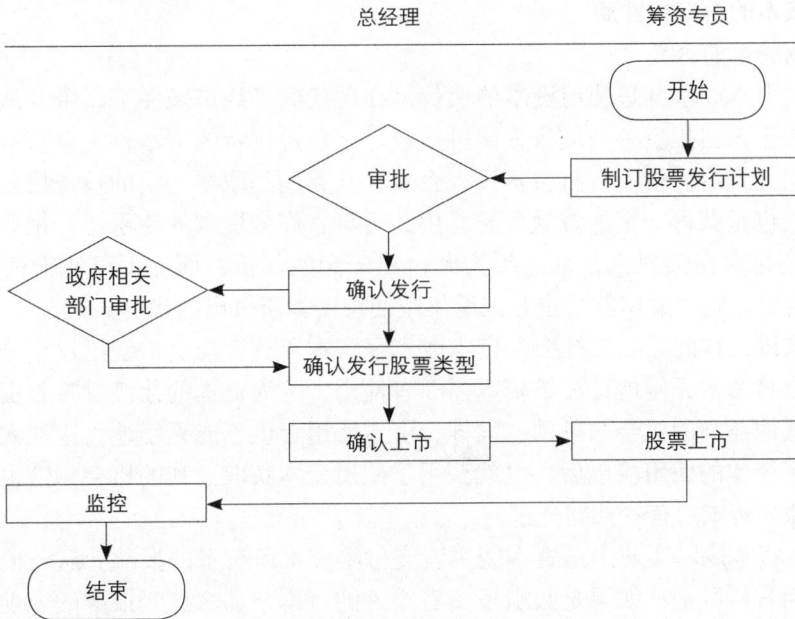

图 8-12　股票筹资作业流程

第9章　筹资与投资管理表格

9.1　资本成本分析表

筹资和投资是企业财务管理中的两个基本问题。筹资离不开筹资成本的分析和计算，而投资所需资本的供应渠道的选择也必须以筹资成本作为决策依据。这里所说的筹资成本可统称为资本成本。

一、资本成本的含义和性质

（一）资本成本的含义

简单地说，资本成本就是使用资本的代价。在现代商品经济条件下，企业从各种渠道筹集到的资本，不外乎来自投资者与债权人两种途径。来自投资者的资本称为自有资本，来自债权人的资本称为借入资本。投资者将资本投入企业，其目的是取得一定的投资报酬，而债权人把资本贷出的目的也是获得一定的贷款利息。由此可见，作为资本的使用者，企业筹集资本不论来自投资者，还是来自债权人，都必须为此付出一定的代价，而绝不可能无偿地使用这些资本。因此，简言之，资本成本就是企业因筹集或使用资本所付出的代价。

从理论上来讲，在商品经济社会，资本成本是资本所有权与资本使用权相分离的产物。资本所有者绝不会将资本无偿地让渡给资本需要者使用，因为资本的让渡意味着资本所有者失去了凭资本获取其他盈利的机会与条件。同样，资本使用者也不能无偿地占用他人的资本。资本使用者在得到了资本的使用权以后，也就获得了使用资本获取盈利的机会，这也要求资本使用者将获取的利益与资本所有者共同分享。

总而言之，资本成本实质上是资本使用者支付给资本所有者的报酬。这一报酬的形式视资本投入的性质而有所区别：如果是吸引投资者投入的资本，那么这一报酬的表现形式就是投资利润；如果是从债权人处借入的资本，那么这一报酬的表现形式就是借款利息。因此，资本成本不能理解为产品成本或商品流通费，它只是劳动者的剩余劳动所创造的价值的一部分，体现了资本使用者与资本所有者之间的利益分配关系。

资本成本与资本的时间价值这两个概念往往容易混淆。事实上，两者既有区别，又有联系。一般认为，资本的时间价值基于这样一个前提，即资本参与任何交易活动都是有代价的。因此，资本的时间价值着重反映资本随其运动时间的不断延续而不断增值的性质。具体地说，资本的时间价值是资本所有者在一定时期内从资本使用者那里获得的报酬。而资本成本则是指资本使用者由于使用他人资本而付出的代价。它们通常以利息、股利等作为其表现形式，是资本运动分别在其所有者及使用者的体现。两者的主要区别是：第一，资本的时间价值表现为资本所有者的利息收入，而资本成本是资本使用者的筹资费用；第二，资本的时间价值一般表现为时间的函数，而资本成本则表现为资本占用额的函数。

（二）资本成本的性质

（1）从资本成本的价值属性看，它属于投资收益的再分配，属于利润范畴。资本成本的产生是由于资本所有权与使用权的分离，属于资本使用者向其所有者或中介人支付的费用，构成资本所有者或中介人的各种投资收益。在会计核算中，有的资本成本计入企业的成本费用，如利息；有的则作为利润分配项目，如股息。

（2）从资本成本的支付基础看，它属于资金使用付费，在会计上称为财务费用，即非生产经营费用，也就是说，这种成本只与资金的使用有关，并不直接构成产品的生产成本。

（3）从资本成本的计算与应用价值看，它属于预测成本。作为规划筹资方案的一种有效手段，计算不同筹资方式下的成本，有利于降低企业投资成本，提高投资效益。因此，资本成本计算是规划筹资方案的一项基础性工作，相应地，其计算结果也为预测数。

二、资本成本的构成内容

前已述及，资本成本是资本使用者为获取资本的使用权而付出的代价，这一代价由两部分组成，即资本筹集成本与资本使用成本。

（一）资本筹集成本

资本筹集成本是指企业在筹措资本的过程中所花费的各项有关开支，包括银行借款的手续费，及发行股票、发行债券所支付的各项代理发行费用等。筹资成本一般属于一次性费用，与筹资的次数有关，因而，通常将其作为所筹资本的一项扣除。

（二）资本使用成本

资本使用成本是指资本使用者支付给资本所有者的资本使用报酬，如支付给股东的投资股利、支付给银行的贷款利息，以及支付给其他债权人的各种利息费用。资本使用成本一般与所筹集资本额的大小以及所筹集资本额使用时间的长短有关，往往具有经常性、定期性支付的特征，构成了资本成本的主要内容。

在实务中，为了计算资本成本的大小，以便企业能做出正确的筹资决策，通常用筹集资本的使用成本与所筹资本数额的比值来表示资本成本的大小。其计算公式如下。

$$K = \frac{D}{P \times (1-F)}$$

其中：K 为资本成本，以百分比表示；D 为资本税后使用成本；P 为所筹的资本数；F 为资本筹集成本率，通常用百分比表示。

在式中，D 的确定由所筹资本的性质而定。若是从银行借入的资本，或是发行债券所筹的资本，D 就是指税后利息费用。若是吸收投资者投资投入的资本，D 就是指预计的股利等。

在实务中，要视具体的筹资方式分别计算不同形式的资本成本。这些形式包括个别资本成本、综合资本成本以及边际资本成本等。不同形式的资本成本，其计算方法有所不同。

三、决定资本成本高低的因素

在市场经营环境中，多方面因素的综合作用决定着企业资本成本的高低，其中主要有总体经济环境、证券市场条件、企业内部的经营和融资状况、融资规模。

（一）总体经济环境

总体经济环境决定了整个经济中资本的供给和需求，以及预期通货膨胀水平。总体经济环境变化的影响，反映在无风险收益率上。如果整个社会经济中的资金需求和供给发生变动，或通货膨胀水平发生变化，投资者也会相应改变其所要求的收益率。具体地说，如果货币需求增加而供给没有相应增加，投资者便会提高其投资收益率，使企业资本成本上升；反之，如果货币供给增加而货币需求没有相应增加，则投资者会降低其投资收益率，使资本成本下降。如果预期通货膨胀水平提高，货币购买力下降，投资者也会提出更高的收益率来补偿预期投资损失，导致企业资本成本上升。

（二）证券市场条件

证券市场条件影响证券投资的风险。证券市场条件包括证券的市场流动难易程度。如果某种证券的市场流动性不好，投资者想买进或卖出证券相对困难，变现风险大，要求的收益率就会高。或者虽然市场存在对某证券的需求，但其价格波动较大，投资的风险大，要求的收益率也会高。

（三）企业内部的经营和融资状况

企业内部的经营和融资状况是指企业的经营风险和财务风险的大小。经营风险是企业投资决策的结果，表现在资产收益率的变动上；财务风险是企业筹资决策的结果，表现在普通收益率的变动上。如果企业的经营风险和财务风险大，投资者便会有较高的收益率要求。

（四）融资规模

融资规模是影响企业资本成本的另一个因素。企业的融资规模大，资本成本较高。例如，企业发行的证券金额很大，资金筹集费和资金占用费都会高，而且证券发行规模的增大还会降低其发行价格，由此也会增加企业的资本成本。

四、分析资本成本的意义

企业都希望以最小的资本成本获取最大的资本数额。因此，分析资本成本有助于筹资人选择筹资方案，确定筹资结构以及最大限度地提高筹资的效益。资本成本具体有以下作用。

（一）资本成本是选择筹资方式的重要依据

资本成本是企业选择资本来源、拟订筹资方案的依据。不同的资本来源，具有不同的成本，为了以较少的支出取得所需资本，企业就必须分析各种资本成本的高低，并加以合理配置。资本成本对企业筹资决策的影响主要体现在以下几个方面。

（1）资本成本是影响企业筹资总额的一个重要因素。随着筹资数量的增加，资本成本不断变化。当企业筹资数量很大，资本的边际成本超过企业的承受能力时，企业便不能再增加筹资数额。因此，资本成本是限制企业筹资数量的一个重要因素。

（2）资本成本是选择资本来源的依据。企业的资本可以从许多方面来筹集。就长期借款来说，可以向商业银行借款，也可以向保险公司或其他金融机构借款，还可以向政府申请借款。企业究竟选用哪种来源，首先要考虑的因素就是资本成本的高低。

（3）资本成本是选用筹资方式的标准。企业可以利用的筹资方式是多种多样的，在选用筹资方式时，需要考虑的因素很多，但必须考虑资本成本这一经济标准。

（4）资本成本是确定最优资本结构所必须考虑的因素。不同的资本结构会给企业带来不同的风险和成本，从而引起企业股票价格的变动。在确定最优资本结构时，企业考虑的因素主要有资本成本和财务风险。

资本成本并不是企业筹资决策中所要考虑的唯一因素。企业筹资还要考虑财务风险、资本期限、偿还方式、限制条件等。但资本成本作为一项重要的因素，直接关系到企业的经济效益，是筹资决策时需要考虑的一个首要问题。

（二）资本成本是评价各种投资项目是否可行的一个重要尺度

资本成本在企业分析投资项目的可行性、选择投资方案时也有重要作用。

（1）在利用净现值指标进行决策时，常以资本成本作为贴现率。当净现值为正时，投资项目可行；反之，如果净现值为负，则该项目不可行。因此，采用净现值指标评价投资项目时，要考虑资本成本。

（2）在利用内部收益率指标进行决策时，一般以资本成本作为基准率。即只有当投资项目的内部收益率高于资本成本时，投资项目才可行；反之，当投资项目的内部收益率低于资本成本时，投资项目不可行。因此，国际上通常将资本成本视为投资项目的最低收益率或是否采用投资项目的标准，是比较、选择投资方案的主要依据。

（三）资本成本是衡量企业经营业绩的一项重要标准

资本成本可以促使资本的使用者充分挖掘资本的潜力，节约资本的占用，提高资本的使用效益。我们知道，借入资本的利息是利润前的一项扣除，若投资收益率低于或大致等于利率，则企业就没有利润。同样，对于投资者投入的资本，企业要以投资利润加以回报，若投资收益率低于投资的资本成本，就会大大降低投资者的信心。

资本成本分析表见表 9-1。

表 9-1　　　　　　　　　　　　资本成本分析表

项目	年	年	年	差量
权益筹资				
负债筹资				
筹资总额				
息税前利润				
减：利息				
税前利润				
减：所得税				
税后利润				
减：应提特种基金				
提取盈余公积				
本年可分配利润				
本年股本利润率				
本年负债筹资成本率				

9.2　筹资需求分析表

资金是一个公司赖以生存的血液，也是一个公司不断发展、不断提高公司竞争力的有力保障。所以一个新生公司要想存活下去并得以发展壮大，必须要对公司进行持续的资金投入，并保持资金链不断裂。

一、筹资目标

公司在一定的战略期间内所要完成的筹资总任务，是筹资工作的行动指南，它既涵盖了筹资数量的要求，更关注筹资质量，即既要筹集公司维持正常生产经营活动及发展所需资金，又要保证稳定的资金来源，增强筹资灵活性，努力降低资金成本与筹资风险，不断增强筹资竞争力。

二、筹资原则

公司筹资应遵循的原则，包括低成本原则、稳定性原则、可得性原则、提高竞争力原则等。

三、筹资结构

公司根据战略需求不断拓宽筹资渠道，对筹资进行合理搭配，采用不同的筹资方式进行最佳组合，以构筑既体现战略要求又适应外部环境变化的筹资战略结构。

四、公司资金筹集战略

公司资金筹集战略总体可分为五类。

（1）内部型资金筹集战略。

（2）金融型资金筹集战略。

（3）证券型资金筹集战略。

（4）联合型筹集战略。

（5）结构型资金筹集战略。

五、公司筹集资金的途径

（一）银行贷款

商业银行借款可用于补充企业资金的短缺，企业可向各类商业银行申请贷款以满足其资金需求，根据贷款时间长短不同可分为短期贷款与中长期贷款等不同形式。

（二）资本市场

资本市场是现代金融市场的重要组成部分。公司可以通过发行股票来募集资金。

（三）债券市场

债券市场是发行和买卖债券的场所，是金融市场的一个重要组成部分。债券市场是一国金融体系中不可或缺的部分。一个统一、成熟的债券市场可以为全社会的投资者和筹资者提供低风险的投融资工具。公司通过债券市场筹集资金可以发行公司债券、短期融资券、中期票据。

（四）创业投资基金

创业投资基金是指由一群具有科技或财务专业知识和经验的人士操作，并且专门投资在具有发展潜力以及快速成长公司的基金。创业投资是以支持新创事业，并为未上市公司提供股权资本的投资活动，但并不以经营产品为目的。创业投资主要是以私人股权方式从事资本经营，并以培育和辅导公司创业或再创业，来追求长期资本增值的高风险、高收益的行业，主要有风险投资和私募股权投资两种模式。

（五）贷款公司

因为银行小额贷款的营销成本较高，小公司向银行直接申请贷款较难，这就造成小公司有融资需求时往往会向贷款担保机构等融资机构寻求帮助。贷款担保机构选择客户的成本比较低，从中选择优质项目推荐给合作银行，可提高融资的成功率，降低银行小额贷款的营销成本。同时贷款公司在抵押基础上的授信额度大大超过抵押资产价值，可以为中小公司提供更多的需求资金。

（六）民间贷款

民间贷款是区别于传统的银行贷款，即通过民间组织或公司按双方约定的利率和必须归还等条件出借货币资金的一种信用活动形式。放贷方通过贷款的方式将所集中的货币资金投放出去，可以满足贷款方短期的资金需要。民间借贷具有期限灵活、手续简便、及时、相互信任、自担风险等特点。

（七）供应商

公司可以在与供应商建立良好的合作关系的基础上通过确定长期的合作伙伴关系来谋求供应商的资金援助。公司能够从供应商那里取得的融资包括传统的商业信贷，以及可要求供应商提供赊销条件。

（八）战略伙伴

战略伙伴是指通过合资合作或其他方式，能够给公司带来资金、先进技术、管理经验，提升公司的核心竞争力和拓展国内外市场的能力，推动公司技术进步和产业升级的国内外先进公司。

（九）经销权转让

经销权转让通常用于承包经营的方式，承包人以被承包人的名义开展经营活动，经营活动所产生的利润按照约定由承包人与被承包人分享。拥有特殊产品的公司可以通过把产品经销权转让给别人来筹集资金。

（十）使用费融资

使用费融资也是一种筹资方式。可以把这种形式看作投资者对公司未来销售资金的垫款。为偿还这笔垫款，公司要按销售额的一定比例对投资者进行偿付。即公司支付一定的使用费给资金提供者而获得一定的资金。

筹资需求分析表见表 9-2。

表 9-2　　　　　　　　　　　　　　筹资需求分析表

项目	上年期末实际	占销售额的百分比	本年计划
一、资产			
1. 流动资产			
2. 非流动资产			
资产合计			
二、负债			
1. 短期借款			
2. 应付票据			
3. 应付账款			
4. 长期借款			
负债合计			

项目	上年期末实际	占销售额的百分比	本年计划
三、实收资本			
四、资本公积			
五、盈余公积			
六、利润分配			
筹资需求合计			

9.3　融资风险变动分析表

一、公司融资的途径以及风险的类型

（一）公司融资的途径

一般认为公司资金主要来自两个方面。第一，外源性资金，即来源于公司外部的资金，主要包括金融机构信贷资金、股票市场资金、债券市场资金、商业信用暂用资金、国家财政资金等。第二，内源性资金，即来源于公司内部的资金，通常是指公司在生产经营活动中所积攒下来的留存利润。

（二）公司融资的风险类型

公司所面临的融资风险主要有以下两种。第一，支付风险。支付风险是指取得债务融资后，公司经营不善而不能获得足够的资金或现金流来偿付到期债务或利息的风险。支付需求和支付供给是影响公司支付能力的两大因素，只有在公司的支付供给大于支付需求时，公司的支付风险才能控制在合理的范围之内。第二，财务杠杆风险。由于在利润表中负债利息以财务费用在税前扣除，因此适度负债，可以给公司减轻税负，公司通过财务杠杆效用可以优化公司资本结构。但当公司的负债率超过一定比例时，银行就会要求获得与高风险相匹配的高利息，债权人的这种高报酬率要求就不可避免地增加了公司的借款成本。当公司的债务资本所获得的报酬小于其成本支出时，负债就会给公司带来伤害。可见，财务杠杆就是一把双刃剑，如果对其利用不当，就会引发财务杠杆风险。

二、公司融资风险成因分析

（一）公司经营不善带来的融资风险

公司经营不善带来的融资风险是指公司在实现目标的过程中造成负面影响的事项发生的可能性。公司经营风险依据公司是否使用债务可分为营业风险和负债经营风险。营业风险是指公司在生产经营过程中遇到的不确定情况造成公司经营亏损。造成营业风险的原因主要来自以下几方面。①公司的各项生产要素并非都是稳定不变的，诸如生产技术、管理水平、人力资源等都在变化着，这些不确定因素的存在，会导致公司面临一定的经营风险，损害股东利益。②公司融资所获资金用于投资，由于投资活动的未来收益存在着很大的不确定性，公司也就面临着所投资金收不回来的风险。③市场需求千变万化，一旦公司产品不能适应市场的需要，公司就会面临着产品滞销的风险。由此可知，上述经营风险的存在都会给公司经营带来不利影响，甚至有可能导致公司衰退。负债经营风险是指公司使用债务带来的风险。当公司负债经营后，一且公司发生经营亏损，公司便无法按时偿还贷款，公司将很容易陷入债务风险中。

（二）利率及汇率变化带来的融资风险

公司通过负债融得资金，那么市场利率的变动就会给公司的融资安全带来很大的不确定性。通常来说，在经济发展的繁荣期，市场上资本流动活跃，物价快速上涨，这时候国家为了防止经济发展过热，避免经济运行不稳定，便会通过调整货币政策来进行宏观调控，而对贷款利率的调整就是行之有效的手段。一旦贷款利率上升，公司的财务费用就会增加，公司的融资风险就会加大。在经济萧条期，市场环境低迷，社会有效需求不足，经济增长乏力，这时国家便会相应调低贷款利率，利率的调整虽然可以降低公司的融资成本，但银行担心公司会因经济不景气而不能按时还款，便会对贷款人的贷款申请实施更为严格的审查，这就导致很多公司因融不到资金而资金链断裂，公司面临破产的危险。因此，贷款利率的变动会给公司带来很大的影响，汇率的变动对那些从海外市场筹得资金的公司的融资风险的影响无疑是显著的。通常而言，外汇风险是指汇率变化对筹集外汇资金的公司的不利影响。在外汇市场中，一旦外汇汇率上涨，公司就必须支付更多的本国货币来偿还债务，这就大大增加了公司的融资成本，增加了公司的融资风险。外汇汇率变动的融资风险，一般存在于有外汇融资业务的公司。外汇汇率发生变化，会引起潜在的市场价值和净现金流量的改变，从而影响公司的经营管理决策。如公司通过借入大量外币来扩大规模，发展生产，当归还外币借款时，若该种外币的汇率上升，会使公司以更多的本币来归还借款，给公司带来一定的外汇汇率风险。

（三）公司融资结构不合理带来的融资风险

公司的融资结构一般是指公司通过各种方式取得资金的一种构成。由于各种筹资方式有其各自的特点，并且每个公司在资本成本、内源性资金和外源性资金的比例、长期资金和短期资金数量等方面各有不同，多数情况下当下的融资结构可能并不是最优的资本结构，也许在某个时点上这种最优的资本结构存在，但随着公司生产经营活动的不断开展，公司增加筹资或者减少筹资都会使原有的资本结构发生变化。这种资本结构的不断变化，会加大公司筹资风险。理论上公司的资本结构存在着最优的组合，但这种最优组合在实务中往往是难以形成并长期保持的。所以，公司在融资过程中，要不断优化资本结构，使资本结构趋于合理化，达到公司综合资本成本最低。公司资本总额中自有资本和借入资本比例不恰当，会对公司的经营带来不利影响，增加公司的财务风险。公司借入的外源性资金比例越大，其资产负债率就越高，财务风险也就越大。合理地利用债务融资、配比好债务资本与权益资本之间的比例关系，对于公司降低融资成本、获得财务杠杆效益以及降低公司的财务风险是非常重要的。另外，公司在确定融资结构时，还应关注负债的期限结构，如果长短期负债的期限结构不合理，也会对公司造成不利影响。

（四）公司过度负债带来的融资风险

由于公司的债务资金成本是在税前支付的，公司通过负债融资就可以享受抵税效益和财务杠杆效益。由于债权人的所得报酬率相对较低，负债融资的成本也就相对较低，公司通过负债筹资，可以相对降低综合资本成本；但如果负债较多，就加大了利息费用，使得收益降低而导致公司失去偿债能力的可能性增加。可见，公司负债规模越大，其承担的财务风险也就越大。

（五）法制不完善以及监管不严带来的融资风险

目前我国金融监管仍有待完善，监管机构监管不严，贷款机构暗箱操作，融资公司违规成本低廉，这些无疑都会增加金融市场的不稳定性，进而给公司带来融资风险。

融资风险变动分析表见表 9-3。

表 9-3   融资风险变动分析表

项目	____年				____年				差异（比重）	
	年初数	期末数	平均数	比重	年初数	期末数	平均数	比重	比重差	升降值
流动负债										
非流动负债										
负债合计										
所有者权益										
融资总额										

9.4　长期借款明细表

长期借款明细表见表 9-4。

表 9-4   长期借款明细表

借款单位	金额				利率	借入时间	期限	还本付息方式	下年需还
	年初数		年末数						
	本金	利息	本金	利息					
1. A 银行 2. B 银行 3. C 银行									
合计									

9.5　借款余额月报表

借款余额月报表见表 9-5。

表 9-5   借款余额月报表

借款单位	长期借款	短期借款	营业额抵押借款	存款借款	贴现票据	合计

9.6　短期借款明细表

短期借款明细表见表 9-6。

表 9-6　　　　　　　　　　　　　　　　短期借款明细表

序号	借款单位	年初余额	本年增加	本年减少	年末余额	备注
合计						

9.7　企业年度投资计划表

年度固定资产投资计划汇总表见表 9-7。

表 9-7　　　　　　　　　　　　　　年度固定资产投资计划汇总表

投资总额	按投资方向分		按项目阶段分		按资金来源分			备注
	主业	非主业	新开工	续建	自有资金	贷款	其他	

年度固定资产投资项目计划表见表 9-8。

表 9-8　　　　　　　　　　　　　年度固定资产投资项目计划表

编号	项目名称	项目内容简介	投资方向	总投资	其中：自有资金	当年总投资	起始时间	完成时间	投资收益率	备注
合计										

产权收购、股权投资计划汇总表见表 9-9。

表 9-9 产权收购、股权投资计划汇总表

投资类别	投资总额	按投资方向分		按资金来源分			备注
		主业	非主业	自有资金	贷款	其他	

产权收购、股权投资项目计划表见表 9-10。

表 9-10 产权收购、股权投资项目计划表

编号	项目名称	投资方式	项目主要内容	投资方向	项目总投资	本企业投资总额	其中		备注
							本企业所占股比	投资收益率	
合计									

其他投资计划汇总表见表 9-11。

表 9-11 其他投资计划汇总表

投资总额	按投资方向分		按资金来源分			备注
	主业	非主业	自有资金	贷款	其他	

其他投资项目计划表见表 9-12。

表 9-12 其他投资项目计划表

编号	项目名称	投资方式	项目主要内容	投资方向	项目总投资	本企业投资总额	其中		备注
							本企业所占股比	投资收益率	
合计									

9.8　投资收益分析表

投资收益分析表见表 9–13。

表 9–13　　　　　　　　　　　　投资收益分析表

<table>
<tr>
<td rowspan="5">投资类别</td>
<td rowspan="2">□ 购置 / 更换设备
□ 开发产品组件
□ 提高生产效率
□ 财务投资</td>
<td>投资方案说明</td>
<td>1.
2.
3.
4.</td>
<td>投资有效期限</td>
<td></td>
</tr>
<tr>
<td>预计开始时间</td>
<td colspan="3"></td>
</tr>
<tr>
<td>负责部门</td>
<td colspan="3"></td>
</tr>
<tr>
<td>利息计算方法</td>
<td colspan="3"></td>
</tr>
</table>

<table>
<tr>
<td rowspan="7">投资收益率分析</td>
<td>年度</td>
<td>投资收益说明</td>
<td>收益性质或资金来源（利率）</td>
<td>当期收益金额</td>
<td>累计收益总额（利息）</td>
<td>当期投资金额</td>
<td>累计收益总额（利息）</td>
<td>净利益</td>
</tr>
<tr>
<td></td><td></td><td></td><td></td><td></td><td></td><td></td><td></td>
</tr>
<tr>
<td></td><td></td><td></td><td></td><td></td><td></td><td></td><td></td>
</tr>
<tr>
<td></td><td></td><td></td><td></td><td></td><td></td><td></td><td></td>
</tr>
<tr>
<td>合计</td><td></td><td></td><td></td><td></td><td></td><td></td><td></td>
</tr>
<tr>
<td>填表说明</td>
<td>填写投资款项及收益性质的说明</td>
<td>填写收益名称或资金来源及利率</td>
<td>填写预定收益金额</td>
<td>填写当期收益总额加本期利息</td>
<td>填写预定投资金额</td>
<td>填写当期投资总额加本期利息</td>
<td>填写收益总额减投资额</td>
</tr>
<tr>
<td colspan="2">回收期限</td>
<td>利益总额</td>
<td></td>
<td></td>
<td>投资价值</td>
<td colspan="2">□ 良好
□ 尚可
□ 不佳</td>
</tr>
</table>

第四篇

资产管理

第 10 章　资产管理制度

10.1　货币资金管理

10.1.1　货币资金内部控制制度

第一章　总则

第一条　为了保证货币资金的安全，提高货币资金的使用效率，规范收付款业务程序，特制定本制度。

第二条　本制度适用于公司及控股子公司的货币资金业务。

第二章　岗位分工和授权批准

第三条　岗位内部牵制原则。

1. 账款分管。

2. 收付款申请人、批准人、会计记录、出纳、稽核岗位分离，不得由同一人办理收付款业务的全过程。

3. 出纳不兼任稽核、会计档案保管和收入、支出、费用、债权债务账目的登记工作。

第四条　业务归口办理的注意事项。

1. 公司的现金收付款业务由财务部门统一办理，并且只能由出纳办理。

2. 非出纳不得直接接触公司的货币资金。

3. 银行结算业务只能通过公司开立的结算账户办理。

4. 收款的收据和发票由财务部门的专人开具。

第五条　岗位定期轮换。

出纳 3 年内必须轮换一次；相关的会计岗位原则上 3 年轮换一次，最长不得超过 5 年。

第六条　经办货币资金业务人员的素质要求。

1. 具有良好的职业道德。

2. 具有符合业务要求的业务水平。

3. 符合公司规定的岗位规范要求。

第七条　授权批准的内容。

1. 授权方式。

（1）公司对董事会的授权由公司章程规定和股东大会决定。

（2）公司对董事长和总经理的授权，由公司董事会决定。

（3）公司总经理对其他人员的授权，每年年初由公司以文件的方式明确。

2. 权限。

参见公司章程和公司内部授权文件。

3. 批准和越权批准处理。

（1）审批人根据货币资金授权批准制度的规定在授权范围内进行审批，不得超越审批权限。

（2）经办人在职责范围内按照审批人的批准意见办理货币资金业务。

（3）对于审批人超越授权范围审批的货币资金业务，经办人有权拒绝办理并应及时向审批人的上级授权部门报告。

第三章　收付款业务控制

第八条　付款业务流程及控制要求如表 10-1 所示。

表 10-1　　　　　　　　　　　　付款业务流程及控制要求

步骤	操作人	控制要求
1. 支付申请	用款经办人	（1）填写付款申请单，注明款项的用途、金额、预算及支付方式等 （2）计划、发票、入库单等需经股东大会、董事会批准的事项，必须附有股东大会决议、董事会决议 （3）由经管部门经管人员办理申请 （4）_____ 元以上现金支付需提前一天通知财务部门
2. 支付审批	申请部门主管	（1）核实该付款事项的真实性，对该项付款金额的合理性提出初步意见 （2）对有涂改痕迹的发票一律不审核 （3）对不真实的付款事项拒绝审核
	核决人	（1）在自己的核决权限范围内进行审批 （2）对超过核决权限范围的付款事项转上一级核决人审批 （3）对有涂改痕迹的发票一律不审批 （4）对不符合规定的付款拒绝批准
3. 支付复核	制单员	（1）复核支付申请的批准范围、权限是否符合规定 （2）审核原始凭证，包括日期、收款人名称、税务监制章、经济内容等要素是否完备 （3）审核手续和相关单证是否齐备 （4）审核金额计算方法和结果是否准确 （5）审核支付方式是否妥当，_____ 元以上的单位付款应采用银行结算方式支付 （6）审核收款单位是否妥当，收款单位名称与合同、发票是否一致
	稽核员	（1）复核制单员的账务处理是否正确 （2）对制单员复核的内容再复核一遍 （3）复核付款单位与发票是否一致 （4）复核后直接交出纳办理支付

续表

步骤	操作人	控制要求
4. 支付办理	出纳	（1）对付款凭证进行形式上的复核 ①付款凭证的所有手续是否齐备 ②付款凭证金额与附件金额是否相符 ③付款单位与发票是否一致 （2）出纳不能保管所有预留银行印鉴 （3）现金支付有他人复点且至少复点两次，开出的银行票据有他人复核 （4）非出纳不得接触库存现金和空白票据 （5）付款后在付款凭证及附件上盖"付讫"章
5. 核对	主管会计	（1）总账与现金、银行存款账核对 （2）总账与明细账核对 （3）编制银行存款余额调节表，对未达账项进行核实，并督促经办人在10日内处理完毕 （4）与银行定期核对余额和发生额 （5）每月不定期抽点两次现金

第九条 收款业务流程及控制要求如表10-2所示。

表10-2　　　　　　　　　**收款业务流程及控制要求**

业务操作	操作人	控制要求
1. 经济业务办理	业务承办人	（1）按公司的业务操作规程进行商洽、签订合同等 （2）按公司授权，由被授权人批准交易价格、折扣方式及比例等 （3）与财务部门商定或根据财务部门规定确定结算方式和付款期 （4）开具业务凭单如发货单等送交开票员开票
2. 开具发票	开票员	（1）按公司规定领用、保管发票和收据 （2）规范开具发票，填写项目完整，内容真实 （3）开具发票后，由另一人审核 （4）下班前汇总、打印收据和发票，开具清单，并附记账联报送销售会计 （5）发票联、税务抵扣联移送业务承办人，并办理签收手续
3. 办理收款前手续	业务承办人	（1）催收应收款项 （2）通知交款人付款 ①告知交款人到财务部门交款 ②受理结算票据或告知交款人到银行进账 ③辨别结算票据真假 （3）登记结算票据受理登记簿，向财务部门移交结算票据并办理移交手续
4. 收款	出纳	（1）接受业务承办人移交的结算票据 （2）对受理的结算票据难辨其真伪时，及时送交银行鉴别 （3）将结算票据登记在结算登记簿上，妥善保管结算票据 （4）办理银行票据结算或贴现手续 （5）验证收取现金并送交银行 （6）将收款通知单送交制单员，并告知相关部门 （7）编制收款周报表，分送相关部门 （8）收款后在收款凭证及附件上盖"收讫"章

业务操作	操作人	控制要求
5. 制单	制单员	（1）对发票、收据进行审核，主要审核其完整性 （2）对发票、收据的记账联及时进行账务处理 （3）对收款通知单进行审核并及时进行账务处理 ①审核收款日期与合同是否相符 ②审核收款金额和应收款余额是否相符 （4）审核收款方式是否合适 （5）审核折扣审批者是否超过其权限
6. 稽核	稽核员	（1）复核制单员的账务处理是否正确 （2）对制单员复核的内容进行再复核 （3）抽查核实收款凭证与对账单等是否相符
7. 记账		会计电算系统在凭证稽核后自动记账
8. 核对	主管会计	（1）核对总账与现金、银行存款账 （2）核对总账与明细账 （3）编制银行存款余额调节表，对未达账项进行核实，并督促经办人在 10 天内处理完毕 （4）与银行定期核对余额和发生额 （5）每月不定期抽点两次现金

第四章　现金管理

第十条　现金收支的范围。

1. 现金收取范围。

（1）销售的零星货款和零星劳务外协加工收入。

（2）公司员工或外单位结算费用后补交的余额款。

（3）不能通过银行结算的经济往来收入。

（4）暂收款项及其他收入。

收取的现金必须于当天由出纳解交银行。

2. 现金支付范围。

（1）员工工资、奖金、津贴。

（2）个人劳务报酬。

（3）根据国家规定颁发给个人的科学技术、文化艺术、体育等各种奖金。

（4）各种劳保、福利费用以及国家规定对个人的其他支出。

（5）向个人收购物资的价款支出。

（6）出差人员必须随身携带的差旅费。

（7）结算起点（1 000 元）以下的零星支出。

（8）确实需要支付现金的其他支出。

凡不符合上述现金支付范围的支出，均须通过银行办理结算。

第十一条　现金保管的要求。

1. 公司的现金只能由出纳管理。

2. 存有现金保险箱（柜）的房间的门窗必须设有金属安全栏，保险箱（柜）加装安全报警装置。

3. 公司现金出纳的办公室，其他人未经批准不得进入。

4. 由基本户开户银行核定现金库存限额，出纳在每天 16:00 前预结现金数额，每日的现金余额不得超过核定的库存限额，超过部分及时解交银行。

5. 出纳保险柜内只准存放公司的现金、有价证券、支票等，不能存放个人和外单位现金（不包括押金）或其他物品。

6. 出纳保险柜的钥匙和密码只能由出纳掌管，出纳不得将钥匙随意乱放，不得把密码告诉他人。

7. 出纳离开办公室前，必须将现金、支票、印鉴等放入保险柜并锁好。

8. 出纳变更时，新的出纳必须及时变更保险柜密码。

9. 公司向银行提取现金时，必须有两人同行或派车办理。

10. 出纳每天对现金进行盘点，并保证账实相符，财务部门主管每月至少对现金抽点两次，并填写抽查盘点表。

第十二条 现金结算的要求。

1. 出纳员办理现金付出业务时，必须以经过审核的会计凭证作为付款依据，未经审核的凭证，出纳有权拒付。

2. 对于违反财经政策法规及手续不全的收支有权拒收、拒付。

3. 对于发票有涂改现象的一律不予受理。

4. 现金结算只能在公司规定的收支范围内办理，公司之间的经济往来均须通过银行转账结算。

5. 借支备用金、报销等需支取现金_____元以上的领取人，须提前一天通知出纳；提取现金额达到或超过银行规定需预约金额的，出纳应提前一天与银行预约。

6. 发现伪造变造凭证、虚报冒领款项，应及时书面报告财务负责人，金额超过_____元者，应同时书面报告总经理。

7. 及时、正确记录现金收付业务，做到现金账日清月结、账实相符。

8. 严格遵守现金管理制度，出纳及公司其他人员不得有下列行为。

（1）挪用现金。

（2）白条抵库。

（3）坐支现金。

（4）借用外单位账户套取现金。

（5）谎报用途套取现金。

（6）保留账外公款。

（7）公款私存。

（8）设立小金库。

（9）其他违法违纪行为。

第五章　银行存款管理

第十三条　账户开设和终止的规定。

1. 公司统一由财务部门在银行开立基本存款账户、一般存款账户、临时存款账户和专用存款账户，并只能开设一个基本存款账户。

2. 公司需要开设账户及选择银行开设账户时，由财务部门提出申请，报财务总监批准。

3. 公司已开设的银行账户需要终止时，由财务部门提出申请，报财务总监批准。

4. 公司各事业部银行账户的开设和终止由财务部门办理。

第十四条　银行印章管理办法。

1. 银行印章至少须有以下两枚：公司财务专用章、公司法人代表人名章（或财务经理人名章）。

2. 银行印章保管。

（1）财务专用章和法人代表人名章（或财务经理人名章）由财务部门一名主管保管。

（2）出纳人名章由出纳保管。

（3）银行印章不用时应存放在保险柜中。

（4）不得乱用、错用银行印章，不能将银行印章提前预盖在空白支票等结算票据上。

第十五条　银行存款的结算纪律。

1. 银行账户由出纳管理。

2. 除按规定可用现金结算外的经济业务，均采用银行转账结算。

3. 银行结算票据如支票、汇票等由出纳统一签发和保管，签发支票时须写明收款单位名称、用途、大小写金额及签发日期等，加盖银行预留印章后生效，付款用途必须真实填写。

4. 办理银行结算业务时必须遵守银行规定，正确采用各种结算方式，结算凭证的附件必须齐全并符合规定。

5. 及时正确办理银行收付款结算业务。

6. 一般不签发空白支票，特殊情况由财务经理批准。

7. 不得利用银行账户代替其他单位和个人办理收付款事项，不得租赁或转让银行存款账户，不得签发空头支票和远期支票。

8. 对于违反财经政策法规、公司规定及手续不完善的收支业务，出纳有权拒绝办理。

9. 出纳每月定期与银行核对账目，发现差错要及时更正，每月初的 3 个工作日内由会计主管与银行进行对账，并编制银行存款余额调节表，未达账项由会计主管和出纳督促经办人在 10 日内处理完毕。

第六章　票据管理

第十六条　结算票据的购买、保管由出纳负责，空白票据和未到期的票据必须存入保险柜。

第十七条　购买或接收票据后，出纳应立即登记票据登记簿。

第十八条　业务部门接到票据后应立即将票据解送银行或移交出纳，票据到达公司后在业务部门不过夜。

第十九条　票据贴现或到期兑现后，以及签发票据时，出纳应在票据登记簿内逐笔注明或注销。

第二十条 出纳必须每天对票据登记簿进行清理核对，保证票据在有效期内或到期日能正常兑现。

第二十一条 银行承兑汇票、商业承兑汇票的接受、背书转让、换新、签发必须经财务经理批准，贴现必须经过财务总监批准或由财务总监授权财务经理审批。

第二十二条 票据的签发、背书转让须严格按银行规定办理。

第二十三条 票据被拒绝承兑、拒绝付款时，出纳必须立即查明原因并在第一时间报告财务经理，并通知业务经办人，采取相应补救措施。

第二十四条 票据如丢失，丢失人应立即向财务经理报告，财务经理应立即派出纳办理挂失止付手续，同时在 3 日内按规定派人向法院申请办理公示催告手续。

第七章 货币资金收支计划、记录及报告

第二十五条 公司的财务收支计划由财务经理负责汇总、编制、报审和下达。

1. 公司各部门及用款单位每月月度终了前 2 日向财务部门报送资金收支计划。

2. 财务经理每月月度终了前一日将公司各部门及用款单位的收支计划汇总，上报财务总监。

3. 财务总监对收支计划进行综合平衡后报总经理批准。

4. 公司出现重大资金调度时，由总经理主持召开资金调度会，平衡调度资金。

5. 财务经理根据批准的资金收支计划下达到各部门及用款单位。

第二十六条 公司资金使用由财务经理根据资金收支计划予以安排，并按本制度规定的权限予以审批。

第二十七条 资金收支计划不能实现时，由财务经理会同相关部门查明原因。财务经理提出调整计划并报财务总监审核、总经理批准。

第二十八条 资金使用部门出现追加付款事项，需要追加支出计划时，必须提前 3 日提出资金支出增加计划，报财务经理审核，由财务经理提出调整计划报财务总监审核，由总经理批准。

第二十九条 出纳每天下班前必须将当日发生的货币资金收支业务发生额及余额报告财务经理，次周星期一向财务经理、财务总监和总经理报送上周货币资金变动情况表。

第八章 损失责任

第三十条 付款申请人虚构事实或夸大事实使公司受到损失的，其须负赔偿责任并承担其他责任。

第三十一条 部门主管审核付款申请，未查明真实原因或为付款申请人隐瞒事实真相或与付款申请人共同舞弊，使公司受到损失的，部门主管负连带赔偿责任，并承担其他责任。

第三十二条 审批人超越权限审批或明知不真实的付款予以审批或共同作弊对公司造成损失的，审批人负连带赔偿责任，并承担其他责任。

第三十三条 制单员、稽核员、出纳员对明知手续不健全或明知不真实的付款予以受理或共同舞弊，使公司受到损失的，其负连带赔偿责任，并承担其他责任。

第三十四条　出纳未按时清理票据，票据到期未及时兑现造成损失的，由出纳承担赔偿责任。

第三十五条　未遵守国家法律法规和银行的有关规定，致使公司产生损失或责任的，由责任人承担责任，其上一级主管承担连带责任。

注：上述条款中的"承担其他责任"是指承担行政责任和刑事责任。

第九章　监督检查

第三十六条　监督检查主体。董事长、总经理、财务总监以及公司章程或制度规定有权检查公司货币资金管理的其他人员，有权对公司的货币资金管理进行监督检查。

第三十七条　检查方式。定期或不定期检查。

第三十八条　监督检查的内容。

1. 货币资金业务相关岗位及人员的设置情况。

2. 货币资金授权批准制度的执行情况。

3. 财务印章的保管情况。

4. 票据保管情况。

10.1.2　资金收支管理办法

第一章　总则

为适应公司财务管理的需要，建立健全以现金流量控制为中心的公司内部资金统一调控管理体系，加强资金的内部控制和日常管理，提高资金使用效率，控制财务风险，实现公司内部资金管理的高度统一，特制定本办法。

一、本办法适用于集团公司及下属的各分公司。

二、本办法所称的资金，包括全公司在生产经营中的所有人民币和外币资金、各类银行票证、有价证券。

三、公司采取"收支两条线"的办法，实行资金集中管理。公司以资金统一管理为抓手，实行"统一计划、统一调度、统一结算、控制风险"的资金管理体制，遵循"量入为出、确保重点、有偿占用、安全高效"的管理原则。

四、公司总经理为公司资金管理的第一责任人，资源管理中心经理是资金管理的直接分管领导，财务部是资金管理的日常工作机构，财务部在公司总经理、资源管理中心经理的领导下，负责办理公司与各单位之间的资金拨付、调剂、管理等工作。

第二章　资金拨付管理

为加强公司各单位资金收支及资金账户的管理，规范公司各单位资金结算行为，集团公司资源管理中心作为资金结算的日常管理专门机构。资源管理中心负责公司资金的具体收支和调配、监管、账户管理工作，以及指导、检查、监督各单位资金集中管理工作。

第三章　资金收支管理

一、公司实行"收支两条线"来进行资金集中管理。"收支两条线"是指公司的资金收入和支出均通过资源管理中心统一归集和拨付的资金管理模式。

二、公司根据实际需要确定办理"收支两条线"管理业务的银行账户体系，下属分公司必须在集团公司指定的银行内开立银行账户，并开通网上银行业务，建立网上银行系统。

三、公司统一规范银行账户管理。

1. 规范银行账户的开立和撤销行为，下属分公司银行账户的开立和撤销，必须上报集团公司，经集团公司资源管理中心经理批准后方可实施。各单位银行开户、销户情况应报集团公司资源管理中心备案。无特殊情况或未经批准，各单位不得设置账外银行户头。

2. 银行账户的账号必须保密，各公司财务、业务等人员不得将本公司支出账户提供给外公司，未经同意不准外泄。

3. 银行账户往来应逐笔登记入账，不准多笔汇总记账，也不准以收抵支记账。对账时，由非出纳人员或指定人员逐笔核对银行存款日记账和银行对账单，如有差错，应逐笔查明原因，分清错误与未达账项。

四、下属分公司必须按要求在银行设置收入和支出两个账户，并报集团公司资源管理中心备案。资金收入必须全部进入收入账户，收入账户除向公司账户上划资金以及支出银行手续费用外，不允许有其他任何支出。支出账户用于支付经公司批准的各项生产经营资金和银行结算费用，支出账户除收到公司拨入的资金及利息收入外不得有其他任何收入，收入账户和支出账户不得交叉使用。

五、"收支两条线"管理的各单位应按时办理本单位的资金收入（包括营业收入、投资收入、营业外收入、其他收入等）上交。

1. 货币资金要求每日下午 5:00 以前上交到集团公司资源管理中心规定的银行账户。存款完毕以短信告之资源管理中心经理及项目经理。

2. 各单位应不断加强应收账款管理，保证资金安全回收，收到的货币资金必须全额及时入账，不得私设小金库，严禁账外设账。

第四章　货币资金管理

一、货币资金管理是公司资金管理工作的核心，主要包括现金及现金等价物、银行存款及其他货币资金管理等内容。

1. 公司各单位的现金收入应于当日送存开户银行，送存有困难的，由开户银行确定送存时间。

2. 公司各单位的项目助理应按规定建立、健全现金账目，逐笔记载现金收付，账目日清月结，账款相符。

3. 严禁白条抵库、套取现金、公款私存以及私设小金库等违法违规行为。

二、银行存款管理。

1. 公司各单位银行账户的开立和撤销须报集团公司资源管理中心审批。

2. 公司各单位应根据有关规定，设置银行存款日记账，银行存款应按月与银行对账单进行核对，发现差错及时查明原因，属未达账项应及时编制银行存款余额调节表。

3. 所有空白支票及作废支票均必须存放在保险柜内。严禁空白支票在使用前先盖上印章。

第五章　奖励与处罚

一、公司资金管理工作实行定期考核和奖惩制度。集团公司资源管理中心将不定期对公司各单位的资金管理工作情况进行监督检查，发现错误及时纠正并提出考核意见。

二、各分公司主要负责人是资金管理的第一责任人，负有重大责任，并且其考核结果与工资挂钩。

第六章　附则

一、公司各单位可根据本办法和各自实际情况，制定相应的具体管理办法或实施细则并报集团公司资源管理中心备案。

二、本办法自公布之日开始执行。

10.1.3　资金支出审批管理制度

第一章　总则

（一）为进一步加强公司内部财务管理，提高资金使用效率，强化资金支出的内部控制，明确各项资金支付审批权限及审批程序，有效地控制公司成本费用和资金风险，在结合本公司的实际情况下特制定本制度。

（二）本制度依据《中华人民共和国公司法》《中华人民共和国会计法》《企业会计准则》及公司有关管理制度而制定。

第二章　资金管理的部门

公司的资金管理机构为财务部，财务部负责对与资金支付相关的内部控制进行监督，负责公司资金的日常管理与核算，并办理公司与业务活动单位（个人）之间的资金结算、支付工作。

第三章　资金支出的原则与依据

一、资金支出的原则

（一）以预算管理为基础的原则：以经董事会审批的年度预算为基础，由公司财务部进行日常的资金预算控制与管理。

（二）支付凭证符合财务要求的原则：各项支付业务都应根据实际情况，具备相应的发票、收据及其他真实有效的附件，不符合税法规定的发票及凭证不得作为支付凭据；各类支付凭证记载的内容均不得涂改；费用报销时必须按要求填制报销凭证。

（三）优先保证重点项目资金的原则。

二、资金支出的依据

（一）国家政策法规。

（二）公司章程及相关内部管理制度。

（三）经批准的预算文件。

（四）与资金支出有关的合同和验收手续。

（五）合法的外部单据。

（六）经审批的内部单据。

（七）公司各岗位的职责文件。

第四章 资金支出相关责任人的责任

（一）经办人应如实反映资金支出内容，在请款单据上签字，对资金支出的结果负直接责任。

（二）部门经理对本部门资金支出的真实性、合理性及必要性负责，并在此基础上审核签字，对资金支出的结果负部门领导责任。

（三）财务部根据公司实际资金情况对各类支付凭证的合法性、真实性、准确性、完整性、及时性进行审核，对于不合法、不真实、不准确、不完整的支付凭证有权予以退回。在审批过程中，财务部经理应按照年度预算对月度预算对资金的支出提出支付计划与意见。

（四）董事长、总经理依据本制度的规定，对各类资金支出具有最终审批权，对资金支出的结果负最终责任。

（五）所有资金支出根据公司有关制度规定的核准程序后方可支出，对于不合法、不真实、不准确、不完整的支付凭证资金支出审签人有权予以退回。

第五章 资金审批权限（在批准的年度预算范围内执行）

一、经营费用及日常管理支出

经营费用及日常管理支出包括日常的办公费、差旅费、业务招待费、会务费、营销费用、租金、培训费等项目，支出的基本流程依据公司现有的财务报销审批管理制度执行，其中：单笔支出在 10 万元以内的，总经理为最终审批人；单笔支出超过 10 万元（含）的，董事长为最终审批人。

二、经营性采购支出

（一）经营性采购的申请及付款流程依据公司采购管理制度执行，其中：单笔采购支出在 20 万元以内的，总经理为最终审批人；单笔采购支出在 20 万元（含）以上的，董事长为最终审批人。

（二）经营采购的项目和金额，必须控制在月度预算或专项项目预算范围内，预算外采购，必须单独上报采购申请说明。

三、职工薪酬支出

（一）公司员工工资、绩效奖金、年终奖及福利费等支出，由人力资源部根据相关法律法规、考勤记录和内部绩效考核文件等规定，会同财务部提出相应的考评、发放方案，经财务总监审核后，报总经理审批。

（二）高级管理人员（总监及副总经理）的固定薪酬，由总经理拟订标准，报董事长审批；高级管理人员的考核奖励，根据年度预算完成情况由总经理拟订方案，报董事长审批。

（三）总经理的固定薪酬、考核奖励及其他补贴，由董事长拟订方案，报董事会审议决定。

（四）外聘高级专家（顾问）的薪酬，由总经理拟订标准，并报董事长审批。

（五）临时劳务人员的劳务费，由业务部门总监拟订标准，报财务总监审核，并由总经理审批。

四、中介机构服务费

中介机构服务费主要包括审计、评估、律师等中介服务费用，由经办部门发起，部门总监审核后，报最终审批人审批，其中：协议费用在 10 万元以下的，总经理为最终审批人；协议费用在 10 万元以上（含）50 万元以下的，董事长为最终审批人；协议费用超过 50 万元（含）的，由董事长根据情况决定是否需报公司董事会审议批准。

五、税费支出

（一）日常经营税费支出由财务部按国家相关税收政策法规，正确计算当期应纳税费，由税务会计进行申报扣款。

（二）由于单项重大支出产生的代扣税款、税务稽查、政府专项审计等因素产生的税费，由财务部按国家相关税收政策法规及检查要求，正确计算相应的税费，经财务总监复核后，由总经理审批。

六、资本性支出

资本性支出包括在建工程、固定资产、无形资产的购建，以及用于项目研发的技术性支出等，其中立项、购建、验收、付款等流程按照采购管理制度、固定资产管理制度执行。单项支出在 10 万元以内的，总经理为最终审批人；单项支出在 10 万以上（含）的，董事长为最终审批人。

七、对外投资支出

（一）权益性投资，由董事会制定投资方案，提请股东会进行决策。

（二）债权性投资，由财务总监会同总经理制定投资方案，报董事长审核后由董事会审议批准。

八、关联方交易支出

（一）公司与关联自然人发生的交易支出在 30 万元以内的项目、公司与关联法人发生的交易支出在 300 万元以内的项目，由董事长审批。

（二）公司与关联自然人发生的交易支出在 30 万元（含）以上不足 300 万元的项目、公司与关联法人发生的交易支出在 300 万元（含）以上不足 3 000 万元的项目，由董事长评估是否需报公司董事会审议决定。

（三）公司与关联自然人发生的交易支出在 300 万元（含）以上的项目、公司与关联法人发生的交易金额在 3 000 万元（含）以上的项目，由公司股东会讨论决定。

九、向股东支付的支出

向股东支付的支出，包括对股东的分红，支付的股利、股息等，由董事会制定分配方案，经股东会讨论决定。

第六章　预算外资金支出的审批权限

公司所有的预算外资金支出由资金使用单位提出资金使用管理报告，财务部提出初步意见，报财务总监审核后，依据本制度规定，由总经理或董事长最终审批。

第七章　附则

本制度由公司财务部负责制定、修订及解释，自董事会通过之日起执行。

10.1.4　资金付款流程及计划管理制度

第一章　总则

第一条　为进一步规范公司财务管理制度，提高资金使用率，加大资金的流转速度，同时避免公司各部门及客户之间产生不必要的误解，影响公司形象，现根据公司实际情况，本着方便、可行、效率的原则，从资产安全和服务好各相关部门、客户和供应商两方面考虑，对付款流程及计划管理制定本制度。

第二章　人员组织安排

第二条　财务总监从公司宏观角度负责公司资金运作和统筹调度，负责计划的审批和计划外资金的协调和有关批准事项。

第三条　融资计划部负责资金的具体计划安排，具体落实公司资金管理政策，同时负责对各用款部门资金使用情况进行监督。

第四条　财务部具体实施各种批准的资金计划，办理具体付款事宜，向融资计划部提供当月的资金使用计划和客户欠款情况。

第五条　各资金用款部门应积极配合财务部及融资计划部，按时将当月经总经理、董事长审批的资金计划单报财务部及融资计划部。

第三章　审批内容和审批权限

第六条　资金计划的审批。

资金计划原则分为年度计划、季度计划（以年度计划为准则）、月度计划（以季度计划为准则）和周计划（以月度计划为准则）。年度计划、季度计划和月度计划是方向目标性计划，但周计划必须是严密可执行的计划。

年度、季度、月度计划必须由各分管副总、财务总监、总经理书面签字并由总经理报董事长审批，周计划根据需要由分管副总按月度计划报总经理签字后由财务部负责支付（原则上所有月度计划支付项目在25日后支付）。财务部和相关用款部门依据批准的计划严格落实。

第七条　付款审批单。

计划内资金项目在落实过程中，对于各用款部门按计划提交的付款审批单，董事长不在具体审批单（周计划）上签字，但部门业务经办人和部门级负责人必须在付款审批单上签字。

财务总监或其授权人和融资计划部经理须在具体付款审批单上签字，特殊情况下，财务总监审批签字后，无融资计划部经理签字或者有融资计划部经理签字无财务总监签字审批，付款审批单可直接交出纳办理，事后业务经办人必须补办有关手续。

总之，付款审批单必须由部门的负责人和业务经办人签字，财务总监及其书面授权的人员和融资计划部经理或其授权的主管人员书面签字，出纳才能依据批准手续齐备的付款审批单办理付款。

第八条　计划外付款的审批。

单笔计划外付款超过 5 万元（包括 5 万元），周累计超过 10 万元（包括 10 万元）的，必须由总经理报董事长并签字后，通知财务部和融资计划部按手续予以及时办理。

特殊紧急付款，可以由总经理会同财务总监及其书面授权的其他人员安排付款，事后业务经办人必须及时补办手续，否则财务总监及其书面授权的其他人员和出纳承担相关责任。

第九条　出差借款（包括备用金）的审批。

分管副总和财务总监及其书面授权的其他人员及总经理在借款单签字审批后，业务经办人方可领取出差借款。出差借款不得超过 10 000 元，若超过，报董事长审批后方可办理。

所有的借款必须经财务部主管根据制度进一步审核。

特殊紧急借款，可以由财务总监及其书面授权的其他人员安排付款，事后业务经办人必须及时补办手续，否则财务总监及其书面授权的其他人员和出纳承担相关责任。

第十条　其他费用支付（非采购和工程性支出）的审批。

首先，费用审核人员按照公司制度和有关费用标准，审查单据合理性和合法性；其次，主管部门经理及主管副总签字审批；再次，财务部审核单据签字后交总经理审批；最后，出纳在审查以上手续齐全后予以支付。

第四章　付款流程

第十一条　付款审批流程见图 10-1。

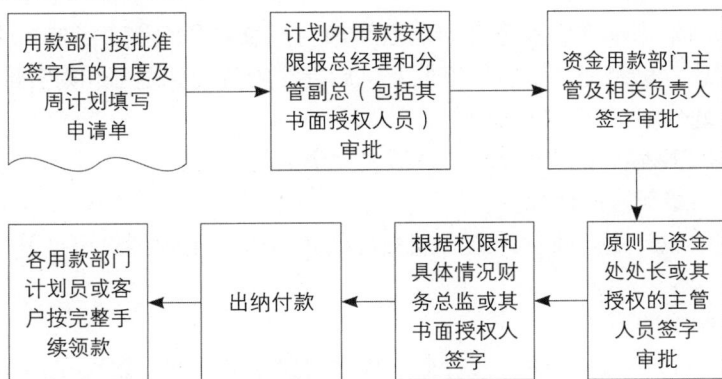

图 10-1　付款审批流程

第十二条　借款流程见图 10-2。

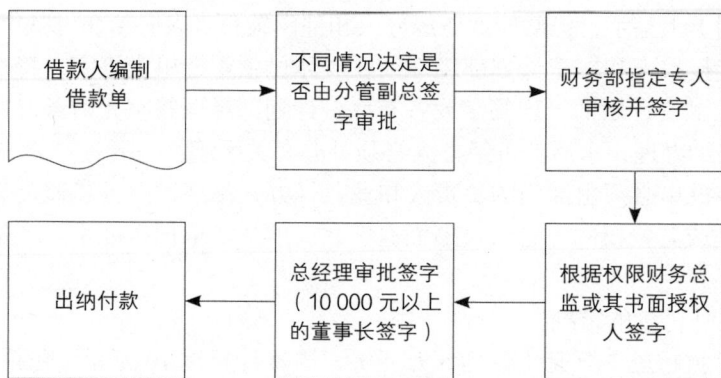

图 10-2　借款流程

第十三条　其他费用支付流程见图 10-3。

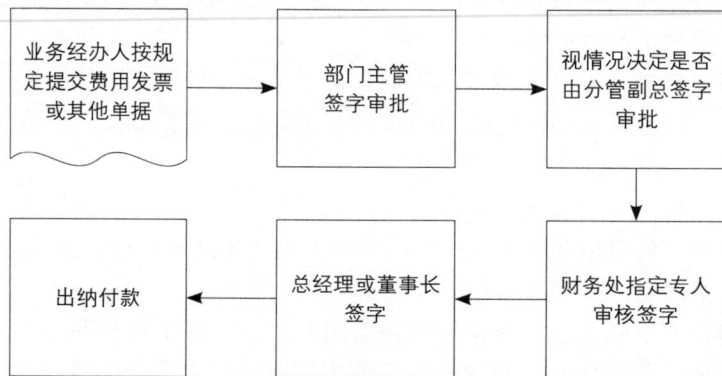

图 10-3　其他费用支付流程

第五章　资金付款计划的编制

第十四条　编制依据。

各资金用款部门根据本部门业务开展需要和项目用款紧急程度，编制资金用款计划。资金用款必须由主管副总、总经理、董事长审批签字后提交给融资计划部和财务部。

根据以下职务划分编制资金付款计划。

供应部专人提供工程客户和供应商的最新欠款余额。

财务部出纳提供最新账户余额。

销售部门提交收款计划。收款计划必须由部门负责人及主管副总审批签字后提交给总经理及融资计划部。

第十五条　编制时间。

年度计划：每年 12 月 20 日前，各资金用款部门提交下年度计划。

季度计划：每季度末所在的月 25 日前，各资金用款部门提交下季度计划。

月度计划：每月 27 日前，各资金用款部门提交下月计划。

周计划：每周星期四前，各资金用款部门提交下周计划。

相关资金用款部门必须按照合同及其他文件，结合下期业务开展情况，认真仔细地编制付款计划并经批准后，在规定的期限内报送融资计划部。逾期引起的一切相关责任由资金付款部门承担。

融资计划部会同财务部按计划安排所需资金，同时和资金付款部门协调向客户办理付款事宜。

第六章　费用付款审批报销

第十六条　其他尚未涉及事项按公司借款管理制度、有关费用报销制度和资金管理制度执行。

第七章　责任

第十七条　资金用款部门承担延报计划引起的一切责任，同时对数据填报质量负责，填报主观失误及部门审核失误，将追究部门负责人责任。

第十八条　融资计划部负责资金筹集和统筹调度，承担安排失误及反馈延误的责任。

第十九条　财务部对编制计划所需的并且由财务部负责提供的资料负责，并对准确性负责。出纳负责及时按计划付款。

第二十条　财务部及融资计划部负责对本制度的解释。以前与本规定相悖的制度作废。本制度自批准之日起执行。

10.1.5　集团公司资金计划管理制度

第一章　总则

第一条　为了做好资金计划的编制，合理使用资金，特制定本制度。本制度中的公司总部是指控股集团公司，子公司是指集团下属的控（参）股公司。

第二章　适用范围

第二条　本制度适用公司总部以及所有下属公司资金计划的管理。

第三条　公司总部其他子公司资金计划管理机构为公司总部财务中心，通过弱化其他公司的董事会来实现公司总部的资金管控。

第四条　作为上市公司集团总部对其资金计划的管理要符合上市公司有关规定，并通过集团外派专职董（监）事来实现。集团公司外派专职董（监）事必须及时将上市子公司资金计划的相关信息反馈到集团公司财务中心，集团公司形成意见后由外派专职董（监）事在子公司董事会出具。

第三章　职责

第五条　公司总部、子公司财务部门事先制订资金计划并报总部财务中心，公司总部财务中心汇总平衡后制订统一资金计划。

第四章 管理内容

第六条 资金计划是指公司货币资金收支计划，它是根据公司未来一定时期的销售、生产、开发、基本建设以及投资计划，预计这一时期内货币资金的收支状况，并进行货币资金综合平衡的计划。

第七条 资金计划编制程序。

编制资金计划实行自下而上编报、自上而下下达执行的程序。

子公司各部门按年、季、月编制本部门资金计划并报本公司财务部。

子公司财务部审查、汇总各部门资金计划后经本公司领导批准上报公司总部财务中心。

公司总部财务中心审核汇总所有子公司资金计划并综合平衡后上报公司总部财务副总裁批准，统一安排各子公司资金计划。

公司总部、子公司财务部门层层下达本经营单位的年、季、月资金计划，直到各部门。

第八条 资金计划的内容。资金计划包括资金收入和资金支出两部分。

第九条 资金收入。

销售收入：子公司销售部门依据各种销售条件及收款期限，编列可收（兑）现计划数。

劳务收入：子公司生产部门收受同业产品代为加工，依公司收款条件及合同规定编列可收（兑）现计划数。

退税收入：子公司财务部门依据申请退税进度，编列可退税计划数。计划可退税虽非实际退现，但因能抵缴现金支出，视同退现。

其他收入：凡无法直接归属上项收入的都属于其他收入，包括废料收入、营业外收入等。其计划数额在 10 万元以上者，均应加以说明。

第十条 资金支出。

土地支出：子公司依据购地支付计划编列资金开支计划。

偿还借款支出：子公司财务部门根据长期借款、短期借款的还款期限、利息支付方式以及新的融资计划，预计归还的本金和利息编列支付计划。

材料支出：子公司采购部门按照生产计划编列外购商品的资金使用计划。

薪资支出：子公司工资管理部门依据工资、奖金制度及产销计划、最近实际发生数等资料，斟酌预计编列支付计划。

制造费用支出：子公司生产管理部门依据生产计划，参照以往年度、月份制造费用占生产量的比例推算编列支付计划。

税款支出：子公司财务部门依据销售计划，参照以往年度、月份税款支出占销售额的比例预计所需支付资金编列支付计划。

期间费用支出：期间费用包括销售费用、管理费用和财务费用。销售费用支出计划由子公司销售部门依据销售、营业计划，参照以往年度、月份销售费用占销售额、营业额的比例推算编列。管理费用支出计划由子公司办公管理部门参照以往实际数及管理工作计划编列。财务费用支出计划由子公司财务部门依据融资情况，核算利息支付编列。

其他支出：凡不属于上列各项的支出都属于其他支出，其计划数额在 10 万元以上者，均应加以说明。

第十一条 银行借款及其他。

公司总部财务中心汇总所有子公司的收支计划、资本结构，合理计划安排融资，包括短期借款、长期借款等，以保证公司经营所需资金。

第十二条　资金计划的控制。

各子公司于月、季、年末编制本公司的资金计划执行情况表，并根据资金计划执行情况表，检查本公司各部门资金计划执行情况，分析实际偏离计划的原因，提出解决问题的应对办法，报公司总部财务中心。

公司总部财务中心审核汇总所属子公司资金计划执行情况后上报公司总部财务副总裁。

公司总部财务中心根据子公司财务部门上报的资金计划执行情况表汇总编制资金计划执行情况报告，并分析实际偏离计划的原因，提出资金计划执行效果的建议，报告公司总部财务副总裁。

报告经公司总部财务副总裁批准后才可下达各子公司执行。

第五章　附则

第十三条　本制度经公司总部董事会批准后发布执行，公司总部财务中心负责制定、修改并解释。此前有关公司总部对控（参）股公司管理的规定，凡与本制度有抵触的，均依照本制度执行。

第十四条　本制度未尽事宜，执行国家有关法律、法规和公司总部的有关规定。

第十五条　本制度从下发之日起执行。

10.2　财务票据管理办法

第一条　为确保公司权益，减少坏账损失，特制定本办法，以便遵守。

第二条　各有关部门应进行客户诚信调查，并随时侦查客户信用的变化，并签注于诚信调查表相关栏内。

第三条　各单位最迟应于发货日起 60 日内收款。超过上述期限者，财务部对其未收款项详细列表，通知销售部门主管，转为呆账，并自奖金中扣除，以后收回票据时再冲回。

第四条　销售部门所收票据，自销售日起算，至票据兑现日止，以 120 天为限。超过上述期限者，财务部根据取得资料，就其超限部分的票据编列明细表，通知销售部门加收利息费用，利息概以月息二分计算。

第五条　赊售货品收受支票时，应注意下列事项。

（一）注意出票人有无权限签发支票。

（二）非该商号或本人签发的支票，应要求交付支票人背书。

（三）注意查明支票的绝对必要记载事项，如表明"支票"的字样、确定的金额、付款人名称、出票日期、出票人签章等。

（四）注意所收支票账户号码越少表示与该银行往来期越长，信用较为可靠（可直接向银行查明或请财务部协办）。

（五）注意所收支票账户与银行往来的期间、金额、退票记录情况（可直接向付款银行查明或请财务部协办）。

（六）支票上文字有无涂改。

（七）注意支票记载何处不能修改（如大写金额），可修改处是否于修改处加盖原印鉴。

（八）注意支票上的文字记载（如"禁止背书转让"字样）。

（九）注意支票是否已逾到期日一年，如有背书人，应注意支票提示付款日期，是否不符合第六条的规定。

第六条　本公司收受的支票提示付款期限，应于到期日后6日内予以处理。

第七条　所收支票已缴交者，如退票或因客户存款不足，或其他因素，要求退回兑现或换票时，销售单位填具票据撤回申请书，经部门主管批准后，送财务部办理；销售部门取回原支票后，必须先向客户取得相当于原支票金额的现金或担保品，或新开支票，或将原支票交付，但仍须依上列规定办理。

第八条　应收账款发生折让时，应填具折让证明单，其折让部分，应设销货折让科目表示，不得直接在销货收入项下减除。

第九条　财务部接到银行通知客户退票时应立即转告销售部门，销售部门对于退票，无法换回现金或新票时，应立即寄发存证信函，通知出票人及背书人，并迅速拟定善策以处理。

第十条　销售部门对退票申诉案件送请财务部办理时，应提供下列资料。

（一）出票人及背书人户籍所在地。

（二）出票人及背书人财产（土地应注明使用权人、地段、地号、面积、是否设定抵押）。建筑物（土地改良物）应注明所有权人、建筑物号、建坪持分、是否设定抵押。其他财产应注明名称、存放地点、现值等。

第十一条　上列债权确定无法收回时，应专案列送财务部，并附税务机关认可的合法凭证（如法院裁定书、当地派出所证明文件等）呈总经理核准后，冲销应收账款。

第十二条　依法申诉而无法收回债权部分，应取得法院债权凭证，交财务部保管，事后发现债务人有偿债能力时，应依上列有关规定申请法院执行。

第十三条　本公司销售人员不依本办法的各项规定办理或有勾结行为，致使本公司权益蒙受损失的，依人事管理规则议处，情节重大者移送法办。

第十四条　凡销货或服务收入均应开立统一发票，并依序填入当天之销货报告或服务收入报告中，同时过入应收账款明细卡中，不得漏开、短开或多开。

第十五条　遇销货退回或重开发票时，均应将原开统一发票的收执联收回作废，并填制销货退回通知单，以赤字填入当天的销货报告或服务收入报告中列为其减项，同时在备注栏中注明原开票日期，并过入应收账款明细卡中。

第十六条　凡为维护市价事先与客户约定高开发票销货折让者，或事后同意客户尾款不付者，除应报请单位主管同意外，还应取得销货折让证明单，详填原因，由客户证明实收金额及证实签章后，交回各单位财务部。原交易应做退回处理，同时再记一笔实收金额的销货记录，销货折让后的金额若低于最低价者，仍须补办低价请示手续。

第十七条　销售当天若未能收回账款，交货人（送达统一发票者）应与客户约定收款日并将填妥的统一发票签收单交由会计人员妥善保管。统一发票签收单应具备下列各要点。

（一）交货人（送达统一发票者）于统一发票签收单上签名。

（二）经办人（成绩归属者）于统一发票副联签名。

（三）填明约定收款日期及约定付款条件。

（四）客户正式盖章后其签收人签名。

第十八条　每笔未收款均应附有统一发票签收单。若有销货当天未交出该签收单或缺少规定要件的记载等情况，会计人员应于次日上班早会前报由单位主管纠正，务必按规定办理，否则应由单位主管签名负责。

第十九条　会计人员收回统一发票签收单后，应立即将约定收款日及付款条件逐笔登载于应收账款明细卡的有关各栏中备查。

第二十条　会计人员应将统一发票签收单按约定收款日的先后顺序排列妥善保管，遇有携出收款时应设登记簿由取单者签名备查，若于当天未能收回账款，应立即向取单者收回注销登记。

第二十一条　凡账款约定收款日到达者，会计人员应主动转告账款归属人或请单位主管派员前往收取。如客户要求延期付款事项发生，前往收款人应重新更改约定收款日，并填明于统一发票签收单中，并将该单交回会计人员注销登记，并更改应收账款明细卡上的记载。

第二十二条　应收账款约定收款日不得超过一个月，若超过，会计人员应报备单位主管在签单上签字同意。

第二十三条　账款收回时，会计人员应立即将其填入当天出纳日报表的本日收款明细表中，并过入应收账款明细卡，凭此销账及备查。

第二十四条　收回现金者，应于当日或翌日上班时如数交会计人员入账，延迟缴回或调换票据缴回者，均依挪用公款议处；收回票据的开票人若与统一发票抬头不同，应经同一抬头客户正式背书，否则应责由收款人在票据上背书，并注明客户名称备查，若经查明该票据非客户所交付，视同挪用公款议处。

第二十五条　票据到期日距统一发票开立日期不得超过 30 天，超过 30 天应由经办人填具交货通知（请示）单并依权责划分办法处理。账款以分期付款方式收回时，应由经办人提出与客户所立的合约书经单位主管呈报执行副总经理核准。

第二十六条　销货退回或前开发票作废，若未取回原开发票收执联作废，不得重开统一发票，唯经书面呈报总经理特准者不在此限。

第二十七条　各分公司负责人应当每月 3 日应详填两份《各员未收款明细表》，由经办人逐笔亲自签名承认未收，其约定收款日据统一发票开立日期超过 1 个月以上者并应注明原因，填妥后一份寄总公司财务部查核，一份呈报单位主管加强催收。

第二十八条　《各员未收款明细表》合计金额应与月底当天的收款明细表的本日未收款余额的数字相符，逾期 1 个月及 2 个月以上未收款明细表随同《各员未收款明细表》一并呈报。

第二十九条　凡遇客户恶性倒闭，或收回票据无法兑现或未事先言明，而于收款时尾款不付等情事，无法取得客户正式签署的销货折让证明单时，均视同坏账处理。坏账的发生，除按外务人员待遇办法等规定的赔偿办法办理外，该笔交易的成交奖金不准发给，已发给的则应予追回。

第三十条　本办法由财务部负责解释，公布后实施。

10.3 存货管理

10.3.1 存货管理制度

第一章 总则

第一条 存货是企业的重要物资，在企业的生产、经营过程中处于不断流动的过程中，相对于固定资产具有鲜明的流动性。为了使存货具有合理库存，减少存货损失，提高存货质量，规范存货管理，特制定本办法。

第二条 存货的确认。

存货的确认标准是企业对其是否具有所有权。凡在盘存日，所有权属于企业的物品，不论其存放在何处，均应作为企业的存货；反之，凡是所有权不属于企业的物品，即使存放于企业，也不应作为企业的存货。需要说明的是在途物资，对于企业已收到但尚未收到对方结算发票的物资及企业已确认购进而尚未到达的物资，企业应作为存货处理；对于按销售合同的规定将商品所有权上的主要风险和报酬转移给买方并已确认销售，而尚未发送给买方的商品，企业不再将其作为存货。

第三条 存货是指企业在日常生产经营过程中供销售或耗用而储存的各种资产，包括产成品、半成品、委托加工物资、原材料、辅助材料、燃料、包装物、低值易耗品等。

第二章 存货的取得

第四条 存货在取得时，应当按照实际成本入账。实际成本按以下方法确定。

1. 购入的存货，以买价加运输费、装卸费、保险费、包装费、仓储费等费用，以及运输途中的合理损耗、入库前的挑选整理费用和按规定应计入成本的税金以及其他费用，作为实际成本。商品流通企业购入的商品，以进价和按规定应计入商品成本的税金，作为实际成本；采购过程中发生的运输费、装卸费、保险费、包装费、仓储费等费用，以及运输途中的合理损耗、入库前的挑选整理费用等，直接计入当期损益。

2. 自制的存货，以制造过程中的各项实际支出，作为实际成本。

3. 委托外单位加工完成的存货，以实际耗用的原材料或者半成品，加工费、运输费、装卸费和保险费等费用，以及按规定应计入成本的税金，作为实际成本。商品流通企业加工的商品，以商品的进货原价、加工费用和按规定应计入成本的税金，作为实际成本。

4. 投资者投入的存货，以投资各方确认的价值，作为实际成本。

5. 接受捐赠的存货，按以下规定确定其实际成本。

（1）捐赠方提供了有关凭据（如发票、报关单、有关协议）的，以凭据上标明的金额加上应支付的相关税费，作为实际成本。

（2）捐赠方没有提供有关凭据的，按如下顺序确定其实际成本。

同类或类似存货存在活跃市场的，以同类或类似存货的市场价格估计的金额，加上应支付的相关税费，作为实际成本；同类或类似存货不存在活跃市场的，以该接受捐赠的存货的预计未来现金流量现值，作为实际成本。

6. 企业接受的债务人以非现金资产抵偿债务方式取得的存货，或以应收债权换入存货的，以应收债权的账面价值减去可抵扣的增值税进项税额后的差额，加上应支付的相关税费，作为实际成本。涉及补价的，按以下规定确定受让存货的实际成本。

（1）收到补价的，以应收债权的账面价值减去可抵扣的增值税进项税额和补价，加上应支付的相关税费，作为实际成本。

（2）支付补价的，以应收债权的账面价值减去可抵扣的增值税进项税额，加上支付的补价和应支付的相关税费，作为实际成本。

7. 以非货币性交易换入的存货，以换出资产的账面价值减去可抵扣的增值税进项税额后的差额，加上应支付的相关税费，作为实际成本。涉及补价的，按以下规定确定换入存货的实际成本。

（1）收到补价的，以换出资产的账面价值减去可抵扣的增值税进项税额后的差额，加上应确认的收益和应支付的相关税费，减去补价后的余额，作为实际成本。

（2）支付补价的，以换出资产的账面价值减去可抵扣的增值税进项税额后的差额，加上应支付的相关税费和补价，作为实际成本。

8. 盘盈的存货，以同类或类似存货的市场价格，作为实际成本。

第三章　存货的发出

第五条　发出存货的计价。

1. 存货发出成本以月末一次加权平均法计价，计算公式如下。

存货单位成本 =[月初库存存货成本 + ∑（本月各批进货的实际单位成本 × 本月各批进货的数量）] ÷（月初库存存货数量 + 本月进货数量之和）

本月发出存货成本 = 本月发出存货数量 × 存货单位成本

月末库存存货成本 = 月末库存存货数量 × 存货单位成本

其他零星物资的发出以实际成本计价。

2. 按照计划成本（或售价，下同）进行存货核算的，对存货的计划成本和实际成本之间的差异，应当单独核算。对计划成本与实际成本之间的差异，应明确核算和分月摊销办法。按照计划成本核算的，应按期结转其应负担的成本差异，将计划成本调整为实际成本。低值易耗品和周转使用的包装物、周转材料等应在领用时摊销，摊销方法可以采用一次摊销法或者分次摊销法。

第四章　存货盘点制度

第六条　存货应当定期盘点，每年至少盘点一次。盘点结果如果与账面记录不符，应于期末前查明原因，并根据企业的管理权限，经股东大会或董事会，或经理（厂长）会议或类似机构批准后，在期末结账前处理完毕。盘盈的存货，应冲减当期的管理费用，盘亏的存货，在减去过失人或者保险公司等赔款和残料价值之后，计入当期管理费用，属于非常损失的，计入营业外支出。盘盈或盘亏的存货，如在期末结账前尚未经批准，应在对外提供财务会计报告时先按上述规定进行处理，并在会计报表附注中进行说明；如果其后批准处理的金额与已处理的金额不一致，须按其差额调整会计报表相关项目的年初数。

第五章　存货的期末计价

第七条　企业的存货应当在期末时按成本与可变现净值熟低计量，按可变现净值低于存货成本的差额，计提存货跌价准备。

第八条　在资产负债表中，存货项目按照减去存货跌价准备后的净额反映。企业应当披露下列与存货有关的信息：①材料、在产品、产成品等类存货的当期期初和期末账面价值及总额；②当期计提的存货跌价准备和当期转回的存货跌价准备；③存货取得的方式以及低值易耗品和包装物的摊销方法；④存货跌价准备的计提方法；⑤确定存货可变现净值的依据；⑥确定发出存货的成本所采用的方法；⑦用于债务担保的存货的账面价值；⑧采用后进先出法确定的发出存货的成本与采用先进先出法、加权平均法或移动平均法确定的发出存货的成本的差异；⑨当期确认为费用的存货成本，如主营业务成本等。

第九条　存在以下情况或若干情况时，应将存货账面价值全部转入当期损益：

（1）霉烂变质的存货；

（2）已经过期且无转让价值的存货；

（3）生产中已不再需要，并且已无使用价值和转让价值的存货；

（4）其他足以证明已无使用价值和转让价值的存货。

当发生上述情况时，应按存货的账面价值借记"管理费用——计提的存货跌价准备"科目，按已计提的存货跌价准备借记"存货跌价准备"科目，按存货的账面余额贷记"库存商品"等科目。

第十条　各单位在处理存货跌价损失时必须以书面形式上报财务部，列明处理存货名称、账面数量、账面价值及残值，说明存货发生报废、毁损、丢失的原因及责任、处理方法。

第六章　存货的收发手续

第十一条　企业物流中心发送到各单位的辅料及包装物，由收到货物单位保管员向供应库保管员提供收料确认单，再由供应库保管员统一向物流中心发收料确认单。每月财务部通过计算机物流中心负责向上报物流中心与各单位的材料收发差异表。材料收发差异表表样见表10-3。

表10-3　　　　　　　　　　　材料收发差异表表样

材料名称	实收数量	发票数量	差异数量	差异金额	备注

第十二条　各单位领购材料，供应库应出具统一印制的材料出库单，出库单上各项目必须填全，供应库要保存好销售联，并在材料账上登记出库数量。各分公司及分厂的材料出、入库手续必须齐全，调拨及保管账登记详细，不重不漏，保管完好。

第十三条　材料由各单位自行采购，价格上报企业有关部门审批；分公司、分厂无权采购辅助材料，由总公司物流中心配发，原则上规定其他材料如企业供应库已有的材料，各分公司、分厂不准到外面自行购买。

第十四条　会计每月 15 日及 19 日两次以电子邮件形式上报财务部发货流程表（见表 10-4），发货流程表中的项目必须填写完整，15 日及 19 日上报的发货流程表包括当日下班前的发货量。

表 10-4　　　　　　　　　　　　　　发货流程表表样

发货日期	品种	规格	袋 / 箱	数量	车号	车主	发往地点

第十五条　各单位存货收、发数量的核对均根据实际情况进行。

第七章　存货的核算

第十六条　购入原材料的核算。由于结算方式和采购地点的不同，材料入库和货款的支付在时间上不一定完全同步，处理情况如下。

1. 对于发票账单与材料同时到达的采购业务，材料验收入库后，应根据发票账单等结算凭证确定的材料成本进行账务处理。借记"原材料"科目，根据取得的增值税专用发票上注明的（不计入材料采购成本的）税额，借记"应交税费——应交增值税（进项税额）"科目，按照实际支付的款项，贷记"银行存款""内部往来"或"应付账款"科目。

2. 对于材料已经到达并已验收入库，但发票账单等结算凭证未到，货款尚未支付的采购业务，应于月末，按材料的暂估价值，借记"原材料"科目，贷记"应付账款——暂估应付账款"科目。下月初用红字做同样的记账凭证予以冲回。

3. 采用预付货款方式采购的材料，应在预付材料价款时，按照实际预付金额，借记"预付账款"科目，贷记"银行存款"科目；已经预付货款的材料验收入库，根据发票账单等所列的价款、税额等，借记"原材料"科目和"应交税费——应交增值税（进项税额）"科目，贷记"预付账款"科目；预付款项不足时，补付上项货款，按补付金额，借记"预付账款"科目，贷记"银行存款"科目；退回上项多付的款项时，借记"银行存款"科目，贷记"预付账款"科目。

4. 会计要在电子账中分类别按明细项目对材料的购入及发出以数量金额的方式进行核算，不准把同品种但不同规格的材料混在一起核算。

第十七条　领用原材料的核算，根据材料汇总表借记"生产成本""管理费用""制造费用"等科目，贷记"原材料""包装物"等科目；如果企业将材料用于福利部门等，应将购入材料缴纳的增值税转入相关科目，借记"应付职工薪酬"等科目，贷记"应交税费——应交增值税（进项税额转出）"科目。

第十八条　半成品及产成品的核算。财务部依据产品成本计算单及保管员提供的产品入库单记账联，按规格分别借记"自制半成品"或"库存商品"科目下的明细科目，贷记"生产成本""库存商品"及"半成品"科目下按规格设置的明细科目，分别核算产品的入库及发出数量、金额。

第十九条　存货损失的核算。

保管员在出库时应坚持先购进的材料先发出，先完工的产品先出库的原则。对于警戒期的存货应以书面形式向厂长及企业生产科汇报，请示处理办法；对于已过期或不符合生产要求的辅料及包装物不能出库。如因保管员责任出现过期存货，由保管员承担该存货价值的 20%~50% 的损失；如因保管不善造成存货丢失、变质，全部损失由保管员承担，造成严重损失的，对保管员做辞退处理，并由单位主管领导承担损失金额的 5%~10%。发生损失时，借记"待处理财产损溢"科目，贷记"库存商品"等科目，贷记"应交税费——应交增值税（进项税额转出）"科目。批复后，属企业承担部分，借记"营业外支出""管理费用"等科目，贷记"待处理财产损溢"科目；属责任人承担的部分，借记"其他应收款"科目，贷记"待处理财产损溢"科目。

第八章　存货的清查

第二十条　各分公司及分厂对存货采用账面盘存法（永续盘存法）清查，即通过设置详细的存货明细账，逐笔或逐日地记录存货收入、支出的数量金额，以随时结出结余存货的数量、金额。各分公司及分厂每年进行不少于两次的实地盘点，实地盘点时会计必须参加并做好记录。对于盘盈的存货及盘亏或毁损的存货应分清责任，及时向财务部做出书面请示，批复后按规定做账务处理。

第九章　存货日常管理规范

第二十一条　保管员应做到各项存货账面数量与实际库存一致。月末终了，保管员与调拨员核对各项存货的数量，调拨员计算出各类存货的金额与会计核对，做到账账相符、账实相符。

第二十二条　各单位所使用的材料出库单、材料入库单、产品入库单、产品调拨单等必须是公司统一印制的单据，不准自行设计、印制。

第二十三条　年末保管员要把本年的材料入库单、材料出库单、产品入库单、产品调拨单等分别装订成册。

第二十四条　各单位应建立健全保管账，分别记录产品及材料的出、入库。各单位年末结存数量要与存货盘点表一致，与会计账上的数量核对一致，不一致的要写出哪些存货有差异，差异的数量、金额，及处理办法，形成书面材料上报财务部。

第二十五条　年末结账后保管员把保管账和装订好的各项单据上交财务部，与会计凭证一同保管。

第二十六条　保管员按规定接收货物，并向化验室递交原料（或包装物）申请检验单，对于检验合格的物料下发时需附合格化验单；如不合格，应及时将不合格化验单传真至生产科请示处理办法。保管员负责核对企业材料发票与实际收料的差异并向财务部上报差异表。

第二十七条　供应库的调拨员除负责产品出库及材料下拨时开具出库单外，还负责分公司、分厂领取存货流程表的汇总与上报，并与各分公司、分厂核对发放数量。

第十章　附则

第二十八条　本办法由财务部负责解释，自　　年　月　日起执行。

10.3.2　存货管理内部控制制度

第一章　总则

第一条　目的。

为了规范存货管理行为，防范存货业务中的差错和舞弊现象，保护存货的安全、完整，提高存货运营效率，特制定本制度。

第二条　适用范围。

1. 本制度适用于公司在正常生产经营过程中持有以备出售的，或为了出售仍处在生产过程中的，或将在生产过程或提供劳务过程中耗用的存货管理。

2. 存货管理包括计划、采购与生产、保管、发出、盘点、记录和报告。

3. 公司的控股子公司参照执行。

第二章　岗位分工与授权批准

第三条　不相容岗位分离。

1. 存货的采购、验收与付款分离。

2. 存货的保管与清查分离。

3. 存货的销售与收款分离。

4. 存货处置的申请与审批、审批与执行分离。

5. 存货业务的审批、执行与相关会计记录分离。

6. 公司内不得由同一部门或个人办理存货的全过程业务。

第四条　经办和核算存货业务人员的素质要求。

1. 具备良好的职业道德、业务素质。

2. 熟悉存货的用途、物理和化学性质等基本知识。

3. 符合公司规定的岗位规范要求。

第五条　业务归口办理。

1. 存货的采购由采购部办理。

2. 存货的质量验收工作由质量部门办理。

3. 存货的数量验收、保管、发出、保管由仓储部门办理。

4. 付款和会计记录由财务部办理。

5. 公司未经授权的机构或人员不得办理存货业务。

第六条　部门职责。

1. 采购部。

（1）受理采购申请，编制采购作业计划。

（2）执行采购作业。

（3）收集市场价格。

2. 仓储部。

（1）验收数量、保管存货。

（2）按发货指令（领料单或发货单）发货。

（3）对存货的收、发、存进行记录和报告。

3. 财务部。

（1）参与制定存货管理政策。

（2）参与重大采购合同的签订、采购招标及反拍卖工作。

（3）及时对存货进行会计记录。

（4）审查采购发票，正确计算存货成本。

（5）参与存货盘点，抽查保管部门的存货实物记录。

4. 审计部。

对存货的采购合同进行审计。

第七条　授权审批。

1. 授权方式。

（1）存货业务除公司有重大战略性采购或生产需经董事会审批外，其余由公司总经理审批。

（2）公司总经理对各级人员的存货业务授权，每年年初公司以文件的方式明确。

2. 审批权限。

存货业务审批权限如表 10–5 所示。

表 10–5　　　　　　　　　　　**存货业务审批权限**

项目	审批人	审批权限
1. 采购政策	总经理	（1）制定和修订 （2）以总经理办公会议的形式审定
2. 月度采购计划、月度生产计划	总经理或授权事业部经理	以总经理办公会议的形式审批或授权事业部经理办公会议审批
3. 采购作业计划	公司授权审批人	按公司授权范围审批
4. 采购合同	公司授权审批人	按公司授权范围审批
5. 存货发出	公司授权审批人	按公司授权范围审批
6. 存货报废与处置	总经理	审批或授权审批
7. 战略性采购和生产	董事会	（1）重大金额审批 （2）授权总经理审批
8. 接受投资或通过债务重组等方式取得存货	总经理	审批或授权审批

3. 审批方式。

（1）重大战略性采购与生产经董事会决议后，由董事长审批。

（2）采购政策（包括库存限额、采购方式的选择、经济批量等政策性事项）和月度采购计划由总经理召开总经理办公会议或授权总经理决定，并以文件或其他形式下达执行。

（3）存货业务的其他事项审批，在业务单或公司设定的审批单上签批。

4. 批准和越权批准处理。

（1）审批人根据公司对存货业务授权批准制度的规定，在授权范围内进行审批，不得超越审批权限。

（2）经办人在职责范围内，按照审批人的批准意见办理存货业务。

（3）对于审批人超越授权范围审批的存货业务，经办人有权拒绝办理，并及时向审批人的上一级授权部门报告。

第三章　存货的取得、验收与入库控制

第八条　采购存货控制要求。

采购存货控制要求如表 10-6 所示。

表 10-6　　　　　　　　　　　　　　采购存货控制要求

业务操作	操作人	控制要点
1. 物资需求计划	生产部门计划员	（1）每月 28 日根据下月销售计划、生产计划和物资消耗定额编制物资需求计划 （2）根据总经理指令下达、调整和修改物资需求计划
	总经理或被授权的事业部经理	（1）根据总经理办公会议的决定，下达物资需求计划调整指令 （2）审签物资需求计划
2. 采购作业计划	采购计划员	（1）根据物料管理系统采购提示和月度物资需求计划，编制采购作业计划 （2）按授权报审人批准后，将采购作业单下达采购员 （3）将采购作业计划分送仓库、财务部等部门
	授权审批人	按授权审签采购作业计划
3. 选择供应商	采购员	（1）寻找供应商以保证 ①物料供应顺畅 ②进料品质稳定 ③交货数量符合规定 ④交货期准确 ⑤各项工作协调 （2）建立供应商档案，编制供应商清单，记录主要供应商的表现和交易情况 （3）与供应商建立稳定的合作关系 （4）采购前在合格的供应商清单中选择并通知至少三家供应商报送报价清单
	生产部、技术部、质量部、采购部、仓储部、财务部	（1）制定选择主要供应商的评审标准，包括 ①供货历史 ②供货能力和频率 ③产品质量及质量控制能力 ④服务水平 ⑤财务及信用状况 ⑥管理规范 ⑦来自其他客户的评价 （2）定期审定供应商清单 （3）定期对供应商进行优化，将不合格供应商剔出供应商清单

业务操作	操作人	控制要点
4. 比价、洽商、签订合同	采购员	（1）收集市场价格信息 （2）根据供应商报送的报价清单进行比价 （3）与历史交易记录进行比较（最近三笔以上同一材料的交易价格和去年同期交易价格） （4）与公司下达的采购指导价进行比较 （5）分析价格趋势 （6）填写价格比较单，报主管审批 （7）确定供应商，与供应商谈判，就交易数量、质量、交货期、运输方式、结算、责任等达成协议，拟订合同，按授权报请批准或确认 （8）合同条款应符合《中华人民共和国民法典》的规定 （9）重要采购合同至少有两人参加洽谈 （10）__元以上的采购必须签订合同，并送财务部一份 （11）__元以上的采购合同必须经审计部审计 （12）双方签署的订单视同合同
	审计部	（1）对于单项__万元以上的大宗采购，在合同签署前进行审计，在审批单上签署书面意见 （2）判断重点审计合同的采购方式选择是否合理、供应商是否合格、采购价格是否合理等
	财务部	对于金额在__万元以上的采购合同，审定其付款结算方式
	授权审批人	按授权审签合同
	总经理或授权审批人	（1）根据市场情况确定采购方式，如反拍卖、招标、比价、议价、访价（金额小，且对产品质量影响小或无影响） （2）按授权审签合同
5. 采购	采购员	（1）提货或通知供应商送货 （2）记录供应商档案 （3）登记采购手册 （4）装订采购作业单、订单或合同存档
6. 验收	质检员	（1）制定需质检的材料清单 （2）对需进行质量检验的材料，接到质检通知后立即进行质量检验 （3）出具质检报告或在收料单上标明质检结果"合格"或"不合格" （4）对不符合质量要求的材料提出处理意见 （5）对不符合质量要求的材料加以显著标记
	仓管员	（1）将送来的货物放在待验区，将检验合格的货物放在适当的位置 （2）对需质检员检验的材料，通知质检员检验 （3）对货物进行数量验收和质量验收，无采购作业计划的货物以及超计划采购的货物经批准后方能验收 （4）隔离放置不合格的货物，并加以标记 （5）正确使用计量设备和仪器 （6）出具送货差异报告（多送或少送） （7）对验收合格的材料，填制入库单，登记实物账；对实际验收入库的货物予以确认，对发票未到的收料在月末进行暂估入库处理

业务操作	操作人	控制要点
6. 验收	授权审批人	（1）批准或不批准超计划采购 （2）对质量差异报告提出退货或降价处理批示 （3）对送货差异报告做出批示 （4）查明差异责任和质量不符责任
	采购员	（1）查明差异原因和质量不符原因 （2）按授权审批人批示办理退货、降价谈判、补足货物等事宜 （3）记录采购差异的内容及处置过程
7. 货款结算	会计	（1）将发票联与税收抵扣联匹配核对 （2）将发票与合同及采购计划匹配核对 （3）将发票与收料单匹配核对 （4）按合同及付款手续填制付款凭证
	出纳	根据审核的付款凭证和合同规定的付款方式付款

第九条　存货制造控制内控要求。

存货制造控制内控要求如表 10-7 所示。

表 10-7　　　　　　　**存货制造控制内控要求**

业务操作	操作人	内控要点
1. 月度生产计划	计划员	（1）根据月度销售计划、库存存量控制标准，制订月度生产计划 （2）将月度生产计划报总经理批准
2. 生产作业计划	计划员	（1）根据销售合同和销售部的出货计划以及库存存量控制标准，编制生产作业计划 （2）根据总经理的指令调整生产作业计划
	授权审批人	（1）审签生产作业计划 （2）平衡生产能力，调整生产作业计划 （3）下达紧急生产作业计划
3. 制造	生产班组	（1）按生产规程生产 （2）根据生产作业计划（生产指令）生产 （3）改善生产组织，高效、低耗生产 （4）安全、优质、按时、保量生产
4. 验收	质检员	（1）建立质量检验标准和规程 （2）生产各工序完工后及时检验并出具检验报告，或在生产指令卡上签字 （3）将不合格的产品加以显著标记
	仓管员	（1）将合格产品按要求包装，将合格证放在包装内，在包装上贴商标 （2）将合格半成品放置于规定位置 （3）将不合格品隔离放置不予入库，并进行标示 （4）对检验合格入库的自制半成品、产成品、模具等开具入库单，并及时登记入账 （5）对不合格品开具报废单 （6）每月编制本月完工入库报表，及时报送财务部等相关部门

续表

业务操作	操作人	内控要点
4.验收	总经理或授权审批人	（1）按授权审签报废单 （2）责令生产部门分析报废原因，并报送书面分析报告
5.会计核算	会计	（1）及时收集存货生产、入库资料 （2）按成本核算规程核算，并结转存货成本

第十条 委外加工。

1.外协加工商。

公司生产部、质量部、财务部等共同评审外协加工商。

2.委外加工类别。

（1）成品委外加工。公司提供材料或半成品，委托协作厂商制造成成品。

（2）半成品委外加工。公司提供材料、模具或半成品，委托协作厂商制造，其协作加工后尚需公司再加工为成品。

（3）材料委外加工。产品加工过程必需的材料，须委外协作加工后方能用于产品生产。

3.委外加工控制程序及内控要求。

委外加工控制程序及内控要求如表10-8所示。

表10-8 　　　　　　　　**委外加工控制程序及内控要求**

业务操作	操作人	内控要点
1.委外加工申请	生产部计划员	（1）提出委外加工申请必须基于以下原因 ①公司人员、设备不足，生产能力负荷已达饱和状态 ②特殊零件、材料无法购得现货，也无法自制 ③协作厂商有专门的技术，利用委外加工成本低廉且有品质保证 ④配合公司销售、生产需要，需通过协作厂商完成新产品的试制及试制经认可后的大量外协制造作业 （2）书面提出委外加工申请——填写委外加工申请表，注明加工原因及加工类别、数量和质量要求等
	生产部负责人	审核加工申请，对委外加工的必要性和加工数量等内容进行审查
	授权审批人	按授权审签加工申请
2.选择受托加工商	委外加工员（采购员）	（1）选择外协加工商以保证 ①加工品质稳定 ②交货期准确 ③各项工作协调 （2）建立外协加工商档案，定期调查外协加工商的动态和产品质量，定期审查主要外协加工商的表现 （3）建立与外协加工商的稳定关系 （4）委外加工时，在合格外协加工商中选择，并通知至少三家外协加工商报送报价单（特殊委外加工除外）

业务操作	操作人	内控要点
2. 选择受托加工商	生产部、技术部、质量部、财务部	（1）制定外协加工商评审标准，包括加工生产历史、加工能力、加工质量及质量控制能力、加工价格、服务水平、财务及信用状况、管理规范和来自其他客户的评价 （2）调查或书面考查外协加工商 （3）考核外协加工商，选定主要外协加工商，剔除不合格外协加工商
3. 比价洽商、签订合同	生产部委外加工员（采购员）	（1）收集市场价格信息 （2）对外协加工商报送的报价单进行比价，填写价格比较单，报主管审批 （3）选定外协加工商，与外协加工商谈判，就委外加工合同达成协议，拟订加工合同，按授权报请批准或确认 （4）所有的委外加工必须签订合同，并送财务部一份
	审计部	对合同进行审计
	财务部	审查付款结算方式
	生产部经理	审核合同
	授权审批人	按授权审签合同
4. 委托加工	生产部计划员	根据合同，填写委外加工单和委外加工领用单
	仓库	（1）根据委外加工领用单发放委外加工的材料或半成品 （2）根据委外加工领用单准确发放
	委外加工员（采购员）	（1）将委外加工单连同原料或半成品交受托加工方（外协加工商） （2）提供加工图纸、加工及检验标准等技术资料 （3）指导外协加工商按照公司规定进行加工或制造 （4）协助外协加工商提高品质 （5）与外协加工商进行工作联系，了解加工进度和品质 （6）加工完成后，及时提货或通知送货，针对质检不合格的加工品与外协加工商协商
	财务部	审查领用的委外加工品的品种、规格及数量是否与加工合同一致，一致的，加盖财务审核章
	门卫	根据财务部审核后的出门证对物资核对放行
5. 验收、入库	质检员	（1）根据仓库保管员的通知，及时检验委外加工产品 （2）按与外协加工商协定的验收标准抽样验收 （3）出具质检报告或在收料单上标注质检结果"合格"或"不合格" （4）对不合格的委外加工品提出处理意见，协助委外加工员就质量问题与外协加工商协商或交涉
	仓库保管员	（1）将送来的委外加工品放在待验区，将检验合格的货物放在适当位置 （2）通知质检员检验 （3）对货物进行数量验收 （4）将不合格品隔离放置，并加以标记 （5）对验收合格品填制入库单，对验收入库的货物予以确认，对发票未到的收料在月末暂估入账 （6）出具送货差异报告（多送或少送）

业务操作	操作人	内控要点
5. 验收、入库	授权审批人	（1）审查差异报告 （2）责成查明差异责任 （3）对有关责任人提出处罚意见 （4）签署处罚意见书
	委外加工员（采购员）	（1）查明差异原因 （2）与外协加工商协商处理数量、质量差异事项 （3）记录委外加工差异的内容及处理过程
6. 加工核算	会计	（1）将发票联与税收抵扣联匹配核对 （2）将发票与合同及委外加工单匹配核对 （3）将发票与收料单匹配核对 （4）按合同填制会计凭证 （5）及时进行会计处理
	出纳	根据审核的付款凭证和加工合同的付款方式付款

第十一条 受托加工。

受托加工内控要求如表10-9所示。

表 10-9　　　　　　　　　　受托加工内控要求

业务操作	操作人	内控要点
1. 接受委托	业务员	（1）接洽客户 （2）将客户的委托加工要求送交生产部评估 （3）经评估认定客户生产部有能力加工后，正式受理委托加工单
	生产部、技术部、质量部等部门	（1）对业务员提供的委托加工要求进行评估 ①公司的生产负荷能否满足时间要求 ②公司的设备加工能力能否满足质量要求 （2）出具评估意见
	销售部授权审批人	（1）审核委托加工单 （2）审核加工合同
	授权审批人	按授权审签加工合同
2. 验收委托加工品	质检员	（1）按合同规定的质量要求，验收委托方送交的材料或半成品 （2）出具质量报告
	仓管员	（1）按合同规定的数量要求，验收委托方送交的材料或半成品 （2）设置来料加工备查登记簿，实时登记来料数量及领用情况 （3）将来料放置在特定区，不与公司材料（半成品）混合放置
3. 加工	销售部内勤人员	（1）通知生产部加工 （2）向生产部提供受托加工的相关技术资料
	生产部计划员	下达生产用料标准

业务操作	操作人	内控要点
3. 加工	领料员	（1）填写领料单，送交授权审批人审批，领料单应注明物品名称、规格型号、申请数量、加工单号等内容 （2）根据授权人审批的领料单，到仓库领料，核对领用材料（或半成品）与领料单的材料（或半成品）、型号、数量是否一致 （3）办理货物交接手续，并签上自己的姓名
	仓管员	（1）按经批准的领料单发料 （2）按委托加工单和委托单位的来料匹配发料 （3）与领料员办理交接手续，并在领料单上签名 （4）在来料加工备查登记簿上登记 （5）加工单完成后剩余材料（或半成品）按合同规定处理 ①需送回委托单位的通知业务员，办理手续后退回委托单位 ②剩余材料（半成品）归公司的，办理正式入库手续，并将其从特定放置区转入公司材料（或半成品）区
	生产各班组	（1）按生产规程生产 （2）根据生产指令生产 （3）按客户的技术标准和质量标准生产
4. 验收	质检员	（1）各工序完工后，及时检验，出具质量检验报告 （2）根据客户要求的质量标准检验 （3）发现质量问题，及时报告，并会同相关部门分析质量问题的原因 （4）下达质量整改通知，并督促落实
	仓管员	（1）按客户的要求包装 （2）将合格品放在特定区 （3）加工品加工完毕后，通知业务员
5. 通知发货	业务员	接到加工完毕通知后，向仓库下达发货通知
6. 装箱	仓管员	（1）按出货通知、经核对无误的客户委托加工单，由另一人如数装箱 ①确认数量、品种、规格型号无误后发货 ②按客户的要求包装 （2）填写出库单
7. 核对	发运员	（1）核对货物 （2）核对每份订单的总件数、地址、箱头标签等
8. 发运	发运员	（1）核对委托加工单的单号、地名、人名、单位名、电话 （2）将货物清单放置于包装箱内，在箱体写上"内附货单"字样 （3）箱面封口、打包，置于发货区 （4）填写货物发运单，并如数及时发货 （5）与仓管员在发运单上签字
9. 财务结算	开票员	（1）根据合同、仓库装箱单、发运单开具发票 （2）当天将发票联和抵扣联及相关附件送交业务员，将记账联送交财务部记账
	业务员	（1）与客户办理收款手续 （2）催收加工款

业务操作	操作人	内控要点
9.财务结算	财务部	（1）及时计算、结转加工成本 （2）及时对加工业务进行会计账务处理

第十二条 接受投资和抵顶债务取得存货控制。

1. 公司接受投资者投入的存货，其实有价值和质量状况应当经过评估和检查，并与公司筹资合同或协议的约定保持一致。

2. 公司取得的存货为对方单位抵顶债务的，该类存货的取得需事先经有关部门和人员审核、总经理或授权批准人批准，其实有价值和质量状况应当符合双方的有关协议。

第四章　仓储与保管控制

第十三条 仓储计划控制。

公司根据销售计划、生产计划、采购计划、资金筹措计划等制订仓储计划，合理确定库存存货的结构和数量。

第十四条 存货接触控制。

严格限制未经授权的人员接触存货。

第十五条 分类保管控制。

公司对存货实行分类保管，对贵重物品、生产用关键备件、精密仪器、危险品等重要存货的保管、调用、转移等进行严格授权批准，且在同一环节有两人或两人以上同时经办。

第十六条 安全控制。

1. 公司按照国家有关法律法规要求，结合存货的具体特征，建立健全存货的防火、防潮、防鼠、防盗和防变质等措施，并建立责任追究机制。

2. 公司仓储、保管部门建立岗位责任制，明确各岗位在值班轮班、入库检查、货物调运、出入库登记、仓场清理、安全保卫、情况记录等各方面的职责任务，并对其进行检查。

第十七条 生产现场存货控制。

公司生产部门应当加强对生产现场的材料、低值易耗品、半成品等物资的管理和控制，生产班组应根据生产特点、工艺流程等，对转入、转出存货的品种、数量等以及生产过程中废弃的存货进行登记。

第十八条 存货保管的控制要求。

存货保管的控制要求如表 10-10 所示。

表 10-10　　　　　　　　存货保管的控制要求

业务操作	操作人	控制要点
1.仓库设置	主管部门经理	提出仓库设置规划 （1）材料仓库位置应方便生产使用 （2）有利于安全保卫 （3）考虑保管货物的物理性能和化学性能 （4）有货物进出通道，有照明、防火、防水、防盗设施 （5）有合理的存货空间，易于发货、搬运、盘点

续表

业务操作	操作人	控制要点
1. 仓库设置	总经理	批准仓库设置规划
2. 货物堆放	仓管员	（1）保持仓库清洁 （2）采用立堆放方式 （3）按存货的品种、规格堆放，不同物理性能和化学性能的物品分开堆放；危险品隔离存放 （4）划分保管区、待验区、不合格品区 （5）堆放考虑先进先出，易于盘点 （6）对外形规则的货物采用五五堆放法 （7）填制物料储位图，存货依分区及编号顺序排放 （8）建立存货账及物料卡，物料标志朝外
3. 货物保管	仓管员	（1）保管好仓库钥匙，防止丢失 （2）每月定期核对账物 （3）发现物料变质及时报告 （4）对半年以上的呆滞物品编制报表 （5）当日进出货单当日登记入账，实时反映仓库库存情况 （6）保持仓库通风条件，定期检查通风设备和防火、防水、防盗设施，防止货物霉烂变质、失火、失盗
4. 检查	部门经理	每月检查仓库及仓库员工作一次
	主管副总经理	每月抽查仓库及仓库员工作一次
	总经理	每年抽查仓库及仓库员工作一次

第五章　存货的领用、发出与处置控制

第十九条　存货领用内控要求。

存货领用内控要求如表 10-11 所示。

表 10-11　　　　　　　　　　存货领用内控要求

业务操作	操作人	控制要点
1. 物料领用计划	计划员	（1）根据配方标准和物料耗用标准编制物料领用计划 （2）根据其他相关计划和定额消耗标准编制物料领用计划 （3）根据原材料实际参数等调整用料计划，并将其作为领料控制标准
2. 领料申请	领料员	（1）领料单必须经过授权 （2）填写领料单，注明物品名称、规格型号、申请数量、产品批别等内容
3. 领料审批	班组长、部门经理	按审批权限审批

业务操作	操作人	控制要点
4. 发料	仓管员	（1）未经批准的领料申请，不予发料 （2）核对领料计划，是否按公司规定的审批权限审批 （3）按领料单点装货物，并与领料员当面点清，不得多发或少发 （4）材料按先进先出原则发放 （5）与领料员办理交接手续，并在领料单上签名 （6）调整货仓的材料标牌（或物料卡）数量 （7）发料后马上登记实物账
	领料员	（1）核对领用材料与领料单的材料名称、型号、数量是否一致 （2）办理货物交接手续，并签上自己的名字
5. 账目记录	仓管员	（1）实时记录材料领用情况 （2）月末，向财务部报送领料单
	会计	（1）按成本核算规程计算领料成本 （2）定期到仓库点收料单 （3）及时进行会计账务处理

第二十条 存货销售发出内控要求。

存货销售发出内控要求如表 10-12 所示。

表 10-12   **存货销售发出内控要求**

业务操作	操作人	控制要点
1. 接受订单	业务员	按销售控制制度受理订单
	授权审批人	（1）审核订单 （2）按授权签订合同
	信用管理员	提供有关信用资料
2. 备货	内勤员	通知仓库备货或通知生产部生产
	仓管员	备足货后通知内勤员
3. 通知发货	内勤员	根据合同和备货情况，向仓库下达发货通知
4. 装箱	仓管员	（1）对出货通知、客户订单核对无误后，由另一人如数装箱，并附上检验合格证 ①确认数量、品种、规格型号无误后，在订单和发货通知上标注 ②装箱统一用公司包装盒，内置产品应安全、平整 （2）填写装箱单
5. 核对	发运员	（1）核对装箱单 （2）核对每份订单的总件数、地址、箱头标签等
6. 放单发货	发运员	（1）核对各订单的单号、地名、人名、单位名和电话 （2）将货物清单放置于包装箱内，在箱体写上"内附货单"字样 （3）箱面封口、打包并置于发货区 （4）填写货物发运单并如数及时发货 （5）与仓管员在货物发运单上签字

第二十一条　对外捐赠和对外投资发出存货控制。

1. 公司对外捐赠存货时，必须按公司授权，经授权审批人审批，有明确的捐赠对象、合理的捐赠方式、可监督检查的捐赠程序，并且签订捐赠协议。

2. 公司运用存货进行对外投资时，必须按公司对外投资的规定履行审批手续，并与投资合同或协议等核对一致。

第二十二条　呆滞料、废料、旧料、边角余料、呆滞品及废品处置。

1. 标准。

（1）呆滞料，是指品质（型号、规格、材质、效能）不符合标准，或存储过久（半年以上）已无使用机会，或有使用机会但用料极少、存量多且有变质疑虑，或因陈腐、劣化、革新等现状已不适用需专案处理的材料。

（2）废料，是指报废的物料，即经过相当使用，本身已残破不堪或磨损过甚或超过其寿命年限，以致失去原有的功能而本身无利用价值的物料。

（3）旧料，是指物料经使用或储存过久，已失去原有性能或色泽，导致物料的价值减少。

（4）边角余料，是指加工过程中，所产生的物料零头，并已丧失其主要功能。

（5）呆滞品，是指品质不符合标准、储存不当变质或制成后遭客户取消、超量制造等因素，导致储存期间超过 6 个月，需专项处理的成品。

（6）废品，是指不符合质量标准，不能按照原定用途使用的在制品、半成品或产成品。

2. 处置方式和处置部门。

处置方式和处置部门如表 10-13 所示。

表 10-13　　　　　　　　　处置方式和处置部门

项目	处置方式	处置部门	参与部门
1. 呆滞料	（1）销售（变卖） （2）改变原有用途再利用 （3）非货币性交易（交换）	公司授权	生产部、财务部等
2. 废料	（1）销售（变卖） （2）利用 （3）销毁	公司授权	生产部、财务部等
3. 旧料	（1）利用 （2）销售（变卖）	公司授权	生产部、财务部等
4. 边角余料	（1）利用 （2）销售（变卖）	公司授权	生产部、财务部等
5. 呆滞品	（1）降价销售 （2）非货币性交易（交换）	公司授权	财务部等
6. 废品	（1）变卖 （2）销毁、利用	公司授权	生产部、财务部等

3. 处置控制内控要求。

处置控制内控要求如表 10-14 所示。

表 10-14 处置控制内控要求

业务操作	操作人	内控要点
1. 确认	经管部门	（1）按本制度规定的标准予以确认 （2）分析原因，提出分析报告和整改管理措施 （3）按季填写报告单 （4）设置备查登记簿
	经管部门主管	（1）审核报告单 （2）对实物进行核查
	质量部门	（1）进行质量检验 （2）出具质量报告
	财务部	（1）核查报告单 （2）参与实物核查
	授权审批人	审签报告单
2. 处置申请	经管部门	（1）以优先利用为原则 （2）填写处置申请单，注明处置物的处置原因、名称、规格及型号、数量、处置方式
	销售部	（1）负责呆滞产品的处置 （2）填写处置申请单（没有降价的除外），注明处置物的名称、规格及型号、数量、降价幅度等内容
	财务部	在处置申请中签署意见
3. 审批	授权审批人	（1）按授权审批 （2）确定处理期限
4. 处置	处置部门	（1）未经批准不予处置 （2）按时处置 （3）处置收入必须上交财务部 （4）处置必须办理相关手续，填写相关单据
	财务部	（1）参与处置的全过程 （2）开具收据、发票等
5. 会计处理	财务部	（1）及时进行会计处理 （2）正确进行会计处理

第二十三条 存货出门手续。

凡需出门的存货必须办理出门手续，经财务部审核盖章并留存根后方可出门。

第六章　存货盘点

第二十四条 盘点安排。

1. 仓管员每月末自盘。

2. 财务部存货会计每月抽点。

3. 部门负责人每月抽点。

4. 主管副总经理每季抽点。

5. 总经理不定期抽点。

6. 每年年终结账日公司全面盘点。

第二十五条　自盘。

1. 仓管员每月对自己经管的物资必须自盘一次，库存品种、规格超过 100 种的，可以抽点，抽点比例不低于 50% 但抽点数量不少于 100 种。

2. 自盘时，仓管员可要求部门负责人派人协点。

3. 自盘时，仓管员发现呆滞物品、变质物品、盘盈盘亏时，填写自盘报告单，并由财务部派人核实。

第二十六条　抽点。

1. 抽点人随机抽点，抽点比例为 20% 左右。

2. 抽点时，仓管员配合将未办妥手续及代管的货物分开存放，并加以标示。

3. 抽点后，抽点人填写抽点表，抽点人和仓管员签字认可，发现盈亏时，填写盘点盘亏汇总表报总经理。

第二十七条　年终全面盘点。

1. 年终全面盘点由总经理或财务总监组织，由财务部制订盘点计划。

2. 盘点人员包括盘点人、会点人、协点人和监盘人。

（1）盘点人由盘点小组指定，负责点量工作。

（2）会点人由财务部派人担任，负责盘点记录。

（3）协点人由仓库搬运人员担任，负责盘点时的物资搬运工作。

（4）监盘人由内部审计人员或总经理派人担任，以及由负责年度会计报表审计的会计师事务所派人担任。

3. 盘点日由财务部在盘点计划中确定。

4. 会点人按实际盘点数记录盘点表，由会点人、盘点人、监盘人共同签注姓名、时间；盘点表发生差错更正，必须在更正时由盘点人、监盘人及时签字确认。

5. 盘点完毕后，由财务部根据盘点表中的盈亏项目加计金额填列盘点盘亏汇总表，并与仓库、生产部等部门共同提出盘盈盘亏分析报告，经财务总监审核报总经理。

第二十八条　盘盈盘亏处理。

1. 盘盈盘亏金额按公司审批权限规定审批。

2. 财务部根据审批结果进行账务处理，仓管员根据审批结果调整库存数量和金额。

3. 经理办公会议根据盘盈盘亏分析报告和公司的相关规定对责任人进行处罚。

第七章　存货记录和报告控制

第二十九条　存货实物记录。

1. 公司对存货取得验收、入库、保管、领用、发出及处置等各环节设置记录凭证，登记存货的类别、编号、名称、规格、型号、计量单位、数量、单价等内容。

2. 存货管理部门（仓库）必须设置实物明细账，详细登记收、发、存存货的类别、编号、名称、规格、型号、计量单位、数量、单价等内容，并定期与财务部核对。

3. 对代管、代销、暂存、受托加工的存货，要单独记录，避免与公司存货混淆。

第三十条 存货会计记录。

1. 财务部按照国家统一的会计制度的规定，对存货及时核算，正确反映存货的收、发、存的数量和金额。

2. 财务部定期与存货管理部门核对存货和存货账，核对不符时，应及时查明原因，并报告处理。

第三十一条 存货报告。

1. 仓管员每月月末编制存货动态表，详细反映存货的收、发、存情况。

2. 存货期已超 3 个月的存货，仓管员应在存货动态表中注明其采购或生产时间、生产厂家和库存原因等。

3. 发现存货盈亏、霉烂变质及呆滞物品等情况，及时填写报告单，逐级上报至总经理。

第八章 监督检查

第三十二条 监督检查主体。

1. 监事会。监事会依据公司章程对公司存货管理进行监督检查。

2. 审计部。审计部依据公司授权和部门职能描述，对公司存货管理进行审计监督。

3. 财务部。财务部依据公司授权，对公司存货管理进行财务监督。

4. 上级对下级进行日常工作监督检查。

第三十三条 监督检查的内容。

1. 存货业务相关岗位及人员的设置情况。重点检查是否存在不相容职务混岗的现象。

2. 存货业务授权批准制度的执行情况。重点检查授权批准手续是否健全，是否存在越权审批行为。

3. 存货收发、保管制度的执行情况。重点检查存货取得是否真实、合理，存货验收手续是否健全，存货保管的岗位责任制是否落实到位，存货清查、盘点是否及时、正确。

4. 存货处置制度的执行情况。重点检查存货处置是否经过授权批准，处置价格是否合理，处置价款是否及时收取并入账。

5. 存货会计核算制度的执行情况。重点检查存货成本核算、价值变动记录是否真实、完整、及时。

第三十四条 监督检查结果处理。

1. 对监督检查过程中发现的存货内部控制中的薄弱环节，负责监督检查的部门应当告知有关部门，有关部门应当及时查明原因，采取措施加以纠正和完善。

2. 公司监督检查部门应当按照内部管理权限向上级有关部门报告存货内部控制监督情况和有关部门的整改情况。

10.4　固定资产管理

10.4.1　固定资产管理制度

第一章　总则

第一条　为加强公司固定资产管理，科学、合理、高效地配置和使用固定资产，确保公司固定资产安全、完整，制定本制度。

第二条　本制度适用于公司的固定资产管理，为生产产品、提供劳务、出租或者经营管理而持有的，使用时间超过一个会计年度的非货币性资产，包括房屋、建筑物、机器、机械、运输工具以及其他与生产经营活动有关的设备、器具、工具等。

第二章　职责与权限

第三条　财务部。

（1）财务部是公司固定资产的综合反映和监督管理部门，负责公司固定资产的账卡一致，负责指导、检查、监督各归口管理和使用部门的固定资产管理具体业务工作，负责办理固定资产报废对外报批手续。

（2）负责登记公司固定资产总账、明细账、卡片账，保证账账、账卡相符。

（3）负责公司固定资产增减变动，折旧、减值准备的计提等相关会计核算。

（4）全面掌握公司固定资产增减变动情况，会同相关部门及时办理固定资产的增减、转移、租赁手续和残值回收工作。

（5）负责办理固定资产报废的对外报批手续。

（6）负责指导、检查、监督各管理和使用部门的固定资产管理具体业务工作。

（7）协助固定资产归口管理部门建立、健全固定资产台账。

（8）参与固定资产购建、更新改造和检修计划的制订，负责固定资产投资及后续支出和运行维护费的预算管理，并控制其资金执行情况。

（9）负责固定资产投保以及出险后的索赔工作等。

第四条　综合部。

（1）固定资产归口管理主要是指从实物形态及时、准确地反映固定资产的增减变动情况，按技术要求对固定资产实施管理，确保固定资产的安全完整和有效使用。

（2）根据所负责管理的实物资产的类别、特点，制定具体的实物资产管理办法。

（3）建立健全所管固定资产台账，做到账、卡、物一致。

（4）会同财务部负责组织实施固定资产的清查盘点，建立、保管固定资产卡片副本，确保实物账面相互核对一致。

（5）正确核定固定资产需要量，合理调配固定资产。

（6）组织和督促使用保管部门加强固定资产实物管理，使其符合财务价值管理的要求。

（7）正确及时办理固定资产的验收、调配、报废等工作。

（8）掌握所管理的固定资产的增减变动情况，随时掌握固定资产的技术状态，保证固定资产完整无缺。

（9）检查和鉴定固定资产技术状况和使用效率，对闲置、盘盈、盘亏和贬值的固定资产提出处理意见。

（10）审核和统筹安排固定资产的更新改造、大修计划，编报费用预算，按批准后的预算组织实施，督促工程如期完成。

（11）组织更新改造及大修重点工程项目的竣工验收工作。

（12）组织审核各项固定资产的出售、报废、停用、拆除及内部转移等技术鉴定工作。

（13）组织对出险的固定资产进行技术鉴定，收集有关资料提供给财务部。

（14）综合部为公司办公、电子（计算机、打印机、复印件、相机、空调等）及日常管理类固定资产的归口管理部门，工程部为公司生产类固定资产的归口管理部门。

第五条　资产使用保管部门。

（1）资产使用保管管理是固定资产管理的基础，主要是指对使用管理的固定资产的安全运行、维护保养及检修等方面的日常管理，保证固定资产的使用及质量处于良好状态。

（2）按谁使用谁保管的原则，将固定资产的保管责任落实到人。

（3）提出固定资产的更新改造、检修意见，提交管理部门统筹安排，经批准后组织实施，确保如期完成。

（4）指定本部门的资产管理员，并报财务部备案，遇内部调动时，要主动与财务部联系，重新指定新的资产管理员并备案。

（5）资产管理员负责登记固定资产台账，及时组织办理各项资产变动交接手续，保证台账记录与财务部一致。

（6）本部门使用保管的固定资产未经资产管理员许可，任何人员不得擅自动用、调换和拆卸。

（7）对所使用的固定资产应定期进行维护，以延长其使用寿命；对暂时闲置的固定资产应安全存放保养；对长期闲置的固定资产应进行及时调配。

（8）制订本部门固定资产需求计划，并由资产管理员办理计划填报及组织资产验收、领用等的相关手续。

（9）对固定资产的报废、出售等工作，会同管理部门填制固定资产报废、出售审批表，提出书面处理意见，经归口管理部门鉴定、核查，进行审批后处置，及时收回处置收入交财务部入账（或统一交由物资管理部门处置）。

（10）按财务部和归口管理部门的要求，每季度或不定期对固定资产进行清查盘点，保证卡、物相符。

（11）及时做好固定资产出险通知、现场保护及证据收集等工作，配合财务部和归口管理部门办理索赔手续。

第三章　管理内容与方法

第六条　固定资产分类。

固定资产划分为电力专用设备、通用设备、房屋及建筑物和土地四大类，并结合电力生产程序和设备分布情况确定为十四类，每一类固定资产又按照用途进行分类。具体分类见各单位固定资产目录。

固定资产因更新改造或其他原因改变其原来用途，引起资产分类变化的，应予以重新分类。

第七条　固定资产按历史成本入账。

第八条　零星购入的不需要经过建造过程即可使用的固定资产，以实际支付的买价加上支付的场地整理费、装卸费、运输费、安装费和税金及专业人员服务费等作为入账价值。

第九条　自行建造的固定资产，以建造该项资产达到预定可使用状态前所发生的必要支出作为入账价值。

第十条　投资者投入的固定资产，应以投资各方确认的价值作为入账价值（但价值不公允的除外）。

第十一条　融资租入的固定资产，以租赁开始日资产的原账面价值与最低租赁付款额的现值中的较低者作为入账价值。如果融资租赁资产占公司资产总额比例等于或低于30%，在租赁开始日，公司也可以最低租赁付款额作为固定资产的入账价值。

第十二条　在原有固定资产基础上进行改建、扩建的，以原有固定资产账面价值，加上改扩建而使该项资产达到预定可使用状态前发生的支出，减去改扩建过程中发生的变价收入作为入账价值。

第十三条　盘盈的固定资产，由使用保管部门查明情况，填制固定资产盘盈报告单，经实物归口管理部门鉴定估价，具体可以同类或类似固定资产的市场价格估价，减去按该项资产的新旧程度估计的价值损耗后的余额作为入账价值，报财务部入账处理。

第十四条　集团公司内部经批准无偿调入的固定资产，以调出单位的账面价值加上发生的运输费、安装费等相关费用作为入账价值。

第十五条　对技改工程增加固定资产应区分不同情况进行相应处理。

（1）技改工程仅涉及某一项固定资产，如原固定资产需报废，应先将该项固定资产进行报废处理，以改建、扩建实际发生的支出作为新固定资产的入账价值；

（2）如原固定资产不报废，并且技改工程不改变原固定资产的使用寿命、净残值等因素的，以原固定资产的账面价值加上由于改建、扩建而发生的支出，减去改建、扩建中发生的变价收入，作为入账价值。

（3）技改工程涉及多项固定资产，其中一项或几项需报废的，先将需报废固定资产进行报废处理。根据工程实际情况对工程费用进行拆分，对需增加的新的固定资产项目，以固定资产的建造成本（包括购入成本和应分摊的工程材料费、安装费、人工费、管理费等）作为新固定资产入账价值，对需增加原固定资产入账价值的应按分摊的工程费用，减去相关的变价收入，增加原固定资产的账面价值。

（4）技改工程对原固定资产的影响较大，已改变固定资产的使用寿命等相关因素的，以原固定资产的账面价值加上由于改建、扩建而发生的支出，减去发生的变价收入，作为入账价值，同时应组织相关人员重新确定该固定资产的折旧年限、净残值等，修改原固定资产卡片。

第十六条　固定资产的入账价值中，还应当包括公司为取得固定资产而缴纳的契税、耕地占用税、车辆购置税等相关税费。

第十七条　已入账固定资产价值，除发生下列情况外，不能任意变动。

（1）根据国家规定对固定资产重新估价。

（2）增加补充设备或改良装置。

（3）将固定资产的一部分拆除。

（4）根据实际结算价值调整原来的暂估价值。

（5）发现原登记的固定资产价值有错误。

第十八条 固定资产的折旧方法采用年限平均法，折旧率根据固定资产原值减去预计净残值后的余额和折旧年限确定。

第十九条 公司固定资产的分类、折旧年限、残值率及年折旧率见表10-15。

表 10-15 固定资产分类及折旧

固定资产分类	折旧年限	残值率（%）	年折旧率（%）
一、输电线路			
1. 铁塔（杆）输电线路	18	5	5.28
2. 水泥杆输电线路	18	5	5.28
3. 电缆输电线路	18	5	5.28
二、变电设备			
1. 变压器	10	5	9.5
2. 互感器	10	5	9.5
3. 高压电器	10	5	9.5

第二十条 除以下情况外，公司应对所有固定资产计提折旧。

（1）已提足折旧仍继续使用的固定资产。

（2）按规定单独估价作为固定资产入账的土地。

（3）已全额计提减值准备的固定资产。

第二十一条 固定资产折旧应当按月计提。当月增加的固定资产当月不计提折旧，从下月起计提折旧；当月减少的固定资产，当月仍计提折旧，从下月起停止计提折旧。

第二十二条 折旧方法和折旧年限一经确定，不得随意变更。因特殊原因确需变更折旧政策的，报经集团公司批准，并在年度财务报告及报表附注中予以详细披露。

第二十三条 固定资产的增加。

固定资产的增加包括购建、投资转入、接受捐赠、盘盈及其他途径。固定资产的购建方式包括基本建设、更新改造和零星购置。固定资产增加依照公司预算管理制度的规定纳入预算管理。新增固定资产必须履行交接验收程序。

第二十四条 基本建设和更新改造工程竣工，项目建设管理单位应按规定及时组织项目竣工验收、编制竣工决算报告、办理资产移交手续。工程财务核算以及竣工决算程序按照公司《基本建设财务管理办法》执行。

（1）对技改工程增加固定资产，应在技改工程竣工决算后，由生产技术部牵头组织使用单位、财务部、固定资产管理部门等相关固定资产责任部门验收。合同承办部门需填制技改工程转增固定资产验收单，提供本次技改所涉及固定资产技改前的使用状况、技改工程对固定资产的拆除情况，以及进行财务结算和固定资产管理所需要的其他资料；使用部门应提供拆除固定资产的处置情况或者保管情况，以便于财务部进行相应的会计处理。

（2）零星购置固定资产，由经办部门根据批准的预算、计划及固定资产采购申请单组织实施。资产购入后，资产管理部门应及时办理资产验收、交接手续，填制固定资产卡片，连同有关批准文件、合同、协议、发票单证等，报送财务部办理固定资产入账手续。零星购置固定资产需要安装的，安装完成后转增固定资产。

第二十五条　购置固定资产一般应签订经济合同。重大建造项目在进行可行性研究认可并进行价格、性能的比较之后，方可签订经济合同。

第二十六条　经济合同一式三份，综合部、财务部、相关部门各一份。

第二十七条　投资转入、接受捐赠固定资产，由经办部门根据有关批准文件组织实施，按前条规定办理资产交接和入账手续。

第二十八条　盘盈的固定资产，由使用保管部门查明情况，填制固定资产盘盈报告单，经实物管理部门鉴定估价后，报财务部入账。

第二十九条　固定资产的验收。

（1）房屋、建筑物、技改工程的验收，参照国家相关工程管理标准，工程验收合格后，按规定办理移交手续，登记入账，并由合同承办人将立项申请、竣工验收报告及决算资料交财务部一份，据以结算。

（2）仪器设备和电器设备的验收，由设备采购部会同相关管理部门、使用部门和专业技术人员共同参加验收；大型、精密、贵重仪器设备由上述单位和有关领导组成验收组进行验收，并由承办人将固定资产验收单、发票、合同等资料交采购部办理固定资产入库。

（3）验收必须严格把关。数量验收，应按货运单当场开箱，依照装箱单对主机及其附件逐台、逐件进行核对；质量验收，应根据不同情况进行现场试验，各项技术参数均应符合要求，并应检查完好无损。如发现数量不符、质量问题及损坏情况应立即通知采购人员，并督促采购人员及时和供货商或厂家取得联系，办理退换或赔偿等有关手续。

第三十条　固定资产的领用。

（1）使用部门根据公司工程物资管理系统的流程领用固定资产后，应填制固定资产领用单。

（2）房屋及建筑物、技改工程等固定资产于增加验收后，由使用部门填写固定资产增加单（一式三联，使用部门、固定资产管理部门、财务部各一份），使用部门、固定资产管理部门根据固定资产增加单登记固定资产台账。

（3）各使用部门领用的固定资产实行挂牌定位管理。每台（套）固定资产在适当位置挂置固定资产标示牌，必备内容为：①固定资产编号，②固定资产名称，③固定资产规格型号，④固定资产数量，⑤固定资产管理部门，⑥固定资产使用部门，⑦固定资产使用人或专责人，⑧固定资产存放地点。

（4）使用部门、管理部门、财务部的固定资产账应每半年核对一次，使用部门与管理部门核对相符，管理部门与财务部核对相符，如有缺漏或错误事项应予以及时补正。

（5）各使用部门领用的固定资产，如需要在部门之间进行调配，需填制固定资产内部调拨单，管理部门对各使用部门某些不再使用或多余的固定资产，应及时处理，防止资产积压和浪费。

（6）固定资产使用人或专责人更换的，必须办理移交手续，并及时通知财务部及归口管理部门，以便修改固定资产卡片及台账的相关内容。

第三十一条　固定资产转让。

固定资产转让包括出售各类固定资产（但不包括已报废固定资产的残值处理），以固定资产对外投资、对外捐赠、抵偿债务，及其他让渡固定资产所有权的行为。固定资产转让涉及投资、捐赠等其他经济管理事项的，须同时遵守集团公司的相关规定。固定资产转让由经办部门根据有关批准文件组织实施，填制固定资产转让审批单，办理审批手续后，连同有关文件、合同、协议、单证等，报送财务部办理固定资产清理手续。经办部门负责将回收的转让价款交财务部入账。公司与其他单位进行固定资产置换，视同一项连续的固定资产转让及购置行为，比照固定资产转让及购置的管理权限和程序进行管理。

第三十二条 固定资产报废条件。

（1）运行日久，其主要结构、机件陈旧，损坏严重，经鉴定再给予大修也不能符合生产要求；或虽然能修复但费用太大，修复后可使用的年限不长，效率不高，在经济上不可行。

（2）腐蚀严重，继续使用将发生事故，又无法修复。

（3）严重污染环境，无法修治。

（4）淘汰产品，无零配件供应，不能利用和修复；国家规定强制淘汰报废；技术落后不能满足生产需要。

（5）存在严重质量问题或其他原因，不能继续运行。

（6）进口设备不能国产化，无零配件供应，不能修复，无法使用。

（7）因运营方式改变全部或部分拆除，且无法再安装使用。

（8）遭受自然灾害或突发意外事故，导致毁损，无法修复。

第三十三条 固定资产报废程序。

（1）使用部门提出申请，并填写固定资产报废审批表，注明资产基本情况及报废原因等有关事项。

（2）资产归口管理部门组织有关人员进行技术鉴定并签注审查意见。

（3）资产归口管理部门按审批权限上报审批，未经批准，使用部门及管理部门不得随意拆除或变价出售。

（4）凡经批准报废的设备，使用部门将报废仪器和报废单及时交回仓库，对于无法缴库的资产，管理部门或使用部门应妥善保管。

（5）经批准报废的固定资产由财务部组织固定资产管理部门、专业技术人员、计划经营部对报废固定资产做出清理意见，并对固定资产的净残值、清理过程中的收支（如清理费用、过失人或保险公司赔偿款、残料收入等）情况做出价值估计。

（6）经批准报废处理的固定资产，由资产归口管理部门专人办理完审批手续后，及时传递至财务部做资产报废账务处理，以确保账实相符。

（7）报废固定资产由设备采购部按照《废旧物资管理办法》统一处理，变价收入及时交回财务部入账。

（8）经查如报废固定资产是使用人违反操作或保管人管理不善，造成固定资产损坏、丢失，责任部门应及时查明原因，分清责任，确定赔偿金额，并按有关规定处理。

第三十四条 固定资产卡片的存储介质采用电子形式。财务部、实物管理和使用保管部门应当使用同一固定资产管理系统。

固定资产卡片记录内容包括但不限于：

（1）资产名称、编码、分类、规格型号、生产制造单位、计量单位及数量；

（2）资产原值及其变动情况；

（3）折旧率、残值率、累计折旧、已提减值准备、资产净值及其变动情况；

（4）主要附属设备的名称、规格型号、生产制造单位、计量单位及数量；

（5）资产启用日期、预计使用年限、归口管理部门、使用保管单位、具体存放地点、保管人。

第三十五条　固定资产卡片正本即固定资产明细分类账，应按照会计基础工作规范的有关要求加强管理。固定资产价值发生变动时，财务部应及时通知实物管理和使用保管部门，对固定资产卡片副本做相应变动记载；固定资产实物形态发生变动时，实物管理和使用保管部门应及时通知财务部，对固定资产卡片正本做相应变动记载。

第三十六条　固定资产发生报废、无偿调出、有偿转让、盘亏等固定资产减少事项后，原固定资产卡片应继续保存 5 年以上。

第三十七条　公司按照谁使用谁保管的原则，落实管理责任部门、单位和责任人，规范管理程序，保证资产的安全完整和正常运行，防止资产损失。管理不善造成固定资产盘亏、毁损、闲置浪费的，应追究有关责任人员的经济及法律责任。资产使用保管人员辞职、调离工作岗位、离退休，应在办理离职手续前，将其保管使用的固定资产移交完毕，使用保管部门负责人负责监交。

第三十八条　固定资产清查。

资产归口管理部门会同价值管理部门对固定资产进行全面或局部的清查盘点，保证账、卡、物相符。原则上每年年末应当进行一次全面清查。

年终前各使用部门资产管理员应与财务部核对固定资产台账，做到账、卡、物相符。

固定资产清查盘点工作由资产归口管理部门负责实施；固定资产使用保管部门应密切配合，配备懂技术和了解固定资产状况的人员协助固定资产清查工作，填制固定资产清查盘点表，提供有关资料。

对大型、贵重、精密仪器设备的使用情况和技术状况，要建立年审制度和技术档案。

公司各部门负责人应协助资产归口管理部门做好固定资产的清查、盘点及核对工作。

清查盘点结束后，资产归口管理部门应当提交清查盘点报告，对盘盈、盘亏固定资产原因进行认真分析，提出整改措施并会同有关部门对相关责任人提出具体处理意见。清查盘点报告报送财务部，按有关财务会计制度对清查盘点结果进行处理；发现重大资产损溢，或有其他重要问题的，上报本单位决策机构审批。

资产清查发现重大资产损失情况时按照集团公司《资产损失核销制度》执行。

对于报废的固定资产按报废程序办理。

发现固定资产盘盈时，应由使用部门和管理部门办理固定资产入账手续，财务部按规定入账。

发现固定资产盘亏时，应由使用保管部门负责查明原因，根据固定资产盘点表填制固定资产盘亏审批单，按内部管理程序报经公司领导批准后，报送财务部办理固定资产清理手续。

如出现固定资产的可收回金额小于账面价值的情况，应当计提固定资产减值准备。

第三十九条　固定资产减值情形。

（1）固定资产市价大幅度下跌，其跌幅大大高于因时间推移或正常使用预计的下跌，并且预计在近期内不可能恢复。

（2）固定资产陈旧过时或者实体损坏等。

（3）公司所处经营环境，如技术、市场、经济或法律环境，或者产品营销市场在当期发生或在近期发生重大变化，并对公司产生负面影响。

（4）同期市场利率等大幅度提高，进而很可能影响公司计算固定资产可收回金额的折现率，并导致固定资产可收回金额大幅度降低。

（5）固定资产预计使用方式发生重大不利变化，如公司计划终止或重组该资产所属的经营业务、提前处置资产等情形，从而对公司产生负面影响。

（6）其他有可能表明资产已经发生减值的情况。

第四十条 当存在下列情况之一时，应当按照该项固定资产的账面价值全额计提减值准备。

（1）长期闲置不用，在可预见的未来不会再使用，且已无转让价值的固定资产。

（2）由于技术进步等原因，已不可使用的固定资产。

（3）虽然固定资产尚可使用，但使用后产生大量不合格品的固定资产。

（4）已遭毁损，以至于不再具有使用价值和转让价值的固定资产。

（5）其他实质上已经不能再给公司带来经济利益的固定资产。

第四十一条 期末，应由价值管理部门、实物管理部门、使用部门、设备采购部门共同组成的专家组对出现上述情形的资产进行评估，确认固定资产的可收回金额，履行相关报批手续，由财务部按《企业会计准则》相关规定进行相应账务处理。

第四章　附则

第四十二条 本制度由公司财务部负责解释。

第四十三条 本制度自发布之日起生效执行。

10.4.2　固定资产内部控制制度

第一章　总则

第一条 目的。

1. 规范固定资产的管理行为。

2. 防范固定资产管理中的差错和舞弊现象。

3. 保护固定资产的安全性、完整性，提高固定资产的使用效率。

第二条 适用范围。

本制度适用于公司的固定资产管理，各控股子公司参照执行。

第二章　岗位分工与授权批准

第三条 不相容岗位分离。

1. 固定资产投资预算的编制与审批分离。

2. 固定资产的取得、验收与款项支付分离。

3. 固定资产投保的申请与审批分离。

4. 固定资产的保管与清查分离。

5. 固定资产处置的申请与审批、审批与执行分离。

6. 固定资产业务的审批、执行与相关会计记录分离。

7. 不得由同一部门或个人办理固定资产的全过程业务。

第四条　经办和核算固定资产业务人员的素质要求。

1. 具备良好的职业道德、业务素质。

2. 熟悉固定资产的用途、性能等基本知识。

3. 符合公司规定的岗位规范要求。

第五条　业务归口办理。

1. 固定资产的采购由采购部门办理。

2. 固定资产的建造由公司基建部门归口办理。

3. 固定资产管理由公司基建部门归口办理。

4. 在用固定资产的保管工作由使用部门负责。

5. 未经授权的机构或人员不得办理固定资产业务。

第六条　部门职责。

1. 使用部门。

（1）提出固定资产的购置、大修申请。

（2）固定资产的保管、日常维修、维护和保养。

（3）固定资产处置申请。

（4）建立本部门的固定资产台账。

2. 基建部门。

（1）提出固定资产购置预算。

（2）下达固定资产购置计划。

（3）固定资产建造管理，包括建造过程、工程物资的管理。

（4）组织固定资产验收。

（5）办理固定资产处置和转移。

（6）建立固定资产台账和卡片。

（7）组织编制固定资产目录。

（8）定期对固定资产的安全和使用情况进行检查。

3. 财务部门。

（1）建立固定资产台账。

（2）对固定资产进行会计核算。

（3）参与固定资产的验收、检查、处置和转移工作。

（4）每年年底组织进行固定资产盘点。

4. 审计部门。

（1）对采购或建造合同进行审计。

（2）参与固定资产的验收、检查、处置和转移工作。

第七条　授权审批。

1. 授权方式。

（1）公司对董事会的授权由公司章程和股东大会决议。

（2）公司对董事长、总经理的授权，由公司章程规定和公司董事会决议。

（3）总经理对其他人员的授权，年初以授权文件的方式明确。

（4）对经办部门的授权，在部门职能描述中规定或临时授权。

2. 审批权限。

固定资产的审批权限如表 10-16 所示。

表 10-16　　　　　　　　　固定资产的审批权限

项目	操作人	审批范围和权限
购置	股东大会	涉及总金额在公司净资产 20% 以上（含 20%）的购置计划
	董事会	（1）审批年度购置预算 （2）审批年度购置计划 （3）授权董事长、总经理做出购置决策
	董事长	（1）根据董事会决议或授权，签署批准购置计划和购置方案 （2）董事会闭会期间，在授权范围内做出购置决策
	总经理	在授权范围内批准购置计划、购置方案，签署购置协议
处置	股东大会	（1）成批处置公司主要生产用设备 （2）一次性处置或连续四个月累计处置固定资产总金额超过公司固定资产 30% 以上（含 30%）的处置计划
	董事会	（1）批准除需经股东大会批准事项之外的处置计划 （2）授予董事长、总经理审批固定资产处置权限
	董事长 总经理	按授权审批固定资产处置计划

3. 审批方式。

（1）股东大会、董事会以决议的形式批准，董事长根据股东大会决议、董事会决议签批。

（2）董事会、总经理以及其他被授权审批人员，以书面形式直接签批。

4. 批准和越权批准处理。

（1）审批人根据固定资产业务授权批准制度的规定，在授权范围内进行审批，不得超越审批权限。

（2）经办人在职责范围内，按照审批人的批准意见办理固定资产业务。

（3）对于审批人超越授权范围审批的固定资产业务，经办人有权拒绝办理，并及时向审批人的上一级授权部门报告。

第三章　固定资产取得与验收控制

第八条　固定资产投资预算管理。

1. 公司固定资产投资预算的编制、调整、审批、执行等环节，按照《公司预算管理实施办法》执行。

2. 公司根据发展战略和生产经营的实际需要，并综合考虑固定资产投资方向、规模、资金占用成本、预计盈利水平和风险程度等因素编制预算。

3. 在对固定资产投资项目进行可行性研究和分析论证的基础上合理安排投资进度和资金投放。

第九条 外购固定资产。

1. 固定资产外购业务控制要求。

固定资产外购业务的控制要求如表 10-17 所示。

表 10-17　　　　　　　　　　　固定资产外购业务控制要求

业务操作	操作人	控制要求
采购申请	固定资产使用部门	（1）请购申请的固定资产，年初列入年度预算 （2）采购项目已通过可行性论证并且可行 （3）对请购的固定资产的性能、技术参数有明确要求 （4）书面申请
审核	基建部门	（1）核实采购申请是否列入年度计划 （2）审核采购项目是否经过可行性论证并且可行 （3）必要时，征求有关专家的意见
审核	审计部门	（1）核实采购申请是否列入年度预算 （2）按相关制度进行合同审计
审批	审批人	（1）按照公司授权，在授权范围内审批 （2）审批时应充分考虑审核部门的意见，未经审核的采购项目不予审批
采购作业计划	基建部门	（1）未经批准的项目和越权批准的项目不予下达采购作业计划 （2）采购计划一式四份，基建部门、财务部门、采购部门、仓库各一份 （3）采购作业计划须经授权批准人批准
资金安排	财务部门	（1）根据采购作业计划准备资金 （2）未经批准的采购项目不予安排资金
采购作业	采购部门	（1）严格按采购作业计划书规定的规格型号、技术参数采购 （2）除特殊采购项目外，必须有三家以上的备选供应商 （3）开展比价采购或招标采购

2. 紧急采购。

（1）紧急采购必须由总经理批准或授权审批人批准。

（2）紧急采购不属于须经股东大会或董事会批准的采购项目。

（3）紧急采购作业计划由基建部门下达，并注明"紧急采购"字样。

（4）未经总经理批准或授权审批人批准，采购部门不得采购。

第十条 固定资产验收和交付使用。

1. 固定资产验收。

（1）基建部门会同采购部门、使用单位、财务部门、审计部门组成验收小组，按固定资产的不同取得方式进行验收工作。

（2）对于外购固定资产，验收小组应按照合同、技术交底文件规定的验收标准进行验收；对于重要设备，必须有供应商派员在场时，方能开封验收；验收不合格时，应及时通知供应商，并由基建部门组织相关人员与供应商协商退货、换货、索赔等事项。

（3）验收固定资产时，由基建部门出具验收报告，并与购货合同、供应商的发货单及投资方、捐赠方等提供的有关凭据、资料进行核对。

（4）办理固定资产验收手续的同时，基建部门应完整地取得产品说明书及其他相关说明资料。

2. 固定资产交付使用。

（1）经验收合格的固定资产，由基建部门填制固定资产交接单（一式三份，基建部门、财务部门、使用部门各一份），作为登记固定资产台账和建立固定资产卡片的依据。

（2）对于经营性租入、借用、代管的固定资产，公司应设立备查登记簿进行专门登记，避免与公司的固定资产相混淆。

第十一条 固定资产购置付款。

按公司《内部会计控制制度——货币资金》的有关规定办理。

第四章 固定资产的日常管理控制

第十二条 固定资产账卡设置。

1. 固定资产目录册。

公司固定资产管理部门（基建部门）会同财务部门以及相关部门，编制固定资产目录册，在目录册中明确固定资产编号、名称、类别、规格型号以及折旧年限、折旧方法、预计残值等，目录册经董事会批准后，不得随意改变，并备置于公司本部。

2. 固定资产台账和卡片。

（1）公司财务部门、管理部门、使用部门分别设置固定资产登记簿和卡片，记录固定资产编号、名称、类别、规格型号、购置日期、原始价值等资料。

（2）公司管理部门与使用部门、财务部门定期核对相关账簿、记录、文件和实物，发现问题及时向上级报告和处理，以确保固定资产账账、账实、账卡相符。

第十三条 对固定资产实行"定号、定人、定户、定卡"管理。

1. 固定资产定号管理。固定资产管理部门（基建部门）负责编制固定资产目录，对每单项固定资产进行分类、分项统一编号，并制作标牌固定在固定资产上。

2. 固定资产定人保管。根据"谁用、谁管、谁负责保管维护保养"的原则，把固定资产的保管责任落实到使用人，保证每项固定资产都有专人保管。

3. 固定资产定户管理。以每个班组或部门为固定资产管理户，设兼职固定资产管理员，对班组、部门的全部固定资产的保管、使用和维护保养负全面责任。

4. 固定资产定卡管理。以每个班组或部门为单位，为每项固定资产建立固定资产保管卡，记录固定资产的增减变动情况。调入增加时，开立卡片，登记固定资产的调入日期、调入前的单位、固定资产的统一编号、主机和附件名称、规格型号、原始价值和预计使用年限，以及开始使用的日期和存放的地点。调出时，登记固定资产的调出日期、接受单位和调令编号，并注销卡片。

第十四条 固定资产的维修保养。

1. 公司基建部门会同生产部门以及相关部门制定固定资产维修保养制度，保证固定资产正常运行，控制固定资产维修保养费用，提高固定资产使用效率。

2. 保管部门和操作人员定期对固定资产进行检查、维护和保养，公司基建部门会同生产部门定期对固定资产的使用、维修保养情况进行检查，及时消除安全隐患，降低固定资产故障率和使用风险。

3. 固定资产需要大修，由使用部门提出申请，固定资产管理部门（基建部门）、生产技术部门、使用部门、财务部门共同组织评估，提出修理方案，经授权审批人审批后，由固定资产管理部门组织实施，固定资产大修验收由固定资产管理部门、使用部门、生产技术部门、财务部门共同组织进行。

4. 固定资产维修（包括大修）保养费用，纳入公司年度预算，并在经批准的预算额度内执行。

5. 公司定期组织对新设备的操作人员、设备的新操作人员进行培训以及对操作人员进行定期技术考核，以降低固定资产的使用风险。

第十五条 固定资产投保。

1. 投保范围。

（1）公司固定资产在取得之后尚未投保且具有危险的，应办理保险或附加保险；对于不易发生损失危险的，应在报请公司领导批准之后不予投保。

（2）已办理保险但其受益人变更时，须办理变更手续。

（3）当固定资产做抵押品时，认定不易发生损失危险因而未投保的，如果债权人要求投保，仍应该予以投保。

2. 投保办理部门。

（1）申请部门：固定资产管理部门。

（2）审核部门：财务部门。

（3）经办部门：固定资产管理部门、财务部门。

3. 投保手续。

（1）固定资产管理部门根据领导批准的投保项目，提出投保申请。

（2）财务部门接受投保申请经审核之后，填制投保书，向保险公司办理投保手续。

（3）财务部门订立保险合同之后，保单自存，将两份保单副本连同收据送固定资产管理部门核对后，一份留存，另一份连同收据留财务部门据以付款。如果投保的固定资产因提供抵押，而必须办理受益人转移，则保单正本交债权人收存。

第十六条 固定资产清查盘点。

1. 盘点方式。

（1）每年年终时由财务部门会同固定资产管理部门、固定资产使用部门组成清查盘点小组，对公司所有固定资产进行一次全面盘点，根据盘点结果详细填写固定资产盘点报告表，并与固定资产账簿和卡片相核对，发现账实不符的，编制固定资产盘盈盘亏表并及时做出报告。

（2）财务部门、固定资产管理部门在年中应不定期对固定资产进行抽点检查。

2. 人员分工。

使用部门为盘点人、财务部门为会点人、管理部门为复点人。

3. 盘点程序。

（1）财务部门依据固定资产目录拟订盘点计划。

（2）使用部门与管理部门做好盘点前的准备。

（3）盘点人员实施现场实地盘点，编制固定资产盘点报告表，一式三份，一份交使用部门，一份交管理部门，一份由财务部门呈报总经理核准后作为账务处理依据。

（4）财务部门经账实核对后，编制固定资产盘盈盘亏表，计算盘盈、盘亏结果，并将结果反馈给使用部门和管理部门。

（5）使用部门对盈亏差异进行分析，找出原因，分清责任，形成书面报告，由管理部门、财务部门出具意见后，报授权审批人审批。

（6）财务部门依据审批人的审批意见，进行相关账户调整。

第十七条　固定资产使用状态变动。

1. 公司启封使用固定资产或将固定资产由使用状态转入保存状态，须履行审批手续。

2. 公司改变固定资产状态并变更固定资产保管地点的，固定资产管理部门、财务部门、保管部门应在固定资产登记簿中进行登记。

第五章　固定资产处置和转移控制

第十八条　固定资产处置。

1. 固定资产处置业务内控要求如表 10-18 所示。

表 10-18　　　　　　　　　　**固定资产处置业务内控要求**

序号	处置业务	内控要点
1	处置申请	公司根据固定资产的实际情况和不同类别，由相关部门提出建议或报告，固定资产管理部门填制处置申请表 （1）对使用期满正常报废的固定资产，应由固定资产管理部门填制固定资产报废单，经公司授权部门或人员批准后进行报废清理 （2）对使用期未满，但不能满足生产要求，需要报废或提前处置的固定资产，由使用部门提出书面报告，管理部门组织鉴定，经授权部门或人员批准后进行报废或处置 （3）对未使用、不需用的固定资产，应由固定资产管理部门提出处置申请，经公司授权部门或人员批准后进行处置 （4）对拟出售或投资转出的固定资产，应由有关部门或人员填制固定资产处置呈批表，经公司授权部门或人员批准后予以出售或转作投资
2	处置鉴定	固定资产管理部门根据有关部门提出的固定资产处置申请报告，组织有关部门的技术专业人员对处置的固定资产进行经济技术鉴定，填制固定资产处置呈批表，确保固定资产处置的合理性
3	处置审批	公司根据权限对固定资产管理部门上报的固定资产处置呈批表进行审查，并签署意见
4	处置审核	（1）审计部门在处置前会同相关部门或人员对固定资产的处置依据、处置方式、处置价格等进行审核，重点审核处置依据是否充分、处置方式是否适当、处置价格是否合理 （2）财务部门处置后根据审批人批准的呈批表，认真审核固定资产处置凭证，检查批准手续是否齐全、批准权限是否适当等，审核无误后据以编制记账凭证，进行账务处理

2. 财务部门、审计部门应参与固定资产的处置过程并对其进行监督。

3. 财务部门应当及时、足额地收取固定资产处置价款，并及时入账，其他部门不得经手固定资产处置现款。

第十九条　固定资产出租、出借。

公司出租、出借固定资产时，由固定资产管理部门会同财务部门拟订方案，经授权人员批准后办理相关手续，签订出租、出售合同。合同应当明确固定资产出租、出借期间的修缮保养、税费缴纳、租金和运杂费的收付，以及归还期限等事项。

第二十条　固定资产内部调拨。

公司内部调拨固定资产，由固定资产管理部门填制固定资产内部调拨单，由调入部门、调出部门、固定资产管理部门和财会部门的负责人及有关负责人员签字后，方可办理固定资产交接手续。

第六章　监督检查

第二十一条　监督检查主体。

1. 监事会。监事会依据公司章程对公司固定资产管理进行监督检查。

2. 审计部门。审计部门依据公司授权和部门职能描述，对公司固定资产购置、处置的合同及执行等进行审计监督。

3. 财务部门。财务部门依据公司授权，对公司固定资产管理进行财务监督。

4. 上级对下级进行日常工作监督检查。

第二十二条　监督检查内容。

1. 固定资产业务相关岗位人员的设置情况。重点检查是否存在不相容职务混岗的现象。

2. 固定资产业务授权批准制度的执行情况。重点检查在办理请购、审批、采购、验收、付款、处置等固定资产业务时是否有健全的授权批准手续，是否存在越权审批行为。

3. 固定资产投资预算制度的执行情况。重点检查购建固定资产是否纳入预算，预算的编制、调整与审批程序是否适当。

4. 固定资产日常保管制度的执行情况。重点检查固定资产的归口分级管理制度和岗位责任制度是否落实到位，维修保养费用是否超过预算额度。

5. 固定资产处置制度的执行情况。重点检查处置固定资产是否履行审批手续，作价是否合理。

第二十三条　监督检查结果处理。

1. 对监督检查过程中发现的固定资产内部控制中的薄弱环节，负责监督检查的部门应当告知有关部门，有关部门应当及时查明原因，采取措施加以纠正和完善。

2. 公司监督检查部门应当按照公司内部管理权限向上级有关部门报告固定资产内部控制监督检查情况和有关部门的整改情况。

10.5　工程项目管理

10.5.1　工程项目管理制度

第一章　总则

第一条　为了规范和加强公司建设工程管理工作，提高建设工程施工项目管理水平，确保公司建设工程质量，促进施工项目管理的科学化、规范化和法制化，适应社会主义市场经济发展的需要，结合公司现实情况，特制定本管理制度。

第二条 本管理制度适用于公司及公司所属矿的新建、扩建、改建等建设工程（包括矿、土、安）的施工项目管理。

第三条 本管理制度明确了建设工程管理的责任制，以增强各级管理人员的责任性；明确工程质量管理及验收的内容、程序等。

第二章 单位工程开工申请制度

第四条 按照科学管理、合理组织施工的原则，施工单位在单位工程开工前，必须达到必备的开工准备条件。

第五条 施工单位准备开工时应向建设单位申报开工报告，建设单位派工地代表对开工条件进行考核，所有考核项目全部达到合格后经建设单位主管部门批准后交付施工单位执行。

第六条 施工单位应按照协议书约定的开工日期开工。施工单位不能按时开工，必须在约定的开工日期前 7 天，以书面形式提出延期开工的理由和请求，经建设单位确认后，工期相应顺延。建设单位不同意延期或施工单位未在规定时间内提出延期开工请求，工期不予顺延。

第三章 施工图设计技术交底与图纸会审制度

第七条 设计技术交底与图纸会审是保证工程质量的重要环节，也是保证工程顺利施工的重要步骤，各有关单位必须认真执行。

第八条 技术交底与图纸会审的前提条件。

1. 设计单位必须提交完整正式的施工图纸。

2. 在技术交底与图纸会审之前，各有关单位工程技术人员要认真审图，并提出初步意见。

3. 在技术交底和图纸会审时，设计单位必须派负责该项目的项目负责人和主要设计人出席，技术交底和图纸会审一般应在工程开工 10 天之前进行。

第九条 设计交底与图纸会审工作的程序。

1. 设计单位介绍设计意图、工艺要求、布置与结构设计特点和施工单位应注意的事项。

2. 建设单位和施工单位提出图纸中的疑问、存在的问题和需要解释说明的问题。

3. 设计单位答疑。

4. 建设单位对提出的问题进行研究与协商，拟定解决问题的方案。

5. 建设单位负责写出技术交底和图纸会审纪要，并经各方签字。

6. 图纸会审纪要应作为设计文件组成部分存档。

第十条 图纸会审重点内容。

1. 图纸是否经过设计单位各级人员正式签署。

2. 施工图与设备、特殊材料的技术要求是否一致。

3. 设计与施工主要技术方案是否相适应，对现场条件有无特殊要求。

4. 预制构件、设备组件及现场加工要求是否符合现场施工的实际能力。

5. 各专业之间及设备和系统施工图设计之间是否协调，例如设备外形尺寸和基础尺寸、建筑物预留洞孔及预埋件与安装图纸要求、设备与系统连接部位、管线之间相互关系等。

6. 施工图之间、总图和分图之间、总体尺寸与分部尺寸之间有无矛盾。

第十一条 对会审中有可能出现的设计修改，由原设计单位按设计变更管理程序提出设计变更，经建设单位签证后交施工单位执行。

第四章　施工组织总设计编报与审批制度

第十二条　工程开工前，承建单位必须编制施工组织总设计，经单位技术负责人审批后，提交建设单位会审。

第十三条　施工组织总设计会审工作，由建设单位主持，质监单位、施工单位、设计单位共同参加。会审后，由建设单位形成会议纪要，经各方签字后作为正式施工的依据。

第十四条　施工单位编制施工组织设计时，必须结合工程实际情况和本单位具体条件，从技术、设备、机械化程度、组织管理、经济等方面进行全面分析，确保施工组织设计在技术上可行、经济上合理，措施得当，利于安全、文明施工，利于提高工程质量、缩短施工工期。

第十五条　施工组织总设计的编制应符合下列要求。

1. 符合建设单位对施工组织总设计的要求。

2. 符合双方签订的合同书。

3. 符合设计单位所提供的施工图纸设计，如有必要要求设计配合施工进行局部修改时，应有充分论据，并征得设计方代表的同意。

4. 符合国家现行的有关规程、规范和标准。

5. 符合现场具体条件。

第十六条　施工组织总设计应包括的内容。

1. 工程概况、工艺流程、设计与设备特点等。

2. 主要施工方案和措施，质量标准及质量控制点。

3. 施工技术和物资供应计划，包括设计图纸交付计划。

4. 主要施工机具配置和劳动力安排。

5. 施工综合进度安排，包括开工日期、竣工日期、阶段形象进度及施工进度网络图。

6. 施工场地安排及施工平面布置图。

7. 安全、质量、文明施工计划和保证措施。

8. 新工艺和新材料的使用。

9. 费用估算及工作量进度。

第十七条　施工单位必须按施工组织总设计确定的进度计划组织施工，接受建设单位对进度的检查、监督。工程实际进度与施工组织总设计中安排的进度计划不符时，施工单位应按建设单位的要求提出改进措施，经建设单位审核后执行。因施工单位的原因导致实际进度与进度计划不符时，施工单位无权就改进措施提出追加费用。

第五章　附则

第十八条　本制度自发布之日起生效。

10.5.2 工程项目内部控制制度

第一章 总则

第一条 为了加强公司对工程项目的内部控制，防止、发现并纠正工程项目业务实施和管理中的各种差错与舞弊，提高资金使用效益，根据国家有关法律法规和《企业内部控制基本规范》，制定本制度。

第二条 本制度所称工程项目，是指公司根据经营管理需要，自行或委托其他单位进行设计、建造、安装和修护，以便形成新的固定资产或维护、提升既有固定资产性能的活动。工程项目不包括小额（一般为 100 000 元以下）车辆修理、房屋维修、设备维修等。

第三条 公司在工程项目管理过程中，至少应关注涉及工程项目的下列风险。

1. 工程项目违反国家法律法规，可能遭受外部处罚、经济损失和信誉损失。

2. 工程项目未经适当审批或超越授权审批，可能因重大差错、舞弊、欺诈而导致资产损失。

3. 立项缺乏可行性研究或者可行性研究流于形式，决策不当，盲目上马，可能导致难以实现预期效益或项目失败。

4. 工程项目概预算编制不当和执行不力，可能造成工程项目建造成本的增加。

5. 工程项目成本失控，可能造成公司经营管理效益和效率低下。

6. 工程物资质次价高，工程监理不到位，项目资金不落实，可能导致工程质量低劣，进度延迟或中断。

7. 竣工验收不规范，最终把关不严，可能导致工程交付使用后存在重大隐患。

8. 工程项目会计处理和相关信息不合法、不真实、不完整，可能导致公司资产账实不符或资产损失。

第四条 公司在建立与实施工程项目内部控制过程中，至少应强化对下列关键方面或关键环节的控制。

1. 职责分工、权限范围和审批程序应明确规范，机构设置和人员配备应科学合理。

2. 工程项目的决策依据应充分适当，决策过程应科学规范。

3. 概预算编制的依据、内容、标准应明确规范。

4. 委托其他单位承担工程项目时，相关的招标程序及合同或协议的签订、管理程序应明确。

5. 价款支付的方式、金额、时间进度应明确。

6. 竣工决算环节的控制流程应科学严密，竣工清理范围、竣工决算依据、决算审计要求、竣工验收程序、资产移交手续等应明确。

7. 工程项目的确认、计量和报告应符合《企业会计准则》和《企业会计准则应用指南》的规定。

第二章 岗位分工和授权批准

第五条 不相容岗位分离。

1. 项目建议、可行性研究人员与项目决策人员分离。

2. 概预算编制人员与审核人员分离。

3. 项目实施人员与价款支付人员分离。

4. 竣工决算人员与审计人员分离。

第六条　业务归口办理。

1. 工程项目组织与实施由工程部归口办理。

2. 工程项目价款支付，由财务部归口办理。

3. 财务部设置工程项目核算岗位，办理工程项目会计核算业务。

第七条　经办和核算工程项目业务人员的素质要求。

1. 具备良好的职业道德和业务素质。

2. 熟悉国家有关的法律法规及工程项目管理方面的专业知识。

3. 符合公司规定的岗位规范要求。

第八条　相关部门职责。

1. 工程部。

（1）受理项目申请和项目建议。

（2）组织项目的可行性论证和评估。

（3）组织或委托招标。

（4）办理工程开工的前期工作。

（5）组织编制概预算。

（6）组建项目管理机构。

（7）监督工程质量进度。

（8）审核工程结算（工程量）。

（9）组织项目后评价。

（10）其他职责。

2. 财务部。

（1）参与工程项目的可行论证与评估、决算事项。

（2）工程项目核算。

（3）工程价款支付。

（4）参与工程概预算、结算审核。

（5）参与工程建设监督。

3. 审计部。

（1）工程审计和委托工程审计。

（2）合同审计。

（3）参与工程项目的可行性研究论证与评估、决算事项。

（4）参与工程建设监督。

第九条　授权审批和权责划分。

1. 授权方式。

（1）公司对董事会的授权由公司章程规定和股东大会决议。

（2）公司对董事长和总经理的授权，由董事会决议。

（3）总经理对下属的授权以年度授权书为证。

2. 权限（见表 10-19）。

表 10-19　　　　　　　　　　　　　　　权限

项目	审批人	审批权限
1. 工程立项	董事长	单项工程 500 万元以上
	总经理	单项工程 500 万元以下
	股东大会	（1）一个工程项目或在设计、技术、功能最终用途等方面密切相关的多项工程的工程造价达到或超过公司净资产的 10% 以上 （2）工程项目建成使公司的主业或产业结构发生重大变化
2. 工程审批	董事会	（1）单项工程 200 万元以上至净资产 10% 以下 （2）对报股东大会审批的工程项目事前提出预案，经董事会决议通过后，报股东大会审批
	董事长	预算外单项工程 50 万元至 200 万元，年预算外累计不超过 500 万元
	总经理	（1）年度预算内工程项目 （2）预算外单项工程 50 万元以下，年预算外累计不超过 200 万元
3. 工程项目外包合同签署	董事长	（1）签署（由股东大会批准的项目） （2）授权总经理签署（一般项目）
	总经理	按授权签署
4. 工程项目建设过程事务	授权审批人	按公司授权范围审批

3. 批准和越权批准处理。

（1）审批人根据公司对工程项目相关业务授权批准制度的规定，在授权范围内进行审批，不得超越审批权限。

（2）经办人在职责范围内，按照审批人的批准意见办理工程项目业务。

（3）对于审批人超越授权范围审批的工程项目业务，经办人有权拒绝并应拒绝办理，并及时向审批人的上一级授权部门报告。

第三章　工程项目决策控制

第十条　工程项目决算控制程序要求见表 10-20。

表 10-20　　　　　　　　　　工程项目决算控制程序要求

业务操作	操作人	控制要求
1. 项目立项	董事长或总经理	（1）项目必须符合公司的发展需要，项目应是必要的和可行的 （2）项目立项前已进行了初步调查研究，并由相关部门编制项目建议书，无项目建议书一般不予立项

业务操作	操作人	控制要求
2. 可行性研究	工程部会同相关部门	（1）可行性分析应由基建、营销、生产技术、财务等部门派员参加 （2）对项目的必须性和可行性进行进一步研究和分析 ①市场研究分析 ②技术分析 ③财务经济分析等 （3）编制项目可行性研究报告
3. 项目评估	工程部组织相关专家	（1）评估人员应为工程、技术、财会等相关专家 （2）对可行性研究报告的完整性、客观性进行技术经济分析和评审 （3）出具评审意见
4. 项目审批	股东大会 董事会 董事长 总经理	（1）对项目的必要性、可行性和项目风险进行再评估 （2）对项目是否审批进行发言表决 （3）项目通过必须符合股东大会、董事会的议事规则 （4）对项目审批过程和结果记录并存入档案 （5）项目决策改变，必须按项目审批的程序执行，不得由一人单独决策或擅自改变决策

第四章　工程项目实施控制

第十一条　招标范围。

公司除下列情形外，所有工程项目均采用招标方式确定施工单位。

（1）自营项目。

（2）小型项目，且按国家及地方政府规定可不招标的项目。

第十二条　招标机构。

（1）除小型项目外由公司委托或招标确定招标代理公司办理。

（2）小型项目由公司工程、技术、财务、电计等部门组成招标小组招标。

第十三条　招投标原则。

（1）公正、公平、公开。

（2）投标单位不得少于 3 家。

（3）合理设定中标条件。

（4）保密。

第十四条　工程概算。

（1）工程概算，是公司以初步设计文件为基础而编制的，是考核设计方案的经济性和合理性的重要经济指标，是确定工程规模、编制年度财务预算、资金筹措的重要依据。

（2）工程概算由工程设计人员，依据工程概算定额和各种费用标准编制。

第十五条　工程预算。

（1）工程预算是以施工图设计为基础编制的，是公司进行招投标选择施工单位和设备、控制建设项目工程造价、进行竣工决算、编制资本预算和资金筹措计划的重要依据。

（2）工程预算由工程部的专业人员或委托专业机构编制。

第十六条　概预算审核。

工程概预算由公司审计部采用下列方式组织审核。

（1）组织工程、技术、财务等部门的相关人员进行审核。

（2）配备专业人员审核。

（3）委托中介机构审核。

第十七条 合同签订。

（1）公司委托施工和工程物资采购必须签订合同。

（2）合同条款必须符合《中华人民共和国民法典》的相关规定。

（3）财务部事先必须对合同中的经济利益、财务结算等有关条款进行审查。

（4）在合同签署前，审计部事前对合同进行审计。

第十八条 合同审批。

公司按内部授权文件规定审批合同，审批人在授权范围内审批，不得越权审批。

第十九条 合同分发与存档。

工程合同（包括施工合同与采购合同）的正本存入工程档案，副本或复印件至少分送到审计、财务、基建（包括预算、结算）、采购等部门。

第二十条 合同履行跟踪。

合同履行部门实时对合同的执行情况进行跟踪和检查，发现异常及时向公司主管领导报告，采取有效措施，避免或降低合同损失。

第二十一条 价款支付控制。

（1）公司办理工程项目价款支付业务，按公司的有关规定办理。

（2）公司办理工程项目采购业务，参照公司采购存货和固定资产的有关规定办理。

第二十二条 工程进度款支付程序见表10-21。

表10-21　　　　　　　　　　　　　　　**工程进度款支付程序**

施工单位	工程监理人员	工程预算人员	工程部负责人	工程价款支付审批人	财务部
编制工程进度表、工程价款结算单	审核工程形象进度和工程量	审核	审批	审批	审核付款

（1）施工单位根据当月工程完工形象进度和施工图预算，编制工程进度表，根据累计完成进度和已付款情况编制工程价款结算单。

（2）工程监理人员对工程进度表上的工程形象进度和工程量进行审核。

（3）工程预算人员到现场进一步核实工程形象进度、工程量，根据预算单价核实工程进度。

（4）工程部负责人对工程进度表进行审批。

（5）工程价款支付审批人按照公司授权，根据工程进度款和工程价款结算单，审批支付金额。

（6）财务部进一步核实工程价款结算单，核对工程进度表、工程价款结算单、发票无误后，办理支付。

第二十三条 财务审核和支付。

（1）会计人员对工程合同约定的价款支付方式、有关部门提交的价款支付申请及凭证、审批人的批准意见等进行审查和复核，复核无误后，方可办理价款支付手续。

（2）会计人员在办理支付过程中发现拟支付的价款与合同约定的价款支付方式及金额不符，或与工程实际完工情况不符等异常情况，及时向审批人的上级报告。

（3）因工程变更等原因造成价款支付方式及金额发生变动的，由相关部门提供完整的书面文件和其他相关资料，会计人员应对工程变更价款支付业务进行审核。

第二十四条　工程质保金。

（1）任何工程完工与施工单位办理竣工结算后，按合同规定预留质保金。

（2）质保金，按合同规定到期后，由相关部门提出申请，并经基建部门、工程使用部门、审计部签署意见，经批准人批准后方能支付。

（3）质保金不得提前支付。

第二十五条　竣工结算。

工程完工后，由基建部门组织相关部门对工程进行竣工验收，审计部、财务部应参加竣工验收，竣工验收后，办理工程竣工结算和决算。

（1）工程竣工结算由施工单位编制。在工程项目竣工验收时，施工单位根据工程承包合同、施工招投标文件等编制竣工决算书。

（2）工程竣工结算由工程部组织相关专业人员进行审核。

（3）工程竣工结算经审核后，由审计部或委托中介机构进行审计，未经审计的竣工结算，财务部不得支付工程结算款。

（4）工程结算审计书，施工单位和审计人员必须签字认可。

第二十六条　工程竣工决算。

（1）工程竣工决算由财务部编制，其内容包括工程项目从筹建开始到工程竣工交付使用为止的全部建设费用，财务决算报告主要包括竣工工程概况、竣工财务决算报表。

（2）在财务部编制工程竣工决算前，公司相关部门对所有财产和物资进行清理。

（3）公司有关部门及人员对工程竣工决算进行审核，重点审查决算依据是否完备、相关文件资料是否齐全、决算编制是否正确。

（4）审计部应对工程竣工决算进行审核。

第二十七条　工程项目验收入库。

工程项目验收合格的，工程部应当及时编制财产清单，办理资产移交入库手续。

第二十八条　工程项目核算、记录。

财务部按公司《会计核算手册》的规定，及时进行会计核算和记录。

第五章　项目后评价

第二十九条　工程项目竣工交付生产二至三年后，公司应由基建部门会同相关部门，对项目的立项决策、设计、施工、竣工验收、生产运营全过程进行系统评估，通过评价对项目决策过程进行监督，从已完成项目中总结经验教训，达到提高工程项目的管理水平等目的。

第三十条　评价的基本内容。

（1）项目效益评价。

（2）项目影响评价，包括经济影响评价、环境影响评价、社会影响评价、项目过程评价、项目持续性评价。

第三十一条　评价报告。

对项目评估后，应编写项目后评价报告，包括结果与问题、建议、经验教训等。

第六章　监督检查

第三十二条　监督检查主体。

（1）监事会。监事会依据公司章程对公司工程项目管理进行检查监督。

（2）审计部。审计部依据公司授权和部门职能描述，对公司工程项目管理进行审计监督。

（3）财务部。财务部依据公司授权，对公司工程项目管理进行财务监督。

（4）上级对下级进行日常工作监督检查。

第三十三条　监督检查内容。

（1）工程项目业务相关岗位及人员的设置情况。重点检查是否存在不相容职务混岗的现象。

（2）工程项目业务授权批准制度的执行情况。重点检查重要业务的授权批准手续是否健全，是否存在越权审批行为。

（3）工程项目决策责任制的建立及执行情况。重点检查责任制度是否健全，奖惩措施是否落实到位。

（4）概预算控制制度的执行情况。重点检查概预算编制的依据是否真实，是否按规定对概预算进行审核。

（5）各类款项支付制度的执行情况。重点检查是否按规定办理竣工决算、实施决算审计。

第三十四条　监督检查结果处理。

（1）对监督检查过程中发现的工程项目内部控制中的问题和薄弱环节，负责监督检查的部门应当告知有关部门，公司有关部门应当采取措施，及时加以纠正和完善。

（2）公司监督检查部门应当按照内部管理权限向上级有关部门报告工程项目内部控制监督情况和有关部门的整改情况。

第七章　附则

第三十五条　本制度适用于公司及所属公司，包括公司总部、各分公司及全资子公司、控股子公司。

第三十六条　公司及所属公司可以参照本制度制定相关实施细则或具体执行办法，实施细则或执行办法不得违反本制度相关规定。实施细则或执行办法经公司总经理办公会批准后执行，并上报公司备案。

第三十七条　本制度由公司董事会负责解释和修订。

第三十八条　本制度自公司董事会审议批准之日起执行。

10.6　无形资产管理

10.6.1　无形资产管理制度

第一章　总则

第一条　目的。

为加强本公司无形资产管理，维护公司权益，规范无形资产的使用，防止无形资产流失，现根据国家相关规定，特制定本制度。

第二条　定义。

无形资产是指没有实物形态，可辨认的非货币性资产。无形资产同时满足下列条件时，才能予以确认。

1. 与该无形资产有关的经济利益很可能流入本公司。

2. 该无形资产的成本能够可靠地计量。

第三条　适用范围。

本制度适用于本公司无形资产管理，各下属单位参照执行。

第四条　职责。

本公司无形资产的管理工作主要由董事会、总经办、经办部门、财务部和审计部负责。

董事会：审批无形资产购置计划。

总经办：

1. 审核无形资产购置方案；

2. 审核无形资产相关法律文件。

经办部门：

1. 提出无形资产购置方案；

2. 组织实施无形资产业务取得过程；

3. 组织无形资产验收；

4. 办理无形资产处置；

5. 建立无形资产台账；

6. 定期对无形资产安全、适用性进行检查。土地使用权相关业务由行政部负责经办，非专利技术相关业务由研发部负责经办，软件类无形资产业务由信息中心负责经办。

财务部：

1. 建立无形资产台账；

2. 对无形资产进行会计核算；

3. 参与无形资产的验收、检查、处置工作；

4. 定期进行无形资产清查盘点；

5. 监督、指导管理部门对无形资产的管理。

审计部：对无形资产的验收、检查、处置工作实施审计。

第二章　无形资产的取得

第五条　取得方式。

1. 外部取得无形资产，包括外购无形资产、通过非货币性交易换入无形资产、投资者投入无形资产、通过债务重组取得无形资产等。

2. 内部自创无形资产，指公司自行研究与开发取得的无形资产。

第六条　无形资产请购流程。

1. 各经办部门根据年度预算提出请购申请。

（1）对无形资产采购项目进行可行性论证并且论证结果为可行。

（2）对请购的无形资产的性能、技术参数做出明确且详细的要求。

（3）编制无形资产购置申请表并上报审批。

2. 法务部门审核合同条款的合规性。

3. 财务部审核财务相关条款的适用性。

4. 授权审批人及其审批权限如下。

股东大会：审批 30 万元以上的无形资产购置计划。

董事会：

1. 审批除股东大会审批权限外的其他购置计划，或对总经理决策权限进行授权；

2. 审批年度购置预算；

3. 审批年度购置计划。

总经理：

1. 在授权范围内批准或经董事会授权批准购置计划、购置方案；

2. 审核并签署购置协议。

第三章　无形资产的验收

第七条　外购无形资产的验收。

1. 外购无形资产由各经办部门组织，按照合同、技术交底文件规定的验收标准进行验收。

2. 在办理无形资产验收手续的同时，经办部门应完整地取得产品说明书及其他相关说明资料。

3. 经办部门持发票和相关资料交送财务部进行账簿处理。财务部应按照以下规定对无形资产办理入账手续。

（1）外购无形资产的成本，包括购买价款、相关税费以及直接归属于使该项资产达到预定用途所发生的其他支出。

（2）具有融资性质的无形资产成本，以购买价款的现值为基础确定。实际支付的价款与购买价款的现值之间的差额，除按照《企业会计准则第 17 号——借款费用》应予资本化的以外，应当在信用期间内计入当期损益。

（3）投资者投入无形资产的成本，应当按照投资合同或协议约定的价值确定，但合同或协议约定价值不公允的除外。

第八条　内部自创无形资产的验收。

1. 自创无形资产研发完成后，由项目负责人向相关管理部门提出验收申请。

2. 自创无形资产由管理部门负责组织验收。

3. 财务部依据研发部门提供的项目验收报告、相关验收单据处理相关的账务，将研究过程中的支出计入当期损益，并将开发过程中满足《企业会计准则》相关要求的支出确认为无形资产成本。

第四章　无形资产的管理

第九条　无形资产的日常管理。

无形资产的日常管理由财务部和各相关管理部门共同负责，必须做到以下四点。

1. 无形资产的相关管理部门负责根据无形资产的使用状况，及时维护本部门无形资产台账。

2. 各相关管理部门、财务部定期核对相关账簿、记录和文件，如发现问题，须及时向上级报告和处理，以确保无形资产账务处理和资产价值的真实性。

3. 无形资产管理台账的保管期限为五年。

4. 财务部应对使用寿命有限的无形资产进行摊销，其摊销金额应在使用寿命内系统合理地摊销。

第十条　无形资产的权利保持。

无形资产管理部门应严格按照《知识产权管理规定》执行，保持公司在无形资产寿命时限内的占有权。

第十一条　公司特许其他公司使用的无形资产，由无形资产管理部门会同财务部制定方案，经董事会批准后办理相关手续，签订合同。合同应当明确无形资产特许使用期间的权利和义务。

第五章　无形资产的处置

第十二条　无形资产不能继续使用时，由无形资产管理部门提出处置申请。

第十三条　无形资产管理部门负责组织专业技术人员对处置的无形资产进行技术鉴定，会同财务部进行分析研究，拟定合理的处置方式，并将无形资产处置申请表填写完整。

第十四条　董事会对无形资产管理部门上报的无形资产处置申请表进行审查，经签署意见后，无形资产管理部门可予执行。

第十五条　董事会批准对无形资产的处置后，财务部应及时进行相应的账务处理。

1. 对于公司出售的无形资产，财务部应将取得的价款与该无形资产账面价值的差额计入当期损益。

2. 对于预期不能为公司带来经济利益的无形资产，应当将无形资产的账面价值予以转销。

第六章　监督检查

第十六条　监督检查主体。

1. 审计部。

依据公司授权和部门职能描述，对公司无形资产购置、处置的执行合规性进行审计监督。

2. 财务部。

依据公司授权，对公司无形资产管理进行监督。

第十七条 监督检查结果处理。

1. 对监督检查过程中发现的无形资产内部控制中的薄弱环节，审计部应当提请有关部门采取措施加以纠正和完善。

2. 不按照公司流程操作，造成无形资产增加、启用、变更、处置不能及时处理的，按照损失程度承担相应责任。

第七章 附则

第十八条 本制度经董事会审议通过后自颁布之日起开始执行。

第十九条 本制度由财务部负责解释。

10.6.2 无形资产内部控制管理制度

第一章 总则

第一条 建立有效的无形资产内部控制制度，可以保证财务报告有关无形资产数据反映可靠、准确、合法，更是保护公司无形资产安全的重要保证。公司根据财政部有关内部控制规范和无形资产的有关管理办法以及集团公司有关规定制定无形资产内部控制管理制度。

第二章 无形资产内部控制目标与授权批准

第二条 无形资产内部控制目标。

1. 保证对无形资产记录的接触、处理等相关业务均按照适当授权进行，无形资产能得到安全及有效使用。

2. 保证所有无形资产交易和事项以正确的金额在恰当的会计期间及时记录到适当的账户，使会计报表的编制符合会计准则的相关要求。

3. 保证账面无形资产与实存无形资产定期核对相符。

第三条 无形资产内部控制授权批准。

1. 实行不兼容职务相互分离。无形资产业务的审批、执行、记录和复核人员的职务相互分离。

2. 设立公司专门管理控制机构。无形资产专门管理控制机构对无形资产的开发、引进、投资进行总控制，引导无形资产实施、应用于公司生产经营管理活动中，协调与外部有关专业管理机关的关系，维护无形资产的安全完整，考核无形资产的投入产出状况和经济效益情况。

3. 无形资产专门管理控制机构在具体办理无形资产的研究与开发、购入或转让时，要经过主管所长的授权，并接受纪审监察法规处监督；根据授权编制无形资产购入或转让计划，经过主管所长审批后方可办理。被授权者应明确相关责任。

第三章 无形资产内部控制环节

第四条 合同控制。购入或转让无形资产时，应与对方签订购买或转让合同，以降低风险。

第五条 业务记录控制。无形资产从经济业务发生到结束，自始至终均应进行完整的记录。无形资产购置、摊销、转让等业务应在相应的明细账和总账中进行登记。

第六条 会计核算控制。明确无形资产相关会计凭证、会计账簿和财务会计报告的处理程序与方法，遵循会计制度规定的核算原则。

1. 无形资产计价方法。无形资产按照实际发生的成本进行初始计量。

（1）外购无形资产的成本，包括购买价款、相关税费以及直接归属于使该项资产达到预定用途所发生的其他支出。购买无形资产的价款超过正常信用条件延期支付，实质上具有融资性质的，无形资产的成本以购买价款的现值为基础确定。

（2）自行开发的无形资产，按相关会计准则及公司相关会计政策的有关规定确定。

（3）投资者投入无形资产的成本按照投资合同或协议约定的价值确定，但合同和协议约定价值不公允的除外。

（4）非货币性资产交换、债务重组取得的无形资产的成本，分别按照相关会计准则的有关规定确定。

2. 无形资产的摊销。使用寿命有限的无形资产，在使用寿命内按直线法摊销，摊销额计入当期损益。

3. 研究开发费用。内部研究开发项目的支出分为研究阶段支出与开发阶段支出。研究阶段是为进一步开发活动进行资料及相关方面的探索性准备。开发阶段是已完成研究阶段的工作，在很大程度上具备了形成一项新产品或新技术的基本条件。内部研究开发项目研究阶段的支出，在发生时计入当期损益；内部研究开发项目开发阶段的支出，同时符合以下条件的确认为无形资产。

（1）完成该项无形资产以使其能够使用或出售在技术上具有可行性。

（2）具有完成该无形资产并使用或出售的意图。

（3）无形资产产生利益的方式，包括能够证明运用该无形资产生产的产品存在市场或无形资产自身存在市场，无形资产将在内部使用的应当证明其有用性。

（4）有足够的技术、财务资源和其他资源支持，以完成该项无形资产的开发，并有能力使用或出售该无形资产。

（5）归属于该无形资产开发阶段的支出能够可靠计量。

第七条 无形资产保全控制。

1. 定期核查无形资产价值。公司每半年及每年年终检查各项无形资产，预计其带来未来经济利益的能力，对预计可收回金额低于账面价值的计提无形资产减值准备，进行相应调整。

2. 记录保护。对无形资产各种文件资料，尤其是资产、财务、会计等资料妥善保管，避免记录毁损、被盗。对某些重要资料进行后备记录，以便在遭受意外损失或毁坏时重新恢复。

第八条 加强内部审计的监督。纪审监察法规处对无形资产进行内部审计，一方面对公司无形资产内部控制状况进行评价和检验，另一方面发现内部控制各环节的疏漏之处。

第四章　附则

第九条　本制度由财务处负责解释。

第十条　本制度自颁布之日起执行。

10.7　低值易耗品管理规定

第一章　总则

第一条　完善低值易耗品的管理，是公司的资产管理规范化、制度化的一个重要组成部分。因此，为了提高公司资产管理水平，不断挖掘资产管理的潜力，发挥资产的最大使用效益，根据会计准则等相关法律法规，结合公司实际情况，制定本规定。

第二章　低值易耗品的概念、特点及分类

第二条　低值易耗品的概念。

低值易耗品是指单位价值在 2 000 元以下，且使用年限相对较长，不足为固定资产的，重复使用且保持原实物形态的能独立发挥作用的物品。

第三条　低值易耗品的特点。

低值易耗品的特点是：价值低、品种多、数量大、易损耗、使用年限短，购置报废比较频繁，流动性强、风险性大，管理难度大，易产生管理漏洞等。

第四条　低值易耗品与固定资产比较：

（一）相同点：可以重复使用而不改变实物形态，在使用过程中可能需维修，报废时可能有残值。

（二）不同点：低值易耗品使用期限短、价值低，固定资产使用期限长、价值高；两者财务核算方法不一样。

第五条　低值易耗品的财务核算方法。

（一）五五摊销法。除劳动保护用品以外的低值易耗品，采用五五摊销法，即：在领用低值易耗品时，摊销其价值的一半，计入当期生产成本或管理费用；报废时再摊销其价值的另一半。为了反映在库、在用低值易耗品的价值和低值易耗品的摊余价值，财务部应在"低值易耗品"总账科目下分设"在库低值易耗品""在用低值易耗品"等二级科目。

（二）一次性摊销法。劳动保护用品类的低值易耗品在领用时将其全部价值一次性计入成本或费用。

第六条　低值易耗品按用途分类。

（一）办公用具类，指各种办公家具用具，如保险柜、沙发、办公桌、办公椅、档案柜、工作台等。

（二）电器用品类，指各种不足以固定资产进行核算的电器用品，如验钞机、电暖器、风扇、饮水机、音响设备、电话机、移动硬盘等。

（三）专用工具类，指计算机维修人员、电工、机械维修等特殊工种所使用的专用工具用具，如万用表、手电钻、剥线钳、电流电压测量专用表等。

（四）衡器量器类，指价值低于 2 000 元的磅秤、电子秤类衡器以及测量用的千分尺等。

（五）化验仪器类，指质检、实验室为做试验、检验所使用的化验仪器。

（六）包装容器类，指在生产经营过程中可以重复使用的周转箱等。

（七）餐厨具类，指宾馆客房使用的配套用品以及餐厅配套厨具、餐具等。

（八）劳动保护用品类，指因工作岗位需要而配备的工作服、手套、围裙、帽子、胶鞋等。

（九）其他类，指除以上类别以外的属于低值易耗品的其他用具，如清洁器械、消防器械、季节性（如青贮收购期间）使用的用具等。

第七条　在实际管理中，界定不清是否属于低值易耗品的情况的处理办法：由仓库保管员或核算员及时上报财务部、物资管理部，并结合使用部门或单位，三方共同依据物资的价值、性能和是否可重复使用等方面进行确认。

第八条　财务部不按低值易耗品核算的，但从其特性、使用频率等管理所需应按低值易耗品的管理控制方法进行管理的物资，其管理方法另行规定。

第三章　低值易耗品的管理原则

第九条　低值易耗品的账务核算及管理原则。

账账、账卡、账实三相符，做到日清、月结和一季度一盘存。采用计划与核算、控制与监督和主管与分管的管理原则，多方共同参与，相互配合、相互支持和相互控制与监督，各司其职、分工合作。

（一）财务部的"在库低值易耗品"账必须与仓库保管员的账相符。

（二）财务部的"在用低值易耗品"账必须与核算员账、仓库保管员备查簿登记的领用数量保持一致。

（三）仓库保管员的账、卡、物必须三相符，并做到日清月结。

（四）核算员台账（登记备查簿）上数量必须与所负责的部门或单位在用的低值易耗品实物相同。

第四章　低值易耗品相关管理部门的职责划分

第十条　各相关管理部门的具体职责划分。

（一）物资管理部负责低值易耗品的计划管理、过程控制以及相关的物资管理制度的修正、完善与拟订。

（二）仓库保管员负责对低值易耗品的验收、保管与发放。

（三）核算员负责对在用低值易耗品的台账登记、核算管理与控制。

（四）使用部门负责本部门低值易耗品使用过程的具体管理。

（五）财务部门负责对低值易耗品的数量进行核算、控制与监督，以及相关的财务制度的修正、完善与拟订。

（六）采购部门负责按计划对低值易耗品进行采购，按规定办理入库手续，并结合生产厂家或供应商提供低值易耗品的保修期限、预计使用期限等性能指标。

（七）监察部负责对低值易耗品的管理、过程控制以及执行情况等方面进行监督、检查。

（八）审计部负责对低值易耗品的使用情况和管理过程进行审计与监督。

第五章　低值易耗品的计划管理办法

第十一条　集团所有低值易耗品的计划管理职责，必须遵循"事前预测、事中控制和事后检查"的基本原则，由物资管理部负责统筹实施。

第十二条　物资管理部根据各部门或单位的各岗位性质、工作需要等方面，结合实际拟订低值易耗品配备种类、配备数量和配备计划，以及结合供应部、各部门或单位分品种、分工种拟订使用期限标准。仓库保管员、核算员根据计划进行出库、领用审核和过程控制，不得出现多发、提前领用的现象。

第十三条　物资管理部对低值易耗品实施计划管理的流程。

（一）本制度下发以前的低值易耗品计划管理实施流程。

1. 调查核实。物资管理部深入基层，结合各部门或单位各工种各岗位的工作性质、要求、配备目的以及配备低值易耗品的用途等进行实地调查核实，形成文字依据，写明配备理由并经各部门或单位负责人签字核实，作为实施计划管理的重要依据。

2. 分析总结。物资管理部根据调查核实的依据进行认真分析、总结、统计和汇总，在不违背公司相关文件规定的基础上，分部门或单位、分岗位、分工种、分季节等确定低值易耗品配备计划。

3. 拟订落实。物资管理部拟订配备计划表形成二级制度报分管副总签字后，交总裁办审批下发。

4. 执行与控制。各部门或单位必须严格按照配备计划领用低值易耗品；各仓库保管员必须严格按照配备计划进行领用审核，对符合条件或到期限的方可出库并建立备查簿；各核算员必须严格按照配备计划和标准开具低值易耗品领用单，并建立台账进行明细管理。

（二）新增岗位配备低值易耗品的计划管理实施流程。

1. 新增工种或岗位需要配备以前没有使用过的低值易耗品的计划管理实施流程：所在部门或单位填制低值易耗品使用计划申请审批表，按表中规定的流程经审批后，交物资管理部备案，增加配备计划。

2. 在原有工作岗位上新增人员时的计划管理实施流程：各部门或单位核算员在填制低值易耗品领用单时，标注"新员工首次领用"的字样进行说明。

（三）非在编正式人员若因特殊情况需领用低值易耗品的，应由所负责部门或单位另行申请，经分管副总签字，物资管理部调查核实以及其分管副总签字后，报总裁特殊审批。否则，任何人不得领用。

第十四条　物资管理部、仓库保管员和核算员必须按照配备计划对低值易耗品的领用和使用过程进行严格的管理和控制。

第十五条　物资管理部应定期与不定期地对核算员、仓库保管员的低值易耗品账物进行盘存，按照规定程序审核低值易耗品的增加、减少或报废手续，并将盘存和审核情况上报分管副总，发现问题，及时处理、及时汇报和及时调整。

第十六条　供应部门根据物资管理部的采购计划进行低值易耗品采购。

第六章　低值易耗品的仓储管理办法

第十七条　低值易耗品的入库流程。

（一）低值易耗品购置的审核控制。

使用部门报批的新增购置计划，物资管理部依据配备标准、计划，首先结合整个公司低值易耗品的使用状态，看是否可从其他部门或单位闲置的低值易耗品中进行调配，或有无现成的替代品等，经调查落实后，方可确定是否购置。

（二）仓库保管员对低值易耗品严格执行验收入库制度，首先审查是否属于计划购置范围内的物品，不属于范围内的应附有低值易耗品使用计划申请审批表；对凭感观不能检验的物品，需由专业人员或使用部门检验签字确认后，准予办理入库；保管员以及检验人员对入库后的低值易耗品的质量负责。

（三）符合要求的低值易耗品，保管员要及时办理验收入库手续，并根据要求填写低值易耗品新增验收单，一式两联，一联自存，据此登记在库低值易耗品明细账，一联由业务员随发票到财务报账。验收时可以由保管员，或者使用人及专业人员共同验收。

第十八条　低值易耗品的出库流程。

（一）领用低值易耗品必须遵循集团公司制定的配备标准以及使用期限标准等，并且执行以旧换新制度（除服装等特殊物品外）；对有专门指定人员管理的低值易耗品，由指定人员按本规定办理出入库手续，并负责低值易耗品的记账、废品回收管理、报废等相关工作。

（二）使用单位核算员填写低值易耗品领用单，一式四联；经相关领导签字批准后，使用单位自存一份；物资管理部签字后，物资管理部留存一份；转仓库两份。领用低值易耗品时，保管员留存一份，根据领用单按物资的类别、品名登记减少在库低值易耗品台账；月底转财务一份。各使用单位或部门核算员根据领用人或领用单位登记在用低值易耗品台账，以备检查。

（三）各使用部门或单位核算员负责在用低值易耗品台账的建立，其台账要按照领用单位、部门或按专用工具的使用人进行登记管理，低值易耗品的台账要写明低值易耗品的类别、品名、生产商或销售商、存放地点以及现状等。物资管理部、核算员要经常深入生产一线，盘点实物，凡发现账账或账实不符的情况，要及时查找原因，及时进行账务调整。

（四）低值易耗品的领用分为两种情况进行处理，第一种为新增领用，第二种为以旧换新领用。物资管理部根据配备标准、使用年限标准等规定，来判断和确认各部门或单位新增低值易耗品的情况。属于新增的，只需持低值易耗品领用单经相关领导签字批准后直接到仓库领取；属于以旧换新领取低值易耗品的，既要持新低值易耗品的领用单，也要持旧低值易耗品以及旧低值易耗品的报废单，到仓库办理领取低值易耗品的手续。

（五）仓库保管员根据以旧换新制度收回的废旧低值易耗品，建立辅助账登记管理。如果本公司其他地方可以再次利用旧低值易耗品，不用再办理入库或领用的正式手续，但必须在保管处填写普通领用单，并由保管员建立备查簿。对确实没有使用价值或继续放置必要的低值易耗品，由仓库保管员或指定管理人员提出申请，经物资管理部、审计部、监察部共同确认后，可以按废旧物资销售或报废处理。

第七章　低值易耗品的使用过程管理办法

第十九条　使用部门对在用低值易耗品的使用过程管理职责。

（一）按照低值易耗品管理办法对在用低值易耗品实施管理，有使用部门或单位发生变动、低值易耗品报废等情况，要及时办理相关手续，确保使用部门或单位、物资管理部、财务部三方账账相符，账实相符。

（二）各部门或单位核算员建立在用低值易耗品台账，并将责任落实到具体的使用人，不定期进行盘点与抽查，实时监控，做到账实相符。

（三）在用低值易耗品管理责任人为使用部门或单位的第一负责人，对部门或单位的低值易耗品的购置计划的真实性负责，对部门或单位在用低值易耗品的安全性、完整性负责；如在任期内发现低值易耗品短缺、流失，除集团公司通报批评外，另按公司购进价值的100%进行赔偿，部门或单位第一负责人应负主要责任，其赔偿额由管理团队按公司财产损失赔偿的相关文件规定分解落实。

（四）在各部门或单位的第一负责人及核算员调岗或离任的时候，坚决且必须执行离任离职审计制度，由审计部、物资管理部、财务部、监察部、生产单位相关人员共同对低值易耗品进行盘点，确认没有问题后办理调岗或离职手续，否则，不予结算工资。

（五）对集团公司各部门或单位配备的低值易耗品，无论是公用或是个人使用，都要爱护使用，认真管理，延长使用寿命，发挥资产的最大使用效益。

第八章　低值易耗品的财务核算与控制管理办法

第二十条　财务人员根据发票及低值易耗品新增验收单登记在库低值易耗品明细账，根据低值易耗品领用单登记增加在用低值易耗品明细账，根据低值易耗品报废单登记低值易耗品的减少。

第二十一条　财务人员对低值易耗品的管理实施控制和监督职能，负责并牵头组织相关部门进行一年一次的年终盘存；协助并配合物资管理部门、审计部、监察部等相关部门，做好对各部门或单位的低值易耗品使用情况过程管理的定期或不定期的盘点、审计等工作；发现管理上的问题，及时查找原因，修正制度，调整管理措施和方案，根据管理办法，出具处理意见，上报集团公司领导。

第九章　低值易耗品的调拨、报废等管理办法

第二十二条　低值易耗品的调拨办理流程。

（一）各部门或单位的在用低值易耗品建账、盘点及新增必须有各部门或单位负责人及核算员的签字认可，各部门或单位负责人及核算员对低值易耗品的安全性、完整性负责。在用低值易耗品的使用部门或单位发生变动时，必须办理正式的调拨手续，首先由调出资产部门填写低值易耗品的基本情况，由调入资产的部门或单位核算员找相关领导签字批准后，准予办理内部调拨手续。

（二）低值易耗品调拨单一式四份：调出单位留存一份，核算员据此登记本单位在用低值易耗品台账的减少；调入单位一份，核算员据此登记本单位在用低值易耗品台账的增加；转物资管理部一份，据此登记相应单位低值易耗品的增加或减少；转财务一份，财务人员根据情况进行处理。

（三）如果是一个法人核算单位之间的调拨，财务部不需做账务处理，由核算员或核算员

之间进行内部调拨或登记台账；如果不是同一个法人核算单位之间的调拨，财务部需要进行账务调整。

第二十三条　低值易耗品的结账与报账。

（一）仓库保管员每月 28 日之前向财务部和物资管理部报送低值易耗品出入情况汇总表。

（二）各部门或单位核算员应在每月 28 日之前向财务部和物资管理部报送低值易耗品的增加、减少及在用变动分析表。

（三）保管员、核算员必须贯彻执行管理规定，对不坚持原则、工作马虎给公司造成损失的，不但按其原值赔偿，严重的调离岗位。

第二十四条　低值易耗品报废环节。

对在用低值易耗品发生报废或者不能继续使用的，各部门或单位使用人或责任人应主动提出报废申请，经物资管理部、监察部、审计部等部门确认予以报废的，由各部门或单位核算员填制低值易耗品报废单，一式四份：经相关领导签字批准后，各部门或单位核算员自存一份，作为减少本部门或单位在用低值易耗品台账的依据；转物资管理部及财务部各一份，物资管理部及财务部据此进行低值易耗品报废的账务处理，减少相应部门或单位的在用低值易耗品台账；转仓库保管员一份备查，作为领用新的低值易耗品的依据。

第十章　审计与监督

第二十五条　审计部、监察部对低值易耗品管理实施监督：监督检查物资管理部制定的各部门或单位各岗位低值易耗品的配置标准、使用年限标准，对低值易耗品购置审批计划、实际使用管理及控制情况进行监督检查，对不按规定执行的依据处罚条款出具处罚意见，上报集团公司批准处理。

第十一章　附则

第二十六条　本管理规定从下发之日起开始执行。

10.8　发票管理制度

第一章　总则

第一条　为了更好地加强公司的发票管理和财务监督，根据《中华人民共和国发票管理办法》的规定，结合公司实际情况，特制定本制度。本制度适用于公司的全体员工，公司内的各员工申请、开具、取得和保管发票，均须遵守本制度。

第二章　发票的范围及定义

第二条　本制度中的"发票"包括：一是税务机关出售的增值税普通发票和增值税专用发

票；二是由国务院有关部门自行印制和管理的票据，主要有金融、航空、邮政、铁路等行业自制的票据；三是省级以上财政部门印制的行政事业性收费收据和非税收入收据。

第三章　发票的领购

第三条　发票领购由专人负责，由公司办税人员填制准确、完整并加盖公章的购领发票申请单（具体按主管税务机关的发票领购要求），根据实际需要的种类、数量领购并建立发票领购明细台账。

第四章　发票保管

第四条　必须选择有安全保障措施的发票存放场所，并按照档案管理有关规定进行存放。

第五条　不得丢失、损（撕）毁发票。如果发生丢失，必须于丢失的当天书面报告税务机关，并在报刊和电视等传播媒介上公告声明作废（或按主管税务机关的具体要求进行）。

第六条　发票的基本联次（发票联、抵扣联、记账联）及相关资料必须保存 5 年以上，保存期满经税务机关检查后方可销毁。

第五章　发票使用及开具

第七条　公司销售商品、提供服务以及从事其他经营活动的部门，对外发生经营业务收取款项，应向付款方开具发票。填开发票的申请单位必须在发生经营业务确认营业收入时开具发票。未发生经营业务一律不准开具发票。

第八条　财务部开具发票时，必须认真审查申请手续、出库单及 ERP 系统发票清单，必须按经营业务实际发生金额开具发票，不得虚开发票，也不得提供空白发票。对于不符合要求或情况不明的，应拒绝开具发票并即时向上级主管领导反映情况。

第九条　营销中心各事业部销售内勤根据当月发货数量、金额，填写发票开具申请表，客户第一次开票的，需要提供客户有效证件（包括营业执照等资料复印件）交财务部申请开具增值税发票，财务部审核开票内容无误后给予开票。

第十条　当期销售的产品，原则上销售部门需在当期申请开出销售发票，若长时间（发货次月内）未申请开具发票，视同客户无发票需求，后期将不再给予补开。

第十一条　发票填写规定。开发票时，应按顺序号全份复写，并加盖公司发票专用章；各项目内容应填写清晰、真实、完整；已开具的发票不得修改，如果填开有误，应录入税控机确认发票作废的号码后整套加盖"作废"印章。作废的发票应整份保存，并注明"作废"字样（或依照税务机关当前规定进行处理）。

第十二条　开具的增值税专用发票发生销货退回、开票有误等情形，在当月发生，可收到退回的发票联、抵扣联，符合作废条件的，按作废处理；开具时发现有误的，可即时作废，重新开具。作废增值税专用发票全联次留存。跨月和对方已认证抵扣需开具红字增值税专用发票的，应向主管税务机关填报开具红字增值税专用发票申请单，申请开具红字增值税专用发票，按照税务机关相关规定办理。

第六章　发票的取得

第十三条　经办人员取得各类发票时，包括增值税专用发票、普通发票、特殊收据，应严格审核其真伪、内容开具是否合规。

第十四条　经济业务发生后，经办人员取得发票时，应确定其是否具有开具发票的资格，禁止出现虚假发票。因经办人员责任，取得虚假发票，由此造成的查补增值税、企业所得税、罚款、滞纳金全部由经办人员承担。

第十五条　经办人员取得发票后应及时送交财务部审核入账。若出现发票滞后入账，会产生增值税进项税额不能抵扣、不能税前列支等问题，进而造成的税金损失，全部由经办人员承担。

第十六条　经办人员取得发票后若丢失，影响公司税前列支，造成的损失全部由经办人员承担。

第十七条　财务部在进行账务处理时将发现的假发票，退回经办人员，由经办人员负责联系客户进行发票的更换。如不能更换，财务部拒绝付款，并提请总经理追究相关人员的责任。

第七章　其他管理要求

第十八条　未经税务机关监制，或填写项目不齐全，内容不真实，字迹不清楚，没有加盖发票专用章，伪造、作废以及其他不符合税务机关规定的发票、收据或白条，不得作为财务报销凭证，任何部门和个人有权拒收，财务部有权拒绝报销。

第十九条　所取得的发票，经办人员需保证票面整洁，不得涂改发票中的公司名称、日期等事项。

第二十条　对于取得的发票，因经办人员保管不善丢失、过期，除承担公司的损失，还需缴纳相应的罚款。

第八章　附则

第二十一条　本管理制度之事项，按照《中华人民共和国发票管理办法》有关规定执行。

10.9　资产减值管理

10.9.1　资产减值准备计提与管理办法

第一章　总　则

第一条　为了进一步增强公司风险抵御能力，提高公司准备金计提的前瞻性和动态性，促进公司稳健经营和健康发展，完善公司减值准备计提办法，根据《企业会计准则》等有关规定，制定本办法。

第二条 适用范围：本办法适用于公司及各子公司。

第三条 资产减值的定义：资产（包括单项资产和资产组）的可收回金额低于其账面价值，可收回金额为资产的公允价值减去处置费用后的净额与资产预计未来现金流量的现值两者之间的较高者。

资产存在下列迹象之一的，表明可能存在减值，应当进行减值测试。

（一）资产的市价当期大幅下跌，其跌幅明显高于因时间的推移或者正常使用而预计的下跌。

（二）公司经营所处的经济、技术或者法律等环境以及资产所处的市场在当期或者将在近期发生重大变化，从而产生不利影响。

（三）有证据表明资产已经陈旧过时或者其实体已经损坏。

（四）资产已经或者将被闲置、终止使用或者计划提前处置。

（五）公司内部报告的证据证明资产的经济绩效已经低于或者将低于预期，如资产所创造的净现金流量或者实现的营业利润（或者亏损）远远低于（或者高于）预计金额等。

（六）其他表明资产可能已经发生减值的迹象。

第四条 公司在经营过程中可能发生的资产减值准备主要包括：坏账准备、长期股权投资减值准备、固定资产减值准备、投资性房地产减值准备、无形资产减值准备、存货跌价准备等。

第二章 坏账准备

第五条 坏账准备的减值测试方法及减值准备计提方法。

在资产负债表日对应收款项的账面价值进行检查，有客观证据表明其发生减值的，计提减值准备。公司采用备抵法计提坏账准备，即采用账龄分析法，根据应收账款和其他应收款的期末余额并组合个别认定法估算计提坏账准备。

第六条 按账龄分析法提取的坏账准备1年以内（含1年，以下类推）的按其余额的5%计提，1~2年的按其余额的15%计提，2~3年的按其余额的20%计提，3年以上的按其余额的50%计提；按个别认定法提取的坏账准备根据实际情况估算计提。

第三章 长期股权投资减值准备

第七条 资产负债表日，按账面价值与可收回金额孰低的原则来计量，有客观证据表明其发生减值的，按照类似投资当时市场收益率对预计未来现金流量折现确定的现值低于其账面价值之间的差额，计提长期股权投资减值准备；其他长期股权投资，如果可收回金额的计量结果表明，该长期股权投资的可收回金额低于其账面价值的，将差额确认为减值损失，计提长期股权投资减值准备。

第八条 长期股权投资存在以下情形之一的，应当进行减值测试。

（一）影响被投资单位经营的政治或法律环境变化，可能导致被投资单位出现巨额亏损。

（二）被投资单位所提供的商品或劳务因产品过时或者消费者偏好改变而使市场的需求发生变化，从而导致被投资单位财务状况发生严重恶化。

（三）被投资单位所在行业的生产技术发生重大变化，被投资单位已失去竞争能力，从而导致被投资单位财务状况发生严重恶化，如进行清理整顿、清算等。

（四）有证据表明该项投资实质上已经不能给公司带来经济利益的其他情形。

第四章　固定资产减值准备

第九条　资产负债表日，有迹象表明固定资产发生减值的，以单项资产为基础估计其可收回金额。单项资产的可收回金额低于其账面价值的，按单项资产的账面价值与可收回金额的差额计提相应的资产减值准备。上述资产减值损失一经确认，在以后会计期间不再转回。

第十条　固定资产存在以下情形之一的，应当进行减值测试。

（一）长期闲置不用，在可预见的未来不会再使用，且已无转让价值。

（二）由于技术进步等，已不可使用。

（三）虽然固定资产可以使用，但使用后将产生大量不合格品。

（四）已遭毁损，以致不再具有使用价值和转让价值的固定资产。

（五）其他实质上不能再给公司带来经济利益的固定资产。

第五章　投资性房地产减值准备

第十一条　以成本模式计量的投资性房地产，在资产负债表日有迹象表明投资性房地产发生减值的，按单项资产或资产组的可收回金额低于其账面价值的差额计提投资性房地产减值准备。上述资产减值损失一经确认，在以后会计期间不再转回。

第六章　无形资产减值准备

第十二条　资产负债表日，有迹象表明无形资产可能发生减值的，以单项资产为基础估计其可收回金额。因企业合并所形成的商誉和使用寿命不确定的无形资产，无论是否存在减值迹象，每年年末都要进行减值测试。单项资产的可收回金额低于其账面价值的，按单项资产的账面价值与可收回金额的差额计提相应的资产减值准备。上述资产减值损失一经确认，在以后会计期间不再转回。

第十三条　无形资产存在以下情形之一的，应当进行减值测试。

（一）某项无形资产已被其他新技术等所替代，使其为公司创造经济利益的能力受到重大不利影响。

（二）某项无形资产的市价在当期大幅下跌，在剩余摊销年限内预期不会恢复。

（三）某项无形资产已超过法律保护期限，但仍然具有部分使用价值。

（四）其他足以证明某项无形资产实质上已经发生了减值的情形。

第七章　存货跌价准备

第十四条　期末对存货进行全面清查，存货遭受毁损、全部或部分陈旧过时或销售价格低于成本等原因，使存货成本高于其可变现净值的，应计提存货跌价准备。可变现净值，是指在日常活动中，存货的估计售价减去至完工时估计将要发生的成本、估计的销售费用以及相关税费后的金额。

第十五条 按照单个项目的成本高于其可变现净值的差额计提存货跌价准备。

第八章 其他事项

第十六条 分公司内部评估和外聘中介机构评估。内部评估每季（年）进行一次，外部评估根据公司经营需要聘请中介机构进行。如内部评估与中介机构评估重合，则公司内部评估可以不再进行。

第十七条 各子公司内部评估由各子公司财务部组织，各子公司风险管理部、业务部门配合。各子公司业务部门根据评估的要求，认真提供各类评估资料（包括但不限于跟踪检查资料、资产证明、各种诉讼资料），风险管理部对业务部门提供的资料进行审核鉴证，财务部根据经风险管理部审核鉴证的资料，依据本办法对项目进行风险评估，合理计算减值损失，各子公司经营层对评估结果进行审议并确认。股份公司风险管理部、审计部对各子公司的评估结果进行确认并报公司估值专业委员会审核后报请股份公司总经理办公会审议。

外聘中介机构评估，由股份公司财务部组织，各子公司财务部、风险管理部、业务部门配合，各子公司业务部门根据评估的要求，认真提供各类评估资料（包括但不限于跟踪检查资料、资产证明、各种诉讼资料），子公司风险管理部对业务部门提供的资料进行审核鉴证，评估结果经各子公司经营层审议确认，报请股份公司总经理办公会审议。

第九章 附则

第十八条 本办法自公司董事会审议通过之日起生效，董事会负责解释和修订。

10.9.2 资产减值准备和损失处理制度

第一章 总则

第一条 为真实反映公司财务状况和经营成果，合理预计各项资产可能发生的损失，有效保证资产核销工作的正确，公司依据《企业会计制度》和相关规定，制定本制度。

第二条 本制度所称资产减值准备主要包括坏账准备、存货跌价准备、短期投资跌价准备、长期投资减值准备、在建工程减值准备、固定资产减值准备及无形资产减值准备等资产减值准备。

第三条 按照审慎经营原则，在每个会计年度中期和年度终了，公司对各项资产进行详查，以确定资产减值准备的数额。

第二章 各相关责任部门的职责

第四条 财务部职责。

（一）根据公司实际情况和《企业会计制度》要求初步制定资产减值准备处理方法，提交董事会批准。

（二）加强对应收账款和其他应收款的管理，减少旧账呆账。每月编制应收款项明细账，查看应收账款收回情况并向总经理书面汇报。

（三）及时与保管部门核对存货明细账，定期盘库，保证所有存货账实相符。每月编制存货明细表，查看存货跌价情况并向公司财务部书面汇报。

（四）每月同使用单位核实公司固定资产状况，保证账实相符，并将异常情况及时报公司财务部。

（五）对公司资产减值情况，按照金额大小，分别提交公司总经理或董事会解决。

（六）核实资产减值的实际状况，向总经理和董事会提交资产损失报告。

第五条　总经理职责。

（一）根据资产减值处理权限审批公司资产损失处理。

（二）向董事会提交资产损失估计及处理方法和依据。

第六条　监事会职责。

（一）切实履行监督职能，对董事会决议提出专门意见，并形成决议。

（二）必要时聘请注册会计师协助对内部控制制度制定和执行情况进行检查。

第三章　管理程序

第七条　资产减值准备与损失处理程序。

（一）公司财务部根据资产清查情况初步提出资产减值处理方案。

（二）总经理、总经理办公会或董事会按照权限分别对财务部上报的处理意见进行讨论并确定资产减值方法。

（三）各责任人对资产减值报告做出决议。

（四）公司财务部进行相应的会计处理。

（五）监事会对董事会决议履行监督职能，董事会在审议本内部控制制度时，监事列席会议。

第八条　资产损失核销的权限划分。

公司对已提取减值准备的资产应查明原因，追究责任。对通过各种追讨措施仍未收回的资产，应进行核销。管理层对资产损失核销的管理权限按照公司财务开支审批权限的有关规定办理。

第九条　计提资产减值准备的政策一经确定，一个会计年度内不得随意更改。若因实际情况发生变动而确需更改的，需按上述程序重新办理。

第四章　应收款项

第十条　应收款项管理。

（一）公司销售部门、财务部及相关部门负责确认应收账款的可收回性，其他应收款项的可收回性由各责任部门和相关人员负责。

（二）公司销售部门在公司应收款项管理制度原则下制定应收账款管理政策，主要包括：客户信用调查制度、客户信息反馈制度、客户信用政策、货款回收制度、应收账款定期核对制度、应收账款坏账准备的政策、呆坏账处理制度。

第十一条 应收款项计提坏账准备。

（一）应收款项包括应收账款、其他应收款，采用备抵法计提坏账准备。应收账款全部或部分被确认为坏账时，应根据其金额冲减坏账准备，同时转销相应的应收账款金额。

（二）应收款项计提坏账准备采用备抵法，计提比例为应收款项余额的 0.5%。

第十二条 除有确凿证据表明该项应收款项不能收回，或收回的可能性不大外（如债务单位已撤销、破产、资不抵债、现金流量严重不足、发生严重的自然灾害等导致停产而在短时间内无法偿付债务等，以及其他足以证明该应收款项发生损失的证据和逾期 3 年以上的应收款项），以下应收款项不能全额计提坏账准备。

（一）当年发生的应收账款，以及未到期的应收款项。

（二）经公司讨论，决定以应收款项进行债务重组，或以其他方式进行重组的。

（三）与关联方发生的应收款项，特别是母子公司交易或事项产生的应收款项。

（四）其他无确凿证据证明不能收回的应收款项。

第十三条 公司的预付账款，如有确凿证据表明其不符合预付账款性质，或者因供货单位破产、撤销等原因已无望再收到所购货物的，应当将原计入预付账款的金额转入其他应收款，并按规定计提坏账准备。

第十四条 公司持有的未到期应收票据，如有确凿证据证明不能够收回或收回的可能性不大时，应将其账面余额转入应收账款，并计提相应的坏账准备。

第十五条 计提的坏账准备计入当期损益，增加管理费用。

第十六条 公司对有确凿证据表明确实无法收回的应收款项，如债务单位已撤销、破产、资不抵债、现金流量严重不足等，根据公司的管理权限批准作为资产损失，冲销已提取的坏账准备。

第五章　存货

第十七条 计提存货跌价准备。

（一）存货采用成本与可变现净值孰低的方法计提跌价准备。

（二）存货遭受毁损、全部或部分陈旧过时或销售价格低于成本等原因，使存货成本高于可变现净值的，应按可变现净值低于存货成本部分，计提存货跌价准备，记入"存货跌价准备"科目，直接从主营业务利润中扣除；若以后存货价值又得以恢复，在已提跌价准备的范围内转回。

可变现净值，是指公司在正常经营过程中，以预计售价减去预期耗用成本及销售该产品所发生的差旅费、运输费、装卸费、包装费、仓储费及运输途中的合理损耗等费用后的价值。

（三）当存在下列情况之一时，应当计提存货跌价准备。

1. 市价持续下跌，并且在可预见的未来无回升的希望。

2. 公司使用该项原材料生产的产品的成本大于产品的销售价格。

3. 公司因产品更新换代，原有库存原材料已不适应新产品的需要，而该原材料的市场价格又低于其账面成本。

4. 因公司所提供的商品或劳务过时或消费者偏好改变而使市场的需求发生变化，导致市场价格逐渐下跌。

5. 其他足以证明该项存货实质上已经发生减值的情形。

（四）存货可变现净值的选取标准。

1. 对购进的存货，分品种以到当年 12 月 31 日止最后一批购进货物的单价为该种存货的可变现净值。

2. 对销售的存货，分品种以到当年 12 月 31 日止最后一批销售货物的单价为该种存货的可变现净值。

（五）存货跌价准备应按照单个存货项目的成本低于其可变现净值的差额计量。

第十八条　已提减值准备的存货后来用于投资或债务重组时的处理办法。

（一）已提减值准备的存货用于投资时，先冲回已提的减值准备，再按冲回减值准备后的存货之账面价值加相关税项确定初始投资成本。若取得投资的公允价值小于存货的账面价值，仍以存货的账面价值作为初始投资成本入账，待期末计提投资减值准备时再一并调整。

（二）已提减值准备的存货用于清偿债务时，应按存货的账面价值结转存货，同时结转相关的减值准备，并将债务账面价值扣除存货账面价值、增值税销项税额、减值准备等相关费用之后的差额确认为当期损失或资本公积。

第六章　投资

第十九条　短期投资计提跌价准备。

（一）短期投资采用成本与市价孰低法计价。

（二）公司在期末将股票、债券等短期投资的市价与成本比较，按市价低于成本的差额，计提跌价准备，抵减投资收益。

（三）公司出售或收回短期投资时，按实际成本转账，不同时调整已计提的跌价准备，待中期期末或年度终了时再予以调整。

第二十条　长期投资计提减值准备。

（一）公司在期末应对长期投资逐项检查，如果市价持续下跌或被投资单位经营状况恶化等原因导致其可收回金额低于账面价值，并且这种降低的价值在可预计的未来不可恢复，应按可收回金额低于长期投资账面价值的差额提取长期投资减值准备，抵减投资收益。

（二）对公司目前无市价的长期投资可以根据下列迹象判断是否应当计提减值准备。

1. 影响被投资单位经营的政治或法律环境的变化，如税收、贸易等法规的颁布或修订，可能导致被投资单位出现巨额亏损。

2. 被投资单位所供应的商品或提供的劳务因产品过时或消费者偏好改变而使市场的需求发生变化，从而导致被投资单位财务状况发生严重恶化。

3. 被投资单位所在行业的生产技术等发生重大变化，被投资单位已失去竞争能力，从而导致财务状况发生严重恶化，如进行清理整顿、清算等。

4. 有证据表明该项投资实质上已经不能再给公司带来经济利益的其他情形。

（三）长期投资减值准备按单项投资项目计算确定。

（四）处理长期投资时，其已计提的长期投资减值准备一并转入投资收益；已确认损失的长期投资价值又得以恢复，在原已确认的投资损失金额内转回。

第二十一条　公司对已提取减值准备的短期投资和长期投资项目应加强管理，尽量减少损失。有确凿证据表明确实无法收回的长短期投资，如被投资单位已撤销、破产、资不抵债、现金流量严重不足等，可按公司财务开支审批权限将其作为资产损失，计提投资减值准备。

第七章　固定资产与在建工程

第二十二条　公司应当定期或在期末对固定资产进行全面清查，如果技术陈旧、损坏、长期闲置或其他经济原因，导致其可收回金额低于其账面价值的，应当计提固定资产减值准备。

第二十三条　当存在下列一项或若干项迹象时，应当考虑固定资产已发生减值。

（一）资产的市价在当期大幅下跌，其跌幅大大高于因时间推移或正常使用而引起的下跌。

（二）市场利率或市场的其他投资回报率在当期已经提高，从而很可能影响公司计算资产使用价值时采用的折现率，并大幅降低资产的可收回金额。

（三）公司的净资产账面价值大于其市场资本化金额。

（四）有证据表明，资产已陈旧过时或实体发生损坏。

第二十四条　如果公司的固定资产实质上已经发生了减值，应当计提减值准备。对存在下列情况之一的固定资产，应当全额计提减值准备。

（一）长期闲置不用，在可预见的未来不会再使用，且已无转让价值的固定资产。

（二）由于技术进步等，已不可使用的固定资产。

（三）虽然固定资产尚可使用，但使用后会产生大量不合格产品的固定资产。

（四）已遭毁损，以至于不再具有使用价值和转让价值的固定资产。

（五）其他实质上已经不能再给公司带来经济利益的固定资产。

第二十五条　固定资产减值准备，应按单项项目计提；已全额计提减值准备的固定资产，不再计提折旧。

第二十六条　已计提减值准备的固定资产应按扣除减值准备后的账面净值计提折旧。

第二十七条　已计提减值准备的固定资产后来用于投资或债务重组时的处理方法。

（一）已提减值准备的固定资产用于投资时，先冲回已提的减值准备，再按冲回减值准备后的固定资产之账面净值确定初始投资成本。若取得投资的公允价值小于固定资产账面净值，仍以该项固定资产账面净值作为初始投资成本入账，待期末计提投资减值准备时再一并调整。

（二）已提减值准备的固定资产用于清偿债务时，公司应先清理固定资产，同时结转相关的减值准备，并将债务账面价值扣除固定资产账面净值、清理费用（扣除残值收入）和减值准备之后的差额确认为当期损失或资本公积。

第二十八条　在建工程存在下列一项或若干项情况时，应当计提减值准备。

（一）在建工程因资金、严重自然灾害等原因被迫长期停工。

（二）在建工程完工后长期搁置，未实现预计使用价值。

（三）工程物资锈蚀、毁损，严重影响工程质量。

第八章　无形资产

第二十九条　公司应当在期末对无形资产逐项检查，如果市价持续下跌，或技术陈旧、损坏、长期闲置等原因，导致其可收回金额低于其账面价值的，应当计提无形资产减值准备。

第三十条　当存在下列一项或若干项情况时，应当计提无形资产减值准备。

（一）某项无形资产已被其他新技术等所替代，使其为公司创造经济利益的能力受到重大不利影响。

（二）某项无形资产的市价在当期大幅下跌，在剩余摊销年限内预期不会恢复。

（三）某项无形资产已超过法律保护期限，但仍然具有部分使用价值。

（四）其他足以证明某项无形资产实质上已经发生了减值的情形。

第三十一条　无形资产减值准备，应按单项项目计提。

第三十二条　已计提减值准备的无形资产应按扣除减值准备后的账面净值进行摊销。

第三十三条　已计提减值准备的无形资产后来用于投资或债务重组时的处理方法。

（一）已提减值准备的无形资产用于投资时，先冲回已提的减值准备，再按冲回减值准备后的无形资产之账面净值确定初始投资成本。若取得投资的公允价值小于无形资产账面净值，仍以该项无形资产账面净值作为初始投资成本入账，待期末计提投资减值准备时再一并调整。

（二）已提减值准备的无形资产用于清偿债务时，应按无形资产的账面净值结转无形资产，同时结转相关的减值准备，并将债务账面价值扣除无形资产账面净值、减值准备等相关费用之后的差额确认为当期损失或资本公积。

第九章　监督与信息披露

第三十四条　公司监事会对资产减值的内部控制制度制定和执行情况进行监督，并列席董事会审议计提和核销资产减值准备的会议。

第三十五条　监事会可视情况聘请注册会计师对内部控制制度制定和执行情况进行监督。

第三十六条　监事会对董事会有关核销和计提资产减值准备的决议程序是否合法、依据是否充分等方面提出书面意见，并形成决议向股东会报告。

第三十七条　公司在定期报告中披露各项资产减值准备的计提方法、比例和提取金额。

第三十八条　在资产负债表中，各项资产项目应当按照减去资产减值准备后的净额加以反映。

第11章 资产管理流程

11.1 资金管理流程

11.1.1 资金计划编制流程

资金计划编制流程见图 11-1。

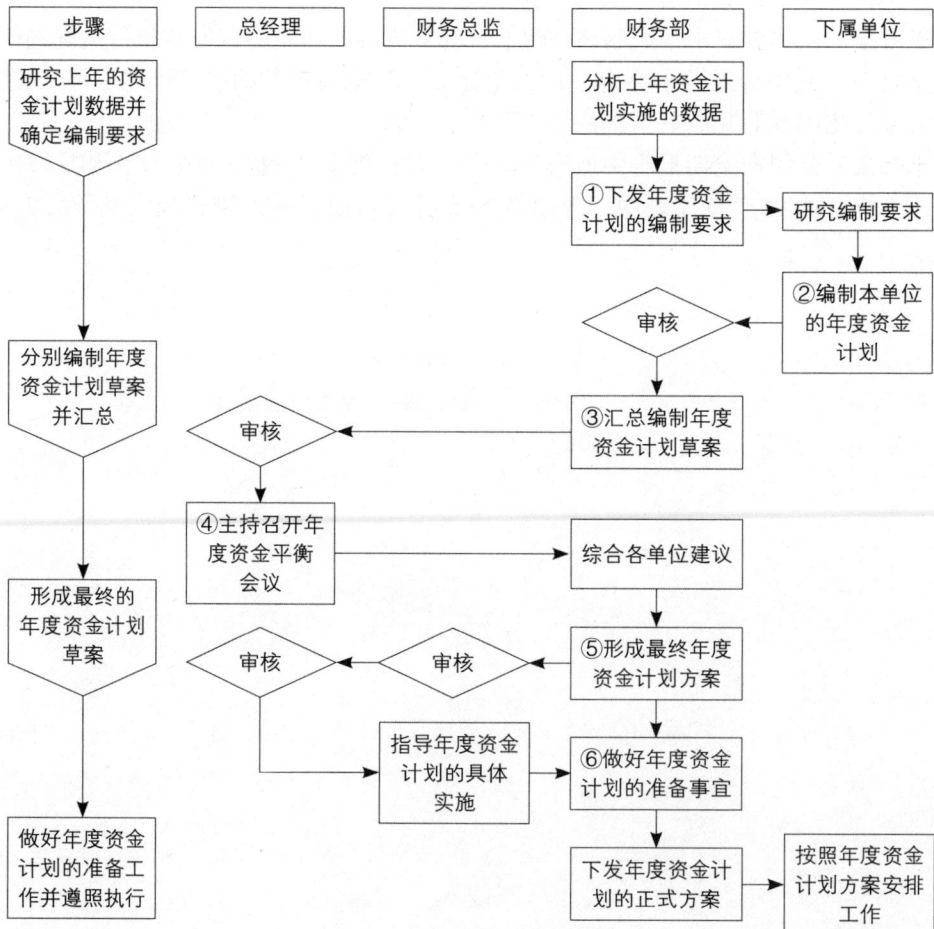

步骤	总经理	财务总监	财务部	下属单位
研究上年的资金计划数据并确定编制要求			分析上年资金计划实施的数据	
			①下发年度资金计划的编制要求	研究编制要求
			审核	②编制本单位的年度资金计划
分别编制年度资金计划草案并汇总	审核		③汇总编制年度资金计划草案	
	④主持召开年度资金平衡会议		综合各单位建议	
形成最终的年度资金计划草案	审核	审核	⑤形成最终年度资金计划方案	
		指导年度资金计划的具体实施	⑥做好年度资金计划的准备事宜	
做好年度资金计划的准备工作并遵照执行			下发年度资金计划的正式方案	按照年度资金计划方案安排工作

图 11-1 资金计划编制流程

关键步骤说明如下。

①资金计划的编制要真实、可靠、完整，量入为出，综合平衡。

②各单位编制自身的资金计划要考虑自身的年度发展规划，吸取往年的资金使用经验。

③财务部汇总各单位计划时要统筹兼顾，以公司总体计划为着眼点。

④总经理主持召开年度资金平衡会议，平衡各单位的资金计划，使各单位达成一致认识。

⑤正式的年度资金计划指导公司一年的工作，因此既要具备严格的约束性，也要具备一定的弹性。

⑥财务部在确定年度资金计划后，就要根据资金的实际情况，准备融资、调拨等资金运作事宜。

11.1.2　子公司资金计划控制流程

子公司资金计划控制流程见图 11-2。

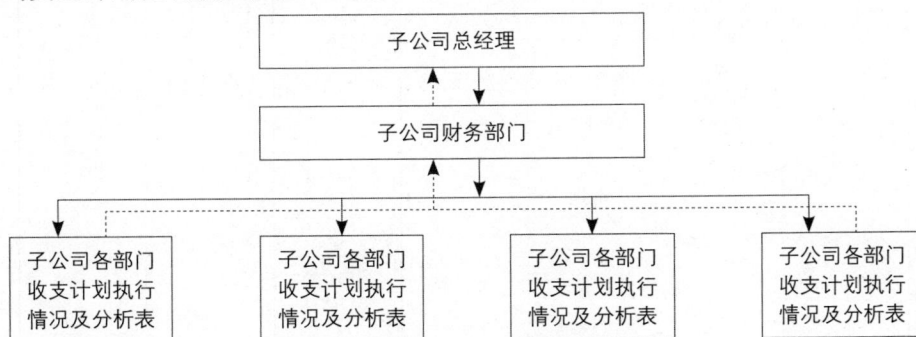

图 11-2　子公司资金计划控制流程

公司编制资金计划实行自下而上编报，和自上而下下达执行的程序。图 11-2 中，虚线为上报线，实线为下达线。

子公司各部门按年度、季度、月度编制本部门资金收支计划并报本公司财务部。子公司财务部审查、汇总部门计划后上报本公司领导批准。子公司还要根据资金收支计划表、执行情况表检查本公司资金计划执行情况，分析实际偏离计划的原因，提出解决问题的办法。

11.1.3　总部资金计划控制流程

公司为了保证资金使用的计划性、准确性、规范性和高效性，确保公司资金支出分配的合理有效，加快资金周转速度，制定总部资金计划控制流程，见图 11-3。

各子/分公司	各子/分公司总经理	集团各职能部门	集团各主管领导	集团财务部	集团经济管理部	集团总会计师	集团总经理	相关文档

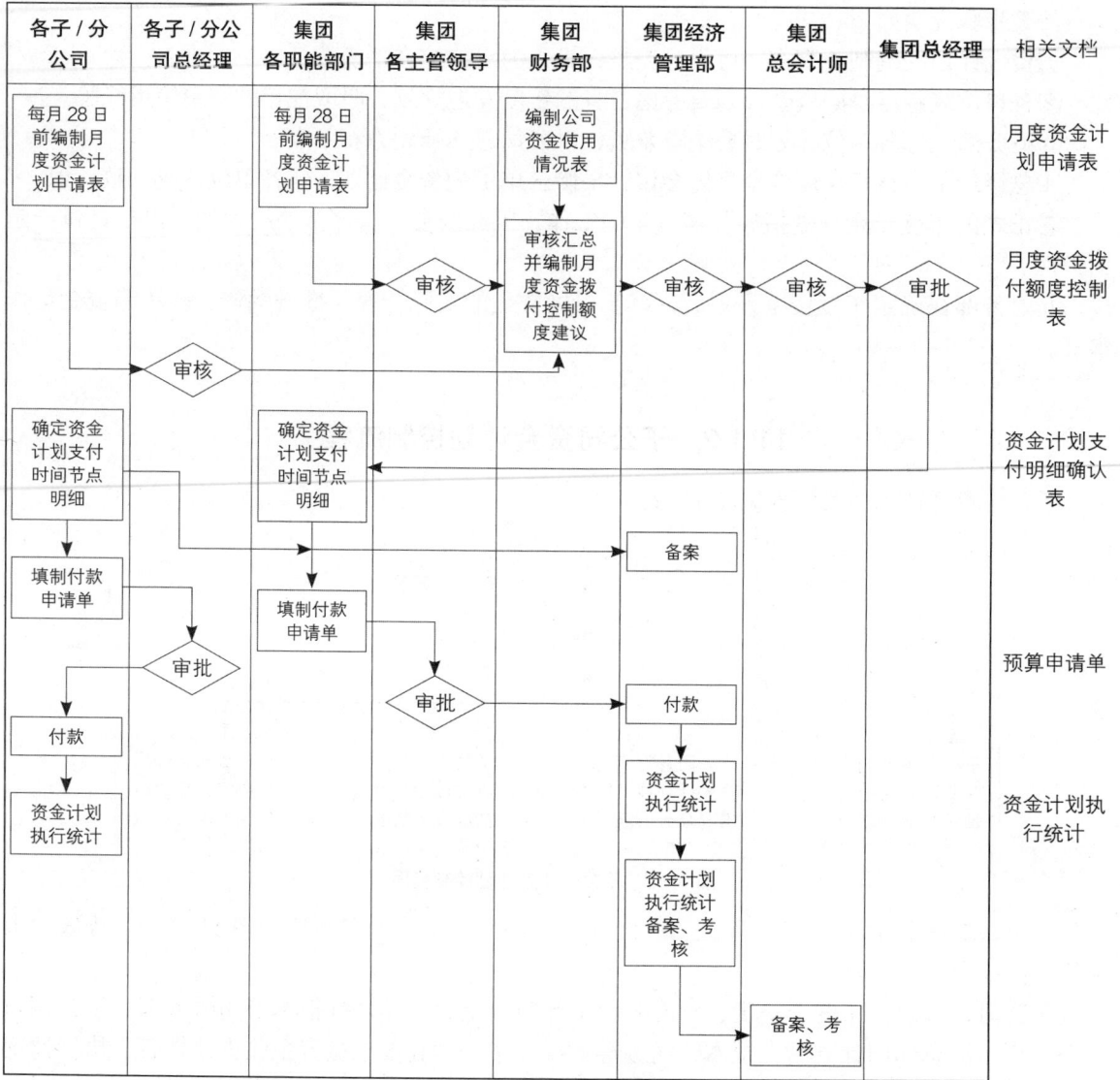

图 11-3　总部资金计划控制流程

总部资金计划控制流程说明见表 11-1。

表 11-1　　　　　　　　　　总部资金计划控制流程说明

步骤	说明	负责人	输出
月度资金计划申请表编制	集团各职能部门或子/分公司根据业务工作计划，以预算管理流程和合同条款为依据，于每月 28 日前，组织完成本机构内部的月度资金计划申请表编制，经集团各主管领导审核或各子/分公司总经理审核，提交至集团财务部	集团各职能部门或各子/分公司	月度资金计划申请表
月度资金计划申请表审核审批	集团财务部应于每月 30 日前，完成公司月度资金计划的审核，提出计划核定数和资金拨付控制额度建议，并提交集团经济管理部、集团总会计师审核，提交集团总经理审批，形成月度资金拨付额度控制表、资金计划支付明细确认表	集团财务部	月度资金拨付额度控制表、资金计划支付明细确认表

326

步骤	说明	负责人	输出
资金计划执行管理	（1）集团各职能部门计划内合同付款需填制计划内付款申请表，按权限经集团各主管领导审批签字后，方可提交集团财务部支付 （2）子／分公司计划内合同付款需填制计划内付款申请表，按权限经各子／分公司总经理和集团各主管领导审批签字后，交子／分公司财务部支付	集团各职能部门、子／分公司	计划内付款申请表、资金计划执行统计
计划外付款	（1）集团各职能部门计划外付款需填制计划外付款申请表，经集团各主管领导、集团财务部、集团经济管理部、集团总会计师审核，集团总经理审批后，交集团财务部支付，并备案至集团经济管理部 （2）子／分公司计划外付款，需填写计划外付款申请表，经子／分公司总经理审核签字后，超过权限的付款，须报集团有关职能部门、集团经济管理部、集团总会计师审核，集团总经理审批后，交子／分公司财务部支付，并备案至集团经济管理部	集团各职能部门、子／分公司	计划外付款申请单

11.1.4　银行存款收款业务流程

银行存款收款业务流程见图 11-4。

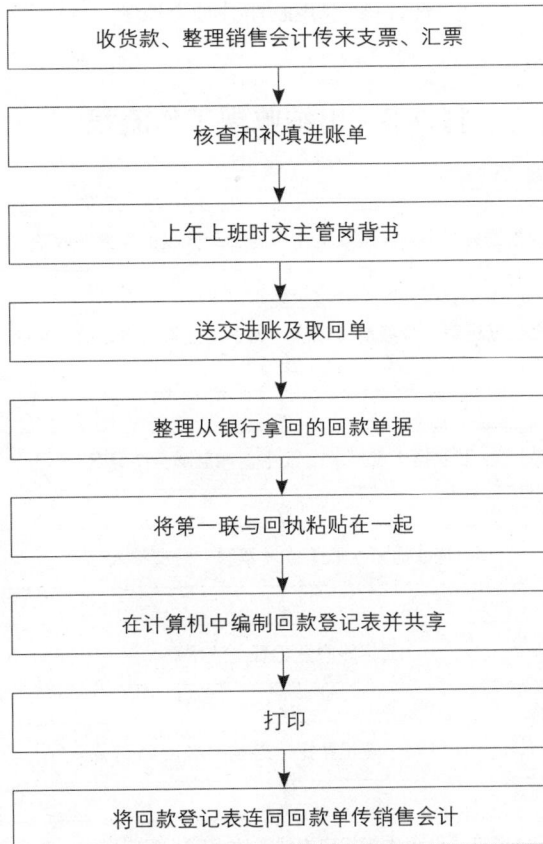

收货款、整理销售会计传来支票、汇票

↓

核查和补填进账单

↓

上午上班时交主管岗背书

↓

送交进账及取回单

↓

整理从银行拿回的回款单据

↓

将第一联与回执粘贴在一起

↓

在计算机中编制回款登记表并共享

↓

打印

↓

将回款登记表连同回款单传销售会计

图 11-4　银行存款收款业务流程

11.1.5 费用报销付现业务流程

费用报销付现业务流程见图 11-5。

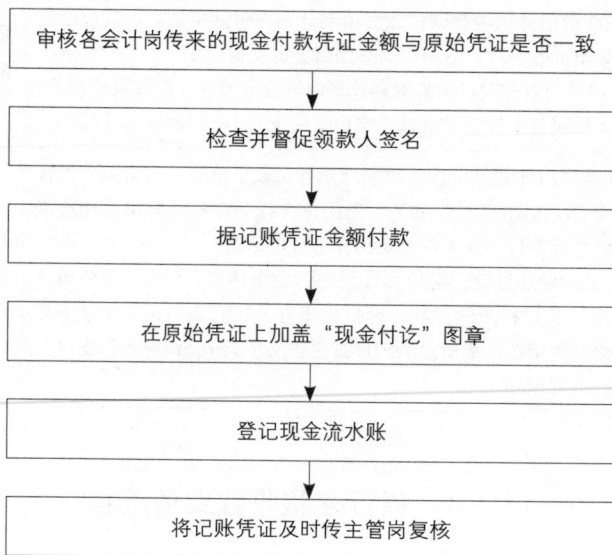

审核各会计岗传来的现金付款凭证金额与原始凭证是否一致

↓

检查并督促领款人签名

↓

据记账凭证金额付款

↓

在原始凭证上加盖"现金付讫"图章

↓

登记现金流水账

↓

将记账凭证及时传主管岗复核

图 11-5 费用报销付现业务流程

11.1.6 出纳收现工作流程

出纳收现工作流程见图 11-6。

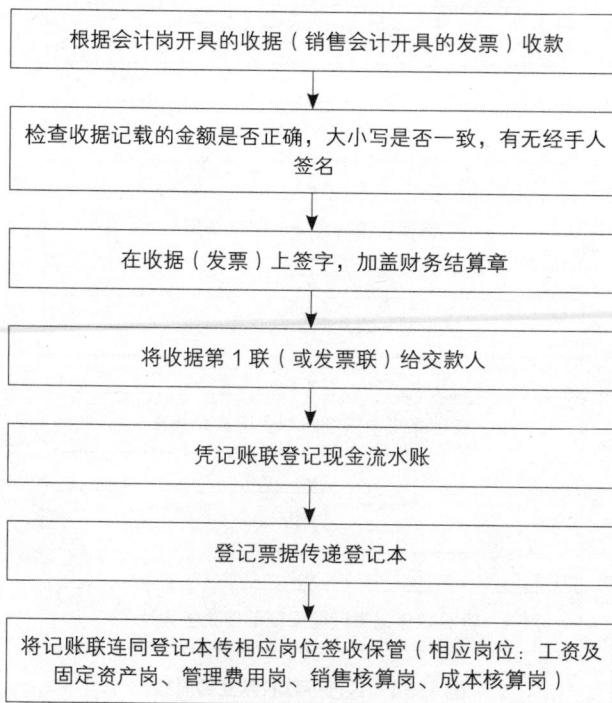

根据会计岗开具的收据（销售会计开具的发票）收款

↓

检查收据记载的金额是否正确，大小写是否一致，有无经手人签名

↓

在收据（发票）上签字，加盖财务结算章

↓

将收据第 1 联（或发票联）给交款人

↓

凭记账联登记现金流水账

↓

登记票据传递登记本

↓

将记账联连同登记本传相应岗位签收保管（相应岗位：工资及固定资产岗、管理费用岗、销售核算岗、成本核算岗）

图 11-6 出纳收现工作流程

（1）原则上出纳只有收到现金才能开具收据，在收到银行存款或下账时需开具收据的，核实收据上已写有"转账"字样，后加盖"转账"图章和财务结算章，并登记票据传递登记本后传给相应会计岗位。

（2）随工资发放时代收代扣的款项，由工资及固定资产岗开具收据，可以没有交款人签字。

11.2　固定资产管理流程

11.2.1　固定资产外购业务流程

固定资产外购业务流程如图 11-7 所示。

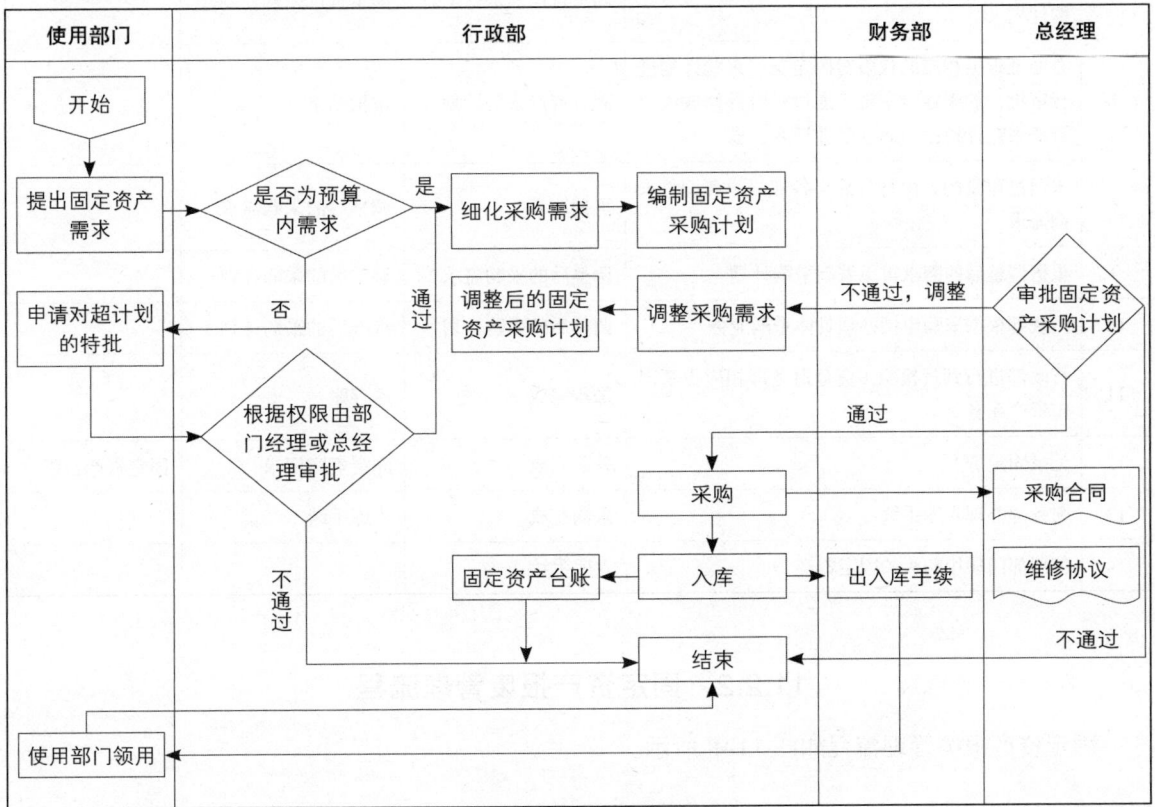

图 11-7　固定资产外购业务流程

固定资产外购业务流程说明见表 11–2。

表 11–2　　　　　　　　　固定资产外购业务流程说明

步骤	工作内容概述	重要输入	重要输出	相关表单
1	各部门根据实际需求向行政部提出固定资产方面的需求	部门固定资产需求	部门固定资产需求单	固定资产需求单
2	行政部根据规定审核资产采购预算需求	固定资产采购预算	审核结果	
3	若审核不合格，使用部门申请对超预算的审批	审核不通过	申请特批	固定资产需求单
4	根据权限由部门经理或总经理审批	超预算采购申请	审批结果	
5	行政部汇集各部门的固定资产需求，获得完整的固定资产需求清单	审批后的固定资产采购需求	固定资产需求单汇总	
6	行政部根据固定资产需求清单编制固定资产采购计划	固定资产需求单汇总	固定资产采购计划	
7	总经理根据相应的权限对固定资产采购计划进行审批，如未通过审批则通过行政部修改固定资产采购计划；如通过则进行下一步	固定资产采购计划	审批结果	
8	未通过审批的，由行政部与各部门协商调整采购需求	审批结果	调整后的采购需求	
9	根据调整后的需求重新编制采购计划	调整后的采购需求	调整后的采购计划	
10	行政部根据采购申请办理具体采购业务	调整后的采购计划	批准后的采购计划	
11	行政部进行到货检验（资金财务部相应更新固定资产账务）	采购完成	库存账	
12	记录固定资产	采购完成	固定资产记录	固定资产台账
13	财务部办理入库手续	采购完成	入库手续	
14	使用部门领用购买的固定资产	入库手续		

11.2.2　固定资产报废管理流程

固定资产报废管理流程如图 11–8 所示。

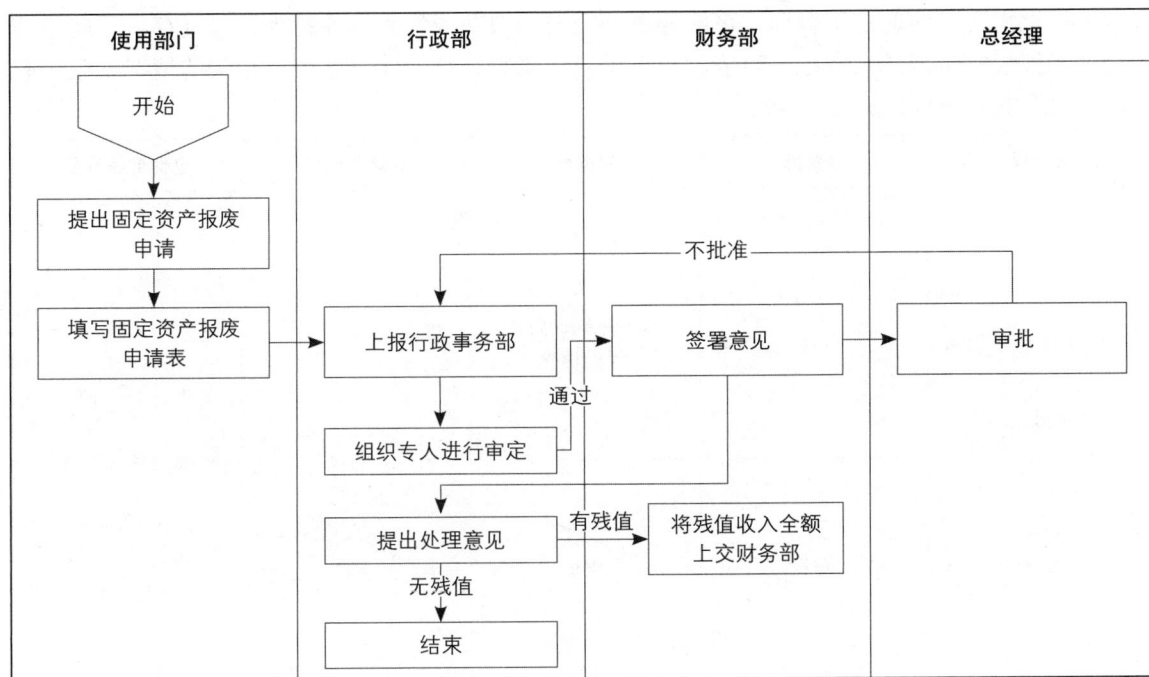

图 11-8　固定资产报废管理流程

固定资产报废管理流程说明见表 11-3。

表 11-3　　　　　　　　　　　　固定资产报废管理流程说明

步骤	工作内容概述	重要输入	重要输出	相关表单
1	使用部门提出报废理由并填写固定资产报废申请表，上报行政部	固定资产报废申请	审定结果	固定资产报废申请表
2	行政部组织专人进行审定	固定资产报废申请	审定结果	
3	财务部签署意见	固定资产报废申请	审定结果	
4	总经理审批	固定资产报废申请	审定结果	
5	总经理批准，财务部进行账务处理	批准文件	账务处理结果	
6	行政部对固定资产提出处理意见	资产处理申请	审批意见	
7	有残值的，将残值收入全额上交财务部	残值数据表	账务处理结果	

11.3　存货管理流程

11.3.1　存货采购业务流程

公司为了保证购买性价比更好的物料和保证物料保质保量按期交货，避免请购依据不充分、采购批量及采购时点不合理，可能导致公司资源浪费或发生舞弊行为，以及存货采购申请未经适当授权审批或越权审批，可能因重大差错、舞弊、欺诈而导致资产损失的情况发生，制定存货采购业务流程，见图11-9。

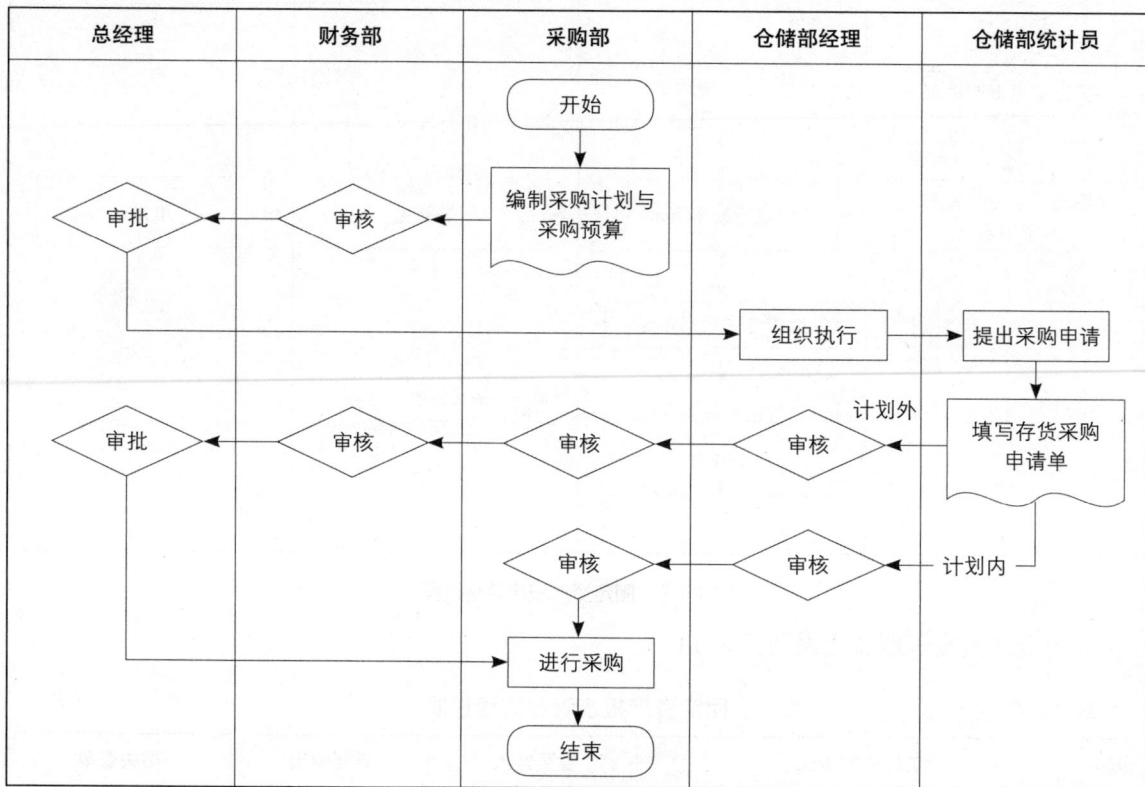

图11-9　存货采购业务流程

存货采购业务流程说明如下。

①采购部应当根据仓储计划、资金筹措计划、生产计划、销售计划等编制采购计划，对存货采购制定采购预算，合理确定材料、在产品、产成品等存货的比例。

②仓储部经理应组织仓储部统计员严格执行采购预算。

③仓储部统计员应逐日根据各种材料的采购间隔期和当日材料的库存量分析确定应采购材料的日期和数量，或者通过计算机管理系统重新预测材料需要量，以及重新计算安全存货水平和经济采购批量，据此提出存货采购申请。

④仓储部统计员根据生产实际情况以及仓储情况填写存货采购申请单：计划内采购需由仓储部经理审核，采购部审批后采购；计划外采购需由仓储部经理审核签字确认，采购部和财务部审核，总经理审批后采购。

⑤采购部按照公司相关规定及时进行存货采购。

11.3.2　存货验收控制流程

公司为了避免存货验收程序不当，导致的多种风险（比如验收程序不规范，可能导致资产账实不符和资产损失、存货验收问题处理不当），进而影响公司的正常生产，制定存货验收控制流程，见图11-10。

总经理	采购部经理	采购专员	相关部门	供应商

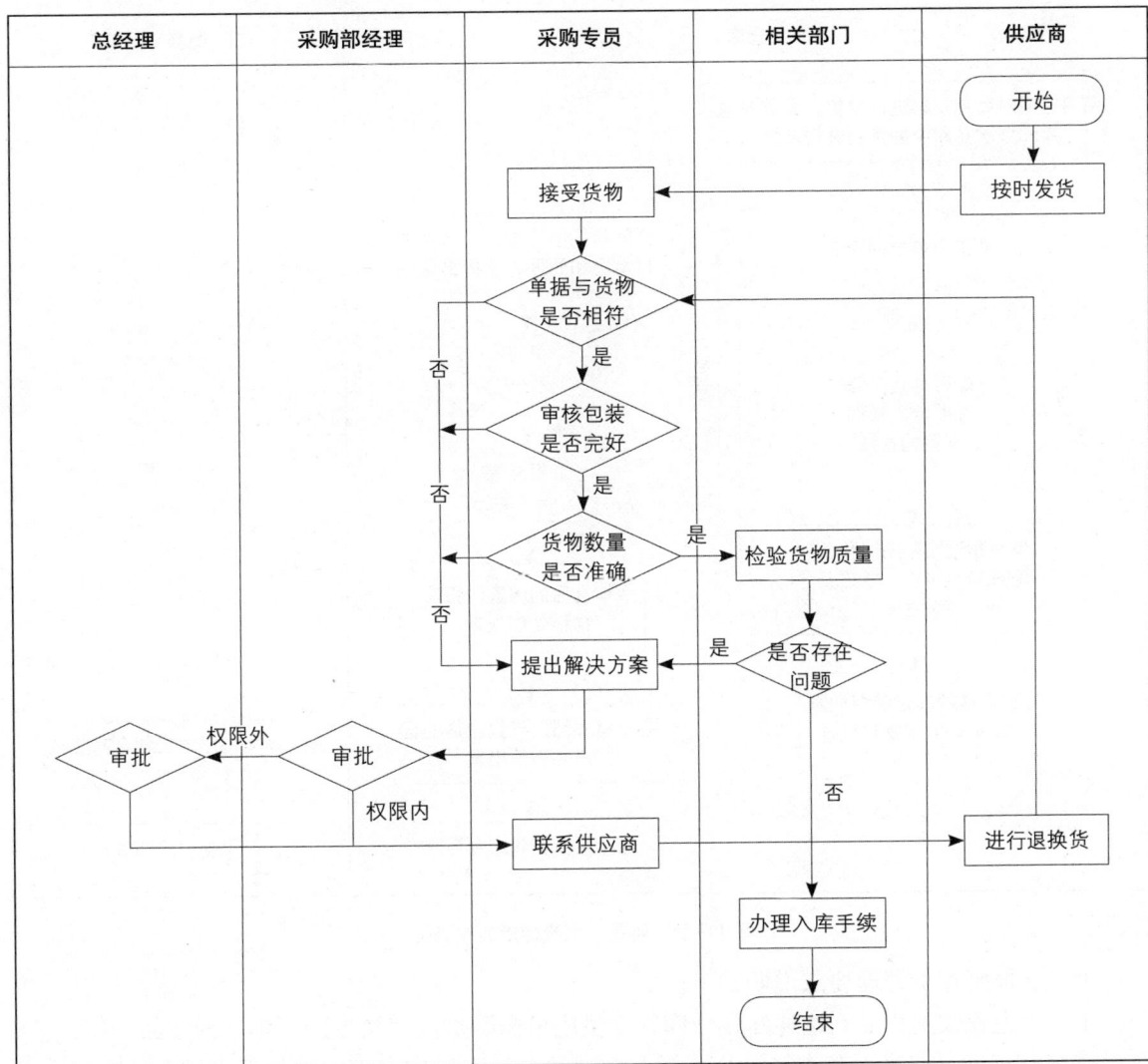

图 11-10　存货验收控制流程

存货验收控制要点说明如下。

①采购专员接到货物后，按照采购订单上的内容与供应商提供的货物一一核对，核对完毕后清点货物数量，无误后通知质检部进行质量检验。

②质检部根据《存货验收管理制度》，参照货物的实际特点，进行质量检验。

③货物存在质量问题的，质检部出具质量检验报告，提交采购专员处理；采购专员根据公司规定及货物的实际情况提出具体的解决方案，提交采购部经理和总经理审批。采购专员在清点核对货物时发现问题，应提出具体解决方案，报采购部经理和总经理审批。

④采购专员与供应商就具体问题协商后进行退换货处理。

⑤验收合格的货物直接由仓储部办理入库手续。

11.3.3　闲置、报废存货处理流程

公司为确保闲置、报废存货得到及时处理，制定闲置、报废存货处理流程，见图 11-11。

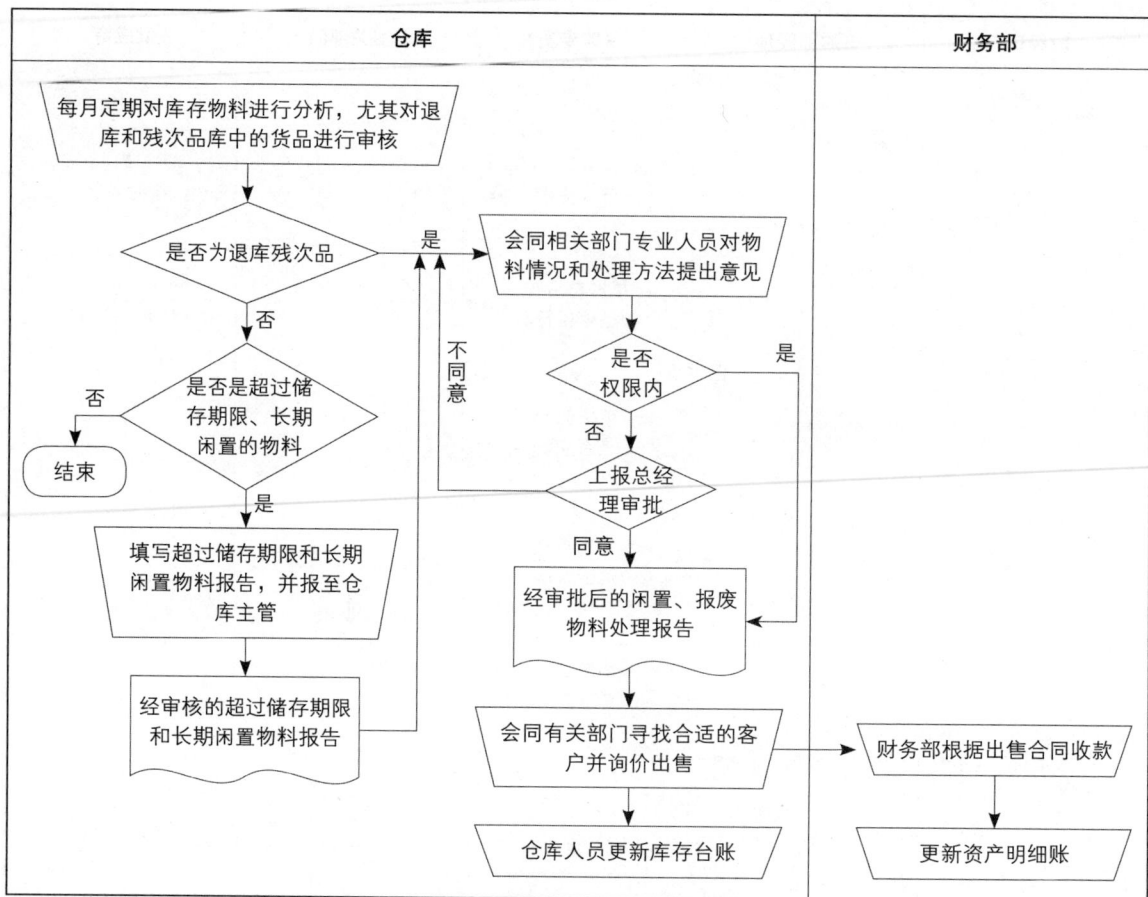

图 11-11　闲置、报废存货处理流程

闲置、报废存货处理要点说明如下。

①仓库主管收到货品到达通知，仓库管理员应根据购货订单及生产订单接受货品。

②仓库每月定期对库存物料进行分析，尤其对退库和残次品库中的货品进行审核，确定是否为退库残次品。

③对超过储存期限、长期闲置的物料报仓库主管及时进行处理，仓库管理员填写超过储存期限和长期闲置物料报告报仓库主管审批。

④物料处理先由仓库会同相关专业人员根据物料情况提出处理意见，总金额在 5 万元以下的物料处理，由生产副总审批，总金额在 5 万元以上的物料处理，由总经理审批。

⑤处理意见经批准后，由仓库会同相关部门寻找合适客户询价出售。

⑥相关部门根据物料处理情况，及时、准确地进行账务处理。

11.4　应收票据控制流程

应收票据收取、保管、承兑控制流程见图 11-12。

会计科长	财务部长	财务人员	销售部门	出票人
审核确认承兑汇票后收取须背书收款人（本公司），做应收账款处理			销售结算，审核承兑汇票后收取须背书收款人（本公司）	赎买单位购货结算支付承兑汇票
审核处理承兑汇票后复核凭证须背书收款人（本公司全称）		出纳员审核确认承兑汇票后收取审核凭证		
复核背书收款人联系档案管理员				
出纳员、会计科长、财务部长将应收票据列入应收票据清单，经出纳员、会计科长、财务部长签字后，由出纳员、档案管理员各保存一份。将应收票据（承兑汇票）放入保险柜共同执保险柜钥匙，打开专用保险柜、将应收票据、凭证一并存入保险柜、共同关锁保险柜。				
		出纳员做委托银行托收凭证，加盖公司财务专用章		
审核银行托收凭证，加盖银行须留重印鉴				
出纳员、会计科长（财务部长监督）将应收票据（承兑汇票）放入保险柜，共同执保险柜钥匙，打开专用保险柜、将应收票据从保险柜取出、共同关锁保险柜。变更应收票据清单时，在应收票据清单注明取出承兑汇票的日期，并由出纳员、档案管理员、财务部长签字确认。出纳员、档案管理员各保存一份应收票据清单				
		出纳员做委托银行托收凭证，加盖公司财务专用章		
		结束		

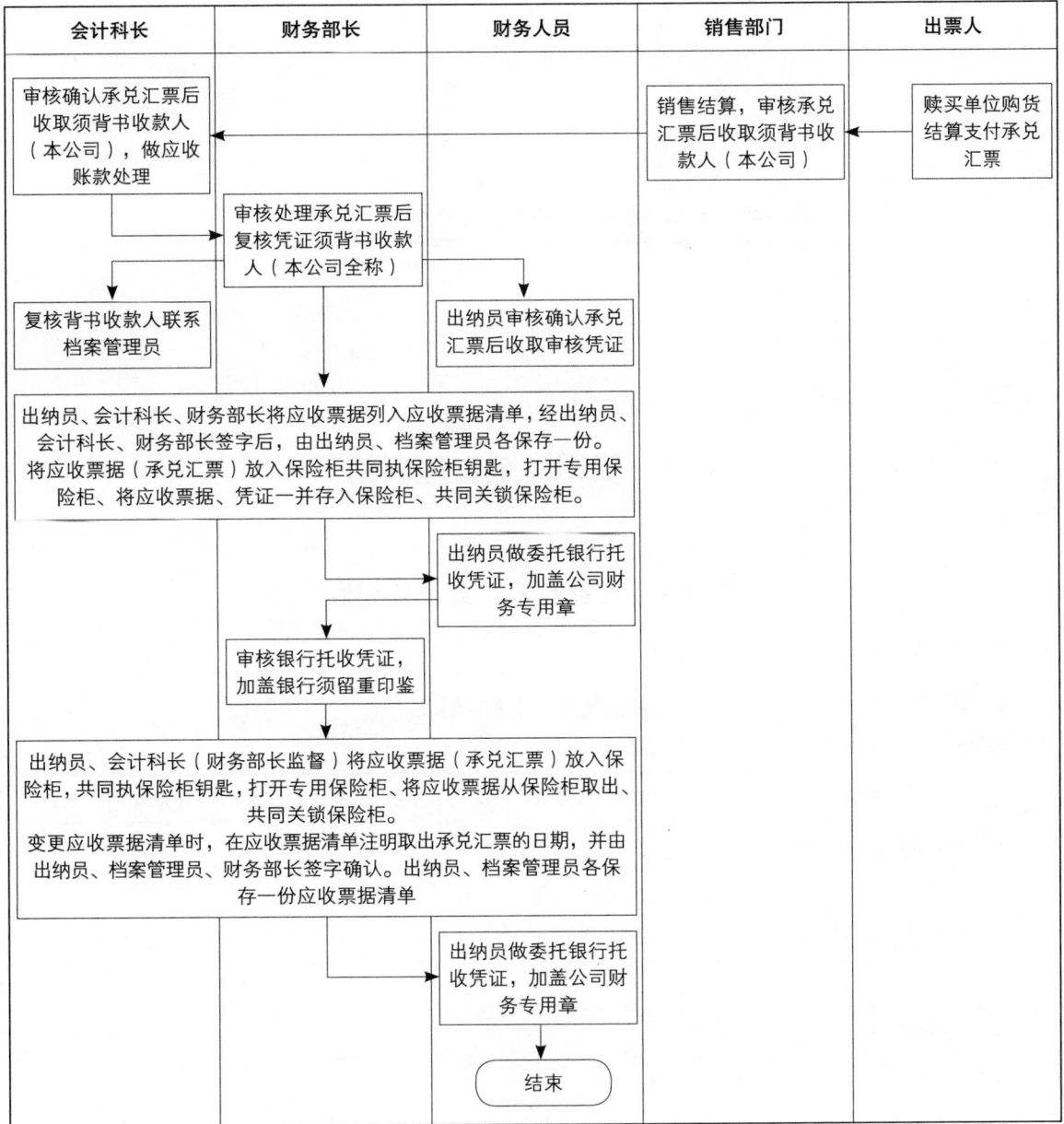

图 11-12　应收票据控制流程

第 12 章　资产管理表格

12.1　货币资金管理表格

12.1.1　资金收入、支出计划表

资金收入、支出计划表见表 12-1。

表 12-1　　　　　　　　　　　资金收入、支出计划表

计划单位：　　　　　　　　　　　　　　年　月　日　　　　　　　　　　单位：元

项目		上年度（季度、月度）	本年度（季度、月度）	审批数	备注
期初库存现金、借记卡和银行存款					
收入金额	销售收入				
	劳务收入				
	退税收入				
	其他收入				
	……				
	收入合计				
支出金额	土地使用权				
	房屋及建筑物				
	机器设备				
	偿还借款支出				
	其中：本金支出				
	利息支出				
	支出合计				
	材料支出				

项目		上年度（季度、月度）	本年度（季度、月度）	审批数	备注
支出金额	薪资支出				
	税款支出				
	制造费用				
	其他支出				
	经营支出合计				
	期间费用：				
	管理费用				
	销售费用				
	财务费用				
	费用合计				
现金余缺					
银行借款及其他					
银行存款和库存现金					

审批人：　　　　　计划单位负责人：　　　　　资金负责人：　　　　　制表人：

12.1.2　集团总部用款计划汇总表

集团总部用款计划汇总表见表 12-2。

表 12-2　　　　　　　　　集团总部用款计划汇总表

××集团　　　　　年　　月

单位：元

序号	用款部门	日常支出				用款合计	用款说明
		费用明细	数量	单位	单价		

制表人：　　　　　　　　负责人：　　　　　　　　日期：

12.1.3　集团子公司用款计划汇总表

集团子公司用款计划汇总表见表 12-3。

表 12-3　　　　　　　　　　集团子公司用款计划汇总表

　　　　　　　　　　　　　　　　　　　　　　　年　　月　　日　报出

收报单位：财务部　　　　　　　　　　　　　　年　　月　　日　收到

序号	用款部门	计划金额	形式			批准金额	审批人	备注
			库存现金	银行存款	借记卡			
1								
2								
3								
4								
5								
合计								

计划单位负责人：　　　　　资金负责人：　　　　　复核人：　　　　　制表人：

12.1.4　银行存款明细账

银行存款明细账见表 12-4。

表 12-4　　　　　　　　　　银行存款明细账

账套：　　　　　　　　　　　　　　　　　　　　　　　　　　金额单位：元

20××年		凭证编号	摘要	借方	贷方	借/贷	余额
月	日						

12.1.5　现金盘点报告表

现金盘点报告表见表 12-5。

表 12-5　　　　　　　　　　　**现金盘点报告表**

金额单位（元）　　　　　　　　　　　　　　　　　　　　　年　月　日

20××年××月××日	面值	数量	金额	盘点异常事项
库存现金及周转零用金				
小计				盘点结果要点报告
其他项目：××费用				
员工借支				
总计				
账面数				
盘点结果				
				领导审批意见
备注：				

核准人：　　　　　　　　复核人：　　　　　　　　盘点人：

12.1.6　银行存款余额调节表

银行存款余额调节表（见表12-6）可作为银行存款的附列资料保存。该表的主要作用是核对公司账目与银行账目的差异，也用于检查公司与银行账目的差错。调节后的余额是公司对账日实际可用的银行存款数额。

编制银行存款余额调节表，是在银行对账单余额与公司账面余额的基础上，各自加上对方已收、本单位未收账项数额，减去对方已付、本单位未付账项数额，以调整双方余额使其一致的一种调节方法。

银行存款余额调节表是一种对账记录的工具，并不是凭证；如果余额相等，则一般没错；否则可能存在未达款项，或者记录错误。

表 12-6　　　　　　　　　　　**银行存款余额调节表**

户名：

账号：

开户行：

项目（摘要）	金额（元）	项目（摘要）	金额（元）
企业银行存款日记账余额：		银行对账单余额：	
加：银行已收、企业未收款		加：企业已收、银行未收款	

项目（摘要）	金额（元）	项目（摘要）	金额（元）
减：银行已付、企业未付款		减：企业已付、银行未付款	
调节后的存款余额：		调节后的存款余额：	

复核人：　　　　　　　填表人：

12.1.7　货币资金明细表

货币资金明细表见表12-7。

表 12-7　　　　　　　　　　货币资金明细表

项目	期初数	期末数
库存现金		
银行存款		
其他货币资金		
合计		

12.2　固定资产管理表格

12.2.1　固定资产明细表

固定资产明细表（见表12-8）是反映固定资产在年度内增减变动情况和年末各类固定资产构成情况的会计报表，是资产负债表的附表。该表可以反映公司本年度固定资产的增减变动情况，以及公司生产规模。

表 12-8　　　　　　　　　　固定资产明细表

公司名称：　　　　　　　　　　年　月　日　　　　　　　　金额单位：元

资产名称	开始使用日期	使用年限	原值	月折旧	以前年度累计折旧	本年前期已提折旧	本月计提折旧	期末净值	资产使用情况			情况说明
									在用	闲置	待报废	

12.2.2　固定资产登记表

固定资产登记表见表 12-9。

表 12-9　　　　　　　　　　　　固定资产登记表

类别：　　　　　　　　　　　　　　　　　　　　　　　　　　　　　　　　　金额单位：元

序号	固定资产编号	名称	规格型号	单价	数量	存放地点	购入日期	使用人	保管人	备注

12.2.3　固定资产台账

固定资产台账见表 12-10。

表 12-10　　　　　　　　　　　　固定资产台账

所属部门：　　　　　　　　　　　　　　　　　　　　　　日期：　　　年　　　月　　　日

序号	编号	名称	规格	计量单位	数量	起用日期	使用寿命	年折旧率	原值	净值	使用部门	位置	变动情况	备注

12.2.4　固定资产累计折旧明细表

固定资产累计折旧明细表见表 12-11。

表 12-11　　　　　　　　　　　　固定资产累计折旧明细表

单位：　　　　　　　　　　　　　　　　　　　　　　　　　　　　　　　　　年　　　月

序号	凭证编号	固定资产名称	规格型号	购入日期	存放地点	数量	单位	单价	购入原值	预计折旧月份	净残值率	月折旧率	已计提折旧	本月折旧额	累计折旧	固定资产净值

12.2.5　固定资产报废申请书

固定资产报废申请书见表 12-12。

表 12-12　　　　　　　　　固定资产报废申请书

申请部门：　　　　　　　　　　报送日期：　　年　　月　　日

资产编号		资产名称		型号规格	
制造国、厂		制造年份		投产年份	
使用部门及安装地点		分类折旧年限		已使用年限	
资产原值		已提折旧		残值	
报废原因、更新设备条件及处理意见：					
部门领导：　　　　检查人：　　　　经办人：					
设备部门意见：					
主管领导批示：				财务部门：	

注：使用部门、设备部门、财务部门各一份。

12.3　无形资产及其他资产登记表

无形资产及其他资产登记表见表 12-13。

表 12-13　　　　　　　　　无形资产及其他资产登记表

项目	年初余额	本年增加	本年摊销	本年减少	年末余额	备注
1. 无形资产						
（1）专利权						
（2）……						
小计						
2. 其他资产						
（1）……						
（2）……						
小计						
合计						

12.4　低值易耗品管理表格

12.4.1　低值易耗品新增验收单

低值易耗品新增验收单见表 12-14。

表 12-14　　　　　　　　　　　低值易耗品新增验收单

序号	名称	规格型号	数量	发票金额	购入日期	使用部门	存放地点	验收人签字

12.4.2　低值易耗品领用单

低值易耗品领用单见表 12-15。

表 12-15　　　　　　　　　　　低值易耗品领用单

部门名称：　　　　　　　　　　　　　　　　　　　　　　　　日期：

物品名称	数量	单价（元）	小计（元）	备注
合计				

领用人：　　　　　　　　　　部门负责人：

12.4.3　低值易耗品报废单

低值易耗品报废单见表 12-16。

表 12-16　　　　　　　　　　　低值易耗品报废单

所属公司：　　　　　　　　　　序号：　　　　　　　　　　年　　月　　日

名称		数量		购置日期		原值		净值	
报废原因：									
使用部门意见：									
行政部意见：									
财务部意见：									
总经理意见：									

12.4.4　低值易耗品调拨单

低值易耗品调拨单见表12-17。

表 12-17　　　　　　　　　　低值易耗品调拨单

调拨时间：　　　　　　　　　　　　　　　　　　　　　　　调字号：

设备名称			随机附件			
规格型号		数量		设备类别		
调动原因		设备原价		存放地点		
调出部门		调入部门				
生产单位			出厂年月			
调出部门签字		调入部门签字		管理部门签字		主管领导签字
备注						

12.4.5　低值易耗品领用登记簿

低值易耗品领用登记簿见表12-18。

表 12-18　　　　　　　　　　低值易耗品领用登记簿

品名：　　　　　　　　规格：　　　　　　　　　　计量单位：

日期	用途	收入数量	发出数量	领用部门	领用人签字

第五篇

成本费用管理

第13章　成本费用管理制度

13.1　成本管理基础工作制度

成本管理是指公司生产经营过程中各项成本核算、成本分析、成本决策和成本控制等一系列科学管理行为的总称。成本管理由成本规划、成本计算、成本控制和业绩评价四项内容组成。

成本规划是根据公司的竞争战略和所处的经济环境制定的，也是对成本管理做出的规划，为具体的成本管理提供思路和总体要求。

成本计算是成本管理系统的信息基础。

成本控制是利用成本计算提供的信息，采取经济、技术和组织等手段实现降低成本或成本改善目的的一系列活动。

业绩评价是对成本控制效果的评估，目的在于改进原有的成本控制活动和激励约束员工和团体的成本行为。

第一条　目的。

为了提高公司成本费用核算水平，控制成本费用支出，提高经济效益，规范集团公司所属公司的成本和费用管理及核算工作，根据《企业财务通则》《企业会计准则》《工业企业财务制度》，结合深化改革和建立现代企业制度的需要，结合公司实际情况，特制定本制度。

第二条　适用范围。

本制度适用于××公司成本费用管理相关工作。本制度适用于集团公司所属全资子公司（企事业单位）和集团公司控股的工业公司（含股份制公司），以及分公司和分公司性质的分支机构。

第三条　总体原则。

（一）成本和费用管理工作是公司生产经营管理的核心内容，必须贯穿生产经营活动的全过程。其基本任务是：通过预测、计划、控制、核算、分析和考核，反映公司生产经营成果，挖掘降低成本潜力，努力降低产品成本。

（二）成本管理的主要任务。

（1）加强和完善成本和费用管理的基础工作。

（2）正确掌握成本和费用开支范围和标准，合理划分产品成本界限。

（3）进行成本预测，参与生产经营决策，实行主要产品的目标成本管理。

（4）编制先进可行的成本计划和增产节约计划，组织制定降低成本的措施。

（5）分解成本和费用指标，控制生产耗费，落实成本管理责任，实行分级归口管理。

（6）准确、及时核算产品成本，控制和监督成本计划和费用预算执行情况，进行成本和费用分析。

（7）各级成本管理的责任承担者，都必须做到责任内容清楚，职权范围明确，考核奖惩分明，贯彻责、权、利三结合。

第四条 公司要结合经营责任，贯彻成本管理责任制。公司负责人要组织总会计师、总经济师、总工程师等各级领导，依靠全体工程技术人员、生产经营管理人员和财务会计人员，组成成本管理体系；同时也要注意学习借鉴国内外成本管理的先进经验，进行对比分析，找出差距，促进公司的经营管理水平在市场竞争中不断提高。

第五条 各级成本管理的责任承担者，都必须做到责任内容清楚，职权范围明确，考核奖惩分明，贯彻责、权、利三结合。成本管理责任承担者对所承担的经济责任，要具备下列三项条件。

（一）能了解所分管成本费用指标的要求和资料来源。

（二）能了解所分管成本费用指标的实际执行情况和计算依据。

（三）能调节、控制所分管成本费用指标的耗费数。

第六条 引用流程。

（一）目标成本制定流程。

（二）目标成本调整流程。

（三）目标成本分解流程。

（四）车间目标成本调整流程。

（五）成本核算流程。

第七条 总经理。

负责生产目标成本的审批。

第八条 财务总监。

（一）负责生产目标成本的审核。

（二）制定、完善公司成本管理制度，并领导落实。

（三）领导制订成本计划，并监督其落实情况。

第九条 财务部。

（一）负责公司成本费用核算。

（二）协助公司有关部门完成年成本费用相关的考核工作。

（三）督促各部门落实成本管理制度。

第十条 成本会计。

（一）拟定生产目标成本。

（二）具体负责公司成本费用核算。

（三）负责各部门成本信息的汇总和保管。

（四）监督公司成本管理制度的执行情况。

（五）定期撰写成本分析报告。

（六）协助有关部门完成公司成本费用相关的考核工作。

第十一条 统计员。

（一）负责车间成本信息的汇总和统计。

（二）监督各车间和班组成本信息录入工作。

（三）监督各车间成本管理制度的执行情况。

第十二条 成本费用发生部门。

（一）负责部门目标成本的分解工作。

（二）具体负责部门内部成本费用的控制工作。

（三）协助财务总监制订成本计划。

（四）具体落实目标成本和成本计划。

（五）负责记录部门成本费用相关信息。

第十三条 基础工作内容。

公司应在总经理和财务总监的领导下组织各职能部门，认真做好成本费用管理的基础工作。其主要内容是：定额管理、原始记录与台账、计量验收、内部价格体系、内部经济核算制。

第十四条 定额管理。

（一）各部门对各种原材料、工具、燃料动力的消耗，以及劳动工时、设备利用、物资储备、流动资金占用、费用开支等，都要制定先进、合理的定额，并定期进行检查、分析、考核和修订。

（二）定额制定应遵循以下原则。

（1）要考虑公司生产发展、经营管理水平提高的要求，同时兼顾公司目前的生产能力和管理现状，使定额既先进又可行。

（2）要保持定额相对稳定，以利于调动职工积极性，使分析和考核建立在可比基础上。但随着公司生产技术进步和管理水平的提高，对已不适应的定额应适时地进行补充和修订。

（3）要注意各种定额之间的内在联系，防止相互脱节、彼此矛盾的情况出现。

（4）要采取相应的组织措施，定期检查分析，保证定额的贯彻执行。

第十五条 原始记录与台账。

（一）各单位应根据生产和管理的实际情况，建立、健全本单位的台账。

（二）库房的台账，应能反映材料的收、发、领、退等物流过程。包括：材料、物资验收入库单及出库单、采购申请单、退料单、物资盘点报告单等的保管，并做好材料仓库台账的记账工作。

（三）劳动工资方面的台账，应能反映职工人数、调动、考勤、工资基金、工时利用、停工情况、有关津贴等项的实际发生情况。

（四）设计及工艺方面的台账，应能反映产品设计改动、工艺路线变化、工时材料定额变动等项的实际发生情况。

（五）生产方面的台账，各工序都必须建立起自己的台账，应能反映产品在本工序或本班组中原材料投入至产出的过程，能反映原材料消耗、车间半成品/产成品交接、废品、工时等情况。

（六）设备管理方面的台账，应能反映设备验收、交付使用、维修、封存、调拨、报废的情况。

（七）动力消耗方面的原始记录，应能反映根据各计量仪表所显示的水、电、气等实际耗用量。

（八）应指定专人负责台账的记录工作，原则上职能部室由部门负责人负责台账的录入工作，车间各班组由班长负责本班组台账录入工作，如有特殊情况可指定其他人负责台账的记录工作，并在财务部备案。车间台账一周至少上报一次，职能部室根据实际工作情况而定。

第十六条　计量验收。

（一）各单位应建立健全各项财产、物资的计量验收制度，并保持计量工具的准确性，对材料、工具、在产品、半成品、产成品等的收发和转移，都必须进行计量、点数和质量验收。

（1）提货验收。在提货时进行现场验收，发现短缺、不足或破损等情况，要及时查明原因，应由运输机构负责的，要填写物资破损清单，由运输机构签证，明确交接双方的经济责任。

（2）入库验收。材料运达仓库后，由仓库管理人员根据发票所列的品名、规格和数量，采取点数、过磅、检尺、量方等适用的计量折算方法，准确计算数量，经检验部门质量检定后，按实际合格数量入库。属于材料的定额损耗，可在允许的损耗范围内点收入库。对于数量和质量不符，以及破损等情况，要查明原因，分清责任，要求有关方面赔偿或扣付货款。

（二）对于在产品、半成品在车间之间或车间内部的转移，应根据工艺流程记录的凭证，经质量检验合格后进行点数、交接。在产品报废或短缺，应及时查清数量和原因，填制有关的原始凭证，以保证投入、产出数量记录的准确性和连贯性。

（三）对于外发加工的半成品，在拨出和完工入库时，都应进行合格数量的计量和交接，如发生外部责任的报废或短缺，应及时办理索赔。

（四）对于车间完工的零部件和产成品，应由车间填制入库单，经检验合格签证后，送交仓库点收入库。

第十七条　公司内部各单位之间，在生产经营过程中，经常会发生互相提供产品、材料或劳务等经济事项，如生产部门之间转移半成品、辅助生产部门为基本生产部门提供劳务、管理部门为生产部门提供服务等。因此，为了正确评价各单位的工作业绩，分清各自的经济责任，公司必须建立适应市场经济的内部价格体系，实行以货币形式进行等价交换的内部结算。

第十八条　内部结算价格的制定。

（一）内部转移的材料物资等，由物资供应部门以当时市场价格为基础，制定内部计划价格，编制价格目录，经财务部门审核后，作为内部结算价格。

（二）公司辅助部门劳务供应，可以市场价为基础，由公司主管职能部门根据实际成本情况审定结算价格。

（三）公司生产的零部件、半成品在内部转移时，可采用定额成本作为转移价格。公司应当编制全部产品的零部件及整机的定额成本。

鉴于产品零件定额成本的制定是一项较大而浩繁的工作，牵涉各个方面，公司根据若干公司的经验，特制定以下规定。

1. 此项工作应由公司主要领导牵头，直接监督检查有关职能部门按要求提供下列资料。

（1）产品机件明细表，包括组装件、借用件、随机备件、标准件、电气件等明细表。

（2）产品零件加工及装配工艺路线表、加工工时定额明细表、材料定额明细表，包括原材料、辅助材料、包装材料、油漆材料等材料的资料。

（3）产品零件外协加工费明细表。

（4）各种材料、外购件以市场价为基础的计划价格。

（5）以实际成本结合预测成本为基础的工缴定额单位成本。

2.有关职能部门，负责将数据及资料输入计算机，并指定专人负责日常信息维护及负责填发信息变动通知单。

（四）其他内部结算价格，应本着公平合理、利益兼顾、有利于管理的原则，在公司领导下由各有关部门协作制定，经批准后施行。

第十九条　内部结算的方式和组织。

（一）内部结算的方式，本着既满足往来结算的要求，又简化手续的原则，选择使用，一般以厂内支票较为适宜，也可由公司根据具体情况自行决定。

（二）内部结算的组织，一般有两种形式。

（1）在财务部门设立结算中心，主要负责公司内部各部门之间的往来结算，核算工作较简单。

（2）厂内核算结算中心是厂内银行具有结算、信贷、控制等职能，但核算工作较复杂，公司可根据管理需要选定适当的组织形式。

第二十条　各种内部结算价格，以每年修订一次为宜，但如客观情况发生较大变动，影响成本的准确性，可在公司领导下，由有关部门协作研究修订，经批准后施行。各单位不得擅自改变价格标准。

第二十一条　公司必须建立健全内部经济核算制，在公司统一计划、统一核算的前提下，建立公司各单位（成本中心）分级归口管理的经济核算网络，形成纵向为厂部、车间（分厂）、小组（个人）核算，横向为产品设计、工艺技术、物资供应、生产计划、经营销售及财务等有关职能部门的全面经济核算制。各核算单位都必须配备专职或兼职人员，明确分工职责，结合公司经济责任制和成本管理责任制考核，开展内部经济核算。

13.2　成本预测、计划、控制、分析制度

第一条　公司必须通过成本计划管理和控制经济活动，以实现有效的成本管理，包括预测、决策、计划、控制、分析等管理工作，达到有效地降低成本的目的。

公司应结合市场和用户调查，掌握市场信息，包括资源、价格、科技发展、产品品种、质量、销量等各种数据信息，并结合价值工程决定产品结构的优化组合，在此基础上，进行产品成本预测，确定目标成本。

第二条　成本预测应在生产预测和选择最佳经济效益方案的基础上进行，并以目标成本控制产品设计、工艺技术和生产的耗费，实现产品的最低成本。

第三条　成本预测应包括：计划制订阶段的成本预测和计划实施阶段的成本预测。

（一）计划制订阶段成本预测的基本内容：根据生产经营目标确定成本预测对象，收集整理成本数据和历史资料，分析可能影响成本水平的社会因素，按照技术经济分析提出降低成本的方案，根据目标利润、生产发展及消耗水平，测算目标成本。

（二）计划实施阶段成本预测的基本内容：分析上一阶段成本计划完成情况，确定下一阶段生产技术经济措施，调查市场物价等社会因素，预计计划期内生产发展水平和降低成本计划的实施效果，预测公司成本计划的完成程度。

第四条　预测目标成本的方法。

（一）根据市场调查制定销售价格，在预测销售收入、应交税费和目标利润的基础上，确

定目标成本。计算公式如下。

（1）按全部产品进行目标成本预测。

$$目标成本 = 预计销售收入 - 预计应交税费 - 目标利润$$

公司的目标利润，可根据公司计划销售利润率或资金利润率，结合期间费用水平计算确定，也可按公司的方针测算。

（2）按单项产品进行目标成本预测

$$单位产品目标成本 = 预计单位产品销售价格 - 预计单位产品应交税费 - 单位产品目标利润$$
$$单位产品目标成本 = 预计单位产品销售价格 \times（1 - 产品税费率）- 目标利润 \div 预计销售量$$
$$单位产品目标成本 = 具有竞争力的市场价格 \div 单位产品售价 \times 单位产品实际成本$$

（二）预测销售价格有困难的，可以参照公司类似产品或系列产品的成本，或以公司历史先进成本水平作为目标成本；也可按照平均先进定额制定的定额成本或公司上年实际成本，依公司的成本降低计划测算目标成本。

（三）运用量本利分析法测算保本点，结合产量计划预测在一定生产量条件下的目标成本和一定销售量条件下的目标利润。

第五条　为了保证产品目标成本和公司经营目标的落实，公司必须在制定降低成本措施，综合编制公司各专业计划的前提下，编制成本计划，开展经济核算，组织公司内部的成本管理。

第六条　编制成本计划应进行反复试算综合平衡，使其具有可行性、先进性与完整性，避免随意估计，产生保守或冒进偏差。

第七条　成本计划中成本项目的内容、费用的分摊、产品成本的计算，必须和计划期内实际成本核算的方法口径一致，以便检查计划的执行情况。

计划期成本项目内容如有变动和上年实际成本不一致时，要调整上年实际成本的成本项目，以统一核算的口径和内容。

第八条　公司的成本计划和费用预算由下列内容组成。

（一）商品产品成本计划。

（二）主要商品产品单位成本计划。

（三）生产费用及期间费用预算。

（四）机械加工小时成本费用计划。

（五）铸铁件成本计划。

上述成本计划和费用预算的格式，除财政或主管部门统一规定外，其余的由公司自行制定。公司根据成本管理的需要，应编制车间（分厂）产品成本计划或生产费用预算。

第九条　成本计划应根据下列依据编制。

（一）成本降低指标。

（二）计划期内公司的生产、劳动工资、物资供应、技术组织措施等计划。

（三）计划期内原料及主要材料、工艺性辅料、燃料、工具等现行消耗定额和劳动工时定额。

（四）计划期内各生产部门的费用预算以及外包、外协加工费计划。

（五）内部计划价格目录以及预计的价格差异水平。

（六）上期成本水平和成本分析资料。

第十条　成本计划一般按下列步骤编制。

（一）做好准备工作。包括：收集整理各项基础资料和历史资料，掌握计划期内原材料及工时定额、外包外协、工艺技术改进等方面的变化情况，研究降低成本的具体措施。

（二）进行试算平衡。编制成本计划要以提高经济效益为中心，进行生产、供应、销售、外包外协、资金、费用等方面计划的综合平衡。这些平衡关系包括：

（1）产品生产计划，劳动工时计划与成本之间的关系；

（2）物资供应计划与产品材料成本计划之间的关系；

（3）工资计划或核定工资总额基数与产品工资成本计划之间的关系；

（4）各项费用预算与成本计划之间的关系；

（5）外包外协计划与成本计划之间的关系。

第十一条　成本分级归口管理。

各单位应将成本计划和目标成本的各项指标细化，层层分解，实行成本分级归口管理，并对实际的生产耗费进行严格审核，保证有效地控制经济活动，实现成本控制，完成目标成本和成本计划。

第十二条　成本控制的基本内容和方法。

（一）采购价格的控制。

（1）对外购物资和材料进行价格监督。

（2）搜集市场信息，掌握各种物资及外协加工的最低价格的客户资料。

（二）材料耗用的控制。严格执行限额领料制度、维修用材料的计划发料制度、超额领用的审批制度，严格执行各项材料收发的手续。积极推广修旧利废、代用及综合利用等节约用料的方法，保证降低产品用料单耗。

（三）劳动资料的控制。要控制各种工具、量具及备品备件等的消耗，建立限额领用和结合生产量浮动的考核制度。严格执行设备的责任保养制度，加强机器设备、厂房的合理利用，从数量、时间、能力和综合利用等几方面提高设备利用率。

（四）劳动力耗费的控制。要控制定编、定员，保持一线生产工人的比例相对稳定，保证提高出勤率、工时利用率和劳动生产率，及时解决停工、窝工问题。

（五）费用开支的控制。要实行费用指标限额管理和考核制度，明确各项费用权责归属，严格费用支出审批手续，控制按计划和限额耗费。

（六）能源消耗的控制。所有能源消耗都应实行定额管理和考核。控制能源消耗首先要从线路等方面划清耗能责任归属，安装计量仪表，减少跑、冒、滴、漏和大功率负荷空载现象，保证能源单耗的降低。

13.3　生产成本管理控制制度

第一章　总则

第一条　目的。

为使公司生产成本管理规范化、制度化、科学化，特制定本制度。

第二条　范围。

本制度适用于公司生产成本的控制与管理相关事项。

第三条　责任。

1. 公司生产成本的核算、分析等由财务部负责。

2. 生产部负责提供基础资料、控制生产的成本。

第二章　成本定额管理

第四条　制定成本定额。

生产部门应根据具体产品的工艺要求、本公司的生产技术条件及公司历史平均水平编制原材料、工时消耗等定额。

第五条　成本定额修改。

生产部根据定额的执行情况、工艺技术条件的改善定期对定额进行修订，并通知财务部调整。

第三章　生产成本控制

第六条　各主要生产车间应严格执行定额管理。

第七条　生产成本的控制依据。

生产记录能够完整、准确、及时地反映产品生产加工情况，是生产管理人员了解生产成本控制的主要信息来源，其内容包括以下几个方面。

1. 生产任务通知单。

（1）生产部根据销售计划、销售部提交的客户订单或应对环保压力等特殊情况备安全库存，统一下达连续编号的生产任务通知单。

（2）生产车间根据生产任务通知单安排生产。

（3）传递流程：生产部—生产车间。

2. 领料单。

（1）领料单是产品材料消耗的原始记录。车间根据生产任务通知单向库房领料：有消耗定额的，库房按照定额发料；没有消耗定额的，库房按合理需要发料。剩余物资要及时办理"假退料"手续。

（2）车间应授权指定人员领料，同时填写领料单（一式三份），领料单上应注明领料时间、材料零件号、材料名称、数量、生产任务通知单单号，并由库房发料人员、领料人员、车间主任签字。

（3）传递流程：生产部—成本会计。

3. 物料工序转移单。

（1）物料工序转移单是产品在各道工序间流动的原始记录，是期末盘点及会计核算的依据。

（2）产品投产后必须填写物料工序转移单，并详细记录产品的规格型号、数量、工序等基础资料。

（3）产品转移过程必须由转送人员和接收人员签字，同时应及时填写产品生产台账。

（4）物料工序转移单纸质版随产品实物流转，物料每批实物分开管理。

4. 报工单。报工单是登记工人或生产班组在出勤日完成产品数量、质量和生产所耗工时的原始记录，是会计核算基础资料，生产现场的管理人员应积极收集报工单的相关资料，为准确核算、控制工时提供依据。

5. 入库单。产品完工经检验合格后，应及时根据其用途办理产品入库手续，其中：产成品入产成品库；半成品入车间周转库，同时开具产品入库单，由车间周转库管理员和车间主任签字。

6. 盘点表。

（1）原材料盘点表。每月，车间统一组织对周转库库存材料进行盘点，并编制盘点表，对于发现的盘盈、盘亏、积压物资要查明原因及时处理。车间领用的原材料，应单独堆放，并单独设账保管，月底编制原材料收耗存统计表，原材料盘点实物与原材料收耗存统计表期末结存数量必须一致。存在差异时，必须每月提供差异报告。

（2）在制品盘点表。

①在制品盘点表是公司在制品实地盘点的原始记录。每月末由生产部组成盘点小组对各车间各工序在制品进行盘点，盘点应在不影响正常生产的情况下进行。条件允许，在静止状态下进行盘点。

②在制品盘点表中列明的在制品实物，必须与产品生产台账所登记的数量一致，包括本工序期初结存量、转入数量、转出数量、期末结存数量。

③盘点结束后由生产部编制在制品盘点表，报送财务部；对于发现的盘盈、盘亏、积压产品要查明原因，报总经理处理。

④对于各工序结存的不合格品应在在制品盘点表上注明。

第八条 生产记录。

生产部各车间应每天收集生产日报表／加工单，确保生产日报表中：生产数量＝入周转库数量＋物料工序转移单中转移数量＝报工单生产数量。

生产日报表／加工单内容：①生产产品零件号、名称、生产数量；②耗用的原材料或半成品零件号、名称、耗用数量；③生产日期。

第九条 生产成本分析与差异分析。

生产部在每月末应根据生产记录计算并分析月生产实际成本与成本定额的差异，具体处理方法如下。

1. 月生产实际成本高于成本定额时，召开生产会议，分析查找原因，制定相应的对策。

2. 月生产实际成本低于成本定额时，分析并查找原因，若无弄虚作假的情况并且产品符合要求，应召开会议，对相关人员给予奖励，并推广节约成本的办法。

第十条 生产成本定额的改进。

生产实际成本与定额成本的比较应是一个循环的过程，即生产部应每月对生产成本定额进行分析、改进，确保生产实际成本始终不高于定额成本。

第四章　生产成本核算与分析

第十一条 成本核算内容。

1. 直接材料。

必须明确生产的产品零件号、名称、数量，对应耗费的材料／半成品零件号、名称、数量，其中包括入各车间周转库的半成品和各工序转移的在制品。

生产部统计人员应及时将完工产品加工单交成本会计，成本会计计算完工产品直接材料费，各耗费材料价格 × 耗费材料数量 = 完工产品直接材料费。

月底，生产部将留存的未完工产品加工单交成本会计，成本会计计算在制品直接材料费，各耗费物料价格 × 耗费材料数量 = 在制品直接材料费。

各耗费材料价格，取数依据为原材料明细账，采用期末加权平均单价计算。

2. 直接人工。

生产部统计员将报工单交成本会计用于产品直接人工费的计算。

（1）车间将报工单交人力资源部，需要标注加工单号码。

（2）人力资源部审核完毕后，计算每日的工资，需要区分出每人、每种产品工资，判断工费的合理性。

（3）人力资源部将经审核的报工单转交出纳，作为工资表审核依据。

（4）出纳将经审核的报工单转交成本会计，成本会计审核完工产品工时、工费。

（5）月底，成本会计根据生产部各车间留存的未完工产品加工单，计算汇总未完工产品直接人工费。

3. 制造费用，包括以下内容。

（1）工资及福利费，指车间管理人员、辅助工人的工资和按规定计入成本的各种工资性津贴以及按规定提取的职工福利费。

（2）折旧费，指车间的各项固定资产，按规定计算的基本折旧费。

（3）修理费，指车间所用的固定资产，年度大修、年检大修费用和发生的中小修理费。车间使用的低值易耗品的修理费也包括在本项目内。

（4）办公费，指车间为管理工作支付的印刷、办公用品等费用。

（5）水电费，指车间用水和照明用电的费用。

（6）机物料消耗，指车间为进行生产和维护生产设备、环境等所消耗的各种一般材料。

（7）低值易耗品摊销，指车间所使用的低值易耗品的摊销费。

（8）劳动保护费，指车间发放劳保用品或制作安全措施所发生的费用。

（9）其他，指不能列入以上各项目的各种车间经费。其中较大的费用支出，应在本项目下增列。

月底，成本会计根据制造费用科目（各车间）计算。

（1）单位制造费用 = 制造费用总额 ÷ 耗费的总工时（产成品工时 + 在制品工时）。

（2）在制品制造费用 = 单位制造费用 × 在制品工时。

（3）制造费用总额 − 在制品制造费用 = 产成品制造费用。

第十二条　成本费用分配基础。

1. 技术部提供每种产品的物料清单，交成本会计。成本会计依据生产日报表、产品生产台账、物料清单分配直接材料费。

2. 成本会计根据报工单，分配各车间人员工资。根据报工单分配直接人工费时，报工单必须明确：工人姓名、生产工时、生产产品数量、生产的产品名称（包含流转到下步骤的在制品）。

3. 成本会计依据产品所耗工时分配制造费用。综合管理部提供的电费、水费费用数据，首先分摊至各车间，再依据产品所耗工时分配。

4. 成本会计根据年限平均法计提车间固定资产折旧，分配各车间折旧费用，残值率为 5%。

第十三条 生产成本核算。

成本核算对象。

（1）各车间转入周转库的半成品。

（2）各车间转入涂装库的半成品。

（3）各车间转入成品库的产成品。

成本会计应在每月根据生产成本的实际发生额进行核算，核算方法细节见各单位成本核算手册，将核算的结果进行生产成本分析。

第十四条 成本分析制度的建立。

1. 为检查成本计划执行情况，查找影响目标成本升降的因素，揭示节约与浪费的原因，制定进一步降低成本的措施，各单位必须在正确核算成本的基础上，开展成本分析工作。

2. 公司建立各级成本分析制度，各单位按月、季、半年、年定期进行成本分析，对一些影响成本较大或对完成成本计划可能产生重大影响的问题，应及时组织专题分析，查明原因，提出整改措施。成本分析的月报表必须按时提交财务部；半年和年度的成本分析报告，除向财务部提交外，必须同时向公司总经理申报。

公司应在财务总监的领导下，以财务部为主，组织全公司职能部室和车间共同进行成本分析工作。

第十五条 成本分析的依据。

成本分析所依据的资料主要包括以下两类。

1. 月度成本资料。

2. 上一年度同期资料。

第十六条 成本分析对象。

每月成本会计根据车间成本资料，对当月成本进行分析，分析的主要内容包括消耗定额情况和费用完成情况。

（1）消耗定额情况。将当月实际的定额消耗量与上一年实际平均消耗量、同行业先进水平的消耗量进行比较，分析定额消耗情况。对于比较好的指标应及时总结经验，对于不好的指标应进行分析，查明原因。属于车间自身原因的，应找出对策进行改进；属于定额本身原因的，应及时通知生产部修订定额指标。

（2）费用完成情况。主要将各月费用发生额与上一年实际平均费用进行比较，找出波动较大的指标并查明其原因。

第十七条 成本分析的内容。

成本分析的内容主要为成本计划完成情况的总括分析。

按成本项目进行分析，原材料项目要分析耗用数量的节约或超支情况和采购价格变动情况。废品损失项目要检查废品率升降和大宗报废的主要原因。对亏损产品和利润下降幅度过大的产品，要深入查明原因，进行成本责任分析。

管理费用等相对固定的费用，要按实际发生数结合归口管理部门责任进行分析，对完成全公司成本指标有较大影响的费用超支项目还必须进行重点分析。

车间成本分析的主要内容，包括生产计划完成情况、原材料消耗定额完成情况、制造费用预算执行情况等。

各单位的成本分析可采用本期实际数与计划数对比，与上期数对比，与上年同期数对比，以及因素分析法等。各级成本分析都要写出书面报告，要有数据资料和文字说明，达到重点突出、原因清楚、措施具体的要求。月度分析可适当精简，对于成本分析中提出的主要问题，要有整改措施和实施责任人。

第十八条　成本分析报告。

每月成本会计根据分析资料编写成本分析报告，通报给与生产成本管理相关的各部门，以便各部门全面了解公司成本状况。

13.4　成本核算制度

任何一个公司都希望以最少的耗费取得最大的利润，利润的多少取决于成本的多少，成本与利润是一对相互关联而又相互排斥的概念。成本核算制度是利润真实、有效实现的前提，公司应正确选择成本计算标准。历史成本和预计成本是成本核算制度中的两种基本标准。以历史成本为基础的成本，就是按照实际发生的费用归集、计算的成本，也就是事后确定的成本。历史成本以账面数据为依据，一般具有客观性，通常可用过去的事实做证明。预计成本是根据以前、未来的有关资料进行分析、测算而得到的成本，是事前通过分析和预测确定的成本。预计成本不反映过去发生什么，只预测将来可能或应该发生什么；它着眼未来，在很大程度上以判断为依据，因而带有主观性。预计成本的形式多种多样，如计划成本、定额成本、标准成本等都属于预计成本的范畴。从内部管理的角度讲，预计成本的作用大于历史成本，它广泛用于公司的内部管理，能够帮助经营管理者进行成本的计划和成本控制。预计成本提供的数据还可用作评价公司本期业绩的标准，如果没有预计成本，成本管理就失去了应有的意义。

公司在构建成本核算制度的同时，要注意将财务成本与责任成本有机统一起来，这也体现了历史成本与预计成本统一的内在要求。首先，应从财务成本与责任成本对象入手，寻求二者统一核算的途径。责任成本核算对象是责任单位，将应归集的费用一次分配到车间（责任单位）；而财务成本核算对象是产品，将应由产品负担的费用，先分配到车间，再分配到产品种类。为了使责任成本与财务成本的核算对象相统一，必须将责任成本也进一步落实到产品品种上。方法是：各责任单位在归集成本的同时，按产品设置明细账，登记相应的费用。月终，按产品品种归集的责任成本发生额应与按责任单位归集的发生额一致。这样，责任单位既核算本单位的责任成本，又按产品品种核算责任成本，就为会计核算产品实际成本奠定了基础，使责任成本与财务成本的核算对象相一致。其次，从内容入手寻求责任成本与财务成本的统一。为了划清经济责任，使责任单位更关注自己的经营成果，责任成本制度采用内部结算价格结算，且只包含本责任单位的可控成本，核算到制造费用为止；而期间费用等属于不可控费用，应由财务成本制度控制核算，各个责任单位不核算这部分费用。财务成本制度按实际价格计算成本，包括应由产品负担的制造成本。这是它们之间的区别，它们之间的联系是：产品的实际责任成本加上应由该产品负担的不可控费用，再加（或减）内部结算价格与实际价格的差异，就是产品的实际成本。

因此，各生产车间按内部结算价格核算产品责任成本，公司各职能部门核算分管的责任费用，财会部门则核算各种产品应负担的价格差异和其他不可控费用，这样既算又控，各司其职，有机结合，可核算出公司当期的产品实际成本。需要说明的是，责任会计本身也是在发展的，随着信息技术的广泛应用，借助于网络技术改造传统的责任会计方法，并使其适应经济全球化不断深化的公司财务成本核算需要，提高成本管理制度的有效性、实用性，是公司在制定内部成本核算制度时需要重点考虑的问题。否则，一味照搬别的公司的做法，可能会给公司的成本管理带来不利的影响。

第一条 公司应当严格执行下列成本核算原则。

（一）实际成本计价原则。

产品成本核算，必须贯彻正确计算实际成本的原则。在成本计算过程中，由于核算程序的需要，对材料、能源、劳务、自制半成品和产成品等，按计划成本、计划价格或定额成本进行核算的，必须在成本计算期内，最终根据成本耗费的实际资料，调整为实际成本。公司不得以计划成本、估计成本、定额成本代替实际成本。

（二）分期核算原则。

公司生产费用和成本核算，采用公历历月制。成本计算期内的完工产品，要根据实际的统计资料或完工凭证、实际的耗费量和价格，按照权责发生制的原则进行成本核算。

（三）合法性原则。

计入成本的费用，都必须符合国家法律、法规和制度规定，不符合规定的费用不能计入成本。根据《企业财务通则》和《工业企业财务制度》规定，下列支出不得列入成本和费用。

1. 为购置和建造固定资产、买入无形资产和其他资产的支出，在财务处理上不能与收益性支出混淆，应将其先作为资产，按照规定的期限和标准进行分配摊销，不得直接一次性列入成本和费用。

2. 对外投资的支出。

3. 被没收的财物，支付的滞纳金、罚款、违约金、赔偿金，以及捐赠、赞助支出，在会计处理上，只能列入营业外支出或以缴纳所得税后的利润支付。

4. 分配给投资者的利润，以及支付的优先股股利和普通股股利，在会计处理上，应作为利润分配处理。

5. 资本的利息、基本建设期间借款发生的利息支出，可计入工程成本，作为固定资产原价组成部分；清算期间发生的利息可计入清算费用；公司开办期间发生的利息支出，可作为开办费待开业后分期摊销。

6. 国家法律、法规规定以外的滥摊派、滥罚款等各种付费，各公司要积极抵制，及时向上级财政部门和主管部门报告。

7. 国家规定不得列入成本和费用的其他支出。

（四）一贯性原则。

与成本核算有关的会计处理方法，应保持前后期一致，使前后期的核算资料衔接，便于比较。不得通过任意改变会计处理方法调节各期成本和利润。

（五）费用确认配比原则。

公司生产经营所发生的费用可按下列三种方式确认。

1. 按因果关系确认。对于费用的发生与某种收入存在明显因果关系的支出，应在该项收入实现时，确认为生产成本，并与之配比，而在该项收入未实现时，先计入存货的成本。例如制造产品的材料耗费和人工耗费，应计入产品的制造成本，随着产品的销售转为销售成本，并与相关的销售收入配比。

2. 按受益期分配确认。对于支出的效益涉及若干会计年度的资本性支出，应在与支出效益相关的各受益期，按合理的方式分配确认为费用，分别与各受益期的收入配比，例如固定资产的折旧费用。

3.按发生的时期立即确认。对于既无明显因果关系，又难以按受益原则进行分配的支出，在发生的当期立即确认，即作为期间费用与发生当期的收入配比。

（六）权责发生制原则。

在成本核算时，应遵循权责发生制原则。其基本内容是：凡是应计入本期的收入或支出，不论款项是否收到或付出，都算作本期的收支；凡是不应计入本期的收入或支出，即使款项已经收到或付出，也不能算作本期的收入或支出。在成本核算中运用权责发生制原则，主要是解决确认本期费用的问题，即应正确处理待摊费用、递延资产和预提费用等。在成本核算时，对于已经发生的支出，如果其受益期不仅包括本期，而且包括以后各期，就应按其受益期分摊，不能全部列于本期；对于虽未发出，但却应由本期负担的费用，则应先行预提计入本期费用中，待支出时，就不再列入费用。公司不能利用待摊费用、递延资产和预提费用人为地调节成本，使成本计算失去真实性。

第二条　为了正确核算产品成本和经营成果，公司应当严格划清以下成本费用的界限。

（一）本期成本与下期成本的界限。公司应按照权责发生制原则，确定成本费用的归属，通过待摊费用和预提费用核算，及采用估价入账、余料退库等办法，划分本期成本与下期成本的界限。

（二）在产品成本和产成品成本的界限。公司必须加强车间生产的投入产出管理，结合定期盘存，确保期末在产品数量准确，并按规定方法正确计算在产品的约当成本和产成品实际成本，不得任意压低或提高在产品的成本。

（三）各种产品之间成本费用的界限。凡是能够直接计入有关产品的各项直接费用，都要直接计入；凡是与几种产品共同有关的不能直接确认的费用，要根据合理的分配标准，在各种产品之间分配。公司不得在可比产品与不可比产品之间，盈利产品和亏损产品之间互相转移生产费用，以掩盖成本超支或盈利补亏。

（四）产品成本与期间费用的界限。期间费用不计入产品成本而直接计入当期损益，由于这两种费用与收入配比的时间不同，所以混淆二者也会影响成本和利润的真实性。

第三条　产品成本核算的基本程序如下。

（一）确定成本计算对象。以每种产品为成本计算对象。

（二）确定成本项目。产品成本采用制造成本。

（三）设置下列各种成本和费用明细账。

1.生产成本明细账，按成本计算对象和成本项目核算生产部门发生的生产费用。

2.制造费用明细账，按生产部门和明细项目分别核算发生的制造费用，并按规定进行分配核算，月终不保留余额。

3.待摊费用、预提费用明细账，根据划清本期成本和下期成本的原则和权责发生制原则，按照会计制度的规定设置。

4.产成品、自制半成品明细账，按成本计算对象和成本项目核算产品、自制半成品成本。

5.主营业务成本明细账，根据销售清单及出库单结转产品销售成本。

（四）财务部对本单位的原始单据进行真实性、合规性审查，对原始数据进行统计、分析、归集；财务部对所有已发生费用进行审核，确定这些费用是否符合规定的开支范围，在此基础上，确定应计入产品成本还是期间费用。

（五）财务部按照确定的成本计算对象，设置分产品类别的成本计算单（或称成本二级明细账），据归集的全部生产费用和成本核算资料，按成本项目计算各种产品的在产品成本、产成品成本和单位成本。

（六）结转产品销售成本。

13.5　日常费用管理办法

第一章　费用开支标准

第一条　差旅费规定。

（一）员工出差乘坐车、船、飞机和住宿、伙食、市内交通费，需按规定执行。各部门负责人应严格控制外出人员，并考虑完成任务的期限，确定出差日期。对因公外出人员均对号入座按标准办理应报销费用。如出差人员投亲靠友自行解决住宿问题，则按标准的 40% 计发给个人；如不足标准住宿的，按节约额的 50% 计发给个人；如超标准住宿的，超支部分一律由个人自己负担。

（二）员工出差的交通费一律按标准套用，对下列情况均以有关规定执行。

1. 乘坐火车，在车上过夜 6 小时以上的，或连续乘车时间超过 12 小时的，可购软席卧铺票。

2. 乘坐火车符合第 1 条规定而不买卧铺票的，节省下的卧铺票费，发给个人，但为了计算方便，规定按本人实际乘坐的火车硬座票价折算成一定比例发给。①乘坐火车慢车和直快列车的，按特快列车硬席票价的 50% 发给。②符合乘坐火车软席卧铺条件的，如果改乘硬座，也按规定的硬座票价比例发给；但改乘硬卧的，不执行本条①款的规定，也不发给软卧和硬卧票价的差额。

3. 员工趁出差或调动工作之便，事先经单位领导批准就近回家省亲办事的，其绕道车、船费，扣除出差直线单程车、船费（按出差人应享受标准），多开支的部分由个人自理。如果绕道车、船费少于直线单程车、船费，应凭车、船票价按实支报，不发绕道和在家期间的出差伙食补助费、住宿和交通费。

4. 出差期间乘坐直达特别快车暂按乘坐一般特别快车不坐卧铺补助的规定执行，即按硬座票价的 45% 计发补助费，因使用空调设备而另外加收的费用不计入票价之内。

5. 员工调动工作，核发差旅费以其调入地区执行标准计发。调入人员的交通、住宿、伙食补助除照公司规定执行外，其他开支参照有关规定执行。

6. 员工在出差地因病住院期间，按标准发给伙食补助费，不发交通费和住宿费。住院超过一个月的停发伙食补助费。

7. 员工参加在外地召开的各类会议，除有会议主办单位出具的食宿费自理的证明，可回公司按出差标准领取伙食费补助；住宿费凭住宿处发票按公司规定标准执行外，其余情况一概不领发有关费用。

8. 员工赴外地学习培训超过 30 天的部分，按职位标准的 50% 发给。

（三）员工探亲交通费按国家规定办法执行。

第二条　市内交通费规定。

（一）市内工作交通费。

1. 员工在市内联系业务，公司无配给自行车、摩托车，又不能安排公司车辆者，凭乘坐的公共汽车票列明去向，公干事由经主管领导审核，成本中心负责人签字凭据报销。

2. 员工因在市内联系业务由公司配置自行车，每月按 10 元标准将公司修理费包干到人，每辆车从购买之日起包干五年。五年内丢失、损坏一律自理，也不另发交通费及报销市内车票，由此影响工作，责任自负。

（二）上下班交通费。

1. 员工居住地方距上班地点 2 千米以上，无公司交通车接送上下班，公司又无配给自行车（或摩托车），可按公共汽车月票收据金额报销。

2. 符合第 1 条条件用私人自行车上下班者，每月按公共汽车月票金额发给自行车维修费。

3. 上述两类补助由各部门在员工报到上班后将申请报告报行政部审批备案，每年终了后七天内，由各部门造册申报，行政部按备案记录结合考勤核批发放。

4. 对于不享受交通费补助的员工，经常因公骑私人自行车外出的，经各部门成本中心负责人批准，发给每月 10 元的自行车修理费。

第三条　加班、夜班、值班和误餐费的规定。

（一）加班费规定。

1. 法定节日因工作需要加班，按下列公式计发加班费。

$$（本人月工资 - 浮动工资 ÷ 25.5 × 300\%）× 加班天数$$

2. 法定假日以外平时因工作需要加班，按下列公式计发加班费：

$$（本人月工资 - 浮动工资 ÷ 25.5 × 150\%）× 加班天数$$

3. 员工加班要从严控制，事前报部门经理批准。加班只限于工程抢修、节假日值班和完成其他紧急生产任务等，但月累计不得超过 48 小时，超过 48 小时报总经理批准。

4. 员工加班后，可以补休而不领加班费，但须办理补休的登记手续。

5. 员工出差期间，如遇法定节假日和超时工作不计加班费。

6. 加班费经人事部审核后，由财务部发放。

（二）夜班费规定。员工在每日 22 时至次日 6 时之间上班工作，不能睡觉，夜班费每人每夜 80 元。

（三）值班和误餐费。市内员工到规定范围内工作（或反向途径），不能在公司或家里吃午餐，由各成本中心负责人签字报误餐费 8 元。报告列明时间、地点、工作内容，相关费用由人事部审核，财务部发放。

第四条　外勤津贴规定。

（一）生产人员从事露天、井下、高空施工作业，按出勤天数，每人每天津贴 20 元。当天出工在 2 小时至 4 小时者，按半天计发，不足 2 小时者不发津贴。

（二）管理人员和工程技术人员跟班作业，可以按生产人员标准领取外勤津贴。

（三）工程管理的基建办及业务部室外勘察人员，基建办 RSU 安装人员、基建管理人员、财务部市内采购员、报关员、行政部食堂采购员等，按实际天数每人每天津贴 100 元（有勘察设计、安装提成奖领取者则停发该项津贴）。

（四）汽车司机的各类补贴另见专题发文。

第五条　其他福利待遇。

（一）员工医疗费用报销按有关规定执行，但每单 200 元以上必须由财务部经理审核。

（二）办公室主任、各类师以上人员自用石油气罐，凭据由行政部审签到财务部报销。

（三）本公司工作人员（含合同制员工），每人每月发放洗理费 25 元、书刊费 20 元、水电补贴 35 元、物价补贴 73 元、粮价补贴 20 元、煤气补贴 45 元。

第六条 清凉饮料费规定（发放时间每年 5~10 月）。

1. 发放范围原则上按第六条第三项规定。

2. 发放标准由人事部和行政部按批准预算确定，人数由人事部提供，具体由行政部安排报销。

第七条 员工服装补贴和发放，参照当地企业服装补贴和发放办法，凡是公司正式员工（含合同制员工）每两年发放夏装、冬装各一套。此外管理人员每年发领带一条，生产人员按劳动保护规定时限发放劳动防护用品。

第八条 员工计划生育按最新印发的有关规定执行。

第九条 临时出国人员费用开支标准和管理办法按政府相关文件的规定执行。

第十条 由于中央及外省国家机关、事业单位出差人员的住宿费、市内交通费、伙食补助费，实行"分项计算，总额包干，调剂使用，节约归己，超支不补"的办法，我公司接待外地人员出差的，要根据各类人员出差住宿费标准适当安排，不得以任何名义免收住宿费或只象征性收费，公司公关室统一掌握，对于特殊情况者可从公司管理费——交际应酬费项下列支。

国内差旅费开支标准见表 13-1。

表 13-1　　　　　　　　　　国内差旅费开支标准

职位	搭乘交通工具范围	住宿费标准（凭证报销）	伙食费（每人每天）	市内交通费（每人每天）	注明
一、正副总经理、党委书记	飞机、火车软卧、轮船二等舱（内河船不分等），其他交通工具	80 元以下	30 元	15 元以下	
二、部门经理（含同职位各类高级工程师）	飞机、火车软卧、轮船三等舱（内河船不分等），其他交通工具	60 元以下	20 元	15 元以下	
三、室主任（含同职位）各类师	火车硬卧、轮船三等舱（内河船不分等），其他交通工具	50 元以下	15 元	10 元以下	特殊情况乘飞机需先经总经理批准后有效
四、其他员工	火车硬卧、轮船四等舱（内河船不分等），其他交通工具	40 元以下	10 元	10 元以下	

第二章　材料费的核算

第十一条 材料物资应按其性质进行分类，类别的规范与调整由库房负责，并书面通知财务部。

第十二条 财务部设"原材料""低值易耗品"账户，低值易耗品采用五五摊销法摊入费用。库房按材料品种和规格设置明细账，按低值易耗品类别、品种、规格设置辅助账，以控制其数量，掌握使用状况；明细账根据采购验收单和领料单逐笔登记。

第十三条 材料的计价采用移动加权平均法。材料采购成本包括：

（一）购入材料的原价（不含增值税，不包括购入材料包装物或容器的押金）；

（二）购入材料的运杂费；

（三）符合生产中心制定的、材料运输途中定额损耗率限额内的损耗；

（四）材料入库前，整理挑选时发生损耗的净损失及其整理费用；

（五）进口材料的国外进价，进口环节的各种税金和其他进口费用，以及应分摊的外汇价差。委托其他单位代理进口的商品的采购成本为实际支付给代理单位的全部价款。

以上第（一）项应直接计入各种材料的采购成本；第（二）~（五）项，凡能分清的，可以直接计入各种材料的采购成本，不能分清的，应按材料的重量或买价等比例，分摊计入各种材料的采购成本。

第十四条　核算生产耗用的各种材料，要根据经批准的材料出库、退库原始凭证，按材料实际成本进行核算。对于尚未付款已经入库材料的领用，要按计划成本或合同估价入账。所领用的材料应计入当期成本，不得任意提前或延迟实际领用期。出库材料成本的计价，除单独为某项产品采购的材料采用个别计价法外，其余采用移动加权平均法计价。

第十五条　可直接区分受益对象的材料费，直接计入受益对象；由几种产品共同负担的材料费，可分别按消耗定额比例、耗用重量比例、产品数量比例等方法，在有关的成本计算对象之间进行分配。

几种产品共同使用的生产专用工具、工艺装备、油料、气体等，领用后在"制造费用——机物料消耗"账户中核算，按制造费用分配比例分摊计入各种产品成本。

生产过程中形成的无法再用于生产的废料、边角短料，应按时回收交库，还能再利用的应办理退库手续，并冲减当月完工产品成本。

第三章　直接人工费的归集与分配

第十六条　支付员工的各项工资，包括计时工资、计件工资以及属于国家规定工资总额范围内的辅助工资、津贴、补贴、奖金等，都应当根据手续完备的原始凭证进行计算、支付、汇总、分配，计入不同的成本费用。

第十七条　生产部门的人员工资由财务部根据本单位内部组织机构按费用性质进行分配。生产部门管理人员、研究室人员工资计入制造费用；车间人员工资计入直接人工费；对于既参与产品生产又参与科研的人员的工资，按实际工作天数计算分配率，分配后分别计入相关费用。

对于可直接区分受益对象的直接人工费，根据工资单据直接计入受益对象；几个项目共同负担的直接人工费，可按以下方法在各项目之间进行分配。

1. 采用定额工时制的，根据工时定额分配计入生产成本，应计入生产成本中的职工福利费按同一分配标准分配计入。

$$某一配件（工序）直接人工费 = 工时定额 \times 单位工资标准$$
$$某一产品直接人工费 = \sum 某一配件（工序）直接人工费$$

2. 采用计件工资制的，根据完工量分配计入生产成本，应计入生产成本中的职工福利费按同一分配标准分配计入。

$$某一配件（工序）直接人工费 = 完工量 \times 单件工资标准$$
$$某一产品直接人工费 = \sum 某一配件（工序）直接人工费$$

3. 采用实际工时制的，根据实际工时分配计入生产成本，应计入生产成本中的职工福利费按同一分配标准分配计入。

直接人工费分配率 = 当期直接人工费总额 ÷ 各成本计算对象实际生产工时总和 × 100%

某产品应分配的直接人工费 = 该产品实际生产工时 × 直接人工费分配率

生产车间实际生产工时可以按天也可以按小时统计。有条件的生产车间原则上应按小时计算，并与工时定额对比，作为修订工时定额的依据；多产品情况下，分别统计各产品工作天数。

第四章　动力电的归集与分配

第十八条　为加强内部经济核算，电费管理部门应在生产部门安装电表，在其生产车间安装分表。每月向供电局支付电费后，财务部凭电费支付有关单据先在"管理费用——电费"科目核算，月末根据电费管理部门编制的动力电分配表进行分摊，冲减"管理费用——电费"科目。

第十九条　生产部门及其生产车间消耗的可直接区分受益对象的动力电，根据电费单据直接计入受益对象；几个项目共同耗用的动力电，可按以下方法在各项目之间进行分配。

1. 定额工时制下。

动力电分配率 = 当期动力电耗用总额 ÷ 各成本计算对象定额工时总和 × 100%

某产品应分配的动力电 = 该产品定额工时 × 动力电分配率

2. 计件工资制下。

动力电分配率 = 当期动力电耗用总额 ÷ 各成本计算对象直接人工费总额 × 100%

某产品应分配的动力电 = 该产品直接人工费 × 动力电分配率

3. 实际工时制下。

动力电分配率 = 当期动力电耗用总额 ÷ 各成本计算对象实际生产工时总和 × 100%

某产品应分配的动力电 = 该产品生产车间实际生产工时 × 动力电分配率

规模相对较小、动力电耗费较少的生产车间，暂不单独核算动力电，其支出在"制造费用——电费"科目中核算。

第五章　制造费用的归集与分配

第二十条　制造费用发生时，先在"制造费用"科目归集，月末进行汇总并按一定标准进行分配，计入各成本计算对象生产成本。分配的计算公式如下。

制造费用分配率 = 本月发生的制造费用 ÷ 各成本计算对象直接人工费总和 × 100%

某产品应分配的制造费用 = 该产品直接人工费 × 制造费用分配率

13.6　财务报销制度及报销流程

第一章　总则

第一条　为加强公司内部管理，规范公司财务报销行为，倡导一切以业务为重的指导思想，合理控制费用支出，特制定本制度。

第二条　本制度根据相关的财经制度以及公司的实际情况，将财务报销分为日常费用报销、工薪福利及相关费用支出、专项支出等，以下分别说明报销相关的借款流程及各项支出具体的财务报销制度和报销流程。

第三条　本制度适用于全体员工。

第二章　借款管理规定及借支流程

第四条　借款管理规定。

（一）出差借款。出差人员凭审批后的出差申请表按批准额度办理借款，出差返回 3 个工作日内办理报销手续。

（二）其他临时借款，如业务费、招待费、会务费等，借款人员应及时报账，借款原则上不允许跨月借支。

（三）各项借款金额超过 5 000 元应提前一天通知财务部以便备款。

（四）借款销账规定。

（1）借款销账时应以借款申请单为依据，据实报销，超出申请单范围使用的，须经主管领导批准，否则财务人员有权拒绝销账。

（2）借领支票原则上应在 3 个工作日内办理销账手续。

（五）借款未还者原则上不得再次借款，逾期未还的借支转为个人借款从工资中扣回。

第五条　借款流程。

（一）借款人按规定填写借款单，注明借款事由、借款金额（大小写须完全一致，不得涂改）、支票或现金。

（二）借款审批流程见图 13-1。

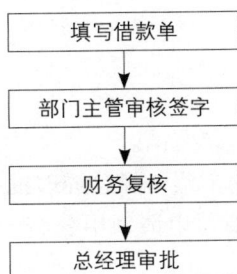

图 13-1　借款审批流程

（三）财务付款。借款人员凭审批后的借款单到财务部办理领款手续。

第三章　日常费用报销制度及流程

第六条　日常费用主要包括差旅费、交通费、办公费、低值易耗品及备品备件、业务招待费、培训费、资料费等。

第七条　费用报销一般规定。

（一）报销人员必须取得相应的合法票据。

（二）填写报销单应注意：根据费用性质填写对应单据；严格按单据要求项目认真填写，

金额大小写必须完全一致（不得涂改）；简述费用内容或事由。

（三）按规定的审批程序报批。

（四）报销 5 000 元以上需提前一天通知财务部以便备款。

第八条 费用报销一般流程见图 13-2。

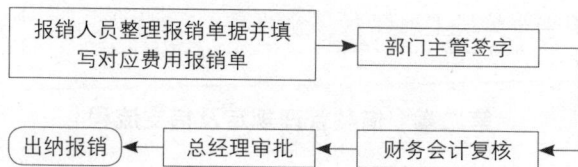

```
┌─────────────────────┐      ┌─────────────┐
│ 报销人员整理报销单据并填 │ ──→ │ 部门主管签字 │
│ 写对应费用报销单        │      └─────────────┘
└─────────────────────┘              │
        ┌──────────┐   ┌──────────┐   ┌──────────┐
        │ 出纳报销 │ ← │ 总经理审批 │ ← │ 财务会计复核 │ ←┘
        └──────────┘   └──────────┘   └──────────┘
```

图 13-2　费用报销一般流程

第九条 差旅费的报销及流程。

（一）费用标准。

1. 住宿费报销时必须提供住宿发票，超过住宿标准部分由员工自行承担。

2. 伙食、交通费原则上采用据实报销形式，超出标准部分由员工自行承担。

3. 宴请客户需由总经理批准后方可报销招待费。

4. 出差时由对方接待单位提供餐饮、住宿及交通工具等将不予报销相关费用。

（二）报销流程。

1. 出差申请。拟出差人员首先填写出差申请表，详细注明出差地点、目的、行程安排、交通工具及预计差旅费项目等，出差申请表由总经理批准。

2. 借支差旅费。出差人员将审批过的出差申请表交财务部，按借款管理规定办理借款手续，出纳按规定支付所借款项。

3. 返回报销。出差人员应在回公司后 3 个工作日内办理报销事宜，根据差旅费用标准填写费用报销单，部门主管审核签字，财务会计审核签字，总经理审批；原则上前款未清者不予办理新的借支。

第十条 交通费报销制度及流程。

（一）费用标准。

1. 市内因公公交车费应保存相应车票报销。

2. 市内因公出租车费应保存相应的车票，经总经理批准可据实报销。

3. 员工外出办公，可以到行政部填写申请领用公交一卡通，并注明事由，在办完事后即日返还行政部，以便其他员工领用。

（二）报销流程。

各人员应填写交通费用报销表由部门内审批后交财务部审核后办理报销。

第十一条 办公费、低值易耗品等报销制度及流程。

（一）管理规定。为了合理控制费用支出，此类费用由公司行政部统一管理，集中购置，专人负责。

（二）报销流程。

1. 对外采购活动的分工。

（1）公司办公用固定资产、办公耗材等的对外采购活动由行政部负责办理。

（2）公司其他部门需要的办公用品以及宣传材料印制等应向行政部提出申请，由行政部负责采购办理。

2. 购置申请。各部门根据需求及库存情况填写申请单。

3. 购置流程。采购人员和财务人员负责选购及监督，选购权和付款权分离。

4. 报销程序。报销人员先填写费用报销单（附清单），按日常费用审批程序报批。审批后的报销单及原始单据（包括结账小票）交财务部，按日常费用报销流程付款或冲抵借支。

第十二条 招待费、培训费、资料费及其他费用报销制度及流程。

（一）费用标准。

1. 招待费。为了规范招待费的支出，大额招待费应事先征得总经理的同意。

2. 培训费。各部门有培训需求的应及时报送行政部，行政部根据实际需要编制培训计划报总经理审批。

3. 资料费。在保证满足需要的前提下，尽量节约成本，注意资源共享。各部门需要购买资料前先汇总上报行政部，由行政部人员进行购买，行政部人员在报销前在资料发票背面签字。

4. 其他费用。根据实际需要据实支付。

（二）报销流程。

1. 经办人按日常费用报销一般规定及一般流程办理报销手续。

2. 培训费由行政部根据审批程序及报销程序办理报销手续。

3. 资料费在报销前需要办理资料登记手续，经办人凭按审批程序审批后的报销单及申请表到财务部办理报销手续。

4. 其他费用报销参照日常费用报销制度及流程办理。

第四章　工薪福利及相关费用支出制度及流程

第十三条 工薪福利等支出包括工资、临时工资及各项福利等。

第十四条 工薪福利支付流程。

（一）工资支付流程。

1. 行政部于每月 1 日之前将本月工资支付标准（含人员变动、额度变动、扣款、社会保险等信息）转交财务部。

2. 财务部根据支付标准编制标准格式的工资表。

3. 人力资源部按工薪审批程序审批。

4. 财务部于每月 15 日通过银行代发形式支付工资。

（二）临时工资支付流程同工资支付流程。

（三）福利费支出由办公室填写报销单，部门主管签字确认，财务会计复核，报总经理审批，经办人凭审批后的报销单及支付标准交财务部办理报销手续。

第五章　专项支出报销制度及流程

第十五条 专项支出主要包括固定资产购置支出、广告宣传活动费及其他专项费用等。

第十六条 固定资产购置支出报销制度及流程。

（一）填写购置申请：按规定填写固定资产申请单并报批。

（二）报销标准：相关的合同或协议及批准生效的购置申请。

（三）结账报销。

1. 资产验收（软件应安装调试）无误后，经办人凭发票等资料办理入库手续，按规定填写报销单（经办人在发票背面签字并附入库单）。

2. 经办人按资金支出规定审批程序审批。

3. 财务部根据审批后的报销单以支票的形式付款。

4. 若需提前借款，应按借款规定办理借支手续，并在 3 个工作日内办理报销手续。

第十七条 其他专项支出报销制度及流程。

（一）费用范围：其他专项支出包括其他所有专门立项的费用（广告及宣传活动费、公司员工活动费用及其他专项费用）支出。

（二）费用标准：此类费用一般金额较大，由经办人根据实际需要向总经理提交请示报告，总经理签署审核意见。

（三）报销流程。

（1）经办人整理发票等资料并填写报销单（填写规范参照日常费用报销一般规定）。

（2）按审批程序审批：部门主管签字—财务会计审核—总经理审批。

（3）财务部根据审批后的报销单金额付款。

（4）若需提前借款，应按借款规定办理报销手续，并在 3 个工作日内办理报销手续。

第六章 报销时间的具体规定

第十八条 为了协调公司对内、对外的业务工作安排，方便员工费用报销，报销时间具体安排如下。

（一）日常费用报销：每月 25 日为财务报销日（遇节假日顺延）。

（二）借支不受以上的时间限制，可以随时办理。

13.7 成本费用内部控制制度

13.7.1 成本费用内部控制概述

成本费用是公司生产经营活动中活劳动和物化劳动耗费的货币表现，是反映公司生产经营活动的综合指标，是制定业务资费标准、投资决策、营销政策和完成工作清算的重要依据。

为加强公司成本管理，提高经济效益，公司应当通过对成本费用的预测、计划、核算、控制、分析和考核，正确反映公司经营成果，不断降低成本费用，挖掘潜力，提高经济效益，保护投资者权益。公司实行成本费用管理责任制，严格成本费用节奖超罚制度。公司在成本费用管理中必须贯彻执行国家的财经方针、政策，遵守财政法规和财经纪律，接受国家财政、审计、税务机关和上级主管部门的监督和检查。

13.7.2 成本费用内部控制的内涵

根据《中华人民共和国会计法》和《企业内部控制基本规范》等规定，公司的成本被定义为除第三方或客户垫付的款项之外，可归属于产品成本、劳务成本的直接材料、直接人工和其他直接费用等支出，包括直接材料、直接人工、制造费用等。费用是除成本之外的，公司在日常活动中发生的、可能导致所有者权益减少的、与向所有者分配利润无关的、其他经济利益的总流出，包括管理费用、销售费用、财务费用等。公司应当将当期已销产品或已提供劳务的成本转入当期损益。

就公司的日常经营来说，成本费用内部控制是非常重要的组成部分。公司生产过程中能够体现价值控制核心的就是成本费用内部控制，它可以为公司带来更高的经济效益，而且对国内外的竞争力，可以起到加强的作用。当今社会，市场竞争激烈非凡，一个公司如果想要占据一定的市场份额，那么就要提升自己的综合能力，加强自身实力，并且对成本费用进行严格的控制，使得成本费用产生的各种风险可以降至可承受的范围之内。

成本费用管理的主要内容：建立健全成本费用管理责任制，加强成本费用管理的基础工作，进行科学的成本预测和决策，确定目标成本，编制成本费用计划，实行严密的成本费用控制，按财务会计制度和成本费用核算办法及时正确核算成本费用，分析、考核成本费用指标的完成情况。

成本费用内部控制是公司在生产经营过程中，为了控制成本费用的消耗水平，降低成本费用可能给公司带来的风险，所采取的各种控制措施。成本费用内部控制，即公司按照既定的目标，通过对发生成本费用的各类各项活动进行规划、组织、计算、调节和监督，及时揭示偏差，并采取有效措施纠正不利差异，发展有利差异，发掘内部潜力，将成本费用控制在预定的目标范围之内，从而促进公司改善经营管理，以最小的消耗来实现最大的经济效益，使公司在市场竞争的环境下生存、发展和壮大。成本费用内部控制需要公司全员参与，在涉及成本费用的各级管理人员的带领下，由全体职工积极主动地进行相关的控制活动。

成本费用内部控制可能涉及的主要风险包括：违法违规风险，导致公司遭受外部处罚、经济损失和信誉损失；未经适当审批程序，导致重大差错、舞弊、欺诈等；成本费用预测不科学，导致成本费用超出预算而让公司权益受损；成本费用的核算和相关会计信息不合法、不真实、不完整，导致公司财务报告失真。

13.7.3　成本费用内部控制的目标

在公司的经营管理中，一定要有战略保证、资产安全、利益收入，以及合法合规的发展前景，为了给这些方面提供更好的保障，公司一定要建立合法合理的内部控制制度，适合公司的现实情况。成本费用内部控制是公司内部控制必不可少的部分，而且也是非常重要的一部分。成本费用内部控制的目标具体如下。

（1）利润最大化目标。首先避免不必要的浪费频繁发生，在成本费用的支出方面要做到有效的控制，从而把公司的收入带动起来，增加公司的利润。

（2）会计核算目标。为了保证公司成本费用记录的真实性和核算的准确性，要尽量避免错记、多记、少记以及漏记，这些都会对财务报表的质量和真实性造成影响，使得核算不够准确。

（3）合法合理目标。对于国家的法律法规，公司要做到严格执行、严格遵守，避免违反国家法律法规带来的经营风险。

为了公司的各个部门的成本费用更加规范，公司一定要建立一套完善的成本费用内部控制制度，其实施范围应广阔，涉及公司的每一个部门、每一个员工、每一个生产环节。当然还需要每一位员工的工作意识中都有成本费用内部控制的理念，让这种理念散发到每一个部门；而且公司也要在这方面调动员工的积极性，让员工知道成本费用内部控制实施的好处：不仅可以为公司带来效益，还可以为他们提供更高的收入。

13.7.4　成本费用内部控制的原则

一、成本最低原则

成本最低原则是内部控制的根本目标，即最大限度地节约人力、物力、财力，整体上降低成本费用水平，从根本上提高公司的盈利水平。公司在施行成本最低原则时，不可盲目地追求目标，而忘记采用科学的方法。公司应从自身实际情况来看，找到可以降低成本费用的关键之处，从而有针对性地采取措施，达到目的。

二、全方位控制原则

公司应该对成本费用控制提出高标准，严要求。成本费用既关系到各个部门的工作业绩，而且也关系到每个职工的工资和福利。从成本费用的预测到执行，都是成本控制不可缺少的部分。

三、目标管理原则

目标管理包括目标的建立、分配和执行，目标管理原则要求目标要清楚明确，要能够量化，而且必须经过各部门的努力才可以实现，目标应该与降低成本费用有关，具有一定的时限性。为了更好地管理人、物、财和各种重要的经济指标，公司要预先设定好目标，细化到每个部门和个人。

四、成本责任原则

就成本费用控制的方法来说，如果希望利益最大化，那么就要严格按照经济责任制的规定，将责、权、利结合的理念渗透到公司的每个角落。成本责任原则要求公司严格遵守"谁控制、谁负责、谁承担、谁受益"的责任到家原则以及"工资利润与成本挂钩"的奖惩机制。

13.7.5　成本费用内部控制主要措施

公司在建立和实施成本费用内部控制制度的过程中，至少应当对若干关键方面和关键环节的风险进行控制。其中包括：①权责分配和职责分工应当明确，机构设置和人员配备应当科学合理；②成本费用定额、成本计划编制的依据应当充分适当，成本费用事项和审批程序应当明确；③成本费用预测、决策、预算、控制、核算、分析、考核的控制流程应当清晰，对成本费用核算、内部价格制定和结算办法、责任会计及有关成本费用考核等应当有明确的规定。

公司应制定好以下几个方面的成本费用内部控制措施。

（1）岗位分工及授权批准（不相容岗位分离制度）。

公司应当建立成本费用的岗位责任制，明确相关部门的岗位职责、权限，确保办理成本费用业务的不相容岗位分离、制约和监督。与成本费用相关的不相容岗位包括：成本费用预算的编制与审批；成本费用支出的审批与执行；成本费用支出的执行与相关会计记录。不相容岗位的分离是公司搞好内部控制的基础条件，无论在公司管理过程中的哪个部分，不相容岗位分离都是防范风险，提高经营效率，保护公司财产安全和增强公司会计信息可靠性的重要保障。

此外，为了保证授权审批的有效性，公司应当建立成本费用控制组织机构；配备合格的人员办理成本费用业务；建立严格的授权审批制度，明确授权方式、权限、程序、责任和相关控制措施，规定职责范围和工作要求。授权审批是指公司各项业务在办理的过程中，必须经过专门人员的审核批准方能执行。授权审批包括常规授权和特殊授权两种形式。常规授权遵循公司授权既定程序和职责；特殊授权则是在一些特殊条件下临时、紧急的一种授权方式，必须有相应的规定作为前提条件。

各个部门都要明确工作安排，同时对于工作权限的设置也要一一到位，而且从公司整体而言，需要有严格的考核制度。岗位分工与授权审批环节示例见表 13-2。

表 13-2　　　　　　　　　　　岗位分工与授权审批环节示例

○申请/经办　　　◇审核　　　☆审批　　　▲复核

项目				申请/经办人	部门负责人	公司分管领导	总经理	财务部主任	总会计师
费用报销	国内差旅费报销	部门副职及以下员工	预算内	○	◇			☆	
			预算外	○	◇	☆		☆	
		部门副职以上员工	预算内		○	☆		☆	
			预算外	○	○	☆	☆	☆	
	出国差旅费报销	专项事前审批	预算内	○	◇	☆		☆	
			预算外	○	◇		☆	▲	☆
	邮电通信费报销	快递、固话、宽带费	预算内	○	◇	☆		☆	
		手机费（每位员工仅限一个号码）	预算内	○	◇			☆	
			预算外	○	◇	☆		☆	
	全员或团体发放的人工支出	工资、奖金、福利、社保、公积金等人工成本（需人力部门签字）	预算内	○	◇	☆			
	医药费、零星福利及竞赛评比奖励等人工成本	各类医药类报销、探亲、零星慰问、个人培训/取证费用	预算内	○	◇	☆			
			预算外	○	◇	☆			
	业务招待礼品费、员工餐费（按单次消费总额）	同一招待事项酒水、餐饮等视同单次消费；团队建设费、部门及个人的评比奖励、公司会议费和出差报销	预算内	○	◇			☆	
			预算外	○	◇	☆		☆	
			超出额度高	○	◇	☆	☆	☆	☆

项目			申请/经办人	部门负责人	公司分管领导	总经理	财务部主任	总会计师
日常办公、后勤、车辆、咨询、广告宣传、研发类费用	日常办公费、公司运转水电费、物业费、人员的商业保险、报刊费、后勤维修费、车辆燃油费及维修费、车辆保险、宣传与咨询费、招聘员工费、产品质量检测费等其他专项活动管理类费用支出	预算内	○	◇			☆	
		预算外	○	◇	☆		☆	
		超出额度高	○	◇	☆	☆	☆	
捐赠、赞助、罚款	专项审批、互助款由工会审核	预算内	○	◇	☆	☆	▲	☆
预算外或超预算费用	年度预算未报或已超支	预算外	○	◇	☆	☆	▲	☆
公司领导费用报销及借款（总经办指定转让办理）	副总、总助		○			☆	▲	☆
	总会计师		○			☆	▲	
	总经理		○				▲	☆

（2）成本费用预算控制。

成本费用预算控制应当包括预测、决策和预算三个部分。

成本费用预测是指公司根据历史数据、同行业相似度高的公司数据、未来原料和人工价格的变动趋势、公司自身的人财物资源及预计销售状况等，采用目测法、账户分类法、高低点法、技术测量法和回归分析法等专门方法对公司未来的成本费用消耗水平进行科学的预估。

成本费用决策是在科学合理的预测之后，对所提方案进行对比，选择出能为公司成本费用控制提供帮助的最优方案，并据此确定公司的预算目标。

成本费用预算就是在预测和决策的基础上进行分析，最终确定公司的成本费用总目标，并对目标进行分解。公司可运用弹性预算、零基预算、滚动预算等方法编制预算，同时根据各部门的实际情况进行职责划分，最终对成本费用预算指标进行分解并落实到成本费用相关部门。

成本费用预算管理的出发点是销售额预算，公司按照本期的销售量来预计下一期会发生的销售额。一般情况下，采用上一年的成本费用数额加上或减去一定的数值，或者依照比例进行计算。第一，销售部门和进出口部门对年度商品的销售额和成本区间进行准确的预测；第二，生产部门根据往年产品的销售额来预计本年的产量，还要根据销售部门所要完成的销售额度和做出的销售计划来进行综合考虑，对生产成本进行合理的预测；第三，各个部门要将上一年度实际发生的成本费用与各个部门预测的费用支出额度进行整理，将预算的标准和上一年度实际发生的成本费用进行对比分析，总结可能出现的问题，编制期间费用预算表格。成本费用预算控制流程如图 13-3 所示。

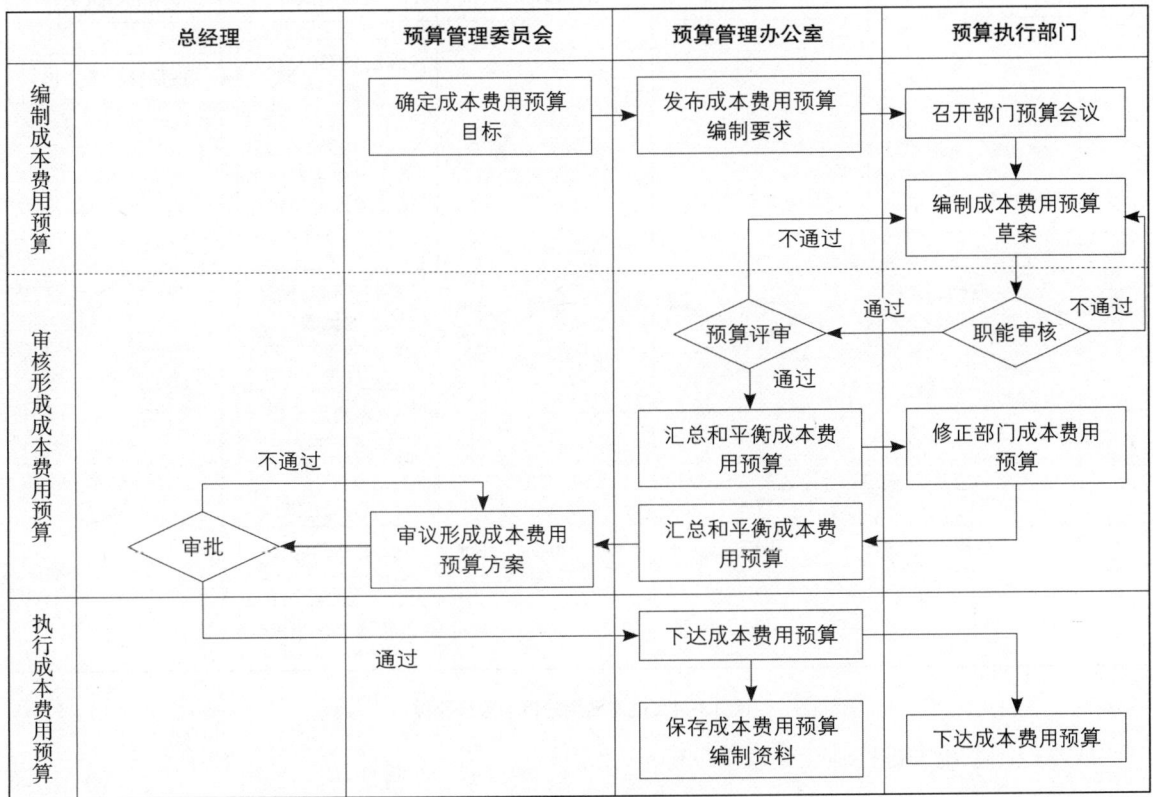

图13-3　成本费用预算控制流程

（3）成本费用执行控制。

成本费用执行就是在成本费用预算确定好之后，公司制定成本费用的控制标准，相关部门将具体的目标和任务分配给各预算执行部门，这些目标和任务一定是根据公司的整体情况和部门情况进行分配的。此后各部门在经济活动发生的过程中，应当将其成本费用控制在预算开支之内。对于支出范围和标准，公司应当在预算之外同时规定弹性预算的具体标准和范围，这特别适用于不可控的成本费用。此外，对于超出预算的部门或项目，应当由当事人或部门与其他成本费用相关部门共同调查、分析超预算部分形成的原因，并及时采取相应的改进措施。

（4）监督检查（成本费用的分析与考核）。

公司在成本费用核算完成后，应当及时进行相应的总结工作，由审计部门、预算部门、财务部门等相关部门进行成本费用相关数据的收集，并加以分析。成本费用分析应当包括与当期预算标准对比、与上年同期执行情况对比，找出存在的差异并分析差异形成原因，便于公司提出相应的改进措施降低未来的成本费用，提高公司经济效益。

此外，公司应当制定相应的成本费用考核制度，通过各部门对成本费用的完成情况对相应的部门（人员）进行公平公正的考核评估，必要时做出相应的奖惩，从而激励员工积极主动地参与公司的成本费用控制。成本费用分析与考核流程见图 13-4。

	总经理	总会计师	财务部主任	财务部会计	相关部门
汇总原始凭证		审核	审核	编制各部门实际费用表 → 将实际成本费用与预算成本费用对比 → 编制实际与预算对比表 → 成本费用分析	按预算标准支出
财务处理	审核（不通过）	审核	审核（通过）	成本费用考核 → 实施奖惩措施	

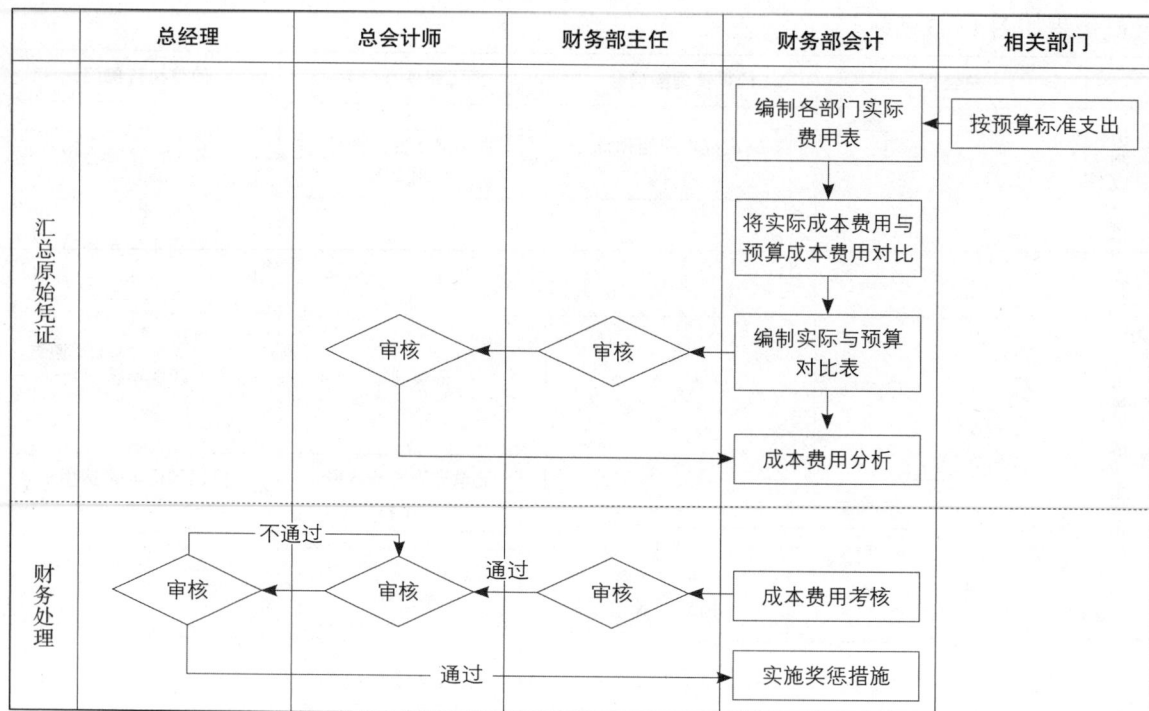

图13-4　成本费用分析与考核流程

成本控制系统关键控制点见表13-3。

表 13-3　　　　　　　　　　成本控制系统关键控制点

控制点	控制目标	控制措施
审批	保证生产业务是根据管理当局一般或特定的授权进行的	生产计划部门下达生产指令，生产部门负责人核实生产指令；有关部门负责人签字批准领料单；工资、薪酬或佣金的授权批准
核算	保证记录的成本为实际发生的而非虚构的	成本的核算以经过审核的以下原始凭证为依据：①经过生产部门负责人核实的生产通知单；②经过有关部门签字批准并由仓储部门核实签章的领发料凭证；③经过生产部门负责人审核及仓储部门核实的产量记录；④经过有关部门审核的工时记录；⑤经过生产部门负责人审核的人工费用分配汇总表、材料费用分配汇总表、制造费用分配汇总表
记账	保证所有耗费和物化劳动均已反映在成本中	生产通知单、领发料凭证、产量和工时记录、人工费用分配表、材料费用分配表、制造费用分配表均事先顺序编号；成本核算员及时登记成本明细账
复核	保证成本以正确的金额，在恰当的会计期间及时记录于适当的账户	采用适当的成本核算方法，并且保证前后各期一致；采用适当的费用分配方法，并且保证前后各期一致；采用适当的成本核算流程和账务处理流程；稽核人员定期进行内部核查
保管	保证存货的安全、完整	存货保管人员与记录、批准人员职务相分离，相互独立
盘点	保证账面存货与实际存货定期核对相符	定期进行存货盘点，查明账面存货与实际存货差异原因，对存货的盘盈盘亏应经审批后及时处理

第14章　成本费用管理流程

14.1　标准成本控制业务流程

标准成本控制业务流程见图 14-1。

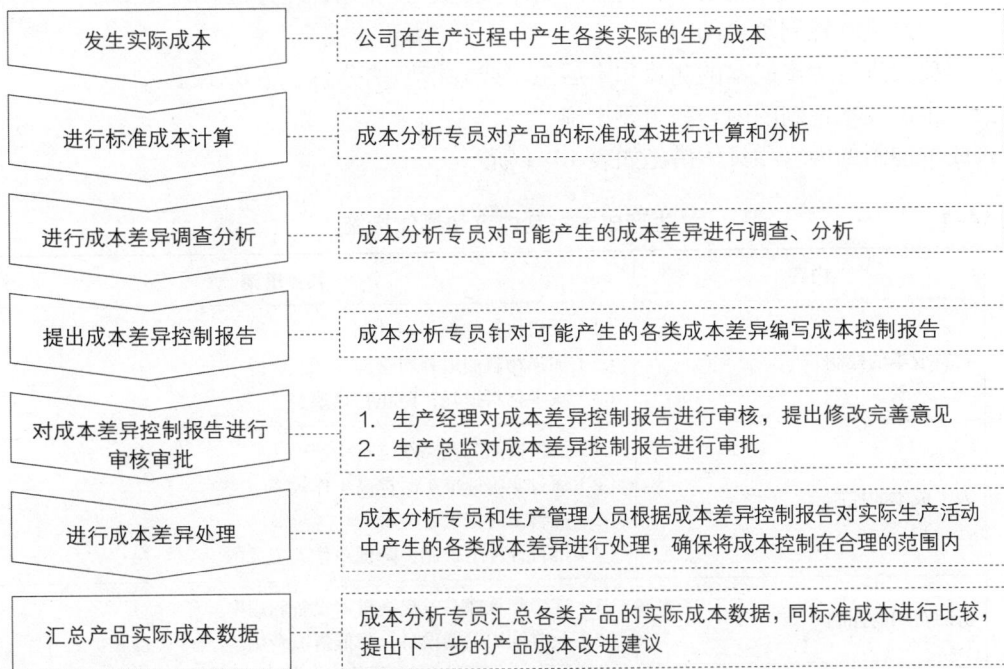

发生实际成本	公司在生产过程中产生各类实际的生产成本
进行标准成本计算	成本分析专员对产品的标准成本进行计算和分析
进行成本差异调查分析	成本分析专员对可能产生的成本差异进行调查、分析
提出成本差异控制报告	成本分析专员针对可能产生的各类成本差异编写成本控制报告
对成本差异控制报告进行审核审批	1. 生产经理对成本差异控制报告进行审核，提出修改完善意见 2. 生产总监对成本差异控制报告进行审批
进行成本差异处理	成本分析专员和生产管理人员根据成本差异控制报告对实际生产活动中产生的各类成本差异进行处理，确保将成本控制在合理的范围内
汇总产品实际成本数据	成本分析专员汇总各类产品的实际成本数据，同标准成本进行比较，提出下一步的产品成本改进建议

图 14-1　标准成本控制业务流程

14.1.1　生产成本控制制度

一、目的

为了实施对生产成本的规范化管理，将公司成本控制在合理的范围内，特制定本制度。

二、生产成本预算编制

（一）生产成本预算编制程序

各有关部门按照预算编制的要求，在每年 11 月，向财务部提供下一年度及每月的成本预算资料，财务部于每年 12 月编制下一年度成本预算，经总经理审查后，于 12 月底上报董事长，经批准后贯彻执行。

（二）生产成本预算编制分工

财务部负责组织整个公司成本预算的编制，与生产成本有关的各专业管理部门按照职责分工，分别负责生产技术经济指标的制定、分管专业和生产成本的预算编制。

（三）生产成本预算编制要求

财务部根据公司预算管理要求，结合上年度的成本实际完成情况，以及公司下达的年度定额成本计划及公司的实际情况，编制本年度生产成本预算。

（四）生产成本预算调整

由生产技术指标调整而造成的生产成本预算调整以及因公司因素而引起的成本增减，财务部按有关程序申请调整预算。各专业管理部门应及时将月度生产计划、各项生产技术指标的调整文件或资料提交财务部。

三、生产成本控制

（一）生产成本定额管理

公司按照全面预算管理的要求，对生产成本实施定额成本管理办法。

（二）生产成本控制负责部门

生产部负责进行生产成本的测算和事后生产成本指标的分解、下达。

（三）生产成本控制的内容和主要措施

生产成本控制的内容和具体措施如表 14-1 所示。

表 14-1　　　　　　　　　　生产成本控制内容和具体措施

序号	内容	具体措施
1	物料成本的控制	（1）严格执行物料需求计划 （2）加强物料的退补料管理 （3）减少物料损耗，防止物料浪费
2	人工成本的控制	（1）严格按照工艺路线进行生产 （2）通过实施标准工时提高工作效率 （3）完善工时记录、监督 （4）推行计件工资制，降低单位人工成本
3	折旧费用的控制	（1）准确测算并有效提高机器设备利用率 （2）及时维护机器设备，降低折旧费用
4	水电费的控制	（1）通过实施标准化操作降低水电费用的支出 （2）通过推行节约减损技巧降低水电消耗
5	废品的统计与管理	（1）及时对废品情况进行记录 （2）提高废品处理的效率和效能

四、生产成本考核

（一）考核办法

公司根据全面预算要求，实施目标管理的考核办法，建立定额成本管理机制，通过对生产成本计划与生产成本实际指标的对比，对生产部生产成本的控制情况进行分析、考核。

（二）考核主体

1.生产部经理、财务部经理以及与生产成本管理相关的各部门负责人组成目标成本监督小组，作为生产成本考核的主体。

2.财务部按照成本习性，对生产基地目标成本管理工作负有业务指导与监督义务。对于出现的一般问题，财务部经理直接解决，无法解决时报总经理解决。

（三）考核实施

考核为季度考核和年度考核相结合。考核主体构成的考核小组通过将各项成本计划指标与成本实际指标进行测算、分析，对生产部生产成本控制情况进行确认，并根据公司的考核奖惩标准针对考核结果实施奖励和惩罚。

五、生产成本分析

（一）生产成本分析的目的

揭示成本管理中存在的薄弱环节，充分暴露和发现矛盾，为制定降低成本的具体措施提供依据，保证目标成本的实现。

（二）生产成本分析的形式和内容

1.分析形式。

公司实行全面分析与专题分析、事前事中与事后分析、定期分析与不定期分析相结合的生产成本分析方法。

2.分析内容。

（1）月度主要分析生产成本与经济技术指标的偏差。

（2）季度主要进行专题分析。

（3）半年度或年度主要进行成本综合分析，既要与上年同期比，又要与年度目标成本计划比。

（三）生产成本分析的实施

1.事后的生产分析是向总经理进行书面报告的主要形式，财务部的成本分析报告应于月度结束 8 日内、季度结束 8 日内、年度结束 10 日内完成。

2.各专业管理部门分管指标的分析分别于月度结束 30 日内以书面形式提交财务部。

3.按月、季、年召开成本分析会议，就成本管理中出现的问题制定整改措施，做出相应决议，定人、定事、定日期，并指定有关部门会后检查与总结，成本分析会议可结合经济活动分析会进行。

14.1.2 质量成本控制制度

一、目的

1.健全质量成本管理体系。

2.合理控制质量成本。

3.有效开展对质量成本的核算、分析、控制和考核。

二、质量成本的含义和构成

（一）含义

质量成本是指公司为保持或提高产品质量所支出的一切费用，以及因产品质量未达到规定水平所产生的一切损失。

（二）构成

质量成本按产品形成的过程，分为产品设计工艺质量成本、原材料采购质量成本、生产制造质量成本和售后服务质量成本。质量成本的性质和构成如表 14-2 所示。

表 14-2　　　　　　　　　　　　　质量成本的性质和构成

构成	性质	分类	含义
预防和检验成本	属于不可避免成本，随着产品质量的不断提高，这部分成本将会不断升高	预防成本	指为保证产品质量达到一定水平而发生的各种费用
		检验成本	指为评估和检查产品质量而发生的费用
损失成本	属于可避免成本，随着产品质量的不断提高，这部分成本将逐渐降低	内部质量损失成本	指生产过程中因质量问题而发生的损失成本，包括产品在生产过程中出现的各类缺陷所造成的损失，以及为弥补这些缺陷而发生的各类费用支出
		外部质量损失成本	指产品销售以后，因产品质量缺陷而发生的一切费用支出

三、质量成本管控规划

（一）质量成本管控的权责划分

1. 质保部负责公司质量成本管理，并具体负责质量预防费用和质量检验费用的控制。

2. 生产部负责公司内部质量损失的控制。

3. 销售部负责公司外部质量损失的控制。

4. 财务部负责公司质量成本的核算与控制。

5. 各分厂质检部门负责各分厂的质量成本管理和成本控制。

6. 各分厂成本会计负责各分厂质量成本的核算。

（二）质量成本开支范围

1. 开展质量管理活动所耗用的材料费、办公费、差旅费和劳动保护费。

2. 用于质量检测的仪器仪表、工具、量具的购置费和折旧费用。

3. 对材料、半成品、外购件、产成品进行试验、检验和评审所产生的费用。

4. 质量管理人员工资、附加费及奖金。

5. 产品出厂前质量缺陷造成的材料损失和人工损失。

6. 产品出厂后的包修、包换、包退费用，维修费用及各种赔偿费用。

7. 用于质量管理先进单位和个人的奖励支出、QC 小组活动经费。

8. 产品质量问题造成的减产、降级、折价等方面的损失。

9. 其他与质量管理有关的费用。

四、质量成本分析

（一）质量成本分析的内容和要点（如表 14-3 所示）

表 14-3　　　　　　　　　　质量成本分析的内容和要点

质量成本分析内容	质量成本分析要点
1. 质量成本计划完成情况的分析 2. 质量成本构成情况的分析 3. 质量成本相关指标情况的分析 4. 重点产品质量成本分析 5. 质量成本改进完成情况分析 6. 质量成本管理效果分析	1. 提出报告期内影响质量成本的主要因素 2. 提出相应质量成本改进措施和工作目标 3. 对质量成本管理体系的有效性做出定性、定量的评价

（二）质量成本分析的指标体系（如表 14-4 所示）

表 14-4　　　　　　　　　　质量成本分析指标体系

指标分类	质量成本结构指标	质量成本相关指标
指标内容	1. 预防费用率 = 预防费用 ÷ 质量成本总额 ×100% 2. 鉴定费用率 = 鉴定费用 ÷ 质量成本总额 ×100% 3. 内部损失率 = 内部损失 ÷ 质量成本总额 ×100% 4. 外部损失率 = 外部损失 ÷ 质量成本总额 ×100%	1. 产值质量成本率 = 质量成本总额 ÷ 工业总产值 ×100% 2. 销售收入质量成本率 = 质量成本总额 ÷ 产品销售收入 ×100% 3. 质量损失率 = （内部损失 + 外部损失）÷ 工业总产值 ×100%

（三）质量成本分析方法

1. 比例分析法：通过质量成本的发生额同有关经济指标基数的比例关系来分析。

2. 构成关系分析法：通过质量成本各要素费用相互之间以及各要素费用同质量总成本之间的关系来分析。

3. 对比分析法：将报告期内质量成本的实际发生额与本期计划，或与去年同期，或与上期实际发生额进行比较分析。

（四）质量成本分析程序

1. 各单位统计核算人员在主管质量成本工作负责人指导下，对报告期内本单位发生的质量成本做好书面分析，并填写在相应的质量成本报表中。

2. 财务部对全公司当月、季、年质量成本的实际发生情况进行分析，并填写在相应的质量成本分析报告中。

3. 质量成本分析报告的发放。

财务部的月质量成本分析报告应在次月 20 日内报质量管理部门、生产计划部门和有关领导。

4. 编制下个月的质量成本计划。

全公司的质量成本计划由财务部编制，质量管理部门审核，主管质量的领导批准，生产计划部门下达执行。

五、质量成本考核

质量成本计划的实施情况由质量管理部门依据《质量考核控制程序》的要求按月进行考核。

14.1.3 成本差异控制制度

一、目的

合理、准确计算成本差异，为进行成本分析和控制提供数据。

二、定义

成本差异是指一定时期生产一定数量的产品所发生的实际成本与相关的标准成本之间的差额。

三、成本差异的类型

公司所指的成本差异类型主要包括四类，具体内容如表 14-5 所示。

表 14-5　　　　　　　　　　　　　　成本差异类型

类型		具体内容
用量差异与价格差异	用量差异	指直接材料、直接人工和变动性制造费用等要素实际用量消耗与标准用量消耗不一致而产生的成本差异。其计算公式如下： 用量差异 = 标准价格 ×（实际用量 – 标准用量）
	价格差异	指直接材料、直接人工和变动性制造费用等要素实际价格水平与标准价格水平不一致而产生的成本差异。其计算公式为： 价格差异 =（实际价格 – 标准价格）× 实际用量
纯差异与混合差异	纯差异	把其他因素固定在标准的基础上，计算得出的差异就是纯差异
	混合差异	混合差异又叫联合差异，是指总差异扣除所有的纯差异后的剩余差异
有利差异与不利差异	有利差异	指因实际成本低于标准成本而形成的节约差。但这里的有利与不利是相对的，并不是有利差异越大越好。例如，不能为了盲目追求成本的有利差异，而不惜以牺牲质量为代价
	不利差异	指因实际成本高于标准成本而形成的超支差
主观差异与客观差异	主观差异	指与主观努力程度相联系而形成的差异，它是成本控制的重点所在
	客观差异	指与主观努力程度关系不大，主要受客观原因影响而形成的差异

四、成本差异的计算和分析

（一）变动成本差异的计算和分析

变动成本差异分析的指标包括价格差异和用量差异。两者的计算公式如下。

$$价格差异 = 实际数量 ×（实际价格 – 标准价格）$$

$$用量差异 =（实际数量 – 标准数量）× 标准价格$$

具体而言，变动成本差异包括直接材料成本差异和直接人工成本差异两类。

1. 直接材料成本差异计算和分析，具体内容如表 14-6 所示。

表 14-6　　　　　　　　　　　　直接材料成本差异计算和分析

类型	差异计算	差异形成原因	责任归属
用量差异	直接材料用量差异 =（实际产量下实际用量 – 实际产量下标准用量）× 标准价格	直接材料用量差异的形成原因是多方面的，有生产部门的原因，也有非生产部门的原因	直接材料用量差异的责任需要通过具体分析才能确定，但主要责任往往应由生产部门承担
价格差异	直接材料价格差异 =（实际价格 – 标准价格）× 实际用量	直接材料价格差异的形成受各种客观因素的影响，较为复杂	由于它与采购部门的关系更为密切，所以其主要责任部门是采购部门

2.直接人工成本差异计算和分析,具体内容如表 14-7 所示。

表 14-7　　　　　　　　　　　直接人工成本差异计算和分析

类型	差异计算	差异形成原因	责任归属
用量差异	直接人工效率差异=(实际人工工时-实际产量下标准人工工时)×标准工资率	工人技术状况、工作环境和设备条件的好坏等	多数情况下主要责任部门为生产部门
价格差异	直接人工工资率差异=实际产量下实际人工工时×(实际工资率-标准工资率)	工资制度的变动、工人的升降级、加班或临时工的增减等都将导致工资率差异	一般而言,这种差异的责任不在生产部门,劳动人事部门更应对其承担责任

3.变动制造费用的差异计算和分析,具体内容如表 14-8 所示。

表 14-8　　　　　　　　　　　变动制造费用差异计算和分析

类型	差异计算	差异形成原因
用量差异	变动制造费用效率差异=(实际产量下实际工时-实际产量下标准工时)×变动制造费用标准分配率	变动制造费用效率差异形成原因与直接人工效率差异相同
价格差异	变动制造费用耗费差异=实际产量下实际工时×(变动制造费用实际分配率-变动制造费用标准分配率)	差异的形成原因必较复杂,一般多由项目的价格变动或消耗量变动导致的

(二)固定制造费用成本差异的计算和分析

固定制造费用总成本差异=固定制造费用实际数-实际产量下的标准固定制造费用其中:

1.实际产量下的标准固定制造费用=实际产量下的标准工时×固定制造费用标准分配率;

2.固定制造费用标准分配率=固定制造费用预算总额÷预算产量下的标准工时。

固定制造费用成本差异在计算时采取两差异法和三差异法这两种计算方法,具体内容如图 14-2 所示。

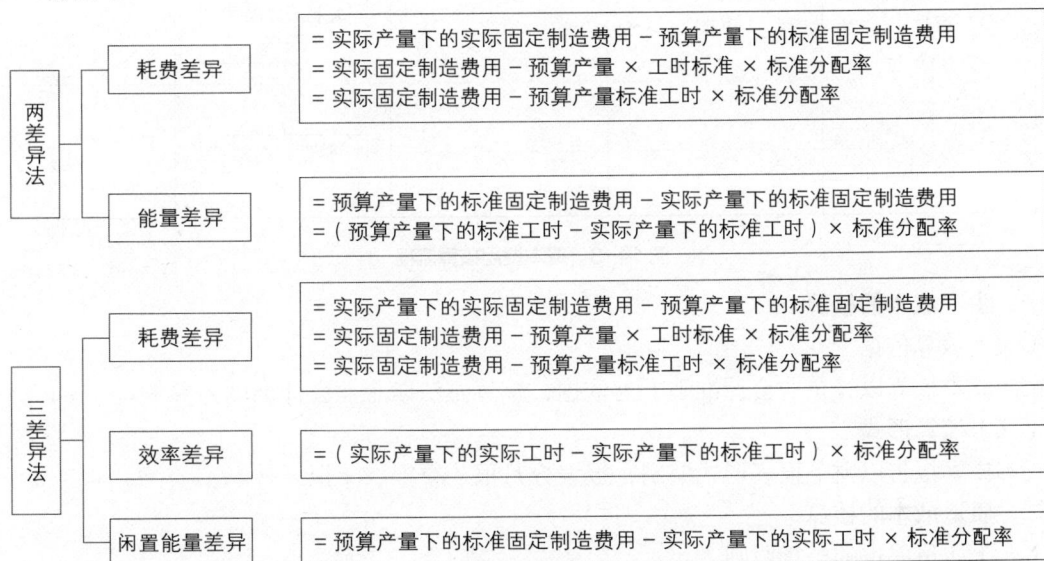

图 14-2　固定制造费用成本差异分析方法

14.2 成本核算基本流程

成本费用核算是指企业对各项经济活动中发生的各种成本费用在进行规范审核之后，对实际发生的成本费用进行详细的计算、分配，然后由记账人员根据会计制度基本规范做出相应的账务处理。在核算的过程中应当注意的是：第一，成本费用的核算应当与客观经济事项一致，以实际发生的金额计价；第二，成本费用的归集分配遵循重要性原则，成本费用应当与收入相配比；第三，注意成本费用的界限划分，核算方法的前后一致性。

成本费用核算流程如图 14-3 所示。

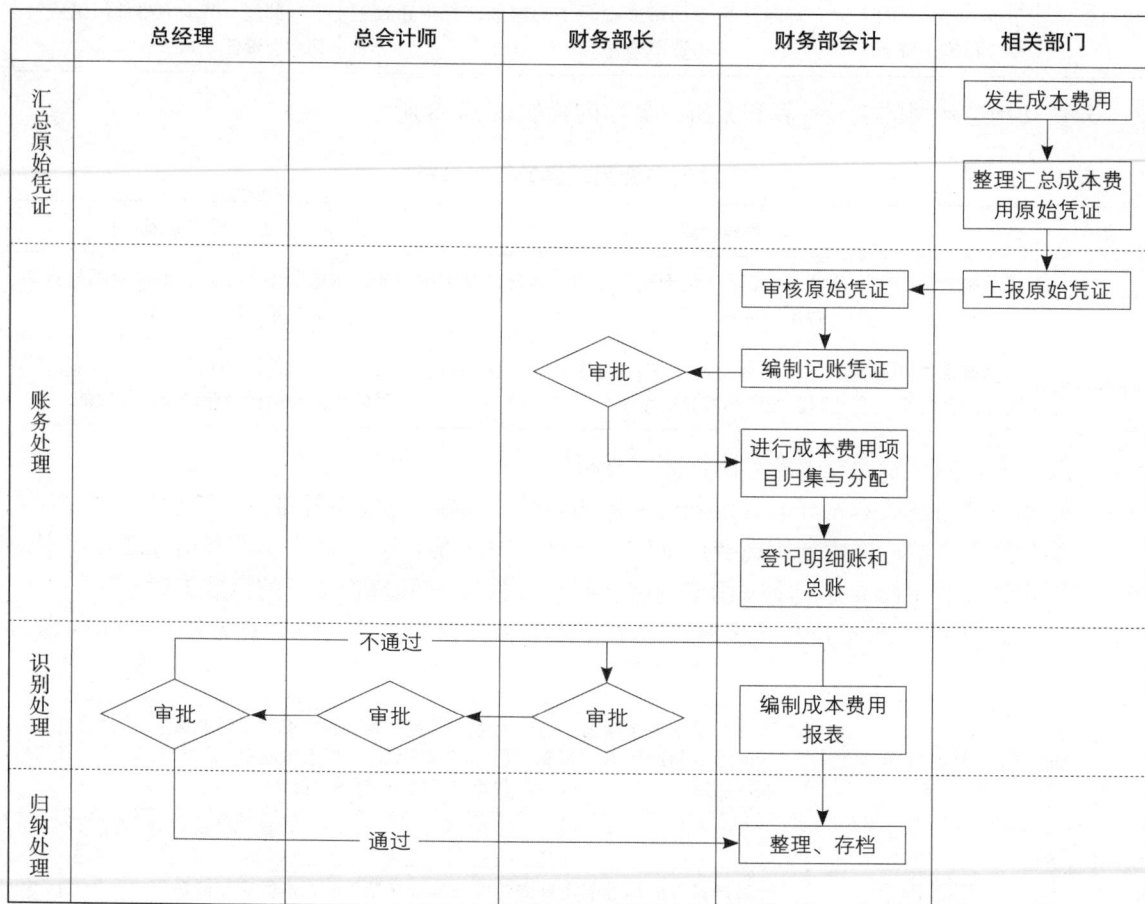

	总经理	总会计师	财务部长	财务部会计	相关部门
汇总原始凭证					发生成本费用 → 整理汇总成本费用原始凭证
账务处理			审批	审核原始凭证 → 编制记账凭证 → 进行成本费用项目归集与分配 → 登记明细账和总账	上报原始凭证
识别处理	审批	审批 ← 不通过	审批	编制成本费用报表	
归纳处理		通过		整理、存档	

图 14-3 成本费用核算流程

一、生产成本的核算

（一）核算依据

生产成本核算以《企业会计准则》为依据，核算方法以企业会计准则为参考。

（二）核算形式

成本核算报告以财务报表形式编制，报表分月报、季报、年报三种。

二、质量成本的核算

（一）质量成本的核算原则

质量成本核算按照"职能部门归口统计、分级管理、集中核算，财务部门统一汇总"的原则进行。

（二）质量成本的核算方法

质量成本采用会计核算与统计核算相结合的方法，具体核算方法包括以下六种。

1. 财务部、质保部和销售部分别建立质量成本核算台账。

2. 财务部负责统计核算在财务部列支的各项质量成本费用。会计人员在日常编制会计凭证时，应按照质量成本核算的要求，将有关质量成本的支出内容和金额单独列出，并记入质量成本核算台账。

3. 质保部负责统计核算减产损失、降级损失、折价损失等不在财务账上直接反映的各项质量成本费用，并记入质量成本核算台账。

4. 销售部根据外部反馈信息和凭证统计外部故障成本，并记入质量成本核算台账。

5. 各分厂质保部门和成本会计分别统计核算发生在分厂的质量成本。

6. 财务部月末汇总编制质量成本报表。

14.3　费用控制报销流程

14.3.1　工作流程

一、费用申请工作流程

费用申请工作流程见图 14-4。

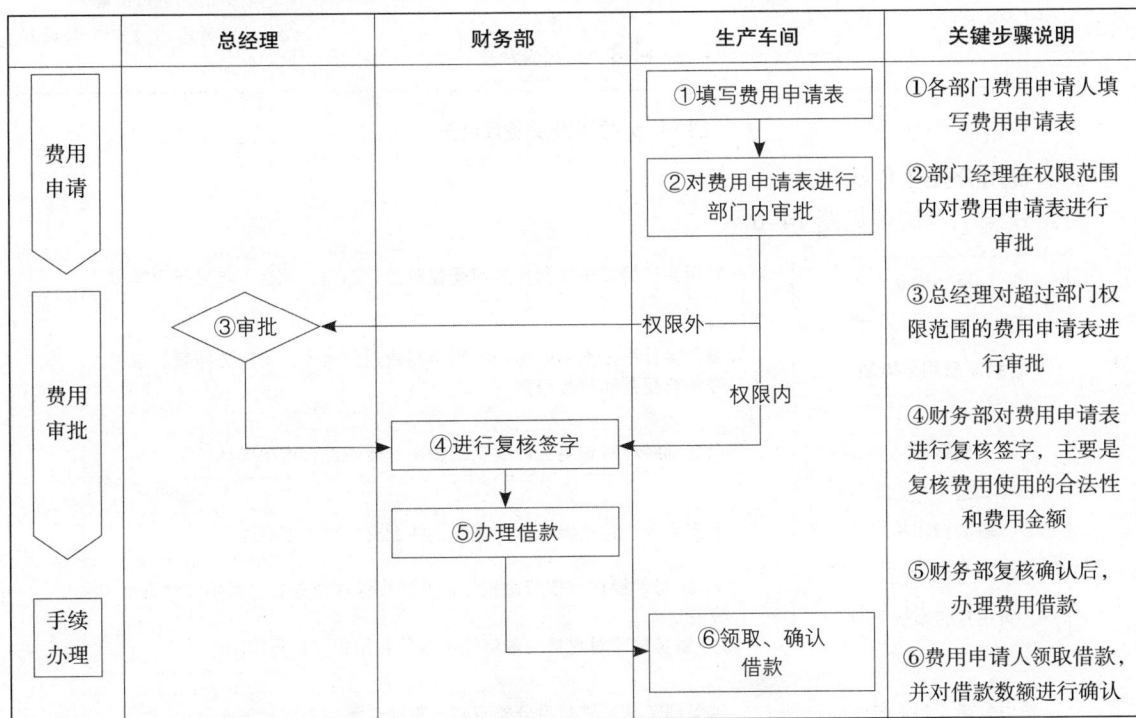

图 14-4　费用申请工作流程

二、费用报销管理流程

费用报销管理流程见图 14-5。

	总经理	副总经理	财务部	各部门	关键步骤说明

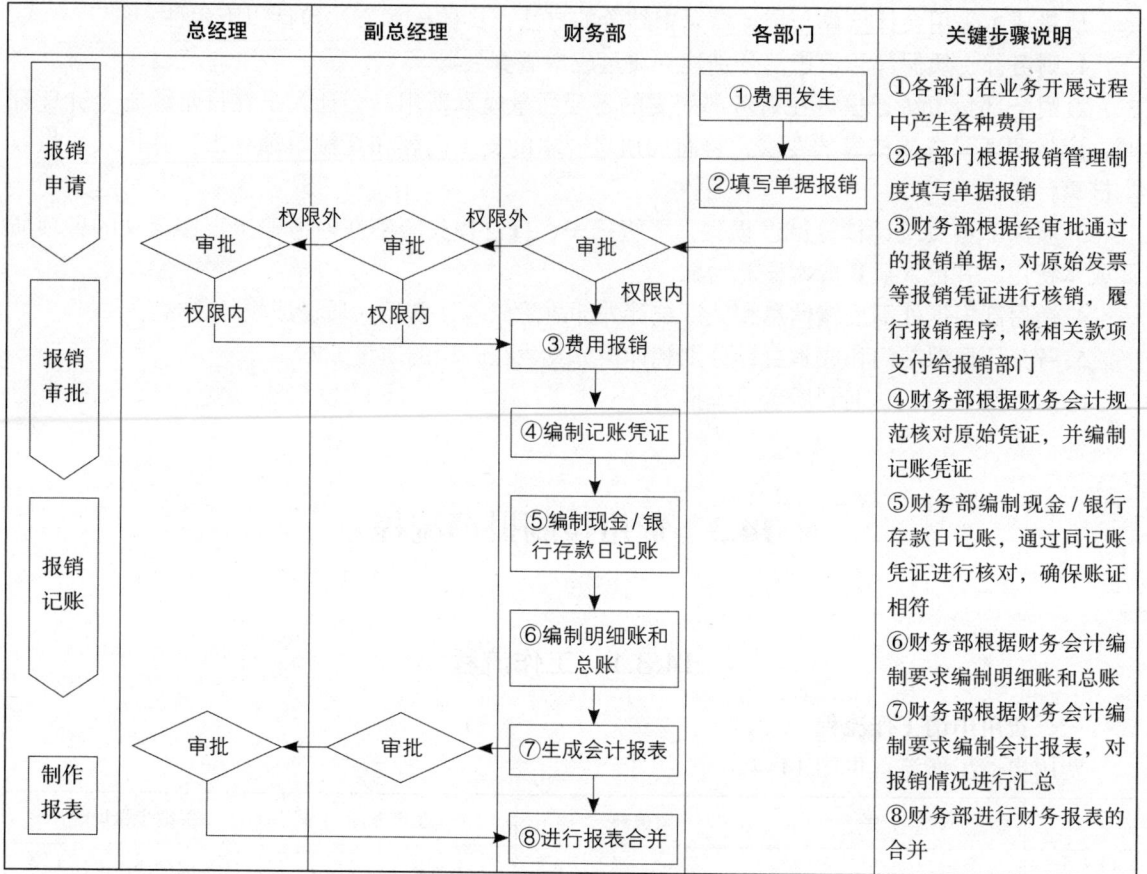

图 14-5　费用报销管理流程

三、费用分摊工作流程

费用分摊工作流程见图 14-6。

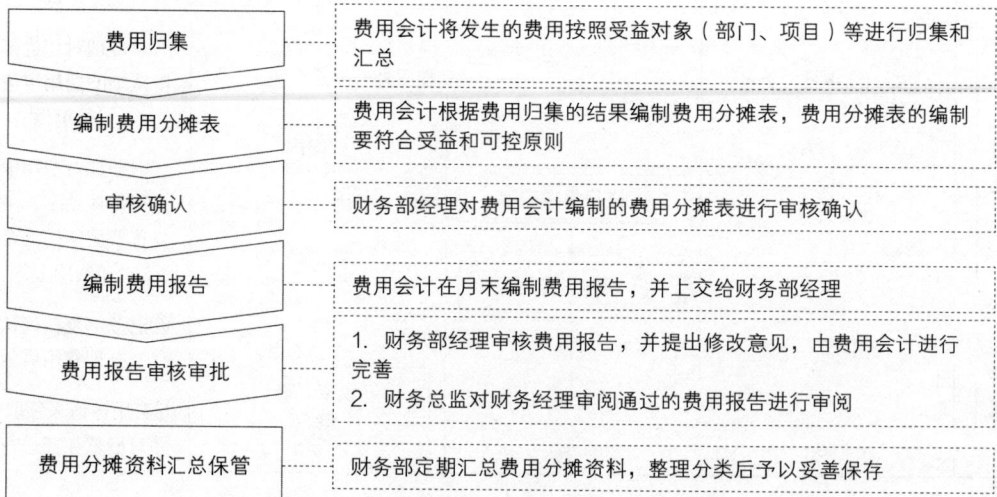

费用归集	费用会计将发生的费用按照受益对象（部门、项目）等进行归集和汇总
编制费用分摊表	费用会计根据费用归集的结果编制费用分摊表，费用分摊表的编制要符合受益和可控原则
审核确认	财务部经理对费用会计编制的费用分摊表进行审核确认
编制费用报告	费用会计在月末编制费用报告，并上交给财务部经理
费用报告审核审批	1. 财务部经理审核费用报告，并提出修改意见，由费用会计进行完善 2. 财务总监对财务经理审阅通过的费用报告进行审阅
费用分摊资料汇总保管	财务部定期汇总费用分摊资料，整理分类后予以妥善保存

图 14-6　费用分摊工作流程

14.3.2 费用报销控制管理方案设计

一、日常费用报销方案

（一）目的

1. 规范费用报销程序。

2. 合理控制各项费用支出。

（二）费用的范围

本方案所指的费用包括以下四项内容。

1. 日常业务招待费用。

2. 员工外出午餐费用。

3. 部门零星物品的采购费用。

4. 其他部门工作中的费用支出。

（三）费用报销标准

1. 业务招待费。

（1）业务招待费在 1 000 元以上的应事先填写费用申请单，报总经理审核签字后交财务部，财务人员审核时应对照已收到的特批单。

（2）报销要求：员工因工作需要所支付的业务招待费在报销时须向部门经理、审核人员主动说明，并由经办人及部门经理在该张发票背后签字。

2. 午餐补助费。

（1）报销标准：员工因工作需要不能回企业就餐的，可凭发票每人每餐报销 ×× 元。

（2）报销要求：外出联系工作，应乘坐公交车辆，按实报销；若有特殊情况，经部门经理事先同意方可乘坐出租车，报销时须在发票上写明出发地、目的地。

3. 零星物品采购费。

（1）申购物品须事先填制物品申购单，经部门经理、办公室签字后交财务部，物品单价在300 元以上（含 300 元）的，须总经理审核签字，未经审批，擅自购买者不得报销。

（2）财务人员审核时应对照已收到的申购单。购买物品原则上由办公室办理，专业用品自行购买后至办公室办理登记后交财务部核报。

4. 其他费用。

（1）员工参加有关本职工作的进修，需经部门经理、总经理同意，并至管理部登记备案，所发生培训费用按企业的有关规定给予报销。

（2）手机通信费用：凡企业业务人员在开展业务的过程中产生的通信费用，采购专员的报销标准为 ×× 元，采购主管的报销标准为 ×× 元，超出部分由领用人自行承担，遇特殊情况需提高额度，应填制特批单，经总经理批准后给予报销。

（四）费用报销流程

1. 填写费用报销申请单。

所有报销单据均需在费用发生后 5 天内提出报销要求，填写费用报销申请单。

2. 费用报销申请单内部审核。

部门主管和经理对费用报销申请单进行审核，审核的内容包括费用类别、费用额度、费用期限等，并在费用报销申请单的相关位置签字，审核期限为 1 天。

3. 费用报销申请单财务审核。

（1）财务部对费用报销申请单进行财务审核，包括费用的合理性、费用标准等，审核期限为 1 天。

（2）对于特批单，在财务部审核后，需报总经理签字方为有效。

4. 支领报销费用。

财务部出纳通知报销人员领取报销费用，费用领取人员需在领取单上签字。

5. 对报销费用进行登记。

财务部出纳要对费用的报销情况进行登记，填写费用报销登记表，费用报销登记表的样式如表 14-9 所示。

表 14-9　　　　　　　　　费用报销登记表

报销日期	报销人	费用种类	其他	合计金额	领款人签名
备注					

（五）报销单据的保存

财务部对报销单据根据企业财务会计规定及时入账，并按照分类汇总的方法，对各类费用单据和原始凭证进行分类保存。

二、差旅费报销方案

（一）差旅费的内容

差旅费指因公外出所发生的有关费用，包括住宿费、伙食及交通补助费以及保险费、电话费、订票费等杂费。

（二）差旅费报销原则

差旅费报销原则如表 14-10 所示。

表 14-10　　　　　　　　　差旅费报销原则

差旅费种类	报销原则
交通费	标准控制、超支不补
住宿费	限额控制、凭票报销、超支不补
伙食和交通补助费	包干使用、节约归己
其他杂费	实报实销

差旅费实行总额控制，每年财务部会同各部门进行企业差旅费的年度预算，一般情况下，年度差旅费预算的增长额不得超过上年的 5%，经总经理签字后生效。

在预算总额范围内，各部门可根据工作实际，自行安排出差人员，统筹使用差旅费。若差旅费超过预算指标，财务部不予报销。

费用报销实行不同职级，制定不同差旅费控制标准的办法。

（三）交通费具体报销标准

交通费的具体报销标准根据企业职位的高低而定，具体如表 14-11 所示。

表 14-11　　　　　　　　　　　交通费报销标准

职位	报销标准
部门经理以上职务	（1）前往有飞机通航地区出差，交通费按双程飞机普通经济舱的标准价控制 （2）前往无飞机通航的地区出差，交通费按火车硬卧的标准价控制
部门主管及同类职务	（1）前往有飞机通航的地区出差，交通费按单程飞机普通经济舱的标准价和单程火车硬卧的标准价控制 （2）前往无飞机通航的地区出差，按双程火车硬卧的标准价控制 （3）一次到多个地点出差的，可选择一个地点乘坐飞机，其余各点只能乘坐火车，交通费按上述相应标准控制
基层人员	无论前往地区是否有飞机通航，均按双程火车硬卧的标准价控制
特殊情况	出差人员前往既无飞机通航也无火车开通的地区出差，交通费据实报销

未使用单位交通工具，因公务出差发生的往返机场、车站交通费据实报销。

各职级人员出差报销交通费时，经营计划部按上述标准予以控制。超过控制标准的，经营计划部原则上不予报销。但出差人员乘坐交通工具因降低标准，或因购买有折扣的飞机票等，节约了交通费用，按节约额的 20% 给予出差人员奖励。

（四）住宿费的限额标准

住宿费一般根据所出差的地区及出差人员的职位高低来定，具体标准如表 14-12 所示。

表 14-12　　　　　　　　　　　住宿费报销标准

职位	报销标准
部门经理及以上级别的职务	出差一般地区住宿费限额标准为 ×× 元/天
其他人员	出差一般地区住宿费限额标准为 ×× 元/天
特殊情况	可根据出差目的地物价水平的高低进行报销标准的适当调整，但上下调整幅度不得超过 10%

（五）伙食补助的标准

企业员工出差不分途中和住勤，一般地区（不含近、远郊区）每人每天伙食补助标准为 ×× 元；企业员工在本市内出差，每人每天补助 ×× 元。

（六）其他杂费标准

出差人员出差期间发生的订票费等其他杂费，一律凭票据实报销。

（七）差旅费报销流程

1. 填写差旅费报销单。

出差人员报销差旅费，应据实填写差旅费报销单，并提供有关发票。

2. 审核差旅费报销单。

出差人员所在部门经理审核差旅费报销单，确认出差人员的职务（职称）、出差天数和地点，并在差旅报销单的相应位置签字确认。

3. 报销。

（1）出差人员将差旅费报销单交财务部进行报销，财务部根据报销标准和要求审核差旅费报销单和相关的出差发票和凭证，在预算范围内给予报销。

（2）报销完毕后，财务部对出差的相关发票和其他原始票据进行账务处理。

（八）报销期限

1. 一般情况的报销期限。

一般情况下，出差人员应在出差返回后 10 天内（节假日顺延）报销完毕，超过报销期限又没有特殊原因者不予报销。

2. 特殊情况的报销期限。

特殊情况下的报销，应经部门经理和行政总监签字确认，由财务部予以报销，但最长不得超过 20 天。

三、期间费用控制方案

（一）方案规划

1. 目的。

（1）压缩期间费用支出。

（2）加强期间费用管理。

（3）提高企业经济效益。

2. 期间费用的内容。

本方案所指的期间费用主要包括销售费用、管理费用和财务费用。

3. 责任部门。

（1）销售费用的归口管理部门为销售部。

（2）管理费用的归口管理部门为各个职能部室，管理费用中的变动费用项目由财务部分解落实到有关部室，固定费用项目按性质归口到职能部门。

（3）财务费用的归口管理部门为财务部，由财务部按照费用项目严格控制。

（二）销售费用及其控制

1. 定义。

销售费用是指企业在销售产品、提供劳务等过程中发生的各项费用以及专设销售机构的各项经费。

2. 核算科目及相关项目。

企业设置"销售费用"科目进行总分类核算，设置明细核算项目进行明细核算，具体项目如表 14-13 所示。

表 14-13　　　　　　　　　　销售费用明细核算项目

序号	项目名称	项目内容
1	工资	核算销售部门的职工工资及奖金
2	福利费	核算按销售部门职工工资总额的 14% 提取的职工福利费
3	办公费	核算销售部门发生的各种办公费用，包括通信费、印刷复印费、图书资料费、报纸杂志费和办公用品费等
4	折旧费	核算销售部门所用固定资产按照规定提取的折旧费
5	修理费	核算销售部门所用固定资产按照规定预提的大修理费用，以及所使用的固定资产和低值易耗品的经常修理费用

序号	项目名称	项目内容
6	物料消耗	核算销售部门日常消耗的机物料，包括销售服务车辆消耗的各种油料
7	运杂费	核算销售部门在产品销售过程中发生的由企业承担的各种运输费、装卸费等
8	包装费	核算销售部门在销售产品、部件过程中发生的包装费
9	保险费	核算销售部门在产品销售过程中发生的由企业承担的货物保险费及车辆保险费
10	销售服务费	核算销售部门发生的各项售后服务费用
11	广告费	核算销售部门支付的用于产品广告宣传的广告费、资料费
12	展览费	核算销售部门支付的用于产品参加各种展览所发生的费用
13	租赁费	核算销售部门为销售产品而支付的房屋、场地租赁费
14	差旅费	核算销售部门职工的上下班交通补贴和因公外出的各种差旅费、误餐费等
15	会议费	核算销售部门为开展产品销售工作而召升的各种会议发生的会议费用及销售部门参加各类产品订货会而缴纳的会议费
16	业务费	核算销售部门为销售产品而支付的业务招待费
17	低值易耗品摊销	核算销售部门所使用的低值易耗品的摊销费
18	代销费	核算销售部门委托外单位代销企业产品而发生的手续费
19	其他	核算销售部门不能列入以上项目的其他销售费用

3. 销售费用控制。

（1）销售费用的控制标准是企业与销售部门每年签订的产品销售责任书中有关销售费用的计划支出总额，具体包括以下三种标准。

①销售费用包干控制。

②按照销售费用占产品销售额的比例，即销售费用率进行控制。

③按照产品销售收入货款回收额进行比例提成。

（2）日常控制办法如下。

①财务部核算会计要严格审核每一笔销售费用支出，正确划分应列支的明细科目。

②财务部除了按二级科目进行明细核算外，还应根据销售部门的要求，对销售费用进行分销售机构或区域的分类核算。

③财务部核算会计于每月 12 日前，根据上月销售部门发生的销售费用制作月度销售费用明细表及销售费用分析报告上报企业财务部经理。

④销售费用月末一次转入"本年利润"科目，直接冲减当期利润。

（三）管理费用及其控制

1. 定义。

管理费用是指企业为组织和管理企业生产经营活动所发生的各项费用，包括企业行政管理部门和董事会在企业经营管理中发生的，或者应当由企业统一负担的企业经费、工会经费、董事会费、咨询费等。行政管理部门发生的固定资产修理费也核算在内。

2.核算科目及相关项目。

企业设置"管理费用"科目进行总分类核算，按管理部门设置二级科目进行分部门的明细核算，具体项目如表14-14所示。

表 14-14　　　　　　　　　　　　**管理费用明细核算项目**

序号	项目名称	项目内容
1	工资	核算企业职能管理部门管理人员的工资及奖金，包括警卫、消防、勤杂、长期脱产外借和学习人员的工资
2	福利费	核算按企业职能部门或各项目管理部管理人员工资总额的14%提取的职工福利费
3	工会经费	核算按企业管理人员工资总额的2%提取的工会经费
4	职工教育经费	核算按企业管理人员工资总额的1.5%提取的职工教育经费
5	劳动保险费	核算企业支付离退休职工的退休金（包括按照规定缴纳的离退休统筹金）、价格补贴、医药费（包括企业支付离退休人员参加医疗保险的费用）、职工退休金、6个月以上病假人员工资、职工死亡丧葬补助费、抚恤费以及按照规定支付给离休人员的各项经费
6	失业保险费	核算企业按照国家规定缴纳的失业保险费
7	土地使用费	核算企业使用土地而支付的费用
8	土地损失补偿费	核算企业在生产经营过程中破坏不得征用的国家土地所支付的土地损失补偿费
9	折旧费	核算管理部门的各项固定资产按照规定计提的折旧费
10	无形资产摊销	核算专利权、商标权、著作权、土地使用权、非专利技术等无形资产的摊销
11	开办费摊销	核算开办费在一定年限内的分期平均摊销额
12	上缴基金、费用	核算企业按照各级规定上缴的各种基金和费用
13	差旅费	核算企业管理部门的管理人员因公发生的差旅费
14	会议费	核算企业和各项目管理部召开各种会议发生的各项费用
15	办公费	核算管理部门的文具、印刷、邮电、办公用品等办公费用，但不包括图纸和制图用品
16	修理费	核算管理部门所使用固定资产按照规定预提的大修理费以及管理部门所使用固定资产和低值易耗品的经常修理费用
17	物料消耗	核算行政管理部门日常消耗的机物料，不含修理固定资产和低值易耗品消耗的物料
18	低值易耗品摊销	核算管理部门所使用的低值易耗品的摊销费
19	董事会费	核算企业董事会及其成员为执行职能而发生的各项费用，包括差旅费、会议费等
20	咨询费	核算企业向有关咨询机构进行科学技术经营管理咨询所支付的费用，包括聘请经济技术顾问、法律顾问等支付的费用
21	审计费	核算企业聘请中国注册会计师进行查账验资，以及进行资产评估等发生的各项费用
22	诉讼费	核算企业因起诉或者应诉而发生的各项费用
23	排污费	核算企业按照规定缴纳的排污费用

序号	项目名称	项目内容
24	警卫消防费	核算企业支付的警卫消防费用
25	运杂费	核算企业管理部门发生的运杂费
26	检验费	核算企业质量管理部门为检验管理产品质量发生的各种费用，包括产品检验费和产品质量测试费
27	劳动保护费	核算企业管理部门发生的诸如工作服、清凉饮料等各方面的费用
28	财产保险费	核算企业对经营管理用财产物资进行保险而发生的财产保险费
29	租赁费	核算企业管理部门租用办公场地所支付和分摊的租赁费
30	水电费	核算企业管理部门耗用的水电费
31	仓库经费	核算企业仓库发生的保管维护费等费用
32	绿化卫生费	核算企业对厂区进行绿化、卫生清理而发生的零星绿化费和卫生费
33	技术转让费	核算企业使用非专利技术而支付的费用
34	技术开发费	核算企业研究开发新产品、新工艺所发生的新产品设计费、工艺规程制定费、设备调试费、原材料和半成品的试验费、技术图书资料费、中间试验费、研究人员的工资、研究设备的折旧、与新产品试制和技术研究有关的其他经费、委托其他单位进行科研试制的费用以及试制失败损失等费用
35	业务招待费	核算企业为业务经营的合理需要而支付的费用，包括餐费和公共关系协调费用
36	坏账损失	核算企业按一定比例计提的坏账损失和实际发生的坏账损失
37	存货盘亏或盘盈	核算企业存货发生盘亏、毁损和报废的损失或盘盈的利得
38	存货跌价准备	核算企业存货在期末按成本与可变现净值孰低计量，对可变现净值低于存货成本的差额计提的存货跌价准备
39	其他	核算不能列入以上各项目的各种管理费用

3. 管理费用控制。

（1）对于不可控费用，可通过各项费用的提取基数进行控制，严格按照标准提取有关费用。

（2）对于可控费用，应实行费用总额控制，并将各项管理费用包干到各管理部门进行控制、考核。为此，财务部除按明细科目设立明细账外，还应按管理部门进行明细核算，账簿的格式应选择为多栏式明细账。

（3）财务部按年度、月度编制管理费用预算表，由各部门经理、企业财务总监及财务部共同控制开支。

（4）财务部核算会计应于每月 12 日前，按照上月企业发生的管理费用总额及各部门发生的管理费用编制管理费用明细表及管理费用分析报告并上报财务部经理。

（5）管理费用月末一次转入"本年利润"科目，直接冲减当期利润。

（四）财务费用及其控制

1. 定义。

财务费用指企业为筹集生产经营所需资金等而发生的费用。财务费用核算的内容包括：利息支出（减利息收入）、汇兑损失（减汇兑收益）、金融机构手续费、筹集生产经营资金发生的其他手续费等，不包括应当资本化的一般借款费用。

2.核算科目及相关项目。

企业设置"财务费用"科目进行总分类核算，设置明细核算项目进行明细核算，具体项目如表14-15所示。

表14-15　　　　　　　　　　　　　　财务费用明细核算项目

序号	项目名称	项目内容
1	利息支出	（1）核算企业生产经营期间为筹集生产经营所需资金而发生的利息净支出（减存款利息收入） （2）核算企业向国内外银行及其他金融机构支付的借款利息（包括长期借款和短期借款利息）、应付债券利息、汇票贴现利息、应付票据利息、融资性应付款利息支出及逾期贷款银行加息（不含滞纳金、罚息）
2	汇兑净损失	核算企业因汇率变动而造成的应由当期损益负担的汇兑损失（减汇兑收益）
3	调汇手续费	核算企业因调剂外汇而发生的手续费
4	银行手续费	核算企业到银行办理各种结算业务而交付给银行的手续费
5	其他	核算不能列入上述项目的各种财务费用

3.财务费用控制。

（1）财务部负责财务费用的支付与管理，企业同财务部签订承包协议，促使财务部控制财务费用支出。

（2）财务部核算会计应于每月12日前，将上月企业发生的财务费用分项目编制财务费用明细表及财务费用分析报告上报财务部经理。

（3）财务费用月末一次转入"本年利润"科目，直接冲减当期利润。

（五）各类期间费用日常支出控制

1.各类期间费用支出程序。

（1）费用支出部门填写费用支出审批单。

（2）有关领导按照企业规定的审批权限在费用支出审批单上审批签字。

（3）责任会计在审核无误、有预算指标的前提下，开具内部资金支票。

（4）费用支出经办人根据费用支出情况分别到仓库或出纳处办理领料或费用报销手续。

2.各类期间费用支出的审核。

财务部会计在办理费用支出时，应当根据手续齐全的费用支出审批单，对发票、结算凭证等相关凭据的真实性、完整性、合法性及合规性进行严格审核。

（六）期间费用控制奖惩

企业根据各项期间费用实际发生额进行考核奖惩：若实际发生额低于预算指标，则给予有关部门一定比例的奖励；若实际发生额高于预算指标，则给予一定比例的罚款。奖罚计算公式如下。

$$奖励或罚款金额 = （期间费用预算指标 - 实际发生额） \times 15\%$$

上述公式中，期间费用的预算指标和实际发生额的核算由财务部和归口管理部门共同核定。

四、会议费用管理方案

（一）会议分类

企业会议的分类如表 14-16 所示。

表 14-16　　　　　　　　　　　　企业会议的分类

会议类别	主要内容	会议期限
第 1 类	企业年度综合工作会议、重要用户座谈会及其他企业级重要会议	5 ~ 7 天
第 2 类	年度营销工作会、财务工作会等专业年度工作会及企业内部项目评审会、鉴定会等	3 ~ 5 天
第 3 类	企业季度经济活动分析会、企业专业部门组织的各项专题内部会议等	2 ~ 3 天

（二）会议地点选择

会议地点一般根据会议的类别进行合理选择，具体如表 14-17 所示。

表 14-17　　　　　　　　　　　　会议地点选择

会议类别	地点选择标准
第 1 类	四星级或条件相当的宾馆
第 2 类	三星级或条件相当的宾馆
第 3 类	企业会议室

（三）会议费用内容

企业必须根据会议类别、规模、规格、时间等做出会议费用综合预算，预算的内容包括下列七个方面。

1. 会议代表的住宿费及会务用房费用。

2. 会议用餐费用、会间茶点费用。

3. 召开会议的会场租金、设备租金及布置会场费用。

4. 会议资料印刷费。

5. 会议必要文具费用。

6. 专家费。

7. 杂费（代表证、会标等印制费）。

（四）会议预算

会议费用严格实行预算管理。各部门组织召开的各类会议，均需向经营计划部报送会议预算，报总经理批准实施。会议费用应本着节约的原则使用，不得超支。

（五）会议费用审批

1. 企业级会议的费用审批。

（1）会议主办部门在开会前 1 周根据会议的规格、规模、时间等要求填写企业会议登记表，并交行政部。

（2）行政部综合比较各会议场所的地理位置、场地条件、服务承诺、优惠承诺等因素，选择办会宾馆。

（3）因特殊情况现有协议宾馆不能满足需要的，由主办部门提出申请并附主管领导批示，经核准后，可以选择协议范围之外的宾馆。

2. 部门会议和临时会议的费用审批。

（1）各部门每月需按年度会议计划安排，按有关预算管理的要求，向经营计划部报送会议预算计划，经营计划部汇总月度会议计划。

（2）确因特殊情况需要召开的临时会议（包括承办上级会议），需报主管副总经理审查，经总经理审批后方可召开，并报经营计划部备案，否则财务部不予付款或报销。

（六）会议费用发放与控制

1. 办会要求。

（1）要尽量减少企业参会服务工作人员，尤其是驻会人员。除必须驻会会务组成员外，其他工作人员原则上回宿舍或家中住宿，企业可根据实际情况报销出租车费用。

（2）参会人员除特殊领导或专家外，午休用房尽可能按钟点房安排或集中安排。

2. 专家费的发放。

（1）以现金形式发放的专家费必须本着"合理、必要、有用"的原则，严格控制发放范围扩大化，坚决杜绝发放人情费。

（2）必须根据会议预算按照开会前拟定的名单发放，不在该名单上的人员财务部有权拒付，如不是特别需用的专家，严禁任何人以任何借口临时增加专家费。未经事先书面请示批准，个人擅自给付他人的费用，由当事人自行负担。

3. 会议费用报销的管控。

会议费用在预算范围内，由承办部门进行统一管理、控制使用，不得超支。各部门会议费实行一会一报销，报销时需提供会议预算、发票等相关证明文件。财务部对会议费用情况进行全过程监督检查。

4. 会议费用报销时限。

会议费用报销应及时，原则上在会议结束后 7 天之内办理完毕。报销费用时需严格遵循企业费用报销程序，并需经总经理签字后统一报销。

五、人工费用处理方案

（一）人工费用的定义

人工费用主要指职工薪酬，即企业为获得职工提供的服务而给予职工的各种形式的报酬及其他相关支出。

（二）人工费用的内容

人工费用的内容包括工资总额、职工福利费、社会保险费、住房公积金、工会经费、职工教育经费、非货币性福利以及辞退福利等。

（三）人工费用的核算依据

1. 考勤记录。

考勤记录作为计算计时工资、加班加点工资、病假工资、夜班津贴的主要依据，由人力资源部按月登记职工出勤情况的原始记录。考勤记录可反映每个职工在每个月份的出勤时间、缺勤时间以及缺勤原因等。

2. 产量和工时记录。

产量和工时记录是登记每个职工或生产班组在工作时间内完成工作的数量、质量和完成这些工作量所耗工作时间的原始记录。

产量和工时记录是计算计件工资、分配制造费用及计算产品制造成本的依据。产量和原始记录的样式如表 14-18 所示。

表 14-18　　　　　　　　　　　　**产品产量和工时记录单**

生产车间：　　　　　　　　　　　　　　　　　　　　　　　日期：　　年　　月　　日

产品名称	班组名称	生产人员	机器设备	领用材料	完成产品数量	工时		废料原因		计件单价
						实际工时	定额工时	料废	工废	

3. 其他原始记录。

其他原始记录包括停工通知单、奖金及津贴分配表、废品通知单等。

（四）工资及福利费用的归集和分配

1. 工资及福利费用的归集。

工资及福利费用的归集建立在工资计算的基础上，企业通过编制工资结算单和工资结算汇总表对工资和福利费用进行归集。

2. 工资及福利费用的分配。

工资及福利费用的分配需计算生产车间同时生产多种产品时各产品应负担的生产工人工资及福利费用数，其分配方法如下。

（1）计时工资制。

在以计时工资作为分配基础的职工中，应当按生产工人加工产品时所消耗的实际工时进行分配，当实际的工时计算存在问题时，可按照定额工时比例进行计算。

（2）计件工资制。

计件工资按照已经完工的产品的数量和计件单价计算。因此，计件工资制下，将工资按照产品汇总即可计算出各种产品应负担的计件工资。

3. 编制工资及福利费用分配表和汇总表。

（1）工资及福利费用分配表的格式如表 14-19 所示。

表 14-19　　　　　　　　　　　　**工资及福利费用分配表**

应借账户	员工姓名	生产工时	分配率	应负担的工资	应负担的福利费	合计
合计						

（2）工资及福利费用分配汇总表的格式如表 14-20 所示。

表 14-20　　　　　　　　　　工资及福利费用分配汇总表

分配对象	应负担的工资	应负担的福利费	合计
车间 1			
车间 2			
行政部			
人力资源部			
技术部			
设备部			
……			
合计			

（五）其他人工费用的管理

其他人工费用主要包括社会保险费、住房公积金、工会经费和职工教育经费等，这类费用的管理主要根据企业所在省（市）的工资管理制度和相关人力资源管理政策进行定期核算和缴纳，并及时进行会计处理。

财务部成本会计和核算会计以月为单位进行这类费用的汇总和计算，并将计算结果上报给财务部经理。

六、材料费用分析方案

（一）目的

合理计算原材料成本，合理分配原材料费用，加强对原材料费用的规范化管理。

（二）计算原材料成本

1. 计算原材料成本的依据。

原材料成本计算的依据为审核后的领料单或领料登记表等原始凭证。

2. 成本计算方法。

成本计算方法包括实际成本计价法和计划成本计价法，如果采用计划成本计价法进行计价，则月末还要计算材料成本差异率，将已领用材料的成本调整为实际成本。

（1）实际成本计价法计算原材料实际成本。

采用实际成本计价法对原材料成本进行计算，要考虑不同原材料的采购价格的差异。具体包括四种计算方法，详细内容如表 14-21 所示。

表 14-21　　　　　　　　　　原材料实际成本计算方法

方法类别		方法描述
先进先出法	内容描述	使用的材料要按最先购入的材料单价计价，只有该单价的材料用完后再用下一次购入的材料单价计算发出材料成本
	方法评价	该方法是一种假设的方法，这种方法会使期末存货成本接近于现行实际成本，使资产负债表上存货项目数据较真实；但发出存货成本背离现行实际成本，使利润表上销售成本不够真实。物价上涨时，采用该方法会使期末存货成本偏高，发出成本偏低，使利润偏高

方法类别		方法描述
月末一次加权平均法	内容描述	这种方法平时只记发出材料的数量，不记金额，月末一次算出加权平均单价，作为本月发出材料的统一单价，月末一次算出发出材料金额 计算公式如下： 本月发出存货实际成本 = 本月发出存货数量 × 加权平均单价 本月结存存货实际成本 = 期末结存存货数量 × 加权平均单价 = 期初结存存货实际成本 + 本月收入存货实际成本 − 本月发出存货实际成本
	方法评价	该方法简单易行，但是由于所使用的材料成本月末才可以算出，所以不利于材料成本的日常管理和控制
个别计价法	内容描述	实际发出的是哪个单价的材料，账上就按这个单价计价
	方法评价	这种方法计算结果最准确，符合实际情况，适用于能够分清发出材料批次和单价的情况；但这种方法存在一次发料包括几个单价的情况，增加核算工作量
移动加权平均法	内容描述	每购进一次材料，算一次加权平均单价，该单价作为下一次发出材料计价的基础
	方法评价	该方法有利于材料成本的日常管理、控制。这种方法是月末一次加权平均法的连续应用，每来一次原料就算一次加权平均单价，工作量较大，不适用于收发频繁的企业

（2）计划成本计价法计算原材料实际成本。

①会计处理。

在按计划成本进行领用材料成本的计算时，"原材料"账户借方登记入库材料的计划成本，贷方登记出库材料的计划成本，按发出材料的用途记入各成本费用账户。

②计算成本差异。

为了反映成本费用的实际数，应及时计算材料实际成本与计划成本的差异，并于月末将差异分配到发出材料所应记入的各成本费用账户中，这就将成本费用账户中发出存货的计划成本调整为实际成本。

③计划成本计价法评价。

按计划成本对发出材料成本进行计算，能简化核算工作，可以考核和分析材料采购成本计划的执行情况；"材料成本差异"账户可反映出材料的成本差异是超支还是节约，从而分析材料成本超支或节约的原因，采取措施改进材料采购、自制等材料供应的经营管理工作；有利于考核各产品成本的计划执行情况，考核各车间、部门的经济效益，有利于分清责任。

（三）原材料费用的分配

1. 分配标准。

材料费用的分配有两种常用标准。

（1）按产品重量、体积、产量比例分配。

（2）在材料消耗定额比较准确的情况下，还可按材料定额消耗量比例或材料定额费用比例分配材料费用。

①材料消耗定额是指单位产品消耗材料的数量限额，其货币表现称为费用定额。

②材料定额消耗量是指一定产量下产品按消耗定额计算的消耗材料的数量，其货币表现称为定额费用。

2. 分配程序。

（1）计算各种产品原材料定额费用。

（2）计算单位原材料定额费用应分配原材料实际费用（即原材料费用分配率）。

（3）计算各种产品应分配的原材料实际费用。

3. 原材料费用的会计分录。

（1）直接用于产品生产的专设成本项目的材料费用，记入"生产成本（基本生产成本）"总账借方及所属明细账"原材料"成本项目下。

（2）直接用于辅助生产的专设成本项目的材料费用，记入"生产成本（辅助生产成本）"账户借方。

（3）用于基本生产和辅助生产未专设成本项目的材料费用，记入"制造费用"账户借方；若辅助车间不设"制造费用"账户，则用于辅助生产未专设成本项目的材料费用仍记入"生产成本（辅助生产成本）"账户的借方。

（4）用于产品销售、组织管理生产经营活动的材料费用，记入"销售费用""管理费用"账户借方。

（5）生产所剩余料和间隔月份使用的材料的会计处理。

①生产所剩余料，应编制退料单，据以退回仓库，并根据退料单做扣减原领用的材料分录。回收废料时，应编制废料交库单，据之做扣减原领用的材料分录。

②对于车间已领未用，下月需继续耗用的材料，为避免本月末交库下月初又领用的手续，可以采用"假退料"手续，即材料实物不动，仍在车间，只是填一张本月的退料单，表示该余料已退库，做扣减原领用的材料分录（注意，不得将之计入本月的生产费用，由本月产品成本负担）；同时，再填一张下月的领料单，表示该余料又作为下月的材料出库。

4. 编制原材料费用分配表。

（1）企业通过材料费用分配表对原材料费用进行分配。

（2）该分配表按领料部门和材料类别归类，按归类后的各种材料的领退料凭证汇总编制；退料凭证的数额从相应的领料凭证的数额中扣除。

14.4 原材料采购审批制度

14.4.1 原材料采购管理制度

一、原材料采购合同管理制度

第一章 总则

第一条 目的。

为了规范采购合同签订的管理，保证交易的可靠有效，降低采购风险，最大限度地维护公司利益，特制定本制度。

第二条 适用范围。

本制度适用于生产所需的各种原材料、外协加工设备及备件、模具、办公用品等采购。

第三条 权责划分。

1. 供销部负责合同条款的商讨、草拟和合同的履行跟踪。

2. 生产技术部、质量检验部、综合管理部和财务部参与合同条款的公审。

3. 总经理或其授权人负责合同签订的批准。

4. 财务部负责合同资金的准备与结算。

5. 综合管理部负责合同原件的保管。

第二章 合同拟订、审批和签署

第四条 合同拟订。

1. 合同拟订必须在进行供应商调查和询价、比价的基础上进行。

2. 部门主管应根据对方资信情况，起草符合本制度规定的采购合同。

3. 采购合同应本着先 A 级后 B 级，特殊情况下经批准才能启动 C 级供应商。

第五条 合同必要条款。

1. 交货地点、方式。

2. 交货期。

3. 产品包装要求。

4. 规格、特性指标含量。对于有特殊品质要求或内在性能较为复杂的原料和设备，如设备、非标准件、原料的特殊性要求等，应做详细要求，必要时签订技术指标含量必备协议书。

5. 验收。

（1）供应商应严格遵守合同约定，按期、如数、保质于指定地点交货。

（2）供应商供应的货品必须为完好合格品。

（3）验收工作由质量检验部和生产技术部进行，供应商可提供必要的技术支持。对长期合作的供应商可将抽样方式、样品试验、判定基准与对方沟通清楚，并且可以邀请供应商参加抽样和检验。

6. 标识要求。

对不同批号混用可能导致品质问题或带来生产不便的货品应要求明确标识，以便进行区分管理。

7. 不合格品处理。

（1）不合格品应由供应商取回，并由公司另定期限补齐。

（2）鉴别不合格品时所产生的人工费用由供应商承担。

（3）公司降低验收水准接受供应商的货品时，货款应酌情折让。

（4）因货品不合格所产生的一切损失及费用由供应商负担。

（5）发现不合格品应及时通知供应商，通知发出后在规定时间内公司不收取保存费用，超出通知时间的，仓储部门应按照每吨每天 20 元的费用收取保存费。此项费用应交财务部另立科目归账。

8. 保密条款。

供应商不得泄露公司订购物品或估价的材料规格型号、数量及其他业务机密。

9. 付款方式。

（1）货款支付结算采用货到后每月按特定时间段按比例付款的方式。

（2）如采取付定金，货到验收合格后在一个月后付 70% 的方式，原则上定金不超过 10%，最后一笔款在原材料使用后的下个月支付。

（3）应尽量避免采用款到发货的方式，不得已时也应以此为条件争取折扣。

第六条 合同审批。

1. 针对供应商较强势的供应合同或资金较高的供应合同，供销部将拟订的合同初稿交相关部门审核并使之提出建议。

2. 公司财务部主要负责对合同价款的形成依据、款项收取或支付条件等条款进行审查并提出意见。

3. 公司法律顾问主要对合同条款的合法性进行审查并提出审查意见。

4. 公司副总经理负责对合同所涉内容进行全面审查并提出审查意见。

5. 公司总经理根据相关部门所提意见、办理程序的规范性以及其他认为需要审查的内容对合同进行审阅并签署意见；也可以授权公司副总经理审核签发。

6. 公司供销部根据公司总经理或授权的副总经理的审查意见修改合同文本，并将审查意见、合同签署相关附件等文件再次报送审查后，由公司总经理或受总经理委托授权的合同签署代理人、副总经理正式签署合同。

第七条 长期合同。

1. 对于长期、稳定的供应商，可采取签订一份总合同（如一年期），此后以每一采购单作为合同附件的方式进行交易。

2. 采购经办人与供应商谈妥合同条款后，应拟订合同，将合同评审表提请公司合同审核办公室审核，后报总经理或授权人审核、批准。

第三章　合同履行与变更

第八条 合同履行。

1. 合同生效即具有法律约束力，公司必须按合同约定全面履行规定的义务，遵守诚实信用原则，根据合同性质、目的和交易习惯履行通知、协助、保密等义务。

2. 在合同履行过程中，综合管理部应对合同的履行情况以履约管理台账形式做详细、全面的书面记录，并保留相关的能够证明合同履行情况的原始凭证。如合同履行困难，执行部门必须及时向相关的参与合同管理的部门通报和报告相关公司领导。

第九条 合同变更。

执行部门严格按照合同约定维护公司权利和履行相关义务。在合同履行中出现下列情况之一的，执行部门应及时报告公司领导，并按照国家法律法规和公司有关规定及合同约定与对方当事人协商变更或解除合同。

1. 不可抗力致使合同不能履行。

2. 对方在合同约定的期限内没有履行合同所规定的义务。

3. 情况变更，致使我方无法按约定履行合同，或虽能履行但会导致我方重大损失。

4. 其他合同约定或法律规定的情形出现。

第十条 发生合同纠纷时，执行部门会同法律顾问与合同对方协商解决，协商不成需进行仲裁或诉讼的，协助法律顾问办理有关事宜。

第四章　合同保管

第十一条　供销部签署合同后，应将合同原件送档案室和财务部进行分别保管。

第十二条　供销部留存采购合同的复印件备查，同时将合同复印件送生产技术部、综合管理部、质量检验部各一份。

二、原材料采购作业实施办法

第一章　总则

第一条　目的。

为加强本公司的采购工作管理，规范物资采购作业事务，提高物资采购效率，特制定本办法。

第二条　采购基本要求。

1. 采购对象。采购前对厂方材料质量及规格、供应商报价水平、交货期限、售后服务等进行评价，以供选择时参考。

2. 价格、质量。以合理价格采购较高品质的材料。

3. 时限。供销部根据生产部门需要日期及需要量，联络厂方即时供应。

第三条　采购方式。

供销部应根据材料使用状况、用量、采购频率、市场供需状况、交易习惯及价格稳定性等因素，选择最有利的采购作业方式办理采购作业。

1. 定期采购。对于经常使用且生产过程中不可或缺的，或经常使用且市场价格稳定的材料，应选用本方式办理。

2. 特约厂商采购。对于用量、费用不太高的单项材料，可简化采购作业，由供销部择定特约厂商，介绍使用部门径向该厂洽购；但在付款前应送供销部审核。

3. 一般采购。供销部按请购部门提出的请购单，逐笔询价、议价，并了解交易条件后订购。

第二章　确定采购需求

第四条　请购单。

1. 请购应按照存量管制基准和用料预算，并参考库存情形开立请购单，在请购单上逐项注明材料名称、规格、数量、需求日期及注意事项，经生产技术部主管审核后按规定逐级呈核并编号，最后送供销部。

2. 来源与需用日期相同的材料，可以一单多品方式提出请购。

3. 特殊情况需按紧急请购办理时，可在请购单"备注"栏注明原因，以急件递送。

4. 公务用品由公司综合管理部按月实际耗用状况，并考虑库存条件，填请购单办理请购。

5. 以下物品可免开清单，而以办公用品申请单委托供销部办理：招待用品、书报、名片、文具、报表小额采购的材料等。

第五条　期限。

1. 供销部应按照请购部门提出的"需要日"办理采购。为达到这一要求，掌握适当采购时机，供销部应召集有关部门按材料特性、采购地区及市场供需状况等拟订各项材料采购作业处理期限，呈总经理核准后公布实施。原则上应以供货合约确定的交货期限为准，加急请购需呈批并考虑验收所需时间。

2.原定采购作业处理期限变更时，供销部应书面报告具体原因，呈总经理核准后，通知各相关部门，以利于存量管制、生产调整及适时提出请购。

第三章 实施采购

第六条 权限。

特约厂家或 A 类原材料采购项目合同书需呈报给总经理核批，办公用品涉及资金超过2 000 元的采购，需呈总经理审批。

第七条 供应商选择。

1.各项材料的供应商至少应有三家（独家供应或总代理等特殊情况下除外），各家背景及交易资料应记载于供应厂商资料卡上存档备用。对于未达本公司标准的材料，供销部应开发新供应商，或报送总经理拟订开发计划。

2.新供应商的开发，由生产技术部、质量检验部会同供销部尽量实地考察生产能力、产品质量等以后，填制供应厂商资料卡呈总经理核准后，列为备选供应商。

3.对于交货质量不良、无法按期交货或停止营业的供应商应予撤销设定。届时由供销部以签呈方式说明原因，送生产技术部复查，并呈总经理核准后，通知对方。

第八条 询价。

1.供销部收到《请购单》或《外购单》时，转采购经办人员办理询价作业，原则上采用"谁询价谁负责"的办事原则进行考核。

2.各采购经办人员收到请购单或外购单，应先判断请购材料品名、规格、需求日期、数量等是否填写明确，有无供应厂商报价；对于资料填写不全或规格不详者，注明"填单异常，说明欠详"等字样后退请购部门修订。

3.询价程序。

（1）采购经办人员参考过去采购记录或供应厂商资料确定至少三家询价对象（特殊原因如只有供应量、货物规格等能满足采购需求而无法替代等，报经总经理核准者除外），并填写在请购单上。

（2）采购经办人员询价时，应将询价截止日期填注于请购单内以便通知供应厂商。

（3）采购经办人员应于通知供应厂商报价后，紧跟催进度。

4.询价完成后，采购经办人员应将询价、报价的全部资料整理，据以议价。

5.若报价材料规格较复杂或与请购规格不尽相同，采购经办人员可将全部资料填制采购事务征询单，连同有关报价资料送请购部门签注意见；签注完成后，采购经办人员按请购部门意见处理，必要时重新询价。

第九条 议价。

1.采购经办人员收到不需会签或已完成会签的询、报价资料时，应结合会签结果、各供应厂商报价，查阅前购记录及供应商资料卡、市场行情，经成本分析后，拟订议价对象、议价策略及拟购底价（并报告有关主管），以供议价之用。

2.议价。

（1）议价时除注意原材料质量、价格外，还应注意交货期有无保证，能否向供应厂商争取分期付款等。

（2）议价应采用多种形式进行。议价完成后，由采购经办人员拟订合作对象，呈请有关领导核批。

第十条　订购。

1. 采购经办人员于请购单上填写订购日及约定日，并填制采购联络函报送供应厂商，将请购单第二联送材料仓库以待收料。

2. 预付定金或采购金额较大，或有附带条件的采购项目，采购经办人员应先与供应厂商订立供销合同书。合同书正本一式两份，一份存供销部，一份存供应厂商；副本若干，分存请购部门、材料仓库、财务部及档案室。

第四章　采购进度控制

第十一条　采购经办人员对于每一采购项目，均应根据实际情况确定作业进度管制点，预定作业进度，制定采购进度控制表。

第十二条　预定作业进度应能配合请购项目缓急，且各作业进度须在预定日期前完成。

第十三条　采购经办人员未能按既定进度完成采购时，应填制采购交货延迟情况表，并注明异常原因及预定完成日期，经主管批示后转送请购部门，与请购部门共同拟定处理对策。

第五章　特殊情况处理

第十四条　请购项目撤销处理。

采购经办人员收到原请购部门送来的撤销请购单后按下列方式办理。

1. 若原请购项目尚未办理，采购经办人员在原请购单据上注明"撤销"并签字，再交由供销部将原请购单与撤销请购单第二联退原请购部门，第一联自存，按一般请购单据存档方式处理。

2. 若原请购项目已向供应厂商订购，采购经办人员与供应厂商接洽撤销订购，经供应厂商同意撤销后，向供应厂商取回采购联络函，然后依第 1 项方式办理。若供应厂商坚持不能撤销，采购经办人员应于撤销请购单上注明原因，呈总经理核签后，由供销部将撤销请购单返回原请购部门。

第十五条　紧急请购处理。

采购经办人员接到紧急请购通知后，应立即查明请购材料名称、规格、数量、请购单号及交货地点等资料，并以电话询议价格，待收到正式的请购单时，补入询议价结果，按急件方式处理。

第十六条　交货质量异常处理。

采购经办人员收到质量检验部验收不合格的材料检验报告表时，应尽快与供应厂商交涉扣款、退货、换货等事宜，并将交涉结果记录于材料检验报告表的"采购处理结果"栏内，并呈总经理核签后，送回材料库。

1. 对于退料、换料或补料，采购经办人员应于材料检验报告表的"采购处理结果"栏内注明供应厂商电话及预定的处理日期。

2.因质量不合格而退料、换料，可按逾期交货处理。逾期日数应从采购经办人员通知供应厂商退料、换料之次日起计算。

3.采购经办人员如未能按请购部门意见处理，应将与供应厂商交涉结果记入"采购处理结果"栏，送原请购部门签注意见，或会同原请购部门共同处理。

4.交期延误罚扣处理：采购经办人员收到交货延误（本地厂商延交1日、外埠厂商延交3日以内可不按延误论）或统一发票逾7天未送财务部的拟整理付款事务反馈时，应按下列方式处理。

（1）计算逾期罚扣金额（定期采购按每天5‰计扣，订有买卖合同的按合同金额比例计扣，其余按每天3‰计扣），并通知供应厂商罚扣原因与金额。

（2）在供应厂商同意扣款或补足发票时，供销部在收料单及发票上填记实付金额或发票号码，呈总经理核签后，连同原请购单第二联、收料单、材料检验报告表等资料送财务部整理付款。

（3）如供应厂商不同意按第（1）种方式扣款，采购经办人员应继续与其交涉，并将交涉结果书面呈总经理核决后按第（2）种方式处理。

第十七条 属销售惯例或配合最小包装量厂商需超交的，采购经办人员应于请购单采购记录栏内注明，以作为材料仓库收料依据。

第十八条 以暂借款采购，采购经办人员应在请购单采购记录栏内详细注明，以免会计部门重复付款。

第十九条 价格变动处理。

1.外销产品原材料价格变动时，供销部应重新审理产品报价水平，避免不当损失。

2.供销部应于奇数月5日前，核算各种材料价格变动情形，填具主要原材料价格波动月报表，呈总经理核批处理。

14.4.2　原材料采购管理规定

一、总则

为了规范公司原材料等物资的采购行为，强化物料验收及入库作业，降低公司经营成本，公司根据实际运作情况，特制定本规定。

二、采购计划

生产和使用部门根据生产需要提出原材料需求计划。需求计划于每月26日前提出，临时采购计划于3天前提出。

生产计划由各使用车间提出需求计划，报生产运行部调整、汇总后，分管生产副总签字审核，报总经理审批。临时采购计划需由使用部门、车间提出，临时采购计划必须注明用途、使用数量等，由分管副总审核，总经理审批。车间、部室将审核无误的需求计划报分管副总、总经理审批后，交采购部，由采购部负责采购。

三、采购审批

所有采购报价、采购合同、采购计划办理必须先批准后执行，禁止未经批准的采购事宜；但突发性或临时性急需物品（如工作中的机械突损部件、临时特采等）可以由财务部确认后即由采购部负责采购，但采购单上须注明"急购"字样并说明理由，采购单由总经理补批。

（一）采购执行

1. 公司必须根据采购计划清单及产品技术、要求、规格、数量、交付期等，及时合理地采购，所采购的原材料必须有合格证等有效证件证明其质量合格。

2. 负责物资采购的人员收到经批复的材料计划单后，立刻开展多方询价、比价、议价，按照货比三家的原则，将三家以上候选供应商的品种、性能指标、报价、批量、运输和付款条件等情况报采购主管选择。

3. 对大宗、贵重、批量性的采购可采取公开竞价、招标、产品订货会等方式进行。尽量提高每次采购批量，获得批量折扣，降低采购成本。

4. 采购询价获准后，采购人员即与供应商洽谈买卖合同及合同条款，买卖合同采用国家标准合同和本公司合同格式，合同文本须经采购主管批准，重要物资或特购品需经总经理批准。

5. 采购合同经双方签章生效后，采购人员按合同付款进度，向财务部提交付款申请单，及时向供应方支付款项，同时按合同交货进度，及时催促供应方按时发货。

6. 验收合格的货物及时运抵仓库，办理移交入库手续，并持有关发票和提货凭证到财务部销账。

7. 采购人员对缺货、不明供应商、供货延迟、验收不合格、货款诈骗等问题，应及时上报主管处置，寻找替代品或变更生产计划。

8. 原材料采购完成，经办人员应及时按照财务规定索要发票办理入库手续，及时到财务部办理结算及挂账手续。

（二）备品备件采购管理规定

为了加强物资管理，规范备品备件的采购管理，确保正常的备品备件的供应，控制采购成本，公司采购应遵循以下规定。

1. 严格遵守公司原材料采购管理规定。

2. 生产和使用部门根据生产需要提出备品备件需求计划：正常检修需求计划提前 3 天提出，大修计划提前 7 天提出。

3. 正常检修需求计划经生产运行部或技术部审核、分管生产副总签字审核后，报总经理审批。

4. 临时需求计划由车间和使用部室提出，生产管理部门审核，总经理审批。

5. 需求计划的提出车间或部室将审核无误的需求计划报分管供应副总审核、总经理审批后，交采购部负责采购。

6. 采购部坚持多方询价、货比三家、择优定点的采购原则进行备品备件的采购。

7. 国外备件或技术要求高的备品备件采购需技术部门会同采购。

8. 备品备件采购完成，经办人员应及时按照财务规定索要发票办理入库手续，及时到财务部办理结算及挂账手续。

14.4.3 原材料采购流程

一、各类物品采购工作流程

（一）仓库补仓的采购工作流程

仓库的各种存仓物品，均应设定合理的采购线，在存量接近或低于采购线时，即需要补充存货。仓库主任要填写一份仓库补仓采购申请单，且采购申请单内必须注明以下资料。

（1）货品名称，规格。

（2）平均每月消耗量。

（3）库存数量。

（4）最近一次订货单价。

（5）最近一次订货数量。

（6）本次订货数量建议。

仓库主任确定采购申请单后送采购部经理初审，采购部经理在采购申请单上签字确认，并注明预计到货时间。大批量长期订单经采购部经理初审同意后，按仓库采购申请单内容要求，在至少三家供应商中比较，选定相应供应商，提出采购意见，按公司采购审批程序报批，经批准后，采购部立即组织实施，在预计的时间内完成。如有特殊情况，要向主管领导汇报，并说明情况。

（二）部门新增物品的采购工作流程

部门欲添置新物品，部门负责人应撰写有关专门申请报告，经董事会审批后，连同采购申请单一并送交采购部，采购部经理初审同意后，按采购申请单内容要求，在至少三家供应商中比较，选定相应供应商，提出采购意见，按公司采购审批程序报批，经董事会批准后，采购部立即组织实施。

（三）部门更新替换旧设备或物品的采购工作流程

部门更新替换旧设备或物品，应先填写物品报损报告给财务部及董事会审批；经审批后，部门将物品报损报告和采购申请单一并送交采购部，采购部在采购申请单内必须注明以下资料。

（1）货品名称，规格。

（2）最近一次订货单价。

（3）最近一次订货数量。

（4）本次订货数量建议。

采购部在至少三家供应商中比较价格品质，并按公司采购审批程序办理有关审批手续，经董事会批准后，组织采购。

（四）鲜活食品冻品的采购工作流程

蔬菜、肉类、海鲜、水果等物料的采购申请，由各部门根据当日经营情况，预测明天用量，填写每日申购单交采购部，采购部当日下午以电话下单或第二日直接到市场选购。

（五）燃料的采购工作流程

采购部根据营业情况与工程部编制每月燃油采购申购计划，填写采购申请单，按公司采购审批程序办理，并组织实施。

（六）维修零配件和工程物料的采购工作流程

工程仓日常补仓由工程部填写采购申请单，且采购申请单内必须注明以下资料。

（1）货品名称，规格。

（2）平均每月消耗量。

（3）库存数量。

（4）最近一次订货单价。

（5）最近一次订货数量。

（6）本次订货数量建议。

大型改造工程或大型维修活动，工程部须做工程预算，并根据预算表项目填写采购申请单（工程预算表附在采购申请单下面），且采购申请单内必须注明以下资料。

（1）货品名称，规格。

（2）库存数量。

（3）最近一次订货单价。

（4）最近一次订货数量。

（5）本次订货数量建议。

以上采购申请单经董事签批同意后送采购部经理初审，采购部经理初审同意后，按采购申请单内容要求，在至少三家供应商中比较，选定相应供应商，提出采购意见，按公司采购审批程序报批，经董事会批准后，采购部立即组织实施。

二、采购工作流程中须规范事项

1.采购申请单一共四联，经部门经理核签后，经办人将四联交给资产会计，资产会计复核后送总经理。

2.采购申请单在经审批核准后，第一联仓库收货用，第二联采购部存档并组织采购，第三联财务部成本会计存档核实，第四联申请部门存档。

3.审核采购申清单：收到采购申请单后，采购部应进行以下检查以防错漏。

（1）签字核对：检查采购申请单是否有部门经理签字，核对其是否正确。

（2）数量核对：检查存仓数量及每月消耗，以确定采购申请单上的数量是否正确。

4.邀请供应商报价。

三、货比三家工作流程

公司采取三方报价的方法进行采购工作，即在订货前，必须征询三家或三家以上供应商报价，然后确定选用哪家供应商的物品，具体做法如下。

1.采购部按照采购申请单的要求组织进货，填制空白报价单，包括：①填写空白报价单中所需要的物品名称、产地、规格型号、数量、包装、质量标准及交货时间，送交供应商（至少选择三家供应商），要求供应商填写价格并签名退回；②对于交通不便或外地的供应商，可用传真或电话询价（用电话询价时，应把询价结果填在报价单上并记下报价人的姓名，职务等）；③提出选择意见和理由，连同报价单一起送交评定小组审批。

2.评定小组根据采购部提供的有关报价资料，参考采购部的意见，对供应商报来的货品价格以及质量、信誉等进行评估后，确定其中一家信誉好、品质高、价格低的供应商，报董事会审核。

四、采购活动的后续跟进工作

（一）采购订单的跟催

当订单发出后，采购部需要跟催整个过程直至收货入库。

（二）采购订单取消

（1）公司取消订单。

如因某种原因，公司需要取消已发出订单，供应商可能提出取消的赔偿，故采购部必须预先提出有可能出现的问题及可行的解决方法，以便报董事会做出决定。

（2）供应商取消订单。

如因某种原因，供应商取消了公司已发出的订单，采购部必须能找到另一供应商并立即通知需求部门。为保障公司利益，供应商必须赔偿公司人力、时间及其他经济损失。

（三）违反合同

合同上应载明详细细则，如有违反，应依合同所载处理。

（四）档案储存

所有供应商名片、报价单、合同等资料须分类归档备查，并连同采购人员自购物品价格信息录入至采购部价格信息库。

（五）采购交货延迟检讨

凡未能按时、按量采购所需物品，并影响申购部门正常经营活动的，采购部需填写采购交货延迟检讨表，说明原因及跟进情况并呈财务部及董事会批示。

（六）采购物品的维护保养

如所购买的物品是需要日后维修保养的，选择供应商便需要注意这一项。采购人员对设备等项目的购买，要向工程部咨询有关自行维护的可能性及日后保养维修方法；同时，一定要事先向工程部了解所购物品能否与公司的现有配套系统兼容，以免造成不能配套或无法安装的情况。

第 15 章　成本费用管理表格

15.1　产品标准成本表

15.1.1　产品成本分析表

产品成本分析表见表 15-1。

表 15-1　　　　　　　　　　　产品成本分析表

单位名称：　　　　　　　　　制表人员：　　　　日　期：

所属时期或截止日期：　　　　复核人员：　　　　日　期：　　　　　　　　金额单位：元

产品	项目	1月	2月	3月	4月	5月	6月	7月	8月	9月	10月	11月	12月	合计
A	期初数													
	直接材料													
	直接人工													
	制造费用													
	其他													
	本期转出													
	转出数量													
	单位成本													
	期末数													
	直接材料比重													
	直接人工比重													
	制造费用比重													
	其他比重													

15.1.2　产品标准成本预算表

产品标准成本预算表见表 15-2。

表 15-2　　　　　　　　　　**产品标准成本预算表**

单位名称：　　　　　　　　制表人员：　　　日期：

所属时期或截止日期：　　　复核人员：　　　日期：　　　　　　金额单位：元

项目	上年实际（全年平均）			第一季度			……	全年预计（全年平均）		
	单价	单耗	成本	单价	单耗	成本	……	单价	单耗	成本
一、可变生产成本										
1. 原材料										
主料 1										
……										
主料小计										
辅料 1										
……										
辅料小计										
2. 工人工资										
可变生产成本合计										
二、固定生产成本										
1. 可控部分										
设备租赁费										
低值易耗品										
包装费										
燃料费										
动力费										
维修费										
办公费										
水电费										
劳动保护费										
培训费										
保险费										
其他										
2. 不可控部分										

项目	上年实际（全年平均）			第一季度			……	全年预计（全年平均）		
	单价	单耗	成本	单价	单耗	成本	……	单价	单耗	成本
工资										
工资附加										
职工福利										
折旧										
无形资产及其他资产摊销										
其他										
固定生产成本合计										
三、单位产品标准成本										
标准成本										

15.2　标准成本资料卡

标准成本资料卡见表 15-3。

表 15-3　标准成本资料卡

	代号	数量	标准单价	一部门	二部门	三部门	四部门	合计
原料								
	合计							
人工	作业编号	标准工时	标准工资/小时					
制造费用	标准工时	标准分摊率/人工小时						
每单位制造成本合计								

411

15.3 成本费用明细表

成本费用明细表见表15-4。

表 15-4　　　　　　　　　　　　　成本费用明细表

指标名称	本年	中间投入	折旧	劳动者报酬
一、制造成本				
1.直接材料				
2.直接人工				
3.其他直接费用				
其中：支付给个人和上交给政府部分				
4.制造费用				
（1）生产单位管理人员工资				
（2）生产单位管理人员福利费				
（3）折旧费				
（4）修理费				
（5）经营租赁费				
（6）保险费				
（7）取暖费				
（8）运输费				
（9）劳动保护费				
其中：保健补贴、洗理费				
（10）工具摊销				
（11）设计制图费				
（12）研发、试验检验费				
（13）水电费				
其中：上缴的各项税费				
（14）机物料消耗				
（15）差旅费				
（16）办公费				
（17）劳务费				
（18）通信费				
（19）外部加工费				

指标名称	本年	中间投入	折旧	劳动者报酬
（20）社保费				
（21）其他制造费用（没有包括在上述指标中的支出项目）				
其中：支付给个人和上交给政府部分				
二、销售费用				
1. 运输费				
2. 装卸费				
3. 包装费				
4. 保险费				
5. 仓库保管费				
6. 委托代销手续费				
7. 广告费、展览费、宣传费				
8. 业务费				
9. 经营租赁费				
10. 销售服务费用				
11. 销售部门人员工资				
12. 销售部门人员福利费				
13. 差旅费				
14. 办公费				
15. 通信费				
16. 招待费				
17. 折旧费				
18. 修理费				
19. 物料消耗				
20. 低值易耗品摊销				
21. 社保费				
22. 其他销售费用（没有包括在上述指标中的支出项目）				
其中：支付给个人和上交给政府部分				
三、管理费用				
1. 公司经费				
其中：（1）行政管理人员工资				

续表

指标名称	本年	中间投入	折旧	劳动者报酬
（2）行政管理人员福利费				
（3）折旧费				
（4）差旅费				
（5）办公费				
（6）修理费				
（7）机物料消耗				
（8）低值易耗品摊销				
2. 工会经费				
3. 无形资产摊销				
4. 通信费				
5. 印刷费				
6. 会议费				
7. 水电费				
其中：上缴的各项税费				
8. 警卫消防费、人防基金				
9. 仓库经费				
10. 劳动保护费				
其中：保健补贴、洗理费				
11. 上交管理费				
12. 职工取暖费和防暑降温费				
13. 劳务费				
14. 社保费				
15. 住房公积金和住房补贴				
16. 董事会费				
17. 聘请中介机构费（审计费）				
18. 咨询费				
19. 诉讼费				
20. 业务招待费				
21. 税金及缴纳的各种专项费用				
22. 技术转让费				

指标名称	本年	中间投入	折旧	劳动者报酬
23. 职工教育经费				
24. 技术（研究）开发费				
其中：支付科研人员的工资及福利费				
25. 汽车费				
26. 排污费				
27. 绿化费				
28. 坏账准备				
29. 存货跌价准备				
30. 其他管理费用：（没有包括在上述指标中的支出项目）				
其中：支付给个人和上交给政府部分				
四、财务费用				
1. 利息支出				
2. 汇兑损失				
3. 金融服务和调剂外汇手续费				
4. 其他财务费用				
五、损益及分配				
1. 主营业务收入				
2. 主营业务成本				
3. 税金及附加				
4. 其他业务收入				
5. 其他业务利润				
6. 资产减值损失				
7. 公允价值变动损益				
8. 营业利润				
9. 投资收益				
10. 补贴收入				
11. 营业外收入				
12. 营业外支出				
13. 利润总额				
14. 应交所得税				

指标名称	本年	中间投入	折旧	劳动者报酬
15. 本年应交增值税				
16. 本年进项税额				
17. 本年销项税额				

15.4 材料费用分配表及材料费用分配汇总表

15.4.1 材料费用分配表

材料费用分配表见表15-5。

表 15-5 材料费用分配表

年 月

金额单位：元

应借账户	成本或费用明细项目	间接计入			直接计入	合计
		耗用材料	分配率	分配额		
基本生产成本						
	小计					
辅助生产成本						
	小计					
制造费用						
	小计					
管理费用						
合计						

15.4.2　材料费用分配汇总表

材料费用分配汇总表见表15–6。

表 15–6　　　　　　　　　　　　　　材料费用分配汇总表

年　　　月　　　日

应借账户		成本费用	直接计入计划成本	分配计入计划成本			计划成本	差异率	差异额	实际成本
				定额消耗量	分配率	分配金额				
①		②	③	④	⑤	⑥ = ④ × ⑤	⑦ = ③ + ⑥	⑧	⑨ = ⑦ × ⑧	⑩ = ⑦ + ⑨
基本生产成本										
	小计									
辅助生产成本										
	小计									
制造费用										
销售费用										
管理费用										
合计										

15.5　材料采购成本计算表

材料采购成本计算表见表15–7。

表 15–7　　　　　　　　　　　　　　材料采购成本计算表

采购时间	材料名称	供应商	单价	数量	运输费用比率	运输费用	采购总成本	单位成本	应交税费	备注

说明：运输费用比率 = 本次运费 ÷ 买价之合 = 本次运费 ÷（材料 1 单价 × 材料 1 数量 + 材料 2 单价 × 材料 2 数量 + 材料 3 单价 × 材料 3 数量 + 材料 4 单价 × 材料 4 数量）

材料 1 的运输费用 = 材料 1 的买价 × 运输费用比率 = 材料 1 单价 × 材料 1 数量 × 运输费用比率

材料 1 的采购成本 = 材料 1 单价 × 材料 1 数量 + 材料 1 的运输费用

材料 1 的单位成本 = 材料 1 的采购成本 ÷ 材料 1 数量

15.6　电费分配表

电费分配表见表15-8。

表 15-8　　　　　　　　　　　　　　电费分配表

应借账户					数量		
总账账户	明细账户	成本费用项目	定额耗用量	分配率	应分配的实际消耗量	单价	金额
基本生产成本		电费					
	小计						
辅助生产成本	动力车间	电费					
	机修车间						
	小计						
制造费用	基本生产车间						
管理费用	管理部门						
合计							
进项税额							

15.7　固定资产折旧费计算分配表

固定资产折旧费计算分配表见表15-9。

表 15-9　　　　　　　　　　固定资产折旧费计算分配表

序号	1	2	3	4	5
固定资产编号					
固定资产名称					
资产类别					
使用部门					
入账日期					
单位					
数量					
原币单价					
购进原值					

续表

序号	1	2	3	4	5
使用年限					
残值率					
预计净残值					
已使用月份					
本月折旧					
累计折旧					
净值					
月折旧额					
实际计算截止日期					
累计折旧计算值					
上月累计折旧计算值					

15.8　制造费用分配表

制造费用分配表见表 15–10。

表 15–10　　　　　　　　　　制造费用分配表

应借账户		成本或费用项目	分配标准	分配率	分配金额
总账账户	明细账户				
基本生产成本	C 产品	制造费用			
	D 产品				
合计					

15.9　产品成本计算表

15.9.1　制造成本核算表

制造成本核算表见表 15–11。

表 15-11

制造成本核算表

产品名称：　　　　　制造号码：　　　　　制造完工日期：　年　月　日

规　格：　　　　　　生产数量：　　　　　制造开工日期：

　　　　　　　　　　　　　　　　　　　缴库通知编号：

耗用原料（直接原料）／耗用材料（直接材料）

原料名称	规格	领料单号码	单位	数量	单价	金额	物料名称	规格	领料单号码	单位	数量	单价	金额
合计							合计						

直接人工／已分摊制造费用

制造单位	日期	工时数	工资率	金额	日期	工时数	分摊率	金额
合计								

缴库记录／出货记录

缴库日期	缴库单号	缴库数量	日期	厂商	发票号码	数量

成本合计

项目	金额	单位成本	备注
直接原料			
直接材料			
直接人工			
已分摊制造费用			
合计			

备注

15.9.2　产品生产成本计算表

产品生产成本计算表见表 15-12。

表 15-12　　　　　　　　　　　　　产品生产成本计算表

规格型号	直接材料			直接人工			制造费用			合计		
	标准单位成本	分摊率	单位成本	标准单位成本	分摊率	单位成本	标准单位成本	分摊率	单位成本	实际单位成本	标准单位成本	差异

15.9.3　产品成本比较表

产品成本比较表见表 15-13。

表 15-13　　　　　　　　　　　　　产品成本比较表

成本项目		产品 1		产品 2		产品 3		产品 4	
		金额	%	金额	%	金额	%	金额	%
销售金额									
原料成本									
物料成本									
人工成本									
制造费用									
制造成本									
毛利									
销售数量									
单位成本	单价								
	原料成本								
	物料成本								
	人工成本								
	制造费用								
	制造成本								
	毛利								
总附加价值									
单位附加价值									

15.9.4 产品成本控制表

产品成本控制表见表15-14。

表15-14

产品成本控制表

客户名称			产品名称					订购数量			完工数量			出口条件	
销货	售货价格			其他扣除金额				净价			标准单价			备注	
	单价	总价						单价	总价						
原料成本	项目 内容		单价		数量		金额		单位成本		备注				
			实际	标准	实际	标准	实际	标准	实际	标准					
	合计														
物料成本	项目 内容		单价		数量		金额		单位成本		备注				
			实际	标准	实际	标准	实际	标准	实际	标准					
	合计														

续表

直接工资

项目＼内容	车间 1 实际	车间 1 标准	车间 2 实际	车间 2 标准	品检 实际	品检 标准	包装 实际	包装 标准	合计 实际	合计 标准	备注
合计											

利润

项目＼内容	制造费用 实际	制造费用 标准	制造成本 实际	制造成本 标准	毛利 实际	毛利 标准	销售费用 实际	销售费用 标准	备注
本批成本利润									
单位成本利润									
合计									

汇总

项目＼内容	本批成本 实际	本批成本 标准	单位成本 实际	单位成本 标准	备注说明
净值					
原料					
工资					
制造成本					
毛利					
净利润					

15.9.5　产品生产成本记录表

产品生产成本记录表见表 15-15。

表 15-15　　　　　　　　　　　产品生产成本记录表

产品名称						生产数量				生产日期		
月份	直接材料						直接人工			制造费用		
	日期	领料单号	原物料	单价	数量	金额	日期	凭证号码	部门	金额	日期	凭证号码	金额

15.9.6　产品生产完工报告单

产品生产完工报告单见表 15-16。

表 15-16　　　　　　　　　　　产品生产完工报告单

物料耗用记录

物料	实际用量	标准用量	实际成本	标准成本
合计				

工时耗用记录

工作类别	耗用工时	标准工时	实发工资	标准工资
合计				

品质记录

修补数量	修补比率	不良原因分析		
		1	2	3

15.9.7　产品质量成本计算表

产品质量成本计算表见表 15–17。

表 15–17　　　　　　　　　　　　**产品质量成本计算表**

产品名称：　　　　　　　　　　　　编号：

质量不良说明									
不良品处置方式			□废弃　　□整修　　□降级						

说明：

品质成本计算	此阶段良品成本	材料成本	说明	单价	用量	成本	说明	单价	用量	成本
		人工成本	部门	部门成本	百分比	成本	部门	部门成本	百分比	成本
		制造费用								
		合计								
	整修成本		说明		成本		说明		成本	
	降级成本	降级品与良品价格差异								
		良品完成成本								
		降级品完成成本								
		降级损失								
	总损失计算及说明：									

15.9.8　主要产品单位成本表

主要产品单位成本表见表 15–18。

表 15–18　　　　　　　　　　　　　主要产品单位成本表

产品名称：　　　　本月实际产量：　　　　本年累计产量：　　　　　　　单位：元

成本项目	历史最低成本	上年实际	本年计划	本月实际	本年累计实际平均
直接材料					
直接人工					
制造费用					
产品生产成本					

15.9.9　完工产品成本明细表

完工产品成本明细表见表 15–19。

表 15–19　　　　　　　　　　　完工产品成本明细表

成本项目	总成本	单位成本	计划成本	成本差异
直接材料				
直接人工				
制造费用				
合计				

15.10　业务招待费申请表

业务招待费申请表见表 15–20。

表 15–20　　　　　　　　　　　业务招待费申请表

申请日期：　　年　月　日

申请部门		客户名称	
招待事由			
	预计人数		实到人数	
	预计金额		实报金额	

核　准	部门主管	申请人

备注如下。

1. 此表需逐级审批后方可执行。

2. 所有员工因工作需要发生的招待费的报销必须附此表，否则财务部不予报销。

3. 发生的招待费，开发票方可报销。

15.11　质量成本月报表

质量成本月报表见表 15-21。

表 15-21　　　　　　　　　　　　　质量成本月报表

日期：　　年　月　日　　　　　　　　　　　　　　　　　　　　　　金额单位：元

项目	预算指标		实际指标		差异情况	
	金额	占总额百分比	金额	占总额百分比	金额	占总额百分比
1. 预防成本						
（1）质量预防管理费						
（2）质量管理培训费						
（3）新产品鉴定费						
（4）质量改进措施费						
（5）质量情报资料费						
（6）工序能力研究费						
（7）其他						
小计						
2. 检验成本						
（1）材料检验、试验费						
（2）工序检测费						
（3）成品检验费						
（4）设备检验费						
（5）检测设备折旧费						
（6）检测设备维修费						

项目	预算指标		实际指标		差异情况	
	金额	占总额百分比	金额	占总额百分比	金额	占总额百分比
（7）检测用低值易耗品摊销						
（8）检验管理费						
（9）计量服务费						
（10）质量评审活动费						
（11）其他						
小计						
3.内部质量损失成本						
（1）废品损失						
（2）返修损失						
（3）停工损失						
（4）降级损失						
（5）质量过剩损失						
（6）减产损失						
（7）复检费用						
（8）事故分析处理费用						
（9）其他						
小计						
4.外部质量损失成本						
（1）退货损失						
（2）保修费用						
（3）折价损失						
（4）赔偿费用						
（5）诉讼费用						
（6）"三包"管理费用						
（7）其他						
小计						
合计						

第六篇

会计核算管理

第16章 会计核算管理流程

16.1 会计核算组织流程

由于各公司的业务性质、经营规模、业务数量和管理需要不同，公司会计循环的各基本环节的组织形式也不同。这种组织形式称为账务处理程序，也称会计核算形式或会计核算组织程序。

不同的账务处理程序规定了不同的填制会计凭证、登记会计账簿、编制会计报表的步骤和方法。就我国而言，常用的账务处理程序有记账凭证账务处理程序、科目汇总表账务处理程序、汇总记账凭证账务处理程序和日记总账账务处理程序。

一、记账凭证账务处理程序

记账凭证账务处理程序如图 16-1 所示。

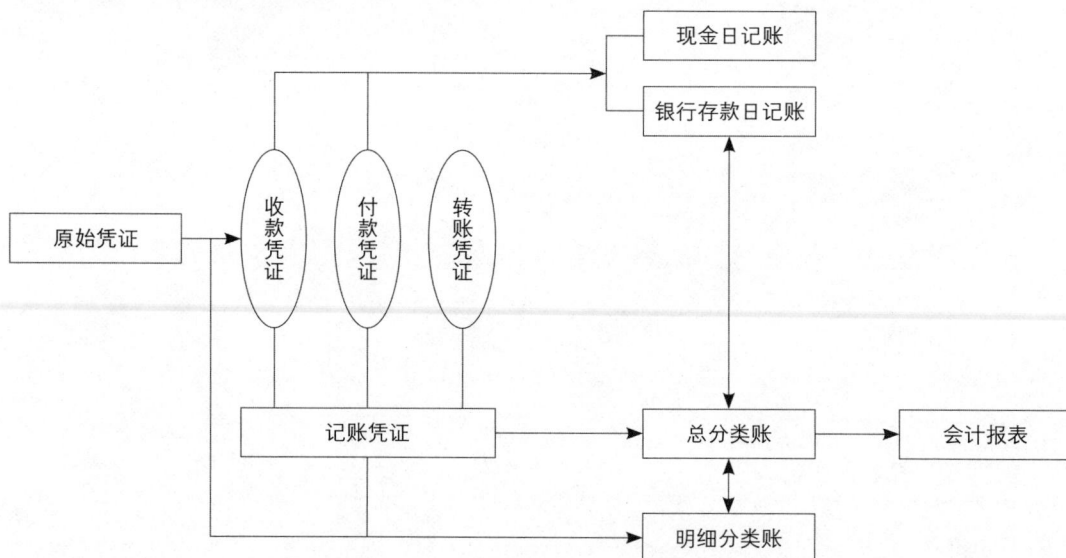

图 16-1　记账凭证账务处理程序

记账凭证账务处理程序是基本的账务处理程序，其他各种账务处理程序都是在此基础上根据经济管理的需要发展形成的。

（一）主要特点

记账凭证账务处理程序直接根据各种记账凭证逐笔登记总分类账。

（二）凭证设置

记账凭证可以采用一种通用的格式，也可以采用收款凭证、付款凭证和转账凭证三种格式。

（三）账簿设置

记账凭证账务处理程序一般应设置现金日记账、银行存款日记账、总分类账和明细分类账。日记账和总分类账一般采用三栏式，明细分类账可根据需要采用三栏式、数量金额式或多栏式等。

（四）主要优点

记账凭证账务处理程序的主要优点如下：①会计凭证和账簿格式及账务处理程序简单明了，易于理解和运用；②由于总分类账是直接根据各种记账凭证逐笔登记的，因此总分类账能比较详细和具体地反映各项经济业务，便于查账。

（五）主要缺点

因为记账凭证账务处理程序要根据记账凭证逐笔登记总分类账，故工作量较大。

（六）适用范围

记账凭证账务处理程序一般适用于规模较小、业务量较少及记账凭证数量不多的企业。另外，此账务处理程序特别适用于计算机处理，利用计算机可以弥补工作量大的缺点。同时，在手工记账时，为了减少记账凭证的数量和登记总分类账的工作量，可以将同类经济业务的原始凭证进行汇总，以此编制汇总原始凭证，再根据汇总原始凭证编制记账凭证。

（七）操作流程

第一步：根据原始凭证或原始凭证汇总表编制记账凭证。

第二步：根据与现金及银行存款收支有关的记账凭证每日逐笔序时登记现金日记账和银行存款日记账。

第三步：根据记账凭证及所附的原始凭证（或原始凭证汇总表）逐笔登记各种有关明细分类账。

第四步：根据各种记账凭证逐笔登记总分类账。

第五步：根据对账的具体要求，定期将现金日记账、银行存款日记账和各种明细分类账与总分类账相互核对。

第六步：期末，根据总分类账和明细分类账编制会计报表。

二、科目汇总表账务处理程序

科目汇总表账务处理程序如图 16-2 所示。

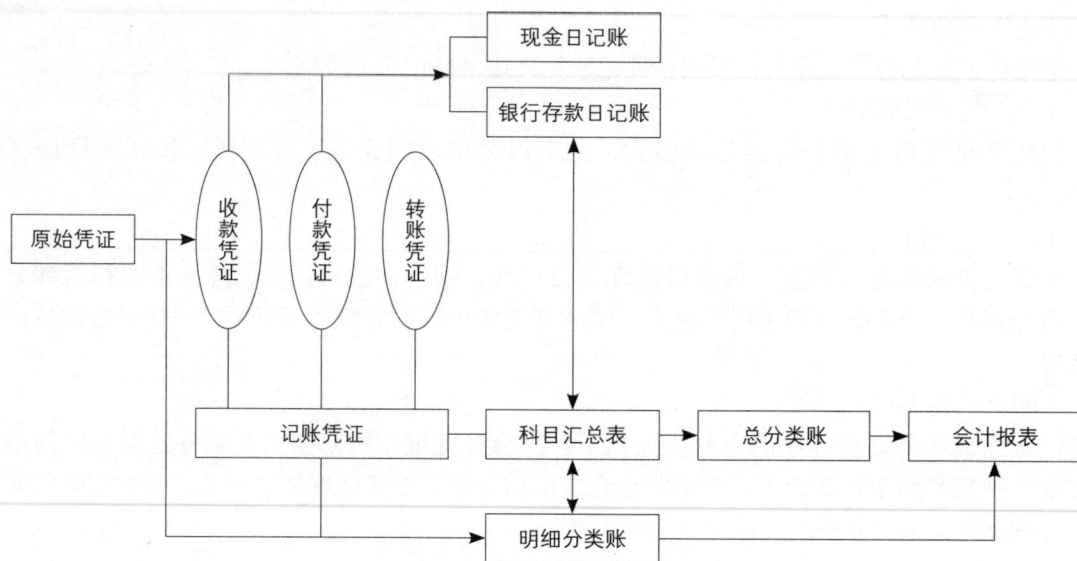

图 16-2 科目汇总表账务处理程序

科目汇总表账务处理程序又称记账凭证汇总表账务处理程序，它是在记账凭证账务处理程序的基础上形成的。

（一）主要特点

科目汇总表账务处理程序先根据记账凭证定期编制科目汇总表（记账凭证汇总表），然后再根据科目汇总表登记总分类账。

（二）凭证设置

采用科目汇总表账务处理程序时，除设置收款凭证、付款凭证和转账凭证（或通用记账凭证）外，为了定期将全部记账凭证进行汇总，还应设置科目汇总表。

（三）账簿设置

科目汇总表账务处理程序中的现金日记账、银行存款日记账及各种明细分类账和总分类账的设置与记账凭证账务处理程序相同。

（四）主要优点

科目汇总表账务处理程序的主要优点如下：①根据科目汇总表登记总分类账，大大简化了登记总分类账的工作量；②编制科目汇总表，可以将各科目本期借方、贷方发生额的合计数进行试算平衡，及时发现并纠正错误，保证记账工作的质量。

（五）主要缺点

科目汇总表账务处理程序的主要缺点如下：①在科目汇总表和总分类账中反映不出科目的对应关系，不便于分析经济业务的来龙去脉，不便于查账；②如果记账凭证较多，根据记账凭证编制科目汇总表本身也是一项很繁重的工作，若记账凭证较少，运用科目汇总表登记总分类账则起不到简化的效果。

（六）适用范围

科目汇总表账务处理程序一般适用于生产规模较大、业务较多的单位。

（七）操作流程

第一步：根据原始凭证或原始凭证汇总表填制记账凭证。

第二步：根据与现金及银行存款收支有关的记账凭证逐笔序时登记现金日记账和银行存款

日记账。

第三步：根据记账凭证及所附的原始凭证（或原始凭证汇总表）逐笔登记各有关明细分类账。

第四步：根据记账凭证定期编制科目汇总表。

第五步：根据科目汇总表分次或月终一次性登记总分类账。

第六步：根据对账的具体要求，定期将总分类账与日记账、明细分类账相互核对，并结账。

第七步：期末，根据总分类账和明细分类账编制会计报表。

三、汇总记账凭证账务处理程序

汇总记账凭证账务处理程序如图 16-3 所示。

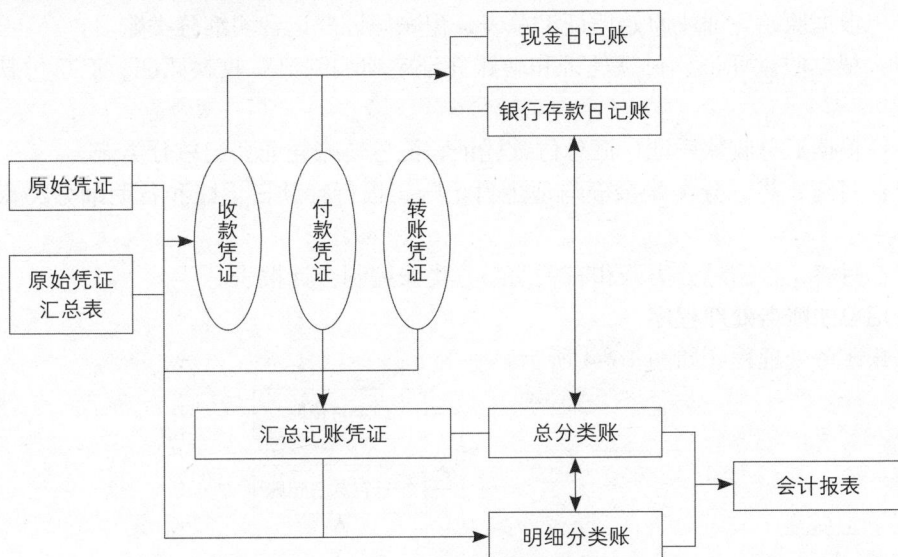

图 16-3　汇总记账凭证账务处理程序

汇总记账凭证账务处理程序是指定期将记账凭证汇总编制成汇总记账凭证，然后根据汇总记账凭证登记总分类账的一种会计核算形式。

（一）主要特点

汇总记账凭证账务处理程序根据汇总记账凭证登记总分类账。

（二）凭证设置

汇总记账凭证账务处理程序的记账凭证设两套：①分别设置收款凭证、付款凭证和转账凭证；②分别设置汇总收款凭证、汇总付款凭证和汇总转账凭证，以此作为登记汇总分类账的依据。

（三）账簿设置

汇总记账凭证账务处理程序的账簿设置与前两种账务处理程序相同。

（四）主要优点

汇总记账凭证账务处理程序的主要优点如下：①在汇总记账凭证时按会计科目之间的对应关系进行归类，便于了解经济业务的来龙去脉，克服了科目汇总表账务处理程序的缺陷；②总分类账按汇总记账凭证登记，减少了总分类账登记工作量，克服了记账凭证账务处理程序的缺陷。

（五）主要缺点

汇总记账凭证账务处理程序的主要缺点如下：①对记账凭证的分录形式要求过于死板，加大了记账凭证的处理难度和工作量；②在汇总转账凭证时不按经济业务的性质归类汇总，而是按贷方科目硬性设置，按借方科目人为汇总，在转账凭证数量较多时，既割裂了经济业务的完整性，又加大了编制转账凭证的工作量。

（六）适用范围

汇总记账凭证账务处理程序适用于规模较大、经济业务数量较多的企业。

（七）操作流程

第一步：根据原始凭证或原始凭证汇总表编制收款凭证、付款凭证和转账凭证。

第二步：根据收款凭证和付款凭证登记现金日记账和银行存款日记账。

第三步：根据原始凭证或原始凭证汇总表、记账凭证登记各明细分类账。

第四步：根据收款凭证、付款凭证和转账凭证定期编制汇总收款凭证、汇总付款凭证和汇总转账凭证。

第五步：根据汇总收款凭证、汇总付款凭证和汇总转账凭证登记总分类账。

第六步：月终，将总分类账余额与现金日记账、银行存款日记账和各明细分类账余额相互核对。

第七步：月终，根据总分类账和有关明细分类账编制会计报表。

四、日记总账账务处理程序

日记总账账务处理程序如图 16-4 所示。

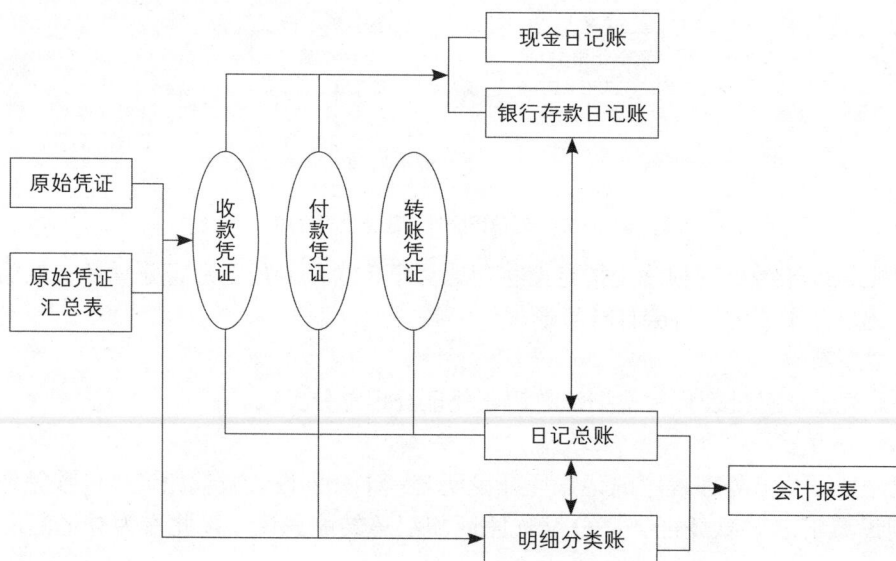

图 16-4　日记总账账务处理程序

（一）主要特点

日记总账账务处理程序设置一本既具有日记账功能又具有总分类账功能的联合账簿——日记总账，根据所有业务编制的记账凭证直接逐日逐笔登记日记总账。

（二）凭证和账簿设置

在日记总账账务处理程序下，会计凭证仍设置收款凭证、付款凭证和转账凭证，会计账簿体系除总账采用日记总账形式外，其他账簿设置均与记账凭证账务处理程序相同。

（三）主要优点

日记总账账务处理程序的主要优点如下：核算手续简单、易于操作，且由于日记总账将所有总分类账户都集中在一张账页上，并序时登记经济业务，可以直观地反映各账户之间的对应关系，便于查账。

（四）主要缺点

日记总账账务处理程序的主要缺点如下：如果企业的业务复杂，设置会计科目多，则日记总账账页篇幅过大，不便于记账，也不利于会计人员的分工。

（五）适用范围

日记总账账务处理程序一般适用于规模小、经济业务较简单、使用会计科目较少的小型企事业单位。

（六）操作流程

第一步：根据原始凭证或原始凭证汇总表编制收款凭证、付款凭证和转账凭证。

第二步：根据收款凭证、付款凭证及所附的原始凭证登记现金日记账和银行存款日记账。

第三步：根据原始凭证、原始凭证汇总表和记账凭证登记各种明细分类账。

第四步：根据收款凭证、付款凭证和转账凭证逐笔登记日记总账。

第五步：期末，按对账的具体要求，将日记总账与现金日记账、银行存款日记账和明细分类账相互核对。

第六步：根据日记总账和明细分类账编制会计报表。

五、会计报表编制程序

会计报表编制程序见图 16-5。

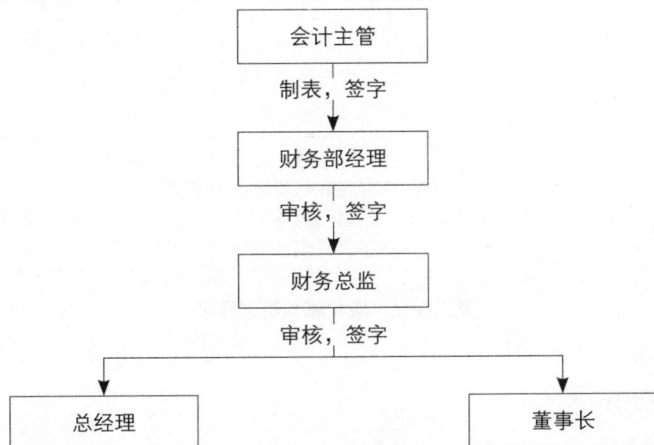

图 16-5　会计报表编制程序

六、记账错误更正程序

记账错误更正程序见图 16-6。

```
┌──────────┐
│  相关会计  │
└──────────┘
     │ 指出错误
     ▼
┌──────────┐
│  会计主管  │
└──────────┘
     │ 审核，提出要求更正
     ▼
┌──────────┐
│  相关会计  │
└──────────┘
     │ 更正
     ▼
┌──────────┐
│  会计主管  │
└──────────┘
```

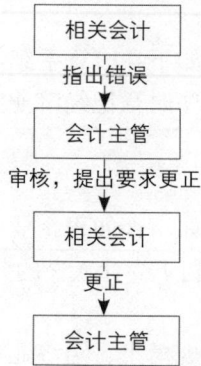

图16-6　记账错误更正程序

七、应收账款管理程序

应收账款管理程序见图 16-7。

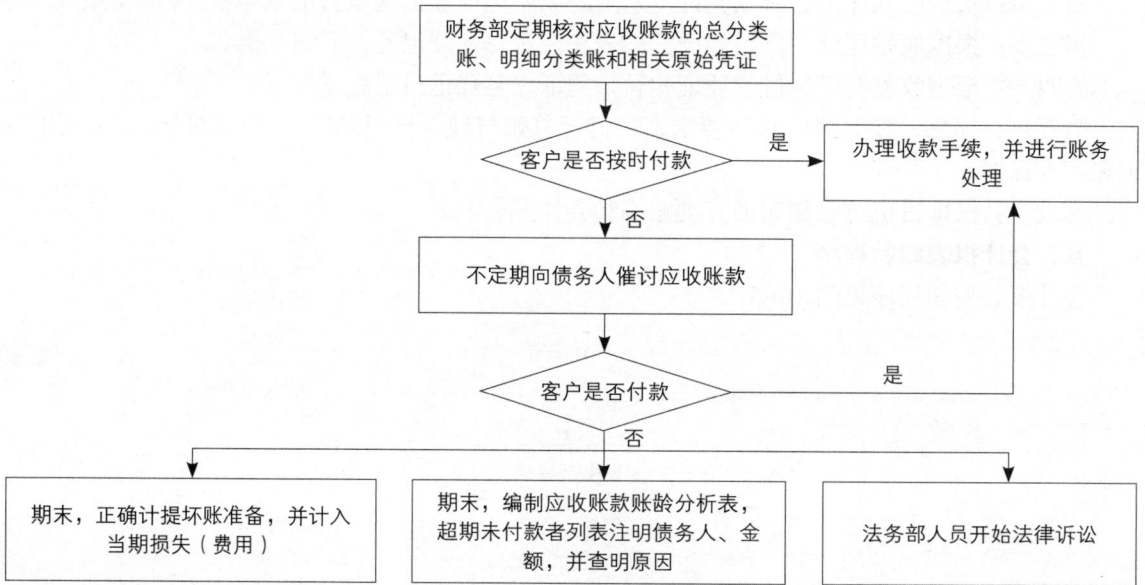

```
┌────────────────────────────┐
│ 财务部定期核对应收账款的总分类 │
│ 账、明细分类账和相关原始凭证   │
└────────────────────────────┘
              │
              ▼
        ╱────────────╲                          ┌──────────────────┐
       ╱ 客户是否按时付款 ╲──── 是 ───────────────▶│ 办理收款手续，并进行账务 │
        ╲────────────╱                          │       处理        │
              │ 否                               └──────────────────┘
              ▼                                            ▲
┌────────────────────────────┐                            │
│   不定期向债务人催讨应收账款    │                            │
└────────────────────────────┘                            │
              │                                            │
              ▼                                            │
        ╱────────────╲                                     │
       ╱  客户是否付款  ╲──────────── 是 ───────────────────┘
        ╲────────────╱
              │ 否
    ┌─────────┼─────────────────────────┐
    ▼         ▼                          ▼
┌──────────┐ ┌──────────────────────┐ ┌──────────────────┐
│期末，正确计提坏账准备，并计入│ │期末，编制应收账款账龄分析表，│ │ 法务部人员开始法律诉讼 │
│当期损失（费用）        │ │超期未付者列表注明债务人、金│ │                  │
│                    │ │额，并查明原因          │ │                  │
└──────────┘ └──────────────────────┘ └──────────────────┘
```

图16-7　应收账款管理程序

八、利润分配程序

利润分配程序见图 16-8。

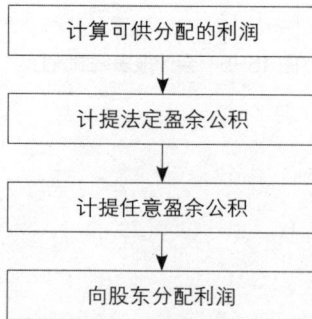

```
┌──────────────┐
│ 计算可供分配的利润 │
└──────────────┘
        │
        ▼
┌──────────────┐
│ 计提法定盈余公积 │
└──────────────┘
        │
        ▼
┌──────────────┐
│ 计提任意盈余公积 │
└──────────────┘
        │
        ▼
┌──────────────┐
│ 向股东分配利润  │
└──────────────┘
```

图16-8　利润分配程序

九、关账程序

关账程序见图 16-9。

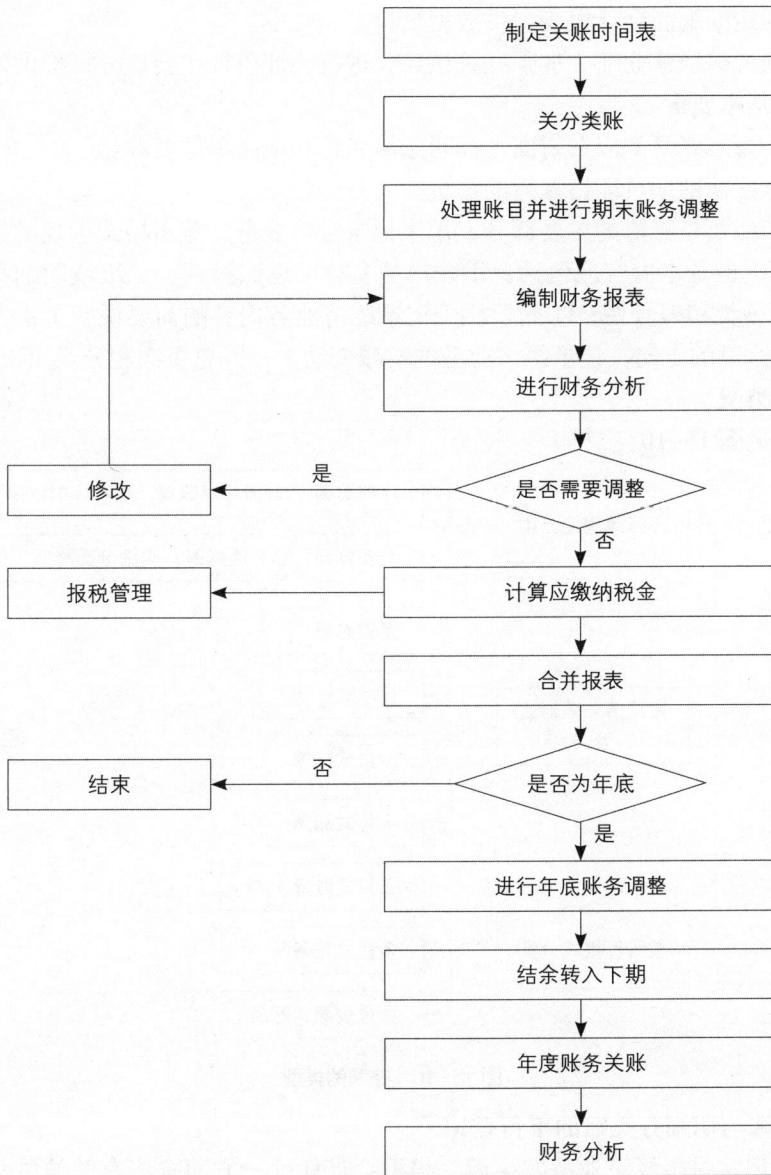

```
                        ┌─────────────────────┐
                        │   制定关账时间表      │
                        └──────────┬──────────┘
                                   ↓
                        ┌─────────────────────┐
                        │      关分类账         │
                        └──────────┬──────────┘
                                   ↓
                        ┌─────────────────────┐
                        │ 处理账目并进行期末账务调整 │
                        └──────────┬──────────┘
                                   ↓
                        ┌─────────────────────┐
              ┌────────→│    编制财务报表        │
              │         └──────────┬──────────┘
              │                    ↓
              │         ┌─────────────────────┐
              │         │    进行财务分析        │
              │         └──────────┬──────────┘
              │                    ↓
  ┌────────┐  是   ╱───────────────────╲
  │  修改   │←──────│    是否需要调整     │
  └────────┘       ╲───────────────────╱
                             │ 否
                             ↓
  ┌────────┐       ┌─────────────────────┐
  │ 报税管理 │←──────│    计算应缴纳税金      │
  └────────┘       └──────────┬──────────┘
                              ↓
                   ┌─────────────────────┐
                   │      合并报表         │
                   └──────────┬──────────┘
                              ↓
  ┌────────┐  否   ╱───────────────────╲
  │  结束   │←──────│     是否为年底      │
  └────────┘       ╲───────────────────╱
                             │ 是
                             ↓
                   ┌─────────────────────┐
                   │   进行年底账务调整     │
                   └──────────┬──────────┘
                              ↓
                   ┌─────────────────────┐
                   │    结余转入下期        │
                   └──────────┬──────────┘
                              ↓
                   ┌─────────────────────┐
                   │    年度账务关账        │
                   └──────────┬──────────┘
                              ↓
                   ┌─────────────────────┐
                   │      财务分析         │
                   └─────────────────────┘
```

图 16-9　关账程序

16.2　账簿记录组织流程

一、账簿的概念

会计账簿简称账簿，是以会计凭证为依据，全面地、连续地、系统地、科学地记录和反映会计主体某一类或全部经济业务的簿籍，它是由具有专门格式而又相互联系在一起的若干账页所组成的。

二、账簿的作用

（1）可以全面、系统地反映单位经济业务的发生和完成情况。

（2）可以为定期编制会计报表提供数据资料。

（3）可以为考核经营业绩、加强经济核算，进行会计监督和会计分析提供依据。

三、账簿的基本要素

（1）封面。每本账簿都应在封面上标明账簿名称和记账单位名称。

（2）扉页。账簿的扉页即指账簿的首页。

（3）账页。账页是账簿的主要部分，用来记录经济业务。账页格式因反映经济业务内容的不同而有所不同，但基本内容应包括：①账户的名称（总账科目、二级或明细科目）；②登账日期栏；③凭证种类和编号栏；④摘要栏（记录经济业务内容的简要说明）；⑤金额栏（通过借、贷方金额及余额的方向，记录经济业务的增减变动）；⑥总页次和分类页次。

四、账簿的类型

账簿的类型见图 16-10。

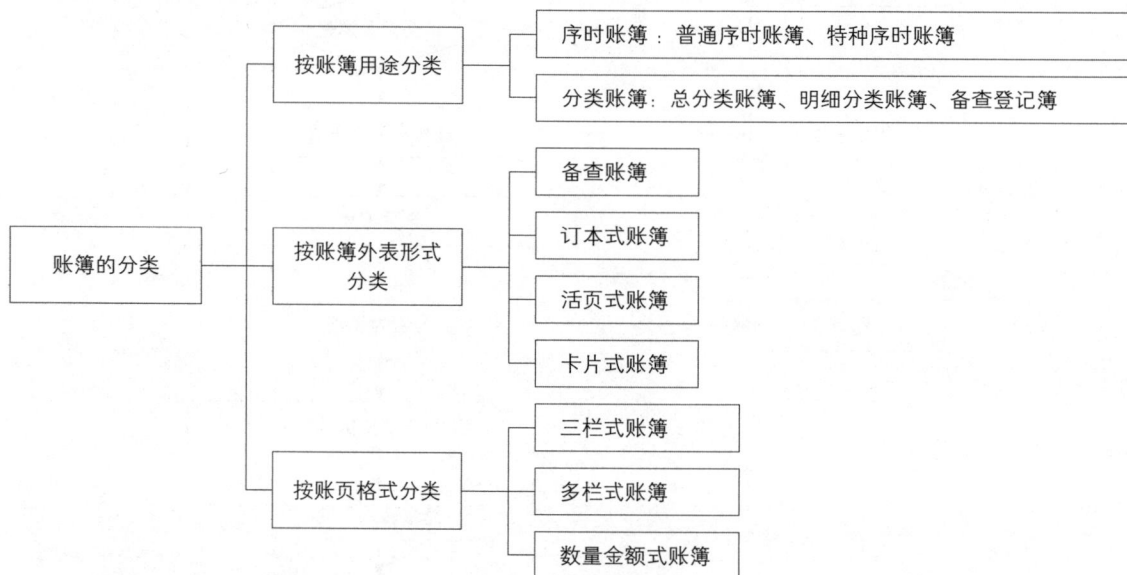

图 16-10　账簿的类型

五、总分类账与明细分类账的平行登记

账簿平行登记法是指经济业务发生后，根据会计凭证一方面登记有关的总分类账户，另一方面又要登记该总分类账户所属的各有关明细分类账户的一种登记方法。要保证账簿平行登记，必须遵守下列要求：①平行登记的金额必须相等；②平行登记的记账方向必须一致；③平行登记的依据必须相同。

六、账簿启用时的一般规则

为了保证账簿记录的合法性，明确记账责任，启用会计账簿时，应在账簿扉页填制账簿启用及交接表，内容包括企业名称、账簿名称、启用日期、账簿页数、记账人员和会计主管人员姓名，并加盖会计人员名章和单位公章。调换记账人员时，应注明交接日期和接办人员姓名，并由交接双方人员签章。

七、账簿交接手续

记账人员或者会计机构负责人、会计主管人员如果调动工作或因故离职，应当办理账簿交接手续，在交接记录栏内填写交接日期、交接人员和监交人员的姓名，并由交接双方人员签名或盖章。

八、编写页数应遵守的规则

启用订本式账簿，应从第一页到最后一页顺序编号，不得跳页、缺号。启用活页式账簿，应按顺序编号，并须定期装订成册；装订后按实际使用的账页顺序编定页数，标明目录、账户名称和页次。

九、账簿登记规则

（1）记账依据必须是审核无误的会计凭证。

（2）记账时按连续编号的账页逐页逐行填写，不得隔页跳行或在行上行下任意书写。

（3）登记账簿必须用蓝色或黑色墨水书写，不能用铅笔或圆珠笔书写，更不能红笔，红笔只能用于结账、改错、冲销账簿记录。

（4）账簿记录的文字、数字应清晰、整洁。

（5）每页的第一行注明承前页，最后一行注明过次页。

（6）账簿记录不得涂改挖补，改错应按规定的方法改。

（7）账簿中的金额除单价或另有规定，万元以下一般记至角分。

十、错账的类型

（1）凭证未错，过账错误。

（2）凭证错误：①科目错误；②金额错误。

十一、错账更正方法

（1）划线更正法，也就是将原账簿记录上的错误数字用红线划掉，再用蓝黑字填上正确数字的一种更正方法。

在结账前，如果发现账簿记录有错误，而记账凭证无错误，即过账时发生数字或文字上的笔误或数字计算有错误，应采用划线更正法。

（2）红字更正法，是指用红字冲销原有错误账户名称或数字以更正或调整原账簿记录的方法。一般适用于以下两种情况：①记账凭证中应借、应贷的账户名称或金额有错误并已登记入账（全额冲销）；②记账后发现应借、应贷账户未错，但所记金额大于应记金额（差额冲销）。

采用红字更正法的更正方法为：先用红字填制一张内容与错误凭证一样的凭证并登记入账，冲销原错误记录；然后用蓝字填制一张正确的记账凭证并登记。

十二、账簿更换的相关规定

账簿更换即更换新账簿，是指在会计年度末，将上年旧账更换为下年新账。账簿的使用，一般以一个会计年度为限。每一新的会计年度开始时，总账和日记账都要更换，大部分明细账也要更换，只有变动较小的一部分明细账，如固定资产明细账可以继续使用，不必每年更换新账。

十三、账簿保管的相关规定

企业的现金日记账、银行存款日记账保管期限为 30 年，各种明细账、总账、辅助账簿保管期限为 30 年，涉及外事和对私改造的会计账簿应永久保管。

16.3 部门日常费用核算工作流程

一、生产部门日常费用报销

生产部门日常费用报销一般核算工作流程为：审核原始凭证完整性、合法性，金额与支出证明单是否一致；审核无误，按规范粘贴和折叠原始凭证；审核审批手续是否完备；审核部门费用支出进度（如超计划额度，可拒绝报销）；编制记账凭证（借记"制造费用"相关明细科目，贷记"库存现金""银行存款""其他应收款"等科目）；涉及现金的凭证传出纳岗，不涉及现金的凭证传主管岗复核。

注意事项如下。

（1）非工资性费用支出须取得税务局监制的发票或收据，填写规范，大小写一致，无涂改痕迹，增值税须严格遵守填写规范。

（2）保证凭证及附件左上角整齐，附件长宽折叠以记账凭证大小为度，不能带有订书钉。

（3）费用审核要点有：计划内费用须经部门负责人、分管领导、财务负责人审批；计划外费用须有总经理批示的报告；市内交通费（出租车费）、通信费须经总经办登记；招聘费用须有人力资源部部长审核；差旅费须附审批后的行程安排表，招待费须附经审批的招待费用明细表。

（4）准确使用明细科目。

（5）支取现金的凭证编制完毕，若遇出纳无现金时，应暂时保存记账凭证，待出纳取回现金时通知领款。

（6）报销人有前期欠款时，报销费用一律先冲抵欠款，由管理费用岗开具还款收据。

二、水（电）费核算及原辅材料领用审核

（一）水（电）费

水（电）费核算流程一般为：收受出纳岗传来的水（电）费委托收款凭证；分出非生产用水（电）发票；将生产用水（电）发票传生产部相关岗位；编制记账凭证（借记"生产成本——辅助生产成本——水/电""应交税费——应交增值税（进项税额）""管理费用——水/电"等科目，贷记"银行存款"等科目）；传主管岗复核。

（二）原辅材料领用

原辅材料领用审核一般流程为：每月1日收受材料审核岗传来的当月原材料领料汇总表、记账凭证；对照领料单审核材料发出汇总表；对照汇总表审核记账凭证；传主管岗。

注：材料领用涉及基本生产成本、辅助生产成本、制造费用等，因此只有此凭证编制后才可以结转制造费用、辅助生产成本的。

三、制造费用及辅助生产成本的归集与分配

（一）生产质保费用

结账后第三日查询并打印当月制造费用——生产部（含分管领导）本时间段内科目余额表→向生产部统计岗取得各车间产量工时→编制生产费用（含分管领导）、质保部费用（含分管领导）分配表→编制记账凭证

借：生产成本——基本生产成本——车间生产费用

　　贷：制造费用——生产部（分管领导）

→传主管岗复核

（二）车间制造费用

车间制造费用由财务系统自动结转，并生成记账凭证，相关分录如下。

借：生产成本——基本生产——车间制造费用

　　贷：制造费用——车间——相关明细科目

（三）辅助生产成本

结账后第三日查询并打印当月辅助生产成本科目本时间段内余额表→传辅助生产车间核算员进行辅助生产分配→根据辅助生产车间核算员编制的辅助生产分配明细表编制记账凭证

借：生产成本——基本生产成本—车间辅助费用

　　管理费用——辅助费用

　　贷：生产成本——辅助生产——相关明细科目

→传主管岗复核

注意事项如下。

（1）必要时须向各车间提供制造费用明细账相关情况。

（2）审定辅助生产车间统计分摊的工时，确保摊入各车间的费用准确合理。

（3）结账后第三日结转生产质保费用，结转后不能再有该项费用发生，因此月末应将此项费用全部编制凭证。

四、生产成本核算

（一）基本生产成本的归集

检查制造费用、辅助生产成本是否结转完毕→检查工资分配、原材料领用、产成品发放凭证是否已编制→结账后第三日打印各车间生产成本汇总表及制造费用汇总表→传各车间成本核算员

（二）产品成本核算

车间成本核算员根据当月车间生产的产品品种数量、各产品耗用的工时及成本岗提供的生产成本汇总表等，将车间当月生产成本在完工产品、在产品和半成品之间，完工产品、半成品品种之间进行分配，结账后第四日编制产品成本计算表交成本核算岗。

（三）产成品入库

（1）审核产成品明细账。

定期审核仓库产成品、自制材料账→核对入库单（第④联）数量与仓库管理员登记的明细账借方数一致→取下入库单（第④联）→分车间分品种暂时保存

（2）审核成本计算表。

检查车间成本核算员编制的成本表——→核对完工产品、半成品数量和入库单（第④联）数量一致→根据成本计算表及入库单（第④联）编制记账凭证

借：库存商品——成品库/自制材料等

　　贷：生产成本——基本生产–车间–工资福利/材料费用/生产费用/质保费用/辅助费用/制造费用

→传主管岗复核

（3）编制产成品平均成本表。

将每月完工产品成本资料输入产成品平均成本表，以便动态直观反映各产品成本变动情况。

（4）登记仓库产成品（自制材料）明细账借方金额。

根据已审核成本计算表，将入库产成品（自制材料）成本金额登记在仓库产成品（自制材料）明细账借方。

（四）计算加权平均单价

本期产成品发出单价计算公式为：

$$产成品（自制材料）加权平均单价 = \frac{本期收货金额 + 期初结余金额}{本期收货数量 + 期初结余数量}$$

（五）退货入库

货物退回，销售核算岗根据销售部开具的红字销售单，按中转库上月各品种加权平均单价，及退货数量计算出退货金额，并将品种、数量、单价、金额等资料编表汇总，根据汇总表，编制记账凭证。相关分录如下。

借：库存商品——商品 × × 库

　　贷：库存商品——中转库

注：实际核算中进行该会计处理时要与正常蓝字销售单一同编制记账凭证。

（六）产成品出库

审核仓库产成品明细账登记的发出数量→抽出产成品发出凭证并编制分类汇总→计算发出金额（ = 数量 × 产成品加权平均单价）→在仓库明细账中登记发出金额→凭汇总表编制记账凭证

1. 销售单

借：库存商品——中转库

　　贷：库存商品——商品 × × 库

→传销售核算岗审核

注意事项如下。

（1）销售单须按品种分类汇总并制表，前述表单随销售单和记账凭证传销售核算岗审核，红字销售单以负数进行核算。

（2）发出库存产品须向销售部索取销售单清单，据此向购货公司开具发票，办理产成品出库手续。

2. 领出返工

借：生产成本——基本生产 – 车间 – 材料

　　贷：库存商品——成品库等

→传主管岗复核

注意事项如下。

（1）摘要栏须注明产品名称及产量。

（2）须将领出返工产品明细提供给车间成本核算员。

3. 部门领用

借：管理费用——研究费

　　　　　　——招待费

　　制造费用

　　销售费用

　　贷：库存商品

→传主管岗复核

注：领料单内容须填写完整，备注栏须载明用途，且签字手续完备。

（七）结仓库产成品明细账

仓库明细账审核登记完毕，结出各产品余额，督促仓库管理员与实物核对，并将账本余额分类汇总与财务账核对。

（八）盘点

半年组织对仓库实物盘点一次→督促仓库管理员编制盘存表→及时提供盘点结果→协助仓库管理员报告有关问题事项→根据公司处理决定编制记账凭证

（1）盘盈。

借：库存商品——医药库 / 塑料库

借：管理费用——处理财产损失（红字）

（2）盘亏。

借：管理费用——待处理财产损溢

　　贷：库存商品——成品库等

五、管理性工作

（1）每月 10 日提供成本分析资料，动态跟踪产品成本升降情况。

（2）组织车间成本核算员进行成本核算，保证及时提供准确的原始资料。

（3）参与制定成本费用控制办法和完善成本管理制度。

（4）深入车间、仓库熟悉公司各产品生产工序、原辅材料耗用等相关知识，有效挖掘成本管理的潜能。

（5）每半年组织仓库进行一次盘点。

六、工作要求

（1）熟悉公司各类财务管理制度。

（2）了解财务部各岗位工作内容，做好与各岗位的衔接工作。

（3）工作目标明确，责任心强，树立良好的部门形象。

16.4　办公用品入库与领用核算流程

一、目的

为加强公司办公用品管理，控制费用开支，规范我公司办公用品的采购与使用，本着勤俭节约和有利于工作的原则，根据公司实际情况，特制定本规定。

二、办公用品的购买

（一）原则

为了统一限量，控制办公用品规格以及节约经费开支，常备办公用品的购买，应由综合管理部统计，报采购部采购。特殊用途的办公用品及设备，由需求部门提出书面需求，交综合管理部纳入采购计划，报采购部采购。

（二）办公物品的申购

综合管理部根据办公用品库存量情况以及消耗水平，于每月 28 日前填写常备物品需求计划表，确定申购数量，报采购部采购。

（三）采购规定

具体详见公司《请购管理办法》。

（四）验货

所购买办公用品送到后，按购货清单进行验收，核对品种、规格、数量与质量，确保没有问题。

三、办公用品分类

1. 易耗品：水笔、铅笔、胶水、胶带、大头针、图钉、曲别针、橡皮筋、笔记本、复写纸、标签、便条纸、橡皮等。

2. 管理品：剪刀、美工刀、订书机、打孔机、打印机、打码机、姓名章、日期章、计算器、印泥等。

3. 实物资产：价格在 300 元以上的资产，如计算机、手机、摄像机、照相机等。

四、办公用品的管理

1. 办公用品由综合管理部门指定专人统一保管，按公司核定的费用标准向使用人发放。

2. 采购人员将所采购的物品交保管人办理登记入库手续，保管人根据物品采购价格，计入领用部门（人）费用，并在每月终填报办公用品使用情况汇总表。

五、办公用品的领用及发放

1. 办公用品领用必须认真履行手续，应填写办公用品领用登记表后领用和发放，严禁先借后领的行为。

2. 办公用品领用实行月统计年终核算，截止时间为每月最后一日和每年最后一日。综合管理部门出具报表，财务部审核。

3. 各部门及各使用人的办公用品使用标准：每人每月最多领用 1 支水笔，如发生书写不通畅情况，将旧笔退回领取新笔；如果保管不好丢失，自行负责购买。日常办公用品每月发放两次，时间为 2 ~ 6 日、20 ~ 25 日，其他时间不予发放。新进员工在入公司当天领取所需办公用品。

4. 各部门要控制和合理使用办公用品，杜绝浪费现象。记事本、水笔、胶水、涂改液、计算器等办公用品重新领用时应以旧换新。

5. 凡调出或离职人员在办理交接或离职手续时，应将所领用的办公用品（一次性消耗品除外）如数归还。有缺失的应照价赔偿，否则不予办理有关手续。

六、办公用品的保管

1. 所有入库办公用品，都必须一一填写入库清单。必须清楚地掌握办公用品库存情况，每月末进行整理清点。清点工作由综合管理部门人员负责。清点必须做到账物一致。

2. 根据清点的结果每月末统计库存量。

七、复印纸管理规定

1. 所有需复印资料之人员必须熟悉复印技术，倘若自己不懂复印技术，必须向总台文员咨询清楚。

2. 复印时原件、纸张必须放置妥当，保证复印质量，印件清晰。

3. 若复印资料数量较多时，应先选择复印 1 件，确认质量合格，再输入余数，以免浪费纸张。

4. 节约纸张，若内部使用则尽量使用再生纸张（综合管理部门可以领取再生纸）。

附件如下。

附件一：办公用品领用登记表，见表 16-1。

表 16-1　　　　　　　　　　　办公用品领用登记表

日期	领用品种	单位	数量	领用人	部门

附件二：办公用品使用情况汇总表，见表 16-2。

表 16-2　　　　　　　　　　办公用品使用情况汇总表

品名	领用人 A		领用人 B		领用人 C		领用人 D		……	
	数量	金额	数量	金额	数量	金额	数量	金额	数量	金额
合计										

汇总年月：　　　　　　　　　　　　填表日期：　　年　月　日

办公用品保管员：　　　　　　　　　填表人：

16.5　固定资产核算流程

16.5.1　固定资产购进核算流程

购进固定资产应严格执行公司的预算制度、采购制度及授权审批制度，检查是否编制预算及是否经适当层级审批，其审批流程如下。

需求部门请购→部门主管审核→上级领导审批→财务审核付款→督促报账→审核发票和固定资产调拨单→查询已付款情况→编制凭证

借：固定资产

　　贷：银行存款 / 预付账款

注意事项如下。

（1）对实际支出及预算之间差异以及未列入预算的特殊事项，应检查是否履行特殊的审批手续。

（2）根据合同及付款情况及时督促相关部门办理报账手续。

（3）购进固定资产后须凭发票、验收单办理固定资产调拨手续，具体为生产、业务用固定资产由生产部、业务部负责，非生产用固定资产由行政事务部负责。

（4）固定资产入账时，记账凭证摘要栏须注明固定资产名称、型号及使用部门。

（5）固定资产在各部门之间调拨应进行账务处理，以便加强对固定资产的管理和准确提取折旧。

（6）财务管理部门应根据固定资产使用单位设立固定资产明细卡，并做到账账、账实、账卡一致。

16.5.2　固定资产折旧核算流程

对固定资产要定期核算其折旧，核算流程主要如下：根据固定资产明细账查询上月新增或减少固定资产→对应固定资产原值及公司使用的折旧政策计算增减变动的累计折旧→编制折旧计算表→编制记账凭证

借：管理费用 / 制造费用 / 营业费用——累计折旧

　　贷：累计折旧——相关明细科目

注意事项如下。

（1）年初根据固定资产明细表计算各部门、各类资产每月应提折旧金额，每月根据固定资产增减变动情况及时调整，编制折旧计算表。

（2）固定资产折旧采取按个别资产进行计算，分部门、分类别汇总提取的方法。

（3）公司应根据固定资产的性质和使用情况，合理确定固定资产的预计使用年限和预计净残值，并根据与固定资产有关的经济利益的预期实现方式，合理选择固定资产折旧方法。固定资产折旧方法一经确定不得随意变更。公司折旧方法如果采用年限平均法，固定资产类别及折旧情况规定见表 16-3。

表 16-3　　　　　　　　　　　固定资产类别及折旧情况

固定资产类别	使用年限	年折旧率	净残值率
房屋及建筑物	20	5%	3%
通用设备	10	10%	3%
电子工业设备	5	20%	3%
仪器仪表	7	15%	3%
运输设备	6	15%	3%
办公设备	5	20%	3%

16.5.3 固定资产清理报废核算流程

年中、年末财务主管部门应组织行政事务部、其他部门相关人员进行固定资产盘点→整理固定资产明细表→出具盘点报告

针对盘点过程中出现的固定资产盘盈盘亏情况应查清原因，经相关审批程序批准后进行处理。

（一）盘盈

借：固定资产

　　贷：累计折旧

　　　　营业外收入

（二）盘亏

借：营业外支出

　　累计折旧

　　贷：固定资产

（三）清理报废

对于需要清理报废的固定资产，其主要处理流程如下：行政事务部定期组织对固定资产进行核查→督促处置已报废及长期闲置的固定资产→核实报废或长期闲置的固定资产原值、已使用年限及折旧提取情况→审核固定资产清理转出报告→编制记账凭证

（一）注销固定资产

借：固定资产清理

　　累计折旧（已提折旧）

　　贷：固定资产（原值）

（二）收到清理收入

借：库存现金 / 银行存款

　　贷：固定资产清理

（三）支出清理费用

借：固定资产清理

　　贷：库存现金 / 银行存款

（四）结转净损益

借：固定资产清理（账面余额）

　　贷：营业外收入

借：营业外支出

　　贷：固定资产清理（账面余额）

16.6 销售收入及成本核算流程

一、库存商品核算

每月月底审核成本岗传来的"送货单汇总表"的数量及成本→分出调库品种的数量及成本，登记库存商品账借方→计算库存商品账加权平均单价→凭据从业务系统倒出的 B 类销售单

汇总表，登记库存商品账贷方→结库存商品账→月末与销售会计核对库存商品账

二、发出商品的核算

每月月底审核成本岗传来的"送货单汇总表"的数量及成本→分出销售品种的数量及成本，登记发出商品账借方→同时，凭据从业务系统倒出的 A 类销售单汇总表，登记发出商品账借方→计算发出商品账加权平均单价→凭"主营业务收入明细表"登记发出商品账贷方→结发出商品账→月末与销售会计核对发出商品账

注：中转库加权平均单价=（本期收货金额+期初结余金额）÷（本期收货数量+期初结余数量）。

三、退货的核算

每月月底审核成本岗传来的退货销售单→根据销售单备注及单号，分出办事处退货数量和业务单位退货数量→根据库存商品账和发出商品账上月结存单价，算出退货成本，形成退货一览表→凭据退货一览表分品种冲转库存商品账和发出商品账→并将退货一览表交于成本岗记账

四、主营业务收入核算

（一）正常销售

根据本月销售会计销售核算岗传来的销售发票记账联，分出老账（某一日期以前发货）和新账（某一日期以后发货）→将发票分品种、分办事处进行数量、金额汇总→与销售会计销售结算岗核对→编制"主营业务收入明细表"→编制记账凭证

（1）新财务系统下：运行新业务系统自动结转生成凭证

借：应收账款——业务转财务

　　贷：主营业务收入

　　　　应交税费——增值税（销项）

（2）旧财务系统下：直接在财务系统中编制记账凭证

借：应收账款——老账——办事处

　　贷：主营业务收入

　　　　应交税费——增值税（销项）

（二）退货

发生退货时，要求客户单位退回原发票，或向公司开具销售发票。开票岗凭退回发票或客户单位开出的发票开具红字发票（当月开出的发票可做作废处理）。核算收入时若为负数做正常核算。

五、主营业务成本核算

根据"主营业务收入明细表"及中转库加权平均单价计算当月主营业务成本→编制"主营业务成本明细表"→编制记账凭证

借：主营业务成本

　　贷：库存商品——中转库→传主管岗复核

六、回款的核算

（一）开收据

根据业务员提供的交款明细客户和金额开具收款收据→将收据传给出纳岗据此收款→收回出纳收款盖章后的收据存根

（二）编制回款凭证

收受销售会计核算岗传来的分办事处回款单（现金收据、银行回单）→分出老账回款和新

账回款

（1）旧财务系统下：直接在财务系统中凭回款单分办事处编制记账凭证

借：库存现金 / 银行存款

贷：应收账款——老账 – 办事处→传主管岗复核

（2）新财务系统下：根据回款单据在业务系统中审核回款单位、银行名称、票据号、回款金额、备注填写→运行业务系统自动生成记账凭证→从业务系统中打开记账凭证→修订记账凭证→打印记账凭证。

借：库存现金 / 银行存款

贷：应收账款——业务转财务→传主管岗复核

注意事项如下。

（1）新账回款须按办事处分开，一个办事处固定用一个临时凭证号，保证财务系统一个办事处回款生成一张记账凭证。

（2）自动结转生成的回款记账凭证，经过修订后，摘要栏"应收账款"行应填写业务系统中的临时凭证号，"银行存款"行须注明单位和票据号及回款日期。

（3）修订自动结转记账凭证，应确保银行存款明细科目与回款单一致。

（4）若一张回款单同时有新旧财务系统的账目，应将旧财务系统中的账目补充到记账凭证中，并修改银行存款金额，使银行存款与回款单一致。

七、编制产品销售利润表

各品种销售数量、销售收入、销售成本根据当月"主营业务收入及成本明细表"相关数量、金额进行填列，有加工收入应纳入"其他"中；销售税金、销售费用根据当月"利润及利润分配表"的税金及附加、费用本月发生额进行填列。

八、月末总结工作

1. 按月编制各产品利润表，每季度结束后 15 日内提交销售情况分析。

2. 每月与销售会计核对中转库余额、应收账款余额。

3. 理顺业务系统与财务系统之间的核算程序，协调销售会计核算与财务销售核算关系，保证票据传递及时、明晰，销售核算准确规范。

九、工作要求

1. 熟悉公司各类财务管理制度，熟练掌握销售业务系统及财务系统操作。

2. 了解财务部各岗位工作内容，做好与各岗位的衔接工作。

3. 工作目标明确，责任心强，树立良好的部门形象。

第17章　会计核算管理表格

17.1　会计账册登记表

一、定义

会计账簿是以会计凭证为依据，对全部经济业务进行全面、系统、连续、分类的记录和核算的簿籍。会计账簿简称账簿，是由具有一定格式、相互联系的账页所组成，用来序时、分类地全面记录一个公司、单位经济业务或事项的会计簿籍。设置和登记会计账簿，是重要的会计核算基础工作，是连接会计凭证和会计报表的中间环节，做好这项工作，对于加强经济管理具有十分重要的意义。

二、作用

1. 设置和登记账簿，可以记载、储存会计信息。

将会计凭证所记录的经济业务记入有关账簿，可以全面反映会计主体在一定时期内所发生的各项资金运动，储存所需要的各项会计信息。

2. 设置和登记账簿，可以分类、汇总会计信息。

账簿由不同的相互关联的账户所构成，设置和登记账簿，一方面可以分门别类地反映各项会计信息，提供一定时期内经济活动的详细情况；另一方面可以通过计算发生额、余额，提供各方面所需要的总括会计信息，反映财务状况及经营成果。

3. 设置和登记账簿，可以检查、校正会计信息。

账簿记录是对会计凭证信息做进一步整理。

4. 设置和登记账簿，可以编表、输出会计信息。

为了反映一定日期的财务状况及一定时期的经营成果，应定期进行结账工作，进行有关账簿之间的核对，计算出本期发生额和余额，据以编制会计报表，向有关各方提供所需要的会计信息。

三、账簿与账户的关系

账户存在于账簿之中，账簿中的每一账页就是账户的存在形式和载体，没有账簿，账户就无法存在；账簿序时、分类地记载经济业务，是在个别账户中完成的。因此，账簿只是一个外在形式，账户才是它的真实内容，账簿与账户的关系是形式和内容的关系。

会计账册登记表见表17-1。

表 17-1　　　　　　　　　**会计账册登记表**

账册名称	使用年度	年度	起用日期	编号	保管人	备注

17.2　记账凭证

一、定义

记账凭证是财会部门根据原始凭证填制，记载经济业务简要内容，确定会计分录，作为记账依据的会计凭证。记账凭证亦称分录凭证，又称记账凭单，是由会计部门根据审核无误的原始凭证或原始凭证汇总表编制，按照登记账簿的要求，确定账户名称、记账方向（应借、应贷）和金额的一种记录，是登记明细分类账和总分类账的依据。

二、填制要求

1. 审核无误。在对原始凭证审核无误的基础上填制记账凭证。这是内部牵制制度的一个重要环节。

2. 内容完整。记账凭证应该包括的内容都要具备。应该注意的是：以自制的原始凭证或者原始凭证汇总表代替记账凭证使用的，也必须具备记账凭证所应有的内容；记账凭证的日期，一般为编制记账凭证当天的日期，按权责发生制原则计算收益、分配费用、结转成本利润等调整分录和结账分录的记账凭证，虽然需要到下月才能填制，但仍应填写当月月末的日期，以便在当月的账内进行登记。

3. 分类正确。根据经济业务的内容，正确区别不同类型的原始凭证，正确应用会计科目。在此基础上，记账凭证可以根据每一张原始凭证填制，或者根据若干张同类原始凭证汇总编制，也可以根据原始凭证汇总表填制；但不得将不同内容和类别的原始凭证汇总填制在一张记账凭证上。

4. 连续编号。记账凭证应当连续编号。这有利于分清会计事项处理的先后顺序，便于记账凭证与会计账簿之间的核对，确保记账凭证的完整。

凭证上的日期填制填写记账凭证当天的日期，也可以根据管理需要，填写经济业务发生的日期或月末日期。

（1）报销差旅费的记账凭证填写报销当日的日期。

（2）现金收、付款记账凭证填写办理收、付现金的日期。

（3）银行收款业务的记账凭证一般按财会部门收到银行进账单或银行回执的戳记日期填写。

（4）当实际收到的进账单日期与银行戳记日期相隔较远或次月初收到上月的银行收、付款凭证，按财会部门实际办理转账业务的日期填写。

（5）银行付款业务的记账凭证，一般以财会部门开出银行存款付出单据的日期或承付的日期填写。

（6）属于计提和分配费用等转账业务的记账凭证，应以当月最后的日期填写。

记账凭证见图17-1。

记 账 凭 证

年　月　日　　　　　　　　　　　　　制单编号：

摘　　要	总账科目	明细科目	借　　方									记账符号	贷　　方									记账符号
			千	百	十	万	千	百	十	元	角	分	千	百	十	万	千	百	十	元	角	分	
结算方式及票号：		合计金额																					

会计主管：　　　记账：　　　稽核：　　　出纳：　　　制单：　　　领款人：

图17-1　记账凭证

17.3　收款凭证

一、定义

收款凭证是用来反映货币资金增加业务而编制的凭证。

收款凭证是用来记录现金和银行存款收款业务的会计凭证，它是由出纳人员根据审核无误的原始凭证收款后填制的。在借贷记账法下，在收款凭证左上方所填列的借方科目，应是"库存现金"或"银行存款"科目。在凭证内所反映的贷方科目，应填列与"库存现金"或"银行存款"相对应的科目；金额栏填列经济业务实际发生的数额；在凭证的右侧填写所附原始凭证张数，并在相关责任人处签名或盖章。

二、填制方法

凭证左上角"借方科目"处，按照业务内容选填"银行存款"或"库存现金"科目；凭证上方的"　年、　月、　日"处，填写财会部门受理经济业务或事项制证的日期；凭证右上角的"凭证编号"处，填写"银收"或"收"字和已填制凭证的顺序编号；"摘要"栏填写能反映经济业务性质和特征的简要说明；"总账科目"和"明细科目"栏填写与银行存款或现金收入相对应的一级科目及其二级科目；"附单据"处填写所附原始凭证的张数；凭证下边分别由相关人员签字或盖章；"记账符号"栏则应在登记账簿后填"√"符号，表示已经入账，以免发生漏记或重记错误。

收款凭证的格式见图17-2。

收 款 凭 证

出纳编号

借方科目		

年 月 日

凭证编号

摘　要	贷方科目		金额	记账符号
	总账科目	明细科目	千百十万千百十元角	
	合计金额			

附单据　　张

会计主管（盖章）　　　记账（盖章）　　　制单（盖章）　　　出纳（盖章）　　　交款人（盖章）

图 17-2　收款凭证

17.4　资产负债表

资产负债表见表 17-2。

表 17-2

资产负债表

会企 01 表

编制单位：　　　　　　　　　年　月　日　　　　　　　　　单位：元

资产	期末余额	上年年末余额	负债和所有者权益（或股东权益）	期末余额	上年年末余额
流动资产：			流动负债：		
货币资金			短期借款		
交易性金融资产			交易性金融负债		
衍生金融资产			衍生金融负债		
应收票据			应付票据		
应收账款			应付账款		
应收款项融资			预收款项		
预付款项			合同负债		
其他应收款			应付职工薪酬		
存货			应交税费		
合同资产			其他应付款		
持有待售资产			持有待售负债		

资产	期末余额	上年年末余额	负债和所有者权益（或股东权益）	期末余额	上年年末余额
一年内到期的非流动资产			一年内到期的非流动负债		
其他流动资产			其他流动负债		
流动资产合计			流动负债合计		
非流动资产：			非流动负债：		
债权投资			长期借款		
其他债权投资			应付债券		
长期应收款			其中：优先股		
长期股权投资			永续债		
其他权益工具投资			租赁负债		
其他非流动金融资产			长期应付款		
投资性房地产			预计负债		
固定资产			递延收益		
在建工程			递延所得税负债		
生产性生物资产			其他非流动负债		
油气资产			非流动负债合计		
使用权资产			负债合计		
无形资产			所有者权益（或股东权益）：		
开发支出			实收资本（或股本）		
商誉			其他权益工具		
长期待摊费用			其中：优先股		
递延所得税资产			永续债		
其他非流动资产			资本公积		
非流动资产合计			减：库存股		
			其他综合收益		
			专项储备		
			盈余公积		
			未分配利润		
			所有者权益（或股东权益）合计		
资产总计			负债和所有者权益（或股东权益）总计		

一、定义

资产负债表是反映企业在某一特定日期（如月末、季末、年末）全部资产、负债和所有者权益情况的会计报表，是企业经营活动的静态体现，根据"资产 = 负债 + 所有者权益"这一平衡公式，依照一定的分类标准和一定的次序，将某一特定日期的资产、负债、所有者权益的具体项目予以适当的排列编制而成。它表明企业在某一特定日期所拥有或控制的经济资源、所承担的现有义务和所有者对净资产的要求权。它是一张揭示企业在一定时点财务状况的静态报表。

二、结构

资产负债表一般有表首、正表两部分。其中，表首概括地说明报表名称、编制单位、编制日期、报表编号、货币名称、计量单位等。正表是资产负债表的主体，列示了用以说明企业财务状况的各个项目。资产负债表正表的格式一般有两种：报告式资产负债表和账户式资产负债表。报告式资产负债表是上下结构，上半部列示资产，下半部列示负债和所有者权益。具体排列形式又有两种：一是按"资产 = 负债 + 所有者权益"的原理排列；二是按"资产 – 负债 = 所有者权益"的原理排列。账户式资产负债表是左右结构，左边列示资产，右边列示负债和所有者权益。不管采取什么格式，资产各项目的合计等于负债和所有者权益各项目的合计这一等式不变。

1. 企业的资产负债表采用账户式结构。

账户式资产负债表分左右两方，左方为资产项目，大体按资产的流动性排列，流动性强的资产如"货币资金""交易性金融资产"等排在前面，流动性弱的资产如"长期股权投资""固定资产"等排在后面。右方为负债及所有者权益项目，一般按要求清偿时间的先后顺序排列，"短期借款""应付票据""应付账款"等需要在一年以内或者长于一年的一个正常营业周期内偿还的流动负债排在前面，"长期借款"等在一年以上才需偿还的非流动负债排在中间，在企业清算之前不需要偿还的所有者权益项目排在后面。

2. 账户式资产负债表中的资产各项目的合计等于负债和所有者权益各项目的合计，即账户式资产负债表可以反映资产、负债、所有者权益之间的内在关系，即"资产 = 负债 + 所有者权益"。

资产负债表每个项目又分为"期末余额"和"上年年末余额"两栏分别填列。

三、填列要点

1. 资产负债表"期末余额"栏根据总账科目的余额填列的项目有"交易性金融资产""递延所得税资产""短期借款""交易性金融负债""应付票据""应付职工薪酬""应交税费""其他应付款""应付债券""预计负债""递延所得税负债""实收资本（或股本）""资本公积""库存股""盈余公积"等。

"货币资金"项目，应根据"库存现金""银行存款""其他货币资金"三个总账科目余额的合计数填列。

"其他流动负债"项目，应根据有关科目的期末余额分析填列。

2. 资产负债表"期末余额"栏根据明细账科目余额计算填列的项目如下。

"开发支出"项目，应根据"研发支出"科目中所属的"资本化支出"明细科目期末余额填列。

"应付账款"项目，应根据"应付账款"和"预付账款"两个科目所属的相关明细科目的期末贷方余额合计数填列。

"预收款项"项目，应根据"预收账款"和"应收账款"科目所属各明细科目的期末贷方余额合计数填列。

"一年内到期的非流动资产""一年内到期的非流动负债"项目，应根据有关非流动资产或负债项目的明细科目余额分析填列。

"未分配利润"项目，应根据"利润分配"科目中所属的"未分配利润"明细科目期末余额填列。

3.资产负债表"期末余额"栏根据总账科目和明细账科目余额分析计算填列的项目如下。

"长期借款"项目，应根据"长期借款"总账科目余额扣除"长期借款"科目所属的明细科目中将在资产负债表日起一年内到期且企业不能自主地将清偿义务展期的长期借款后的金额计算填列。

"长期待摊费用"项目，应根据"长期待摊费用"科目的期末余额减去将于一年内（含一年）摊销的数额后的金额填列。

"其他非流动资产"项目，应根据有关科目的期末余额减去将于一年内（含一年）到期偿还数后的金额填列。

4.资产负债表"期末余额"栏根据有关科目余额减去其备抵科目余额后的净额填列的项目如下。

"长期股权投资""在建工程""商誉"等项目，应根据相关科目的期末余额填列，已计提减值准备的，还应扣减相应的减值准备。

"固定资产""无形资产""投资性房地产""生产性生物资产""油气资产"项目，应根据相关科目的期末余额扣减相应的累计折旧（摊销、折耗）填列，已计提减值准备的，还应扣减相应的减值准备；采用公允价值计量的上述资产，应根据相关科目的期末余额填列；

"长期应收款"项目，应根据"长期应收款"科目的期末余额，减去相应的"未实现融资收益"科目和"坏账准备"科目所属相关明细科目期末余额后的金额填列。

"长期应付款"项目，应根据"长期应付款"科目的期末余额，减去相应的"未确认融资费用"科目期末余额后的金额填列。

5.资产负债表"期末余额"栏综合运用上述填列方法分析填列的项目如下。

"应收票据""应收利息""其他应收款"项目，应根据相关科目的期末余额，减去"坏账准备"科目中有关坏账准备期末余额后的金额填列。

"应收账款"项目，应根据"应收账款"和"预收账款"科目所属各明细科目的期末借方余额合计数，减去"坏账准备"科目中有关应收款项计提的坏账准备期末余额后的金额填列。

"预付款项"项目，应根据"预付账款"和"应付账款"科目所属各明细科目的期末借方余额合计数，减去"坏账准备"科目中有关预付款项计提的坏账准备期末余额后的金额填列。

"存货"项目，应根据"材料采购""原材料""发出商品""库存商品""周转材料""委托加工物资""生产成本""受托代销商品"等科目期末余额合计，减去"受托代销商品款""存货跌价准备"科目期末余额后的金额填列；材料采用计划成本核算，以及库存商品采用计划成本核算或售价核算的企业，还应按加或减材料成本差异、商品进销差价后的金额填列。

17.5 现金流量表

现金流量表见表 17-3。

表 17-3　　　　　　　　　　　**现金流量表**

会企 03 表

编制单位：　　　　　　　　　　年　月　　　　　　　　　　单位：元

项目	本期金额	上期金额
一、经营活动产生的现金流量：		
销售商品、提供劳务收到的现金		
收到的税费返还		
收到其他与经营活动有关的现金		
经营活动现金流入小计		
购买商品、接受劳务支付的现金		
支付给职工以及为职工支付的现金		
支付的各项税费		
支付其他与经营活动有关的现金		
经营活动现金流出小计		
经营活动产生的现金流量净额		
二、投资活动产生的现金流量：		
收回投资收到的现金		
取得投资收益收到的现金		
处置固定资产、无形资产和其他长期资产收回的现金净额		
处置子公司及其他营业单位收到的现金净额		
收到其他与投资活动有关的现金		
投资活动现金流入小计		
购建固定资产、无形资产和其他长期资产支付的现金		
投资支付的现金		
取得子公司及其他营业单位支付的现金净额		
支付其他与投资活动有关的现金		
投资活动现金流出小计		
投资活动产生的现金流量净额		
三、筹资活动产生的现金流量：		

续表

项目	本期金额	上期金额
吸收投资收到的现金		
取得借款收到的现金		
收到其他与筹资活动有关的现金		
筹资活动现金流入小计		
偿还债务支付的现金		
分配股利、利润或偿付利息支付的现金		
支付其他与筹资活动有关的现金		
筹资活动现金流出小计		
筹资活动产生的现金流量净额		
四、汇率变动对现金及现金等价物的影响		
五、现金及现金等价物净增加额		
加：期初现金及现金等价物余额		
六、期末现金及现金等价物余额		

一、定义

现金流量表是反映一定时期内（如月度、季度或年度）企业经营活动、投资活动和筹资活动对其现金及现金等价物所产生影响的财务报表。现金流量表详细描述了由企业的经营、投资与筹资活动所产生的现金流。

二、编制原则

1. 分类反映原则。为了给会计报表使用者提供有关现金流量的信息，并使其结合现金流量表和其他财务信息对企业做出正确的评价，现金流量表应当提供企业经营活动、投资活动和筹资活动对现金流量的影响，即现金流量表应当分别反映经营活动产生的现金流量、投资活动产生的现金流量和筹资活动产生的现金流量的总额以及它们相抵后的结果。

2. 总额反映与净额反映灵活运用原则。为了提供企业现金流入和流出总额的信息，现金流量表一般应按照现金流量总额反映。一定时期的现金流量通常可按现金流量总额或现金流量净额反映。现金流量总额是指分别反映现金流入和流出总额，而不以现金流入和流出相抵后的净额反映。现金流量净额是指以现金流入和流出相抵后的净额反映。现金流量以总额反映比以净额反映所提供的信息更为相关有用。因此，通常情况下，现金流量应以其总额反映。但是，下述情况可对现金流量以净额反映。一是某些金额不大的项目。例如，企业处置固定资产发生的现金收入和相关的现金支出可以相抵后以净额列示。二是不反映企业自身的交易或事项的现金流量项目。例如，证券公司代收客户的款项用于交割买卖证券的款项，期货交易所接受客户交割实物的款项等；又如，银行吸收开户单位活期存款的承兑和偿付。这些项目不属于企业自身业务的现金流量项目，可以以净额反映。

3. 合理划分经营活动、投资活动和筹资活动。经营活动、投资活动和筹资活动应当按照其概念进行划分，但有些交易或事项则不易划分，如利息收入和股利收入、利息支出和股利支出是作为经营活动，还是作为投资或筹资活动有不同的看法。在我国，依据人们的习惯理解，把利息收入和股利收入划为投资活动，把利息支出和股利支出划为筹资活动。某些现金收支可能具有多类现金流量的特征，所属类别需要根据特定情况加以确定。例如，实际缴纳的所得税，由于很难区分缴纳的是经营活动产生的所得税，还是投资或筹资活动产生的所得税，通常将其作为经营活动的现金流量。对于某些特殊项目，如自然灾害损失和保险索赔，若能分清属于固定资产损失的保险索赔，通常作为投资活动；流动资产损失的保险索赔，通常作为经营活动；若不能分清是属于固定资产还是流动资产的保险索赔，通常归为经营活动的现金流量。因此，企业应当合理划分经营活动、投资活动和筹资活动，对于某些现金收支项目或特殊项目，应当根据特定情况和性质进行划分，分别归并到经营活动、投资活动和筹资活动类别中，并一贯性地遵循这一划分标准。

4. 外币现金流量应当折算为人民币反映。在我国，企业外币现金流量以及境外子公司的现金流量，以现金流量发生日的汇率或加权平均汇率折算。汇率变动对现金的影响作为调节项目，在现金流量表中单独列示。

5. 重要性原则。本来，不涉及现金的投资和筹资活动不应反映在现金流量表内，因为这些投资和筹资活动不影响现金流量，现金流量表中不反映不涉及现金的投资和筹资活动是与编制现金流量表的目的相一致的。但是，如果不涉及现金的投资和筹资活动数额很大，若不反映将会导致一个理性的报表使用者产生误解并做出不正确的决策，这时，就需要在现金流量表中以某种形式恰当地予以揭示。在《企业会计制度》中，对于不涉及现金的重要的投资和筹资活动是在现金流量表"补充资料"（或附注）中反映的。

三、编制方法

（一）工作底稿法

采用工作底稿法编制现金流量表，就是以工作底稿为手段，以利润表和资产负债表数据为基础，对每一项目进行分析并编制调整分录，从而编制出现金流量表。

在直接法下，整个工作底稿纵向分成三段：第一段是资产负债表项目，其中又分为借方项目和贷方项目两部分；第二段是利润表项目；第三段是现金流量表项目。工作底稿横向分为五栏。在资产负债表部分：第一栏是项目栏，填列资产负债表各项目名称；第二栏是期初数，用来填列资产负债表项目的期初数；第三栏是调整分录的借方；第四栏是调整分录的贷方；第五栏是期末数，用来填列资产负债表各项目的期末数。在利润表和现金流量表部分：第一栏是项目栏，用来填列利润表和现金流量表项目名称；第二栏空置不填；第三栏、第四栏分别是调整分录的借方和贷方；第五栏是本期数，利润表部分这一栏数字应和本期利润表数字核对相符，现金流量表部分这一栏的数字可直接用来编制正式的现金流量表。

采用工作底稿法编制现金流量表的程序如下。

第一步，将资产负债表的期初数和期末数过入工作底稿的期初数栏和期末数栏。

第二步，对当期业务进行分析并编制调整分录。调整分录大体有这样几类：第一类涉及利润表中的收入、成本和费用项目以及资产负债表中的资产、负债及所有者权益项目，通过调整，将权责发生制下的收入费用转换为现金基础；第二类是涉及资产负债表和现金流量表中的投资、筹资项目，反映投资和筹资活动的现金流量；第三类是涉及利润表和现金流量表中的投资和筹资项目，目的是将利润表中有关投资和筹资方面的收入和费用列入现金流量表投资、筹资现金流量中去。此外，还有一些调整分录并不涉及现金收支，只是为了核对资产负债表项目的期末期初变动。

在调整分录中，有关现金和现金等价物的事项，并不直接借记或贷记现金，而是分别记入"经营活动产生的现金流量""投资活动产生的现金流量""筹资活动产生的现金流量"有关项目，借记表明现金流入，贷记表明现金流出。

第三步，将调整分录过入工作底稿中的相应部分。

第四步，核对调整分录，借贷合计应当相等，资产负债表项目期初数加减调整分录中的借贷金额以后，应当等于期末数。

第五步，根据工作底稿中的现金流量表项目部分编制正式的现金流量表。

（二）T形账户法

采用T形账户法，就是以T形账户为手段，以利润表和资产负债表数据为基础，对每一项目进行分析并编制出调整分录，从而编制出现金流量表。

采用T形账户法编制现金流量表的程序如下。

第一步，为所有的非现金项目（包括资产负债表项目和利润表项目）分别开设T形账户，并将各自的期末期初变动数过入各该账户。

第二步，开设一个大的"现金及现金等价物"T形账户，每边分为经营活动、投资活动和筹资活动三个部分，左边记现金流入，右边记现金流出。与其他账户一样，过入期末期初变动数。

第三步，以利润表项目为基础，结合资产负债表分析每一个非现金项目的增减变动，并据此编制调整分录。

第四步，将调整分录过入各T形账户，并进行核对，各账户借贷相抵后的余额与原先过入的期末期初变动数应当一致。

第五步，根据大的"现金及现金等价物"T形账户编制正式的现金流量表。

四、主要项目填列

下面介绍现金流量表中两项主要项目的填列。

（一）"销售商品、提供劳务收到的现金"项目

基本填列公式为：本项目金额＝营业收入＋销项税额＋（应收账款期初余额－应收账款期末余额）＋（应收票据期初余额－应收票据期末余额）＋（预收账款期末余额－预收账款期初余额）－坏账准备的调整金额－票据转让的调整金额－其他特殊项目的调整金额。

1. 营业收入。

根据新企业会计准则，营业收入为利润表第一项，但有的营业收入不会形成现金流量。用库存商品发放职工薪酬、用库存商品对外投资、用库存商品进行债务重组及非货币性资产交换等，新企业会计准则确认为主营业务收入。用材料对外投资、用材料进行债务重组和非货币性资产交换等，新企业会计准则确认为其他业务收入。这些项目都应从营业收入项目中扣除。

2. 销项税额。

本项目根据贷方发生额减去借方发生额的差额填列。在新企业会计准则下，工程领用本厂商品，用本厂商品发放职工薪酬、用本厂商品和材料对外投资、非货币性资产交换、债务重组等产生的销项税额，既不会产生现金流量，也不会形成应收账款，应从销项税额中扣除。

3. 应收账款期初余额减去期末余额与应收票据期初余额减去期末余额。

这两个项目根据资产负债表应收账款项目和应收票据项目填列。在新企业会计准则下需要根据有关情况进行调整。期末余额应加上由于债务重组减少的金额和应收账款转让换取非货币性资产减少的金额，也应加上由于应收账款让售（带追索权的）产生的利息费用和损失。

4. 预收账款期末余额减去期初余额。

本项目根据资产负债表项目的期末余额和期初余额填列。在新企业会计准则情况下，无法支付的预收账款批准转销后变成营业外收入，不会形成营业收入，因而应追回，那才是正确的现金流量。

5. 坏账准备的调整金额。

本项目根据坏账准备明细账贷方当期计提的金额填列。在新企业会计准则情况下，由于所有的应收款项都可以计提坏账准备，应收利息、应收股利、预付账款的坏账准备应剔除，只包括应收账款和应收票据计提的坏账准备。

6. 票据转让的调整金额。

在现实中流通转让的商业汇票主要是不带息的银行承兑汇票，而且主要不是贴现给银行而是转让给其他企业的，因而一般不存在贴现利息，但贴现用于支付应付账款和购货的票据应在本项减去。

7. 其他特殊项目的调整金额。

发出商品、售后回购、售后回租、分期收款销售、对外捐赠等特殊业务影响销售额和销项税的情况也比较特殊，应针对具体情况进行调整。

（二）"购买商品、接受劳务支付的现金"项目

基本填列公式为：本项目金额 = 营业成本 + 进项税额 + （应付账款期初余额 - 应付账款期末余额）+ （应付票据期初余额 - 应付票据期末余额）+ （预付账款期末余额 - 预付账款期初余额）+ （存货期末余额 - 存货期初余额）- 职工薪酬调整项目 + 坏账准备调整项目 - 其他特殊事项调整项目。

1. 营业成本。

本项目根据利润表项目填列，为主营业务成本和其他业务成本之和。在新企业会计准则情况下，用本厂产品对外投资、工程领用本厂产品、用本厂材料对外投资、债务重组、非货币性资产交换产生的主营业务成本、其他业务成本等应予以剔除，分别计入投资活动产生的现金流出量。

2. 进项税额。

本项目根据应交增值税明细账借方分析填列。借方的出口退税、进项税额转出应予以减除；债务重组、非货币性资产交换产生的进项税额不应包括在内。

3. 应付账款期初余额减应付账款期末余额与应付票据期初余额减应付票据期末余额。

这两个项目根据资产负债表期初期末余额填列。当期确实无法支付批准转入营业外收入的应付账款、应付票据应加回；通过债务重组方式冲减应付账款、应付票据由于没有减少现金流量，也应加回。

4. 预付账款期末余额减去预付账款期初余额。

本项目根据资产负债表期初期末余额填列。若预付账款中含有预付的工程款，应予以剔除。

5. 存货期末余额减去存货期初余额。

本项目根据资产负债表中期末期初余额填列。由于存货业务的复杂性，在填列现金流量表时需要调整的项目相对比较多，调整时应注意以下项目。

（1）当期计提的存货跌价准备应予以加回。

（2）代理业务资产和代理业务负债应相互抵销后填列。

（3）当期盘亏、毁损、发生非正常损失的存货应予以加回。

（4）通过债务重组、非货币性资产交换得到的存货，由于没有引起现金流出，在计算现金流出量时应予以减除。

（5）当期盘盈、工程物资转入等增加的存货计算时也应予以剔除。

6. 职工薪酬调整项目。

期末生产成本、自制半成品、库存商品明细账中的职工薪酬，尽管已经支付现金，由于需要在现金流量表中单列，因此应从存货项目中扣除。本项目可以根据已售商品成本和未售商品成本的比例分配薪酬。

7. 坏账准备调整项目。

在新企业会计准则下，由于预付账款也计提坏账准备，故应予以加回。

8. 其他特殊事项调整项目，如工程领用的存货等。存货用于在建工程，应当调入"购建固定资产、无形资产和其他长期资产支付的现金"中列报。

17.6　利润表

利润表见表17-4。

表 17-4　　　　　　　　　　　　**利润表**

会企 02 表

编制单位：　　　　　　　　　　　　年　月　　　　　　　　　　　　单位：元

项目	本期金额	上期金额
一、营业收入		
减：营业成本		
税金及附加		
销售费用		
管理费用		
研发费用		
财务费用		
其中：利息费用		
利息收入		
加：其他收益		
投资收益（损失以"–"号填列）		
其中：对联营企业和合营企业的投资收益		
以摊余成本计量的金融资产终止确认收益（损失以"–"号填列）		
净敞口套期收益（损失以"–"号填列）		
公允价值变动收益（损失以"–"号填列）		

项目	本期金额	上期金额
信用减值损失（损失以"–"号填列）		
资产减值损失（损失以"–"号填列）		
资产处置收益（损失以"–"号填列）		
二、营业利润（亏损以"–"号填列）		
加：营业外收入		
减：营业外支出		
三、利润总额（亏损总额以"–"号填列）		
减：所得税费用		
四、净利润（净亏损以"–"号填列）		
（一）持续经营净利润（净亏损以"–"号填列）		
（二）终止经营净利润（净亏损以"–"号填列）		
五、其他综合收益的税后净额		
（一）不能重分类进损益的其他综合收益		
1.重新计量设定受益计划变动额		
2.权益法下不能转损益的其他综合收益		
3.其他权益工具投资公允价值变动		
4.企业自身信用风险公允价值变动		
……		
（二）将重分类进损益的其他综合收益		
1.权益法下可转损益的其他综合收益		
2.其他债权投资公允价值变动		
3.金融资产重分类计入其他综合收益的金额		
4.其他债权投资信用减值准备		
5.现金流量套期储备		
6.外币财务报表折算差额		
……		
六、综合收益总额		
七、每股收益：		
（一）基本每股收益		
（二）稀释每股收益		

一、定义

利润表是反映企业在一定会计期间的经营成果的财务报表。当前国际上常用的利润表格式有单步式和多步式两种。由于利润表反映的是企业某一期间的情况，所以又被称为动态报表。有时利润表也称为损益表、收益表。

二、结构

利润表一般有表首、正表两部分。其中表首说明报表名称、编制单位、编制日期、报表编号、货币名称、计量单位等；正表是利润表的主体，反映形成经营成果的各个项目和计算过程，所以利润表又称为损益计算书。

利润表正表的格式一般有两种：单步式利润表和多步式利润表。单步式利润表是将当期所有的收入列在一起然后将所有的费用列在一起，两者相减得出当期净损益。多步式利润表通过对当期的收入、费用、支出项目按性质加以归类，按利润形成的主要环节列示一些中间性利润指标，如营业利润、利润总额、净利润，分步计算当期净损益。

我国《企业会计制度》规定，企业的利润表采用多步式，每个项目通常又分为"本期金额"和"上期金额"两栏分别用列。"本期金额"栏反映各项目的本期实际发生数；"上期金额"栏应根据上年同期利润表"本期金额"栏内所列数字填列。如果上年同期利润表规定的项目名称和内容与本期不一致，应对上年同期利润表各项目的名称和金额按照本期的规定进行调整，填入"上期金额"栏。

利润表主要反映以下几方面的内容。①营业收入，由主营业务收入和其他业务收入组成。②营业利润，营业收入减去营业成本(主营业务成本和其他业务成本)、税金及附加、销售费用、管理费用、研发费用、财务费用、信用减值损失、资产减值损失，加上其他收益、投资收益、净敞口套期收益、公允价值变动收益、资产处置收益，即为营业利润。③利润总额，营业利润加上营业外收入，减去营业外支出，即为利润总额。④净利润，利润总额减去所得税费用，即为净利润，按照经营可持续性，具体分为"持续经营净利润"和"终止经营净利润"两项。⑤其他综合收益，具体分为"不能重分类进损益的其他综合收益"和"将重分类进损益的其他综合收益"两类，并以扣除所得税影响后的净额列报。⑥综合收益总额，净利润加上其他综合收益税后净额，即为综合收益总额。⑦每股收益，普通股或潜在普通股已公开交易的企业，以及正处于公开发行普通股或潜在普通股过程中的企业，还应当在利润表中列示每股收益信息，包括基本每股收益和稀释每股收益两项指标。

三、编制方法

计算利润时，企业应以收入为起点，计算出当期的利润总额和净利润额。利润总额和净利润额的形成的计算步骤如下。

（1）以营业收入减去营业成本、税金及附加、销售费用、管理费用、研发费用、财务费用、信用减值损失、资产减值损失，加上其他收益、投资收益、净敞口套期收益、公允价值变动收益、资产处置收益，计算营业利润，目的是考核企业生产经营活动的获利能力。

营业利润＝营业收入－营业成本－税金及附加－销售费用－管理费用－研发费用－财务费用－信用减值损失－资产减值损失＋其他收益＋投资收益＋净敞口套期收益＋公允价值变动收益＋资产处置收益

其中：营业收入＝主营业务收入＋其他业务收入

营业成本＝主营业务成本＋其他业务成本

（2）在营业利润的基础上，加上营业外收入，减去营业外支出，计算出当期利润总额，目的是考核企业的综合获利能力。

$$利润总额 = 营业利润 + 营业外收入 - 营业外支出$$

（3）在利润总额的基础上，减去所得税，计算出当期净利润额，目的是考核企业最终获利能力。

$$净利润 = 利润总额 - 所得税费用$$

多步式利润表的优点在于，便于对企业利润形成的渠道进行分析，了解盈利的主要因素，或亏损的主要原因，使管理更具有针对性；同时也有利于不同企业之间进行比较；还可以预测企业未来的盈利能力。

17.7　应收账款账龄分析表

账龄分析是指企业对应收账款、其他应收款等按账龄长短进行分类，并分析其可收回性，进一步根据账龄长短确定应计提的坏账准备。

应收账款的账龄，就是指应收账款自发生之日起到统计日止的时间（截至统计日还没有偿付的应收账款）。

按照《企业会计制度》的规定，企业应当在期末分析各项应收款项的可收回性，并预计可能发生的坏账损失，计提坏账准备。在采取账龄分析法计提坏账准备的情况下，还要注意期初和期末应收款项账龄段的划分，以及各个账龄段应收款项的坏账准备和账面余额之间的对应比例关系。

应收账款账龄分析表所提供的信息，可使管理当局了解收款、欠款情况，判断欠款的可收回程度和可能发生的损失。利用该表，管理当局还可酌情做出采取放宽或紧缩商业信用政策，并可将该表作为衡量负责收款部门和资信部门工作效率的依据。

应收账款账龄分析表见表 17-5。

表 17-5　　　　　　　　　应收账款账龄分析表

序号	客户名称	日期	应收账款	未逾期	已逾期								合计	信用期	备注
					1个月	2个月	3个月	3个月以上~半年	半年以上~1年	1年以上~2年	2年以上~3年	3年以上			
合计															
比重															

17.8 应付账款账龄分析表

应付账款的编制原理同应收账款。

应付账款账龄分析表见表17-6。

表 17-6   应付账款账龄分析表

序号	供应商名称	日期	应付账款	未逾期	已逾期								合计	信用期	备注
					1个月	2个月	3个月	3个月以上~半年	半年以上~1年	1年以上~2年	2年以上~3年	3年以上			
合计															
比重															

17.9 收入结构明细表

收入结构明细表见表17-7。

表 17-7   收入结构明细表

项目	本月数（元）	本年累计数（元）	本年累计占总收入比率（%）
一、主营业务收入			
二、其他业务收入			
三、投资收益			
四、营业外收入			
五、以前年度损益调整			
合计			

17.10 投资收益明细表

投资收益明细表见表17-8。

表 17-8　　　　　　　　　　　**投资收益明细表**

编制单位：　　　　　　　　　　　　年　月　日　　　　　　　　　单位：　元（年表）

项目	行	上年实际	本年实际
一、投资收入	1		
1.债券投资收入	2		
2.股票投资收入	3		
3.其他投资收入	4		
投资收入合计	5		
二、投资损失	6		
1.债券投资损失	7		
2.股票投资损失	8		
3.其他投资损失	9		
投资损失合计	10		
投资净收入（净损失以"-"号表示）	11		

17.11　费用结构明细表

费用结构明细表见表 17-9。

表 17-9　　　　　　　　　　　**费用结构明细表**

单位：元

项目	1	2	3	……	n	合计
内部研究开发投入额						
其中：人员人工						
直接投入						
折旧费用与长期费用摊销						
设计费						
设备调试费						
无形资产摊销						
其他费用						
委托外部研究开发投入额						
其中：境内的外部研发投入额						
研究开发投入额小计						

第七篇

账款管理

第18章　账款管理制度

18.1　客户信用管理制度

第一章　总则

第一条　为充分了解和掌握客户的信贷、资信状况，规范公司客户信用管理工作，避免销售活动中因客户信用问题给公司带来损失，特制定本制度。

第二条　本制度适用于对公司所有客户的信用管理。

第三条　财务部负责拟定公司信用政策及信用等级标准，销售部需提供建议及公司客户的有关资料，作为政策制定的参考。

第四条　公司信用政策及信用等级标准经有关领导审批通过后执行，财务部监督各单位信用政策的执行情况。

第二章　客户信用政策及等级

第五条　根据对客户的信用调查结果及业务往来过程中客户的表现，可将客户的表现分为以下七类。

1. A类每月销售约为2 500吨。国营超大型公司，规模大、信誉高、资金雄厚，信用额度约为6 000万元。

2. B类每月销售约为1 500吨。国营大型公司，规模大、信誉好，信用额度约为3 000万元。

3. C类每月销售约为900吨。民营大型公司，规模大、信誉较好，信用额度约为2 000万元。

4. D类每月销售约为900吨。民营大型公司，规模大、信誉较好，信用额度约为1 500万元。

5. E类每月销售约为600吨。国营中大型公司，规模大、信誉较好，信用额度约为1 000万元。

6. F类每月销售约为600吨。民营中型公司，规模大、信誉较好，信用额度约为500万元。

7.G 类新增加客户，由公司风险评估小组进行评估后再定。

第六条　同一客户的信用额度也不是一成不变的，应随着实际情况的变化而有所改变。业务员所负责的客户超过规定的信用额度时，须向销售经理乃至总裁汇报。

第七条　财务部负责对客户信用等级的定期核查，并根据核查结果提出对客户销售政策的调整建议，经销售经理、营销总监审批后，由业务员按照新政策执行。

第八条　销售部应根据公司的发展情况及产品销售、市场情况等，及时提出对客户信用政策及信用等级进行调整的建议，财务部应及时修订此制度，并报有关领导审批后下发执行。

第三章　客户信用调查管理

第九条　客户信用调查渠道。

销售部根据业务需要，提出对客户进行信用调查。财务部可选择以下途径对客户进行信用调查。

1. 通过金融机构（银行）调查。

2. 通过客户或行业组织调查。

3. 内部调查。询问同事或委托同事了解客户的信用状况，或从本公司派生机构、新闻报道中获取客户有关信用情况。

4. 业务员实地调查。即销售部业务员在与客户的接洽过程中负责调查、收集客户信息，将相关信息提供给财务部，财务部分析、评估客户公司的信用状况。业务员调查、收集的客户信息应至少包括以下内容，如表 18-1 所示。

表 18-1　　　　　　　　**业务员对客户进行信用调查应收集的客户信息**

客户信息项目	主要内容
基础资料	客户的名称、地址、电话、股东构成、经营管理者、法人代表及其公司组织形式、开业时间等
客户特征	公司规模、经营政策和观念、经营方向和特点、销售能力、服务区域、发展潜力等
业务状况	客户销售业绩、经营管理者和业务人员素质、与其他竞争者的关系、与本公司的业务关系及合作态度
交易现状	客户的公司形象、声誉、信用状况、销售活动现状及优劣势、交易条件、出现的信用问题及对策等
财务状况	资产、负债和所有者权益的状况，现金流量的变动情况等

第十条　信用调查结果的处理。

1. 调查完成后应编写客户信用调查报告。

（1）客户信用调查完毕，财务部有关人员应编制客户信用调查报告，及时报告给授信额度管理小组。业务员平时还要进行口头的日常报告和紧急报告。

（2）定期报告的时间要求依不同类型的客户而有所区别。

A 类客户每半年一次。

B 类客户每三个月一次。

C 类、D 类客户要求每月一次。

（3）调查报告应按公司统一规定的格式和要求编写，切忌主观臆断，不能过多地罗列数字，要以资料和事实说话，调查项目应保证明确全面。

2. 信用状况变化的处理。

（1）业务员如果发现自己所负责的客户信用状况发生变化，应直接向上级主管报告，按"紧急报告"处理。采取对策必须有上级主管的明确指示，不得擅自处理。

（2）对于信用状况恶化的客户，原则上可采取如下对策：要求客户提供担保人和连带担保人，增加信用保证金，减少供货量或实行发货限制，接受代位偿债和代物偿债；有担保人的，向担保人追债；有抵押物担保的，接受抵押物还债。

第十一条　业务员自己在工作中应建立客户信息资料卡，以确保销售业务的顺利开展，及时掌握客户的变化以及信用状况。客户资料卡应至少包括以下内容。

1. 基本资料：客户的姓名、电话、住址、交易联系人及订购日期、品名、数量、单价、金额等。

2. 业务资料：客户的付款态度、付款时间、银行往来情况、财务实际管理人、付款方式、往来数据等。

第四章　交易开始与中止时的授信处理

第十二条　交易开始。

1. 业务员应制订详细的客户访问计划。

2. 交易开始前，应进行合同评审，对于客户的信用、授信额度等情况，财务部要注明意见。

3. 无论是新客户，还是老客户，都可依据信用调查结果设定不同的附加条件，如交换合同书、提供个人担保，提供连带担保或提供抵押担保。

第十三条　中止交易。

1. 在交易过程中，如果发现客户存在问题和异常点应及时报告上级，作为应急处理业务可以暂时停止供货。

2. 当票据或支票被拒付或延期支付时，业务员应向上级详细报告，并尽一切可能收回货款，将损失降至最低点。业务员根据上级主管的批示，通知客户中止双方交易。

第五章　附则

第十四条　本制度的最终解释权归财务部。

第十五条　本制度自颁布之日起实施。

18.2　应收账款管理制度

第一章　总则

第一条　为正确引导销售业务的健康发展，推进公司现金流量的合理运作，减少呆坏账的风险，特制定本制度。

第二条　本制度适用于各级销售组织和人员因销售业务而产生的应收账款。

第三条　应收账款管理必须遵循以下原则。

1. 控制应收账款额度与风险防范相结合的原则。
2. 增加公司营业收入与加快资产流动的原则，降低公司资金成本。
3. 应收账款与客户信用等级挂钩原则。
4. 应收账款与员工奖惩挂钩原则。

第四条　应收账款管理的主要方法为账龄分析和分类管理相结合，同时对应收账款严密跟踪。

第二章　组织机构

第五条　公司主管营销副总监负责应收账款的监督与审查日常工作，职责如下。

1. 确定公司年度应收账款计划与工作指导方案。
2. 监督各销售部应收账款的奖励与处罚方案。
3. 制订公司应收账款的奖励与处罚方案。
4. 签订或审批赊销协议。

第六条　销售部部长（销售片区负责人）负责应收账款管理与控制的日常业务，职责如下。

1. 制定公司年度应收账款回收工作方案与实施细则。
2. 监督各区域应收账款的运行情况。
3. 负责执行公司应收账款的奖励与处罚方案。
4. 代表公司签订或审批权限内的赊销协议。

第七条　公司财务部门负责应收账款的审查和督促相关部门收回货款工作，具体负责下列日常业务。

1. 审查应收账款单据建立情况。
2. 定期以文字通知方式提醒有关部门（销售部、法务部）催缴应收账款。
3. 向上级领导汇报应收账款执行和运作情况。

第八条　公司可根据实际情况聘请有资格的审计机构，负责应收账款例行审计和不定期审计。公司法务部负责应收账款相关法律事务的制度制定、督促指导和法律诉讼等，对应收账款进行强制性回收。

第三章　管理实施

第九条　各部门必须在自己的审批权限范围内进行赊销，先由销售人员提出赊销申请，然后由销售部部长、分管副总经理审批后予以赊销。

第十条　凡发生下列情况之一者，在财务部门的监督下，各级领导（包括公司高管人员）均不得新增应收账款。

1. 客户有逾期应收账款未付者。
2. 未签订购销合同者。
3. 客户未出具欠据或有关证明者。

4. 公司或销售部有关的其他规定。

第十一条 是否开具出库通知单是财务部门对应收账款的监督权利，财务部门签发出库单审核下列单据。

1. 相关领导签署的购销合同。

2. 客户资信评定通知。

3. 客户的欠据以及付款日期承诺。

4. 有关领导签署的权限内赊销审批单据。

第十二条 公司各销售组织和个人产生的应收账款分为以下 5 个种类。

1. 正常应收账款：在信用账期内的应收账款。

2. 逾期应收账款：正常应收账款未收回而延期超过信用账期的，均视为逾期应收账款。

3. 风险应收账款：凡应收账款逾期未收回超过 7 个月的，均视为风险应收账款。

4. 准呆坏账：凡应收账款逾期未收回超过 12 个月的，均视为准呆坏账。

5. 呆坏账：凡应收账款逾期未收回超过 2 年的，均视为呆坏账。

第十三条 应收账款一经产生，各级销售组织必须实行严格的应收账款跟踪管理，内容如下。

1. 货物一经发出，就将应收账款列入信用管理档案，进行监控。

2. 按时与客户取得直接联系，询问和沟通货物接收、票据、付款准备情况以及提醒和督促客户及时支付，减少产生纠纷的可能性。

3. 在出现逾期账款的早期，及时进行追讨，给具有拖欠习惯的客户施加压力，从而大大提高收回欠款的可能性，并使客户感到公司是管理严格的。

4. 在一定期限内，如果客户仍未付款，采取进一步的追讨行动，通过追讨，及时发现信誉不良和恶意拖欠的客户，并了解客户是否存在经营困难、法律问题、资产转移等情况。

第十四条 应收账款一经产生，各销售部必须及时跟踪，步骤如下。

1. 货物一经发出，销售部必须建立客户信用档案，并在发货后当天，以电话、手机信息、电子邮件或传真的方式与客户联系，通知客户发货情况，显示良好服务态度，观察客户是否有异常反应。

2. 估计客户收到货物当天，再次与客户联系，与客户确认是否收到货物、件数与发货单是否一致、包装是否损坏、接货是否顺利等，注意客户态度，并记录到货日期。

3. 确认客户收到货物 2 日内，销售部与客户取得联系，询问客户货物查收情况，了解是否有意外事故发生，客户对货物质量是否有异议，如果出现异常，应及时备案并通知有关部门。

4. 在货款到期前 1~2 周，业务员要再一次与客户联系，可视客户情况，选择录音电话、传真、电报、快递以及登门拜访等形式，了解客户对交易是否满意，并提醒客户货款的到期日，了解客户的支付能力，同时，暗示客户按期付款的必要性。

5. 在货款到期日后 5 日内，区域经理必须与客户直接联系，对已经按期付款的客户给予感谢，以进一步加强与客户的良好关系。未付款者，区域经理需向客户送达客户签字确认的催款通知书和欠款确认书，并列为本工作范围内的逾期应收账款。

第十五条 对于逾期的应收账款，区域经理必须每月催缴两次以上，应收账款每升级一个种类，必须于升级日后的 5 日以内向客户送达催款通知书和欠款确认书。各级领导必须按下列规定进行专案处理。

1. 逾期 1~3 个月仍未收到货款，各区域经理必须进行专案处理。

2. 逾期 4~6 个月仍未收到货款，销售部部长必须进行专案处理。

3. 逾期 7~12 个月仍未收到货款，营销副总和财务副总经理必须进行专案处理。

4. 逾期 13 个月以上仍未收到货款，提请行政副总经理用法律手段进行追讨。

专案处理的主要内容有：月度例会专题汇报、向上级领导随时汇报进展、组织相关人员召开专题会议、登门拜访等。

第十六条　各销售部必须建立健全应收账款风险管理制度以及制定防范措施，主要措施包括控制发货、监督检查、审核额度、暂停贸易、巡访客户、置留所有权等。具体细则或措施由各销售部另行制定。上一级领导要重点监督下一级组织和个人产生的以下应收账款风险隐患。

1. 风险意识差造成对客户资信不客观评估者。

2. 管理无章，放任自流产生的有章不依、无章可依、财务不核、审计不审、账龄老化、问题不暴露者。

3. 内部激励机制不健全导致只顾销售额，不顾应收账款管理者。

4. 对账不及时造成应收账款债权债务不清、权利义务不清者。

5. 组织内出现责任不清，推诿扯皮者。

第十七条　公司法律组织必须制定应收账款法律协议、单证、票据、承诺等手续完备制度，为应收账款的法律诉讼提供证据制定相关制度或规定。

第四章　奖励及承担责任

第十八条　同一销售年度之内，如果应收账款为零应收，则公司按销售额的一定比例计提予以奖励相关部门全体员工。销售部部长制订分配方案，业务、人力、财务副总审核，总经理审批，人力资源部备案。

第十九条　凡发生下列行为而产生的应收账款不能按期收回者，均已给公司造成财产损失行为，对有关责任人予以处罚，处罚办法依据应收账款的额度按公司财产损失管理办法的有关规定执行。

1. 不评定客户信用等级而产生的应收账款。

2. 超越额度权限和账龄权限审批的应收账款。

3. 法律手续不完备使公司败诉而产生的应收账款。

4. 到期不诉讼导致错失诉讼机会而产生的应收账款。

第二十条　正常程序审批而产生的应收账款不能收回者，按下列办法停发有关责任人提成，直到收回为止，见表 18-2。

表 18-2　　　　　　　　　　　　　　　　应收账款收回办法

类型	500 万元以上	100 万 ~500 万元	5 万 ~100 万元	5 万元以下
风险应收账款	区域经理	销售人员		
准呆坏账	销售部部长	区域经理	销售人员	
呆坏账	相关副总经理	销售部部长	区域经理	销售人员

第二十一条　同一销售年度内，凡本部门或本销售人员累计应收账款超过 5%，该部门或销售人员将按无销售业绩处理。除非收回应收账款而且控制在 5% 以内，否则，该部门或销售人

员将不享有提成兑现权。

第二十二条 凡构成逾期应收账款者，各销售部必须制定相关处罚措施对区域经理予以1 000元以内罚款或扣减绩效考核分数。

第二十三条 除易货贸易外，任何部门或销售人员不得折价收回应收账款，确因折价收回应收账款者，除经主管营销的副总经理以上领导批准外，将折价损失部分视为给公司造成损失论处，并按公司员工奖惩办法处理。

第二十四条 任何因应收账款而发生的欺报、瞒报或弄虚作假行为者，都将以不道德行为受到指责，并没收一切所得收入，同时将处以所得收入的5倍罚款。情节恶劣者，将对有关责任人予以免职或解除劳动合同关系。

第五章 附则

第二十五条 本制度所称收回的"应收账款"包括收回的现金或有价货物或法院收回的资产。

第二十六条 因应收账款所形成的债权与公司相应客户形成的债务相抵为负数者，该应收账款视同收回，但需相关部门或人员说明详细情况并经有关副总经理以上领导签字认可方才有效，并继续办理相关财务票据、对账等后续事务。

第二十七条 因业务人员的变动（包括升迁、调离、辞职、解职或其他意外事件）而未完的应收账款回收工作，新接替的人员从接手之日起开始计算账龄。

第二十八条 本制度经总经理办公会议讨论通过。

第二十九条 本制度由总经理负责解释修订。

第三十条 本制度自颁布之日起执行。

18.3 预付账款管理制度

第一章 总则

第一条 为了加强对公司预付账款的内部控制和管理，保证预付账款的安全，根据《企业内部控制应用指引第7号——采购业务》及相关规定，特制定本制度。

第二条 预付账款是指按照合同约定预先支付给供应商、施工方、有偿服务提供方及其他各类交易相对方的款项。

第三条 公司预付账款管理的原则：严格按照《企业会计准则》及相关法规的规定，做到权责明确、风险可控。

第四条 公司总经理是公司预付账款管理的第一责任人。公司各部门负责人、财务总监是各分管业务的预付账款管理责任人。

第五条 本制度适用于公司及各分/子公司。

第六条 各分/子公司可以根据本单位生产经营实际情况，在遵循本制度的基本原则下，建立适合本单位业务特点和管理要求的预付账款管理制度并组织实施。但须先提交公司本部审核后实施。

第二章　预付账款的管理

第七条　公司财务部负责公司预付账款管理制度的拟订、大额预付条款的审批及预付账款会计核算及管理工作。各级财务部门负责本单位预付账款的会计核算及管理工作。各单位及公司涉及对外支付合同订立、履行的业务部门负责预付账款的结算、清查、催收及具体风险防控措施的制定和执行。相关业务部门、单位负责人为本部门、单位职责范围内预付账款管理的第一责任人，对本部门、单位预付账款的安全完整性负责。

第八条　财务部门职责。

（一）公司财务部负责公司组织的招标、议标申请中预付条款的审批。各单位财务部门负责本单位自行组织的预付条款的审核；预付账款视金额大小，按照公司审批权限履行审批手续后方可办理。

（二）各级财务部门负责本单位的预付账款会计核算及管理。

（三）各级财务部门每半年与相关业务部门进行对账分析，对风险上升的款项做出详细说明。

（四）各级财务部门根据对账所反映的问题及时督促相关业务部门尽快办理结算及催收。

第九条　相关业务部门、单位职责。

（一）相关业务部门、单位负责深入调查供应商、施工方等各类交易相对方的资信状况和财务状况，进行充分、科学的调查评估形成调查意见，根据客户情况谨慎采用预付账款结算方式，确保预付账款的安全；客户调查至少每年进行一次并重新评估，对于客户财务状况恶化的，不得采用预付账款结算方式。

（二）相关业务部门、单位应在保证业务真实和资金安全的前提下，严格按照财务部门审批的付款条件与供应商、施工方等各类交易相对方商定预付条款；特殊情况下预付条款需要调整的应重新履行审批程序后方可办理。相关业务部门、单位严格按照合同条款执行。

（三）每报告年度末，相关业务部门、单位的预付账款要与供应商、施工方等各类交易相对方核对清楚，形成书面对账材料，相互确认，取得对方签章后复印件交各级财务部门，做到债权明确、账账相符。

（四）长期挂账的预付账款相关业务部门应查明原因，加快结算及催收，并及时反馈各级财务部门。

（五）相关业务部门、单位要建立预付账款台账，详细反映各客户预付账款的增减变动、余额、发生时间、对方负责人、业务经办人、书面对账材料、目前对方的经营状况、预付账款清理情况、清收负责人和经办人等情况，同时将有关合同、台账一同保管形成完整档案。

第十条　资产负债表日，预付账款发生减值的，应计提减值准备。对于不能收回的预付账款应查明原因，属管理人、经办人过失的应追究其责任。对于确实无法收回的，由相关业务部门、单位提出可靠依据，财务部门根据财经制度等相关规定核销坏账。各级财务部门应建立坏账损失备查簿，对已核销坏账做到账销案存管理。

第三章　预付账款的支付

第十一条　相关业务部门、单位要按照《货币资金管理制度》的要求及时申报预付账款资金计划，公司依据合同约定的预付账款结算方式安排付款。

第十二条　各级财务部门付款时严格按照合同条款把关，根据审批后的资金计划办理预付账款支付手续。手续不全一律不得付款。

第十三条　对长期挂账的预付账款未及时结算的，各级财务部门有权对该供应商、施工方等各类交易相对方取消预付账款结算方式，待相关预付账款及时结算后方可重新采用预付账款结算方式。

第四章　监督检查与责任追究

第十四条　相关业务部门、单位对预付账款设专人负责管理。各级财务部门及时监控到货及工程进度情况，并督促相关业务部门及时办理结算手续。

第十五条　涉及大额或长期的预付款项，相关业务部门、单位应当定期进行追踪核查，综合分析预付账款的期限、占用款项的合理性、不可收回风险等情况，发现有疑问的预付款项，应当及时采取应对措施。

第十六条　对于确实不能收回的预付账款应查明原因，属管理人、经办人过失造成公司损失的，视情节轻重，予以通报批评、调整岗位、解聘职务直至解除劳动合同及一定金额的经济赔偿处罚；涉嫌构成犯罪的，依法移交司法机关处理。

第五章　附则

第十七条　本制度由公司财务中心负责制定、解释和修订。

第十八条　本制度经公司批准之日起实施。

18.4　采购与付款内部控制制度

第一章　总则

第一条　为加强公司对采购与付款的内部控制，规范采购与付款行为，防范采购与付款过程中的差错和舞弊，公司根据国家有关法律法规，制定本制度。

第二条　本制度所指的采购业务包括采购计划、采购订单、合同订立、价格评审、物资入库、购货发票、登记应付账款和支付货款等业务。

第三条　本制度适用于公司以及各成员单位。

第四条　单位负责人对本单位采购与付款内部控制制度的建立健全和有效实施负责，主管采购业务的负责人和财务负责人对采购与付款业务的真实性、合法性负责。

第二章　岗位分工与授权批准

第五条　公司应当建立采购与付款业务的岗位责任制，明确相关部门和岗位的职责、权限，确保办理采购与付款业务的不相容岗位相互分离、制约和监督。

采购与付款业务不相容岗位至少包括：

1. 请购与审批；

2. 询价与确定供应商；

3. 采购合同的订立与审计；

4. 采购与验收；

5. 采购、验收与相关会计记录；

6. 付款审批与付款执行。

不得由同一部门或个人办理采购与付款业务的全过程。

严禁未经授权的机构或人员办理采购与付款业务。

第六条　公司的采购部是负责采购和付款的直接责任单位，其他部门和个人办理采购和付款业务时，必须经采购部经理批准，并执行本制度规定的执行程序和办法。

第七条　公司应当配备合格的人员办理采购与付款业务。办理采购与付款业务的人员应当具备良好的业务素质和职业道德。

第八条　公司的采购部应建立内部的职责分工权限，确保采购与审批人员分开，采购与货物验收或保管员分开。

第九条　公司应根据具体情况对办理采购与付款业务的人员进行岗位轮换。

第十条　采购部除对采购及付款的真实性和合法性负责外，还应对公司的存货的安全性和计量的准确性负责。

第十一条　采购部要保证对已采购的生产材料及低值易耗品的价值计量准确，以便于成本核算的准确性。

第十二条　公司采购部在办理采购业务时应按如下程序执行：根据生产部门下达的采购计划做采购准备，对采购计划进行审核，然后进行询价、比价，由质量管理部审核，经主管副总经理审批后确定供应商，签订合同，采购、办理验收入库，登记账簿，支付采购货款。

第十三条　采购部负责编制请购单、询价与价格谈判、签订合同、采购物资、请求付款等。

第十四条　财务部门负责结算采购款项，登记存货及应付款项账。

第十五条　财务部门在确保采购业务的真实性、合理性以及符合付款手续后，积极组织资金付款。

第十六条　付款及审批执行公司的货币资金管理制度。

1. 采购资金支出需要先编制物资采购计划，经主管副总、财务副总和总经理审批后履行借款审批程序。

2. 经手人负责填写借款单进行资金支出申请，要求填明资金借款的数量、原因、使用部门和数量及支付方式（现金、支票、电汇），要求经手人本人签字确认。

3. 采购经理负责审核采购物资数量和价格的合理性及采购的适用性，对采购物资的质量进行供应商选择把关，对采购渠道进行审核，对资金支付的风险负责。

4. 主管副总负责审批程序的合理性和采购效益性，是否有采购计划、是否符合公司规定标准，采购方的选择及价格是否合理，超标准使用资金需要特殊说明。

5. 财务副总负责审核采购审批程序是否健全，对资金的支出计划做出审批，对往来款项进行账目核对，对采购资金进行合同核对，对资金的支出风险进行审批。

6. 总经理可对上述的所有审核提出质疑并要求解释。

7. 因特殊情况审批单审批手续不健全的，由财务副总负责与总经理进行沟通，财务副总不在，由主管会计负责与财务副总及总经理进行沟通并在借款单中标明沟通结果，并请授权人补批签字。

8. 采购资金支付严格按公司审批权限审批。审批人应当根据采购与付款业务授权批准制度的规定，在授权范围内进行审批，不得超越审批权限。对于审批人超越授权范围审批的采购与付款业务，经办人员有权拒绝办理，并及时向审批人的上级授权部门报告。

9. 财务部出纳员接到审批健全的借款单负责支付资金，对于审批不健全的借款单拒绝支付。

10. 要求现金和支票当天支付，电汇在 24 小时内支付。因资金控制或资金协调调整，财务部有权决定进行一次性支付或分批支付。

11. 原则上不允许使用现金进行物资采购，特殊情况需要财务副总审批，并做特殊说明。

12. 财务部将采购资金分别按供应商挂"应付账款"，个人领用的备用金或现金零星采购挂申请人"其他应收款"。

13. 采购物资要求必须使用税务正规发票。

14. 发票报销的手续：已经借款报账的，要求经手人签字、部门经理审核，财务总监审批；未借款直接报账的，要求经手人签字、部门经理审核，然后按公司的审批权限执行本条款。

15. 经手人凭发票冲回自己的资金欠据或要求财务部核销往来，没有往来的由财务部支付。

16. 个人往来欠款超出 3 个月期限的，财务部有权从其工资中清回欠款，必要时追究资金的使用利息。

17. 对不能收回的欠款，由经手人承担连带责任，审批人承担审批责任。

18. 负责为成员单位采购物资的采购员按采购物资索要发票。要求发票户名为成员单位名头，走公司审批程序。采购人员将审批后的发票传递到成员单位，成员单位认证采购的物资与发票是否相符，如相符，由成员单位回一张转账财务收据，采购人员凭收据到财务部核销自己的往来款项申请。如果接到货物与发票不相符，需要成员单位财务部门同采购人员协商解决。

第三章　货物采购验收控制

第十七条　加强采购与验收环节的管理，对采购方式确定、供应商选择、验收程序等做出明确规定，确保采购过程的透明化。

第十八条　应当根据物品或劳务等的性质及其供应情况确定采购方式。公司及各成员单位大宗原材料采购由公司采购部统一负责。一般物品或劳务等的采购应采用订单采购或合同订货等方式，小额零星物品或劳务等的采购可以采用直接购买等方式。公司应当制定例外紧急需求的特殊采购处理程序。

第十九条　采购应当充分了解和掌握供应商的信誉、供货能力等有关情况，采取由采购、使用等部门共同参与比质比价的程序，并按规定的授权批准程序确定供应商。小额零星采购也应由经授权的部门事先对价格等有关内容进行审查。

第二十条　采购物资到达后，采购人员尽可能做初步检查，检查物资与合同是否相符，然后由质检人员对采购物资质量进行检查。

第二十一条　采购人员及质检人员检查后，应及时送交仓库。仓库保管人员接到物资后，须检查所购物资是否附有供方合格证，到货数量是否正确，是否有破损，经检查无误，在到货登记簿上进行登记，交货人员要在登记簿上签字。

第二十二条　检查合格的物资，仓库保管人员要及时填写材料物资入库单，入库单一式三联：第一联为存根联，仓库记账用；第二联为财务联，财务记账用；第三联为稽核联，采购人员报账用。材料物资入库单必须连续编号管理。

第二十三条　入库单的传递程序如下。

1. 仓库保管人员接到检验合格的货物后，填制材料入库单，由质检人员签字。保管人员填写入库单时，应确保一个供货商的原辅材料、一名采购人员采购的原辅材料填到一张收料单上。

2. 仓库保管人员填写入库单时，要填写供货单位、材料名称、规格、计量单位、数量及金额。

3. 仓库保管人员根据填好的入库单第一联登记入账。

4. 材料入库单经采购部门经理签字后，采购人员将第二联连同供货商发票一同返给财务报账，第三联留给采购部统计用。

5. 入库单第二联留财务部门做登记材料明细账用；月末成本会计需要去库房稽核，核对材料入库单和保管账是否相符。

第二十四条　仓库保管人员要根据收料单及时登记仓库物资保管账，保证会计人员及时进行稽核；对于检验不合格的物资，要及时通知采购人员，由采购人员与供应商联系，办理换货或退货等事宜。

第四章　应付账款入账

第二十五条　财务主管会计负责应付账款入账，应付账款的入账必须取得的凭证有：供货单位的发票（增值税专用发票包括发票联和抵扣联）、采购部的请购单及入库单等；对于材料已入库发票未到的采购业务，财务部根据材料入库单暂估价入账，待收到发票时用红字冲回原来暂估入账数，按发票金额重新入账。财务部在做暂估入账时，根据材料入库单上的购买厂家登记应付账款明细账，以便随时掌握应付款情况、采购人员报账情况以及供货方开发票情况。

第二十六条　财务部在办理付款业务时，应当对采购发票、结算凭证、验收证明、入库单据等相关凭证的真实性、完整性、合法性及合规性进行严格审核。

第二十七条　会计人员对所收到的购货发票及相关凭证按规定检查无误后，方能进行会计处理。

第二十八条　公司财务人员、采购人员应定期和供应商核对应付账款往来账。

第二十九条　公司应当加强应付账款和应付票据的管理，由专人按照约定的付款日期、折扣条件等管理应付款项。已到期的应付款项须经有关授权人员审批后方可办理结算与支付。

第五章　监督检查

第三十条　公司应当建立对采购与付款内部控制的监督检查制度，明确监督检查机构或人员的职责、权限，定期或不定期地进行检查。采购与付款内部控制监督检查的内容主要如下。

1. 采购与付款业务相关岗位及人员的设置情况。重点检查是否存在采购与付款业务不相容职位混岗的现象。

2. 采购与付款授权批准制度的执行情况。重点检查大宗采购与付款业务的授权批准手续是否健全，是否存在越权审批的行为。

3. 应付账款和预付账款的管理。重点审查应付账款和预付账款支付的正确性、时效性和合法性。

4. 有关单据、凭证和文件的使用和保管情况。重点检查凭证的登记、领用、传递、保管、注销手续是否健全。

5. 使用和保管制度是否存在漏洞。

对监督检查过程中发现的采购与付款内部控制中的薄弱环节，公司应当采取措施，及时加以纠正和完善。

第六章　附则

第三十一条　本制度由公司财务中心负责制定、解释和修订。

第三十二条　本制度经公司批准之日起实施。

18.5　销售与收款业务内部控制制度

第一章　总则

第一条　为了加强对公司的销售与收款环节的内部控制，根据国家相关法律法规，结合本公司的实际情况，制定本制度。

第二条　本制度所称销售与收款是指公司在销售过程中接受客户订单、核准客户信用、签订销售合同、发运商品、开具发票并收取相关款项等一系列行为。

第三条　销售与收款业务的下列职责应当分离：销售订单职能与货物保管职能相分离；销售订单职能与开具发票、记账职能相分离；货物保管职能与开具发票、记账职能相分离；开具发票、记账职能与收款职能相分离。

第二章　分工及授权

第四条　销售合同由销售部根据订单和谈判情况负责草拟，合同必须经过法务部的审核，合同的最终审批权在公司管理层，合同应该递交各个相关部门备案。

第五条　公司的产品由销售部负责销售，财务部负责财务核算，销售部与财务部共同负责账款回收。

第六条　公司财务部与销售部共同负责产品的销售定价制度、折扣政策的制定并执行；仓储物流部负责产品物流；财务部负责开具销售发票并记入相关科目核算。

第七条　公司销售的会计核算业务由财务部统一办理，收回销售货款存入公司开设的银行账户并由财务部管理，并负责对应收账款情况进行统计、总结、分析。

第八条　公司的产品销售货款催收工作由销售部负责实施，并负责对催收情况进行统计、总结、分析。

第三章　实施与执行

第九条　销售人员根据授权接受客户订单后，对订单的品项、数量、单价进行核对，办事处主任对订单进行审核，公司打单员编制一式多联的销售出库单，销售出库单和客户验收单作为财务部进行业务处理的依据，负责该项业务的销售人员直接负责应收账款的催收。

第十条　单据的审核：财务部负责客户验收单与销售出库单的核对，若有不符及时通知办事处和负责该项业务的销售人员，销售人员负责查明原因并及时处理差异，涉及其他部门原因的，由对应的各部门协调解决。

第十一条　发票的开具：财务部根据合同签订的结算方式及时开具发票，并与销售出库单、客户验收单进行核对，若有不符及时上报，由各部门协调解决。

第十二条　发货人员根据审批的销售出库单发货。发货时必须经过严格检验，不得擅自发货和随意替换货物，确保发出货物与销售出库单一致，运输过程中须确保货物安全和及时到达。发、运货凭证经审核后传递给财务部。

第十三条　公司应使用连续编号的发、运货凭证，定期对货物进行盘点，并对每月情况进行汇总、分析。

第十四条　公司财务部应当将销售出库单、客户验收单、发运货凭证、发票进行核对并据以入账进行会计核算。财务部每月编制客户收款单，传递给销售部进行货款催收，定期与销售部核对应收账款，保持一致性。各单位财务部对已入账的销售及发、运货发票等凭证承担保存职能。

第十五条　财务部与销售部共同负责制定应收账款信用政策，根据上一年的销售额和应收账款的回款情况及市场开发政策分区域和客户制定。对应收账款超出信用额度，财务部有权通知销售部进行催收，并以书面形式通知发货人员停止对该区域或客户供货，发货人员须待财务部以书面形式通知禁令解除后，方可依据销售出库单继续发货。

第十六条　财务部每月对应收账款进行分析、评价，分析结果传递给销售部。对逾期三个月以上的，要求销售部负责清理，有继续业务往来的单位，结清欠款或通过提供担保、抵押等方可发生新业务。必要时应通过法律程序解决，销售部负责收集与诉讼有关的证据并办理起诉事宜；情况特殊者，需经董事长特批方可办理。

第十七条　财务部应对逾期一年的应收账款及现行会计制度规定的其他原因导致的确实无法收回的应收账款，组织清理并查明原因，报公司董事会审查批准后，转作坏账损失并注销相关的应收账款明细账。

第十八条　销售退回必须经办事处主任审批后方可执行。退回产品须经质检部门和仓库保管人员验收、清点并开具退货接收单后方可入库。财务部根据销售退回单和红字发票进行账务处理。仓库保管人员对正常销售产品和销售退回产品分别保管，定期统计数量上报公司并根据生产管理部意见处理。

第十九条 已注销的应收账款应做好账销案存，落实责任人随时跟踪，一旦发现对方有偿债能力应立即追索；对于已核销又收回的应收账款应冲减当期坏账准备。

第二十条 销售与收款业务内部控制的具体处理程序。

（一）现销业务的内部控制。

公司现销业务主要针对经销商客户，在发货前收取货款，强调先打款后发货。具体做法如下。

1. 客户购货时，由仓储物流部打单员根据销售订单填制一式数联的销售出库单，注明购货单位、货物名称、规格、数量、单价、金额等，经部门负责人审核签章后，留客户存根联作为存根。销售出库单共六联，第一联"客户签收回执联"和第四联"财务记账联"交财务部做账务处理，第二联"客户存根联"，第三联"送货员存根联"由司机保管，第五联"仓库存根联"，第六联"打单员存根联"。

2. 财务部认真审核销售出库单后，查询客户应收账款余额与信誉额度，对客户应收账款余额与信誉额度之和小于销售出库单金额的部分，通知客户汇款；办理收取货款的手续，根据客户汇款成功后的银行回单通知仓储物流部发货。

3. 仓库保管人员复核销售出库单，接财务部通知可以发货后，予以发货，并将"仓库存根联"留下登记仓库台账。

（二）赊销业务的内部控制。

赊销业务是指先办理产品或商品发出，然后在规定时间内收取货款的业务。一般情况下，赊销业务的内部控制制度除符合前述基本要求外，还应采用下列程序和方式。

1. 严格订货单制度，强化销售合同的作用。凡赊销业务，采用订货方式，订单确定后列入销售计划，作为日后发货的依据，防止无计划发出货物。

2. 应根据销售合同及回款情况定期对赊销客户进行评级，以防止因不了解客户信用额度而造成损失。

3. 及时登记销售明细账和应收账款明细账。在发出货物后，财务部应对销售出库单、客户验收单以及相关的合同等进行审查核对，正确无误后编制记账凭证，并及时登记销售和应收账款明细账，以充分发挥账簿的控制作用。

4. 定期与购货单位核对账目，并按有关规定及时收取货款。对账中发现的问题应及时查明原因并处理，收回货款应及时登记应收账款明细账，确保双方账目相符。

第四章　监督检查

第二十一条 本公司的销售与收款环节由财务部会同有关部门行使监督检查权。

第二十二条 销售与收款环节的监督检查内容如下。

（一）财务部对凭证是否妥善保管，尤其是空白发票的管理；信用政策的变动是否经过审批，应收账款的管理是否及时。

（二）仓储物流部是否按销售出库单发货，销售退回的凭证是否健全，审批是否越权，处理退回产品是否符合公司有关规定要求。

（三）销售部是否按经审核的价目表进行销售，价格变动和销售折扣是否经审批，对应收账款的催收管理工作是否到位。

第二十三条 对监督检查过程中发现的销售与收款内部控制中的薄弱环节，应要求被检查部门纠正和完善，发现重大问题应写出书面检查报告，向有关领导和部门汇报，以便及时采取措施，加以纠正和完善。

第五章 附则

第二十四条 本制度由公司财务部制定并经总经理办公会通过。

第二十五条 本制度由公司财务部负责解释。

第二十六条 本制度自发布之日起执行。

18.6 坏账损失审批内部控制制度

一、目的

为防止坏账损失管理中的差错和舞弊，减少坏账损失，规范坏账损失审批的操作程序，特制定本制度。

二、适用范围

本制度适用于公司的坏账损失审批。

三、管理规定

（一）坏账损失的确认条件和应收款项的范围

1. 坏账损失的确认条件。

公司对符合下列标准的应收款项可确认为坏账。

（1）债务人死亡，以其遗产清偿后，仍然无法收回。

（2）债务人破产，以其破产财产清偿后，仍无法收回。

（3）债务人较长时期内未履行偿债义务，并有足够的证据表明无法收回或收回的可能性极小。

（4）催收的最低成本大于应收款项。

2. 应收款项的范围。

应收款项包括下列款项。

（1）应收账款。

（2）其他应收款。

（3）确有证据表明其不符合预付款性质，或因供货单位破产、撤销等原因已无望再收到所购货物也无法收回已预付款项的公司预付账款（在确认坏账损失前先转入其他应收款）。

（4）公司持有的未到期的，并有确凿证据证明不能收回的应收票据（在确认坏账损失前，先转入应收账款）。

（二）职责与权限

1. 不相容岗位分离。

（1）坏账损失核销申请人与审批人分离。

（2）会计记录与申请人分离。

2. 业务归口办理。

（1）坏账损失核销申请由业务经办部门提出。

（2）财务部门归口管理核销申请，并对申请进行审核。

（3）坏账损失核销审批，在每年第四季度办理。

3. 审批权限。

（1）股东大会负责单笔损失达到公司净资产 1% 或年度累计金额达 5% 及关联方的审批。

（2）总经理负责单笔金额在 1 万元以内，或年度累计金额在 50 万元以内的审批。

（3）除须经股东大会批准的事项和授权总经理批准的外，由董事会批准。

（三）坏账损失核销审批要求

1. 核销申请报告。

（1）收集证据。

经济业务的承办部门（或承办人）应向债务人或有关部门获得下列证据。

①债务人破产证明。

②债务人死亡证明。

③催收最低成本估算表。

④具有明显特征能表明无法收回应收款的其他证明。

（2）核销申请报告的内容。

公司出现坏账损失时，在会计年度末，由经济业务承办部门（或承办人）向有关方获取有关证据，由承办部门提交书面核销申请报告，书面报告至少包括下列内容。

①核销数据和相应的书面证明。

②形成的过程及原因。

③追踪催讨过程。

④对相关责任人的处理建议。

2. 核销审批要求。

（1）财务部汇总和审核。财务部对坏账损失的核销申请报告进行审核，并提出审核意见，并编制汇总表报财务总监审查。财务部应对申请报告核销申请的金额、业务发生的时间、追踪催讨的过程和形成原因进行核实。

（2）财务总监审查。财务总监对申请报告、财务部的审核意见进行审查，并提出处理建议（包括对涉及相关部门与相关人员的处理建议），报公司总经理审查。

（3）总经理审查和审批。总经理审查后并根据财务总监提出的处理建议，做出处理意见，在授权范围内，经总经理办公会通过后，对申请报告签批；超过授权范围的，经总经理办公会通过后，由总经理或总经理委托财务总监向董事会提交核销坏账损失的书面报告。书面报告至少包括以下内容。

①核销数额和相应的书面证据。

②坏账形成的过程及原因。

③追踪催讨和改进措施。

④对公司财务状况和经营成果的影响。

⑤对涉及的有关责任人员的处理意见。

⑥董事会认为必要的其他书面材料。

（4）董事会和股东大会审批。在董事会授权范围内的坏账核销事项，董事会根据总经理或授权财务总监提交的书面报告，审议后逐项表决，表决通过后由董事长签批，财务部按会计规定进行账务处理。需经股东大会审批的坏账审批事项，在召开年度股东大会时，由公司董事会向股东大会提交核销坏账损失的书面报告，书面报告至少包括以下内容。

①核销数额。

②坏账形成的过程及原因。

③追踪催讨和改进措施。

④对公司财务状况和经营成果的影响。

⑤对涉及的有关责任人员的处理结果或意见。

⑥核销坏账涉及的关联方偿付能力以及是否会损害其他股东利益的说明。

董事会的书面报告由股东大会逐项表决通过并形成决议。如股东大会决议与董事会决议不一致，财务部对决议不一致的坏账，按会计制度的规定进行会计调整。

公司监事会列席董事会审议核销坏账损失的会议，必要时可要求公司内部审计部门就核销的坏账损失情况提供书面报告。监事会对董事会有关核销坏账损失的决议程序是否合法、依据是否充分等方面提出书面意见，并形成决议向股东大会报告。

（四）财务处理和核销后催收

1. 财务处理。

（1）财务部根据董事会决议进行账务处理。

（2）坏账损失如在会计年度末结账前尚未得到董事会批准，由财务部按公司计提坏账准备的规定全额计提坏账准备。

（3）坏账经批准核销后，财务部及时将审批资料报主管税务机关备案。

（4）坏账核销后，财务部应将已核销的应收款项设立备查簿逐项进行登记，并及时向负有赔偿责任的有关责任人收取赔偿款。

2. 核销后催收。

除已破产的企业外，公司财务部、经济业务承办部门和承办人，仍应继续对债务人的财务状况进行关注，发现债务人有偿还能力时及时催收。

第19章　账款管理制度与流程

19.1　客户信用评级制度与流程

一、客户信用评级的意义

客户信用评级是目前商业银行较为通行的风险控制评价方法，它贯穿信贷管理全过程。

客户信用评级的结果是商业银行授信业务授权管理、客户准入和退出管理、授信审批决策、授信定价和授信资产风险分类的重要依据和参考。它就像一面镜子，可以照清客户，让商业银行知道怎样的客户可以贷款，以及贷款的大小和额度，知道怎样的客户应该主动退出，甚至回避。

二、客户信用评级对象

客户信用评级的对象是经营期已满两个会计年度，财务管理制度健全，能提供会计报表的企事业法人、合伙类公司、个人独资公司、法人客户分支机构和其他经济组织，包括已与银行建立信贷关系的客户、向银行申请建立信贷关系的客户、委托银行评估资信的客户。为使信用评级具有更强的操作性和评级结果更具可比性，评级对象可按行业和客户性质进一步细分，如农业、工业、商贸、房地产、事业法人、银行、非银行金融机构、综合等各类客户，不同客户可采用侧重点不同的评级标准。

三、客户信用评级的流程

（一）资信调查

客户资信调查是指收集、整理客户的基础资料，并从定性角度对客户的经营风险和财务风险进行综合分析判断。客户资信调查工作内容主要包括：走访客户，实地察看经营场所和经营设施状况，调查了解客户经营管理情况和财务情况，收集财务报表和资料信息，通过其他渠道征询客户资信状况，收集客户产品、市场、经营信息，整理归纳分析资料数据等。直接评价人员必须全面深入多方了解收集情况，取得足以证实客户资信状况的有关证据，确保客户资信情况的真实性、准确性和完整性。评价审查人员应负责审核直接评价人员所收集到的情况和资料。

直接评价人员应从维护商业银行信誉和权益的角度出发，深入发掘和充分揭示客户的风险状况。既要充分信任客户，与客户保持良好的信息沟通，又要对客户的陈述和提供的材料进行认真核实和分析，不受任何人的主观意志干扰，必须如实报告调查所掌握的客户情况。

（二）客户信息的录入

客户信息录入是指将客户评级所需的全部信息录入评级预警系统之中，具体包括客户的行业信息、区域信息、财务信息、信用记录信息和基本面信息等五部分。

（1）行业信息录入。直接评价人员应根据客户所从事的主营业务，正确选择客户所属行业。若客户从事跨行业经营，直接评价人员应选择客户最大三项主营业务所属的行业。对客户所属行业的判断依据参见评级预警系统中的行业分类标准。

（2）区域信息录入。直接评价人员应该根据客户注册地确定其所在的区域，若客户注册地与经营实体所在地存在差异，则客户所在区域以经营实体所在地为准。

（3）财务信息录入。客户财务信息来源于计算机集成制造系统，主要是客户近三年财务报表，包括资产负债表、利润表和现金流量表；对于事业法人客户，财务报表包括资产负债表和收入支出表。直接评价人员应收集整理上述报表，并按要求录入计算机集成制造系统。评级预警系统从计算机集成制造系统中直接抽取数据，导入评级模型进行计算。若系统无法自动调用客户财务报表或者财务数据不完整，直接评价人员应补录客户财务数据。直接评价人员须认真录入并核对财务报表，对财务数据的真实性、准确性、完整性负责。

（4）信用记录信息录入。客户信用记录信息来源于计算机集成制造系统，直接评价人员须按要求及时将客户信贷数据录入计算机集成制造系统。评级预警系统从计算机集成制造系统中直接抽取数据，并以此作为客户信用记录评价的基础，导入评级模型进行计算。

（5）基本面信息录入。客户基本面信息源于直接评价人员对客户经营风险和财务风险的定性判断。直接评价人员应在客户资信调查基础上，根据客户实际情况在评级预警系统中录入客户基本面信息。评级预警系统以直接评价人员录入的基本面信息作为客户基本面风险评价的基础，导入评级模型进行计算。直接评价人员对客户基本面信息的真实性、准确性负责。

（三）客户信用的初始评级

客户信用的初始评级建立在量化分析基础上，包括行业风险评价、区域风险评价、财务风险评价和信用记录评价等四个方面。评级预警系统根据直接评价人员录入的基础信息，自动计算出客户行业风险分值、区域风险分值、财务风险分值和信用记录风险分值和综合风险分值，再将综合风险分值转化为初始违约概率，并根据违约概率与信用等级的映射关系，确定客户信用初始评级。

（四）客户信用初始评级的定性调整

定性调整是指评级预警系统应用客户基本面风险等级，对其初始评级进行适当调整，得到调整后的系统评级。直接评价人员应本着客观、审慎的原则对客户基本面风险进行评价，同时参照客户信用等级的核心定义对基本面风险评价结果的准确性进行复核，并在客户评级报告中从品质、实力、环境、资信状况和危机事件等五个方面对客户的基本情况进行评价说明。

（五）客户信用评级的等级和授信建议

直接评价人员应根据所掌握的信息和经验，在认真研究基础上，对评级预警系统提供的客户信用级别，提出建议等级，并对客户提出建议授信量，认真完成客户信用评级报告。若建议等级与系统评级结果不一致，直接评价人员和评价审查人员必须在客户评级报告中说明具体原因，并对客户的等级和授信建议签字确认。

（六）客户信用评级的审定

信贷经营部门按照信用评级职责完成评级前期工作，并形成正式的客户信用评级报告后，提交有权审批部门进行信用等级的审批认定。客户最终评级须经有权审批部门审定后才能生效。

审批部门在收到信贷经营部门提送的客户评级材料后，应尽快受理并及时提出审定意见。在审定工作中，审批部门应对信贷经营部门的等级和授信量建议进行重点分析。

四、客户信用评级的特殊客户

特殊客户是指初次申请信贷业务的客户、新成立的客户和集团客户三类。根据商业银行的业务实际，具体规定了上述客户信用等级的计算方法。

1. 初次申请信贷业务的客户是指截至评级时点前三年内未与商业银行发生信贷业务的客户。对于初次申请信贷业务的客户，系统在计算初始评级时，其信用记录风险分值直接取全行信贷客户的平均值；同时，将信用记录风险分值的权重降为原权重的50%，剩余权重分配给财务风险模块。

2. 新成立的客户是指自正式成立起经营期不足两个完整会计年度的客户。重组改制导致其财务和经营状况发生重大变化且经营期不足两个完整会计年度的客户应按照新成立客户进行计算。新成立客户信用等级计算方法的特殊性体现在初始评级计算、基本面评价和基本面自动调整等三个方面。

（1）在计算初始评级时，财务风险分值和信用记录风险分值取全行信贷客户的平均值，同时，将财务风险分值和信用记录风险分值的权重下降50%，剩余权重按照其他模块的权重做相应分配。

（2）新成立客户的基本面评价指标体系中增加了控股股东影响力指标，降低了客户信用记录分析指标的权重。

（3）新成立客户系统评级确定的原则为：当基本面等级优于初始评级2级以上（含）时，客户信用等级在初始评级的基础上自动上调1级，且最多只能上调2级；当基本面等级劣于初始评级2级以上（含）时，客户信用等级在初始评级的基础上自动下调1级，且最多只能下调2级。

3. 对于集团客户，根据具体情况采取如下的信用评级方法。

（1）对于能够获得合并报表的集团客户，使用合并报表按照上述评级方法对整个集团进行信用评级，确定集团客户的系统评级。

（2）如集团客户不能获得合并报表，则对各成员单位按照上述评级方法分别进行评级，经审定得到最终评级转换为相应的违约概率。

19.2　客户应收账款管理制度与流程

一、应收账款管理概念

广义的应收账款管理分为两个阶段：第一个阶段是，从债权成立开始到应收账款到期日止这段时间的管理，即拖欠前的账款管理；第二个阶段是，应收账款到期日后的账款管理，即拖欠后的账款管理。信用管理机构为了对这两个阶段的管理加以区别，往往将账款被拖欠前的管理称为应收账款管理（即狭义的应收账款管理），而将逾期后的账款管理叫作商账追收。

二、应收账款作用体现

应收账款的作用主要体现在企业生产经营过程中，主要有以下方面。

（一）贷款融资

应收账款可以用作企业的流动资金贷款的基本条件，企业可以根据其大小及应收下游企业性质向银行申请流动资金贷款，用于企业的扩大经营与生产。

（二）扩大销售

在市场竞争日益激烈的情况下，赊销是促进销售的一种重要方式。企业赊销实际上向顾客提供了两项交易：向顾客销售产品以及在一个有限的时期内向顾客提供资金。赊销对顾客来说是十分有利的，所以顾客在一般情况下都选择赊购。赊销具有比较明显的促销作用，对企业销售新产品、开拓新市场具有重要的意义。

（三）减少库存

企业持有产成品存货，要追加管理费、仓储费和保险费等支出；相反，企业持有应收账款，则无须上述支出。因此，当企业产成品存货较多时，一般可采用较为优惠的信用条件进行赊销，把存货转化为应收账款，减少产成品存货，节约相关的开支。

（四）账款回收

信用管理人员收回应收账款的主要目的不仅是减少呆坏账，更是平衡利润与风险，提高资本回报率。

随着全球经济发展放缓，企业资金短缺成为一个普遍现象。数据显示，信用销售这一通过为客户融资来扩大生意的商业模式正逐渐成为一种潮流。但信用管理绝非简单的风险控制，企业通过控制使得原本由于风险过大而无法成交的交易能顺利进行。信用管理人员是一群追逐投资回报率，平衡风险和利润的人。

三、应收账款的风险防范

由于各种原因，应收账款中总有一部分不能收回，形成呆账、坏账，直接影响企业经济效益。对应收账款管理，其根本任务就在于制定企业自身适度的信用政策，努力降低成本，力争获取最大效益，从而保证应收账款的安全性，最大限度地降低应收账款的风险。如何加强应收账款管理，有效防范风险呢？应当采取下列措施。

1. 提高认识，坚定控制不良应收账款的决心。

良性的资产循环是一个企业生存与发展的基本条件，因资产变现困难形成大量不能按期偿还的应收账款已逐渐成为企业破产的常见原因，随着我国现代企业制度的建立，特别是银行商业化运作的逐步到位，这种趋势必将进一步发展。不良应收账款不仅能导致财务状况的恶化，而且会危及企业的生产与发展。鉴于这种情况，企业要提高对应收账款管理的科学认识，把不良应收账款控制到最低水平。

2. 完善管理制度，建立控制不良应收账款的制度保证体系。

一是要建立信用评价制度，即明确具备什么样条件的单位才能达到可以垫资的信用标准和条件。二是要建立完善的合同管理制度，即对付款方式、归还办法、归还期限、违约责任等做出明确的规定，增强法律意识。三是要建立应收账款的责任制度，明确规定责任单位和责任人。四是要建立合理的奖罚制度，并作为经济责任制的主要指标和业绩及离任审计的考核指标。五是要建立应收账款分析制度，分析应收账款的现状和发展趋势及制度的执行情况，及时采取措施，进行控制。

3. 实施全过程控制，防止不良应收账款的产生。

对应收账款的控制，应主要控制好两个阶段。一是项目的竞标签约阶段，要对业主的品质、偿还能力、财务状况等方面进行认真的调查研究，并分析其宏观经济政策，出具可行性研究报告，对业主的资信状况进行评价，做出是否垫资的决策。二是项目的履约过程。项目的履约过程必须建立收款责任制，确定具体的责任人员，按照合同及时敦促业主履约并关注资信变化的情况。另外，对内部履约的情况，如质量、工期、结算等是否按合同规定，通过分析，对有不良趋势的应及时采取措施挽回损失，并防止发生变相的垫资。

4. 组织专门力量，对已形成的应收账款进行清理。

在当前市场经济条件下，必须加大对应收账款清欠回收工作的力度。制定相应制度，并采取相应管理措施。对已发生的正常应收账款，应根据不同情况，在单位负责人的协调下，有区别、有重点地开展清欠工作，加强对账，力争尽快收回资金；对不能正常收回的应收账款，应加大清欠力度，采取以物抵债、让利清收等措施强行收回；对已生成多年的坏账，经多次清欠无结果的，可采取与经济效益挂钩、清账提成的办法；对那些有一定偿还能力，对归还欠款不重视、不积极，并以种种借口推托不还的债务单位，应适当采取诉讼方式，以法律手段强制收回。

5. 利用付款信息管控信用风险。

企业的付款信息在财务信息难以获取的情况下，是管控信用风险的有力工具。财务信息，就具有参考性的年度报表而言，由于发布时间间隔较长，时效性相对不足。而付款信息作为企业日常经营中的重要资料，获取自每月收录的账龄表。了解某一企业对客户的付款表现，可以初步判断与客户合作的过程中，其及时付款的可能性。当一家企业出现经营困难、现金流不稳定等状况时，其付款表现往往最先受到影响，所以，付款记录可以作为一家企业出现经营困难的早期迹象，被用以预测合作企业的呆坏账风险。

四、应收账款的日常管理

（一）加强应收账款的日常管理

1. 应收账款明细分类账。

企业为加强对应收账款的管理，在总账的基础上，可按信用客户的名称设置明细账来详细、序时地记载与各信用客户的往来情况。

会计的作用在于提供与决策相关的信息，应收账款明细账在应收账款的管理上正是充当了这一角色。但是，决策的正确与否还将取决于信息的相关性、可靠性、及时性和完整性等特征。所以，对于应收账款明细账的设置与登记通常应注意以下几点。

（1）全部赊销业务都应正确、及时、详细登入有关客户的明细账，随时反映每个客户的赊欠情况，根据需要还可设置销货特种日记账以反映赊销情况。

（2）赊销业务的全过程应分工执掌，如登记明细账、填制赊欠客户的赊欠账单、向赊欠客户交送或邮寄账单和处理客户收入的现金等，都应分派专人负责。

（3）明细账应定期同总账核对。

影响应收账款收回金额的因素通常有：①现金折扣；②销货退回与折让；③销货运费由谁负担；④坏账因素。这四方面的资料都将在应收账款明细账与销货日记账中得到详细记录。对这些情况的掌握，不仅对维护应收账款的完整性有利，而且还利于企业对生产经营的控制，提高产品质量，改善企业的生存环境。比如第二个因素，通过大量的退货与折让的信息可了解到企业的产品质量如何，客户的消费偏好如何，客户对企业的产品质量、包装、外观及功能有些什么样的喜好等。第三个因素是客观的，第一、第四个因素将在以下管理方法中进行阐述。

2. 设置专门的赊销和征信部门。

应收账款收回数额的多少及时间的长短取决于客户的信用。坏账将造成损失，收账期过长将削弱应收账款的流动性。所以，企业应设置赊销和征信部门，专门对客户的信用进行调查，并向对企业进行信用评级的征信机构取得信息，以便确定要求赊购客户的信用状况及付款能力。企业的赊销和征信部门在应收账款管理中的职能如下。

（1）对客户的信用状况进行评级。

（2）批准赊销的对象及规模，未经批准，企业的其他部门及人员一般无权同意赊销。

（3）负责赊销账款的及时催收，加速资金周转。一般账款的催收期限不能间隔太长，因为在法律上太长的期限可能暗示债权的放弃。

赊销和征信部门对客户信用状况的评级，其信息来源除了对企业进行信用评级的征信机构外，另一个重要的来源应该是应收账款明细账和销货日记簿。对这两本账簿进行分析的一个重要方法就是账龄分析法，因为应收账款账户余额随着账龄的增加，收回款项的前景就越暗淡，这也是销货折扣被广泛采纳的重要原因。将各客户的应收账款余额按账龄的长短进行分类的表称为账龄表，除了可以用于估计可能发生的坏账比例外，账龄表还有另一个优点，那就是使经理人员对各个客户的信用做出特殊的判断。

3. 实行严格的坏账核销制度。

应收账款因赊销而存在，所以，应收账款从产生的那一天起就冒着可能收不回来的风险。对于整个赊销而言，可以将个别坏账理解为赊销费用，为了减少企业的损失，根据配比原则，发生的坏账应同收益进行配比，从收益中扣除。

企业对坏账的处理有直接核销法和备抵法两种，比较而言，备抵法更符合配比原则与谨慎性原则，因而受到青睐。备抵法又分为赊销百分比法、应收账款余额百分比法和账龄分析法，三者各有优缺点，对这些方法，不同的人有不同的偏好。实行严格的坏账核销制度，不以方法的采用而区分，它主要包括以下三个方面的内容。

（1）准确地判断是否为坏账，坏账的核销至少应经两人之手。准确地判断是否为坏账及其多少并不是一件容易的事情，而坏账的核销至少经两人之手有助于防止舞弊。

（2）在应收账款明细账中应清晰地记载坏账的核销，对已核销的坏账仍要进行专门的管理，只要债务人不是死亡或破产，只要还有一线希望都不能放弃。同时，进行清晰的记载还为以后的核对及审查留下信息。

（3）对已核销的坏账又重新收回要进行严格的会计处理，先做重现应收账款的会计分录，后做收款的会计处理。这样做有利于管理人员掌握信息：客户希望重塑良好形象的愿望。

（二）实行严格的内审和内部控制制度

应收账款收回数额及期限是否真实关系到企业流动资金的状况、企业生产的决策、信用客户的形象和内部控制对贪污及挪用企业款项的抵制等。因此，为维护资金的安全运行，对应收账款应实行严格的内审和内部控制制度，其内容主要如下。

1. 可靠的人事和明确的责任。

要想进行成功的控制，重要的一个因素就是人的因素。不合格和不诚实的员工会削弱一个系统的作用。雇用、训练、激励和管理员工是一项基础工作，必须视个人的能力、兴趣、经验和可靠程度的不同，分别授予和规定他们的权利、责任和义务。责任意味着将任何一项行为都尽可能地追溯到底，这样，行为结果就同个人联系在一起了。将责任固定下来，还可对雇员产生心理影响，促使他们不得不小心行事和注重效率。

2. 责任分离与岗位替换。

责任分离不仅有助于保证精确地编制数据，还有助于限制需要两人或多人合伙才能舞弊的机会。岗位替换可以带来两个好处：第一，保证至少有两名雇员知道做同样的工作，这样，当其中一个因故不能出勤时，另一人能及时补上；第二，采用轮换制度可以预防舞弊行为的发生，因为替补人员接替工作时可以很容易地发现前任的不轨行为。

3. 坏账核销凭证完备，要有完整的程序。

坏账的核销要有依据，对于永久性坏账的核销要有客观的媒体报道，如债务人死亡或破产。对于估计的长期无法收回的坏账，核销后应专门登记，并仍然要派专人负责催收，定期核对，避免贪污行为的发生。

4. 对赊销的权限进行监督。

赊销及征信部门有权决定赊销的对象及数量，但决定必须建立在对信用资料分析的基础之上，而且，其权力属于全部门，个人的权力不能凌驾于集体之上。

（三）合理地使用销售折扣

商业信用的采用产生了应收账款，应收账款是企业拥有的，经过一定期间才能收回的债权。作为一项流动资产，应收账款具有或有特性。因此，企业在销售的时候优先选择现销。然而，有时企业不得不接受赊销，所以，为鼓励客户及时付款或者尽可能早地付款，企业会选择销售折扣这一手段。

销售折扣的确会减少应收账款的风险，但是，在使用中还应注意使用的对象（客户）、使用的方式和提供折扣的范围，否则，销售折扣就没有预期的效果。比如，现金折扣一般不用于普通客户，而商业折扣尽量少用于赊销方式。

（四）充分利用应收账款进行融资

应收账款一般不会增值，若考虑货币的时间价值，持有应收账款将会造成损失。因此，能充分利用应收账款，使其增值，为企业带来效益，将是一件重要且有意义的事情。

企业可以通过让售或抵借应收账款获得资金，用于生产的再循环。通常应收账款的让售对客户的信用级别要求很高，这种款项发生坏账的可能性很小。而应收账款的抵借，则会形成企业的或有负债。尽管如此，这两种方法都可使企业提前获得资金用于周转而获得效益。但是，利用这两种方式进行融资时，一定要注意效益大于成本的原则，即提前使用资金增加的收益应大于提前使用这笔资金的成本，否则，这两种方法是不能使用的。

（五）准确地使用法律武器

企业的经济活动受法律的约束，同时，法律也会保护企业合法的经济活动。所以，维护应收账款的完整不能离开法律这一有效的武器。首先，应规范销售合同。销售部门应会同财务部门、生产部门和法律部门共同制定销售合同，完善合同的内容，明确各方的责任和义务，尤其是违约条款的相关规定等，以避免日后纠纷。对于信用级别较低的客户，可以采用有担保销售和不赊销。其次，定期对账催账后要取得具有法律效力的书面文件，避免口头承诺。最后，对于陷入债务危机的客户，如其没有发展潜力，应及时启动债权人申请破产程序，以减少损失；如其有发展潜力，应合理有效地利用债务重组等方式，以挽救自己的损失。

五、应收账款管理相关问题

（一）应收账款管理不当导致的问题

1. 降低企业效益。

如果企业的物流与资金流不一致，发出商品、开出销售发票，货款却不能同步收回，这种没有货款回笼的入账销售收入，势必导致没有现金流入的销售业务损益产生、销售税金上缴及年内所得税预缴，如果涉及跨年度销售收入导致的应收账款，还可能导致企业流动资产垫付股东年度分红。企业因上述追求表面效益而产生的垫缴税款及垫付股东分红，占用了大量的流动资金，久而久之必将影响企业资金的周转，进而导致企业经营实际状况被掩盖，影响企业生产计划、销售计划等，无法实现既定的效益目标。

2. 夸大企业经营成果。

企业实行的记账基础是权责发生制（应收应付制），发生的当期赊销全部计入当期收入，因此，企业账上利润增加并不表示能如期实现现金流入。会计制度要求企业按照应收账款余额的百分比来提取坏账准备，坏账准备率一般为 3%~5%（特殊企业除外）。如果实际发生的坏账损失超过提取的坏账准备，会给企业带来很大的损失。因此，企业应收款的大量存在，会虚增账面上的销售收入，在一定程度上夸大企业经营成果，增加企业的风险成本。

3. 加速企业的现金流出。

赊销虽然能使企业产生较多的利润，但是并未真正使企业现金流入增加，反而使企业不得不运用有限的流动资金来垫付各种税金和费用，加速了企业的现金流出，主要表现如下。

（1）企业流转税的支出。应收账款带来销售收入，但企业并未实际收到现金，流转税是以销售为计算依据的，企业必须按时以现金缴纳。企业缴纳的流转税如增值税、消费税、资源税以及城市维护建设税等，必然会随着销售收入的增加而增加。

（2）所得税的支出。应收账款产生了利润，但并未以现金实现，而缴纳所得税必须按时以现金支付。

（3）现金利润的分配，也同样存在上述问题。

4. 影响企业营业周期。

营业周期即从取得存货到销售存货，并收回现金为止的这段时间，营业周期的长短取决于存货周转天数和应收账款周转天数，营业周期为二者之和。由此看出，不合理的应收账款的存在，使营业周期延长，影响企业资金循环，使大量的流动资金沉淀在非生产环节上，致使企业现金短缺，影响工资的发放和原材料的购买，严重影响企业正常的生产经营。

5. 增大出错概率。

企业面对庞杂的应收账款账户，如果不能及时发现核算差错，不能及时了解应收账款动态情况以及应收账款对方企业详情，就可能造成责任不明确，应收账款的合同、合约、承诺、审批手续等资料的散落、遗失，从而使企业已发生的应收账款该按时收回的不能按时收回，该全部收回的只有部分收回，能通过法律手段收回的，却由于资料不全而不能收回，直至最终导致企业资产损失。

（二）应收账款管理存在问题的原因

1. 市场滞销，导致企业产品老化，资金积淀。

企业产品和自然界一切生态现象一样，总有一个从兴旺到衰退的过程。产品都有试制、成长、成熟、衰退四个时期。产品的成熟期，是企业处于市场占有率从高峰向低谷运行的阶段，也是同类产品市场竞争最激烈的时期。这个时候企业如还是抱着产品进行生产，必然会形成生产过程中的产品积压、销售过程中的退货，造成企业应收账款节节攀高。

2. 企业管理者重视程度不够，内部控制和激励制度欠缺。

企业管理者在追求业绩时采取赊销手段，这本身并无疑问，但在赊销行为发生前未经审批、审批不严或资料不全，对客户的资信、信用及资金等了解不够，财务部门没有跟踪监控、及时进行应收账款账龄分析，就可能造成应收账款积压。销售人员为了个人利益，只关心个人任务的完成，也会导致应收账款大幅度上升。

3. 企业会计监督失效。

一些企业会计人员对销售业务不够熟悉，仅仅是事后被动地记账，对应收账款的发生、收回、损失等情况缺乏全面、系统、及时、准确的了解，对可能发生的坏账不及时上报有关部门催收，未及时进行信息反馈和风险控制，会计监督成为纸上谈兵。应收账款核算和管理上的粗放、混乱、错报和漏报回款，造成账目和实际情况脱节。

4. 片面追求销售量，缺乏风险意识。

在激烈的竞争机制下，一些企业进入市场之初，为了尽快地打开营销局面，在事先未对付款人资信度做深入调查和应收账款风险进行正确评估的情况下，采取与客户签订短期的、一定赊销额度的销售合同来吸引客户，扩大其市场份额，于是产生了较高的账面利润，忽视了被客户拖欠占用的大量流动资金不能及时收回的问题，最终形成坏账。

5. 企业经营者的法律保护意识淡薄。

赊账不还，本是一种违法、违约行为，企业可运用法律来保护自己合法权益，而在现实生活中，通过诉讼程序寻求债权保护的道路比较艰难。从诉讼、受理、调查取证、开庭审理到判决、裁定、执行有一个过程，企业需要投入大量的人力、物力和财力，这使许多企业缺乏运用法律手段维护自身合法权益的信心和勇气。

（三）应收账款对企业的主要影响

1. 应收账款对企业生产经营的正面影响。

在激烈的商业竞争中，企业为了获得利润，就要销售商品，取得销售收入。收入的多少是检验经营成果的依据，特别是在市场经济条件下，经营成果决定了企业的命运。所以说，企业只有有收入才能有利润，而企业为了取得销售收入就会采取多种方式促进销售，而赊销是重要手段之一。赊销产生应收账款，有助于吸引大量客户，扩大销售额，为企业带来效益，所以说应收账款对企业的经营有着重大的影响。

2. 应收账款对企业生产经营的负面影响。

应收账款的增加为企业带来收入的同时，也带来了风险。如果应收账款未及时收回，发生坏账损失，则会直接减少企业利润，影响企业的生产经营。应收账款是企业的一项资金投放，长期占用企业的资金造成企业资金周转减慢，增加企业的经营成本，而且严重影响其再生产能力。

（四）应收账款管理强化措施

应收账款管理工作要做得好，重要的是制定科学合理的应收账款信用政策。政策制定好了以后，企业要从以下三个方面加大应收账款信用政策执行力度。

1. 做好客户资信调查。

企业在赊销前对客户进行资信调查，就是要解决几个问题：能否和该客户进行商品交易；做多大量，每次信用额控制在多少为宜；采用什么样的交易方式、付款期限和保障措施。

一般来说，客户的资信程度通常取决于5个方面，即客户的品德、能力、资本、担保和条件，这5个方面的信用资料可以通过以下途径取得。

（1）财务报表。这是信用分析理想的信息来源之一，但需注意报表的真实性，最好是取得经过审计后的财务报表。计算一些比率，特别是对资产的流动性和准时付款能力的比率进行分析，可以评价企业能力、资本、条件，以利于企业增强应收账款投资的决策效果。

（2）信用评级报告或向有关国家机构核查。银行和其他金融机构或社会媒体定时都会向社会公布一些客户的信用等级资料，企业可以从相关报刊资料中了解，也可向客户所在地的工商部门、企业管理部门、税务部门、开户银行的信用部门咨询，了解该企业的资金注册情况、生产经营的历史、现状与趋势、销货与盈利能力、税金缴纳情况等，看有无不良历史记录来评价企业的品德等。

（3）商业交往信息。企业的每一客户都会同时拥有多个供货单位，所以企业可以和与同一客户有关的各供货企业交换信用资料，如往来时期的长短、提供的信用条件以及客户支付货款的及时程度。

对上述信息进行信用综合分析后，企业就可以对客户的信用情况做出判断，并建立客户档案。客户档案除客户的基本资料如姓名、电话、住址等以外，还需着重记录客户的财务状况、资本实力以及历史往来记录等，并对每一客户确定相应的信用等级。但需注意的是，信用等级并非一成不变，最好能每年做一次全面审核，以便于能与客户的最新变化保持一致。对于不同信用等级的客户，企业在销售时就要采取不同的销售策略及结算方式。一般地，企业在规定信用期限的同时，往往会附有现金折扣条件，即客户若在规定期限内付款，可享受一定的折扣优惠，目的是希望客户能尽早支付货款。应注意，提供折扣要把握好度，即提供折扣应以取得的收益大于现金折扣的成本为宜。

2. 加强应收账款的日常管理工作。

企业在应收账款的日常管理工作中，有些方面做得不够细，例如账龄分析表的编制等。具体来讲，可以从以下几方面做好应收账款的日常管理工作。

（1）检查客户是否突破信用额度。企业对客户提供的每一笔赊销业务，都要检查是否超过信用期限，并注意检验客户所欠债务总额是否突破了信用额度。

（2）掌握客户已过信用期限的债务，密切监控客户已到期债务的增减动态，以便及时采取措施与客户联系提醒其尽快付款。

（3）分析应收账款周转率和平均收账期，看流动资金是否处于正常水平。企业可通过该项指标，与实际、计划及同行业相比，借以评价应收账款管理中的成绩与不足，并修正信用条件。

（4）企业要遵循稳健性原则，对坏账损失的可能性预先进行估计，积极建立弥补坏账损失的准备制度。企业要考察拒付状况，考察应收账款被拒付的百分比，即坏账准备率，以决定企业信用政策是否应改变，如实际坏账准备率小于或大于预计坏账准备率，企业必须看信用标准是否过于严格或宽松，从而修正信用标准。

（5）编制账龄分析表，检查应收账款的实际占用天数。企业对应收账款收回的监督，可通过编制账龄分析表进行，据此了解，有多少欠款尚在信用期内，有多少欠款已超过信用期，估计有多少欠款会造成坏账；如有大部分超期，企业应检查其信用政策。

3. 加强应收账款的事后管理。

对于逾期拖欠的应收账款应进行账龄分析，并加紧催收。收账管理包括如下两部分工作。

（1）确定合理的收账程序。催收账款的方法一般为信函通知、电报电话传真催收、派人面谈、诉诸法律，在采取法律行动前应考虑成本效益原则，遇以下几种情况则不必起诉：诉讼费用超过债务求偿额；客户抵押品折现可冲销债务；客户的债款额不大，起诉可能使企业运行受到损害；起诉后收回账款的可能性有限。

（2）确定合理的讨债方法。若客户确实遇到暂时的困难，经努力可东山再起，企业可帮助其渡过难关，以便收回账款。一般做法为进行应收账款债权重整：接受客户按市价以低于债务额的非货币性资产予以抵偿；改变债务形式为"长期应收款"，确定一个合理利率，同意客户制订分期偿债计划；修改债务条件，延长付款期，甚至减少本金，激励其还款；在共同经济利益驱动下，将债权转变为对客户的"长期投资"。如客户已达到破产界限，则应及时向法院起诉，以期在破产清算时得到部分清偿。针对故意拖欠的讨债，可供选择的方法有：讲理法、疲劳战法、激将法、软硬兼施法等。

六、应收账款管理目标

对于一个企业来讲，应收账款的存在本身就是一个产销的统一体，企业一方面想借助它来促进销售，扩大销售收入，增强竞争能力，同时又希望尽量避免应收账款的存在给企业带来的资金周转困难、坏账损失等弊端。如何处理和解决好这一对立又统一的问题，便是企业应收账款管理的目标。

应收账款管理的目标是要制定科学合理的应收账款信用政策，并在采用这种政策所增加的销售盈利和采用这种政策预计要担负的成本之间做出权衡。只有当所增加的销售盈利超过运用此政策所增加的成本时，才能实施和推行使用这种信用政策。同时，应收账款管理还包括企业未来销售前景和市场情况的预测和判断，即对应收账款安全性的调查。如企业销售前景良好，应收账款安全性高，则可进一步放宽信用政策，扩大赊销量，获取更多利润；相反，若企业销售前景不乐观，则应收紧信用政策，或对不同客户的信用政策进行适当调整，确保企业获取最大收入的情况下，又使可能的损失降到最低。

企业应收账款管理的重点，就是根据企业的实际经营情况和客户的信誉情况制定合理的信用政策。

（一）信用标准

信用标准是企业决定授予客户信用所要求的最低标准，也是企业对可接受风险提供的一个基本判别标准。信用标准较严，可使企业遭受坏账损失的可能减小，但不利于扩大销售；反之，如果信用标准较宽，虽然有利于刺激销售增长，但有可能使坏账损失增加，得不偿失。可见，信用标准合理与否，对企业的收益与风险有很大影响，企业需要一个明确的尺度来作为判断的依据，它告诉企业应如何运用商业信用，应如何拒绝客户赊账的要求。

企业确定信用标准时，可以采用传统信用分析法和评分法，依据企业具体的情况和市场环境等因素综合地进行。企业可分别计算不同信用标准下的销售利润、机会成本、管理成本及坏账成本，以及客户的违约率、信用等级等。

（二）信用条件

信用条件是企业赊销商品时，给予客户延期付款的若干条件，主要包括信用期限和现金折扣等。信用期限是企业为客户规定的最长付款期限。适当地延长信用期限可以扩大销售量，但信用期限过长也会造成应收账款占用的机会成本增加，同时加大坏账损失的风险。为了促使客户早日付款，加速资金周转，企业在规定信用期限的同时，往往附有现金折扣条件，即客户如能在规定的折扣期限内付款，则能享受相应的折扣优惠。折扣的表示往往由折扣率与折扣期限两者构成，折扣率越低，折扣期限一般就越长；而折扣率越高，折扣期限一般就越短。现金折扣一般采用例如 2/10，5/30，N/30 等符号表示，其意思为：在销售发票开出后 10 天内付款，可以享受 2% 的价格优惠；在销售发票发出后 30 天内付款，可以享受 5% 的价格优惠；付款最后期为 30 天，此时付款没有价格优惠。

（三）收款政策

收款政策是当信用条件被违反时，企业应采取什么行动来收回账款。客户拖延付款是有很多原因的，一般可分为无力付款和故意拖延。无力付款是客户因管理经营不善，导致财务出现问题，未能按时付款。遇到客户无力付款的情况，企业需要对客户拖延付款进行详细的分析，确定能否予延期付款。故意拖延是客户有付款的能力，但为了本身利益，想尽办法故意不付款。遇到客户故意拖延的情况，企业要采取适当的讨债行动，达到收款目的。收账必须有一定的程序，有信件通知、电话催收、上门谈、法律行动等。对付短期欠款的客户，可以出具书信方式催收账款；对付长期欠款的客户，可致电、上门催缴，严重的必须通过法律方式来解决。

19.3　应付账款管理制度与流程

一、应付账款管理概述

（一）应付账款管理的产生

应付账款产生于企业的业务中，表示商业活动中产生的一些债务或财务关系，这种关系主要是由双方在交易时提供一些产品或服务与支付报酬方面时间不一致而引发的。应付账款管理问题诞生的主要缘由是原材料、商品、劳务等供应问题。企业做好应付账款管理就是做好供应链管理，这项工作是商业活动中的日常且频繁的工作，做好这项工作对于企业建立信用合作关系，获取优质的供应商以及处理好相关利益者关系都有十分重要的意义。

（二）应付账款管理工作

应付账款管理涉及采购、接收货物和服务、建立账目、审核、付款和对账环节。应付账款管理主要分为发票管理、供应商管理、支票管理、账龄管理等四个方面。不同的企业具体情况不同，所以企业应付账款存在的风险点也不尽相同，但要做到具体情况具体分析，采取有效措施加以控制才能做好应付账款管理工作。

（三）应付账款管理的意义

1. 应付账款对缩短企业的营业周期有促进意义。"快""轻"是目前企业的经营之道，只有将最好的商品以最快的速度递交给客户才能赢得更多的市场份额。加强应付账款的管理工作能有效地减少供应链的摩擦与失误，缩短企业的营业周期，并在一定程度上保证企业的供应链正常运营，甚至更加优化，从而有利于企业的资金、产品的良性循环。

2. 应付账款对做好企业内部控制有促进作用。合理运用应付账款管理策略与流程对企业内部控制来说是有必要的，企业应根据自身业务战略、业务模式、资金情况等因素确定一般应付账款账期、支付方式策略及应付账款管理流程。这不仅能确保企业按对外采购协议适时履行付款责任，提高企业在供应链上的信任度，增强在供应链上的谈判能力，降低供应成本；同时，也有利于在确保企业内部控制有效的前提下，提高企业内部运作效率，降低管理成本。

二、应付账款的付款方式

应付账款付款方式大体可以分为两种，即计划付款和非计划付款，现在一些成熟的大中型企业，由于拥有良好的信用基础，所以偏向于计划付款的方式，而一些小型微利企业，仍然采取非计划付款的方式。

（一）计划付款

所谓计划付款，是指企业根据自身的资金周转情况，在付款之前由财务人员或采购人员排定付款的计划，提交总经理批准后在每月的月中或某一固定的时间向供应商支付货款。计划付款具有以下特点。

1. 计划付款要求企业具备良好的信誉，供应商基本以月结为主，一般存在 30~90 天的应付账期。

2. 每月初由财务人员主动要求供应商就上月的应付账款发生额和累计发生额进行对账，并形成统一保管的对账资料。

3. 应付账款的确认一般以发票的送到或开具为条件。

4. 各类付款资料如入库单、送货单、发票能够及时准确提交财务人员，由财务人员根据齐全的付款资料结合采购合同的账期约定安排付款。

（二）非计划付款

非计划付款是指企业为了满足快速付款和灵活采购的需要，由采购人员定时和不定时提交付款审批单据，经逐层核准后提交财务人员付款。非计划付款具有以下特点。

1. 采购合同往往没有进行月结的约定或约定账期小于 30 天，改而签订如"款到发货"。

2. 每月的对账由采购人员负责，或者按照合同执行，不形成正式的对账资料，合同执行完毕资料收集齐全后随时申请付款。

3. 应付账款以全部票据收集齐全作为确认条件，或者前期传递送货入库单，发票冲销暂估。

4. 各类单据的传递较慢，递交也不及时，往往在所有单据齐全之后才一起作为付款依据申请付款，付款没有计划，货及票到完毕即可申请付款。

（三）两种付款方式比较

计划付款对采购人员与供应商提出了更高的要求，要求企业必须与供应商签订账期；对财务人员提出了更高的要求，财务人员每月要与供应商进行应付账款的对账；对应付账款的流程提出了更高的要求，各类单据必须按照规定的财务程序进行提交和入账。非计划付款的要求则要低得多，适合各项流程制度不太完善，供应商开发程度不够和部门间办事效率低下的情况。随着企业的发展壮大，计划付款将是必然趋势。

三、应付账款出现风险的原因

1. 企业间激烈的竞争导致企业资金不足，形成更多、更复杂的应付账款关系。在信贷紧缩的背景下，资金周转不易是许多企业面临的问题，但这些企业需要继续依靠生产和出售商品来获取资金，所以，在购买生产产品的原材料等方面需要采取应付账款这一途径，从而导致企业因应付账款产生的债务越来越多。

2. 挂账采购在企业间的应用。挂账采购是企业用来避免短时间内支付材料费用的方法，将在这一方面的材料费用暂时转用于其他方面，此种采购方式虽然可以暂时缓解资金周转不足的情况，但增加了应付账款。在采购的过程中，企业如果没有考虑实际情况，没有计划地采购，不仅导致预算超支严重，而且也无法实现相近账目的区别管理。这样的采购方式下，还存在一些工作人员以权谋私等情况，也会导致企业的应付账款有所增加。

3. 一些企业对于订单管理没有统一的管理模式，总体较为分散，这种情况导致企业在实际的采购过程中，不同部门并不会从全局利益出发考虑采购活动，而是片面地看重自身利益。所以，现实采购活动中很多低级错误频频发生，甚至连供应商编号、对方银行卡账户基本信息都会弄错，这些问题的发生严重干扰了对采购活动的有序管理，也降低了应付账款项目的管理效率。

4. 银行贷款愈发困难。银行会对考虑将要放贷的企业进行严格的考察，这样的改革导致很多企业无法获取银行贷款，而这部分企业一般会选择挂账采购的方式继续生存下去。如果企业在将商品销售出去之后，因很长时间无法收到货款导致资金无法收回，将会影响企业的采购以及下一步生产，企业为了降低以上影响一般会采用赊账采购的方式，这样就形成了应付账款。

四、加强应付账款管理的措施

1.建立严格有效的内部控制制度。对应付账款管理的第一步就是要加强对应付账款的内部控制，企业内部各个相关部门必须相互合作、监督，与此同时，不兼容的部门岗位应当分离开。审计部门和监察部门应重点加强应付账款内部控制的测试与监督，保证其内部控制制度的有效执行。因此，一方面要设定严格有效的内部控制制度，另一方面要安排分管领导严格监督工作。

2.实施多层次的采购审批手续。采购是应付账款的第一步，为了能从源头上控制住应付账款的规模，必须在采购审批这一环节做好控制。一些企业的采购部门直接化整为零来避开最高限额，更有将采购人情化的趋势，这些做法都在一点点地将企业的基础摧毁掉。为了构建更加完善的企业内部控制制度，企业应该参照自身的实际情况，构建全方位、多层次的采购审批手续，例如有关物资采购的价格管理方法以及关于库存的管理办法等一系列相关的审批手续。另外，企业也可以对采购的数量以及计划等进行审批，通过这些将企业的应付账款控制在合理的范围内。

3.加强企业内部信息的交流沟通。制约应付账款管理的很大一部分因素是信息不透明、沟通不及时，这也对及时、全额付款造成一定程度的影响。要做到在采购、财务、物流等平行部门之间有可以沟通的渠道，并保持良好的信息交流，更要做到严格按照合同进行。

4.规范应付账款的核算。正确的核算是应付账款管理的基础，因此，规范会计核算在管理过程中的地位至关重要。企业应当对每个供应商设立唯一的"应付账款"科目，来保证会计数据的统一性。

5.提高以会计人员为主的工作素质，加强对财务人员的综合业务培训，多方面提高他们的综合业务水平和道德素养，使爱岗敬业理念更加深入人心，通过理念的转换促使应付账款管理工作的改善和精益求精。

具体应收账款管理流程见图 19-1：

1. 收货。要求供应商提供一式三份的送货单，并把货物与送货单都送到仓库，统一由仓管员验收货物，仓管员负责验收货物实体、规格型号、数量、重量等是否与采购订单相符

2. 品质检测。品质检验员负责对物料质量进行严格把关，对质量不符的拒绝签字，并进行退货、换补货；对有部分瑕疵而尚可使用的物料应根据实际情况开出补扣通知联络单

3.（1）货实不符，数量、重量有误的由仓管员处理，方式有：退货、换货、补货。（2）有其他违反采购协议规定的，由品质检验员开出扣款通知联络单，一式三份，被扣款单位、采购部和财务部各一份。（3）如有需要供应商协助处理的，需通知采购人员与财务人员暂停付款，待处理完后才安排付款。以上三种方式都必须及时同时采购与任务

核对货单是否相符　　是　　否

4. 签章。仓管员在一式三份的送货单上签名，一份由运输人带回公司存档一份送给采购文员、一份整理归类存放，待月底移交给财务对账。在系统里看到采购文员已录采购订单的，仓管员应及时调出订单并入库，如没有采购订单，仓管员应及时催采购文员录入

5. 采购对账。采购人员根据仓管员的入库明细表单核对每月供应商的对账单，根据订单号和物料代码核对单价的准确性，发现数量或单价，特别是单价不符或者是已退货供应商未及时更新的，通知供应商更改对账单

6. 财务审核。财务人员根据仓管员送来的送货单核对数量与仓库入库明细是否一致，核对对账单数量与入库数量是否一致、单价与订单是否相符，核对无误暂估入账

7. 通知开票。对账并入库完毕由采购人员通知供应商开票

8. 发票收集。采购人员收到月结供应商的发票后，应在发票后附上对应金额的送货单、采购订单、对账单，沟通好对应入库月份，并登记发票移交表，将发表移交给财务部

9. 采购部做付款计划并填制付款申请单

12. 已付款反馈。出纳付完款后及时将汇款单复印一份交给采购部，并及时登记已付款的信息

11. 出纳付款。每月 15 日前为给月结供应商付款的日期，除特殊情况外，统一由出纳付款

10. 财务部审核付款申请单

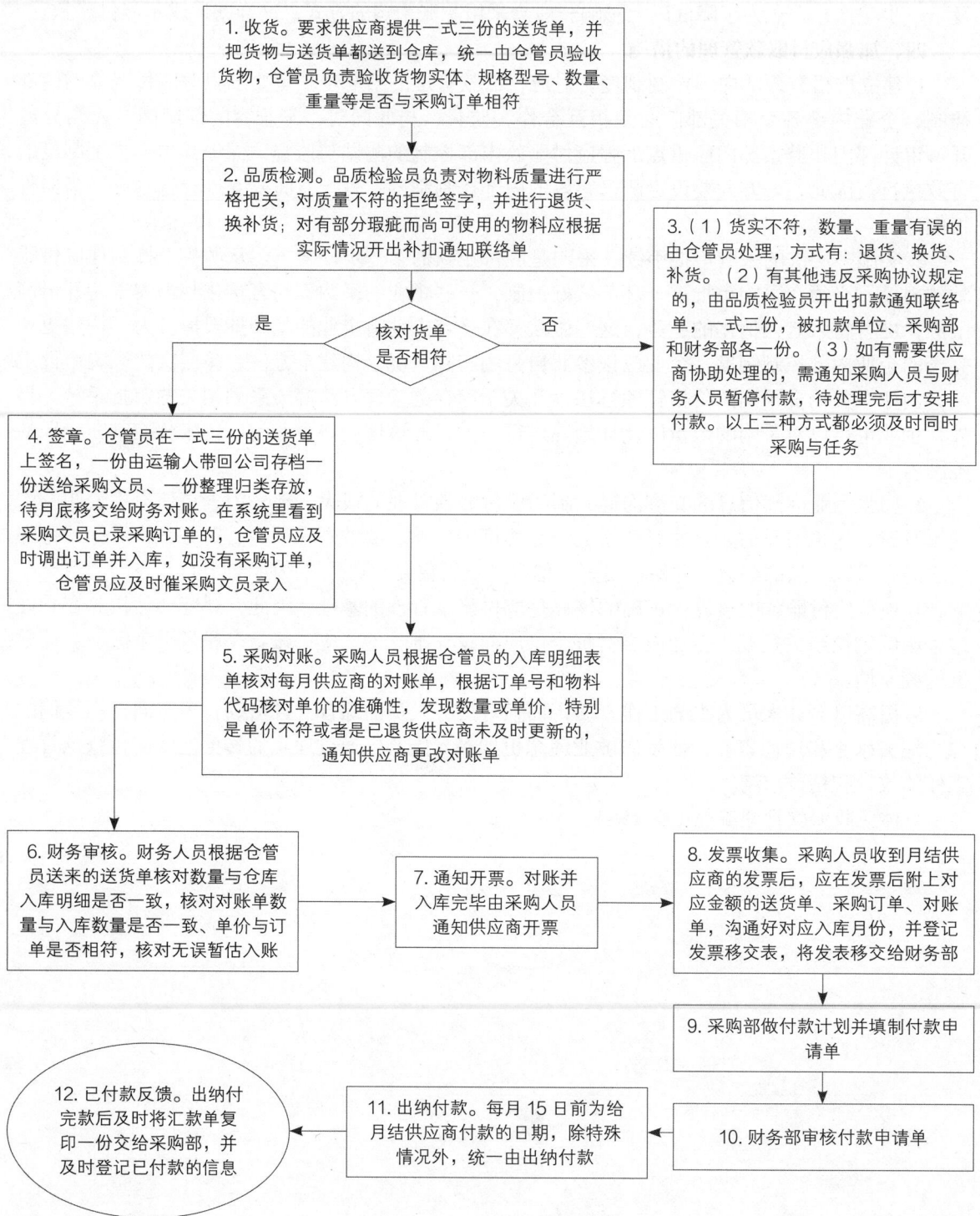

图 19-1　应收账款管理流程

19.4 请款（现金及支票）控制制度及流程

一、请款（现金及支票）的管理方法

第一条 按照谁借款谁归还的原则，不准代他人借款，更不得以他人名义借款自用。

第二条 日常借、请款当月借款必须在次月内报销（或销账），确因客观原因需延期时，需事先以书面形式报经总公司财务部审核，总经理和董事长审批，否则，扣发当事人当月工资，直至销清全部借款。

第三条 借、请款只限于本公司员工，除销售人员，日常办公/耗材采购人员外，其他人员不得借款（除董事长特批外）。

第四条 借、请款必须严格按规定的审批程序办理。若遇分公司负责人不在公司或经特别授权时，由其授权人代为办理审批，事后由出纳补办有关手续。凡不按审批程序、资料不全、项目填漏、领导批示不明确等情况，无论紧急与否，出纳一概不予受理，由此产生的后果由经办人自负。

第五条 若属分期付款的请款，请款人必须提供付款依据，并附上分期付款跟踪表，在付最后一笔款时，财务人员必须核对清账目，且拿回发票再支付。

第六条 报销票据必须是合法的正式发票。

1. 所有报销发票必须是套印有全国统一发票监制章的新版发票，收据（税务部门认可的除外）、白条、不按规定要求开具的发票均不能作为费用报销凭据。

2. 特殊情况：因不能取得合法的发票，而只取得收据（财政票据除外）、白条的，则必须由此项费用报销人员提供其他合法的票据代替，且报销项目与所提供发票名称、项目一致。

3. 原始票据的粘贴：交通票据等小票据的粘贴范围以粘贴单大小为界，须紧靠粘贴单顶界和右界从右往左横向粘贴，覆盖粘贴的相邻票据间须留出一定间隔距离，票据较多时，可分行粘贴，不得竖向粘贴。

4. 原始票据必须按交通票据、住宿票、招待票、通信票等不同类别和不同金额，分门别类地进行粘贴，不能混合粘贴。

5. 不符合上述规定要求的报销单据，财务部有权退回，要求报销人重新整理。

第七条 对同一事项的请款与报销应分开办理。请款时报批一次，持发票报销时须再报批一次，并附上请款审批单（复印件）。申请支票付款时，当月取回发票凭证的，不需再执行报销审批程序。

第八条 出纳应每月清理一次个人借款，对当月不能进行借款清理的，应列出明细清单进行通告并督促。

第九条 对丢失支票或单据的人员，视其情节轻重，可分别给予经济处罚或行政处罚，造成经济损失者，由责任人负责赔偿。

第十条 使用现金和银行转账支票的界定。

1. 出差省外携带现金，一般人员每人每次原则上，不超过 2 000 元；分公司负责人每次原则上，不超过 5 000 元。凡超过上述限额的，应办理非现金结算手续或自带汇票。

2. 省内开支费用所需现金，分公司负责人不超过 3 000 元。凡超过上述限额，必须使用非现金结算。

3. 单位之间的经济往来，一般使用银行转账支票，确需支付现金时，结算不得超过 2 000元，超过 2 000 元的，一律使用非现金结算。

第十一条 出纳人员必须认真执行上述规定，若有违反，视其情节轻重，分别处以批评、罚款、降级、辞退处罚，造成经济损失的必须赔偿。

第十二条 请款及报销必须同时报送的其他资料：

1. 申请工程款项时，必须同时呈报以下资料。

（1）工程合同或加工协议，第一次付款时，必须呈报。

（2）发票。

2. 申请物料消耗品和办公用品款项时，必须同时呈报以下资料。

（1）采购合同或采购订单，零星采购不必呈报。

（2）发票。

3. 申请固定资产采购款项时，必须同时呈报以下资料。

（1）购销合同。

（2）发票。

4. 申请现金借款时，必须同时呈报以下资料。

（1）分公司负责人批复的文件。

（2）借款审批单。

5. 销借款（支票）或现金报销时，同时呈报以下资料。

（1）支付证明单或费用报销单。

（2）出差申请表。

（3）招待费用申请表。

（4）发票。

二、财务部门工作职责

1. 负责公司日常财务核算，参与公司的经营管理，拟订和完善公司财务制度、会计核算制度和财会各专业体系。

2. 根据公司资金运营情况，合理调配资金，确保公司资金正常运转。

3. 搜集公司经营活动情况、资金动态、营业收入和费用开支的数据并进行分析，提出建议，定期向董事长报告。

4. 严格财务管理，加强财务监督，督促财务人员严格执行各项财务制度和财经纪律。

5. 负责全公司各项财产的登记、核对、抽查、调拨，按规定计算折旧费用，保证资产的资金来源。

6. 负责对外投资、融资及担保、保险工作。

7. 参与公司及各部门对外经济合同的签订审核工作。

8. 参与工程预、结算审核管理，审核项目的预、结算，对项目全过程进行费用控制，完善工程建设的全程管理。

9. 负责公司现有资产管理工作。

10. 经营报告资料编制工作、绩效奖金核算工作、年度预算数据汇总工作。

11. 有关单据审核及账务处理，各项费用支付审核及账务处理，应收账款账务处理，总分类账、日记账等账簿处理，财务报表及会计科目明细表编制。

12. 统一发票自动报缴工作，税务核算及申报作业。

13. 会计意见回馈及督促，税务及税法研究。

14. 完成领导交办的其他工作。

三、请款控制流程

具体请款控制流程见表 19-1。

表 19-1　　　　　　　　　　　　　　　**请款控制流程表**

经办人	流程图	相关文件及表单
借款人 / 报销人	填写借款单、出差申请单或费用请款单、差旅费报销单	借款单、出差申请单、费用请款单、差旅费报销单
部门负责人	审批	
会计 / 财务部负责人	核准	
分公司负责人	批准	
出纳	付款	
借款人 / 报销人	签收	

19.5　坏账损失审批流程

一、坏账损失的定义

坏账是指企业无法收回或收回的可能性极小的应收款项。发生坏账而产生的损失，称为坏账损失。

按照《企业财务通则》，以下两种情况的应收账款可以确认为坏账：一是债务人死亡，以其破产财产或者遗产清偿后，仍然不能收回的应收账款；二是因债务人逾期未履行偿债义务超过三年仍然不能收回的应收账款。

二、坏账损失的处理

1. 直接销账法。

直接销账法指平时并不对可能发生的坏账进行预计，而只是到坏账实际发生时直接冲销应收账款的方法。

2. 备抵法。

备抵法指采用一定的方法按期估计坏账损失，计入当期费用，同时建立坏账准备，待实际发生坏账损失时，冲销已计提的坏账准备和相应的应收账款的方法。

三、坏账确认条件

企业对符合下列标准的应收款项可确认为坏账。

1. 债务人死亡，以其遗产清偿后，仍然无法收回。

2. 债务人破产，以其破产财产清偿后，仍无法收回。

3. 债务人较长时期内未履行偿债义务，并有足够的证据表明无法收回或收回的可能性极小。

4. 催收的最低成本大于应收款额。

四、职责与权限

（一）不相容岗位分离

1. 坏账损失核销申请人与审批人分离。

2. 会计记录与申请人分离。

（二）业务归口办理

1. 坏账损失核销申请由业务经办部门提出。

2. 财务部门归口管理核销申请，并对申请进行审核。

3. 坏账损失核销审批，在每年第四季度办理。

（三）审批权限

1. 股东大会负责单笔损失达到企业净资产1%或年度累计金额达5%及关联方的审批。

2. 总经理负责单笔金额在1万元以内，或年度累计金额在50万元以内的审批。

3. 除须经股东大会批准的事项和授权总经理批准的外，由董事会批准。

五、坏账损失核销审批要求

（一）核销申请报告

1. 收集证据。经济业务的承办部门，或承办人，应向债务人或有关部门获得下列证据。

（1）债务人破产证明。

（2）债务人死亡证明。

（3）催收最低成本估算表。

（4）具有明显特征能表明无法收回应收款的其他证明。

2. 核销申请报告的内容。企业出现坏账损失时，在会计年度末，由经济业务承办部门，或承办人，向有关方获取有关证据，由承办部门提交书面核销申请报告，书面报告至少包括下列内容。

（1）核销数据和相应的书面证明。

（2）形成的过程及原因。

（3）追踪催讨过程。

（4）对相关责任人的处理建议。

（二）核销审批要求

1. 财务部汇总和审核。财务部对坏账损失的核销申请报告进行审核，并提出审核意见，并编制汇总表报财务总监审查。财务部应对申请报告核销申请的金额、业务发生的时间、追踪催讨的过程和形成原因进行核实。

2. 财务总监审查。财务总监对申请报告及财务部的审核意见进行审查，并提出处理建议，包括对涉及相关部门与相关人员的处理建议，报公司总经理审查。

3. 总经理审查和审批。总经理审查后并根据财务总监提出的处理建议，做出处理意见，在授权范围内，经总经理办公会通过后，对申请报告签批；超过授权范围的，经总经理办公会通过后，由总经理或总经理委托财务总监向董事会提交核销坏账损失的书面报告。书面报告至少包括以下内容。

（1）核销数额和相应的书面证据。

（2）坏账形成的过程及原因。

（3）追踪催讨和改进措施。

（4）对公司财务状况和经营成果的影响。

（5）对涉及的有关责任人员的处理意见。

（6）董事会认为必要的其他书面材料。

4. 董事会和股东大会审批。在董事会授权范围内的坏账核销事项，董事会根据总经理或授权财务总监提交的书面报告，审议后逐项表决，表决通过后，由董事长签批后，财务部按会计规定进行账务处理。需经股东大会审批的坏账审批事项，在召开年度股东大会时，由公司董事会向股东大会提交核销坏账损失的书面报告，书面报告至少包括以下内容。

（1）核销数额。

（2）坏账形成的过程及原因。

（3）追踪催讨和改进措施。

（4）对公司财务状况和经营成果的影响。

（5）对涉及的有关责任人员的处理结果或意见。

（6）核销坏账涉及的关联方偿付能力以及是否会损害其他股东利益的说明。

董事会的书面报告由股东大会逐项表决通过并形成决议。如股东大会决议与董事会决议不一致，财务部对决议不一致的坏账，按会计制度的规定进行会计调整。

监事会列席董事会审议核销坏账损失的会议，必要时，可要求公司内部审计部门就核销的坏账损失情况提供书面报告。监事会对董事会有关核销坏账损失的决议程序是否合法、依据是否充分等方面提出书面意见，并形成决议向股东大会报告。

六、财务处理和核销后催收

（一）财务处理

1. 财务部根据董事会决议进行账务处理。

2. 坏账损失如在会计年度末结账前尚未得到董事会批准，由财务部按公司计提坏账准备的规定全额计提坏账准备。

3. 坏账经批准核销后，财务部及时将审批资料报主管税务机关备案。

4. 坏账核销后，财务部应将已核销的应收款项设立备查簿逐项进行登记，并及时向负有赔偿责任的有关责任人收取赔偿款。

（二）核销后催收

除已破产的企业外，财务部、经济业务承办部门和承办人，仍应继续对债务人的财务状况进行关注，发现债务人有偿还能力时及时催收。

具体坏账审批流程见图 19-2。

```
                                              ┌─────────┐
                                              │  开始   │
                                              └────┬────┘
        否                   否                    │
   ┌────────────┬──────────────────┐              ▼
   │            │              ┌───────┐   ┌──────────────┐
┌──┴──┐  是  ┌──┴──┐  是      │ 审核  │◄──┤ 制定计提坏账  │
│审批 │◄─────│审核 │◄─────────└───────┘   │ 准备政策      │
└──┬──┘      └─────┘                       └──────────────┘
   │ 是                                            │
   │                                               ▼
   └──────────────────────────────────────►┌──────────────┐
                                            │ 估计坏账损失  │
                                            └──────┬───────┘
                                                   ▼
                                            ┌──────────────┐
                                            │ 计提坏账准备  │
                    否                      └──────┬───────┘
              ┌──────────────┐                     ▼
              │    审核       │◄────────────┌──────────────┐
              └──────────────┘             │  坏账确认     │
                   │ 是                    └──────┬───────┘
                   └──────────────────────►┌──────────────┐
                                           │ 计提或冲减坏  │
                                           │  账准备       │
                                           └──────┬───────┘
                                                  ▼
                                           ┌──────────────┐
                                           │  坏账收回     │
                                           └──────┬───────┘
                                                  ▼
                                           ┌──────────────┐
                                           │  账务处理     │
                                           └──────┬───────┘
                                                  ▼
                                             ┌─────────┐
                                             │  结束   │
                                             └─────────┘
```

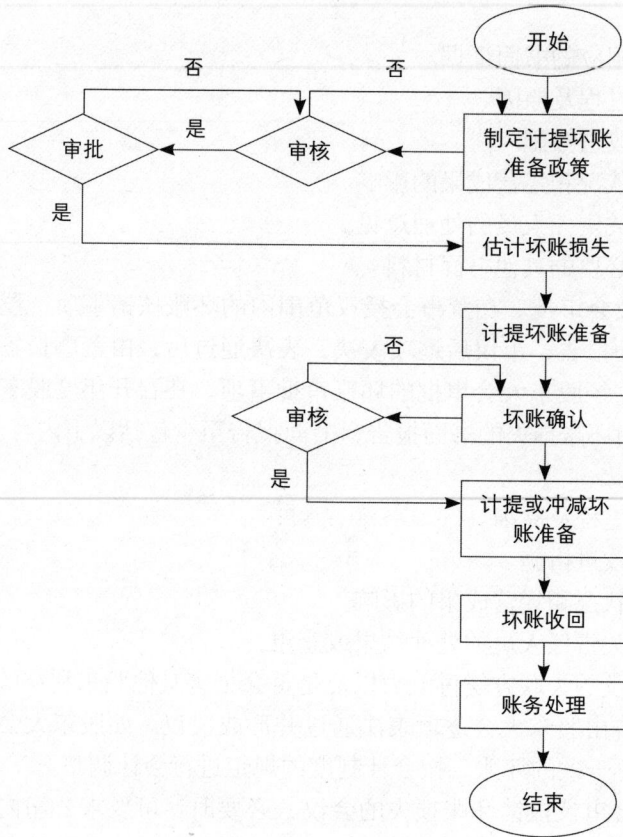

图 19-2　坏账损失审批流程

第 20 章　账款管理表格

20.1　客户信用管理表格

20.1.1　客户信用调查评定表

一、客户信用调查的概念

客户信用调查指通过对客户信用状况进行调查分析，从而判断应收款项成为坏账的可能性，为防范坏账提供决策依据。几乎所有成功的企业，都非常重视客户信用调查。

二、客户信用调查的途径

1. 通过金融机构或银行对客户进行调查。

这种方式可信度高，所需费用少；不足之处是很难掌握客户全部资产情况和具体细节，因可能涉及多家银行，所以调查时间较长。

2. 利用专业资信调查机构进行调查。

这种方法能够在短期内完成调查，费用支出较大，能满足企业的要求；同时调查人员的素质和能力对调查结果影响很大，所以应选择声誉高、能力强的资信调查机构。

3. 通过行业组织进行调查。

这种方式可以进行深入具体的调查，但往往受到区域限制，难以把握整体信息。

4. 询问同事或委托同事了解客户的信用状况，或从新闻报道中获取客户的有关信用情况。

三、客户信用调查的内容

1. 对客户经营状况的调查。

（1）客户的总体经营状况。

（2）客户的声誉、形象。

（3）客户对自己的生意，是否有做很好的规划。

（4）客户对自己所在的行业是否非常了解。

（5）客户是否具有企业战略或者竞争战略。

（6）客户的内部管理。

（7）客户是否具有成熟的企业文化，各部门之间的协作精神。

（8）经营者本人的素质。

（9）各界管理人员的素质。

（10）企业整体的士气。

2. 对客户财务现状的调查。

（1）客户手中的现金是否充足。

（2）客户是否持票据贴现。

（3）客户是否有延期支付债务。

（4）客户是否出现预收融资票据的情况。

（5）客户是否有为融资而低价抛售的情况。

（6）客户是否有提前回收赊销款的情况。

（7）客户是否开始利用高息贷款。

（8）客户与银行的关系是否变得紧张。

（9）客户是否有其他债权人无法收回其货款的情况。

（10）客户票据是否曾经被银行拒付。

（11）客户银行账户是否已被冻结。

3. 对客户支付情况的调查。

（1）客户是否已不能如期付款。

（2）客户是否有推迟现金支付日。

（3）客户是否有推迟签发支票。

（4）客户是否有提出要求票据延期。

（5）客户是否有要求延长全部票据或货款的支付日期。

四、客户信用调查的方法

客户信用调查方法有多种，这里介绍三种基本的方法。

1. 银行征信法。

银行征信法是对客户进行全方位的信息调查的方法。企业间的交易，只有极少数情况下存在担保品的问题，但我们还是参考相关内容，将银行征信套用在了企业间的信用调查中。

2. 6C 分析法。

6C 分析法是一种全方位的信用调查方法，它涉及 6 个方面：品质、能力、资本、经济状况、连续性、抵押品。这些方面的英文单词第一个字母都是 C，故称 6C 分析法。

3. 5P 分析法。

银行征信法和 6C 分析法都是针对客户整体情况来调查信用的方法，而 5P 分析法既可以针对全面情况进行调查，也可用于具体的债务项目的信用和风险分析。该方法包括 5 个因素：个人因素、欠款意图、还款因素、保障因素、企业前景。

五、客户信用调查结果的处理

调查完成后，编写客户信用调查报告。对于信用状况恶化的客户，要采取措施，如要求客户提供担保人和连带担保人、增加信用保证金、减少供应量或实行发货限制、接受抵押等。

六、客户信用额度

根据客户的实际情况，制定出相应的信用额度。对于 A 类客户，信用额度可以不受限制；对于 B 类客户，可以先确定信用限度的上限，以后视情况逐渐放宽或收缩；对于 C 类客户，则应仔细审核，只能给予少量的信用限度。

客户信用调查评定表见表 20-1。

表 20-1　　　　　　　　　　　　　**客户信用调查评定表**

1. 基本信息			
客户名称			
企业性质			
营业执照登记机关			
企业负责人		成立时间	

2. 主要负责人及联系人				
姓名	性别	职位	手机	出生年月

3. 主要往来开户结算银行			
项目	往来银行		
银行名称			
账户号码			
账户名称			
开户日期			
经常存款余额			

4. 基本经营状况	
（1）主营产品	
（2）年销售收入	
（3）盈利状况	□良好　□一般　□较差
（4）最近连续两年经营状况	□良好　□一般　□较差
（5）资金实力	□雄厚　□一般　□较差
（6）偿债能力	□良好　□一般　□较差
（7）有无严重违法经营行为	
（8）经营风险及未来盈利能力的预测	

5. 与该客户业务往来情况			
（1）与本公司合作是否满一年		（2）历年与本公司的业务总额	
（3）该客户订单额占本公司销售总额的比例		（4）目前是否存在应收账款	

续表

6. 该客户的业务信用记录			
（1）以前的结算方式		（2）以前核定的信用额度	
（3）有无超信用额度的记录		（4）最高欠款额	
（5）最近两年内合作有无发生不良欠款的行为		（6）最近两年内合作有无发生严重违约的行为	

7. C 级信用客户核定标准	
（1）最近两年内与我公司合作曾发生过不良欠款或其他严重违约行为	□是　□否
（2）经常不兑现承诺	□是　□否
（3）出现不良债务纠纷或严重的转移资产行为	□是　□否
（4）资金实力不足，偿债能力较差	□是　□否
（5）经营状况不良，存在严重亏损	□是　□否
（6）与我公司业务量出现连续严重下滑现象，或有不公正行为	□是　□否
（7）发现有严重违法经营现象	□是　□否
（8）出现国家机关责令停业、整改的情况	□是　□否
（9）有被查封、冻结银行账号的危险	□是　□否

8. 该客户信用额度核定

注：A. 核定为 A 级信用的客户须在本表第 4/5/6 项中所有选项获最优评价；B. 在本表第 7 项中有任何一条评为"是"，则应核定为 C 级信用

（1）业务员对客户信用的综合分析研判（包括企业规模、经营盈利分析、偿债能力、其他注意事项等）：

（2）财务部经理对客户信用的综合分析研判（包括过往信用记录、业务量、其他注意事项等）：

（3）对该客户信用限额及结算方式建议：

（4）对该客户信用评级（A、B、C）：

销售业务员：	销售部经理审查意见：
市场部经理审核意见：	财务部经理审核意见：
销售副总经理审核：	总经理批准：

20.1.2　客户信用等级分类

所谓客户信用评级，就是企业在对客户信用分析的基础上，对其信用程度做出的一种规范性判断。企业为什么要对客户进行信用评级？怎样按照对客户的信用评级进行风险控制？下面将简要介绍这些问题。

一、企业为什么要对客户进行信用评级

目前企业对客户的管理分类大多是以销售目标为标准进行的。比如按订单量的大小（大、中、小客户），按所销售产品的差别，按销售区域的差别等。有的企业在客户分类上标准不统一，种类繁多，各种分类交织在一起，造成管理上的混乱。为此，企业要实行科学的信用管理，应当建立一套简洁的客户信用分类方法，用于客户的资信管理和业务决策。企业进行客户信用评级，至少有如下几方面的作用。

（一）信用评级用于客户选择和交易决策

究竟哪些客户是企业真正需要的大客户？如果仅仅按照订单量来划分，则会出现这样的问题：那些订单量大的客户恰恰也是造成货款拖欠较为严重的高风险客户。只有具有足够偿付能力的客户才有可能是对企业有价值的大客户。

因此，对客户的信用评级为企业的客户开发和交易决策提供了一个非常重要的标准，即衡量一个客户的价值，不能仅看其订单数量，更应关注其发展潜力和信用价值（偿付能力）。这一点对改善销售部门的客户开发和选择工作是非常有意义的。一些企业出现过多的信用风险损失，相当大一部分原因在于销售人员在客户选择、评价标准上出现问题：只关心销售量而不重视客户偿付能力。

（二）信用评级用于客户的风险管理

在实际工作中，企业对客户的风险控制和对应收账款回收的管理，经常是以对客户（或债务人）的信用风险程度为依据进行的。因此，客户的信用评级便成为一个有效的管理手段。比如，对客户的常规性的信用风险监督通常是以客户的信用等级划分为基础进行的。一般来说，对那些高风险客户，企业必须进行专门的资信调查；对于逾期应收账款的催收，往往也要根据客户的信用等级制定不同的收账政策。

（三）信用评级是企业信用政策制定的基础

企业在使用信用工具这一竞争手段扩大市场销售时，是否意味着给所有客户同样的信用政策？有些企业的确是这样做的，采取一刀切的方法：所有的客户都可以赊销，享受同样的优惠条件。其结果是虽然达到了促销的目的，销售额快速增长，但客户占用、拖欠的货款同样巨大，这种促销方式并不成功。

因此，客户信用评级对于企业的信用政策的制定和实施具有非常重要的作用。

二、以客户信用级别进行的风险控制

对于企业内部管理来说，对客户按信用程度进行分类的重要工作是科学、清晰地定义和划分客户信用级别，这有助于实际管理和业务操作。其中，有 3 个方面应给予周密的考虑。

第一，每一个级别的含义必须清晰、明确，并且符合本企业客户管理的实际情况，使企业内部所有人员都能明白。

第二，每个级别之间的界限应尽可能地清楚，不能出现模棱两可的情况，如果既可以划到这一级别，又可以划到那一级别，那么评级就失去了严肃性和权威性。

第三，每个级别应具有实际的指导意义。企业的信用评级不同于第三方提供的征信服务，它更强调目的性。企业给每个客户的信用级别，包含了对其交易决策和风险控制的基本原则。

三、具体信用评级办法

比较广泛使用的评级办法是分为 A、B、C、D 4 个等级的评级方法。这一方法具有较强的适用性和科学性，目前在国内外企业的信用管理中用得十分普遍。

（一）对 A 级客户的风险管理

A 级客户被定义为低风险客户，在国外有的教科书将其定义为无风险客户。笔者认为用"低风险"定义更为恰当一些，因为绝对无风险的客户几乎不存在。

这一级别的客户一般实力雄厚、规模较大，且与本企业在以往的交易中付款较为及时，没有拖欠。这类客户的长期交易前景非常好，订单潜力很大，且信誉优良，企业可以放心地与之交易，对其信用额度不用做太大的限制。这类客户是企业最理想的赊销对象，企业对这类客户在信用上应采取较为宽松的政策，并努力不使这类客户丢失。建立经常性的联系和沟通，是维护与这类客户良好业务关系的必要手段。同时，企业也应当定期地了解这些客户的情况，作为一种正常的信息沟通。

（二）对 B 级客户的风险管理

B 级客户被定义为可接受风险客户。所谓可接受风险，是指这类客户所产生的风险在企业容许的范围之内。究竟什么风险是企业可接受的？这取决于企业的需求。一般来说可接受风险包括容忍客户短期的或善意的货款拖欠，但客户必须保证足够的偿付能力。

这个级别的客户具有较大的交易价值，没有太大的缺点，也不存在破产征兆，也许在经营中会有暂时性的资金周转问题，导致货款延误，但根本性的偿付能力不存在问题。对这类客户可以长期与之开展赊销业务，但须严格按照信用限额进行交易。

企业对这类客户在信用上应做必要的控制，基本上应以信用限额为准。这类客户往往数量比较大，企业应努力争取与其建立良好的客户关系并不断增加了解。对这类客户定期地进行信息搜集是必要的，尤其应当注意其经营状况和其产品市场状况的变化。

（三）对 C 级客户的风险管理

C 级客户被定义为高风险客户。这类客户相对于企业的要求来说，其信用能力或行为较差（或所获得的信用信息不全）。这类客户一般在与本企业交易过程中有过不良的信用表现，如出现较为严重的货款拖欠。对于一些新客户来说，由于刚刚开始交易，企业所获得的信息较少，对其信用不太了解，也应划入这一类别。

C 级客户对企业的风险性和交易价值往往带有不确定性和偶然性，与其交易风险较大，但有时也有一定的交易价值，企业无法轻易放弃。对这类客户的管理较难，建议对 C 类客户首先实行严格的信用限额限制，必要时寻求一些额外的担保条件。另外，应考虑其实际的交易价值和合作潜力，如果在这方面的价值也较小，则应尽可能地不使用赊销方式而以现金交易为主。如果这类客户交易价值较高，企业可以考虑多承担一些风险，但此时必须进行较深入的资信调查（花费一些调查费用是必要的）。

另外，如果将一些新客户划入 C 类，则应通过几笔小额交易试探性地确立信用管理，如认为有长期合作的潜力，则应在几笔交易之后及充分的信息占有基础上，逐步将其纳入 B 级客户的管理范围。

（四）对 D 级客户的风险管理

D 级客户被定义为不可接受风险客户，企业对该类客户绝不应开展赊销业务。一般来说这类客户已对本企业有过严重拖欠，且交易价值不大。

对这类客户，企业应尽量避免与之进行交易，即使进行交易，也应以现金结算方式或要求预付款为主，不应采用信用方式。这类客户不应成为企业客户资源的重点，有些甚至可以放弃。企业可以保留这些客户的资料，但无须投入过分的人力和财力来搜集这些客户的信息，在急需了解的情况下，可以委托专业服务机构进行调查。

四、客户信用评级十二级细则

1. 十二级评级是指对客户信用状况进行评定，对担保业务的风险用量化方法进行测评的一种管理办法。

2. 十二级包括：正常 1 级、正常 2 级、正常 3 级、正常 4 级、关注 1 级、关注 2 级、关注 3 级、次级 1 级、次级 2 级、可疑 1 级、可疑 2 级、损失。

3. 十二级评级指标体系及评分。

十二级评级指标体系由客户信用评分（用 A 表示）、反担保物风险评分（用 B 表示）、加分项（用 C 表示）、必备条件扣分（用 D 表示）构成，计算方式如下。

$$十二级评分 = 客户信用评分（A）+ 反担保物风险评分（B）+ 加分项（C）- 必备条件扣分（D）$$

（1）客户信用评分是指采用定量分析和定性分析相结合的方法对客户进行信用分析和评价。客户信用评分指标由财务结构、偿债能力、运营效率、盈利能力等财务定量指标，及竞争力、从业经验、产品和技术、资源控制、过往信用记录等定性指标构成，根据所处的行业不同，分为制造类、商贸类、服务类及房地产类四大类别进行评分。

（2）反担保物风险评分是指对客户提供的用以抵押和质押的反担保物进行评分，常用反担保物包括房地产、金融资产、机器设备、运输工具、存货、应收账款、无形资产等，各反担保物根据变现能力、可控性分别赋予不同的折现率，根据反担保物折现后的值对担保项目风险敞口的覆盖比率进行评分。

（3）加分项是指对部分对企业经营管理有重大促进作用的事件及对项目操作可控性有明显提高作用的措施进行适当加分。

（4）必备条件是指客户核心（主要）控制人及其配偶的个人无限连带责任保证，是任何一个担保项目都必须满足的条件（特殊情况下豁免必备条件须经授权审批人批准），必备条件在评分指标体系中设计为扣分项，达到要求不加分，达不到要求则扣分。

4. 十二级评级及专项准备金的计提标准。

企业根据得分的结果确定十二级级别；根据得分定级的结果，提取相应的专项准备金，具体的计提标准为：以担保项目的担保余额为基数乘以该项目评级对应的准备金计提比率，具体见表 20-2。

表 20-2　　　　　　　　　　　十二级评级及专项准备金的计提标准

十二级评级	等级	十二级评分	准备金计提比率
正常 1 级	1	≥ 95	0.5%
正常 2 级	2	≥ 90	0.5%
正常 3 级	3	≥ 85	0.5%
正常 4 级	4	≥ 75	0.5%

续表

十二级评级	等级	十二级评分	准备金计提比率
关注1级	5	≥ 70	1.5%
关注2级	6	≥ 65	2.0%
关注3级	7	≥ 60	2.5%
次级1级	8	≥ 55	10.0%
次级2级	9	≥ 50	25.0%
可疑1级	10	≥ 40	55.0%
可疑2级	11	≥ 35	70.0%
损失	12	< 30	100.0%

5. 十二级评级和定级程序。

（1）业务部门申报项目时，由述职调查经理进行评级。

（2）对在保项目进行保后监管的时候，由监管经理进行评级。

6. 在保项目十二级定级标准。

（1）原则上，如果项目在申报、批准前后情况未发生实质性变化，维持项目申请时给予的评级。

（2）若项目发生十二级评级在保项目监管定级表（见表20-3）中列述事实/情形，其项目评级应调整到表中所列定级描述对应的十二级评级。

（3）十二级评级在保项目监管定级表未能列示商业环境中的所有变化，保后监管责任人应根据自己的工作经验做出合理的商业判断，给予适当评级。

表 20-3　　　　　　　　　　十二级评级在保项目监管定级表

正常1级	企业市场竞争能力极强，现金流量非常充足，融资能力和还款能力极强，还款意愿极好，有非常充足的证据表明能够按期足额偿还债务本息，项目担保前后情况一致，未发生实质性变动
正常2级	企业市场竞争能力很强，现金流量充足，融资能力和还款能力很强，还款意愿很好，有非常充足的证据表明能够按期足额偿还债务本息，项目担保前后情况一致，未发生实质性变动
正常3级	企业市场竞争能力较强，现金流量充足，融资能力和还款能力较强，还款意愿良好，没有理由怀疑不能够按期足额偿还债务本息，项目担保前后情况一致，未发生实质性变动
正常4级	企业还款能力较强，还款意愿良好，没有足够的理由怀疑不能够按期足额偿还债务本息，项目担保前后情况一致，未发生实质性变动
关注1级	出现可能影响企业还款能力的不利因素，但企业还款能力尚可，还款意愿良好，反担保措施合法、足值、有效，变现能力一般，或具备相应的过程控制
关注2级	经营管理方面：股权结构发生重大变更；并购、重组、分立、迁址等；企业管理层发生变动或出现不团结现象；企业实际控制人重病或突然死亡等可能对经营和还款产生不利影响
	财务方面：个别财务指标出现不利变化
	反担保措施方面：反担保措施的落实存在瑕疵

续表

关注 2 级	贷款用途方面：贷款未按计划使用但尚未挪作他用
	还款方面：担保贷款需要展期；担保本金分期到期逾期 1 期（含）未代偿，或需从客户在银行或在我公司保证金账户划款才能还款
	企业自身操作方面：存在未按规定归档的项目；存在未按规定进行保后监管的项目；存在违反操作流程等相关业务管理制度进行操作的项目
	企业还款意愿一般，反担保品少量完备，不足值，可控性和变现能力不强，反担保措施中信用保证占较大比重
关注 3 级	经营管理方面：主导产品市场地位发生不利变化，新产品研发尚未及时跟进，竞争力出现明显下降；企业出现违法经营行为而被查处；存在不利于己方的经济纠纷和法律诉讼；过度新增贷款而加大了偿还压力；过度对外投资造成流动性不足、资金紧张
	财务方面：部分财务指标出现不利变化
	反担保措施方面：反担保措施的落实存在瑕疵且无法弥补但预计可能不会产生风险隐患
	贷款用途方面：贷款挪作他用，增加了还款的不确定性因素
	还款方面：原担保贷款需由我公司再担保借新还旧；担保本金分期到期逾期 2 期（含）未代偿，或需从客户在银行或在我公司保证金账户划款才能还款
	企业自身操作方面：存在未按规定归档且超过规定归档时间一个月以上的项目；存在未按规定进行保后监管累计达 2 次（含）以上的项目；存在违反操作流程等相关业务管理制度进行操作且存在风险隐患的项目
	企业还款意愿较差
次级 1 级	反担保措施方面：反担保措施的落实存在瑕疵且无法弥补并预计会产生风险隐患；抵 / 质押物市场价值出现大幅度下降或变现能力出现问题；证券质押到达戒线，即：[（A 账户股票市值 +B 账户股票市值 + 资金余额）÷ 担保金额]× 100% ≤ 180%；预计损失率在 10% 以内
	贷款用途方面：贷款挪作他用且未纠正，并对还款产生不利影响
	还款方面：担保本金分期到期逾期 3 期（含）未代偿；担保本金分期到期逾期代偿 1 期（含）内；出现不愿还款意愿；我公司担保贷款以外其他贷款出现拖本息现象
	经营管理方面：企业经营出现萎缩甚至暂时停业调整；出现违法经营行为而被查处停业整顿
次级 2 级	财务方面：大部分财务指标持续出现不利变化，财务危机进一步恶化
	反担保措施方面：非抵（质）押或非关键过程控制等非关键性反担保措施未完全落实；抵 / 质押物市场价值出现大幅度下降且无法弥补或变现能力出现严重问题；预计损失率在 10%~30%
	还款方面：担保本金分期到期逾期 5 期（含）未代偿；担保本金分期到期逾期代偿 3 期（含）内；担保本金一次性到期逾期 2 个月（含）内未代偿；原担保项目发生代偿，后由我公司担保一笔新的业务解决该笔代偿
可疑 1 级	反担保措施方面：抵（质）押或关键过程控制等关键性反担保措施未完全落实；证券质押的到达平仓线即：[（A 帐户股票市值 +B 帐户股票市值＋资金余额）/ 担保金额]× 100% ≤ 150%；预计损失率在 30%~50%
	还款方面：担保本金分期到期逾期 6 期（含）未代偿；担保本金分期到期逾期代偿 4 期（含）内；担保本金一次性到期逾期 3 个月（含）内未代偿；担保代偿后签定分期还款协议后仍不能还款的

续表

可疑2级	反担保措施方面：法院查封抵押品；主要反担保品灭失；预计损失率在50%~90%
	还款方面：担保本金分期到期逾期8期（含）未代偿；担保本金分期到期逾期代偿6期（含）内；担保本金一次性到期逾期5个月（含）内未代偿；担保本金一次性代偿未超过6个月（含）
损失	反担保措施方面：反担保品全部灭失
	还款方面：担保本金分期到期逾期8期以上未代偿；担保本金分期到期逾期代偿6期以上；担保本金一次性到期逾期6个月以上未代偿；担保本金一次性代偿超过6个月不满一年（含）；公司破产清算、倒闭；无法追偿；我司确认代偿已经无法收回分期发生代偿后又一次性代偿剩余全部担保本金的，从第1期代偿时间开始计算，代偿超过1年未全额回收；担保本金一次性代偿超过一年未全额回收

20.1.3 客户信息汇总表

客户信息汇总表如表20-4所示。

表20-4 　　　　　　　　　　客户信息汇总表

客户姓名	客户类别	客户职务	客户地址	联系电话	反馈意见

20.1.4 客户资信档案表

一、调查客户资信概述

调查客户资信指事先收集企业的一些基本情况。

（1）了解企业的大体情况，比如名称、地址、办公电话（重点是销售电话）、邮编、企业性质、业务范围、职工总数等。

（2）了解企业的历史背景，比如企业成立的日期、注册的机关、注册资金及号码、历史沿革、股东或者股份，以及企业的上级主管部门。

（3）了解企业的管理人员，比如企业董事会、法定代表人、董事长、总经理、副总经理等的姓名、学历、经历。

（4）了解企业财务状况，即资产负债表、利润表、现金流量表、财务比率等。

（5）了解企业与银行的往来，重点是企业开户银行及账号。如果是进出口企业，还要知道企业的外币账户和账号。

（6）了解企业的经营状况，如有哪些供应商，主要供应商的名称及电话，主要产品及产量，原材料采购情况等。

（7）分析了解企业今后的发展趋势，如几个月内是否会扩大生产、上设备、转产等。

二、调查客户资信的途径

（1）通过银行调查，这是一种常见的方法。按国际习惯，调查客户的情况属于银行的业务范围；在我国，一般委托中国银行办理。向银行查询客户资信，一般不收费或少量收费。

（2）通过国外的工商团体进行调查，如商会、同业公会、贸易协会等。这些工商团体一般都接受委托调查所在地企业情况，但对于通过这种渠道得来的信息，企业要经过认真分析，不能轻信。

（3）通过驻外机构和在实际业务活动中对客户进行考察所得的材料进行调查。这种途径一般比较具体可靠，对业务的开展有较大的参考价值。此外，外国出版的企业名录、厂商年鉴以及其他有关资料，对了解客户的经营范围和活动情况也有一定的参考价值。

三、对国外客户资信调查的范围

（1）国外企业的组织机构情况，包括企业的性质、创建历史、内部组织机构、主要负责人及担任的职务、分支机构等。调查中，应弄清厂商企业的中英文名称、详细地址，防止出现差错。

（2）政治情况，主要指企业负责人的政治背景，与政界的关系以及对我国的政治态度等。

（3）资信情况，包括企业的资金和信用两个方面。资金是指企业的注册资本、财产以及资产负债情况等；信用是指企业的经营作风、履约信誉等。这是客户资信调查的主要内容，特别是对中间商更应重视。例如，有的客户愿和我们洽谈上亿美元的投资项目，但经调查其注册资本只有几十万美元。对这样的客户，我们就该打上个问号。

（4）经营范围，主要是指企业生产或经营的商品、经营的性质，是代理商、生产商，还是零售批发商等。

（5）经营能力，每年的营业额、销售渠道、经营方式以及在当地和国际市场上的贸易关系等。

对客户资信进行调查后，应建立客户档案。

四、建立客户档案

客户档案，顾名思义就是有关客户情况的档案资料，是反映客户本身及与客户关系有关的商业流程的所有信息的总和，包括客户的基本情况、市场潜力、经营发展方向、财务信用能力、产品竞争力等。

建立客户档案的目标是缩减销售周期和销售成本，有效规避市场风险，寻求扩展业务所需的新市场和新渠道，并且通过提高客户价值、满意度、忠诚度来改善企业的经营有效性。那么如何建立客户档案呢？

1. 收集客户档案资料。

建立客户档案就要专门收集客户与企业联系的所有信息资料，以及客户本身的内外部环境信息资料。它主要有以下几个方面。

（1）有关客户的基本原始资料，包括客户的名称、地址、电话以及相关负责人的个人性格、兴趣、爱好、家庭、学历、年龄、能力、经历背景等，这些资料是客户管理的起点和基础，需要通过销售人员对客户的访问来收集、整理。

（2）关于客户特征方面的资料，主要包括所处地区的文化、习俗、发展潜力等。其中对外向型客户，还要特别关注和收集客户市场区域的政府政策信息。

（3）关于客户周边竞争对手的资料，如对其他竞争者的关注程度等。对竞争者的关系都要有各方面的比较。

（4）关于交易现状的资料，主要包括客户的销售活动现状、存在的问题、未来的发展潜力、财务状况、信用状况等。

2. 客户档案的分类整理。

客户信息是不断变化的，客户档案资料就会不断补充、增加，所以客户档案的整理必须具有管理的动态性。根据营销的运作程序，可以把客户档案资料进行分类、编号定位并活页装卷。第一部分，客户基础资料，如客户背景资料，包括销售人员对客户的走访、调查的情况报告。第二部分，客户购买产品的信誉、财务记录及付款方式等情况。第三部分，与客户的交易状况，如客户产品进出货的情况登记表，实际进货、出货情况报告，每次购买产品的登记表，具体产品的型号、颜色、款式等。第四部分，客户退赔、折价情况。如，客户历次退赔折价情况登记表，退赔折价原因、责任鉴定表等。以上每一大类都必须填写完整的目录并编号，以备查询和资料定位；客户档案每年分年度清理、按类装订成固定卷保存。

3. 建档工作注意事项。

（1）档案信息必须全面详细。客户档案所反映的客户信息，是企业对该客户确定一对一的具体销售政策的重要依据。因此，客户档案除了客户名称、地址、联系人、电话这些基本的信息之外，还应包括客户的经营特色、行业地位和影响力、分销能力、资金实力、商业信誉、与本企业的合作意向等更为深层次的因素。

（2）档案内容必须真实。这就要求业务人员的调查工作必须深入实际，那些为了应付检查而胡编乱造客户档案的做法是要不得的。

（3）对已建立的档案要进行动态管理。

客户资信档案表见表 20-5。

表 20-5 客户资信档案表

名称					
地址				邮编	
电话			传真		
网址			电子邮箱		
法人代表		业务负责人		手机	
经营范围					
经营者素质					
资信情况		资产		负债	
		银行账号		银行信誉	
		税号		纳税情况	
与本公司合作方式					
合作潜力					
业务记录					
备注					

20.2　应收账款管理表格

20.2.1　应收账款登记表

应收账款登记表是公司的一种内部管理用报表，具体样式见表 20-6。

表 20-6　　　　　　　　　　　　　应收账款登记表

日期		科目	厂商名称	摘要	金额	冲转日期		采购单号码	进库单号码	备注
月	日					月	日			

20.2.2　应收账款明细表

应收账款明细表是公司的一种内部管理用报表，具体见表 20-7。

表 20-7　　　　　　　　　　　　　应收账款明细表

日期	合同号	应收账款总额	返利金额	运费	开票情况		首付款	
					开票日期	开票金额	日期	金额

20.2.3　应收账款账龄分析

账龄是指负债人所欠账款的时间。账龄越长，发生坏账损失的可能性就越大。账龄分析法是指根据应收账款的时间长短来估计坏账损失的一种方法，又称"应收账款账龄分析法"。采用账龄分析法时，将不同账龄的应收账款进行分组，并根据前期坏账实际发生的有关资料，确定各账龄组的估计坏账损失百分比，再将各账龄组的应收账款金额乘以对应的估计坏账损失百分比，计算出各组的估计坏账损失额之和，即当期的坏账损失预计金额。

一、应收账款账龄分析表的特点

账龄的时间段一般根据客户的信用期，结合会计准则对计提坏账准备标准划分。划分的账龄时间段越细、间隔越短，坏账估计就越精确。通常情况下，对1年以内应收账款账龄划分较细，而对1年以上的应收账款则不能做太多区分。

1. 应收账款账龄分析表所提供的信息，可使管理当局了解收款、欠款情况，判断欠款的可收回程度和可能发生的损失。

2. 管理当局根据应收账款账龄分析表能估计出应收账款不能变现的数额。

二、编制应收账款账龄分析表

在估计坏账损失之前，可将应收账款按其账龄编制应收账款账龄分析表，借以了解应收账款在各个客户之间的金额分布情况及其拖欠时间的长短。

利用该表，管理当局可酌情做出采取放宽或紧缩商业信用政策的决策；此表可作为衡量负责收款部门和资信部门工作效率的依据。

三、账龄分析的优缺点

账龄分析的优点是运用简便，并能估计出应收账款不能变现的数额；缺点是不完全符合配比原则，因而要影响到各期的净收益数额的正确性。

（一）账龄段划分过于宽泛

中国证监会《公开发行股票公司信息披露的内容与格式准则第二号〈年度报告的内容与格式〉》，将应收账款的账龄划分为四段，即1年以内、1年至2年、2年至3年和3年以上。这也是我国至今唯一明确应收账款账龄划分的法规，笔者认为上述划分过于宽泛，理由有二：一是漠视了应收账款的本质特点，即账龄越长，收回的可能性越小；二是忽视了应收账款的性质，即应收账款是流动资产，而不是长期资产。

（二）账龄分析精度不够

现代经济是信用经济，销货方通常会给购买方一定的付款信用期，超过付款信用期的应收账款称作逾期应收账款，应收账款的真正风险就在于此。笔者认为，不考虑应收账款是否逾期而笼统进行账龄分析，在深度上是远远不够的。

（三）账龄认定缺乏标准

表面看来，账龄分析很简单，不存在标准与否的问题，实则不然。为了说明问题，举两个实务中经常碰到的例子。

（1）A公司2016年12月31日应收B公司货款100万元，账龄为2年以上；2017年12月增加应收B公司货款50万元；同月B公司支付30万元（B公司没有明确该30万元是支付以前年度购货款，还是2017年新发生的购货款），A公司2022年12月31日应收B公司货款余额为120万元。

实务中，由于对上述A公司收到的30万元冲以前年度应收账款，还是冲当年应收账款存在分歧，于是得出了两种截然不同的账龄分析结果。认为应该冲以前年度应收账款，账龄分析结果为：3年以上应收账款为70万元，30天以内应收账款为50万元。认为应该冲当年应收账款，账龄分析结果为：3年以上应收账款100万元，30天以内应收账款为20万元。

（2）A公司2022年12月31日应收B公司货款10万元，账龄为3年以上，B公司2022年12月31日应收C公司货款也是10万元，但账龄为2年以上。A、B、C三家公司，2022年12月31日签订债权债务转让协议。A公司原来应向B公司收取的货款，改向C公司收取。实务中由于对应收账款账龄的概念认识不一致，对2022年12月31日A公司应收C公司的货款的账龄得出了三种不同的结论。第一种为 3 年以上，理由是该笔货款从销售实现、产生之日起，已过了 3 年 A 公司还没有收回；第二种为 2 年以上，理由是从 C 公司的角度来看，购货款没有支付的时间超过 2 年；第三种为 30 天以内，理由是 A、C 公司的债权债务关系在 2022 年 12 月才成立。

（四）账龄披露存在随意性

从现状来看，账龄披露存在随意性主要表现在两个方面：一是年度间披露不一致，如当年年报各账龄段的余额年初数与上年年报数不一致等；二是当年年报披露的各账龄段年初年末信息彼此矛盾，如年初账龄 1 年以内和 1~2 年应收账款余额的合计数小于年末账龄 2~3 年应收账款余额等。

四、应收账款账龄分析的建议

（一）科学划分账龄段

充分考虑应收账款的本质特点和应收账款的流动资产特性，按照账龄的增加，逐步加大各账龄段的间距。参照国际上的通常做法，将 1 年以内的应收账款细分成 30 天以内、30~60 天、60~120 天和 120~360 天四段。

（二）实行账龄双重分析

既分析账龄，又分析账龄中的遗龄，把账龄的数量特征和质量特征结合起来进行分析，从而使企业提供的信息更全面、更有用。

（三）明确账龄确认标准

账龄认定只能有一个标准，这个标准也只能由政府来制定。为此笔者呼吁尽快出台这方面的规定，使会计实务有章可循，会计信息口径一致，增强应收账款数据资料的可比性。

（四）严肃信息披露

应收账款账龄分析绝不能想怎么披露就怎么披露，要确立应收账款信息披露的标准，应收账款信息披露千万不能成为企业会计信息披露的盲点，成为美化企业资产质量的调节器。

20.2.4　应收账款可回收性分析表

一、应收账款的概念

应收账款是指企业在正常的经营过程中因销售商品、提供劳务等业务，应向购买单位收取的款项，包括应由购买单位或接受劳务单位负担的税金、代购买方垫付的各种运杂费等。

应收账款同库存现金、银行存款、存货一样都属于企业的流动资产，但区别在于，应收账款是一种债权，无实物形态。

作为企业流动资产的重要组成部分，应收账款的可回收性是衡量其资产状况优劣、盈利质量好坏的重要指标之一，直接影响着企业的现金流量、经营实力、偿债水平及周转能力。

应收账款伴随着收入的确认而产生，而坏账准备的计提也直接影响着企业的经营利润，所以应收账款的真实性便成了舞弊识别的重要关注点和突破口。

二、应收账款解析

（一）应收账款余额

判断应收账款余额是否正常的方法有纵向分析和横向分析两种，其中纵向分析又可分为静态分析和动态分析。

1. 静态分析。

企业可以通过对各年度资产结构进行分析，看应收账款占流动资产、净资产或者总资产的比重，来分析资产结构构成情况、资产质量优劣及变动情况，也可以看应收账款占营业收入的比重。应收账款占营业收入的比重应控制在合适的比例，比例越大，说明赊销占比越大，营业收入取得的回款状况并不好，有可能企业的财务状况在变差。

比如该比例达到 50% 以上的企业，表明其有一半以上的收入是赊销创造的，企业的盈利质量就相对较差，有这种情况的企业比较难通过银行的风险评估而取得外部资金支持。

需要说明的是，期末应收账款的减少可能并非实际回款，比如应收账款进行保理、转换成商业承兑汇票，或者虚构款项收回等情况造成的非正常减少。

2. 动态分析。

企业通过对各年度应收账款增幅和营业收入增幅进行比较，以此来判断应收账款是否存在异常变动，正常情况下，这两者的增幅应该是同比例变动的。

如果应收账款增幅远高于营业收入增幅，说明企业的应收账款回收越来越困难，经营现金流净额在恶化。出现这种情况可能是企业放宽了客户的信用结算周期，当然也可能是虚构交易，虚增收入造成的应收账款挂账，特别需要关注与关联方相关的应收账款有增无减的情形。

3. 横向分析。

企业可以将本企业与同行业其他企业、行业平均水平等进行各方面的比对分析，看应收账款是否存在明显异常。

（二）应收账款构成

一般来说，有资金实力的企业，客户欠款一般回收风险比较小，比如国有银行、证券公司、知名企业等。因此，企业需要对债务人的构成进行分门别类的分析，包含债权人的所属行业、性质、区域、信用、规模和产品市场等方面。

另外需要重点关注企业的应收账款所涉及客户集中度状况，如果客户过于集中，可能表明企业的生产经营存在潜在的经营风险，一旦某一客户生产经营发生恶化，会对企业业绩造成很大冲击。

（三）应收账款的可回收性

企业可通过账龄分析、信用期分析、单独分析等来判断应收账款的可回收性。

（1）从账龄来看，一年以内的应收账款占比越大越好，三年以上的应收账款占比越小越好。

年限越长，说明企业的应收账款质量越差，可回收性越差，如果以前年度的营业收入是有水分的，这将对企业今后的盈利产生潜在的冲击。

长账龄也可能跟企业所在的行业性质相关。比如一些收入与款项结算不同步的企业，账上确认的是暂估应收款，与客户正式结算取得发票后才形成正式的应收账款，在这种情况下，因为暂估应收款项和正式的应收款项在财务报表里无法区分，所以，长账龄的应收账款特殊情况下的可回收性风险可能也并不大。

总体来说，时间越长越容易形成坏账，坏账计提比例越高，而坏账的计提直接影响企业的利润。

（2）从信用期来看，信用期是企业与客户合同谈判的结果，关键在于信用期的可控性，期后回款情况可以充分反映应收账款的可回收性风险的大小。

（3）从关联方来看，这里主要是说应收大股东和相关关联方的应收款项，有个别上市公司的实际控制人凌驾于上市公司之上，利用其控制权占用上市公司资金，侵占中小投资者的利益。应收账款中关联方占比过高是常见的利润操作手段。

（四）应收账款的质量

绝大部分企业采用账龄分析法计提坏账准备，并参考信用期标准，信用期内的不提或少计提，超出信用期的按照不同账龄来加大计提比例。一般企业一年以内的计提比例普遍采用 5% 的计提比例。

计提比例的大小可以比照同行业内的其他企业，一是不同账龄段内的计提比例，二是计提的坏账占应收账款余额的比例，看计提比例是否明显偏离可比企业。

除此之外，对某些风险特征明显不同的应收账款应该单独计提坏账准备，但风险特征无法量化，无统一可控的标准，实际运用上，除基于回收风险很大而全额计提外，其他的计提比例常常缺乏充足的支撑依据。

企业应收账款中如果包含了大量的关联方交易，则要重点关注交易是否具备经济实质、交易价格是否公允，以此判断企业是否存在利用关联方交易来调节收入和利润。

三、应收账款的舞弊方式

（一）会计核算环节

有的企业混淆应收账款的核算范围，与其他应收款等其他科目混用，使核算内容失真；有的企业已取得销售款项但仍列为应收账款，将款项挪作他用；有的企业发生了应收账款业务但不进行核算，虚减营业收入，以逃避缴纳税金等。

有些企业在选择核算方法时，并没有按照规定选择正确的核算方法，例如，在存在现金折扣的情况下，应收账款应采用总价法，按未抵减销售折扣的总额来入账，但实际上部分企业却采用净额法入账，少计销售收入而逃避纳税。

（二）销售业务环节

较为常见的是虚构销售交易，如虚构客户、虚拟购销合同等来虚增营业收入，以此达到虚增业绩的目的。有的企业通过离岸公司，或者与境外客户勾结实施跨境造假，这种情况较为复杂，不易识别。

（三）应收账款收回环节

一般应收账款应在信用期到期前收回，但有些企业信用期到期后因经办人私下收受好处而不积极催收，或者已经收回财务却不入账。

（四）坏账处理环节

有的企业在计提坏账损失时，并没有按照一定的比例计提或者计提比例明显不合适，人为缩小或者扩大计提范围或计提比例，来少提或者多提坏账准备，随意性比较大。

有的企业发生坏账时并没有计提坏账，造成应收账款和利润的高估；有的企业将预计可收回的款项作为坏账处理，造成应收账款低估；有的企业收回已转销的坏账时，不增加坏账准备，而作为应付款项处理或干脆不入账，私自占用。

透过应收账款的舞弊方式，可以看出舞弊行为主要集中在以下三个方面：一是通过应收账款造假提供虚假会计信息，用以美化企业形象，谋求企业相关者利益；二是挪用、占有企业资金；三是偷逃税金。

应收账款可回收性分析表见表 20-8。

表20-8   应收账款可回收性分析表

月份	销售额	累计销售额	未收账款	应收票据	累计票据	未贴现金额	兑现金额	累计金额	退票金额	坏账金额
1月										
2月										
……										
12月										
分析										
对策										

20.2.5　逾期催款函

逾期催款函格式如表20-9所示。

表20-9   逾期催款函

逾期催款函

〔201×〕××催函字第　　号

×××公司：

　　根据××××年××月××日，双方签订的合同×××号，贵司在执行期间，未能按合同规定的时间归还我司的资金，已造成合同执行中的违约行为和资金逾期。截至××××年××月××日，贵司欠我司本金××××元，利息按合同期银行贷款利率计算返还。

　　因贵司欠款已造成我司资金周转困难，并严重影响我司的经营，请贵司遵照诚实信用的规定于××××年××月××日前归还欠款。若贵司无视本函，将引起诉讼，除了承担相应的归还欠款义务外，还将承担各项不必要的诉讼损失和商业信誉损失。

　　请贵司接到此函后7天内，与我司联系。

　　专此函告。

××公司

××××年××月××日

20.3　预付款申请单

预付款申请具体步骤如下。

第一步：采购人员提出预付款申请。

采购人员在需要预付款时，提出预付款申请。

一般采购人员会填写一张预付款申请单，由相关领导签字确认后，让财务人员付款。财务人员看到这张预付款申请单时，在系统中输入相关的单据内容，并进行付款。

在系统中操作时，要注意两个问题。

一是单据类型的选择。为了与其他正常付款进行区别，在财务管理系统中，一般为预付款业务设置了一个特殊的单据，即预付款单据。这个单据跟其他单据的区别在于，系统在开立普通付款单的时候，会去查询这个预付款单据，看看有没有未结账的预付款，若有，则会提示用户。

二是最好注明具体的采购订单号。因为财务管理系统没有跟其他的系统相关联，所以，预付款单只能财务部门自己开立。在开立的过程中，要注意写明具体的采购订单号码。这主要是为了后续冲销作业的方便。因为在冲销的过程中，一般要对应到具体的采购订单，而不是只要供应商对，什么采购订单都可以冲销的。

第二步：录入付款单。

到了实际付款环节，采购人员在填写付款申请时，一般会提交多张单据，如公司采购单、公司收货单、供应商发票，若有预付款单，也会附上。

预付款申请单详见表 20-10。

表 20-10　　　　　　　　　　　　预付款申请单

预付款申请
致 ×××公司： 　我司承建贵司 ××××项目，并已和贵司签订《×××××合同》，根据合同第 ×条款规定，"×××××"，特此向贵司提出支付预付款申请。 　**请贵司尽快付款，谢谢！** 　**本合同总价为：** 　**大写：**××××××× 　**小写：**××××××× 　　　　　　　　　　　　　　　　　　　　　申请人：×××× 　　　　　　　　　　　　　　　　　申请日期：　　　年　月　日

20.4　应付票据明细表

一、应付票据的定义

应付票据，是指企业在商品购销活动和对工程价款进行结算因采用商业汇票结算方式而发生的，由出票人出票，委托付款人在指定日期无条件支付确定的金额给收款人或者票据的持票人的票据。它包括商业承兑汇票和银行承兑汇票。在我国，商业汇票的付款期限最长为 6 个月，因而应付票据即短期应付票据。应付票据按是否带息分为带息应付票据和不带息应付票据两种。

二、应付票据的分类

（一）商业承兑汇票和银行承兑汇票

商业汇票，按承兑人不同分为商业承兑汇票和银行承兑汇票。承兑人是银行的票据，则为银行承兑汇票；承兑人为购货单位的票据，则为商业承兑汇票。

（二）短期应付票据与长期应付票据

凡期限在一年或一个经营期内的应付票据，称为短期应付票据，属于流动负债；期限在一年或一个经营期以上的应付票据，称为长期应付票据，属于长期负债。

三、应付票据账务处理
四、应付票据的核算

为了对应付票据进行核算，企业应设置"应付票据"科目。该科目的贷方用来登记本企业开出的应付票据的面值，借方登记偿还的应付票据的面值，期末贷方余额表示企业尚未偿还的应付票据的面值。同时，企业还应设置应付票据备查簿，详细登记每一应付票据的种类、号数、签发日期、到期日、票面金额、合同交易号、收款人的姓名或单位名称，以及付款日期和金额等资料。应付票据到期付清后，应当及时在备查簿中逐笔注销。

商业汇票经过出票承兑以后，应借记"库存商品""应付账款"等科目，贷记"应付票据"科目。

某物业管理企业购入防盗门 20 扇，每扇 600 元，按合同开出 4 个月无息商业承兑汇票，支付购货款。另外此前欠红砖厂应付款 4 600 元，现以一张为期 2 个月的无息商业承兑汇票付款。本题不考虑增值税，根据开出的商业承兑汇票做会计分录如下。

借：库存商品——防盗门　　　　　　　　　　　　　　　　12 000
　　应付账款——红砖厂　　　　　　　　　　　　　　　　 4 600
　　　贷：应付票据　　　　　　　　　　　　　　　　　　　　　16 600

2 个月到期归还红砖厂货款，根据付款凭证，做会计分录如下。

借：应付票据　　　　　　　　　　　　　　　　　　　　　 4 600
　　　贷：银行存款　　　　　　　　　　　　　　　　　　　　　 4 600

开出并承兑的商业汇票如果不能如期支付，应在票据到期并未签发新的票据时，将"应付票据"科目的账面余额转入"应付账款"科目，等下次支付款项时再按不同的付款方式做不同的账务处理。如以银行存款支付，则贷记"银行存款"科目；若重新开出票据，则贷记"应付票据"科目。银行承兑汇票，如果票据到期，企业无力支付到期票款，承兑银行凭票向持票人无条件付款时，对出票人尚未支付的票款金额转作逾期贷款处理；并按每天万分之五计取罚息。开出汇票的企业到期无力支付银行承兑汇票，在接到银行转来的"××号汇票，无款支付转入逾期贷款户"等有关凭证时，应借记"应付票据"科目，贷记"短期借款"科目。

应付票据明细表如表 20-11 所示。

表 20-11　　　　　　　　　　　　　　　应付票据明细表

票据类别	票据关系人			合同号	出票日期	票面金额	已计利息	到期日期	利率	到期应计利息	付息条件	备注
	出票人	承兑人	收款人									

编制说明：

1. 票据类别应按商业承兑汇票、银行承兑汇票分别列示；

2. 与收款人是否存在关联关系，在"备注"栏中说明；

3. 如果涉及非记账本位币的应付票据，应注明外币金额和折算汇率。

第八篇

财务控制与审计
稽核管理

第21章 企业内部控制与稽核管理制度

21.1 集团公司内部审计制度

21.1.1 内部审计办法

第一章 总则

第一条 为建立健全内部审计制度，加强集团内部的管理和监督，提高企业管理水平，依据国际内部审计实务标准和国家颁发的有关内部审计管理条例，结合本集团的具体情况，特制定本办法。

第二条 审计部在集团公司董事会的直接领导下，根据国家的方针政策、财经法规、本集团及各下属公司章程、财会制度及有关文件规定，对集团公司各部门及下属公司的财务收支及其经济活动的真实性、合法性和效益性进行系统的审查、核实、评价和监督。

第二章 审计机构和审计人员

第三条 集团公司设审计部，由审计协理、审计师和审计员组成，具体负责集团公司及下属公司的各项审计工作。审计部直属集团董事会领导，业务上受国家审计机构指导和监督。审计协理由总经理或执行董事提名，董事会聘任，对董事长负责并报告工作。

第四条 审计部配置八名专职人员，其中审计协理和审计师各一人，高级审计、稽核人员和审计员各二人，其中稽核人员分别派驻×××运动用品制造有限公司和×××高尔夫球制品有限公司。

第五条 审计部依照法律、政策规定，独立行使审计监督权，不参与正常的经济业务，不受其他部门、单位和个人的干预，保持内部审计机构的独立性、公正性和权威性。

第六条 审计人员要努力学习和掌握国家的财经法律、法规、政策以及公司的有关规章制度，熟悉相关的理论和专业知识，精通审计业务。

第七条 审计人员必须严格遵守审计职业道德规范，依法审计、坚持原则、客观公正、忠于职守、保守秘密，不得滥用职权、徇私舞弊、玩忽职守。

第八条 按照集团审计制度的要求出具审计报告，保证审计报告的真实性、公正性是审计部的审计责任；建立健全内部控制制度，保护资产的安全、完整，保证会计资料的真实、合法、完整是被审计单位的会计责任。审计部的审计责任不能替代、减轻或免除被审计单位的会计责任。

第九条 审计人员依法行使职权受国家法律保护，任何单位和个人不得打击报复。

第十条 审计部根据审计工作的特殊需要，经总经理或执行董事批准，可以聘请或召集临时专业人员，对审计中某些专门事项协同审查与鉴定。

第三章 审计职责

第十一条 审计部对下列单位的财务收支及经济活动进行审计监督：

（一）公司各职能部门、员工；

（二）公司全资子公司、分公司、控股公司；

（三）公司参股企业的派驻人员；

（四）董事会认为需要检查的其他事项和人员。

第十二条 审计部的主要职责是：

（一）主持编制、执行和控制本部门年度工作计划，报集团执行董事核准；

（二）主持编制本部门年度预算方案，报集团执行董事审议、核准；

（三）监督集团公司及下属公司贯彻执行国家有关政策、财经法律、法规、制度和财经纪律；

（四）监督董事会决议及公司经营方针、政策、规章制度、计划和预算的落实及执行情况；

（五）对内部财务控制制度的健全性、适应性、有效性及执行情况进行审计监督；

（六）对集团公司及下属公司资金、财产、权益的安全完整进行审计监督；

（七）定期或不定期地对集团公司及下属公司经济核算和会计报表的真实性、准确性进行综合审计；

（八）总结与研究集团各部门及下属公司的财务状况，提出具体整改意见与整改措施；

（九）在董事长的领导下，对集团重大投资项目的可行性和有效性进行专项审计，并将审计报告及时呈报集团总经理办公会议或董事会；

（十）在董事长的领导下，对集团基建、技术改造、重大维修工程项目预算的执行，工程成本的真实性和经济效益进行专项审计，并将审计报告及时呈报集团总经理办公会议或董事会；

（十一）在集团总经理的领导下，对集团公司及下属公司有关重大经营方针、资金调配方案、经济合同等重要文件的合法性、有效性及执行情况进行专项审计，并将审计报告及时呈报集团总经理办公会议或董事会；

（十二）在集团总经理的领导下，负责对集团公司及下属公司高层管理人员离任、调任和任期目标完成情况的审计工作，并将审计报告及时呈报集团总经理办公会议或董事会；

（十三）在集团总经理的领导下，对承包、租赁经营的经济责任和负责人离任的经济责任情况，对兴办合资、合作经营企业及合作项目所投入资金、财产的使用及其效益情况，以及以集团资产抵押贷款或对外提供担保情况进行审计监督，并及时将审计报告呈报集团总经理办公会议或董事会；

（十四）负责建立和健全审计制度、审计档案管理制度等，认真做好审计资料立卷归档工作；

（十五）参加省市统一组织的审计活动；

（十六）负责办理董事会或集团总经理交办的其他事宜。

第四章　审计职权

第十三条　审计部有权要求集团内各部门、各企业按时报送预算或者财务收支计划、预算执行情况、财务决算、会计报表以及审计部认为与财务收支及经济活动有关的规章制度、经济合同等一切文件资料，被审计单位不得拒绝、拖延、谎报。

第十四条　审计部进行审计时，有权检查被审计单位的会计报表、账簿、凭证、资金及其他财产，查阅有关的文件、资料，被审计单位不得拒绝。

第十五条　审计部进行审计时，有权就审计事项的有关问题向有关单位和个人进行调查，索取有关证明材料。有关单位和个人应当支持、协助审计部工作，如实向审计部反映情况，提供有关证明材料。

第十六条　审计部有权对正在进行的严重损害集团利益，违反财经法规和集团各项规章制度及酿成严重损失的行为等，提请总经理做出临时的制止决定。

第十七条　对阻挠拖延、破坏审计工作以及拒绝提供有关资料的被审计单位，经总经理批准，可以采取封存有关账册、资产和冻结资金等临时措施，并提出追究有关人员责任的建议。

第十八条　有权提出改进管理、提高效益的建议以及纠正违反财经法纪行为的意见。对违反财经法纪和公司董事会有关决议的单位和个人，对严重失职造成重大损失的有关责任人员，可建议总经理给予必要的行政处分；对触犯刑律的，可建议移送司法机关依法追究刑事责任。

第十九条　审计部签发的审计报告、审计建议和集团总经理办公会议或董事会确定的审计决定，被审计单位必须按要求认真执行。审计部有权督促、检查被审计单位执行情况，纠正和制止一切不正当的经营活动与财务收支，限期改进工作。

第二十条　对审计工作中的重大事项必须向董事长如实报告。

第五章　审计工作程序

第二十一条　编制年度审计工作计划。

审计部在年初应根据董事会的要求和本集团公司具体情况，确定审计重点，编制年度审计工作计划，经执行董事批准后执行。

第二十二条　确定审计对象和制订项目审计方案。

审计部根据批准的年度审计工作计划，结合具体情况，确定审计对象，并指定项目负责人。项目负责人在对被审计单位的生产经营、财务收支等情况初步了解的基础上，编制项目审计方案，确定具体的审计时间、范围和审计方式等，经审计协理批准后实施。

第二十三条　发出审计通知书。

除突击审计外，审计部根据批准的项目审计方案，成立审计组并在项目审计开始三天前，将审计的时间、范围、内容、方式、要求及审计人员名单等事项通知被审计单位。

第二十四条　搜集审计证据。

在审计过程中，审计人员要根据审计工作具体要求，科学、严密地搜集并分析审计证据，认真编写审计工作底稿，记录审计过程，获取有价值的审计证据，并对审计中发现的问题，可随时向有关企业、部门和人员提出改进意见。

第二十五条　提出审计报告，做出审计决定建议。

审计部在对审计事项进行审计后，应进行综合分析，写出审计报告初稿，征求被审计单位意见。被审计单位应当自接到审计报告初稿之日起五日内提出书面意见；自接到审计报告五日内未提出书面意见的，视同无异议。

当被审计单位对审计结论有不同意见时，首先可以对事实和数据是否确切提出补充意见，经审计组查明后修改或补充；也可对审计报告的法规依据、处理建议的内容提出不同的看法，审计部可以采纳或维持原报告结论。

审计部在征求补充被审计单位意见后，提出正式审计报告，报送总经理审定批示，由总经理办公会议或董事会做出审计决定或由审计部做出审计意见书，抄送被审计单位并通知其执行；若需其他有关单位或部门协助执行的，应当制发协助执行审计决定通知书。

第二十六条　检查审计决定的执行情况。

被审计单位或者协助执行的有关单位、部门应当自审计意见书和审计决定送达之日起一个月内，将审计决定的执行情况书面报告审计部。

审计部应当自审计意见书和审计决定送达之日起两个月内，检查审计决定的执行情况。

被审计单位未按规定期限和要求执行审计决定的，审计部应当责令执行；仍不执行的，提请总经理裁决。

第二十七条　复审。

被审计单位对审计结论和决定如有异议，应自收到审计结论和决定之日起五日内向总经理提出书面复审申请，总经理对是否有必要复审做出决定。

复审小组人员由总经理直接指定（审计人员与被审计单位当事人回避），自总经理做出复审决定之日起三十日内进行复审。

在复审中如发现隐瞒或漏审、错审等情况，复审小组应重新做出审计结论。在申请复审和复审期间，原审计结论和决定应照常执行。

复审小组的复审结论和决定为终审结论和决定，被审计单位必须执行。

第二十八条　建立审计档案。

审计部办理的每一审计事项都必须按规定要求在审计结论和决定后一个月内建立审计档案，并妥善保管，以备考查。

审计档案未经总经理批准不得销毁，亦不得擅自借其他单位和部门调阅。

第六章　奖惩

第二十九条　对忠于职守、秉公办事、客观公正、实事求是、工作成绩显著的审计人员，和对揭发检举违反财经纪律、抵制不正之风有功的人员，给予表扬和物质奖励，并对举报人保密。

第三十条　对有下列行为之一的单位、单位负责人及直接责任人员，审计部可报请执行总经理批准，视其情节严重情况给予警告、通报批评、经济处罚和行政处分或移交司法机关依法追究法律责任：

（一）拒绝提供有关文件、账册、凭证、会计报表、资料和证明材料的；

（二）以各种手段阻挠、破坏审计人员行使职权，干扰影响审计工作正常进行的；

（三）弄虚作假、隐瞒事实真相或提供伪证的；

（四）拒不执行审计结论和审计决定的；

（五）打击报复审计人员和举报人的。

第三十一条 审计人员有下列行为之一的，经总经理批准后，视其情节轻重，可给予警告、通报批评、经济处罚和行政处分或移交司法机关依法追究法律责任：

（一）利用职权谋取私利的；

（二）弄虚作假、徇私舞弊的；

（三）专业过失，给集团造成较大损失的；

（四）泄露集团秘密的。

第七章　附则

第三十二条 本办法如有与国家颁发的审计法规相抵触的，以国家颁发的审计法规为准。

第三十三条 本办法若有未尽事宜，可由审计部报总经理批准后补充修订，其解释权属审计部。

第三十四条 本办法自总经理办公会议或董事会审议批准之日起执行，修订时亦同。

21.1.2　内部审计具体规范

21.1.2.1　内部审计实务指南第1号——财务审计指南

第一章　总则

第一条 为规范财务收支的审计监督，提高审计工作质量和效率，根据××××集团《内部审计办法》，制定本指南。

第二条 本指南所称财务收支审计，是指审计部对集团及各下属公司、控股公司和联营公司等独立企业或集团内部各相对独立的部门所从事的商品物资（不包括固定资产）的采购、储运、验收、入库和销售、发运、收付款、账务处理等各个控制环节和控制功能、程序、记录等各控制手段的有效、真实、合理和合法性等影响财务控制的事项进行的审计监督。

第三条 本指南所称成本费用，是指企业在经营管理过程中发生的各项财务支出（含补偿性耗费），包括产品销售成本、经营费用（销售费用）、管理费用和财务费用及其他相关损失、支出等。

第四条 财务收支审计的目的。

（一）监督审查期内所有货物的采购、运输、验收入库、储存、调拨、出库发运、销售各环节活动的真实性、合法性，确保经营方针、政策的贯彻执行，以及评价内部控制制度的完善程度，促进加强购销存管理。

（二）检查采购与销货预算计划和采购资金、库存资金、销货资金及营业现金流量预算计划的执行情况。

（三）查实采购、销货、库存货物的品种、质量、数量及金额的真实性和正确性。

（四）监督审查购销过程中严格执行国家政策法令、财经法纪和集团的预算制度及履约情况。

（五）揭发和防止购销过程中出现的投机倒把、营私舞弊、贪污盗窃及各种损失浪费等错弊现象。

（六）监督检查各部门在经营管理活动中遵守成本费用开支范围、开支标准，执行有关成本管理规定，维护财经纪律。

（七）检查各项费用开支的真实性、合法性、合理性，监督各部门增收节支，严格执行费用预算（计划），为合理考核各部门经营管理业绩打下基础。

（八）监督各部门按规定核算成本和费用，正确计算商品成本，降低消耗，防止和纠正铺张浪费行为和各种错弊，提高企业的盈利水平。

第五条　财务收支及成本费用的审计目标。

（一）确定财务收支的记录是否完整。

（二）确定财务收支的内部控制是否有效。

（三）确定成本费用的记录是否完整。

（四）确定成本费用的计算是否正确、科学。

（五）确定成本费用与收入是否配比。

（六）评价成本费用的发生是否遵循增收节支原则。

（七）确定成本费用在会计报表上的披露是否恰当。

第六条　财务收支及成本费用开支的审计应依据审计的具体任务、具体目标，并结合相应的内部控制制度测试，选择适当程序搜集证据，进行实质性检查、核实、评价与监督。

第二章　财务收支及成本费用审计（实质性测试）

第七条　采购业务内部控制系统的审查，由于采购审计的重要性，在《内部审计实务指南第 2 号——采购审计指南》中详细阐述。

第八条　仓储管理业务处理的审查。

（一）审查目的：审查商品的收发、储存、结报等手续是否依规定办理，其正确性、适时性与安全性如何。

（二）审查重点与程序。

获取验收单、领发货单、商品（货物）管制卡、安全检查日报表等，做如下审查。

1. 商品的储存，是否依类别分存各库或分档保存，各库（档）是否分设，各仓（档）是否设分区货架并分格编号，编号是否清晰、有系统规则，收货及发货是否便捷。

2. 库房安全措施是否完善，例如库房承载量是否经过勘察而无安全顾虑，库房是否加锁，消防器材配备是否足够，库房温度湿度是否可调节，易燃、易爆的危险性货物是否与其他货物隔离并做警示性标语，有无办妥足够的保险。

3. 供应商交运商品时，是否对送货单、发票、装箱单等单据，与请购单内容核对无误后办理收验货手续。

4.交货入库数量超过或未达订购量部分，是否做妥当处理。

5.供应商送货时是否均适时开立验收单实施品质检验，以确保货物品质。

6.所有领货，是否均根据经正式核准的领货单办理。

7.领货量异常时，是否查明原因；对于已领货未办手续的，或已办手续未提领的，有无追踪控制。

第九条 付款业务处理的审查。

（一）审查目的：审查采购付款业务是否按规定办理。

（二）审查重点与程序。

获取请购单、验收单、供应商发票、传票（记账凭证）、应付账款明细账（表）等，做如下审查。

1.财会部门是否依内部稽核规定，详细审查商品采购付款所有的凭证。

2.国内采购是否于办妥验收手续，备齐有关凭证送会计部门审核后，编制传票（记账凭证）后再付款。

3.国外进口采购是否根据报关资料办理结汇手续。

4.交货期延误或品质、数量不符的采购，是否按合约规定执行扣款或罚款手续。

5.出纳付款是否根据会计部门填制的传票（记账凭证）签发支票，签发支票是否划线，并在发票人签章处加盖"禁止背书转让"戳记。

6.预付购货款部分，核对传票（记账凭证）与原始凭证、请购单、合同书、进口报单等是否相符。

7.有关银行结汇、海关报关及支付保险公司、船运公司等预付款项与规定标准及合约是否相符，制定标准是否适当，计费方式是否合理；对于无支付标准的各种相关费用，是否依责权事先报准支付。

8.预付货款和预付费用入账、转销、收回及调整时所应附的原始凭证是否经核准，内容是否正常。悬列较久，或转销金额与原列金额不符，留存尾数尚未冲销的，应查明原因。

9.依据应付账款明细表核对明细账、总账是否相符。

10.依据应付账款明细表观察本期冲销情形，如有久欠未还，或性质不明的，应查明原因。

11.调阅原始文件、合约、凭证，查证应付账款余额是否正确；必要时发函向卖方查证积欠金额。

12.查阅是否有已收料，并经检验合格已发领用部门使用或售卖而仍未列账及付款等情形，如有应查明原因。

13.查阅有关付款支出及法律文书，检查采购违约罚款支出的原因和数额是否真实正确。

14.查验退货与折让记录同验收入库记录单据核对，检查退货与折让的原因是否真实，进货退出和折让的收回记录和回单是否相符，相关会计处理是否正确，退货与折让款是否已经收妥，特别注意审查有无隐匿赔款、罚金、退款等情况。

第十条 货物售卖、领用、发出业务处理的审查。

（一）领用审查。首先检查发料凭证与账簿发货记录是否相符；其次，查核成本结转，有无错漏；再次，查核其实际用量，有无多余货退回，如有多余货退回，应进行调整。领用以旧换新制度规定范围内的物料是否严格执行《以旧换新制度》。

（二）委托外部加工货物的审查。重点应审查双方签订的委托加工合同，发出加工货物的品种、质量和数量，发货与收货记录，加工费的支付，多余货的退回。

（三）货物出售审查。审查出售凭证，并与发货记录核对是否相符。审查重点应放在有无套购贩卖、投机牟利、营私舞弊等情况。具体的审查程序为：首先，审查出售的货物是紧俏稀缺，还是多余积压；其次，了解购进单位的经营业务和用途；再次，检查出售价格是否低于或超过同类货物的规定价格，如削价出售，有无经主管领导批准。

第十一条　存货的财务审计。

（一）审计目标。

1. 确定存货是否存在。

2. 确定存货是否归被审计单位所有。

3. 确定存货增减变动的记录是否完整。

4. 确定存货的品质状况，存货跌价准备的计提是否合理。

5. 确定存货的计价方法是否恰当。

6. 确定存货年末余额是否正确。

7. 确定存货在会计报表上的披露是否恰当。

（二）审计程序。

1. 核对各存货项目明细账与总账的余额是否相符。

2. 检查审计期间资产负债表结算日存货的实际存在。

（1）参与存货盘点的事前规划，或向被审计单位索取存货盘点计划。

（2）亲临现场观察存货盘点，监督盘点计划的执行，并进行适当抽点。

（3）盘点结束后索取盘点明细表、汇总表副本进行复核，并选择数额较大、收发频繁的存货项目与仓库部门和财会部门的永续盘存记录进行核对。

3. 如未参与资产负债表结算日盘点，应在审计外勤工作时对存货进行抽盘。

（1）获取并检查期末存货盘点计划及存货盘点明细表、汇总表，评价盘点的可信程度。

（2）根据存货盘点的可信程度，选择重点的存货项目进行抽查盘点或全面盘点，并倒推计算出资产负债表结算日的存货数量。

4. 在监盘或抽盘存货时，要检查有无代他人保存和来料加工的存货，有无未进行账务处理而置于（或寄存）他处的存货，这些存货是否正确列示于存货盘点表中。

5. 在监盘或抽盘存货时，要注意观察存货的品质状况，要征询技术人员、财务人员、仓库管理人员的意见，以了解和确定存货中属于残次、毁损、滞销积压的存货及其对当年损益的影响。

6. 获取存货盘点盈亏调整和损失处理记录，检查重大存货盘盈盘亏和损失的原因有无充分合理的解释，重大存货盘盈盘亏和损失的会计处理是否已经授权审批，是否正确及时地入账。

7. 检查存货跌价准备状况及其计提和结转的依据、方法和会计处理是否正确，是否经授权批准，前后期是否一致。

8. 查阅资产负债表结算日前后若干天的存货增减变动的有关账簿记录和原始凭证，检查有无存货跨期记录现象。如有，应进行记录，必要时提请被审计单位做适当调整。

9. 根据存货计价方法，按 ABC 分类法抽查期末结存量比较大的存货的计价是否正确。

10. 抽查采购账户，对大额的采购业务，追查自订货至到货验收、入库全过程的合同、凭证、账簿记录，以确定其是否完整、正确；抽查有无购货折让、购货退回、损坏赔偿、调换等事项；抽查若干在途货物项目，追查至相关购货合同及购货发票，并复核采购成本的正确性。

不设"材料或商品采购"科目的，上述检查方法适用于对在途货物和原材料、外购商品、备品配件、办公用品、包装物等货物购进的检查。

11. 抽查存货发出的原始凭证是否齐全，内容是否完整，计价是否正确。

12. 抽查委托外部加工货物发出收回的合同、凭证，核对其计费、计价是否正确，会计处理是否及时、正确；检查有无长期未收回的委托外部加工货物，必要时对委托外部加工货物的实际存在进行函证或现场调查。

13. 抽查大额分期收款发出商品的原始凭证及相关协议、合同，确定其是否按约定时间收回货款，如有逾期或其他异常事项，由被审计单位做出合理解释，必要时进行函证。

14. 检查低值易耗品与固定资产的划分是否合理，其摊销方法及摊销金额的确定是否正确。

15. 对业已进账并纳入资产负债表内的受托代销商品或代保管货物，可参照存货的检查方法进行检查；对未进账、列于资产负债表外的受托代销商品或代保管货物的检查，可依据受托代销商品备查簿等类似登记簿进行实物盘点，如有差异，查明原因并进行记录。

16. 抽查库存商品的发出凭证，核对其品种、数量和实际成本与商品销售成本是否相符。

17. 了解存货的保险情况和存货防护措施的完善程度，并进行相应记录。

18. 验明存货是否已在资产负债表上恰当披露。

第十二条 待处理流动资产净损失的审查。

（一）审计目标。

1. 确定待处理流动资产损溢的发生是否真实，转销是否合理。

2. 确定待处理流动资产损溢发生和转销的记录是否完整。

3. 确定待处理流动资产损溢的年末余额是否正确。

4. 确定待处理流动资产损溢在会计报表上的披露是否恰当。

（二）审计重点与程序。

获取流动资产盘盈盘亏、毁损报废明细表，做如下审查。

1. 复核加计是否正确，并与明细账、总账金额核对。

2. 查明损溢原因，审查转销时的审批手续是否完备。

3. 检查有无应予处理而未处理，长期挂账的待处理流动资产损溢，如有，应进行记录，必要时提请被审计单位做适当调整。

4. 检查会计处理是否符合有关规定。

5. 验明各余额列示是否恰当。

第十三条 销货业务内部控制系统的审查。

（一）销货业务内部控制制度主要内容。

1. 市场及销货预测制度。

2. 销售预算计划管理制度。

3. 客户信用评估制度。

4. 销货合同和订货记录制度（台账制度）。

5. 销货发票和结算制度。

6. 发货记录和送货回单制度。

7. 销货退回和折让制度。

8. 积极推销处理呆滞积压货物制度。

9. 销货管理报告及销货分析制度。

（二）审查的重点内容。

1. 检查销货计划编制、审批及其执行情况。

2. 检查、评价销货合同的签订及其执行情况。

3. 检查、评价销货所涉及的业务部门和业务环节的职责分工情况。

4. 检查、评价销货业务过程的手续制度，主要包括报价、签约、出库发货、收款和记账等环节。

5. 检查、评价销货会计核算控制，查明是否经常进行账簿登记和核对。

（三）审查的方式。

对上述销货内部控制系统进行审查、评价，可用两种方式同时或选用一种进行。

1. 逻辑评价，就是以销货业务的某种标准控制系统、模式与企业实际制定的相应内部控制系统进行比较、评价，找出其逻辑缺陷。

2. 符合性测试，可选用账务追索和实务追索两种方法。前者是按销货业务的账务处理系统，检查、评价销货业务内部控制系统的实际缺陷；后者是顺着企业正在进行的销货业务，跟踪销货内部控制系统是否实行，从而发现其实际缺陷。

第十四条　客户信用限额评估业务处理的审查。

（一）审查目的。

1. 审查赊销客户信用是否真实。

2. 审查赊销客户是否办理保证与抵押。

（二）审查重点及程序。

获取客户资料卡、客户信用申请表、客户办理不动产（资产）抵押及担保资料等，做如下审查。

1. 客户信用资料是否建卡，是否填注财务及信用状况。

2. 是否设卡登记有关赊账情形，是否有超过授信额度情况。

3. 客户信用总额的拟定，是否考虑信用、担保与抵押额度。

4. 对于信用不良或有退票等不良记录的客户或担保人，是否变更交易形式或变更信用额度。

5. 抵押权设定，是否取得他项权利证明书正本资料并办理有关法定手续。

6. 赊销客户是否填妥担保契约书，是否至少每年重新办理对保工作，并由第三者每半年对保一次。

第十五条　定价业务处理的审查。

（一）审查目的：查核售价的确定是否合理，是否依规定程序经过核决。

（二）审查重点及程序。

获取价目表、订货单（合同）、应收账款对账单等资料，做如下审查。

1. 底价的确定是否考虑成本及市价或同业公布的参考价。

2. 底价下跌是否合理。

3. 售价低于底价是否获授权核准。

4. 售价低于底价的理由是否充分。

5. 业务部门定期报准的销售价目表与实际收款的单价是否相符。

6. 应收账款对账单所载收款内容是否异常，有差异时，其差异原因是否合理。

第十六条　发票业务处理的审查。

（一）审查目的：审查发票是否依规定开具，开具时间是否正确及时，是否有溢开或漏开情形。

（二）审查重点及程序。

获取发票、作废发票、出货单等资料，做如下审查。

1. 已出货的出货单是否均已开具发票。

2. 出货单未开发票的，是否于预收货款时即已开立。

3. 发票开具的品名、数量与订单（合约）、出货单内容是否相符。

4. 发票存根联与客户收执联是否一致。

5. 是否有预开发票（未收款）而虚列销货收入的情形。

6. 发票作废的理由是否适当。

第十七条 客户投诉业务处理的审查。

（一）审查目的：了解客户投诉发生的原因，及其处理是否适当。

（二）审查重点及程序。

获取客户投诉问题处理报告等资料，做如下审查。

1. 客户投诉案件发生时，业务部门是否填写客户投诉问题处理报告，并知会相关部门办理调查、勘察工作，以确定责任的归属。

2. 客户投诉案件是否按规定期限处理完毕。

3. 客户投诉责任确定后，是否依规定进行行政处分或罚扣奖金。

4. 对客户申诉案件，是否迅速处理答复；客户所提意见，是否分类统计并分析检讨，以作为今后改进的参考。

第十八条 销货折让及销货退回业务处理的审查。

（一）审查目的：审查销货折让及销货退回是否均依规定权限核准处理，金额是否合理。

（二）审查重点及程序。

获取退货单、销货折让申请表、销货折让（退回）证明书、客户投诉问题处理报告等资料，做如下检查。

1. 文件（事项）签呈表、销货折让申请单、发票复印件、客户投诉问题处理报告、销货退回折让证明单等是否与账载金额相符。

2. 收款通知单所载折让、折扣是否属实，是否经授权的相关主管核准。

3. 何类客户退货较多，有无特殊原因。

4. 退货是否按规定记账，是否按规定扣绩效奖金。

5. 退货原因，理赔是否合理，有无核准程序；对于退货理赔案件，是否进行检讨改进。

第十九条 销货收入与应收账款业务处理的审查。

（一）审查目的。

1. 审查账列营业收入是否确属本期，包括项目是否正确。

2. 查核与营业收入有关的凭证、单据、记录等内部控制及内部流程中控制功能是否良好。

3. 确定销货与应收账款的内部控制是否被遵循。

4. 查证账列应收账款的正确性。

（二）审查重点及程序。

获取销货日报表、应收账款明细账、销货发票、出货单、客户对账单等资料，做如下审查。

1. 各月份发票所载营业收入额与账簿记录数是否相符。

2. 现销与现金日记账核对、赊销与应收账款明细账核对是否相符。

3. 出货单、销货发票是否连续编号控制，更改、涂销有无经授权核准，出货单与统一发票内容是否一致。

4. 获取或编制应收账款账龄分析表，并将超过规定期限尚未收现的，列明债务人、金额及原因，加以追查。

5. 应收账款明细账、总账及有关凭证是否相符。

6. 呆账冲销是否事先经授权的主管核准照办，冲销的金额及事实是否查证属实，已冲销呆账是否记录于备查簿并指定专人追查。

7. 因销货退回及折让所发生的应收账款减少，是否经授权主管核准，并分析退货及折让的发生原因。

第二十条　营业收入的财务审计。

（一）审计目标。

1. 确定商品销售收入和其他业务收入的记录是否完整。

2. 确定商品销售退回、销售折让是否经授权批准，并及时入账。

3. 确定商品销售收入发生额是否正确。

4. 确定其他业务收入的计算是否正确。

5. 确定商品销售收入和其他业务收入在会计报表上的披露是否恰当。

（二）审计程序。

1. 获取或编制商品销售收入和其他业务收支明细表，复核其加计是否准确，并与相关明细账和总账的余额核对。

2. 将审计期间的销售收入与同期销售收入预算和上年度同期间的销售收入进行比较，分析商品销售的结构和价格变动是否正常，并分析异常变动的原因。

3. 比较审计期间各月各种商品销售收入的波动情况，分析其变动趋势是否正确，并查明异常现象和重大波动的原因。

4. 抽查销售业务的原始凭证（发票、运货单据），并追查至记账凭证及明细账，确定销售收入是否真实，销售记录是否完整。

5. 抽查大额其他业务收支项目，检查原始凭证是否齐全，有无授权批准，会计期间划分是否恰当，其他业务收入与其他业务支出是否配比，有关税金的计算是否正确，会计处理是否正确。

6. 对异常的其他业务收支项目，追查其入账依据及有关法律性文件是否充分。

7. 实施截止日测试，抽查资产负债表日前后的销售收入与退货记录，检查销售业务的会计处理有无跨年度现象，对跨年度的重大销售项目应提请被审计单位予以调整。

8. 结合对资产负债表日应收账款的函证程序，查明有无未经认可的大额销售。

9. 检查销售退回与折让手续是否符合规定，是否按规定进行了会计处理。

10. 检查以外币结算的商品销售收入的折算方法是否正确。

11. 验明商品销售收入和其他业务收入是否在利润表上适当披露。

第二十一条　商品销售成本的主要实质性测试程序。

1. 获取或编制商品销售收入成本毛利明细表，与相关明细账和总账核对。

2. 分析比较本期间与上年度同期间商品销售成本总额，以及本期间各月份的商品销售成本金额，如有重大波动和异常情况，应查明原因。

3. 结合存货的审计，核对除企业自用商品等外的商品发出数额是否与销售成本基本一致，并检查其是否与销售收入配比。

4. 检查销售成本账户中重大调整事项（如销售退回、委托代销商品）是否有其充分理由。

5. 分析销售成本、毛利等实际与预算差异情况，评价预算（计划）执行情况。

6. 验明商品销售成本是否已在利润表上恰当披露，是否做了适当分析与说明以满足内部管理需要。

7. 审计部根据实际情况采用的其他必要之审计程序。

第二十二条 经营费用（销售费用）的主要实质性测试程序。

1. 获取或编制经营费用（销售费用）明细表，检查其明细项目的设置是否符合规定的核算内容与范围，并与明细账和总账核对。

2. 将本期间经营费用（销售费用）与上年度同期间的经营费用（销售费用）进行比较，并将本期间各个月份的经营费用（销售费用）进行比较，如有重大波动和异常情况应查明原因。

3. 分析经营费用（销售费用）各项明细支出与预算差异情况，评价预算（计划）执行情况。

4. 选择重要或异常的经营费用（销售费用）项目，检查其原始凭证是否合法，会计处理是否正确，必要时，对经营费用（销售费用）实施截止日测试，检查有无跨期入账的现象，对于重大跨期项目，应提请被审计单位做必要调整。

5. 验明经营费用（销售费用）是否已在会计报表上适当披露，是否做了适当分析与说明以满足内部管理需要。

6. 审计部根据实际情况采用的其他必要之审计程序。

第二十三条 管理费用的主要实质性测试程序。

1. 获取或编制管理费用明细表，检查其明细项目的设置是否符合规定的核算内容与范围，并与明细账和总账核对。

2. 将本期间管理费用与上年度同期间的管理费用进行比较，并将本期间各个月份的管理费用进行比较，如有重大波动和异常情况应查明原因。

3. 分析管理费用各项明细支出与预算差异情况，评价预算（计划）执行情况。

4. 选择重要或异常的管理费用项目，检查其原始凭证是否合法，会计处理是否正确，必要时，对管理费用实施截止日测试，检查有无跨期入账的现象，对于重大跨期项目，应提请被审计单位做必要调整。

5. 验明管理费用是否已在利润表上恰当披露，是否做了适当分析与说明以满足内部管理需要。

6. 审计部根据实际情况采用的其他必要之审计程序。

第二十四条 财务费用的主要实质性测试程序。

1. 获取或编制财务费用明细表，检查其明细项目的设置是否符合规定的核算内容与范围，并与明细账和总账核对。

2. 将本期间财务费用与上年度同期间的财务费用进行比较，并将本期间各个月份的财务费用进行比较，如有重大波动和异常情况应查明原因。

3. 分析财务费用各项明细支出与预算差异情况，评价预算（计划）执行情况。

4. 选择重要或异常的利息费用等项目，检查其原始凭证是否合法，会计处理是否正确，必要时，对财务费用实施截止日测试，检查有无跨期入账的现象，对于重大跨期项目，应提请被审计单位做必要调整。

5. 审查汇兑损益项目，检查汇兑损益计算方法是否正确，核对所用汇率是否正确，对于从筹建期间汇兑损益转入的，应查明其摊销方法在前后期是否保持一致，摊销金额是否正确。

6. 验明财务费用是否已在利润表上恰当披露。

7. 审计部根据实际情况采用的其他必要之审计程序。

第二十五条 成本审计的重点内容。

（一）成本费用界限审计。

1. 审查是否划清筹建期间的费用与投产后支出的界限。

法人企业在筹建期间发生的费用主要有两类：一类是购置固定资产的支出（包括基建工程支出），应计入固定资产价值；另一类是筹建期间人员工资、办公费、培训费、差旅费、印刷费以及不计入固定资产价值的财务费用等开办费，应从企业开始生产经营（包括试生产和部分营业）的次月起，按照不超过 5 年的期限平均摊入管理费用，投产后的支出应分别列作各类资产价值或期间费用。

2. 审查是否划清收益性支出与资本性支出的界限。

凡是支出所产生的效益仅与本会计年度相关的，应当作为收益性支出；凡是支出的收益与几个会计年度相关的，应当作为资本性支出。

3. 审查是否划清本期成本费用和下期成本费用的界限。

各部门一般应按月结算成本费用，以满足管理阶层对成本费用控制的需要。各部门应按权责发生制原则正确地核算成本费用，应分清本期成本和下期成本负担的费用。凡是应由本期成本负担的费用，都应计入本期成本费用；不应由本期成本负担的费用，应计入以后各期成本费用。对于待摊费用和预提费用，应按受益期的长短，分期进行摊配和预提，如实地反映成本费用水平，以正确计算利润。

4. 审查是否划清商品费用与期间费用的界限。

应按受益原则，审查各部门是否分清应由商品负担的费用与应由当期收入扣除的期间费用之间的界限。

5. 审查是否划清成本费用与实行基金制的负债性支出的界限。

凡应在应付福利费中支付的消耗性的福利支出等，不能计入成本费用的支出，否则，就会重记、虚增成本费用，虚减利润。

6. 审查是否划清成本费用支出和营业外支出的界限。

企业在经营管理活动中发生的各项耗费应计入成本费用支出，与企业经营管理无直接关系的各项支出应计入营业外支出，营业外支出不得列入成本费用。

7. 审查是否划清各种商品成本的界限。

企业商品品种规格往往不是单一的，为了反映和监督成本计算情况，保持不同商品成本的真实性，必须分别计算每一品种商品的成本。因此，对应由本期商品成本负担的生产费用，凡是能够直接确定应由某种商品负担的，要直接计入该种商品的成本；凡是与几种商品有关的费用，必须采用科学的分配方法，合理地分配计入各种商品成本。

（二）成本审计的主要内容。

1. 商品销售成本与商品销售收入计算口径一致性的审查。

结转商品销售成本的商品品种、规格、批别、数量必须与计算商品销售收入的商品品种、规格、批别、数量完全一致。审查时，通过将"商品销售成本"明细账与"商品销售收入"明细账核对，检查是否存在以下问题。

（1）对已销售商品不记成本，只记收入，或只记成本，不记收入，违反收入与费用配比原则。

（2）把某些与销售业务无关的业务支出，随同商品销售成本一同结转，虚增销售成本。

（3）将其他业务成本误列为商品销售成本等。

2. 销售成本计算结转真实性、正确性、科学性、合法性的审查。

主要应查明：

（1）所用的成本结转方法是否适合经营的特点和管理需要，是否保持前后一致，有无违反一致性原则，人为地调节成本现象；

（2）采用估计成本计算已销商品成本的，是否按照规定的成本计算期及时调节为实际成本，有无以估计成本代替实际成本，多计或少计销售成本的情况；

（3）采用分期收款方式销售商品的，其成本结转是否及时、正确。应注意检查按商品全部销售成本与全部销售收入的比率，计算结转已实现的分期收款发出商品的销售成本是否正确。

第二十六条 运输费的审查。

1. 审查商品运输的合理性和效益性，采购商品的地点和运输路线是否恰当，有无为了照顾关系、接受好处而舍近求远、迂回运输等情况，运输工具和装载方式是否合理，有无损失浪费的情况。

2. 审查运输费计算是否正确，可采用抽查方法，找某项有代表性的运杂费进行审查，以测试其计算是否正确，并注意有无将代垫运输费等列入经营费用的情况。

第二十七条 保险费的审查。

1. 根据保单，检查有无虚列保险费支出问题，或保险机构有无多计保险费问题。

2. 调查保险业同一标的的保险费率，检查有无保险机构和企业有关人员勾结，多开保险费，然后返还给个人的问题。

第二十八条 广告费的审查。

1. 对于广告费不能单纯地从支出绝对数来评价，要着重审查其真实性和合理性，防止以广告费的名义掩盖不正当的开支，如将赞助费、捐助费、请客送礼、馈赠行贿等开支列为广告费。

2. 应查明当年列支的广告费是否确属当年费用，有无将上年度或下年度的广告费列入当年费用。

第二十九条 专设销售机构（办事处）经费的审查。

1. 审查其内部控制制度是否完善，并得到切实执行，注意审查内部控制手续是否符合内部控制制度要求。应重点审查有关现金收付、商品管理以及与各内部单位的往来结算制度是否健全、有效，发现问题，应深入追查。

2. 审查专设销售机构（办事处）的经费开支是否真实、合规、合理。注意有无虚报冒领和损失浪费现象。

3. 审查是否划清专设销售机构（办事处）经费与其他费用的界限，有无把专设销售机构（办事处）经费记入企业的成本费用项目，或把企业的管理费用、财务费用项目的开支以及其他各种不正当的开支，转移到专设销售机构（办事处）经费中开支的情况等。

第三十条 仓储费的审查。

1. 审查自有仓库的管理费用是否真实、正确、合规，有无将基本建设、超标准发放的劳保用品等不符合规定范围的支出列入仓储费报销。

2. 审查委托其他单位存储商品的仓储费用有无因计划不周而支付空仓费和超储费的情况。

3. 审查租赁仓库费用计算是否正确，是否按合同规定执行。

第三十一条　业务招待费的审查。

1. 检查是否严格按财务制度规定的比例计算列支业务招待费，有无多列支的情况，如有超过，应查明原因。

2. 检查当期所列的业务招待费的支出标准和范围是否符合有关规定，有无超过规定标准和范围的情况。

3. 审查所列业务招待费支出是否与业务经营有关，如发现存在与业务经营无关的支出，应查明具体用途，并进行记录。

4. 对列支的业务招待费应查明其是否确实发生，有无预提的现象，如发现有预提现象，应提请被审计单位予以冲回。

5. 查明全年正常的业务招待费支出总额，并审查其是否超过预算标准。

第三十二条　修理费用的审查。

1. 审查修理费用是否确实发生，其支出是否合规、合理；根据权责发生制和收入与费用配比原则，查明计入当期成本的修理费数额是否正确、合理，日常修理和大修理费用的界限划分是否清楚等，防止修理费用的不均衡负担，导致成本费用和利润的虚增虚减，影响应交税费和利润，影响国家财政收入的情况发生。

2. 对于某些支付给外单位或外包工的修理费，审查时也应予以特别重视，包括价格是否合理，修理用工是否真实、正确、合理等。

第三十三条　备品配件和机物料消耗的审查。

备品配件和机物料消耗是指为维修和维护设备等固定资产所消耗的各种材料配件，但不包括劳动保护用材料。审查时主要应注意其开支是否真实、合规、合理，有无把非修理、维护用材料、配件等开支记入该项目中。

第三十四条　办公费的审查。

对办公费用主要审查其开支的合规性、合理性。检查时应注意审阅办公费用中的文具、印刷、邮电、办公用品等开支的原始凭证，其发票或收据抬头是否为被审计单位，其数量乘以单价是否等于金额；有无把企业工会或福利部门开支的费用混入成本费用项目的情况等。

第三十五条　差旅费的审查。

1. 审查差旅费开支标准是否合规、合理，是否遵守经批准自行制定的有关规定。审查时如发现制定的差旅费开支标准与国家有关规定不相符的，应查明原因，并按有关规定提请被审计单位进行调整。

2. 依据差旅费发生时的原始凭证及"差旅费"明细账，审核差旅费发生的真实性，有无任意扩大开支范围、提高开支标准的现象，有无应由个人负担的费用在差旅费中列支的情况等；审查差旅费开支是否确实属于开展经营活动有关人员因公外出而发生的各项费用开支，有无以因公外出名义游山玩水，或是因私外出，而报销差旅费的问题。

第三十六条　劳动保护费的审查。

1. 审查劳动保护费的实际发生情况，要注意检查发票是否经过领导或发放负责人签字，是否经领用人签字。

2. 审查劳动保护用品是否按规定发放，有无因擅自提高标准、扩大发放范围而增加费用支出的现象。

第三十七条 租赁费的审查。

对租赁费（不包括融资租赁费）应根据租赁合同、有关记账凭证和原始凭证进行审查，检查的重点如下。

1. 租赁合同的内容是否合法、合理，合同附件、签订合同的手续是否齐全完备。

2. 租金的确定是否合理、合规。

3. 复核、验算租金的计算是否正确。

4. 审查成本费用中列支的租赁费是否真实、正确，有无把融资租入固定资产作为固定资产计提折旧，有无把融资租赁固定资产的租赁费计入成本费用的情况等。

5. 租入固定资产改良支出是否按规定通过"递延资产"或"长期待摊费用"科目核算，摊销是否合规，有无未按支出的受益期限分期摊销、任意多摊或少摊的情况。

第三十八条 工会经费的审查。

1. 查明企业实际支付的企业职工工资额，复核按一定比例计提的工会经费额是否正确。

2. 审查有无多提工会经费、多计费用和乱列支等现象。

第三十九条 职工教育经费的审查。

主要应查明是否按规定比例提取职工教育经费，计算是否准确；开支是否符合规定的范围和标准，是否有被挪用于其他方面开支的现象。

第四十条 劳动保险费的审查。

1. 审查劳动保险费支出是否真实，是否符合制度规定的标准和范围，有无超过标准、扩大范围的情况。

2. 审查有无把劳动保险费记入商品成本或扩大开支项目的现象。

3. 审查有无虚报、冒领、多报、重报或将已死亡职工不除名，仍领取退休金等贪污舞弊行为。

第四十一条 董事会费的审查。

1. 审查列支的董事会费是否真实、合理，如审核其费用发生时间与董事会决议中记录的开会时间是否相符；审核列支的董事会成员津贴、会议费、差旅费是否与实际情况相符等。

2. 审查列支的董事会费用是否合法。

（1）审核董事会开会期间发生的费用内容是否合法，有无以董事会的名义列支其他不合理的开支的情况。

（2）审核列支的董事成员津贴、差旅费是否具有董事会决议，董事会决议规定的发放标准是否符合财务部门的有关规定，有无超标准、超范围的现象。

（3）审核列支的董事会会议费等，查明是否有以董事会名义支付的招待费、礼品费及其他属于业务招待性质的支出，如有，应提请被审计单位予以调整。

第四十二条 土地使用税（费）的审查。

1. 审查国家土地管理部门等颁布的企业土地使用权证书的有关规定内容，核实企业列支的土地使用税（费）是否真实、正确。

2. 查明企业当年列支的土地使用税（费）是否确实属于当年费用，有无将上年度或下年度的土地使用税（费）列为当年费用的现象。

3. 对未办理土地使用权证书或虽已办理证书但当年未支付土地使用税（费）的，应查明其是否按有关规定预提土地使用税（费），计入当年损益。

第四十三条　坏账准备的审查。

1. 审查计提坏账准备金的应收账款余额的真实、正确性；检查是否按国家规定的提取比例计提，有无提取的基数不真实、不正确，未按规定比例提取的现象。

2. 审查发生坏账冲抵坏账准备金时，是否因为确实已经发生了坏账损失的事实，有无冲抵坏账准备金不真实、不合理、不合规的情况。

3. 查明年末是否根据应收账款余额调整了坏账准备金账面余额。

4. 注意企业已确认并转销的坏账损失，以后实际收回原已转销的坏账准备金时，是否及时入账，并冲减管理费用，有无擅自用作小金库，甚至被贪污的现象等。

第四十四条　利息费用的审查。

1. 审查利息支出的正确性和真实性。根据企业贷款情况，审查企业当年列支的利息支出是否确实属于当年损益应负担的利息支出，当年度发生的利息支出是否全部计入当年损益，有无按月（季）计提利息；有无季末、年末为调整盈亏而多预提或少预提利息的情况；有无将不属于商品流转借款范围的贷款利息列入财务费用的情况。

2. 审查存款利息是否全部冲减了利息支出，有无转入其他项目或移作小金库的情况。

3. 审查企业开办费、清算损益的利息开支以及应计入固定资产、无形资产价值的利息支出是否按规定未列入财务费用。

4. 审查有无因计划不周、管理不善而造成的透支、罚息和加息情况。

5. 审查银行加息、罚息是否符合政策法规，有无乱加息、乱罚息的情况。

第四十五条　汇兑损失的审查。

审查汇兑损失，首先应了解外汇业务核算采用哪种方法，采用什么记账汇率和如何计算账面汇率，然后再深入进行检查。

1. 查明企业列支的汇兑损益是否确已发生，即计算汇兑损益的外币债权、债务是否确实收回或偿还，调剂出售的外汇是否确实实现。

2. 审核汇兑损益计算是否正确，主要审查外币存款账户、外币债权债务及其他有关项目，并按采用的汇率折算政策，审核其方法是否前后一致，计息是否正确。

3. 对经营初期发生的汇兑损益，尤其是外汇调剂、汇兑损失应查明汇兑损失发生的具体时间，审查有无为了延缓减税税期，而人为地将筹建期间发生的汇兑损失计入营业期汇兑损失的情况。

第四十六条　其他费用的审查。

1. 审查时将各月份的费用进行比较，对某些费用金额数字较大的月份，应对该月份的费用支出凭证进行重点审核。

2. 认真审阅明细账，并特别注意：

（1）对金额数字较大的费用开支内容不甚明确的，应追查到原始凭证，并向有关人员询问了解；

（2）注意有无将应列入营业外支出的费用列入成本费用，或者将前期、下期的费用计入当期费用等。

第四十七条　营业外支出的审查。

1. 审查营业外支出各项目是否真实，各项支出是否真正发生。如对列支的公益性捐赠支出，要查明捐款接受单位、捐款用途及金额，防止把非公益救济性质的各种赞助款项列入等。

2. 审查营业外支出的范围和标准是否合规。主要应查明营业外支出与经营支出、基建支出的界限是否划清，各项支出之间有无混淆。如将应由福利费开支的费用列入营业外支出，将非公益救济性捐赠支出列入营业外支出等情况。

3. 审查营业外支出列支的金额是否真实、合规、正确。应审查固定资产、存货等遭受自然灾害发生非常损失时，有无故意虚报损失数，或者将保险公司的赔款和责任人赔款也列入损失，有无因固定资产盘亏、报废、毁损而出售的回收残值未从损失中扣除等违纪行为。

4. 审查需要报批的各项营业外支出的报批手续是否齐全，是否符合规定的审批程序等。

第四十八条 被审计单位必须向审计部如实提供以下资料：

1. 有关财务收支及成本费用的管理制度。

2. 财务预算、成本费用预算（计划）等资料。

3. 有关的明细账、总账和有关明细表、会计报表等资料。

4. 有关的会计凭证及其助证资料。

5. 审计部认为需要的其他任何有助于查证的一切资料。

第三章　附则

第四十九条 本指南由审计部负责解释、修改。

第五十条 本指南自××××年××月××日起施行。

附件一：内部审计实务指南第 1 号之附件一——内部控制制度要点指引

一、销货预测内部控制要点指引

1. 业务经营部门书面评估未来两三年内影响销货的有关因素及变化，主要包括：

（1）商品供应渠道（地区、商户、品种、数量、价格等）；

（2）消费及使用者对商品（品种、牌子等）的偏好；

（3）行业前景（政治、经济、文化等层面）；

（4）潜在竞争者；

（5）销售渠道（地区、客商、品种、数量、价格等）；

（6）其他因素。

2. 拟定未来拓展方向，并考虑：

（1）自身优势和劣势；

（2）外界机会和威胁；

（3）自身资源的限制与措施。

二、销货预算内部控制制度要点指引

1. 以销货预测、经营策略和经营及管理判断作为销货预算的基础。

2. 销货计划书内容应包括：

（1）市场展望；

（2）商品拓展方案；

（3）销货地区和新客户的开发、老客户的维持、不良客户的淘汰方案；

（4）广告及其他增加销货量的行销方案；

（5）定价政策；

（6）信用额度评估厘定及跟催账款政策；

（7）经营费用的限制；

（8）本年度可能遭遇的困难和克服对象。

3. 利用销售计划书，确定各种具体化的数量指标，编制销售预算。

4. 预算与实际差异的分析评估报告。

三、合约（订单）内部控制制度要点指引

1. 接受订单或签署合约的授权批准、盖章手续必须齐全。

2. 订单或合约条款涂改、更正应有盖章或注记。

3. 业务人员报价应依规定程序并经授权办理，售价应考虑预计成本的正确性，并加计合理的利润。

4. 核准售价不能超过权限。

5. 业务人员与客户谈妥交易应经客户确认，对于交货期进度应列入控制台账。

6. 单价、总额等计算必须正确。

7. 优惠条件与公司规定应相符。

8. 应注意品质要求，条件必须符合国家或公司规定。

9. 合约变更时应即时处理并知会客户、财务部门和法律部门。

四、赊销信用额度评估（授信）内部控制制度要点指引

1. 客户并非即时付现而采用信用赊销的销货，业务人员应先调阅往来顾客资料，检查有无过去交易记录。

2. 若为新客户，则由业务部门填妥客户资料，送财务部信用评估人进行授信审核。注：资料至少应包括客户登记卡、以往交易情况、财务及信用状况。

3. 信用评估部门（财务部）接获业务部门资料后，应配合业务部门再深入调查客户资料。

4. 授信单位将搜集资料整理分析评估后，决定授信额度上限。注：客户授信总额的确定，应考虑对方的资本额、营业状况、开业期间、信用、保证及抵押额度等内容。

5. 若授信部门经评估后，认为此客户信用不佳，可与业务部门联系，讨论是否接受此订单或合约。

6. 若虽信用评估不佳，但仍须接此订单或合约，则由总经理转呈执行董事或董事长决定是否要求现金付款或提供担保。若接受担保或保证条款，由业务部门追踪至初审客户设定担保或保证的各项手续。注：必须办妥保证书并经律师审核，同时至少每年重新办理对保工作并由第三者每半年对保一次。若采用抵押保证，经初步办理妥当后，将有关资料送财务部授信人再审核。若通过，则由授信部门评估后给予信用额度；若未通过，则由授信部门决定是否再增加担保品或保证，或要求款到交货。

7. 客户合约或订单金额未超过信用额度，则接受此订单或签约，并出货，对于未办妥手续或超过授信总额的出货，应经个案报依授权人限额规定特批核准。

8. 若合约金额超过信用额度，则再交由授信部门审核信用，确定是否增加额度。额度的任何变更，仍需经由授信部门再次评估审定。

9. 客户签约时，若累计的应收账款及未兑现票据（支票、汇票等）已超过原定授信额度，应停止出货或超过额度部分以现金或不可撤销信用证方式交易，并由授信部门及业务部门人员于三天内重新评估授信额度，依裁决权限呈准后，方可出货。注：对新增客户或转向其他公司购货的，必须分析其变更原因，并检讨改进。

10. 授信部门在接获退票通知，或得知某客户已停业、财务危机等信息时，经初步查明证

实，应立即通知仓库（仓管部门）停止出货，待危机解除后方可恢复正常出货。

11. 授信部门应当视情节需要，随时机动陪同业务部门人员前往可能有问题的客户了解状况，以决定拟采取的措施。

五、出库交货业务内部控制制度要点指引

1. 业务部门应每周定期以与客户谈妥的合约或订单编制列明出货日或装船日为交货期基准管理的进度控制表或台账，交仓库和财务部门，并组织准时出货，如有逾期，应检讨逾期未交原因，提出改善对策。

2. 仓库应与业务部门协调，及时将库存量告知业务部门。

3. 业务部门在交运前必须在规定时间内着手准备各种文件和出货手续。

4. 业务部门应按交货日期填写销货通知单，通知仓库及财务部门出货及开票收款，仓库和财务部门应开立出货单和发票。出货单和发票应相互交叉填写出货单和发票号码。

5. 出库时，仓库应按实际出货将品名、规格、数量等登入库存明细账。交货种类、数量应与合约、发票的内容相一致。

六、开票业务内部控制制度要点指引

1. 出货确认销售收入时，应立即开出发票。开立发票时须符合增值税管理有关规定。

2. 发票内容须与出货内容相符合，并将发票号码填于出货单上。

3. 收回原发票，须填写发票作废申请，并由客户签章。发票作废申请理由仅限于：

（1）发票内容开错；

（2）发票所载数量与客户签收数量不符且超过规定差异比例；

（3）因故遭受退货；

（4）符合税务机关规定的其他情况。

4. 原发票取回，若为当月开出发票，则直接订于存根联上加盖作废印章后才可开出新发票。在原出库单存根和作废发票上注明重新开立的发票号码。若为已申报增值税的发票，或原开立发票的发票联和抵扣联因故不能收回时，应与税务机关协调妥善处理税务事项。

财务部门应在收到原发票联和抵扣联后，才将发票作废并重新开立正确的发票，同时将有关单据予以另卷保存，以便检查核对作废原因。

七、应收账款账务处理内部控制制度要点指引

1. 财务人员应根据出库单会计联、发票编制记账凭证，经复核核准后过入客户应收账款明细账。应收账款明细账余额与未收款的客户签收的出库单金额必须相符。

2. 出库单及货运单经客户签收后交由财务人员按时收款。

3. 财务人员每月结账一次，由会计人员提供业务员—客户应收账款明细表，交业务部门经理核对欠款客户签收联与应收账款明细表二者是否相符，不符应立即追查原因。

4. 财务人员收到客户款项，填写收款通知单，经出纳人员签收无误后交由会计人员冲账，销货明细表应与收款通知单相符。

5. 每月编制应收账款账龄分析表，并将超过六十天尚未收现的，列表注明债务人、金额及原因并加以查明。

6. 财务部门每月核对应收账款明细账、总分类账与有关凭证是否相符。

7. 财务部门每月定期向债务人函证应收账款余额予以对账确认。

8. 确定呆账准备的评估、提列是否适当、足够，已确定的坏账是否已列损失。

9. 呆账冲销应收账款，须经授权主管核准，并进行备查记录。

10. 因销货退回及折让所发生的应收账款减少，须经授权主管核准，并扣抵应收账款。

八、收款业务内部控制制度要点指引

1. 出货单或运单经客户签收退回后，由业务部门交财务人员按时收款。收到客户款项时，收款人员填写收款通知单，于收款当日连同收取的款项一并送交出纳处。

2. 会计部门每月结账后，编制客户应收账款明细表，交业务部门主管核对尚未收款的出货单签收联与客户应收账款明细表是否相符；另编制每月对账单与客户核对本月销货金额是否正确，如有不符应立即追查原因。

3. 会计部门每月编制应收账款账龄分析表，将超过规定期限尚未收现的，列表通知业务部门跟催收款，及通知信用部门评估核准人采取必要行动。

4. 如所收受为票据，应注意检查下列项目：

（1）到期日；

（2）出票人签章、账号；

（3）支票金额大写是否错误；

（4）涂改部分应有出票人签章；

（5）若客户使用期票，应请其承兑背书。

5. 出纳收到款项及票据时，应立即缴存银行，每日应编制现金及银行存款日报表，连同银行存款日记账或存折呈送财务部经理审核。

6. 如收到远期票据，应送请银行托收，托收后将托收登记簿呈财务部经理审核。送存票据到期时，应查核是否已入账。

7. 每月底应由不担任出纳或应收账款账务工作的人员编制银行存款调节表，注明账载与银行记录不符理由，呈报财务部经理复核。

8. 票据更换或延兑应向财务总监报告，注明理由，报经核准并记录其延后兑现情形，通知信用评估核准人。如有蓄意拖延或换票的情形，应特别列入客户登记卡。

9. 经退票的票据先转入催收账款，再予追收，另填写退票处理报告，将退票交予收款人员处理，并将处理情形记入处理报告中，通知信用评估人和业务部门追踪处理。

10. 附有抵押品的票据，应加盘点，并确定其价值。附息票据应计算利息收入及应收利息。

11. 注意事项。

（1）收款业务的控制重点应注重发货、开具发票及按期收款等有关手续之间的密切联系，不致产生脱节或疏漏现象。

（2）应收账款的认真稽核及按期勤于催收极为重要。呆账发生情况及增减变动原因应即时查明，迅速采取必要行动以期改进。

（3）收款通知单存根联应连续编号，不可跳号；如有作废，应收款收回通知单业务联并盖作废章。

（4）非销货客户的应收票据，应留意取得原因；其账务处理应与销货的应收票据分别处理。因背书转让取得的应收票据，应另行列示。

（5）原始或背书转让的票据，应注意追索时效。

（6）列为呆账冲销的票据，应注意是否经主管核准。

（7）每月底核对银行对账单及送存银行托收的票据时，公司账载应与银行记录相符合。如有不符，核实是否编制调节表，列明不符原因。调节表应由出纳及应收账款登录员以外的第三人负责编制。

九、异常账款处理业务内部控制制度要点指引

1. 异常账款发生后，业务人员应于发生之日起三日内，据实填写异常账款报告并检讨相关资料呈请业务部门经理签注意见后，转呈财务总监专案处理。

2. 财务总监于收到异常账款报告后三日内与经办人员及业务部门经理会商，并由负责经办人员依实际情况研拟多项书面处理方案，依规定的授权权限呈请核定后专案处理。

3. 经核定后的异常账款报告书应各复印一份通知会计、出纳。

4. 异常账款发生原因必须详细予以分析检讨，并采取各种防范改进措施。

十、客户投诉业务内部控制制度要点指引

1. 业务人员于收到客户投诉案件时，应分类统计并分析检讨投诉内容，明确责任归属，如属公司责任但非质量异常的，由业务人员前往客户处深入了解原因，并依公司有关规定迅速协助客户解决问题。

2. 申诉案件如属公司货物质量异常时，由业务人员会同供货单位深入了解原因，协助客户解决问题，必要时得取回样本，由技术单位进行质量分析与鉴定。

3. 业务人员于客诉案件初步处理后，应立即填写客户投诉问题处理报告，写明客户名称、货物品名、数量、批号、交运日期、客户要求及合理的理赔金额等资料，送请部门主管。

4. 客户投诉问题处理报告经呈部门主管核阅，并转送相关单位进行异常原因分析及质量鉴定与测试，并提出异常原因与改善意见后，呈总经理核签。

5. 若客户同意上述处理方式，达成共识，则视规定为换货或理赔。

6. 若最后判定原因非公司责任时，应通知客户，告知其原因及公司不理赔的理由。与客户沟通时应和颜悦色。

7. 若属赔偿、退货、折让的案件，由业务部门将拟议的处理情形填入客户投诉问题处理报告，呈总经理批示后，据以处理。发生该类案件，应按规定扣减绩效奖金，退货应按规定折价登账。

8. 退货时，由业务部门收回出售货物退回仓库，另依退回货物状况、退货管理办法或处理意见决定退货价格、数量，并填写退（换）货报告。若需理赔，依客户投诉处理办法计算索赔或折让金额。

9. 将上述销售事故由发生到理赔，依事件类别记录整理分析，作为未来处理同类案件的参考。

对于理赔案件，必须详加检讨并采取适当的改进措施；对于销售事故需奖惩的，亦应确实执行。

10. 退货的原发票必须即时收回，每笔退货均交由会计及仓库登账，对退换的货物应依规定调整内容。

十一、销货折让业务内部控制制度要点指引

1. 销货折让必须经权责主管核准后办理，并在发票和收款通知单中注明，且须取得经客户签章的折让证明单。

2. 折价后实际售价的核决权限须符合授权规定。

3. 折让金额的核决权限须符合授权规定。

4. 销售特案的折让应注明所属特案条件，经授权核准无误后，始可予以折让。

十二、销货报告及差异分析内部控制制度要点指引

1. 就下列项目分别比较实际与预算差异的金额，以分析商品别售价、成本、毛利，检讨商

品别经营价值。

（1）各主要品种、规格货物的单位平均售价、销量、收入。

（2）销售折扣及折让。

（3）各种主要品种、规格货物的单位平均成本、总成本。

（4）销售单位毛利和总毛利。

（5）单位平均经营费用和总经营费用。

（6）业务人员平均销售额和毛利额，全体人员平均销售额和毛利额。

2. 比较商品别、客户别及地区别的实际与目标的差距，找出差异原因并改善。

3. 分析营业收入的消长，利用前后多期趋势变化，分析数量、单价、营业额增减与市场景气、销路拓展情形。

4. 若原因不明，则针对造成差异影响最大的科目详加分析，并列出可行方案。

5. 就差异原因，找出各种改善对策，同时对销售目标的差异就各业务人员应负的差异责任，列入考评记录。

6. 依不同商品别编制销售毛利分析表，比较各批货物对公司净利的贡献。

7. 注意点。

（1）核对销售成本的计算、表达、费用分摊，应力求正确。

（2）各项经营成本的归属必须正确，有关支付的发票、收据亦须正确。

（3）销售成本的计算应依公司规定及会计制度确实执行。

（4）编制商品别的销售毛利分析表时，应考虑各项不同交易条件，而在同一基础上相互比较。

（5）检查计算方法变更时影响损益的因素，并进行必要的充分表述。

（6）有关调整项目对成本或盘盈（亏）的影响列入本期应经核准，金额力求合理。

（7）检查货品交运日期、入账日期、收款日期、结汇日期，应无异常事项。

（8）检查销售折让或退回有无经过核准，若有，应检讨原因。

（9）比较不同客户的售价、佣金率的差异情形。

（10）比较同一客户不同期间佣金率的变动情形。

（11）运费必须合理，依规定费率支付，检查是否有装运方式不合理，致运费增加情形。

（12）油单领用登记必须翔实，同时详细统计每一车辆（机组）用油的合理性。

十三、请购采购业务内部控制制度要点指引

1. 采购系依销售预算或实际需用进度，由业务部门或使用部门经办人员填具请购单，经授权人核准后再办理，并将请购核准记录填入请购单内。请购单必须详细注明参考厂商、规格型号及需用日期、数量、预估单价、金额等内容，如申请物品需采用特别运送及保存方式的，应标注注意事项。

2. 仓管人员须审核库存余缺，并签注意见，核准时应遵照核决权限办理。

3. 紧急采购不应经常发生，事后应补开请购单，检查原因是否为不可抗力、有无改善计划等。

4. 应定期检查请购单有无延迟采购情形，请购数量应符合经济采购量要求。

5. 请购单经相关权责主管核准后，依规定办理采购。采购承办人员接获请购单后，应备妥有关资料及预计采购厂商、数量等，呈单位授权主管核准后办理。

6. 采购方式应视货物性质、金额大小、是否经常使用（应分为常用品、常备品和非常备品）及市场竞争情况等因素加以考虑，然后选定询价采购、议价采购、比价采购、合约采购、招标采购和紧急采购等采购方式。

7. 采购部门应建立完整的采购资料记录，亦即每次办理采购业务后，将不同采购方式的订购及询价资料，分类填入供应商资料卡，以供日后参考。

8. 合同和订购单的订立。

采购单位依核准的请购单，填制采购合同或订购单，除一联自存、一联寄交供应商外，副联并同请购单送仓管验收部门（数量栏空白，由仓管人员于验收时填具），日后据以办理验收，另一副联送交财务部门，凭以审核并办理付款事宜。

9. 注意事项。

（1）询价资料平日应注意收集，力求详细完备，并保持时效，供应商资料亦应随时更新，保持正确记录。

（2）请购单必须经主管核准后，方得办理采购。

（3）办理比价、议价、招标等业务应符合公司规定。外购进度亦依预定采购程序加以控制追踪。

（4）大量采购以合约采购为原则，并应保持两家同时供货，以免受到供货质量等的限制。

（5）重要采购合约签订前须由律师审核。

（6）为提高进货品质，降低进货成本及便于管理，应建立可完全配合的协作供应商。

（7）遇到市场上有关各项货物的供应将大幅变化时，须通知有关部门，以便事先联系，报告呈核后，采取应变措施。

十四、验收业务内部控制制度要点指引

1. 采购部门于确定日期后应通知仓库等仓储部门预进行仓位安排及卸货准备。

2. 供应商交货时，仓管人员应就供应商检附的送货单（运单）、发票（收执联与抵扣联）与订购单核对无误后，由其指示卸货地点，并依指定的方式卸货。

3. 属计重的货物入库时，应办理过重计量。

4. 卸货完毕后，仓管人员应依计量单核对其重量（容积），或依计数的方式核对数量。点收无误后，仓管人员应开立验收单。

5. 采购的货品，如属经常使用的货物、备件或规格特殊的机械设备，仓储人员于收妥后，依检验规范或买卖合约办理取样检验，并开立检验报告，连同样品送检验部门或请购部门办理检验。

6. 货物检验规范应包括：

（1）取样样品数；

（2）依该货物性质的重要性列出检验项目；

（3）各检验项目的品质标准或可接受范围，品质标准应以数值表示为原则。

7. 检验部门（单位）检验并评定样品系正常或异常，并就检验情形加以书面说明，以供收用与否的参考。

8. 仓储部门收到检验结果通知检验合格，应立即正式验收并登入商品实物账进货栏内，办理入库并于备注栏注明验收单的编号，以便查考。

9. 仓储部门办妥验收入库后，应将检验报告、发票等加盖验收戳记并由主管人签章连同验收单送采购部门办理请款。

10. 若检验不合格，则依采购部门批示意见办理退货、更换、扣款或索赔。延期交货或逾期

未交货的应依合约规定罚款或没收保证金。

11. 注意事项。

（1）油品验收业务应依照油品检验规范办理。

（2）取得发票的货物名称、规格、数量、金额与送货单及验收单必须相符。

（3）货物验收，必须会同验收部门与采购部门办理。

（4）如已分批收货，仓储人员应在订购单上注明分批收货日期、数量，以复印件送采购人员。

（5）不合格的货物应通知采购部门退回或扣款。

十五、与采购合约不符业务内部控制制度要点指引

1. 仓储人员及采购人员应每周核对已发出的采购合约或订购单，如发现有逾期未交货情况，应与供应商联系，请其尽快依约送货。

2. 采购承办人员根据验收单上实收数量，与订购单或采购合约核对，若发现逾期未交货或已交货而逾期，且合约上有罚款规定的，应与供应商联系，请其改善并依合约规定执行罚款。

3. 若供应商愿意接受罚款，采购承办人员可直接在请款单上金额内扣除，并应备注说明扣款原因，供上级领导参考。

4. 若供应商所交的货品，品质未符合要求但可使用或售卖，如因紧急需求不能等待更换，改以从货款中扣减的，采购承办人员应先以书面签呈取得上级领导核准，再通知仓储人员收货。

5. 逾期原因如为非人力所能抵抗的灾害，供应商申请免罚的，采购承办人员应先行以签呈核准，并于请款时粘贴于请款单之后。

6. 采购部门对于货款已支付，经售货或使用部门发现质量不符合规定的货物，应处罚失职人员，并应计算公司损失金额，与供应商取得联系，依照合约催讨规定的罚款，必要时会同律师依法律途径解决。

7. 供应商违约逾期已久尚未交货，因而另行采购，超出原订购的货款的，差额应由原订约厂商负担。对于销货逾期所产生的损失，一并由原订约厂商负担。上述情况采购人员于订约时，应先列明于合约上。

8. 采购人员收回的罚款，应于当天缴至出纳入账，不得与其他货款相抵。

9. 注意要点。

（1）各项违约案件应依律师及合约的规定进行适当处理。

（2）所交货物如因检验不合格退回更换的，其交货日期应以调换补送货物到达日期为准。

（3）所交货物的质量、规格与合约不符，但可使用或售卖，如因急需免予验收使用，应经有关授权主管事前认可，按规定进行扣款或减价处理。

（4）如因检验不合格退回更换，或因故申请延期交货，必须事前报请公司有关授权主管同意，并确定逾期罚款或其他处理办法。

（5）如因非人力所能抗拒的灾害而申请逾期免罚的，必须事后立即出具认可证件。

（6）因事实无法依采购合约所订裁决的，其违约案件处理方式，必须经有权人员批准。

十六、付款业务内部控制制度要点指引

1. 仓储人员于收货手续办理完毕并经检验部门检验合格后，将各项验收单或入库单、装运单等单据及统一发票（抵扣联、收执联）转送采购部门请款。

2. 采购部门收到仓储部门转来的请款凭证，查核无误后，即将收货情况注记于验收单上，并按供应商分别保存，备供应商请款时据以查考。请款凭证经授权主管核准后转财务部门审核。

3. 财务部门收到自采购部门转来的请款文件（采购单、验收单、统一发票、供应商请款单等）依内部稽核办法规定审核无误后，制作传票（记账凭证），记入应付账款明细账内。

4. 财务部门经上述审核程序后，若有不合规定或异常情况的，应及时向经办部门和上级领导反映。

5. 公司购货付款以每月一次为原则。请款时，采购部门经办人员应在核对验收记录，填写付款申请单，并附有关原始单据经主管核准后，送财务部门开出支票。财务部门对于已付款的原始凭证应加盖"已付讫"戳印。

6. 为方便一般小额零星采购业务，采购部门可视实际需要设置定额的采购零用金，其数额依公司核决权限和财务制度有关规定办理。

7. 注意要点。

（1）出纳付款时，应严格核对支付凭证上的金额及领款人身份证与印鉴，如有疑问，应于查询后始能支付。

（2）支付款项，除有特殊理由须以现金支付外，其余一律开立抬头划线支票；如受款人坚持免予划线或抬头时，应立即联络采购或经办人员，并呈报财务总监及执行董事核准，准予免填。

（3）出纳人员对各项货款及费用的支付，其支票或现款均应交予受款人或供应商，公司人员不得代领；如因特殊原因必须代领的，必须经授权主管核准。

（4）支付手续应在支付单据经审核完毕并经会计人员编制传票（记账凭证）后才进行。

（5）请购案交货延期罚款暨质量不良罚扣的列计，必应经过详细核对，确认合理。

（6）已届法定或约定支付期限，尚未付款的，应追查其原因并由经办人员呈报催办情形。

（7）支票送盖印鉴时应在支出传票（记账凭证）上注明银行户头、支票号码及日期。

（8）已付款原始凭证应盖"付讫"章，支付传票（记账凭证）背后应有领款人签章，以免重复付款或冒领事情发生。

（9）领款日期与列账日期相隔甚久的，应查明其原因。

附件二：内部审计实务指南第 1 号之附件二——内部控制调查问卷

一、采购业务

1. 采购中的现货供应项目占多大比例？

2. 采购中现货供应项目的计划比例是多少？

3. 采用何种控制程序来调查供应商的经营情况和索赔权利？

4. 在与供应商业务洽谈中采用何种程序和手续？

5. 哪些采购洽谈已经转派给其他企业组织？

6. 采用何种手段跟踪供应商的交货情况？

7. 采购经办人有什么权利花费额外资金以促使超期供货的支付？

8. 采购部门为跟踪活动发布了何种定期报告？

9. 采购部门如何判定供应商业务处理的质量？

10. 制定了哪些衡量标准？

11. 采取了哪些步骤针对单一供应渠道的开发和首选渠道？

12. 建立了哪些控制措施以保证企业能对供应商的装运短缺、拒收的货物等获得退款？

13. 对采购订单的凭证（合约）制定了哪些程序？

14. 发放采购订单（合约）之前需要哪些批准手续？

15. 是否与某些供应商签有互惠协定？如果有，是哪些供应商？协定的内容是什么？

16. 采用哪些程序控制供应商的超量装运？

17. 如何处理发票与采购订单（合约）的价值不一致的问题？

18. 如何处理供应商提前发货的问题？

19. 如何保持价格和货源档案能反映最新情况？

20. 为取消订单（合约）制定了何种精心的安排？

21. 为发送给各供应商的订单（合约）金额编制何种报告？

22. 如何保持采购部门的工作手册使之反映最新情况？

23. 在过去 3 年里，采购部门员工占整个企业员工的比例是多少？

24. 在过去 3 年里，采购部门员工的人均采购量是多少？

25. 现行采购部门实际执行了什么培训计划？

26. 采取什么政策来鼓励采购人员参加业务技术研究和讨论会？

27. 采购部门在多大程度上与供应商进行合作，以使其推进成本降低活动和计划？

28. 按采购部门经理的观点，企业面临哪 3 个重要的问题？

29. 从企业总部得到了哪种形式的帮助？

30. 部门还希望得到什么形式的帮助？

二、销售业务

1. 是否把主要的已售货物和大致的市场占有份额编列成表？

2. 销售经理对各种货物的销售前景有什么看法？

3. 企业有哪些主要客户？

4. 企业对各主要客户销售哪几类商品？

5. 企业在多大程度上利用了代理商和经销商？

6. 在企业的主要货物系列中，谁是最有力的竞争对手？

7. 按重要销售地区和客户反映的过去 3 年间销售和利润呈何种趋势？

8. 销售部门是否系统地、定期地比较销售预测、预算和销售实绩，并力图确定产生差异的原因？

9. 销售部门编制哪几类定期和当期报告，以反映各种已售项目的实际销售额、实际利润和预算结果的比较？

10. 目前正在采用哪些市场分析功能？

11. 哪一种商品系列最需要强化销售力量？为什么？

12. 为改善获利能力，对疲软商品投入了多少强化销售线力量？

13. 广告计划如何与其他促销力量相结合？

14. 全面广告计划建立在什么基础上？

15. 如何保持企业商品目录能及时反映最新动态？

16. 销售部门正在实行何种培训计划？

17. 企业商品如何定价？

18. 销售员在确定价格时有多少自由度？

19. 如何衡量销售员的绩效？

20. 多少时间发布一次定期销售报告？发布对象是谁？

21. 如何分析销货退回并确定原因？

22. 已发运但未开发票商品项目的数量和价值大约有多少？

23. 采用什么销售程序来审核过剩和过时的库存？

24. 在过去 3 年里，因过剩和过时而销账的存货总额是多少？

25. 销售员是否制订交货日程计划表？编制基础是什么？

26. 销售手册的分发对象是谁？

27. 按什么程序可发现销售手册是否能保持反映最新动态？

28. 对企业内部的业务活动推行何种书面程序？

29. 变更销售方针和程序需要谁的批准？

30. 按销售经理的观点，企业面临哪 2 个或 3 个重要的问题？

31. 销售部门从企业总部得到哪种形式的销售帮助？

32. 还希望得到其他什么帮助？

21.1.2.2 内部审计实务指南第 2 号——采购审计指南

第一章 总则

第一条 为了规范物资采购审计的内容、程序与方法，提高审计工作质量和效率，根据××××集团《内部审计办法》，制定本指南。

第二条 本指南所称物资采购审计是指公司内部审计机构及人员依据有关法律、法规、政策及相关标准，按照一定的程序和方法，对物资采购各部门和环节的经营活动和内部控制等所进行的独立监督和评价活动。本指南所称"物资"是指公司在产品生产、基本建设和专项工程中所使用的主要原材料、辅助材料、燃料、动力、工具、配件和设备等。

第三条 物资采购审计的目的是改善物资采购质量，降低采购费用，维护公司的合法权益，促进公司价值的增加及目标的实现。

第四条 物资采购审计是对物资采购全过程实施的监督和评价，是财务审计与管理审计的融合。物资采购审计的主要内容包括审计物资采购内部控制、采购计划、采购合同、采购招标、供货商选择、采购数量、采购价格、采购质量、物资保管、结算付款以及物资采购期后事项等。

第五条 根据公司的管理要求、物资采购业务量的大小、内部审计机构资源等因素，物资采购审计可以采取项目管理式审计和过程参与式审计两种模式。

（一）项目管理式审计是有重点、有目的地将某物资采购部门、环节或物资品种纳入年度审计计划，形成特定审计项目，并实施相应审计程序的审计模式。大、中型规模的公司适合采用该模式。

（二）过程参与式审计是由专职内部审计人员参与监督物资采购的全过程或者部分重要过程，实现物资采购审计的日常化。小规模公司可以采用该模式。

第六条 内部审计人员有责任警示被审计单位关注物资采购的现有和潜在风险。

第七条 内部审计人员应具有物资采购管理的相关专业知识，熟悉相关法律、法规、政策和公司内部有关规定，掌握物资采购内部控制原理，了解公司物资采购现状和外部环境的变化。开展专业技术性较强的物资采购审计，内部审计机构可聘请外部专家参与。

第二章　物资采购前期审计

第八条　物资采购前期审计是从编制年度审计计划开始到具体实施物资采购审计程序之前对各项审计工作做出的安排。其基本过程如下。

（一）编制年度审计计划，确定审计对象。内部审计人员应综合考虑以下各种因素。

1. 重要性。选择采购数量较大、采购次数较多、采购价格较高、采购价格变化频繁、质量问题突出、长期积压或短缺、在 ABC 分类管理法下的 A 类和 B 类物资、群众反映普遍、领导关注、内部控制薄弱和出现错弊概率较大的部门、环节或物资类别等。

2. 物资采购方案、内部控制的重大变化。内部审计人员应根据外部环境和内部条件的变化，适时审查新的物资采购方案和内部控制的适当性、合法性和有效性，将其列入审计计划。

3. 改进空间。根据成本效益原则，内部审计人员应将工作改进空间较大、在增值性方面有潜力的物资采购部门、环节或物资类别确定为审计项目。

4. 风险因素。风险因素可能来自公司内部或外部。公司规模、经济业务性质、账户余额大小、出现错弊概率、物价变动幅度、技术变化速度、管理人员素质和能力、业务量大小等都是潜在的风险因素。一般而言，风险大的项目应优先做出审计安排。

（二）获取与研究相关资料，编制项目审计计划和审计方案。相关资料包括：

1. 物资采购目标和计划；

2. 前期物资采购审计工作底稿；

3. 公司资料，例如工作说明、公司政策和程序手册以及重大的组织系统变化等；

4. 财务会计资料；

5. 相关制度规定，例如采购政策、采购程序制度、授权审批制度、供货商管理制度、财产接触制度、合同或协议签订制度、凭证管理制度和定价策略等；

6. 外部信息资料，例如同行业相关资料、物价水平和变化幅度、技术变化程度和供货商资料等；

7. 法律性文件。

内部审计人员应通过审阅资料、咨询技术专家、进行分析性复核、现场观察物资采购流程、询问等方法，研究相关背景资料，初步评价重要性和审计风险，进而编制适合本公司实际情况的物资采购项目审计计划及审计方案；经适当管理层批准后，向被审计单位发出物资采购审计通知书。

（三）审查、评价内部控制。物资采购内部控制包括控制环境、风险管理、控制活动、信息与沟通以及监督五个要素。

1. 采购控制环境。采购控制环境包括以下内容：董事会成员的知识和经验丰富程度、独立性地位，独立董事所占比例，审计委员会的设置情况；管理者对待物资采购内部控制的重视程度、采取的经营理念和管理模式；企业文化所塑造的员工基本信念、价值观念、思维和行为方式；公司结构的适当性、权责划分的明确性、奖惩的分明性、岗位设置的合理性、人员素质的适当性；公司人力资源政策的适当性；等等。

2. 采购风险管理。采购风险管理包括物资采购风险识别、风险评估和风险应对策略。风险识别包括检查外部因素（如竞争、技术和经济变化等）和内部因素（如员工素质、公司活动性质、信息系统处理特点等）；风险评估包括估计风险的严重程度、评价风险发生的可能性；风险应对策略包括根据风险评估结果做出的回避、接受、降低或分担等风险应对措施等。

3. 采购控制活动。物资采购控制活动包括以下内容：业务授权、职责分离、质量验收控制、物资采购招标控制、凭证和记录控制、资产接触和记录使用控制、独立检查、物价信息控制。

4. 采购信息与沟通。物资采购相关信息除了涉及财务信息外，还涉及非财务信息，如物价变动信息、市场需求信息、经济政策信息、技术信息、供应渠道变化信息、业务流程再造信息等。信息沟通方式包括政策手册、财务报告手册、备查簿、口头交流、例外情况报告和管理事例等。

5. 采购监督。采取的方式包括物资采购内部控制自我评估、内部审计报告、内部控制例外情况报告、操作人员反馈以及顾客投诉等。

物资采购内部控制审计可通过设置采购内部控制调查表等方式进行深入调查、了解和测试，并形成审计工作底稿。

第三章　物资采购过程审计（实质性测试）

第九条　采购业务内部控制系统的审查。

（一）采购业务内部控制制度主要内容。

1. 计划管理制度。

2. 采购制度。

3. 采购与验收制度。

4. 发货制度。

5. 储存保管制度。

6. 进货凭证和付款管理制度。

7. 调拨与退料制度。

8. 货物收、发、结存设账控制制度。

9. 货物收发凭证连续编号、复写纸套写以及填制传递管理制度。

10. 消防安全及保险制度。

11. 采购管理报告及采购分析制度。

（二）审查的重点内容。

1. 检查采购计划编制、审批及其执行情况。

2. 检查、评价采购合同的签订及其执行情况。

3. 检查、评价采购所涉及的业务部门和业务环节的职责分工情况。

4. 检查、评价采购业务过程的手续制度，主要包括请购、订购、验收、付款和记录等各环节。

5. 检查、评价货物购进会计核算控制，查明是否经常进行账簿登记和核对。

（三）审查的方式。

对上述货物购进内部控制系统进行审查、评价，可同时用两种方式或选用一种进行。

1. 逻辑评价。以货物采购业务的某种标准控制系统、模式与企业实际制定的相应内部控制系统进行比较、评价，找出其逻辑缺陷。

2. 符合性测试。可选用账务追索和实务追索两种方法。前者是按货物购进业务的账务处理系统，检查、评价货物采购业务内部控制系统的实际缺陷；后者是顺着企业正在进行的采购业务，跟踪采购内部控制系统是否实行，从而发现其实际缺陷。

第十条　采购预算（计划）业务处理的审查。

（一）审查目的。

1. 了解采购预算（计划）的编制、编制预算的资料来源及内容是否确实可靠。

2. 核查采购预算是否与销货预算相配合，销货预算变更后，是否调整采购预算。

3. 采购预算是否确实执行，差异原因是否查明。

（二）审查重点与程序。

获取请购单、采购预算表、销货预算表和购销存计划表，进行如下审查。

1. 预算编制审查。

（1）采购预算的编制是否与销货（需用）预算相配合衔接。采购预算是否考虑存货政策和采购政策，是否考虑存量管制，并制定安全存量、最低最高存量及请购点、经济批量等。

（2）预算编制是否分类分品种规格列明数量、金额、单位及供应商等资料。

2. 实际请购是否与采购预算相配合，并严格控制；采购预算是否机动配合销货和管理使用及库存而做出适当调整。

3. 实际采购与预算产生的量差和价差有无查明原因，并做出适当的记录和调整。

第十一条　请购业务处理的审查。

（一）审查目的。

1. 了解请购业务是否依规定办理。

2. 审核请购是否与预算符合，并依授权权限核准。

3. 请购内容是否做出良好的台账登记控制。

（二）审查重点与程序。

获取请购单、安全存量控制表等，做如下审查。

1. 各种类别货物是否由负责请购的部门和专人开立请购单，并依授权核准后办理采购事宜。

2. 请购单是否连续编号，空白和作废的请购单是否妥善保存。

3. 请购单内容填报是否翔实，并经授权主管人员签批。

4. 请购单上的货物规格、数量、质量等如有变更，是否经授权主管领导批准。

5. 紧急采购是否经常发生，其原因是否充分适当。

6. 请购数量是否有预算，是否配合库存需要或售卖需要或自用需要。

第十二条　货物采购合同签约业务处理的审查。

（一）审查目的。

以国家合同相关法律法规和集团《合同管理办法》等为依据，检查评价采购合同的适用性、合法性和执行情况。

（二）审查重点与程序。

1. 审查合同内订购的货物及其品种、规格、数量、质量、交货期及价格是否符合采购计划的要求和销售、使用部门的请购需要，并适合销售或使用进度安排。

2. 审查订购货物的价格是否合理，签订合同之前是否执行货比三家程序，交货方式和结算方式是否适当。

3.审查、评价合同是否依据合同相关法律法规签订，主要检查供货单位经济性质与信誉、手续是否完备、有无经双方主要领导审查批准、副本有无交财务部门备查。

4.审查采购人员有无与外单位不法分子相勾结，签订假合同、骗取货款进行私分或在物品采购过程中存在索贿、受贿的情况。

第十三条 采购业务处理的审查。

（一）审查目的。

1.审查采购询价、招标、议价、比价等方式的决定是否合理，是否依规定程序办理。

2.评估采购业务手续或程序是否合理。

（二）审查重点与程序。

获取请购单、采购合同、文件呈批表、供应商资料卡等资料，做如下检查。

1.审查采购人员是否选择最有利的采购方式办理采购，以节省采购资金和成本。

2.各种货物的采购手续与程序是否都于规定期限内处理完毕，若限期变更，有无依规定通知仓库、财务等有关部门。

3.各项货物的供应商是否货比三家，对各供应商是否均建立了供应商资料卡，并逐期更新有关信息。

4.调阅采购档案，审查其中询价报价单、订购单或合同等是否办理齐全、前后一贯，是否依采购程序规定办理。

5.订购单（请购单）或采购合同的内容，采购货物的名称、规格、单位、数量、单价、金额、交货期、装卸地点、包装、运输方法、运费、付款结算办法、验收、保险等是否规定完备，内容是否符合相关合同法规定。

6.是否保存完整的市场调查资料，每次询价是否均有记录。

第十四条 验收业务处理的审查。

（一）审查目的。

1.了解验收业务的验收程序是否符合规定、有效、合理。

2.查明是否存在如下现象。

（1）货物已经到达而长期未验收入库，使货物没有实物负责人进行管理。

（2）货物已验收入库，而仍然保留在采购账户上。

（3）验收把关不严，使实际购入货物的品种、质量、数量、规格、单价与合同不符，或者不符合经营管理需要，导致长期积压。

（4）验收把关不严，使实际购入货物的品种、数量、质量、规格、单价与发货票不符，导致账实不符。

（二）审查重点与程序。

获取请购单、验收单、送货单、发票等，做如下检查。

1.采购部门是否同需用或销售部门、验收部门及其他有关部门或专人共同验收。

2.有关技术部分是否指派专业技术人员负责测试验收。

3.是否遵守短交以补足为原则、超交以退回为原则，并及时办理往来文件。

4.检验不符标准但尚可使用或售卖的是否予以扣款，无法使用或售卖的有无退回供应商，并办理相关文件。

5.分批收取的有无收足，如遇短缺、瑕疵、破损或品质不达要求有无报告并办理相关文件立即处理。

6. 有关货物进货是否设立控制货物进货的登记事项和记录。

7. 货物检验人员是否依据送货发票上之品名、货号、数量、单价逐一点验或计量，并将正确货物实收数填列于实收栏内。

8. 货物检验人员对验收时货物不符、标签不合的情形是否做出适当处理。

9. 对于所送货物有退出事项的，是否按规定开立放行单交检验人员检视其品名、数量，其不符处是否采取对策措施。

10. 查验货物实际运达期与合同交货期是否相符。

11. 查验收货单是否及时登记库存实物账，并与财会部门会计记录核对相符。

第十五条　采购成本业务处理的审查。

（一）审查目的。

采购成本构成项目的合规性、采购费用分配比例的合理性、采购价格的合法性和采购成本计算方法的科学性。

（二）审查重点与程序。

1. 货物采购成本项目中包括一些不应列入的项目，如包装物押金、采购人员奖金和生活困难补助、供货单位应负担的运杂费、不能及时支付货款的罚金和责任事故造成的损失等。相反，也可能将应列入的项目未列入，如购入货物的外地运杂费、合理损耗、入库前的整理及挑选等费用。

2. 货物采购成本未按适当标准或比例摊入各种货物，而是任意进行分配等。

3. 货物采购价格偏离定价和市场价格，它可能意味采购人员故意抬高进价，从供货方索贿受贿等。

4. 货物采购成本计算不正确，如少列货物成本或者多列货物成本。

第十六条　货物的审查。

（一）审查目的。

确保在途货物安全、完整、正确。

（二）审查重点与程序。

1. 供货单位未及时发货，或货不对路，或发错了收货地。

2. 货物在运输途中被盗窃、丢失、挪用，造成货物损失。

3. 货物运达后，长期未验收入库，造成货物质量损失，如霉烂变质等。

第十七条　不履行合约或罚款业务处理的审查。

（一）审查目的。

1. 查核不履行合约的原因及扣款的执行情形。

2. 核算不履行合约对公司销售（经营或管理）所造成的损失。

3. 查核罚款计算的正确性。

（二）审查重点与程序。

获取采购合同、交货异常报告单、索赔处理单等，做如下审查。

1. 查明延期交货的购货是否按合约规定罚款。

2. 所交货物品质、规格与合约不符，但可使用或售卖，如因急需，免予验收使用，是否经有关主管事前认可，是否按扣款或减价处理。

3. 如因检验不合格退回更换，或因故申请延期交货，是否事先报请公司有关主管同意，并依合约确定逾期罚款或其他处理办法。

4. 因供应商违约另行采购，而超出原采购价损失部分，其差额如按合约应由原订约供应商负责，如未付款是否办理扣款或处理文件。

5. 供应商发生违约或索赔案件，是否将此情形录入供应商资料卡，以避免此类事件重复发生。

6. 逾期已久而尚未交货的合约，应逐一查核其原因。

7. 违约扣款是否列入跟催，会计是否列账，有无变价相抵销其他科目。

第四章　附则

第十八条　本指南由审计部负责解释、修改。

第十九条　本指南自××××年××月××日起施行。

21.1.2.3　内部审计实务指南第3号——工程预、决算审计

第一章　总则

第一条　为了规范审计部执行工程预、决算审计业务，明确工作要求，保证审计质量，根据《关于固定资产投资项目开工前审计暂行办法》《基本建设项目竣工决算审计试行办法》《国际内部审计实务标准》及集团《内部审计办法》，结合本集团实际情况，制定本指南。

第二条　本指南所称工程预、决算审计，是指审计部依据工作任务或董事长、总经理指令，对被审计单位的基本建设工程、技改工程、设备安装工程、维修工程等预算、结算、决算及其相关资料的真实性、合法性、合规性进行审查、核实、评价和监督，并出具审计报告。

本指南所称被审计单位，是指负责编制工程预、决算文件并接受审计部审计的项目法人单位或其他单位，一般包括研发部、工程部、行政部、财务部、生产部、下属企业及其相应部门。

本指南所称工程预算，是指根据工程项目施工图设计阶段的施工图纸、预算定额、预算单价及有关取费标准，计算工程项目价格的文件。

本指南所称工程结算，是指根据工程合同实施过程中所发生的超出原施工合同范围的工程变更情况，包括对影响造价的设备、材料价差及设计变更等，应按合同规定的调整范围及调价方法，对工程合同的施工图预算价格或合同价格进行必要的修正或调整，确定工程项目竣工后最终结算价格的文件。

本指南所称工程决算，亦称工程竣工决算，是指在建设项目或单项工程完工时编制的，综合反映建设时间、建设成果和财务状况的文件。工程决算财务文件一般反映建设项目从筹建到竣工投产全过程的全部实际支出，包括建筑工程费用、安装工程费用、设备购置费和工程间接费用等。

第三条　审计部执行工程的其他审计业务，除有特定要求者外，应当参照本指南办理。

第二章　一般原则

第四条　按照本指南的要求出具工程预、决算审计报告，并保证审计报告的真实性、合法

性，是审计部的审计责任；保证预、决算及相关资料的合法、公允、完整，合理编制并充分披露工程预、决算是被审计单位的责任。

第五条 审计部进行工程预、决算审计的目的，是对被审计单位工程预、决算所依据的定额标准、选用的取费标准及工程量计算规则是否符合有关规定，在所有重大方面是否公允地反映了工程建设成果进行审计，并发表审计意见。

第六条 工程预算、结算具有固有的不确定性，不能避免主观判断，审计部不应对预算结果的可实现程度做出保证。

第七条 由于工程预、决算需要由专业技术人员编制的特殊性，审计部在实施工程预、决算审计时应当考虑自身能力。必要时，应当聘请专家协助工作。

第八条 审计部应当将工程预、决算审计业务的实施过程及其结果记录于审计工作底稿，并进行必要的复核。

第三章 审计计划

第九条 在下达审计通知或实施审计前，审计部应当与被审计单位就工程预、决算审计的目的与具体范围，双方的责任、义务等交换意见，并考虑自身能力和能否保持独立性，初步评估风险，以确定审计程序。

第十条 审计部在实施审计之前应当了解被审计单位以下情况。

（一）工程项目性质、承建方式等建设情况。

（二）应提供给审计部的相关资料是否齐全。

（三）建设工程所用材料中，由被审计单位提供部分的比重，施工单位自行采购部分的比重。

（四）工程价款的财务结算概况。

（五）审计验证的工程项目是否经其他机构审查验证过，其他机构的审查验证意见、处理情况。

（六）施工现场的水文地质条件、气候条件、场地条件、水电供应条件、交通条件。

（七）除核实工程价格外，工程有无其他要求，有无涉及其他方面的问题需要审计。

第十一条 工程预、决算审计的范围应当根据有关法规的规定及工程实际情况确定。

审计部在确定审计范围时，应当向被审计单位了解工程情况及影响建设成果的以下关键因素。

（一）编制工程预、决算的经验与能力。

（二）编制工程预、决算的程序。

（三）工程预、决算的目的与范围。

（四）工程建设时间的长短。

第十二条 审计部实施工程预、决算审计业务，应当在充分了解被审计单位有关情况的基础上，编制审计计划，对审计工作做出合理安排，并根据审计过程中的情况变化，予以修改或补充。

第十三条 审计部应当获取被审计单位工程预、决算的书面文件和编制预、决算所依据的下列有关资料。

（一）施工图。

（二）概算资料。

（三）合同。

（四）实物工程量计算书。

（五）材料费用资料。

（六）付款资料。

（七）取费资料。

（八）有关证照。

（九）施工组织设计。

（十）招投标工程的有关文件。

（十一）其他有关资料。

第十四条　审计部应当于必要时召集被审计单位和施工单位参加审前会议，并将会议结果记录于审计工作底稿。

第四章　审计实施

第十五条　工程预、决算审计的目标与内容。

（一）工程量：工程量计算是否准确、真实，计算方法是否符合规则。

（二）定额：定额的套用和基价的换算是否符合规定及正确。

（三）费用：工程直接费用、间接费用和其他费用的计算是否符合规定及正确。

（四）材料差价：系数、材料价差等的计算是否符合规定，单项价差的材料价格是否符合规定，购料凭证是否符合规定及真实，是否与当时市场实际价格相吻合。

（五）资料：所提供的等级证明、营业执照、洽谈单、清工记录、工程变更表、竣工验收单等资料是否符合规定及真实，手续是否齐全。

第十六条　工程预、决算审计的依据。

（一）国家和地方主管部门制定的统一定额标准。

（二）国家和地方主管部门制定、颁布的有关建设政策、规定。

（三）国家有关的工程质量验收标准、标准图及其技术要求。

（四）经集团审计部认可的施工承包合同及其有关证件、凭证，如施工组织设计、等级证明、设计变更表、现场洽谈单等。

（五）设计图纸交底会审的会议纪要。

第十七条　工程预、决算审计的程序。

工程签约前编制的工程预算书，经集团工程部或企业主管工程的业务部门审计后，连同施工图和承建单位等级证明、营业执照等有关资料送集团审计部。审计部对上述资料进行审计，最后确定工程预算总造价。在审计部确定工程预算总造价后，有关企业和集团有关部门才能签订合同据以组织施工与分期支付工程款。

工程竣工时编制的工程决算书，经集团工程部或企业主管工程的业务部门审计后，连同工程竣工验收单、项目洽谈单、清工记录和工程变更资料（补充协议或合同）等，送集团审计部审计后方可依据审计结论进行财务决算，并根据审计确定的工程决算总造价和合同条款支付工程余款。

第十八条　工程预、决算审计一般应采取全面审计，条件暂不具备的，可采取抽审法，但对每一项抽审工程的预、决算具体项目需采用详查法。

第十九条　审计部在实施工程预、结算审计时，应当重点检查以下事项。

（一）单项工程预、结算编制是否确实以有关资料为依据。

1. 工程直接费计算是否以国家及地方政府颁布的定额为依据。

2. 工程间接费是否按工程的性质、类别、承包方式及施工企业级别等具体条件执行相应计算基数和费率标准计算确定。

3. 利润、税金和管理费的计算基数、利润率、税率是否符合规定。

4. 工程价格是否准确。

（二）其他工程和费用是否属于该项工程。

（三）多个单项工程构成一个建设项目时，审查建设项目是否包含各个分项工程，费用内容是否正确。

（四）预备费计算所使用的计算基数和费率是否正确，回收金额的计算是否与有关要求一致。

第二十条　审计部在实施工程预、决算审计时，应当重点检查以下事项。

（一）本指南第十九条规定的预、结算检查项目。

（二）工程资金来源、资金结余及工程支出等财务情况。

（三）工期和工程质量情况。

（四）其他。

第二十一条　审计部实施工程预、决算审计时，除重点检查本指南第二十条规定内容外，还应当检查以下事项。

（一）被审计单位是否有预算外工程项目，有无自行扩大投资规模的情况。

（二）各项费用支出是否合法，有无将应当计入生产经营成本的费用计入工程成本或将工程支出计入生产经营成本。

（三）交付使用资产是否真实可靠，有无多报、虚报完成工程量及虚列应付债务或转移工程基建资金等情况。

（四）历年的各项拨款数额和结余资金是否真实正确，应收回的设备材料以及拆除临时建筑和原有房屋及建筑物的残值是否作价收回，对器材的盘盈、盘亏及销售盘亏是否按照有关规定及时处理。

（五）报废工程是否经主管机关审批。

（六）竣工投产时间是否符合计划规定期限。

（七）有无隐匿、截留或拖延项目工程的各项收入。

（八）尾项工程的建设情况。

（九）其他。

第二十二条　审计部在实施工程预、决算审计过程中，应当会同被审计单位、施工单位，对下列事项进行现场查勘核实。

（一）分项工程。

（二）实际施工用料与预、结算不一致的。

（三）变更设计的工程项目。

（四）必须丈量的工程项目。

第二十三条　审计部在实施预、决算审计过程中遇到下列情况时，应当取得适当的证据。

（一）变更工程设计的。

（二）被审计单位直接提供未曾计价材料的。

（三）施工中使用建筑材料超出预、决算规定价格的。

（四）变更施工企业资质的。

第二十四条　审计部在实施工程预、决算审计过程中遇到下列情况时，应当取得被审计单位、施工单位双方的签证证据。

（一）预算与图纸不符，或者施工情况与图纸不符的。

（二）经丈量工程项目的实物工程量与原预、结算计算的数据不符的。

（三）施工用料发生变化的。

第二十五条　审计部在判断工程预、决算是否运用了不合理定额和取费标准时，应当特别关注以下事项。

（一）对预、决算结果有重大影响的。

（二）特别容易受关键因素变动影响的。

（三）具有高度不确定性的。

第二十六条　审计部在审计过程中没有责任专门就工程预、决算中的定额标准、取费标准发表意见，也不宜评价超越其专长范围的定额、取费。

第二十七条　审计部执行工程预、决算审计业务，应当取得被审计单位有关工程预、决算的管理声明书。

第二十八条　审计部应当就审计后的初审意见与集团董事长或总经理、被审计单位和施工单位会审，并考虑初审意见的签证结果对追加审计程序和审核结论的影响。

第二十九条　如工程预、决算已经由财务部门或其他部门审计过，审计部可在提出初审意见前，就审计验证的差异部分与财务部门或其他部门交换意见。

第五章　审计报告

第三十条　审计部应当在实施必要的审计程序后，以经过核实的证据为依据，形成审计意见，出具审计报告。

第三十一条　审计报告应当依照内部审计具体规范第六号的基本内容执行。

第三十二条　审计报告的标题应当统一规范为"工程预或决算审计报告"。

第三十三条　审计报告应当说明以下内容。

（一）审计范围包括已审计工程预、决算的名称，建设时间，及被审计单位、施工单位和设计单位名称。

（二）工程预算的编制责任和审计部的审计责任。

（三）审计依据，即内部审计办法和本指南。

（四）已实施的主要审计程序与方法。

第三十四条　审计报告的意见应当说明以下内容。

（一）审计后的工程预、决算金额，核增（减）金额。

（二）工程预、决算编制是否符合规定的定额标准，取费标准和工程量的计算规则。

（三）在所有重大方面是否公允地反映了工程建设成果。

审计部与被审计单位在上述方面存在异议，且无法协商一致时，或审计部认为必要时，应当在意见段之后增列说明段予以说明。

第六章　附则

第三十五条　本指南由审计部负责解释和修改。

第三十六条　本指南自××××年××月××日起施行。

21.1.2.4　内部审计实务指南第 4 号——内部控制制度评价指南

第一章　总则

第一条　为了规范审计工作中研究与评价被审计单位的内部控制，评估管理风险，提高工作效率，保证审计质量，根据集团《内部审计办法》规定，制定本指南。

第二条　本指南所称内部控制，是指被审计单位为了保证业务活动的有效进行，保护资产的安全和完整，防止、发现并纠正失误与舞弊，保证会计资料的真实、合法、完整而制定和实施的政策、制度与程序。内部控制包括控制环境、会计系统和控制程序。

第三条　本指南所称管理风险，是指被审计单位可能存在重大经营与管理失误或舞弊的各种机会，包括固有风险、控制风险和内部监督及检查风险。

第四条　审计人员执行会计报表一般审计以外的其他审计业务，除有特定要求外，亦应当参照本指南办理。

第二章　一般原则

第五条　建立健全内部控制，保护资产的安全、完整，保证业务交易资料的真实、合法、完整，是被审计单位的管理责任。被审计单位管理当局应当贯彻实施其内部控制，防止发生、及时发现并纠正失误与舞弊等管理风险。

第六条　审计人员应当对拟信赖的内部控制进行符合性测试，据以确定对实质性测试的性质、时间和范围的影响。由于审计测试及被审计单位内部控制的固有限制，审计人员进行审计时，并不能保证发现所有失误或舞弊等管理风险。

第七条　审计人员对会计报表的审计并非专为发现失误或舞弊等管理风险。如果要求对可能存在的失误或舞弊等管理风险进行专门审计，审计人员应当考虑自身能力和应当保持应有的职业谨慎，合理应用专业判断，对管理风险进行评估，制定并实施相应的审计程序，以发现和降低管理风险。

第八条　审计人员应当将研究、评估内部控制和评估管理风险的过程及结果记录于审计工作底稿。

第三章　内部控制

第九条　健全的内部控制一般应当实现以下目标。

（一）保证业务交易活动按照适当的授权进行。

（二）保证所有业务交易和事项以正确的金额，在恰当的会计期间及时记录于适当的账户，使会计报表的编制符合会计准则和内部管理的相关要求。

（三）保证对资产和记录的接触、处理均经过适当的授权。

（四）保证账面资产与实存资产定期核对相符。

第十条 审计人员在确定内部控制的可信赖程度时，应当保持应有的职业谨慎，充分关注内部控制的以下固有限制。

（一）内部控制的设计和运行受制于成本与效益原则。

（二）内部控制一般仅针对常规业务活动而设计。

（三）即使是设计完善的内部控制，也可能因执行人员有粗心大意、精力分散、判断失误以及对指令的误解而失效。

（四）内部控制可能因有关人员相互勾结、内外串通而失效。

（五）内部控制可能因执行人员滥用职权或屈从于外部压力而失效。

（六）内部控制可能因经营环境、业务性质的改变而削弱或失效。

第十一条 在编制审计方案时，审计人员应当了解被审计单位内部控制的设计和运行情况。

在确定了解内部控制所应当实施审计程序的性质、时间和范围时，审计人员应当主要考虑下列因素。

（一）被审计单位经营规模及业务复杂程度。

（二）被审计单位数据处理系统类型及复杂程度。

（三）会计与审计的重要性。

（四）相关内部控制类型。

（五）相关内部控制的记录方式。

（六）固有风险的评估结果。

第十二条 审计人员了解内部控制时，应当合理利用以往的专业经验。对于重要的内部控制，通常还可实施以下程序。

（一）询问被审计单位有关人员，并查阅相关内部控制文件。

（二）检查内部控制生成的文件和记录。

（三）观察被审计单位的业务活动和内部控制的运行情况。

（四）选择若干具有代表性的交易和事项进行符合性测试。

第十三条 审计人员应当充分了解控制环境，以评价被审计单位管理层对内部控制及其重要性的态度、认识和措施。影响控制环境的主要因素如下。

（一）经营管理的观念、方式和风格。

（二）组织结构和权利、职责的划分方法。

（三）控制系统。

第十四条 审计人员应当充分了解会计系统，以识别和理解以下内容。

（一）被审计单位交易和事项的主要类别。

（二）各类主要交易和事项的发生过程。

（三）重要的会计凭证、账簿记录以及会计报表项目。

（四）重大交易和事项的会计处理过程。

第十五条 审计人员应当充分了解以下主要控制程序，以合理确定相关审计程序。

（一）交易授权。

（二）职责划分。

（三）凭证与记录控制。

（四）资产接触与记录使用。

（五）独立稽核或检查。

第十六条　内部独立的管理稽核或检查是被审计单位控制系统的重要组成部分，审计人员应当考虑下列因素，对内部管理稽核工作质量进行研究和评价，以确定是否利用其工作结果。

（一）内部管理稽核人员的独立性。

（二）内部管理稽核人员的经验和能力。

（三）内部管理稽核程序的性质、时间和范围。

（四）内部管理稽核人员所获取的稽核凭据的充分性和适当性。

（五）管理层对内部稽核工作的重视程度。

第十七条　审计人员可采用文字叙述、调查问卷、核对表、流程图等方法对内部控制进行了解和评价，并形成审计工作底稿。

第十八条　审计人员应当将审计过程中注意到的内部控制重大缺陷，告知被审计单位管理层，必要时可出具审计建议书。

第四章　对失误与舞弊的审计关注

第十九条　审计人员在编制和实施审计方案时，应当充分关注可能存在的导致经营管理的严重失误与舞弊。

（一）失误主要包括：

1. 原始记录和会计数据的计算、抄写错误；

2. 对事实的疏忽和误解；

3. 对经营管理方针、政策和会计政策的误用。

（二）舞弊主要包括：

1. 伪造、变造原始记录或凭证；

2. 侵占资产；

3. 隐瞒或删除交易或事项；

4. 记录虚假的交易或事项；

5. 蓄意使用不当的经营管理方针政策和会计政策。

第二十条　审计人员在编制审计计划时，应当充分考虑导致经营管理严重失误与舞弊存在的可能性。除内部控制的固有限制外，下列情况会增加失误与舞弊的可能性。

（一）被审计单位管理人员的品行或能力存在问题。

（二）被审计单位管理人员遭受异常压力。

（三）被审计单位存在异常交易。

（四）审计人员难以获取充分、适当的审计证据。

第二十一条　审计人员应当向被审计单位管理层了解已发现的、可能导致经营管理产生问题的严重失误与舞弊，并根据其严重程度和处理结果，在编制和实施审计方案时予以特别关注。

第二十二条　审计人员在实施审计计划时，应当保持应有的职业谨慎，充分关注失误与舞弊可能存在的迹象。

第五章 经营管理风险

第二十三条 在编制审计方案时，审计人员应当对会计报表或被审计资料整体的固有风险进行评估。固有风险是指假定不存在相关内部控制时，某一账户、交易类别或事项单独或连同其他账户、交易类别或事项发生重大错报、漏报或失误的可能性。审计人员应当考虑固有风险的评估对各重要账户、交易类别或审计事项的认定所产生的影响，或者直接假定这种认定的固有风险为高水平。

第二十四条 审计人员应当合理运用专业判断，考虑下列事项，评估固有风险。

（一）管理人员的品行和能力。

（二）管理人员特别是财务人员或经办人员的变动情况。

（三）管理人员遭受的异常压力。

（四）业务性质。

（五）影响被审计单位所在行业的环境因素。

（六）容易产生错报的会计报表项目。

（七）需要利用非审计专业人员的专家工作结果予以佐证的重要交易和事项的复杂程度。

（八）确定相关金额时，需要运用估计和判断的程度。

（九）容易受损失或被挪用的资产。

（十）会计期间内，尤其是临近会计期末发生的异常及复杂程度。

（十一）在正常的会计或业务处理程序中容易被漏记的交易和事项。

第二十五条 审计人员了解内部控制并评估固有风险后，应当对各重要账户、交易类别或事项的相关认定所涉及的控制风险做出初步评估。控制风险是指某一账户、交易类别或事项单独或连同其他账户、交易类别或事项产生失误或漏报，而未能被内部控制防止、发现并纠正的可能性。

第二十六条 出现下列情况之一时，审计人员应当将重要账户、交易类别或事项的部分或全部认定的控制风险评估为高水平。

（一）被审计单位内部控制失效。

（二）审计人员难以对内部控制的有效性做出评估。

（三）审计人员不拟进行符合性测试。

第二十七条 审计人员对某一会计报表、交易或事项认定的控制风险进行初步评估时，如果同时出现下列情况，不应将控制风险评估为高水平。

（一）相关的内部控制可能防止、发现并纠正重大错报、漏报或失误。

（二）审计人员拟进行符合性测试。

第二十八条 审计人员如拟信赖内部控制，应当实施符合性测试程序，以评估控制风险。初步评估的控制风险水平越低，审计人员就应获取越多的关于内部控制设计合理和运行有效的证据。

第二十九条 审计人员可实施以下符合性测试程序。

（一）检查交易和事项的凭证资料。

（二）询问并实地观察未留下审计轨迹的内部控制的运行情况。

（三）重新实施相关内部控制程序。

第三十条　出现下列情况之一时，审计人员可不进行符合性测试，而直接实施实质性测试程序。

（一）相关内部控制不存在。

（二）相关内部控制虽然存在，但审计人员通过了解发现并未有效运行。

（三）符合性测试的工作量可能大于进行符合性测试所减少的实质性测试的工作量。

第三十一条　审计人员应当根据符合性测试结果，评估内部控制的设计和运行是否与控制风险初步评估结论相一致。如果存在偏差，应当修正对控制风险的评估，并据以修改实质性测试程序的性质、时间和范围。

第三十二条　审计人员应当了解内部控制在所审计会计期间的运用是否一贯。如发生显著变动，应当考虑分别进行测试。

第三十三条　终结审计之前，审计人员应当根据实质性测试的结果和其他审计证据，对控制风险进行最终评估，并检查其是否与控制风险初步评估结论相一致。如不一致，应当考虑是否追加相应的审计程序。

第三十四条　由于控制风险与固有风险相互联系，审计人员应当对固有风险与控制风险进行综合评估，并据以作为检查风险评估基础。检查风险是指某一账户、交易类别或事项单独或连同其他账户、交易类别产生重大错报、漏报或失误，而未能被实质性测试发现的可能性。固有风险及控制风险的评估对检查风险有直接影响，固有风险和控制风险的水平越高，审计人员就应实施越详细的实质性测试程序，并着重考虑其性质、时间和范围，以将检查风险降低至可接受的水平。

第三十五条　不论固有风险和控制风险的评估结果如何，审计人员均应对各重要账户、交易类别或事项进行实质性测试。如果经实施有关审计程序仍认为某一重要账户、交易类别或事项认定的检查风险不能降低至可接受的水平，应当向总经理汇报相关意见。

第六章　对失误或舞弊的审计处理

第三十六条　审计人员在审计过程中发现失误或舞弊可能存在的迹象时，应当对其重要性进行评估，并确定是否修改或追加审计程序。

第三十七条　审计人员在修改或追加审计程序时，应当考虑有迹象存在的失误或舞弊的类型、发生的可能性及其对会计报表或经营管理等相关事项的影响程度。

第三十八条　审计人员实施修改或追加的审计程序后，应当获取充分、适当的审计证据，以证实失误或舞弊是否存在。如果失误或舞弊确实存在，审计人员应当确定其对会计报表或经营管理等相关事项的影响，并提请被审计单位最高主管进行适当处理。

第三十九条　如果失误或舞弊未能被内部控制防止、发现并纠正，审计人员应当考虑重新评估相关内部控制的有效性。必要时，应当修改或追加相关实质性测试程序。

第四十条　对于涉及失误或舞弊人员，审计人员应当重新考虑其所做陈述的可靠性。

第四十一条　审计人员应以适当方式向被审计单位最高主管告知审计过程中发现的重大失误及所有舞弊，并详细记录于审计工作底稿。

第四十二条　对于涉嫌重大失误或舞弊的人员，审计人员应当向被审计单位最高主管报告。当怀疑最高层管理人员涉及舞弊时，审计人员应当向集团审计部协商建议考虑采取适当的措施。

第七章　主要业务内部控制关键点符合性测试常规程序指引

第四十三条　销售与收款循环测试。

（一）抽取销售发票，做如下检查。

1. 核对销售发票、销售合同、销售订单所载明的品名、规格、数量、价格是否一致。

2. 检查销售合同、赊销是否经授权核准。

3. 核对相应的运货单或提货单（出库单）副本，检查销售发票日期与运货或提货日期是否一致。

4. 检查销售发票中所列商品的单价并与商品价目表或合同价核对。

5. 复核销售发票中列示的数量、单价和金额。

6. 从销售发票追查至销售记账凭证或销售记账凭证汇总表。

7. 从销售记账凭证或销售记账凭证汇总表追查至总账及明细账。

8. 抽取一定时期内的销售发票，检查其是否连续编号、是否有缺号，作废发票的处理是否正确。

9. 抽取运货单，并与相关的销售发票核对，检查已发出的商品是否均已向顾客开出发票。

（二）检查销售退回、折让、折扣的核准。

1. 检查销售退回和折让是否附有按顺序编号并经授权主管人员核准的贷项通知单。

2. 检查所退回的商品是否具有仓库签发的退货验收报告。

3. 检查销售退回与折让的批准与贷项通知单的签发职责是否分离。

4. 检查现金折扣是否经过适当授权，授权人与收款人的职责是否分离。

（三）抽取收款凭证，做如下检查。

1. 是否将记录收款与保管现金的职责分离。

2. 收到货款是否开具收款收据。

3. 是否定期核对记账、过账和送存银行的金额。

4. 是否定期编制银行存款余额调节表，其编制人是否与出纳保持职责分离。

5. 是否定期与顾客对账。

第四十四条　购置与付款循环测试。

（一）抽取购货合同（或其他凭证），对购货合同及请购单的下列内容进行核对。

1. 货物名称、规格型号、请购量。

2. 授权批准、批准采购量、采购限价。

3. 单价、合计金额等。

（二）审核与所抽取购货合同有关的供应商发票、验收报告、入库单、付款结算凭证、记账凭证，并追查至相关的明细账与总账。

（三）固定资产和在建工程内部控制制度的符合性测试。

1. 抽查新增固定资产和在建工程项目有无预算，是否经过授权批准。

2. 抽查已完工在建工程转入的固定资产是否办理竣工验收和移交使用手续。

3. 抽查固定资产的折旧方法和折旧率是否符合规定，前后期是否一致。

4. 抽查固定资产的毁损、报废、清理是否经过技术鉴定和授权批准。

5. 抽查固定资产定期盘点制度是否得到遵循。

（四）付款业务内部控制制度的符合性测试。抽取付款凭据，做如下检查。

1. 是否实行费用预算控制，是否明确款项支付权限。

2. 编制付款凭证时，是否与订购合同、预（决）算计划、验收单和发票相核对。

3. 支付货款的付款凭证和银行存款日记账、有关明细账及总账的记录是否明确。

4. 记入有关明细账户的原始凭证，如订货单、验收单、购买发票的正确性、合法性及其金额是否与相关明细账一致，有关凭证是否经过批准。

5. 款项支付凭证是否及时入账，货款支出与记账的职责是否分离。

第四十五条　仓储与存货循环测试。

（一）仓储与存货业务循环相关的内部控制制度的符合性测试。

1. 检查大额的存货采购是否签订购货合同，有无审批制度。

2. 检查存货的入库是否严格履行验收手续，对名称、规格型号、数量、质量和价格等是否逐项核对，并及时入账。

3. 检查存货的发出手续是否按规定办理，是否及时登记仓库账并与会计记录核对。

4. 检查存货的采购、验收、保管、运输、付款等职责是否严格分离。

5. 检查存货的分拣、堆放、仓储条件等是否良好。

6. 对于规定的以旧换新物料，检查是否严格执行以旧换新制度。

7. 检查是否建立定期盘点制度，发生的盘盈、盘亏、盘损、报废是否及时按规定审批处理。

（二）销售成本计价方法是否符合财务会计制度的规定，是否发生重大变更。

第四十六条　工薪与人事循环测试。

（一）工资及应付工资相关内部控制制度的符合性测试。

1. 检查工资标准的制定及变动是否经授权批准。

2. 检查计时、计件工资的原始记录是否齐全。

（二）选择若干时期的工资汇总表，做如下检查。

1. 工资汇总表的计算是否正确。

2. 应付工资总额与人工费用分配汇总表中合计数是否相符。

3. 代扣款项的账务处理是否正确。

（三）抽查工资单，从中选取不同类型员工，做如下检查。

1. 调阅员工工资卡或人事档案，以确定工资发放依据。

2. 员工工资标准及实发工资额的计算是否正确。

3. 实际工时统计记录（或产量统计报告）与员工个人钟点卡（或产量记录）是否相符。

4. 员工加班加点记录与主管人员签证的月度加班汇总表是否相符。

（四）人工成本测试。

1. 对于采用计时工资制的，抽取实际工时统计记录、员工工资分类表及人工费用分配汇总表等。

（1）选样并核对人工成本与人工费用分配汇总表中相应的实际工资费用是否相符。

（2）核对实际工时统计记录与人工费用分配汇总表中相应的实际工时是否相符。

（3）选样并核对相关部门若干期间的工时台账、打钟卡与实际工时统计记录是否相符。

（4）当没有实际工时统计记录时，根据员工工资分类表，计算复合人工费用分配汇总表中相应的人工费用是否合理。

2. 对于采用计件工资制的，抽取产量统计报告、个人（小组）产量记录和经批准的单位工资标准或计件工资制度。

（1）核对按统计的考核工作量和单位工资标准计算的人工费用与相关账户中人工成本是否相符。

（2）抽取若干人工（小组）的工作记录，检查是否被汇总记入工作量统计报告。

第四十七条 融资与投资循环测试。

（一）融资业务相关内部控制制度的符合性测试。

1. 检查融资业务内部控制制度的遵循情况，并做出相应记录。

2. 检查公司债券和股票交易是否均经董事会授权的人员办理，属巨额交易的，是否对被授权者规定明确的限额，超过限额是否获得董事会的批准。

3. 检查融资借款是否均签订借款合同，抵押担保是否获得授权批准。

4. 检查利息支出是否按期入账，是否划清资本性支出和收益性支出。

5. 检查实收资本是否经过注册会计师验证并进行正确的会计处理。

（二）投资业务相关内部控制制度的符合性测试。

1. 检查投资项目是否均经授权批准，投资金额是否及时入账。

2. 检查是否与被投资单位签订投资合同、协议，是否获得被投资单位出具的投资证明。

3. 检查长期投资的核算方法是否符合有关财务会计制度的规定，相关的投资收益会计处理是否正确，手续是否齐全。

4. 检查有价证券的买卖是否经适当授权，是否妥善保管并定期盘点核对。

第四十八条 现金和银行存款的符合性测试。

由于现金和银行存款收支业务分散于各个业务循环，且其记录错误有时难以通过上述业务循环的符合性测试发现，因此，一般应单独对现金和银行存款的内部控制制度进行测试。

（一）检查货币资金内部控制制度是否建立并严格执行。

1. 款项的收支是否按规定的程序和权限办理。

2. 是否存在与本单位经营无关的款项收支情况。

3. 是否存在出租、出借银行账户的情况。

4. 出纳与会计的职责是否严格分离。

5. 货币资金和有价证券是否妥善保管，是否定期盘点、核对。

6. 拨付所属资金、公司拨入资金的核算内容是否与内部往来混淆。

（二）抽取收款凭证。

1. 核对收款凭证与存入银行账户的日期和金额是否相符。

2. 核对现金、银行存款日记账的收入金额是否正确。

3. 核对收款凭证与银行对账单是否相符。

4. 核对收款凭证与应收款项明细账的有关记录是否相符。

5. 核对实收金额与销售发票是否一致。

（三）抽取付款凭证。

1. 检查付款的授权批准手续是否符合规定。

2. 核对现金、银行存款日记账的付出金额是否正确。

3. 核对付款凭证与银行对账单是否相符。

4. 核对付款凭证与应付款项明细账的记录是否一致。

5. 核对实付金额与购货发票是否相符。

（四）抽取一定期间的现金、银行存款日记账与总账核对。

（五）抽取一定期间的银行存款余额调节表，查验其是否按月正确编制并经复核，重大差异是否调整。

（六）检查外币资金的折算方法是否符合有关规定，是否与上年度一致。

第四十九条　审计人员在对各业务循环内部控制制度进行符合性测试之后，根据搜集的审计证据，可以对各个业务循环的内部控制制度做出评价，确定其可靠程度以及存在的薄弱环节和缺点，最终确定在实质性测试中对哪些环节适当减少审计程序，哪些环节应增加审计程序，作为重点审查，以减少经营管理风险。

第八章　附则

第五十条　本指南由审计部负责解释和修改。

第五十一条　本指南自 ×××× 年 ×× 月 ×× 日起施行。

由于审计测试及被审计单位内部控制的固有限制，审计人员依照集团《内部审计办法》进行审计，并不能保证发现所有的错误与舞弊。为了使审计人员在编制和实施审计计划时，充分识别各类交易业务可能存在的一般性而非针对性的错误与舞弊，特制定本指引。

一、现金交易业务常见的主要错弊

1. 企业用不符合财务制度的凭证（白条）顶替库存现金。

2. 直接从销售收入中坐支现金。

3. 建立账外小金库，公款私存。

4. 利用本单位账户为其他单位套取现金。

5. 扩大现金开支范围，为职工滥发奖金实物。

6. 个人长期借用企业现金，不予归还。

二、银行存款交易业务常见的主要错弊

1. 银行收款不入账，套取转移企业资金，即将收到的支票存入银行，财务不登记入账，同时开出一张同收入款等额的支票将资金转移，财务也不入账。其目的多属贪污、建账外小金库、为他人套取现金等。

2. 直接虚列维修费、劳务费等无实物购入的支出，从银行提取资金，化公为私。

3. 利用银行存款账账、账单（银行对账单）长期不符的混乱情况，转移资金、公款私存。

4. 出借账户、支票、付款委托书等。

5. 不执行国家外汇管理规定，进行逃汇、套汇、私自买卖外汇、变相买卖外汇、倒买倒卖外汇以及私自借贷外汇、私自境外存款。

6. 外汇核销、汇兑不准确、不规范，不符合财务制度和会计制度有关规定，汇兑损益计算不准、分配不对，折合汇率标准的选择不符合有关规定或经常变动、不固定，违反一致性原则。

三、其他货币资金交易业务常见的主要错弊

1. 其他货币资金违反原规定用途被挪作他用。

2. 剩余款项不及时收回清算，长期挂账。

3. 转移资金的一种手段。

四、短期投资业务常见的主要错弊

1. 投资资金来源不当。如用变卖固定资产收入投资，用应上交款项进行投资等。

2. 对外投资是假，转移资金是真。如以对外投资名义转移资金，从事非法经营活动，向个体、私营企业转借资金。

3. 用公款进行私人投资活动，收益被私分。

4. 短期投资计价方法、入账时间不对，收益确认不准确、账务处理不正确。

5. 投资收益不入账，形成账外资金、小金库，期末未并入"本年利润"之中。

五、应收账款及预付账款交易业务常见的主要错弊

1. 利用应收账款项目虚增销售额。企业为了完成与国家或上级单位承诺的经济指标或签订的经济合同，采用虚列应收项目方法，虚增销售，隐瞒亏损；或是发生的销售退货、销售折让与折扣不及时调整应收账款。

2. 转移已经收回的应收账款，挪作他用。

3. 计提坏账准备的计算标准、方法、账务处理不准确、不适当，或有意利用坏账准备计提或虚设坏账损失调节企业期间费用。

4. 将实际发生的坏账损失长期挂账，使企业债权虚增；已核定的，并冲减应收账款的坏账损失又收回后，没有在"应收账款"中反映，从而转移资金、形成账外小金库等；将部分发生坏账损失的应收账款项目的全部金额列为坏账损失处理，虚减企业债权。

5. 利用预付账款方式转移企业资金，挪作他用，弄虚作假，形成账外资金或为个人贪污。

6. 预付账款合理并有合同依据，但实际预付数额大于约定数额，在所购货物收到、清算货款时又未予以相应扣除多预付部分。

六、待摊费用交易业务常见的主要错弊

1. 将应记入"递延资产"科目的待摊费用归入"长期待摊费用"科目核算。

2. 待摊费用项目不合理，违反了有关财务、会计制度及有关经济法规的规定，如将应上交国家的税金通过待摊费用计入成本、罚没款计入待摊费用等。

3. 分摊期与实际受益期不一致，如保险费受益期跨年，而企业反在本年内几个月即待摊完毕。

4. 分摊金额和比例计算不正确，造成多摊或少摊，或摊销账务处理不正确。

5. 将应计入待摊费用的项目一次计入成本或挂账。

6. 利用待摊费用人为调节成本，隐瞒利润或虚增盈利。

七、存货交易业务常见的主要错弊

由于存货占流动资产比重较大，且种类、品种、规格等形式又繁多，既是管理核算的重点、难点，又是不法分子攫取的主要目标，因此存货的各种错弊表现也不胜枚举。以下是常见的主要错弊形式。

1. 由于企业货物入库管理不严，缺乏必要的稽核手续，因此采购人员很容易利用缺斤少两、实际数少于报账数的方法，转移企业资金，将货物归个人所有。

2. 企业货款早已付清，可货物较长时间未收到，其实已被挪作他用。或货物虽已入库，但采购人员没有交回发票单据，企业只好长期挂账。

3. 将工程、职工生活福利设施建设等用货物计入生产经营管理用货物，造成企业经营成本不实。

4. 为调节企业盈余，完成承包、考核指标或隐瞒盈利，利用多摊或少摊发货成本调节成本，或直接将已销或耗用货物挂账，不计入成本。

5. 货物等保管不善，给企业带来大量损失浪费，造成变形损坏、丢失等。

6. 利用委托加工货物方式，向委托加工单位多付货物、加工费，个人从中获利，贪污公款。

7. 周转使用的包装容器失控，造成包装容器大量丢失、毁损。

8. 出租、出借包装容器的租金、押金不入账，形成账外小金库，仓库的小钱柜。

9. 低值易耗品与固定资产划分不正确。一般企业易将应归固定资产的财产误列入低值易耗品，特别是那些体积小、价值大的物品。

10. 财务核算方面易出现的错弊。

（1）货物成本结转不正确。

（2）购货折扣没有相应冲减采购成本，以全价计价从而转移折扣资金，形成账外小金库。

（3）核算销售过程领用包装容器，没有区分单独计价和不单独计价，而是一概将包装物成本计入销售费用或其他业务支出。

（4）企业收回包装容器及再领出使用没有在"包装物——库存已入包装物"中反映。或采用一次或分次摊销法摊销包装物成本，没有建立收回及在用包装物的备查记录。

11. 以采购存货的名义，利用预付账款方式转移企业财产，挪作他用。

12. 将参加展销的货物转移未入库、销售退货不入账、残值收入不入账，形成账外物资、资金，为个人贪污提供便利条件。

八、长期投资交易业务常见的主要错弊

1. 长期投资的资金来源不对。如用变卖固定资产收入、长期借款、工程用款等资金从事投资活动。

2. 以长期投资方式转移企业资金，使企业资产出现"体外"循环，不被企业控制，长期为企业"地下经济"服务。

3. 长期投资计价不正确。或没有包括投资手续费、佣金等费用支付，或将已宣告发放但尚未支付的股利或应计利息计入投资成本，待实际收取这部分利息或股利时转作他用或被私分。

4. 在股票投资中混淆成本法与权益法核算方式。

5. 混淆长短期投资界限。将应属于长期投资的项目列入短期投资核算，虚增企业流动资产；或相反，将短期投资列入长期投资人为削弱企业偿债能力。

6. 债券折价和溢价摊销不正确。将折价购进债券的账面价值按债券面值记录，而将折价部分转移、挪用或私分；或将溢价部分直接计入生产成本、期间费用等。

7. 企业购买债券的应计利息核算不正确。特别是企业所购债券的发行日或付息日与会计年度不一致时，企业年终没有调整应计利息，从而没有正确反映各会计期间的收益情况。如企业 10 月 1 日购入债券，付息日为第二年 3 月 1 日，企业在购债券年年终应预计该年最后三个月的应计利息，但企业没有预计，使年终投资收益不实。

8. 长期投资收回时核算及账务处理不正确，或有意隐瞒收益或亏损，或收回投资被挪用，特别是收回的现金和有形资产部分。

九、无形资产、递延资产业务常见的主要错弊

1. 无形资产取得、计价方面常见的主要错弊形式。

（1）将不能确认为取得无形资产而发生的支出全部计入无形资产价值。

（2）没有将购买无形资产时有关部门收取的相关费用计入无形资产价值，而是直接计入期间费用。

（3）自创无形资产失败后，将费用从生产成本中转出作为无形资产核算，而没有计入当期损益。

（4）将商标宣传的广告费计入无形资产。

（5）非专利技术和商誉，在没有经过法定评估机构评估的情况下，擅自资本化并列入无形资产。

（6）将土地使用费计入无形资产核算。

（7）有意利用虚设无形资产来调节企业期间费用，使企业经营成果不实。

2. 无形资产转让业务常见的主要错弊形式。

（1）混淆无形资产使用权转让和所有权转让。出让方转让无形资产使用权或所有权后，不再进行无形资产摊销或继续摊销无形资产；受让方误将购入的无形资产使用权作为所有权，虚设无形资产，或购入无形资产所有权后，将资产价值一次计入期间费用，没有实行摊销。

（2）转让无形资产账务处理不正确，不符合会计制度规定。如转让收入没有计入收入而是冲减生产成本；或取得无形资产的支出没有计入无形资产（取得所有权）、管理费用、产品销售费用等，而是计入其他资产或成本价值等。特别是转让土地使用权时，没有将补交的土地出让金计入无形资产、留给出让单位的土地出让收益金没有计入营业外收入等。

（3）借无形资产转让而转移企业资金，化公为私或挪作他用。

3. 无形资产投资、摊销常见的主要错弊形式。

（1）用无形资产所有权进行投资，没有相应减少无形资产，增加相应对外投资，而是账面继续保留无形资产并摊销其价值。

（2）将用无形资产使用权进行对外投资的无形资产虚减，虚增对外投资。

（3）接受投资方取得无形资产使用权后没有相应增加"无形资产""实收资本"，或误将取得无形资产使用权记入"无形资产"。

（4）无形资产摊销不均匀，按受益期限均摊或摊销账务处理不正确；或因虚增无形资产而使摊销不实。

十、固定资产交易业务常见的主要错弊

1. 固定资产折旧范围不正确，或扩大或缩小。常见的是：将已提维简费、复置金、管网基金等固定资产同时计提折旧，或已提足折旧而仍继续计提，或对已使用并办理结算手续后入账的固定资产不计提折旧。

2. 任意改变折旧方法。如有的企业将全年折旧集中在半年或 10 个月内摊提，其余半年或两个月不提折旧；或转出固定资产照提折旧等。

3. 借委托外单位加工之机，向外单位多转移固定资产，个人从中谋私利。

4. 将应列入固定资产的设备、器材等列入低值易耗品。

5. 接受捐赠固定资产不入账，长期形成账外财产。

6. 将融资租入固定资产支付的利息、手续费等计入固定资产原值，而没有计入财务费用。

7. 需要安装的固定资产没有计入在建工程中核算，而是直接增加固定资产并计提折旧。

8. 在"在建工程"中核算固定资产价值时，将不属于固定资产专项工程的其他支出也计入固定资产价值，虚增固定资产计价。

9. 企业筹建期间或在建工程完工期限与借款利息、汇兑损益关系划分不清，多计或少计固定资产价值。企业筹建期间，发生的借款利息或汇兑损益，没有将其中应由固定资产负担部分计入固定资产。或处于在建中的固定资产，在其未交付使用或虽已交付使用但未办理竣工决算手续之前发生的利息和汇兑损益，应计入固定资产原值而没有计入，造成虚减固定资产原值；或者相反，虚增固定资产原值。

十一、流动负债业务常见的主要错弊

1. 利用"应付账款"虚构债务，将已实现的销售收入、材料盘盈款等转入应付账款。

2. 利用"应付账款"转移企业收入，为其他单位套购物资，而后从中隐匿收入，贪污受贿。

3. 企业已取得的销售折扣，通过"应付账款"从企业转出，被个人私分或挪作他用，或增加成本费用等。

4. 应付账款长期挂账，使企业负债不实。

5. 利用"预收账款"为其他单位转移资金、贪污分子贪污公款提供方便，然后个人从中收受贿赂。

6. 利用预收账款转移企业收入或隐瞒企业销售收入。

7. 企业因非商品交易而采用商业票据结算方式。

8. 将因无资金支付到期的应付票据而银行给予的罚息，计入成本费用。

9. 改变短期借款用途，用于购置固定资产投资建设、股票、债券等投资活动。

10. 用短期借款弥补亏损、充抵收入，隐瞒企业经营真相。

11. 利用应付工资中应计入生产成本等项目工资和应计入在建工程项目工资的互相挤占，调节当期损益，隐瞒真实情况。

12. 企业代扣代缴的税金拖欠不上交，或将代扣代缴税金转移，挪作他用。

13. 在"应付利润"中将应付给其他单位利润部分长期挂账，为其他单位建立账外"银行"。

14. 在权益法核算下，没有根据应付利润数额如实转增投资人投资，或用现金、银行存款支付应付投资人收益后，又错误地同时虚增投资人"实收资本"。

15. 不按规定用途使用福利费。

16. 利用预提费用调节企业成本。如将根本不属于本期应付未付的费用，在本期进行预提。

17. 其他暂收和应付款长期挂账，挪用暂收资金或被私分贪污；利用"其他应付款"等挂列收入，隐瞒利润等。

十二、长期负债业务常见的主要错弊

1. 改变长期借款用途。如用基建专项借款从事债券投资、计划外工程项目等。

2. 利用长期借款利息和有关费用在固定资产价值和当期损益间的分配，调节企业成本费用，隐瞒企业经营真实性。

3. 有意拖欠长期借款本息不予归还，或因借款投资决策失误，造成企业无力还本付息。

4. 没有经过国家有关部门批准，擅自发行债券，或以集资名义发行企业内部债券，为职工谋取非法利益。

5. 债券溢价收益不入账，转移收益挪作他用，或将折价损失计入生产成本。

6. 折价和溢价发行债券没有在债券到期前的利息支出中分摊，而是当时全部计入当期成本费用或损益之中。

7. 发行债券利息支出账务处理不正确，用来调节生产成本；或将属于生产成本、当期损益的利息支出计入固定资产筹建工程。

8. 债券发行超出国家规定范围，违反国家批准规定的利率，擅自变动利率发行。

9. 融资租入固定资产支付的利息和手续费，没有在安装、组建期间与交付使用期间正确划分，或将支付的利息、手续费从一开始就直接计入当期损益，或全部归入固定资产价值中，造成企业经营成果不实，固定资产价值确定不准确。

10. 在采用补偿贸易方式偿还引进设备款的核算中，将在经销产品与返销还款产品，以及正常劳务收入与来料加工收入相混淆，隐瞒企业营业收入。

十三、成本费用业务常见的主要错弊

1. 将非经营部门发生的费用计入经营费用，或把经营费用在营业外支出和在建工程项目中列支。

2. 部门领用备品配件过多，没有及时退库而大量积压在使用单位，成本核算时将多领维修配件计入成本。

3. 待摊费用未按受益对象分摊，摊销期限不合理，各期分配标准不统一；预提费用项目余额年终未冲减成本。

4. 职工福利费、职工教育经费、工会经费、业务招待费等未按规定比例计列，或提取基数不实，实际开支乱列。

5. 乱挤乱摊成本。将不应计入成本费用的支出计入成本。如将赞助费、协会会费等计入经营费用，将资本性支出一次计入成本等。

6. 虚减商品成本。将应计入成本的费用不计入成本，如将进口费用等挂账，以虚增利润，完成承包考核指标。

7. 将经营人员工资与非经营人员工资混淆，将成本费用支出与营业外支出混淆，将成本费用与期间费用混淆。

8. 存货成本计算方法经常变动，违反一致性原则。

十四、所有者权益项目常见的主要错弊

1. 投资资本计价不准，造成实收资本不实。

2. 在筹建期间，实收资本等于注册所需资本，待正常营业后，又将投资资本抽回，使"实收资本"名存实亡。

3. 误计或有意利用汇率调节以外币投资的实收资本，如将外币以当日最低价折算人民币，登记实收资本。

4. 以实物投资时，其实际价值远小于投入资本登记价值，虚增投资者权益。

5. 无形资产投资作价不准确，没有经过有关部门审批、评估，且非专有技术和专利技术并非我国所必须，不适应我国现实条件。

6. 接受捐赠固定资产、资金，资产评估净增值等没有相应增加"资本公积"，而是挪作他用（或部分挪作他用）。

7. 溢价发行股票，溢价净额没有按规定转作资本公积，而是转作发放股利等。

8. 在分担收益和承担经济责任的核算中，如资本公积的资本化，没有按投资者投资比例分配，而是收益分配倾向企业、个人所有者，风险承担倾向某方投资者。

9. 提取盈余公积时间或比例不正确，如在计提所得税前提取法定盈余公积，提取比例大于或小于10%。

10. "本年利润"核算不正确，特别是少计营业外收入、投资收益等，造成利润虚减，漏缴

所得税。

十五、企业损益项目常见的主要错弊

1. 不能正确确认销售收入实现的条件和时间，或有意调节企业实现销售收入额，使企业销售收入虚增或虚减。如将委托代销而并未销售出去的商品算作已实现销售，将已售出但仍存放在企业的商品的销售收入挂账，没有列入销售收入；企业内部基建等购用本企业商品而未计入销售收入，有意隐瞒销售收入的实现等。

2. 发生的销售退货、折让和折扣等账务处理不正确，没有冲减当期销售收入，退货形成账外物资。

3. 销售成本结转不实，或计价方法前后不一致，商品成本结转不正确。

4. 销售税金计算不正确，或计税依据不准，造成偷漏税收或多交税款。

5. 出口退税等没有按规定记账，而是挪作他用。

6. 将应属于产品销售收入的销售额计入其他销售收入，从而漏缴或少缴流转税等。

7. 投资净收益没有计入利润总额，而是长期挂账或冲减成本费用，或隐瞒投资收益。

8. 将应属于企业主营业务的收入列作营业外收入，偷漏流转税等。

9. 利润分配不符合有关规定，向职工消费，生活福利过于倾斜，公益金过大。

10. 弄虚作假，虚盈实亏，或虚亏实盈。

21.1.2.5　内部审计实务指南第 5 号——工资审计指南

第一条　为了规范工资审计的内容、程序与方法，提高审计工作质量和效率，根据集团《内部审计办法》，制定本指南。

第二条　本指南所称工资，是指公司支付给职工的劳动报酬，也是公司最重要的现金结算款项，目前公司执行的工资制度主要有计时工资、集体计件工资、个人计件工资三种。由于工资与员工个人存在直接利益关系，应付工资是容易出问题的一种流动负债，因其重要性，故本指南重点对应付工资存在的弊端和审计要点和主要程序进行阐述。

第三条　工资审计的目的。

（一）监督检查各中心在经营管理活动中遵守工资标准，执行有关工资管理规定，维护财经纪律。

（二）检查各项工资开支的真实性、合法性、合理性，防范套错工资计件标准而虚增工资总额，保护公司的资产不受侵蚀。

第四条　工资审计的目标。

（1）明确应付工资的提取和支出依据的合规性。

（2）明确应付工资期末余额的真实性和正确性。

（3）明确应付工资分配的合理性。

（4）明确应付工资总额的合法性。

（5）明确应付工资报表披露的恰当性。

第五条　工资审计应依据审计的具体任务、具体目标，并结合相应的内部控制制度测试，选择适当程序搜集证据，进行实质性检查、核实、评价与监督。

第六条　工资审计的要点。

（一）检查是否存在虚报员工人数、虚增应付工资、转移应付工资的现象。

（二）检查是否存在冒领工资、贪污占用的问题。

（三）检查是否存在工资计算不准确，扩大工资总额的问题。

（四）利用工资费用调节成本，调控利润。

第七条 工资及应付工资相关内部控制制度的测试。

1. 检查工资标准的制定及变动是否经授权批准。如工资单的增加、废除和改变是否在取得有关部门负责人正式签发的书面通知书后，由专门规定的行政管理人员或人事部门批准的人员办理。工资单的总计是否由工资部门编制，并呈报被授权人员批准后，才开具支票和工资通知单付款。加班工时和工时卡是否由部门主管书面批准后，才作为计发工资的依据。工资单中的扣款事项是否做到每笔扣除数都有书面授权，并符合政策和法律的要求等。

2. 检查计时、计件工资的原始记录是否齐全。

3. 选择若干时期的工资汇总表，检查：

（1）工资汇总表的计算是否正确；

（2）应付工资总额与人工费用分配汇总表中合计数是否相符；

（3）代扣款项的账务处理是否正确。

4. 抽查工资单，从中选取不同类型员工，检查：

（1）员工工资卡或人事档案，以确定工资发放依据；

（2）员工工资率及实发工资额的计算是否正确；

（3）实际工时统计记录（或产量统计报告）与员工个人钟点卡（或产量记录）是否相符；

（4）员工加班加点记录与主管人员签证的月度加班汇总表是否相符。

5. 检查是否对应付工资所涉及事项进行了稽核控制。如工资银行账户是否每月由不参与工资单编制或分发工资的人员进行核对与调节，划入"生产"的工时是否与有关工资记录逐月核对调节。

6. 检查是否对不相容职务实行了分离控制。如批准实际工时人员是否与编制工资单人员的职务分离，保管人事记录和工资文件人员是否与发放工资人员的职务分离，签发支票人员是否与负责编制工资单人员的职务分离，签发支票人员是否与空白支票保管人员的职务分离。

7. 检查是否对会计记录实施了控制。如以现金支付工资时是否得到必要的收据；发放工资时是否有通知单，并是否详细列明付款总数和所有扣除数；是否逐期编制工资调节表，对重大差异和工资变化进行详细列示。

8. 重视对应付工资业务处理流程审计，最大限度地降低审计风险。应付工资业务处理流程是：考勤记录—审签—审查—分配—稽核—审定—记账发放—核对。应对每一环节进行审计，具体包括检查：

（1）工资记录人员是否对职工出勤情况进行了完整性的初始记录；

（2）劳资部门负责人是否对编制的工资提取表和工资发放表进行了认真审查并签章；

（3）会计人员是否对工资提取表及工资发放表进行了客观审查；

（4）会计人员是否对有关工资费用在各个受益部门之间进行了合理性分配，并填制工资分配表，填制记账凭证；

（5）稽核人员是否对工资的记账凭证及所附的原始凭证进行了谨慎性审核并签章；

（6）会计主管人员是否对记账凭证及所附原始凭证进行责任性复核，并在记账凭证上签章；

（7）会计人员是否根据记账凭证进行了合规性登记账簿；

（8）有关人员是否对现金支票进行了合法性签发，并向职工发放工资；

（9）会计人员是否按照有关规定对总账及有关明细账进行了公允性核对。

第八条　工资审计的主要实质性测试程序。

1. 审计计时工资时，检查考勤记录是否齐全真实，病事假是否按规定手续报经领导批准。

2. 审计计件工资时，检查计件记录是否齐全真实，产品完工的质量是否经检查人员检查确认，工资结算单是否与计件记录相符。

3. 检查工资结算单中的代扣款项是否正确，有无多扣、少扣或不扣现象。

4. 检查工资结算单中的实发工资的计算是否正确。

第九条　直接人工成本测试。

1. 对于采用计时工资制的，抽取实际工时统计记录、员工工资分类表及人工费用分配汇总表等。

（1）从成本计算单中选样核对直接人工成本与人工费用分配汇总表中相应的实际工资费用是否相符。

（2）核对实际工时统计记录与人工费用分配汇总表中相应的实际工时是否相符。

（3）抽取并核对生产部门若干期间的工时台账与实际工时统计记录是否相符。

（4）当没有实际工时统计记录时，根据员工工资分类表，计算复核人工费用分配汇总表中相应的直接人工费用是否合理。

2. 对于采用计件工资制的，抽取产量统计报告、个人（小组）产量记录和经批准的单位工资标准或计件工资制度。

（1）核对按统计产量和单位工资标准计算的人工费用与成本计算单中直接人工成本是否相符。

（2）抽取若干直接人工（小组）的产量记录，检查是否被汇总记入产量统计报告。

3. 对于采用标准成本法的，抽取生产通知单或产量统计报告、工时统计报告和经批准的单位标准工时、标准工时工资率、直接人工的工资汇总等资料。

（1）根据产量和单位标准工时计算标准工时总量，再乘以标准工时工资率，以检查其是否与成本计算单中的直接人工成本相符。

（2）检查直接人工成本差异的计算与账务处理是否正确，直接人工的标准成本在年度内有无重大变更。

第十条　被审计单位必须向审计部如实提供以下资料。

（一）有关工资制度。

（二）工资计算的电子文档。

（三）与工资有关的资料（工资计算单、签呈等）。

（四）审计部认为需要的其他任何有助于查证的一切资料。

第十一条　本指南由审计部负责解释、修改。

第十二条　本指南自××××年××月××日起施行。

21.1.2.6　内部审计实务指南第 6 号——固定资产审计指南

第一条　为了规范固定资产的审计监督，提高审计工作质量和效率，根据集团《内部审计办法》，制定本指南。

第二条　本指南所称固定资产，是指集团或下属企业、控股公司、联营公司财务会计制度界定确立的固定资产或其固定资产目录上载明的资产项目，通常是指使用年限在一年以上的房屋、建筑物、机器、设备、器具、工具等；不属于主要经营设备的物品，单位价值在 2 000 元以上，并且使用期限超过两年的，也应作为固定资产。

第三条 本指南所称固定资产审计，是指审计部对集团及各下属企业、控股公司和联营公司等企业的固定资产实物和增减变动情况的真实性、合法性和合理性进行的审计监督。

第四条 固定资产审计的目的。

（一）检查企业固定资产管理制度是否完善、核算资料是否正确，保证企业财产的安全完整。

（二）监督企业认真贯彻执行国家及集团关于固定资产更新、购置、报废、清理、投入等有关规定。

（三）检查固定资产维护保养情况。

（四）监督企业按照财务制度规定对固定资产进行计价，正确计提折旧，正确计算成本。

（五）监督企业合理使用生产经营设备，不断提高固定资产利用率。

第五条 固定资产审计的目标。

（一）确定固定资产是否存在。

（二）确定固定资产更新、购置、报废、清理、投入等是否符合生产经营的要求。

（三）确定固定资产维护保养是否及时。

（四）确定各固定资产发外维修是否合理。

（五）确定各类固定资产及其累计折旧增减变动、固定资产清理及待处理固定资产损溢发生和转销的记录是否正确、及时和完整。

（六）确定各固定资产使用部门是否合理使用生产经营设备，不断提高固定资产利用率。

第六条 固定资产的审查应依据审计的具体任务、具体目标并结合固定资产内部控制制度测试，选择下列适当程序搜集证据，进行实质性检查、核实、评价与监督。

（一）获取或编制固定资产及其累计折旧分类汇总表，固定资产盘亏、毁损、盘盈明细表，复核加计数是否正确，并与明细账（卡片）和总账的余额核对。

（二）实地抽查部分新增固定资产，确定其是否实际存在，并检查固定资产的使用保管和维护情况。

（三）检查审计期间固定资产增加是否合理，是否超出预算，其计价是否正确，凭证手续是否齐备；对已经交付使用但尚未办理竣工结算等手续的固定资产，检查其是否已暂估入账，并按规定计提折旧；检查资本性支出与收益性支出的划分是否恰当。

（四）抽查发外维修单，确定各固定资产发外维修是否合理。

（五）抽查有关设备一级保养和记录，确定各固定资产是否执行设备日常保养、设备运行台账是否记录、设备日常维修是否及时等。

（六）检查固定资产清理的发生是否有正当理由，是否经技术部门鉴定，会计处理是否正确。

（七）检查有无应予处理而未处理、长期挂账的固定资产清理和待处理固定资产损溢，如有，应做出记录，必要时提请被审计单位进行适当调整。

（八）复核评估固定资产保险范围、数额是否足够。

（九）获取租入、租出或抵押固定资产相关的证明文件，并检查其会计处理是否正确。

（十）调查未使用、不需用固定资产的状况，及未使用、不需用的起止时间，并做出记录。

（十一）了解并确认固定资产折旧政策，计算复核折旧的计提是否正确。

（十二）审计部根据具体情况拟订的其他审计程序。

第七条　被审计单位必须向审计部如实提供以下资料。

（一）有关固定资产管理制度。

（二）购置固定资产的预算。

（三）固定资产日常保养、维修记录。

（四）固定资产卡片，固定资产、累计折旧、固定资产清理、待处理固定资产损溢等科目的明细账、总账和有关明细表等资料。

（五）有关生产设备的台账。

（六）审计部认为需要的其他任何有助于查证的一切资料。

第八条　本指南由审计部负责解释、修改。

第九条　本指南自 ×××× 年 ×× 月 ×× 日起施行。

21.1.2.7　内部审计实务指南第 7 号——管理信息指标系统指南

第一章　总则

第一条　为了适应管理决策需要，控制成本及提高管理效率，根据集团《内部审计办法》，制定本指南。

第二条　本指南所称信息指标系统指通过分析整理生产相关数据而获得一系列重要的指标数据，从而整合为一套有效的、能为管理者决策用的信息系统。

第三条　指标系统的建立目的是提供管理层发现问题的工具，当指标值超过警戒线时，相关职能部门应组织人员分析具体原因，并针对原因提出具体的解决措施，并定期汇报措施的落实情况，从而形成有效的解决问题的互动机制。

分析相关生产指标，旨在提高生产效率，为管理者评价生产部门的效率提供依据；对成本及费用项目进行整理及分析，以达到控制成本及费用的目的；建立物料清单，以加强物料和成本计划与管理，并以此为基础修订标准产量，为推动互动式管理的绩效考核体系打好基础。

第四条　内容主要包括三部分：相关生产率指标，收入与成本、期间费用分析，物料清单的建立与应用。

第二章　相关生产率指标

第五条　该部分指标主要反映生产效率的高低，主要包括以下各项生产指标。

（一）单位产出。该指标直接反映工人生产效率，是综合反映企业生产管理效能的直接指标。

1.计算方式：单位产出 = 每月总标准产量 ÷ 每月总生产工时。

2.数据来源：各车间标准产量主要根据其实际产量进行转化取得，各产品的难度系数将作为其转化标准产量的依据，工时依据生产车间提供的工时日报表取得；由于难度系数的测算工作仍在进行中，为公允地反映标准产量的可比性，暂以计件工资单价作为系数。

3.生产工人的劳动熟练程度、工艺设计的合理性、产品的技术和质量要求、生产人员积极性、基层人员组织管理水平、物料配件采购的及时性、设备的利用率和故障率等因素，均会影响到该指标。在计件工资制度下，其高低不仅影响企业生产能力，还直接影响工人收入和生产人员的流动，从而影响企业竞争力。

（二）废品率及返修率。该项指标主要反映生产产出效率的高低，废品率及返修率越低，则意味着产品产出效率越高，则产品成本亦相对越低。

1. 废品率。该指标反映产品产出效率的高低，生产过程中产生的废品，其发生的相关成本只能由生产产出的良品来负担，这必然导致产出的良品成本偏高，影响产品最终的利润水平。

（1）计算方式：废品率 = 当月废品数 ÷ 当月产出数。

（2）数据来源：根据单位的月产量报表产出数与质控统计的报废数分别进行计算。

（3）该指标直接影响生产成本，体现了相关工作人员的责任心、管理人员的管理控制能力。

2. 返修率。该指标反映工艺流程的合理性和技术的成熟度，返修率过高意味着在生产工艺上存在瓶颈，直接影响生产效率和生产人员工资，对出货达成率造成严重影响，同时也会打击生产士气。

（1）计算方式：返修率 = 质控检查不良返修次数 ÷ 质控检验次数。

（2）数据来源：根据质控部每月报表提供的质控检验次数及相关不良品返修次数进行计算。

（3）返修率高会造成产品最终成本升高，每一次返修都意味着产品的用料及人工等成本的增加。

（三）退货量。该指标反映产品质量水平，体现了企业产品是否经得起市场考验。该指标过高可能会直接影响到客户对企业产品的信心，对后续接单能力和收款进度产生重要影响；同时企业还需要自行消化因退货或者补单所产生的高额生产成本和营运成本，直接影响企业的盈利能力。

1. 计算方式：各客户退货量的数据汇总。

2. 数据来源：退货的数量由质控部编制的退货分析表取得。

3. 退货量会造成企业显性及隐性成本的增加、内外部质量成本的增加。

（四）出货达成率。该指标直接反映了生产任务的完成情况，体现生产相关的环节组织沟通协调及应变能力、生产效率等。

1. 计算方式：生产部出货数 ÷ 客户确认交期应出货数。

2. 数据来源：根据生产部提供的出货达成率报表取得，出货数及应出货数来源于业务部各业务员与客户当月最终确认的出货数量。

3. 出货达成率越高，意味着企业能够越快速及时地满足客户的交期要求。生产的快速反应，缩短了营运周期，使得企业能够减少各环节的资金占用成本，间接地降低了产品成本，同时也增加了客户对企业生产能力的信心。

（五）生产人员比重、员工工龄及其他相关分析。生产人员比重可以衡量企业生产效率，员工工龄反映员工对企业的忠诚度和员工的稳定性，间接反映企业福利及相关的管理效率。

1. 生产人员比重。生产劳动密集型企业中，生产人员比重相对较大，企业最终产出同生产人员比重有着密切关系，如果在一定生产人员比重状态下能够达到较高的产出效率，则证明企业的生产效率高。

（1）计算方式：生产人员比重 = 生产人员数 ÷ 全厂总人数。

（2）数据来源：根据企业信息系统各月末在职人数填列。

（3）生产人员包括直接生产人员和辅助生产人员，直接生产人员为生产一线的操作员（各段生产操作员及质控段生产人员）和辅助生产人员（供销部门、生产部、维修保养、研发部等人员）。在相同产出的情况下，生产人员比重越高，则证明企业人工成本越高，产出率越低。

2. 员工工龄及其他相关分析。该指标反映企业人员的稳定性、人员综合素质及企业管理效率。

（1）计算方式：根据当月月末在职的员工数量及其相关情况进行数据分析。

（2）数据来源：企业信息系统各月末在职人员数据。

（3）工龄相应较长的员工所占比例越大，表明企业的稳定性较高，管理水平亦相应较完善，员工对企业各项管理相应较为满意。员工整体素质包括受教育程度、生产熟练程度、性别、籍贯等。从这些信息里可以获知不同部门人员需要进行如何配置才能达到更高效率。

（六）机械效率。该指标直接反映了设备有效利用时间，反映设备利用率和故障情况。

1. 计算方式。

（1）可供时间 = 全月时间 – 停机时间。

（2）开动率 = 可供时间 ÷ 全月时间。

（3）动用率 = 生产时间 ÷ 可供时间。

（4）机械效率 = 生产时间 ÷ 全月时间。

2. 资料来源：生产部门根据实际生产时间提供机器工时日报表，维修保养部提供维修工时。

3. 以月为周期的前提下，在机器开动率正常的情况下，企业必须保持较高的动用率，才有可能有高的机械效率，机械效率高，则证明机器的价值得到高效的利用。同时机械工时对分配产品的制造费用起着关键的作用，使得分配制造费用的标准相对合理。

（七）月人员流失率。该指标直接反映了企业的人力政策的市场竞争力，包括薪酬、福利水平、职业发展前景、企业文化等。

1. 计算方式：月人员流失率 = 当月流失人数 ÷ 月平均在职人数。

2. 数据来源：信息系统人事资料数据及行政部门提供的相关数据。

3. 该指标直接影响人员培训成本、业务熟练度及产品品质、生产效率等，对企业的可持续发展影响重大。

第三章　收入与成本、期间费用分析

第六条　收入及费用分析主要通过对比收入与费用之间的关系予以分析，旨在给管理者提供相关收入及费用之间的对比关系，使管理者对整个单位的投入与产出有一个较为全面的了解。

（一）球具生产各项成本费用与收入比重。

1. 数据来源：收集企业每月结账后经营收入、员工人数、生产产量、工资和奖金、电费、伙食费、社保费、物料进仓数、模具及模具加工费、其他加工费（球头）、维修保养费、电话费、房租、人员工资、水费、汽车路桥油费、工程款支出、设备款支出、其他管理费支出、物料领用数、折旧等项目金额。

2. 填制方式：收入由 ×××× 提供，其他费用项目根据实际发生的数据填列。

3. 对比和分析收入及各项费用之间的比重关系变化，并将其与上年同期及本年上期数据进行对比，以综合反映各项成本费用同期变动情况、支出结构以及与收入的配比状况，供管理层分析参考。

（二）人均销售收入。人均销售收入越高，则证明企业效率越高，企业只有在高收入的状态下才有可能获取高额利润。

1. 计算方式：人均销售收入 = 当月销售收入（即账面销售收入）÷ 当月月末在职人数。

2. 数据来源：根据当月月末的销售收入及在职人数进行计算。

3. 人均销售收入主要从整个企业运转的角度来考核企业运营状况，反映了企业的发展潜力和产品市场行情优劣。

第七条 期间费用分析。期间费用为企业每月必须支出的、相对固定的费用，期间费用从控制的角度来讲分为可控费用与不可控费用。

1. 计算方式：对当期发生的费用予以汇总分析。

2. 数据来源：当期实际支出的费用总额。

3. 期间费用指管理费用、销售费用、财务费用，汇总各明细科目的当期费用发生数，可使管理者了解企业各项费用的发生状况，并将其与企业的销售收入挂钩，以控制异常费用的发生及避免不合理费用的发生。

第八条 制造费用及成本部分。该部分为生产成本部分资料，生产成本为成本管理中的核心部分，生产成本的高低直接影响企业最终获取的产品利润，是企业成本控制中的重点。

分析汇总制造费用明细账、辅助生产明细账，使管理者了解各项制造费用发生情况，以达到了解成本及控制成本的目的。制造费用主要为固定制造费用部分，辅助生产成本主要为辅助生产车间所发生的费用，辅助生产车间主要指维修保养部、综合车间、CNC 车间等车间。

1. 计算方式：通过财务系统进行数据整合。

2. 数据来源：财务系统、财务成本核算数据及其他数据资料。

3. 制造企业的制造费用占销售收入的比例越小，则说明企业单位能耗越低，企业可实现较高利润的潜力越大。

第九条 客户产品别毛利分析。分析客户产品别毛利，有助于管理者对企业产品获利情况的了解，同时做出相关决策。

1. 计算方式：通过财务成本核算数据进行整合分析。

2. 数据来源：财务成本核算数据。

3. 产品毛利水平的高低，直接影响企业利润的高低。产品毛利分析可以给管理者提供决策依据，对于毛利偏低的产品是否继续生产或者减少生产做出相应决策，同时也可以适当地选择客户。

第四章　物料清单的建立与应用

第十条 产品物料清单是标准（定额）管理的基础，也是信息化管理、标准成本核算的数据源头，强化物料计划和标准管理，建立物料清单，实施目标管理，是企业降低成本、提高生产效率的有效途径。

（一）物料清单的建立，首要的一步为各项作业标准化，应该实施产品品名的标准化，区分不同产品的型号。企业应该根据产品的用料量，同时考虑产品的特殊制程、产品的物性要求、用途、颜色等对不同产品进行区分，根据该型号建立相应的物料单耗清单，最终实现物料清单。

（二）没有建立物料清单制度，企业难以实现真正意义的管理会计。因此，采购部门积极与研发部门沟通，推动研发部门做好物料清单的测试与编制工作，为进一步与生产部、财务部、资讯部、生产部门开展物料需求计划、物料耗用标准、标准成本的工作提供数据基础。

第五章 附则

第十一条 本指南由审计部负责解释、修改。

第十二条 本指南自××××年××月××日起施行。

21.2 财务稽核管理办法

第一章 总则

第一条 本公司各部门及各下属营业单位的稽核工作，由管理部随时指定适当人员执行。

第二条 本公司稽核业务范围，定为账务、业务、财务、总务、监验五项，除另有规定外，悉以本办法规定办理。

第三条 稽核人员对于所审核的事项，应负责任，必要时，应在有关账册簿据上签章。

第四条 稽核人员，除依照规定审核各单位所送凭证、账表外，应分赴各单位实地稽查，每年稽查次数视事实需要而定。

第五条 稽核人员前往稽核之前，应先准备及收集有关资料，拟订计划及进度表，事前应将各单位以往审核及检查报告详予研究以做参考。

第六条 稽核人员于执行任务时，应先准备及收集有关资料，拟订计划及进度表，事前应将各单位以往审核及检查报告详予研究以做参考。

第七条 稽核人员有保守职务上所得秘密的责任，除呈报外，不得泄露或预先透露给检查单位。

第八条 稽核事务如涉及其他部门时，应会同各有关部门办理，且应做报告。如遇意见不一致，须单独提出，与书面报告，一并呈核。

第九条 稽核人员对本公司各单位执行稽核事务时，如有疑问，可随时向有关单位详尽查询，并调阅账册、表格及有关档案，必要时请其出具书面说明。

第十条 稽核人员执行工作时，除将稽核凭证（或公文）交由受稽核单位主管验明外，工作态度应力求亲切，切忌傲凌或偏私。

第十一条 稽核人员于稽核事务完妥后，应据实缮写检查报告书呈核。

第二章 账务稽核

第十二条 检查记账凭证时，应注意下列事项。

（一）每一交易行为发生，是否按规定填制记账凭证，如有积压或事后补制者，应查明其原因。

（二）会计科目、子目、细目有无误用，摘要是否适当，有无遗漏、错误以及各项数字的计算是否正确。

（三）转账是否合理，借贷方数字是否相符。

（四）应加盖的戳记、编号等手续是否完备，有关人员的签章是否齐全。

（五）记账凭证所附原始凭证是否合乎规定、齐全、确实及手续是否完备。

（六）记账凭证编号是否连贯，有无重编、缺号现象，装订是否完整。

（七）记账凭证的保存方法及放置地点是否妥善，是否已登录日记簿或日计表。

（八）记账凭证的调阅及拆阅是否依照规定手续办理。

第十三条 检查账簿时，应注意下列事项。

（一）各种账簿的记载，应复核者是否与记账凭证相符，是否已复核，每日应记的账是否当日记载完毕。

（二）现金收付日记账收付总额，是否与库存表当日收付金额相符。

（三）各科目明细分类账各户或子目之和或未销讫各笔之和是否与总分类账各该科目之余额相等，是否按日或定期核对。相对科目之余额是否相符，有无漏转现象。

（四）各种账簿记载错误的纠正划线、结转、地页等手续，是否依照规定办理，误漏的空白账页，是否用"×"形红线注销，并由记账员及主办会计人员在"×"处盖章证明。

（五）各种账簿启用、移交及编制明细账目等，是否完备，并送相关机关登记。

（六）各种账簿有无经核准后而自行改订者。

（七）活页账页的编号及保管，是否依照规定手续办理，订本式账簿有无缺号。

（八）旧账簿内未用空白账页，有无"空白作废"标记。

（九）各种账簿的保存方法及放置地点，是否妥善，是否登记备忘簿，账簿的毁销是否依照规定期限及手续办理。

第十四条 检查库存时，须注意下列事项。

（一）检查库存现金或随到随查。如在营业时间之前，应根据前一日所载"今日库存"数目查点；如在营业时间之后，应根据当日"今日库存"数目现款、银行存款查点。如在营业时间之内应根据前一日现金簿中今日库存数目加减本日收支检点。支票签发数额与银行存款账卡是否相符，空白未使用支票是否齐全，作废部分有无办理注销。

（二）现金是否存放库内，如有另存他处者，应立即查明原因。

（三）库存现金有无以单据抵充现象。

（四）托收未到期票据等有关库存财物，应同时检查，并核对有关账表、凭证。

（五）检查库存除查点数目、核对账簿外，应注意其处理方法及放置区域是否妥善，币券种类是否分清。

（六）金库锁匙暨暗锁，密码表的掌握部门及库门的启用与库内的安全，金库放置位置等是否适当，是否严密办理。

（七）汇出汇款寄回的收据，是否妥为保存，有无汇出多日尚未解讫的汇款。

（八）内部往来账，是否按月填制未达账明细表，账单是否依序保管。

（九）内部往来或外县市单位往来账，是否经常核对。

（十）营业日报表的记载是否与银行存款相符。

（十一）各种周转金及准备金的限额是否适当。有无零星付款的记录；所存现款与未转账的单据合计数，是否与周转金、准备金相符，有无不当的垫款或已付款，而久未交货的零星支付或请购案件。

第十五条　检查报表，应注意下列事项。

（一）各种报表是否按规定期限及份数编送，有无缺漏。

（二）各种报表内容是否与账簿上的记载相符。

（三）数字计算是否正确，签章是否齐全。

（四）报表编号、装订是否完整及符合规定。

（五）报表保存方法及放置地点是否妥善。

第三章　财务稽核

第十六条　检查有价证券时，应与有关账表核对，并注意下列事项。

（一）购入及出售有无核准，手续是否完备。

（二）证券种类、面值及号码，是否与账簿记载相符。

（三）债券附带的息票是否齐全，并与账册相符。

（四）本息票有无到期或是否齐全，并与账册相符。

第十七条　检查各种质押品、寄存品及其他有价值的单据时，应注意其是否存放库内，并应根据开出收据的存根副本及有关账册与库存查核者相符有无漏记，如有另存其他地点者，应查询原因并检阅其有关单据。

第十八条　各种房地产契约书及其收租情况是否妥善。

第四章　总务人事稽核

第十九条　检查各项费用时，应注意下列事项。

（一）总公司各单位，各项费用支付与物品领用是否已依规定呈核准许核销。

（二）各单位的费用，是否在预算范围内或经核准的范围内检查，是否有浪费或业务上不需要的开支，各项费用的列支是否照规定办理。

（三）各种单据是否齐全及手续是否完备。

第二十条　检查储藏物品，应注意下列事项。

（一）储藏物品的种类、数量、价格是否与账簿（册、卡）记载相符，有无遗漏或短少。

（二）储藏物品的保管是否妥善。

（三）储藏物品的质量、规格是否与购案相符。

（四）领物凭证，是否均经有关人员签章始行核发。

（五）已领物品未转账者，与储藏物品合计表比较，是否与账面存量相符。

（六）有无损坏待废物品，若有，账簿是否注明，所存应报废物品数量是否与账簿记载相符。

第二十一条　检查交通运输及设备登记卡附项设备登记卡时，应注意下列事项。

（一）各种登记卡是否依照规定随到随办。

（二）各种登记卡的记载是否正确。

（三）核对财物有关登记簿、备查簿，是否有未设登记卡或漏编号、漏记账的财物。

（四）登记卡是否登记有关折旧、修理、添建及转移事项。

（五）检查人员如认为必要时，依据登记卡或财务登记有关账簿，实地盘点或抽查盘点，相互核对。

第二十二条 营业用品器具是否编号、设簿登记，各种印章的保管是否妥善。

第二十三条 人事检查，应注意下列事项。

（一）各单位办事人员每日是否按照规定时间办公，并在签到簿上签到；有无迟到早退现象。

（二）各单位办事人员对于顾客是否竭诚招待，有无怠慢现象。

（三）各单位目前业务繁简与现有人员的工作分配是否相符，有无应增、应减现象。

（四）各单位办事人员对本身所担任的职务是否胜任，有无能力优异、表现特优者，或办事颓废及品性不佳，且染有不良嗜好者。

（五）各单位人员于上班时间中，其仪表、态度、谈吐是否逾超公司的规定。

（六）职员身份保证书是否齐全，保证人是否已做好对保工作。

第五章　附则

第二十四条 本办法呈董事长核准后施行，修正时亦同。

21.3　财产清查制度

第一章　总则

第一条 为了加强对公司财产的管理，确保公司财产的安全，使会计核算真实，根据会计有关法律法规的规定，特制定本制度。

第二条 财产清查的范围主要包括流动资产、非流动资产和债权、债务。

1. 流动资产包括库存现金、银行存款、专项存款、有价证券、库存材料、在产品、出租开发产品、待售开发产品等。

2. 非流动资产包括固定资产、专项物资（包括在途、委托外单位加工和保管的）、长期股权投资、在建工程、无形资产等。

3. 债权、债务等各种往来结算款项。

第三条 财产清查的相关定义。

1. 财产清查是指通过实地盘点、核对、查询，确定各种财产物资、货币资金、往来款项的实际结存数，并与账存数核对，以保证账账、账实相符。

2. 按清查的范围划分，财产清查可分为全部清查和局部清查。

（1）全部清查一般在期终结算时进行，对所有财产进行全面盘点和核对。

（2）局部清查是对一部分财产进行清查，其清查对象主要包括三大类。

①对具有流动性或容易短缺的材料、在产品、产成品等，根据实际需要在年度内轮流盘点

或重点抽查。

②各种贵重物资，每月都要清点一次。

③对库存现金每日终了进行清点。

3. 按清查的时间划分，财产清查还可分为定期清查和不定期清查。

第二章　财产清查的组织领导与分工

第四条　开展全部清查时，应成立由企业高层领导、财务部、资产管理部及相关专业人员组成的财产清查领导小组，对清查工作进行指导。

第五条　开展局部清查时，也要由专人负责，编制好清查计划，确定相关人员的分工和职责，以使清查工作不重复、不遗漏。

第六条　财产清查的部门分工。

1. 固定资产中的生产设备由生产部或投资发展部负责清查，其他固定资产由行政部负责清查。

2. 库存材料物资由物资部负责清查。

3. 出租开发产品、待售开发产品由营销部负责清查。

4. 其余由财务部负责清查。

第三章　财产清查准备

第七条　财务部应将截止日期前发生的收付款项、库存物资的增加及减少情况，根据原始凭证填制记账凭证，全部登记入账。总账、明细账、银行存款和现金日记账均结出余额。

第八条　资产管理部应根据实物收发凭证全部登记实物明细账，并进行核对，保证账证、账账、账实相互一致。

第九条　财务部的各类物资明细账应与有关资产管理部门的实物明细账进行核对，保证账证、账账、账实相互一致。

第十条　仓储工作人员及物资保管人员将各项实物进行清理，分门别类，排列整齐，并分别挂上标签，标明实物的规格和结存数量，并准备好日常工作账簿。

第十一条　材料物资保管部门在清理地点准备好各种必要的度量衡器具，并对其进行详细的检查，保证计量的准确性。

第四章　进行财产清查

第十二条　对实物的清查，一般采取实地盘存法，清查内容如下。

1. 各部门按照财产清查分工，对所管理的实物财产进行现场清点，核实品种、规格、编号、产地、数量、使用状态及完好程度等，填写实物盘点清册。

2. 固定资产、材料、专项物资等要逐一盘点来确定其实物数量。

3. 对于包装完整的材料或产成品，可以采用点数抽查的方法。

4. 对于无法逐一清点的大宗散置物品，如煤炭、矿砂等，可通过技术测定来确定其数量。

5. 有些财产物资不仅要清查其数量，还要用一定的技术方法来检查其质量。

6. 对于各种实物的盘点都要填制盘存单，填明各种物资的名称、规格、数量、单价、金额；盘存单要由盘点工作人员和原来的实物保管人共同签字确认。

7. 盘存单送交财务部后，财务部应根据盘存单上所记录的各种物资的盘点数量，及时与账面上的结存数量逐一进行核对，并编制账存实存对比表，不符的地方应进行标注，作为调整账簿记录的原始依据，分析账实存在差异的原因，查明责任。对委托外部加工的材料、出租的固定资产及包装物等也应与有关单位进行核对，查明账实是否相符。

第十三条　对库存现金的清查，一般也采取实地盘存法。

1. 盘点时现金出纳必须在场，以便分清责任。

2. 对现金的盘点一般在一天的业务结束之后进行，也可进行突击抽查。

3. 不允许以白条抵充现金，现金不得低于库存限额，对现金盘点的结果，应编制库存现金查点表。

4. 对有价证券（包括国库券、重点建设债券、股票等）的盘存，可按照现金盘存办法进行。

第十四条　对银行存款的清查，主要采用与银行核对账目的办法。

将银行对账单与本单位的银行存款日记账逐笔进行核对，查明双方的账目是否相符。核对过程中存在的未达账项主要有以下四种情况。

1. 单位已入账，银行尚未入账的收款款项。

2. 银行已入账，单位尚未入账的付款款项。

3. 单位已入账，银行尚未入账的付款款项。

4. 银行已入账，单位尚未入账的收款款项。

财务部应根据以上四种情况编制银行存款余额调节表，使双方调整后的余额相等。

第十五条　对应收账款的清查，也主要采用与对方核对账目的办法。

相关部门或单位在保证账目正确、完整的基础上，编制往来款项对账单，一式两份，一份自留，另一份给对方，双方核对结果相符，在对账单上盖章。如果数字不相符，应注明情况，查明原因。如存在有争议的金额或无法收回的金额，应按照有关规定进行账务处理。

第十六条　股权清查办法：股权清查由法律秘书根据有关法律证明资料编制股权架构图或股权构成表，无法律证明的不得确认为股权，尚未确认的股权应以附注形式说明。

第五章　财产清查结果处理

对财产清查中存在的问题，要按照国家有关政策、法规和制度认真处理。

第十七条　在财产清查中确定的财产物资的盘盈、盘亏，应进一步查明原因，明确责任，分别处理。

第十八条　属于定额之内或自然原因引起的盘盈、盘亏，可根据规定手续及时转账。

第十九条　属于管理不善造成的损失，应报送有关部门依法处理。

第二十条　对清查中发现的不需用的固定资产和超储积压的材料物资，报经审批后，及时调出、出售或进行其他处理。

第二十一条　对财产清查中发现的实物盘盈、盘亏、毁损、报废和确实无法收回（付出）的债权（债务），应写出专项报告，按照财务制度规定的审批权限报批后进行账务处理，确保账实相符。

第二十二条　对清查中发现的财产管理制度和会计工作中存在的问题，应认真总结经验教训，及时改进。

第二十三条　年度财产清查工作，应做出总结报告，对清查的组织领导、实施过程、清查结果、存在的问题等进行总结，与财产清查表一并装订存档。

第六章　附则

第二十四条　本制度由总裁办公室制定，并负责解释工作。

第二十五条　本制度经总裁审核批准后实施，其修订、废止时亦同。

第二十六条　本制度自颁布之日起生效实施。

第 22 章 企业内部审计工作流程

22.1 企业内部审计工作流程要点

一、审计立项

审计立项是指确定具体的内部审计项目，即审计对象。审计对象包括公司下属的各分子公司、职能部门、经营活动或项目、系统等。审计立项需报分管领导审批通过后方可实施，立项依据包括但不限于以下三个方面。

1. 审计部通过对公司的经营活动进行系统的分析风险来制定年度内部审计工作计划表，经批准后逐项实施。

2. 公司董事长、董事会（审计委员会）下达的计划外的专项审计任务。

3. 被审计单位提出审计要求，经批准实施的审计业务。

二、审计准备

1. 确定具体项目审计工作目标与范围。审计的范围、内容包括但不限于以下方面。

（1）公司内部控制系统的恰当性、有效性，通常涵盖公司经营活动中与财务报告和信息披露事务相关的所有业务环节，包括但不限于：销售及收款、采购及付款、存货管理、固定资产管理、资金管理、投资与融资管理、人力资源管理、信息系统管理和信息披露事务管理等。

（2）财务会计信息及资料的准确性、完整性、可靠性，具体内容包括货币资金审计、债权债务审计、成本费用审计、个人借款专项审计、固定资产审计、存货审计、财务报表审计等。

（3）经营活动的效率和效果。

（4）对经营过程中遵守相关法规、政策、流程、计划、预算、决算、程序、合同或协议等遵循、执行情况。

（5）专项审计。

2. 收集、研究审计对象的背景资料。

（1）被审计单位的性质、规模、经营范围、股权结构和资产负债等基本概况。

（2）组织架构、人员编制、业务构成等资料。

（3）财务报表、预算资料、银行账户及其他有关的财务资料。

（4）与审计事项有关的内部控制制度、业务流程和职责分工。

（5）公司章程、重要经济合同、协议、会议纪要等日常运营资料和有关的政策法规等。

（6）以前接受审计情况。

（7）当审计对象为某一项目、系统时，背景资料主要指其立项资料、预算资料、合同及相关责任人资料等。

3. 确定项目审计人员。

不同的审计项目要求审计人员具备不同的知识和技能，应根据实际业务的需要，安排适当的审计人员，成立审计小组，指定审计项目负责人，初步确定审计时间，并对审计工作进行具体的安排。

三、编制审计方案

审计项目实施前，一般应编制审计方案。审计组应根据审计项目的要求和被审计单位具体情况，确定审计目标和审计重点，编制审计方案。在被审计单位背景资料不全或实施突击性检查等情况下，审计人员也可以在审计过程中制定和完善审计方案。特殊情况，可直接开展审计工作。

审计方案是对从审前调查、组成审计组到出具审计报告整个过程中基本工作内容的综合规划。在发出审计通知书之前召开审计小组会议讨论通过审计方案，并应由审计部负责人审核批准；实施联合审计的，各模块的审计内容由相应的协同部门负责人审核，重要审计事项报经审计部分管领导批准后实施。内部审计人员应在考虑组织风险、管理需要及审计资源基础上，制定审计方案，对审计工作做出合理安排。审计方案应包括以下内容。

（1）被审计单位和审计项目名称。

（2）审计依据、审计目的、审计范围及审计期间。

（3）重点审计目标、重点内容及审计程序。

（4）预计的审计工作进度、时间。

（5）审计组人员构成及分工和审计注意事项。

（6）被审计单位配合事项。

（7）其他有关的内容。

四、下发审计通知书

对于已立项的审计项目，审计部应在审计实施前获得公司董事长/总经理审核、批准与授权。审计人员应在审计进场前 3 个工作日下达审计通知书及审计所需资料清单，正式通知被审计对象（被审计单位负责人、财务负责人）。在经授权实施突击审计的情况下，审计部可不预先通知被审计单位。审计通知书内容主要如下。

（1）通知书文号、被审计单位。

（2）抄送对象、通知书主题。

（3）项目名称、审计时间、内容与范围。

（4）审计组成员。

（5）被审计单位主要配合事项。

（6）审计资料清单。

（7）其他有关的内容。

五、现场审计实施

（一）审计进场（沟通）会

现场审计开始前，审计组应根据实际情况组织召开首次沟通会，与被审计单位负责人、财务负责人及其他相关人员进行沟通、对接，了解被审计单位的基本情况、运营特点，说明审计的目的、范围以及审计中需提供的各种资料和需要协助的事项，相互指定具体业务的联络人等。

（二）实地观察

审计人员应实地观察被审计单位的经营活动性质、地点、工作环境、设备、职员及业务情况，对被审计单位的业务活动获得感性认识。

（三）现场访谈

审计人员应与被审计单位负责人、各部门负责人及业务人员就其负责的事项、风险管控、业务发展等情况进行沟通，了解公司经营和管控信息，确定关键控制点，评估重要性。访谈一般应由两名以上审计人员在场，并做好访谈记录。

（四）实施检查

审计组成员应按照审计方案及项目经理的分工安排，可运用详查、抽样、分析性复核等方法，依据规定的程序实施现场审计，收集审计证据。被审计单位在以前年度经过审计的，审计人员应注意利用原有的审计档案资料，并可利用经核实后的外部审计组织的审计成果。审计人员应根据职业判断来选取合适的方法提高工作效率。主要的审计方法如下。

（1）分析性程序，主要是运用比较、比率和趋势分析方法更好地分析被审计单位的经营情况。审计人员根据财务报表和有关业务（项目）数据之间勾稽关系，通过比较和分析各项指标（实际与预算，年度内各月份数据，年度间数据，账户间关系，财务和经营比率与前期、同类经营机构的比较、趋势分析等）所发现的异常情况，应引起充分关注，从而有针对性地采取更详细的审计程序来审查重点领域。

（2）审计人员应在认真研究、分析被审计单位现有内部控制系统的相关制度、规定等文件的情况下，对内部控制系统设计的恰当性进行评价，通过符合性测试来描述和分析内部控制设计与执行的合理性、符合性、有效性。主要方法有：绘制流程图、文字说明、内控调查表或询问相关人员等。

（3）信息系统的内部控制涉及被审计活动的信息收集、处理、传递和保管各个环节，尤其是公司各下属单位和部门的信息系统控制的有效性、恰当性直接影响其资金、资产安全及财务等信息的准确、完整性。审计人员应对被审计单位信息系统的内部控制制度进行研究与分析，并根据实际情况进行相关的测试。

（4）通过对内部控制系统进行描述和测试后，审计人员应对被审计单位的内部控制情况进行分析并做出初步评价，分析重大风险领域，确定控制薄弱环节以及审计的重点，提出审计改进建议或意见。

（5）了解各施工工序之间的衔接关系，分析材料、设备在各工序之间的验收、入库、出库、转移、登记等流程是否完善，监察流程在实际工作中是否遵守执行，并做出初步评价，评估风险，确定控制薄弱环节，并提出审计改进建议或意见。

（6）实质性测试是在对内部控制的初步评价基础上，为取得直接证据（包括文件、函证、笔录、复算、询问等）而运用适当的审计技术详细审查、评价被审计单位的经营活动，主要是对财务报表的真实性和财务收支的合法性进行审查，以得出审计结论的过程。一般的审计方法有审核、监盘、观察、查询及函证、计算、分析性复核等。

①在审计对外投资事项时，应重点关注以下内容。

a. 对外投资是否按照有关规定履行审批程序。

b. 是否按照审批内容订立合同，合同是否正常履行。

c. 是否指派专人或成立专门机构负责研究和评估重大投资项目的可行性、投资风险和投资收益，并跟踪监督重大投资项目的进展情况。

　　d. 涉及委托理财事项的，关注公司是否将委托理财审批权力授予公司董事个人或经营管理层行使，受托方诚信记录、经营情况和财务状况是否良好，是否指派专人跟踪监督委托理财的进展情况。

　　e. 涉及证券投资事项的，关注公司是否针对证券投资行为建立专门内部控制制度，投资规模是否影响公司正常经营，资金来源是否为自有资金，投资风险是否超出公司可承受范围，是否使用他人账户或向他人提供资金进行证券投资，独立董事和保荐人（包括保荐机构和保荐代表人，下同）是否发表意见（如适用）。

　　②在审计购买和出售资产事项时，应重点关注以下内容。

　　a. 购买和出售资产是否按照有关规定履行审批程序。

　　b. 是否按照审批内容订立合同，合同是否正常履行。

　　c. 购入资产的运营状况是否与预期一致。

　　d. 购入资产有无设定担保、抵押、质押及其他限制转让的情况，是否涉及诉讼、仲裁及其他重大争议事项。

　　③在审计对外担保事项时，应重点关注以下内容。

　　a. 对外担保是否按照有关规定履行审批程序。

　　b. 担保风险是否超出公司可承受范围，被担保方的诚信记录、经营情况和财务状况是否良好。

　　c. 被担保方是否提供反担保，反担保是否具有可实施性。

　　d. 独立董事和保荐人是否发表意见（如适用）。

　　e. 是否指派专人持续关注被担保方的经营情况和财务状况。

　　④在审计关联交易事项时，应重点关注以下内容。

　　a. 是否确定关联方名单，并及时予以更新。

　　b. 关联交易是否按照有关规定履行审批程序，审议关联交易时关联股东或关联董事是否回避表决。

　　c. 独立董事是否事前认可并发表独立意见，保荐人是否发表意见（如适用）。

　　d. 关联交易是否签订书面协议，交易双方的权利义务及法律责任是否明确。

　　e. 交易标的有无设定担保、抵押、质押及其他限制转让的情况，是否涉及诉讼、仲裁及其他重大争议事项。

　　f. 交易对手方的诚信记录、经营情况和财务状况是否良好。

　　g. 关联交易定价是否公允，是否已按照有关规定对交易标的进行审计或评估，关联交易是否会侵占上市公司利益。

　　⑤在审计募集资金存放使用情况时，应重点关注以下内容。

　　a. 募集资金是否存放于董事会决定的专项账户集中管理，公司是否与存放募集资金的商业银行、保荐人签订三方监管协议。

　　b. 是否按照发行申请文件中承诺的募集资金投资计划使用募集资金，募集资金项目投资进度是否符合计划进度，投资收益是否与预期相符。

　　c. 是否将募集资金用于质押、委托贷款或其他变相改变募集资金用途的投资，募集资金是否存在被占用或挪用现象。

　　d. 发生以募集资金置换预先已投入募集资金项目的自有资金、用闲置募集资金暂时补充流动资金、变更募集资金投向等事项时，是否按照有关规定履行审批程序和信息披露义务，独立董事、监事会和保荐人是否按照有关规定发表意见（如适用）。

⑥在审计业绩快报时，应重点关注以下内容。

a. 是否遵守《企业会计准则》及相关规定。

b. 会计政策与会计估计是否合理，是否发生变更。

c. 是否存在重大异常事项。

d. 是否满足持续经营假设。

e. 与财务报告相关的内部控制是否存在重大缺陷或重大风险。

⑦在审计信息披露事务管理时，应重点关注以下内容。

a. 公司是否已按照有关规定制定信息披露事务管理制度及相关制度，包括各内部机构、控股子公司以及具有重大影响的参股公司的信息披露事务管理和报告制度。

b. 是否明确规定重大信息的范围和内容，以及重大信息的传递、审核、披露流程。

c. 是否制定未公开重大信息的保密措施，明确内幕信息知情人的范围和保密责任。

d. 是否明确规定公司及其董事、监事、高级管理人员、股东、实际控制人等相关信息披露义务人在信息披露事务中的权利和义务。

e. 公司、控股股东及实际控制人存在公开承诺事项的，公司是否指派专人跟踪承诺的履行情况。

f. 信息披露事务管理制度及相关制度是否得到有效实施。

⑧一般财务审计应包括以下内容。

a. 加总相关明细账户余额并与总账余额比较，核对二者是否一致。

b. 运用统计抽样，抽查会计记录，从凭证到账户。

c. 抽查清点库存物品等账面存货，确定存货的保管情况以及存货资产的存在性、完整性及计价的准确性。

e. 清查固定资产，确定资产的管理、使用情况以及增减值情况。

f. 盘点现金，核对银行存款余额，确定货币资金的安全性及账实核对情况。

g. 函证主要往来账户余额，选取无法函证或未取得回函的重要账户实行替代程序，确定往来结算的准确性。

h. 审核收费系统的收入日报表、销售日报表、现金收入日报表，交叉核对并与系统核对一致。

i. 审核各类经济合同，对重要合同签订的招、投标及执行情况进行审查与评价。

j. 审查工程的预、决算资料，复算工程量，确定工程支出的合理性、准确性。

k. 检查采购计划、采购合同与发票、入库单、付款支票是否一致。

l. 采用分析性复核程序，审查成本计算的准确性、折旧计提的正确性等。

m. 检查涉税项目，确定被审计单位是否遵守国家税收法律、法规及其他规定，是否按时、足额缴纳税款。

n. 审核费用的发生情况、审批手续，确定其真实性、合法性、合理性。

⑨工程联系单、结算书审核应关注以下内容。

a. 联系单中应完整地表述事实经过、涉及的范围以及可计取的费用计算点，并要有完整的工程量或可计量的相关数据，需附现场签证单；如施工范围签证的，除确认面积、方量等工程量以外，还需附签证的施工范围图。关注联系单的时效性：项目部联系单上报公司，应3天内完成审核及计费并送建设单位。

b.结算书的编制依据及计价口径。

c.结算书的计量过程及计量方式。

d.结算资料的完整性及可计费性。

e.结算拟审价的准确性。

f.项目总成本与总收入与评审数据的相关分析（内含预计总成本与实际成本偏离的原因、预计总收入与实际拟收入偏差的原因、毛利偏差或亏损的问题）。

（五）审计内部沟通

（1）根据与被审计单位的沟通、实地观察、资料的查阅、研究及现场实施情况，项目经理应组织召开项目组会议，进行审计方案的补充及小组人员的安排。

（2）在审计实施过程中，项目组成员应经常交流、讨论，直至审计项目结束。

六、编制并汇总审计工作底稿

审计人员实施审计时，应对审计工作进行记录，编制审计工作底稿，经项目经理复核后，交被审计单位签字确认。审计工作底稿分为纸质底稿和电子文档底稿。汇总审计工作底稿，归纳审计发现，保证底稿及证据真实、完整、清晰。审计发现与确认要清晰、准确，审计结论恰当，审计建议具有可操作性。

（1）审计人员应在审计工作底稿记录证明材料的名称、来源和时间等，对审计工作底稿的真实性负责。

（2）审计工作底稿应由审计人员根据审计方案确定的内容编制，可形成综合工作底稿或一事一稿。

（3）审计工作底稿应包括以下主要内容：①被审计单位名称；②审计项目名称及实施时间；③审计过程记录；④审计人员对审计事项的评价、初步处理意见及建议；⑤编制者姓名及编制日期；⑥复核者姓名及复核日期；⑦其他应说明的事项。

其中，审计过程记录的内容包括：①实施审计具体程序的记录及资料；②审计测试评价记录；③审计方式及其调整变更情况记录；④审计人员的判断、评价、处理意见和建议；⑤审计组讨论记录和审计复核记录；⑥审计组核实与采纳被审计单位对审计报告反馈意见的情况说明；⑦其他与审计事项有关的记录和证明资料。

审计工作底稿附件包括：①与被审计单位财务收支有关的资料；②与被审计单位审计事项有关的法律文件、合同、协议、会议记录、往来函件、公证、鉴定等资料原件、复印件或摘录件；③其他有关的审计资料。

（4）相关工作底稿之间，应保持清晰的勾稽关系。相互引用时，应交叉注明底稿名称及编号。对需要补充和修改的审计工作底稿，项目经理应要求审计人员进行补充和修改。

（5）审计工作底稿未经审计部负责人批准，不得向外提供。审计工作底稿必须归类整理，纳入审计项目档案。

七、审计发现

1.审计人员应用书面文字、相关图表等详细阐述相关的审计发现，审计人员成文的审计发现应有相关的审计证据来支持。

2.审计人员召开审计结果沟通会，应就审计工作底稿内容与被审计单位交流，通报审计过程、审计结果及审计发现的问题，并讨论审计建议的可行性。审计沟通要以事实、制度为依据，并充分听取被审计单位意见，对争议事项可由被审计单位出具书面说明。审计人员根据会议的沟通结果，确认是否需要补充相关审计资料或重新开展审计调查，对重大异议应提请补充资料或追加审计。

3. 审计人员将审计发现问题汇总，经审批后下发至被审计单位，要求被审计单位就审计发现问题制定整改措施、完成时间及责任人，在审计发现通知书下发后 5 日内将整改落实计划表上报审计部。

八、撰写审计报告

1. 现场审计工作结束后，项目经理应根据审计结果沟通会情况、审计工作底稿、审计分报告及相关资料，在综合分析、归类、整理、核对的基础上，于 10 日内出具审计报告征求意见稿。特殊情况下，出具审计报告的时间可适当延长。

2. 审计部对审计报告征求意见稿应内部集体讨论，形成统一意见后送交被审计单位征求意见；被审计单位应自收到审计报告征求意见稿之日起 5 日内，将书面意见及审计整改计划送交审计组，逾期不送，可视为对审计报告没有异议。

3. 审计组对被审计单位就审计报告提出异议的问题应进行核实、沟通，认为需要修改或调整审计报告的，可做必要的修改或调整。审计组可以对被审计单位提出的异议持保留意见但需将书面的异议文件与审计报告同时报送董事会（审计委员会）。

4. 审计部应将审核后的审计报告及被审计单位的反馈意见交审计部分管领导审定，其中涉及金额巨大、情节严重的要提交公司董事会（审计委员会）审定。

5. 审计报告应用简捷、扼要的文字阐述审计目标、审计范围、审计人员执行的审计程序以及审计结论，并适当地表明审计人员的意见，做到语言简练，表达确切，观点鲜明。被审计单位对审计结论和建议的看法，也可根据需要包括在审计报告中。审计报告应包括以下内容。

（1）审计依据、审计范围、审计时间。

（2）被审计单位基本情况（包括企业性质、财务隶属关系、企业规模、经营成果等）。

（3）与审计事项有关的事实，包括主要业绩和发现的问题。

（4）对审计事项的评价。概述已审计项目内容，对已审事项的真实性、合法性、风险性、效益性及内控制度等进行评价。

（5）依据有关法律、法规、规章和具有普遍约束力的决定、规定和命令，对审计中发现的问题进行责任界定，提出纠正、改善意见或建议。对违规违纪行为提出处理、处罚的意见或建议。

（6）报告日期。

6. 审计报告中对下列事项不做评价。

（1）审计过程中未涉及的具体事项。

（2）证据不足、评价依据和标准不明确的事项。

九、审计报告报批、执行

1. 审计部将正式审计报告定稿、被审计单位的不同意见（如有）、审计决定书（如有）报经董事长／总经理审批通过后，由审计部将审计报告正式下达被审计单位和有关部门，主送被审计单位主要负责人、财务经理（会计），抄送××董、××总、审计委员会成员、主管部门副总（高管），被审计单位对审计报告中的审计建议必须严格遵照执行（需有关部门配合执行的，有关部门应予以配合）。

2. 被审计单位应在审计报告或审计发现事项通知书送达之日起 5 个工作日内回执审计部审计发现事项行动计划表。

3.审计决定书报经董事长批准后，由公司董事会根据情节轻重给予行政处分、经济处罚，并由董事会进行执行处理。审计决定书适用于公司各职能部门及分/子公司违反公司《内部审计管理制度》中第 42 条规定的有关行为。审计决定书主要内容如下。

（1）审计报告认定的被审计单位违规违纪的行为事实。

（2）对违规违纪行为的定性，做出处理、处罚决定及其依据。

（3）需要进行整改的事项。

（4）处理、处罚决定执行的期限和要求。

4.审计报告、审计决定书下发后，审计部应进行日常跟踪监督审计报告处理意见执行情况，并根据被审计单位对审计发现事项行动推进的力度及进展遇到的困难，有选择地实施必要的后续审计程序，确保审计效果。被审计单位未按规定期限和要求执行处理意见或审计决定的，审计部应责令其执行；仍不执行的，提请公司做出处分。

十、审计资料归档

1.审计项目结束后 1 个月内，审计人员应对审计资料进行整理、装订、编号，形成内部审计档案。

2.应将记录和反映审计部门在履行审计职能活动中直接形成的具有保存价值的各种文字、图表、声像等不同形式的记录资料及审计通知书、审计方案、审计报告、审计行动计划表、审计决定书、审计工作底稿及附件归入审计档案。

3.审计工作底稿是记录审计过程与审计发现的书面证据，审计工作底稿按统一格式填写，完整的审计工作底稿需有填写人及复核人签名，审计工作底稿附件含各类审计证据、审计事项的请示、回复及被审计单位经营管理资料等。

4.审计档案由审计部专人负责保管，审计档案保管期限分为永久、长期（10 年）和短期（5 年）三种，立卷存档时应标明保存期限。审计档案销毁必须经董事长批准后方可进行。

5.审计档案的借阅，一般应限定在审计部内部。凡需将审计档案借出审计部或要求出具审计结论证明的，应由审计部分管领导批准。

22.2 企业内部审计各类审计主要工作流程

22.2.1 财务审计工作流程

财务审计工作流程见图 22-1。

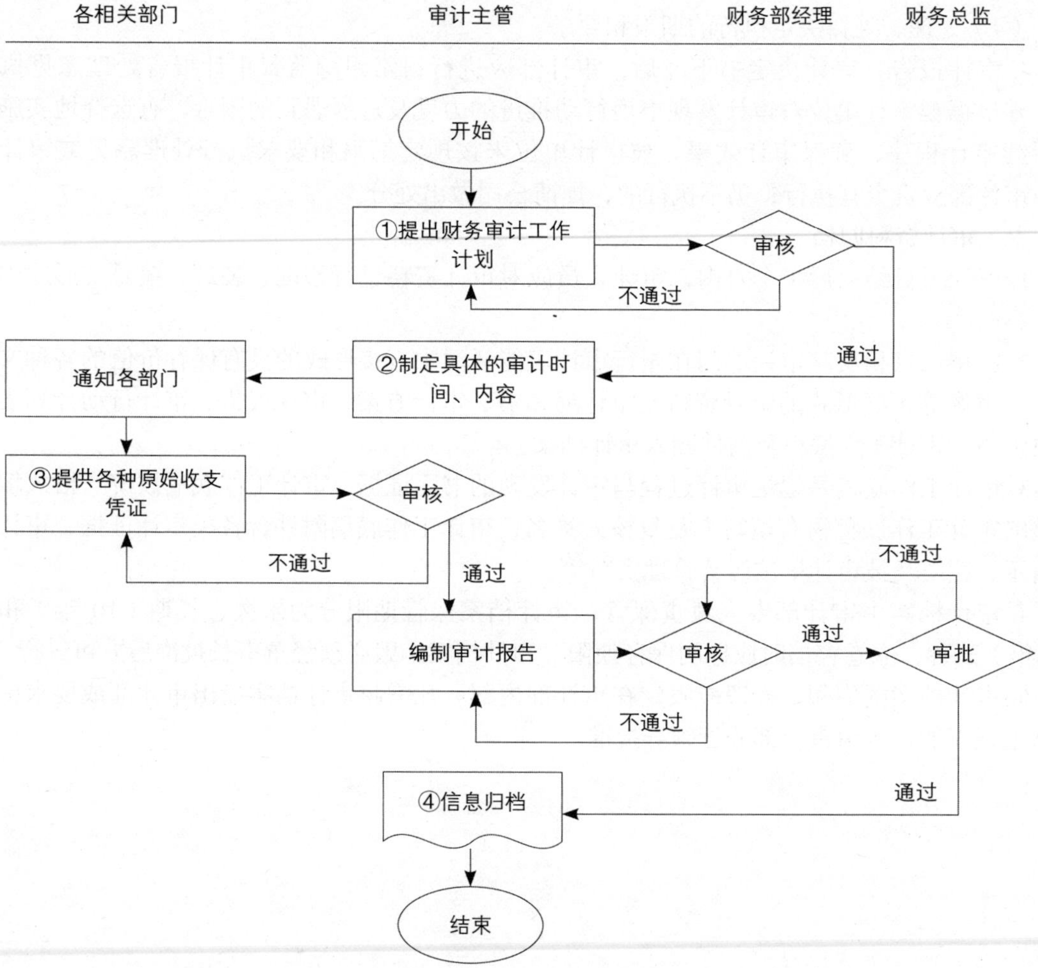

各相关部门	审计主管	财务部经理	财务总监

图 22-1 财务审计工作流程

22.2.2　货币资金审计流程

货币资金审计流程见图 22-2。

审计人员	出纳	会计

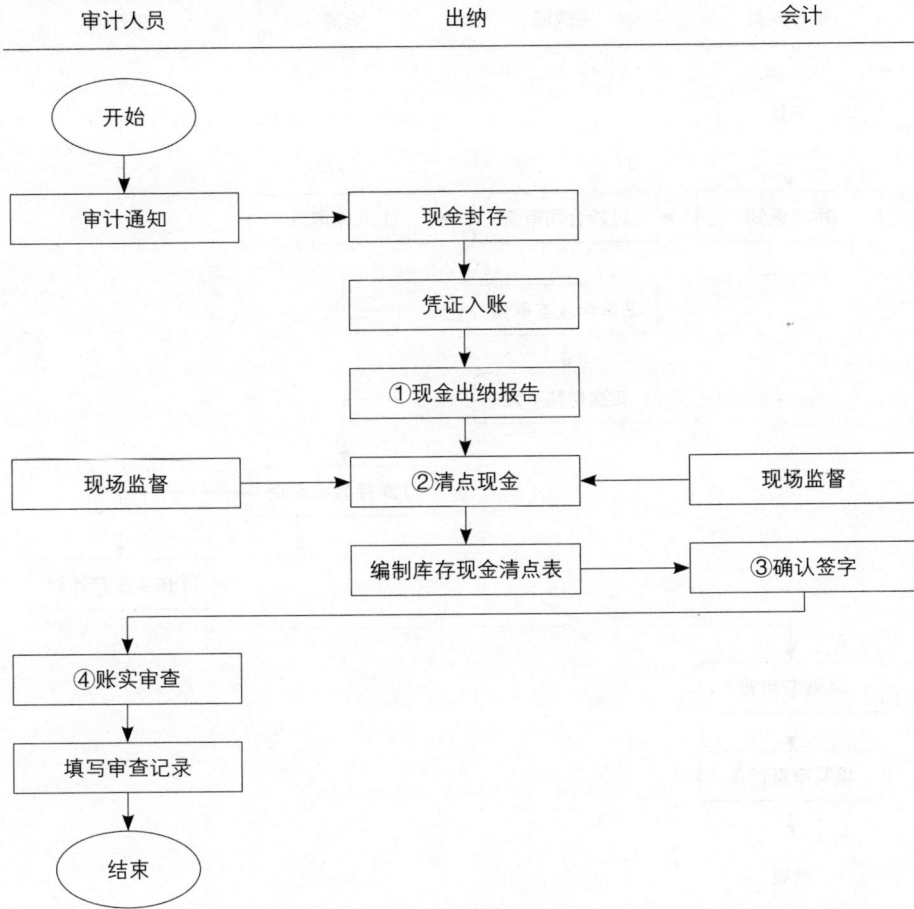

图 22-2　货币资金审计流程

22.2.3　存货审计流程

存货审计流程见图 22-3。

| 审计人员 | 采购部 | 仓库 | 生产部 |

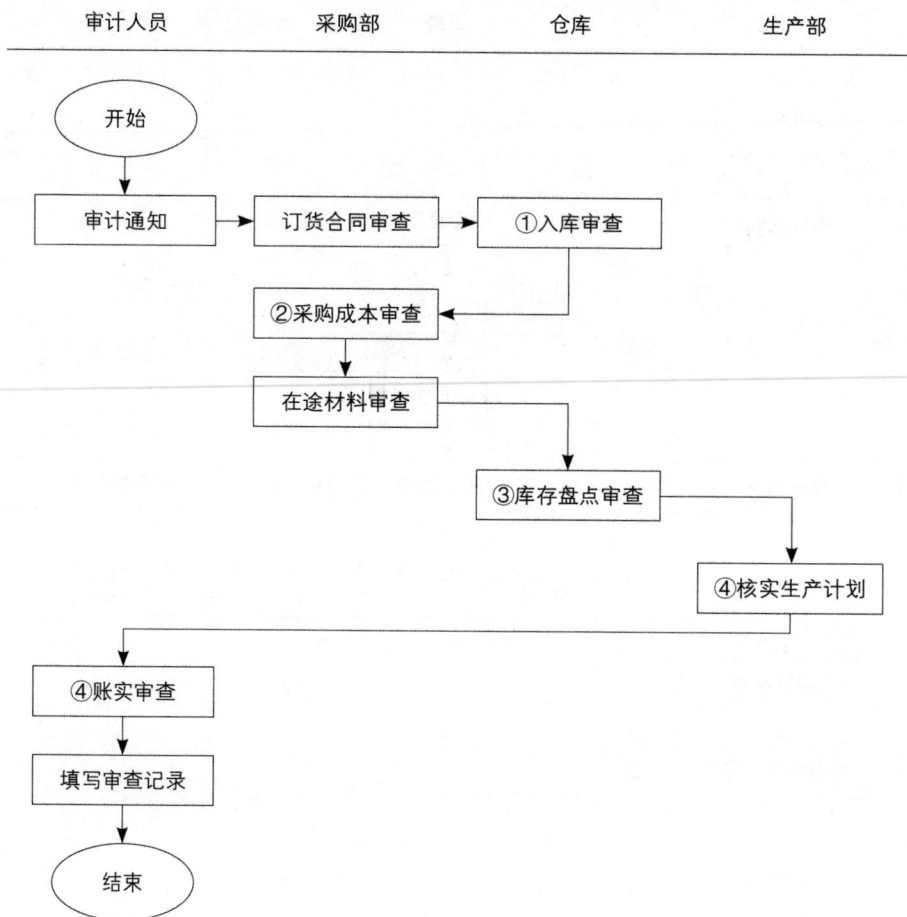

图 22-3　存货审计流程

22.2.4　收入审计流程

收入审计流程见图 22-4。

审计人员	销售人员	会计

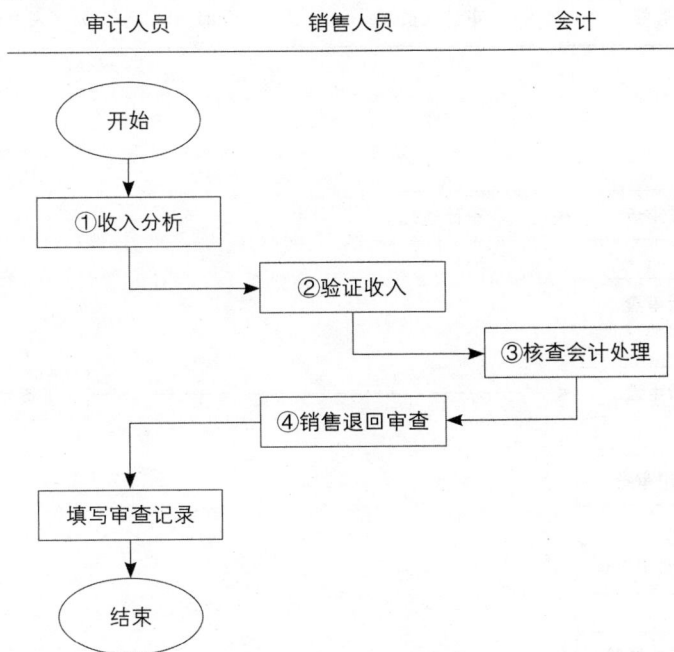

图 22-4　收入审计流程

22.2.5　成本审计流程

成本审计流程见图 22-5。

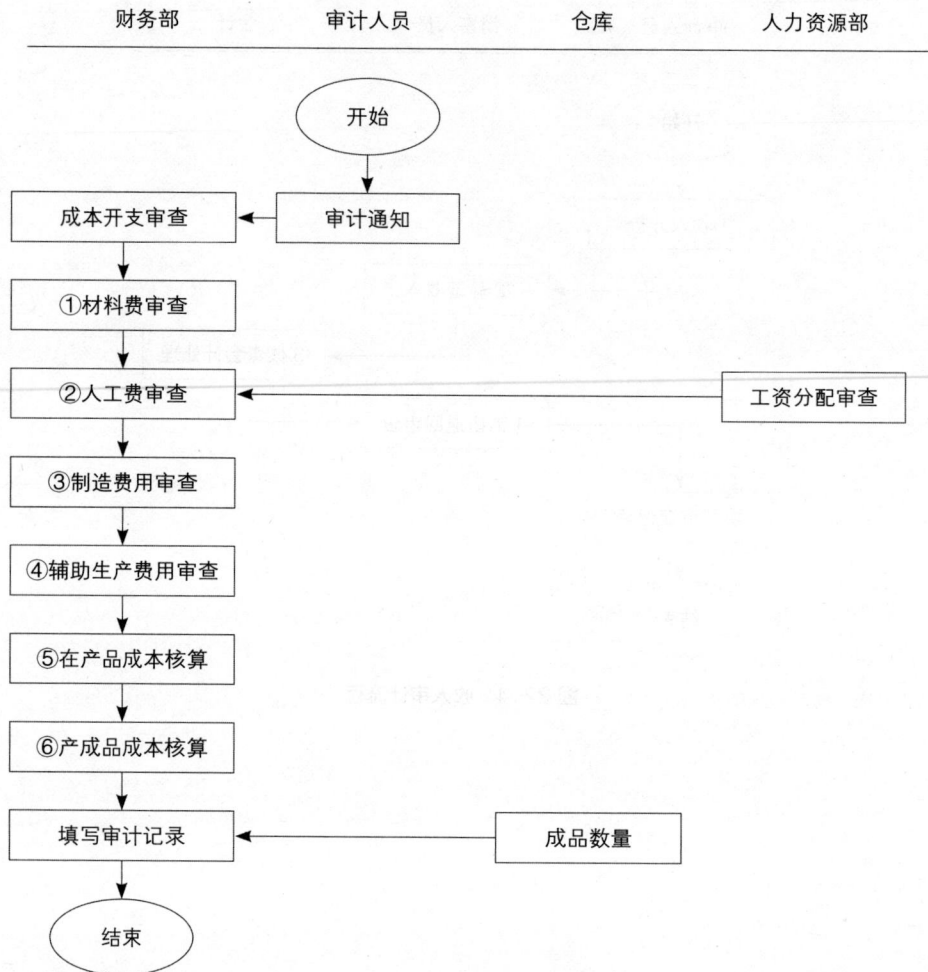

财务部	审计人员	仓库	人力资源部

```
                              ┌──────────┐
                              │   开始   │
                              └────┬─────┘
                                   │
    ┌──────────────┐        ┌──────────┐
    │  成本开支审查 │◀───────│ 审计通知 │
    └──────┬───────┘        └──────────┘
           │
    ┌──────────────┐
    │①材料费审查   │
    └──────┬───────┘
           │
    ┌──────────────┐                              ┌──────────────┐
    │②人工费审查   │◀─────────────────────────────│  工资分配审查 │
    └──────┬───────┘                              └──────────────┘
           │
    ┌──────────────┐
    │③制造费用审查 │
    └──────┬───────┘
           │
    ┌──────────────┐
    │④辅助生产费用审查│
    └──────┬───────┘
           │
    ┌──────────────┐
    │⑤在产品成本核算│
    └──────┬───────┘
           │
    ┌──────────────┐
    │⑥产成品成本核算│
    └──────┬───────┘
           │
    ┌──────────────┐                    ┌──────────────┐
    │  填写审计记录 │◀───────────────────│   成品数量   │
    └──────┬───────┘                    └──────────────┘
           │
    ┌──────────┐
    │   结束   │
    └──────────┘
```

图 22-5　成本审计流程

22.2.6　利润审计流程

利润审计流程见图 22-6。

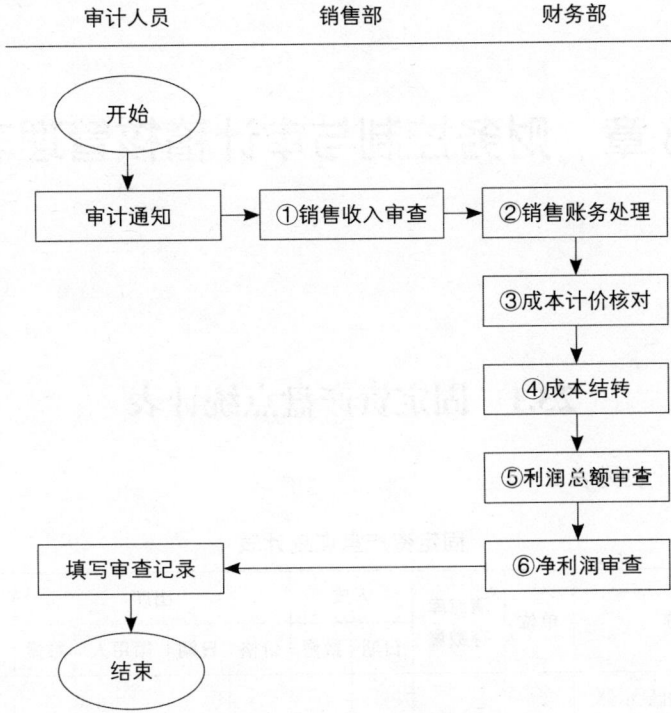

图 22-6　利润审计流程

第 23 章 财务控制与审计稽核管理表格

23.1 固定资产盘点统计表

固定资产盘点统计表见表 23-1。

表 23-1 固定资产盘点统计表

序号	固定资产名称			单位	清点库存数量	入库		出库				截至本日数量	备注
						日期	数量	价格	日期	领用人	数量		
1	办公电器	计算机	台式计算机显示器	台									
2			台式计算机主机	台									
3			笔记本电脑	台									
4		打印机	三星打印机（扫描、传真）	台									
5			惠普打印机	台									
6			针式打印机	台									
7			发票打印机 TH-606	台									
8			电视	台									
9		电话	座机	部									
10			便携电话	部									
11		微波炉（会议室）		台									
12		投影仪（会议室）		台									
13		电扇	落地扇	台									
14			台式扇	台									
15		打卡机		台									
16		空气净化器（总经理室）		台									

序号	固定资产名称		单位	清点库存数量	入库		出库				截至本日数量	备注
					日期	数量	价格	日期	领用人	数量		
17	王总办公室	老板台	套									
18		办公椅　老板椅	把									
19		绒面椅	把									
20		双人沙发	张									
21		茶几	张									
22		鱼缸	个									
23		挂画	幅									
24		6门书柜	个									
25	财务室	办公桌	张									
26		办公椅　皮面椅	把									
27		吊柜	门									
28		保险柜	个									
29	会议室	4门柜子	个									
30		会议桌	张									
31		办公椅　绒面椅	把									
32		吊柜	门									
33	办公室	三屉柜	个									
34		办公桌	张									
35		三屉柜	个									
36		单人沙发	张									
37		茶桌	张									
38		吊柜	门									
39		挂画	幅									
40		办公椅　皮面椅	把									
41		办公椅　绒面椅	把									
42		4门书柜	个									
43		材料架	个									

23.2 资产盘点报告模板

××公司20××年固定资产年终（年中）盘点报告

一、基本情况介绍

1. 盘点目的：统计公司办公类固定资产的使用情况。

2. 盘点时间：20××年××月××日至20××年××月××日。

3. 盘点人员：行政部×××、×××。

4. 监盘人员：财务部×××。

5. 盘点方式：对计算机、空调、打印机以及×××、×××资产进行全盘（如为抽盘就如实填写）。

二、固定资产盘点情况

（一）固定资产情况

本次固定资产盘点共计××项，其中办公设备及后勤设备××项，运输设备××项，生产经营有关的器具、工具××项（明细见表23-2）。

表23-2   ××公司固定资产统计表

表单号：

编制单位：   盘点日期：   年   月   日

序号	资产编码	资产名称	规格型号	车牌（井）号	计量单位	账存数量	实存数量	盘盈（+）盘亏（-）	出厂（投产）时间	已使用年限	资产现状					资产存放地点（区块）	使用（保管）人签字	盘盈（盘亏）原因
											完好	闲置	待修	毁损	待报废			
1																		
2																		
3																		
4																		
5																		
6																		
7																		
8																		
9																		
10																		

填表说明如下。

1. 本表用于记录期末固定资产盘点情况。

2. 必须按单项资产填写。

3. 必须记录资产状态（完好、闲置、待修、毁损、待报废）。

4. 必须记录盘盈亏情况及原因。

5.重要必填栏目为：（1）资产名称；（2）账存数量；（3）实存数量；（4）盘盈（＋）盘亏（－）；（5）资产现状；（6）盘盈（盘亏）原因；（7）使用（保管）人签字。

（二）固定资产使用情况

固定资产使用情况见表23-3。

表 23-3　　　　　　　　　　　　××公司固定资产使用情况

年限	资产使用状况	台式计算机	笔记本电脑	打印、传真机、复印机	办公家具	空调	汽车	其他	总计	占比
超过5年	待报废									
	闲置									
	在用									
小计										
5年内	闲置									
	在用									
小计										
总计										

（三）盘点结果

1.待报废资产明细见表23-4。

表 23-4　　　　　　　　　　　××公司固定资产盘点待报废明细

序号	固定资产编码	分类	固定资产名称	单位	使用日期	年限	存放地点	使用部门	使用人

以上待报废资产，需各使用人填写报废申请报批后报废，便于资产管理及后期财务处理。

2.闲置资产见表23-5。

表 23-5　　　　　　　　　　××公司固定资产盘点闲置明细

序号	固定资产编码	分类	固定资产名称	单位	使用日期	年限	存放地点	使用部门	使用人	备注

闲置资产均为已超使用期限的资产，该部分资产应及时处理，以提高资产使用效率。

3. 盘盈资产见表 23-6。

表 23-6 　　　　　　　××公司固定资产盘点盘盈资产明细

序号	固定资产编码	分类	固定资产名称	单位	使用日期	年限	存放地点	使用部门	备注

截至盘点日该资产已入账，二级资产管理部门需完善后期手续。

4. 盘亏资产见表 23-7。

表 23-7 　　　　　　　××公司固定资产盘点盘亏资产明细

序号	固定资产编码	分类	固定资产名称	单位	使用日期	年限	存放地点	使用部门	使用人

根据《固定资产管理制度》及年终盘点通知要求，请二级管理部门将无标签资产添加标签，同时对资产责任人予以通报批评。

（四）固定资产盘点反映出的问题及整改意见

（1）闲置资产或报废资产集中管理问题；二级资产管理部门需要加强对闲置资产或报废资产的统一管理，以提高资产利用价值或减少进一步的损失。

（2）各办事处的固定资产未统一管理，需由二级资产管理部门建立资产管理规范。

（3）各部门未建立资产责任人，对资产权属模糊；对于入职、异动、离职等人员对应资产变动的，需要二级资产管理部门加强对其监控。

（4）资产调拨及后期管理混乱，出现资产调拨没有相关手续的情况。资产调拨应严格按照资产管理制度执行，不得任意调拨。

（5）标签维护不到位，出现标签模糊不清或粘贴不牢等情况。对此资产管理部门应发挥其对资产标签的管理、维护作用。各部门资产标签出现丢失或模糊不清等情况，要及时申请处理。

××公司××部

23.3　库存现金及票据盘点报告

库存现金及票据盘点报告见表 23-8。

表 23-8　　　　　　　　　　**库存现金及票据盘点报告**

盘点部门：　　　　　　　　　　　　　　　　　　　盘点日期：　年　月　日

库存现金及零用金	金额	差异原因分析及改善建议
盘点金额		
加：未报销费用		
借支		
合计		
账面结存金额		
盘盈盘亏金额		

票据项目	账面数		盘点数		盘盈盘亏数		差异原因分析及改善建议
	张数	金额	张数	金额	张数	金额	
应收票据：代收							
库存							
小计							
应收保证金							
合计							

总经理		部门主管		主管		保管人		会点人	

23.4　企业内部财务监控执行情况专项检查表

企业内部财务监控执行情况专项检查表见表 23-9。

表 23-9　　　　　　**企业内部财务监控执行情况专项检查表**

企业名称（公章）：　　　　　　　　　　　纳入检查范围企业户数合计：　　户

序号	主要项目	检查情况（单户企业填列）	对所属企业情况汇总（直属企业或母公司填列）
一、监控制度执行情况			
1	是否建立和实施与本企业经营特点和管理要求相适应的内部财务监控办法	1.已制定实施，符合实际和管理要求（　）	1.已制定实施，符合实际和管理要求（　）户
		2.已制定实施，但不甚符合实际和管理要求（　）	2.已制定实施，但不甚符合实际和管理要求（　）户
		3.未制定和实施（　）	3.未制定和实施（　）户
		4.制度名称或文号（　）	

序号	主要项目	检查情况（单户企业填列）	对所属企业情况汇总 （直属企业或母公司填列）
2	是否定期或不定期地对本部和子企业内部财务监控执行情况进行检查	1. 有检查（ ），检查次数（ ） 2. 没有检查（ ）	1. 有检查（ ）户 2. 没有检查（ ）户
3	检查报告是否随企业年度财务报告报市国资委备案（子企业报母公司）	1. 有备案（ ） 2. 没有备案（ ）	1. 有备案（ ）户 2. 没有备案（ ）户
二、货币资金内部控制情况			
4	货币资金业务的岗位责任制、授权批准制度、责任追究制度是否规范、有效	1. 制度规范，执行有效（ ） 2. 制度较规范，执行不力（ ） 3. 制度不规范，执行无效（ ） 4. 制度名称或文号（ ）	1. 制度规范，执行有效（ ）户 2. 制度较规范，执行不力（ ）户 3. 制度不规范，执行无效（ ）户
5	货币资金支付的申请、审批、复核、支付程序是否符合规定；重要货币资金支付业务是否实行集体决策和审批	1. 符合规定（ ） 2. 不符合规定（ ）	1. 符合规定（ ）户 2. 不符合规定（ ）户
6	出纳与稽核、会计档案保管和有关账目登记等不相容职务是否分离	1. 全部分离（ ） 2. 部分分离（ ） 3. 没有分离（ ）	1. 全部分离（ ）户 2. 部分分离（ ）户 3. 没有分离（ ）户
7	是否存在一人办理货币资金业务的全过程	1. 不存在（ ） 2. 存在（ ）	1. 不存在（ ）户 2. 存在（ ）户
8	是否存在账外设账和私设小金库	1. 没有发生（ ） 2. 有发生（ ），涉及项目（ ）宗，金额（ ）万元	1. 没有发生（ ）户 2. 有发生（ ）户，涉及项目（ ）宗，金额（ ）万元
9	是否按规定开立账户，办理存款、取款和结算	1. 符合规定（ ） 2. 不符合规定（ ）	1. 符合规定（ ）户 2. 不符合规定（ ）户
10	是否指定专人每月定期核对银行账户，编制银行存款余额调节表	1. 符合规定（ ） 2. 不符合规定（ ）	1. 符合规定（ ）户 2. 不符合规定（ ）户
11	是否定期和不定期进行现金盘点	1. 有执行（ ），盘点周期（ ）天 2. 没有执行（ ）	1. 有执行（ ）户 2. 没有执行（ ）户
12	是否存在一人保管支付款项所需的全部印章现象	1. 不存在（ ） 2. 存在（ ）	1. 不存在（ ）户 2. 存在（ ）户

续表

序号	主要项目	检查情况（单户企业填列）	对所属企业情况汇总 （直属企业或母公司填列）
13	票据购买、保管、领用、背书转让、注销等环节的手续是否健全	1. 符合规定（　　） 2. 不符合规定（　　）	1. 符合规定（　　）户 2. 不符合规定（　　）户
14	存在的漏洞和发生违纪违规的情况	1. 主要环节（　　） 2. 违纪违规宗数（　　）及金额（　　）万元	1. 主要环节（　　） 2. 违纪违规宗数（　　）及金额（　　）万元
三、采购与付款内部控制情况			
15	采购与付款的内部控制是否规范和有效执行	1. 制度规范，执行有效（　　） 2. 制度较规范，执行不力（　　） 3. 制度不规范，执行无效（　　） 4. 制度名称或文号（　　）	1. 制度规范，执行有效（　　）户 2. 制度较规范，执行不力（　　）户 3. 制度不规范，执行无效（　　）户
16	请购与审批、询价与确定供应商、采购与验收、付款审批与付款执行等不相容岗位是否分离	1. 全部分离（　　） 2. 部分分离（　　） 3. 没有分离（　　）	1. 全部分离（　　）户 2. 部分分离（　　）户 3. 没有分离（　　）户
17	是否存在同一部门或个人办理采购与付款业务的全过程	1. 不存在（　　） 2. 存在（　　）	1. 不存在（　　）户 2. 存在（　　）户
18	是否根据具体情况对办理采购与付款业务的人员进行岗位轮换	1. 有轮岗（　　），轮岗周期（　　） 2. 没有轮岗（　　）	1. 有轮岗（　　）户 2. 没有轮岗（　　）户
19	大宗采购与付款业务的授权批准手续是否健全，是否存在越权审批行为	1. 手续健全（　　） 2. 手续不健全（　　） 3. 存在越权审批（　　）	1. 手续健全（　　）户 2. 手续不健全（　　）户 3. 存在越权审批（　　）户
20	财会部门在办理付款业务时，是否对采购发票、结算凭证、验收证明等进行严格审核	1. 严格审核（　　） 2. 简单审核（　　） 3. 没有审核（　　）	1. 严格审核（　　）户 2. 简单审核（　　）户 3. 没有审核（　　）户
21	是否建立预付账款和定金的授权批准制度并有效实施	1. 制度规范，执行有效（　　） 2. 制度较规范，执行不力（　　） 3. 制度不规范，执行无效（　　） 4. 制度名称或文号（　　）	1. 制度规范，执行有效（　　）户 2. 制度较规范，执行不力（　　）户 3. 制度不规范，执行无效（　　）户

续表

序号	主要项目	检查情况（单户企业填列）	对所属企业情况汇总 （直属企业或母公司填列）
22	是否建立退货管理制度，对退货条件、退货手续、货物出库、退货货款回收等做出明确规定，及时收回退货货款	1. 制度规范，执行有效（　） 2. 制度较规范，执行不力（　） 3. 制度不规范，执行无效（　） 4. 制度名称或文号（　）	1. 制度规范，执行有效（　）户 2. 制度较规范，执行不力（　）户 3. 制度不规范，执行无效（　）户
23	是否定期与供应商核对应付账款、应付票据、预付账款等往来款项	1. 有效执行（　），对账周期（　） 2. 没有执行（　）	1. 有效执行（　）户 2. 没有执行（　）户
24	存在的漏洞和发生违纪违规的情况	1. 主要环节（　） 2. 违纪违规宗数（　）及金额（　）万元	1. 主要环节（　） 2. 违纪违规宗数（　）及金额（　）万元

四、销售与收款内部控制情况

序号	主要项目	检查情况（单户企业填列）	对所属企业情况汇总 （直属企业或母公司填列）
25	销售与收款内部会计控制是否规范和有效执行	1. 制度规范，执行有效（　） 2. 制度较规范，执行不力（　） 3. 制度不规范，执行无效（　） 4. 制度名称或文号（　）	1. 制度规范，执行有效（　）户 2. 制度较规范，执行不力（　）户 3. 制度不规范，执行无效（　）户
26	是否分别设立销售、发货、收款三项业务的部门（或岗位），并明确其各自职责	1. 分设岗位，责任明确（　） 2. 没有分岗，责任不明（　）	1. 分设岗位，责任明确（　）户 2. 没有分岗，责任不明（　）户
27	是否根据具体情况对办理销售与收款业务的人员进行岗位轮换	1. 有轮岗（　），轮岗周期（　） 2. 没有轮岗（　）	1. 有轮岗（　）户 2. 没有轮岗（　）户
28	是否实行销货合同制，根据合同规定的名称、数量、品种、规格和客户发货，并根据合同规定的金额和时间及时回收货款	1. 符合规定（　） 2. 不符合规定（　）	1. 符合规定（　）户 2. 不符合规定（　）户
29	销售与收款是否在授权范围内审批，审批手续是否健全	1. 手续健全（　） 2. 手续不全（　） 3. 越权审批（　）	1. 手续健全（　）户 2. 手续不全（　）户 3. 越权审批（　）户
30	赊销业务审批和相应的销售政策和信用政策的执行是否符合规定；超过销售政策和信用政策的特殊业务，是否实行集体决策	1. 符合规定（　） 2. 不符合规定（　）	1. 符合规定（　）户 2. 不符合规定（　）户

序号	主要项目	检查情况（单户企业填列）	对所属企业情况汇总 （直属企业或母公司填列）
31	发生销售退回时，销售退回手续是否齐全，退回货物是否及时入库	1. 符合规定（　　） 2. 不符合规定（　　）	1. 符合规定（　　）户 2. 不符合规定（　　）户
32	是否定期与往来客户通过函证等方式核对应收账款、应收票据、预收账款等往来款项；如有不符，是否查明原因，及时处理	1. 符合规定（　　），核对周期（　　） 2. 不符合规定（　　） 3. 三年以上应收账款（　　）万元，五年以上应收账款（　　）万元	1. 符合规定（　　）户 2. 不符合规定（　　）户 3. 三年以上应收账款（　　）万元，五年以上应收账款（　　）万元
33	是否建立应收账款账龄分析制度和逾期催收制度，应收账款的催收是否有效，对催收无效的逾期应收账款是否通过法律程序解决	1. 制度规范，执行有效（　　） 2. 制度较规范，执行不力（　　） 3. 制度不规范，执行无效（　　） 4. 涉及追收诉讼案件（　　）宗，金额（　　）万元	1. 制度规范，执行有效（　　）户 2. 制度较规范，执行不力（　　）户 3. 制度不规范，执行无效（　　）户 4. 涉及追收诉讼案件（　　）宗，金额（　　）万元
34	对发生的坏账损失，是否及时查明原因，分清责任，按规定的程序处理	1. 符合规定（　　） 2. 不符合规定（　　）	1. 符合规定（　　）户 2. 不符合规定（　　）户
35	坏账核销是否符合规定，并进行备查登记，做到账销案存；已注销的坏账又收回时，是否及时入账，是否形成账外款	1. 符合规定（　　） 2. 不符合规定（　　） 3. 查出不入账收回资金（　　）万元	1. 符合规定（　　）户 2. 不符合规定（　　）户 3. 查出不入账收回资金（　　）万元
36	存在的漏洞和发生违纪违规的情况	1. 主要环节（　　） 2. 违纪违规宗数（　　）及金额（　　）万元	1. 主要环节（　　） 2. 违纪违规宗数（　　）及金额（　　）万元
五、工程项目内部控制情况			
37	工程项目的内部会计控制是否规范和有效执行	1. 制度规范，执行有效（　　） 2. 制度较规范，执行不力（　　） 3. 制度不规范，执行无效（　　） 4. 制度名称或文号（　　）	1. 制度规范，执行有效（　　）户 2. 制度较规范，执行不力（　　）户 3. 制度不规范，执行无效（　　）户
38	工程项目的可行性研究与决策、概预算编制与审核、项目实施与价款支付、竣工决算与竣工审计等不相容职务是否分离	1. 全部分离（　　） 2. 部分分离（　　） 3. 没有分离（　　）	1. 全部分离（　　）户 2. 部分分离（　　）户 3. 没有分离（　　）户
39	工程项目决策和实施的责任是否明确，措施是否到位	1. 符合规定（　　） 2. 不符合规定（　　）	1. 符合规定（　　）户 2. 不符合规定（　　）户

续表

序号	主要项目	检查情况（单户企业填列）	对所属企业情况汇总 （直属企业或母公司填列）
40	重要工程项目的授权批准手续是否健全，是否存在越权审批行为	1. 手续健全（　　） 2. 手续不全（　　） 3. 越权审批（　　）	1. 手续健全（　　）户 2. 手续不全（　　）户 3. 越权审批（　　）户
41	工程项目概预算编制依据是否真实，是否经过审核	1. 符合规定（　　） 2. 不符合规定（　　）	1. 符合规定（　　）户 2. 不符合规定（　　）户
42	工程款、材料设备款及其他费用的支付，是否符合相关法规、制度和合同的要求	1. 符合规定（　　） 2. 不符合规定（　　）	1. 符合规定（　　）户 2. 不符合规定（　　）户
43	是否按规定办理竣工决算、实施决算审计	1. 符合规定（　　） 2. 不符合规定（　　）	1. 符合规定（　　）户 2. 不符合规定（　　）户
44	存在的漏洞和发生违纪违规的情况	1. 主要环节（　　） 2. 违纪违规宗数（　　）及金额（　　）万元	1. 主要环节（　　） 2. 违纪违规宗数（　　）及金额（　　）万元
六、对外投资内部控制情况			
45	对外投资内部控制制度是否明确对外投资决策、执行、处置等环节的控制方法、措施和程序	1. 制度规范，执行有效（　　） 2. 制度较规范，执行不力（　　） 3. 制度不规范，执行无效（　　） 4. 制度名称或文号（　　）	1. 制度规范，执行有效（　　）户 2. 制度较规范，执行不力（　　）户 3. 制度不规范，执行无效（　　）户
46	对外投资授权批准制度、决策制度、责任追究制度是否规范和有效执行	1. 制度规范，执行有效（　　） 2. 制度较规范，执行不力（　　） 3. 制度不规范，执行无效（　　） 4. 制度名称或文号（　　）	1. 制度规范，执行有效（　　）户 2. 制度较规范，执行不力（　　）户 3. 制度不规范，执行无效（　　）户
47	对外投资项目可行性研究与评估、对外投资的决策与执行、对外投资处置的审批与执行等不相容岗位是否分离	1. 全部分离（　　） 2. 部分分离（　　） 3. 没有分离（　　）	1. 全部分离（　　）户 2. 部分分离（　　）户 3. 没有分离（　　）户
48	对外投资项目是否经可行性研究、评估和决策，是否存在个人擅自决定对外投资或改变集体决策意见	1. 符合规定（　　） 2. 不符合规定（　　）	1. 符合规定（　　）户 2. 不符合规定（　　）户
49	是否定期对投资项目进行跟踪管理，掌握被投资单位的财务状况、经营情况	1. 符合规定（　　），跟踪周期（　　） 2. 不符合规定（　　）	1. 符合规定（　　）户 2. 不符合规定（　　）户

序号	主要项目	检查情况（单户企业填列）	对所属企业情况汇总 （直属企业或母公司填列）
50	投资期间获取的投资收益（包括利息、股利及其他收益）是否及时进行会计处理	1. 符合规定（　　）	1. 符合规定（　　）户
		2. 不符合规定（　　）	2. 不符合规定（　　）户
51	对外投资的会计记录是否真实、完整，是否定期和不定期地与被投资单位核对投资账目	1. 符合规定（　　），对账周期（　　）	1. 符合规定（　　）户
		2. 不符合规定（　　）	2. 不符合规定（　　）户
52	对外投资的收回、转让与核销是否实行集体决策，并履行相关审批手续	1. 符合规定（　　）	1. 符合规定（　　）户
		2. 不符合规定（　　）	2. 不符合规定（　　）户
53	短期投资是否对证券市场进行分析，长期投资是否对被投资单位行使了所有者的监督权、决策权和投资回收的控制权	1. 符合规定（　　）	1. 符合规定（　　）户
		2. 基本符合规定（　　）	2. 基本符合规定（　　）户
		3. 不符合规定（　　）	3. 不符合规定（　　）户
54	存在的漏洞和发生违纪违规的情况	1. 主要环节（　　）	1. 主要环节（　　）
		2. 违纪违规宗数（　　）及金额（　　）万元	2. 违纪违规宗数（　　）及金额（　　）万元
七、担保业务内部控制情况			
55	是否建立担保业务授权批准制度、担保业务责任追究制度并有效执行	1. 制度规范，执行有效（　　）	1. 制度规范，执行有效（　　）户
		2. 制度较规范，执行不力（　　）	2. 制度较规范，执行不力（　　）户
		3. 制度不规范，执行无效（　　）	3. 制度不规范，执行无效（　　）户
		4. 制度名称或文号（　　）	
56	企业担保政策是否明确担保的对象、范围、条件、程序、担保限额和禁止担保的事项	1. 明确（　　）	1. 明确（　　）户
		2. 基本明确（　　）	2. 基本明确（　　）户
		3. 不明确（　　）	3. 不明确（　　）户
57	担保业务的评估与审批、审批与执行的岗位是否分离，是否存在同一部门或个人办理担保业务的全过程	1. 符合规定（　　）	1. 符合规定（　　）户
		2. 不符合规定（　　）	2. 不符合规定（　　）户
58	担保对象是否符合规定，是否对担保业务进行风险评估，担保业务的审批是否符合规定程序	1. 符合规定（　　）	1. 符合规定（　　）户
		2. 不符合规定（　　）	2. 不符合规定（　　）户
59	是否设置相应的记录或凭证，如实记载担保业务情况	1. 符合规定（　　）	1. 符合规定（　　）户
		2. 不符合规定（　　）	2. 不符合规定（　　）户

序号	主要项目	检查情况（单户企业填列）	对所属企业情况汇总 （直属企业或母公司填列）
60	是否定期对被担保人财务风险及担保事项实施情况进行监测	1. 符合规定（　），执行周期（　）	1. 符合规定（　）户
		2. 不符合规定（　）	2. 不符合规定（　）户
61	担保合同到期是否及时办理终结手续	1. 符合规定（　）	1. 符合规定（　）户
		2. 不符合规定（　）	2. 不符合规定（　）户
62	存在的漏洞和发生违纪违规的情况	1. 主要环节（　）	1. 主要环节（　）
		2. 违纪违规宗数（　）及金额（　）万元	2. 违纪违规宗数（　）及金额（　）万元
八、筹资业务内部控制情况			
63	筹资决策、执行与偿付的审批与办理的控制流程是否清晰	1. 符合规定（　）	1. 符合规定（　）户
		2. 不符合规定（　）	2. 不符合规定（　）户
		3. 制度名称或文号（　）	
64	筹资的权责和职责分工是否明确	1. 符合规定（　）	1. 符合规定（　）户
		2. 不符合规定（　）	2. 不符合规定（　）户
65	筹资业务是否纳入预算管理	1. 是（　）	1. 是（　）户
		2. 否（　）	2. 否（　）户
66	以抵押、质押方式筹资是否对抵押资产进行登记。业务终结后，是否对抵押资产进行清理，及时注销担保内容	1. 符合规定（　）	1. 符合规定（　）户
		2. 不符合规定（　）	2. 不符合规定（　）户
67	存在的漏洞和发生违纪违规的情况	1. 主要环节（　）	1. 主要环节（　）
		2. 违纪违规宗数（　）及金额（　）万元	2. 违纪违规宗数（　）及金额（　）万元
九、成本费用内部控制情况			
68	成本费用核算、内部价格的制定和结算办法、责任会计及有关成本费用考核等规定是否明确	1. 符合规定（　）	1. 符合规定（　）户
		2. 不符合规定（　）	2. 不符合规定（　）户
		3. 制度名称或文号（　）	
69	是否实行成本费用的预算管理	1. 是（　）	1. 是（　）户
		2. 否（　）	2. 否（　）户
70	确定材料供应商和采购价格是否建立授权批准制度	1. 符合规定（　）	1. 符合规定（　）户
		2. 不符合规定（　）	2. 不符合规定（　）户

序号	主要项目	检查情况（单户企业填列）	对所属企业情况汇总 （直属企业或母公司填列）
71	是否存在乱计乱进成本，乱摊费用现象	1. 符合规定（　）	1. 符合规定（　）户
		2. 不符合规定（　），涉及金额（　）万元	2. 不符合规定（　）户，涉及金额（　）万元
72	存在的漏洞和发生违纪违规的情况	1. 主要环节（　）	1. 主要环节（　）
		2. 违纪违规宗数（　）及金额（　）万元	2. 违纪违规宗数（　）及金额（　）万元
十、资产管理内部控制情况			
73	是否对实物资产的验收入库、领用、发出、盘点、保管和处置等环节进行控制	1. 符合规定（　）	1. 符合规定（　）户
		2. 不符合规定（　）	2. 不符合规定（　）户
		3. 制度名称或文号（　）	
74	是否定期对固定资产进行盘点	1. 符合规定（　），盘点周期（　）	1. 符合规定（　）户
		2. 不符合规定（　）	2. 不符合规定（　）户
75	固定资产的出租是否按市场标准收取租金，收入是否及时入账	1. 符合规定（　）	1. 符合规定（　）户
		2. 不符合规定（　）	2. 不符合规定（　）户
		3. 低于市价出租金额（　）万元，账外收入（　）万元	3. 低于市价出租金额（　）万元，账外收入（　）万元
76	对专利权、商标权、专有技术等无形资产是否采取有效保护措施	1. 符合规定（　）	1. 符合规定（　）户
		2. 不符合规定（　）	2. 不符合规定（　）户
77	资产处置和资产损失内部审批制度是否有效实施	1. 制度规范，执行有效（　）	1. 制度规范，执行有效（　）户
		2. 制度较规范，执行不力（　）	2. 制度较规范，执行不力（　）户
		3. 制度不规范，执行无效（　）	3. 制度不规范，执行无效（　）户
78	对发生的资产损失是否及时核实，查清责任，按规定的程序处理	1. 符合规定（　）	1. 符合规定（　）户
		2. 不符合规定（　）	2. 不符合规定（　）户
79	对属于违法、违纪行为造成的资产损失是否依法依规对负有责任的人员予以处理	1. 符合规定（　）	1. 符合规定（　）户
		2. 不符合规定（　）	2. 不符合规定（　）户
80	存在的漏洞和发生违纪违规的情况	1. 主要环节（　）	1. 主要环节（　）
		2. 违纪违规宗数（　）及金额（　）万元	2. 违纪违规宗数（　）及金额（　）万元
十一、所有者权益和国有产权监控情况			

续表

序号	主要项目	检查情况（单户企业填列）	对所属企业情况汇总（直属企业或母公司填列）
81	企业实收资本、资本公积、法定公积金、利润分配的增减变动是否符合规定	1.符合规定（　） 2.不符合规定（　）	1.符合规定（　）户 2.不符合规定（　）户
82	企业对外投资、资产划转、产权转让、合并分立、改制等是否按规定办理产权登记	1.已按规定办理（　） 2.未办理（　），未办理户数（　）	1.已按规定办理（　）户 2.未办理（　）户，未办理户数合计（　）户
83	企业产权转让是否符合规定的程序	1.符合规定（　） 2.不符合规定（　）	1.符合规定（　）户 2.不符合规定（　）户
84	国有资本转让收入是否及时上缴国有资产收益	1.已按规定足额上缴（　） 2.未足额上缴（　），未缴金额（　）万元 3.没有上缴（　），金额（　）万元	1.已按规定足额上缴（　）户 2.未足额上缴（　）户，未缴金额（　）万元 3.没有上缴（　）户，金额（　）万元
85	存在的漏洞和发生违纪违规的情况	1.主要环节（　） 2.违纪违规宗数（　）及金额（　）万元	1.主要环节（　） 2.违纪违规宗数（　）及金额（　）万元
十二、境外子企业监控情况			
86	境外企业发生的合并、终止、资本变更、以不动产抵押贷款等重大事项是否建立审批制度	1.制度规范，执行有效（　） 2.制度较规范，执行不力（　） 3.制度不规范，执行无效（　） 4.制度名称或文号（　）	1.制度规范，执行有效（　）户 2.制度较规范，执行不力（　）户 3.制度不规范，执行无效（　）户
87	对经营外汇、期货、有价证券和房地产等风险性业务是否建立授权批准制度	1.制度规范，执行有效（　） 2.制度较规范，执行不力（　） 3.制度不规范，执行无效（　） 4.制度名称或文号（　）	1.制度规范，执行有效（　）户 2.制度较规范，执行不力（　）户 3.制度不规范，执行无效（　）户
88	境外企业账户管理是否符合规定	1.符合规定（　） 2.不符合规定（　）	1.符合规定（　）户 2.不符合规定（　）户
89	有否对连续3年发生亏损或发生严重亏损的独资或控股的境外企业进行检查并采取相应措施	1.符合规定，措施有效（　） 2.措施效果不明显（　） 3.没有措施（　）	1.符合规定，措施有效（　）户 2.措施效果不明显（　）户 3.没有措施（　）户

序号	主要项目	检查情况（单户企业填列）	对所属企业情况汇总（直属企业或母公司填列）
90	存在的漏洞和发生违纪违规的情况	1. 主要环节（　　）	1. 主要环节（　　）
		2. 违纪违规宗数（　　）及金额（　　）万元	2. 违纪违规宗数（　　）及金额（　　）万元
十三、关联企业内部控制情况			
91	与关联企业之间的业务往来、债权、债务、收入和费用以及管理机构和人员是否分账管理	1. 符合规定（　　）	1. 符合规定（　　）户
		2. 不符合规定（　　）	2. 不符合规定（　　）户
92	与关联企业之间的原材料供应、商品销售、劳务提供等是否按照独立企业之间的业务往来收取或支付价款、费用	1. 符合规定（　　）	1. 符合规定（　　）户
		2. 不符合规定（　　）	2. 不符合规定（　　）户
93	与关联企业之间的资金占用是否参照银行同期贷款利率确定	1. 是（　　）	1. 是（　　）户
		2. 否（　　）	2. 否（　　）户
94	存在的漏洞和发生违纪违规的情况	1. 主要环节（　　）	1. 主要环节（　　）
		2. 违纪违规宗数（　　）及金额（　　）万元	2. 违纪违规宗数（　　）及金额（　　）万元
十四、财务报告内部控制情况			
95	财务报告编制的岗位分工和职责安排是否明确	1. 符合规定（　　）	1. 符合规定（　　）户
		2. 不符合规定（　　）	2. 不符合规定（　　）户
96	是否按规定设置和管理会计核算科目和账簿，规范会计档案管理	1. 符合规定（　　）	1. 符合规定（　　）户
		2. 不符合规定（　　）	2. 不符合规定（　　）户
97	编制年度财务报告是否符合《企业财务会计报告条例》的规定	1. 符合规定（　　）	1. 符合规定（　　）户
		2. 不符合规定（　　）	2. 不符合规定（　　）户
98	母公司是否及时归集、整理合并抵销基础事项和数据，按规定编制合并报表	1. 符合规定（　　）	1. 符合规定（　　）户
		2. 不符合规定（　　）	2. 不符合规定（　　）户
99	企业年度财务报告是否按规定委托注册会计师审计	1. 符合规定（　　）	1. 符合规定（　　）户
		2. 不符合规定（　　）	2. 不符合规定（　　）户
100	企业对外披露信息前后是否保持一致，是否随意更改	1. 符合规定（　　）	1. 符合规定（　　）户
		2. 不符合规定（　　）	2. 不符合规定（　　）户

续表

序号	主要项目	检查情况（单户企业填列）	对所属企业情况汇总 （直属企业或母公司填列）
101	存在的漏洞和发生违纪违规的情况	1. 主要环节（　　）	1. 主要环节（　　）
		2. 违纪违规宗数（　　）及金额（　　）万元	2. 违纪违规宗数（　　）及金额（　　）万元
十五、上市公司内部控制情况			
102	是否按有关规定建立健全内部控制制度	1. 制度规范，执行有效（　　）	1. 制度规范，执行有效（　　）户
		2. 制度较规范，执行不力（　　）	2. 制度较规范，执行不力（　　）户
		3. 制度不规范，执行无效（　　）	3. 制度不规范，执行无效（　　）户
		4. 制度名称或文号（　　）	
103	内部控制是否有效实施	1. 有效（　　）	1. 有效（　　）户
		2. 基本有效（　　）	2. 基本有效（　　）户
		3. 无效（　　）	3. 无效（　　）户
104	内部控制存在缺陷和发生违纪违规的情况	1. 主要环节（　　）	1. 主要环节（　　）
		2. 违纪违规宗数（　　）及金额（　　）万元	2. 违纪违规宗数（　　）及金额（　　）万元

填报时间：　　　年　月　日

说明如下。

1. 本表适合直属企业本部和下属企业自查用，适合直属企业检查下属企业并汇总用。

2. 自查时请在检查情况栏（　）内打√，存在漏洞或问题的事项及汇总项应填上数量和金额。

3. 补充说明请另附纸。

23.5　内部审计工作附表

23.5.1　审计通知书

审计通知书见表 23-10。

表 23-10　　　　　　　　　　　　　**审计通知书**

审（　）号

被审计单位名称：

　　根据　　　　年度审计工作计划，公司审计部拟于　　　年 月 日至 日对贵单位例行审计，请接到此审计通知书后，通知相关人员做好准备并及时提供所需资料（如附件所示），以便本次审计任务能顺利完成。

　　审计方式：

　　审计期间：

　　审计工作计划时间：

　　审计范围：

　　审计类别：

　　审计人员：

　　如有不详，请及时反馈。

　　联系电话：

　　（附：审计所需资料清单）

审计部

年　月　日

23.5.2　审计需提供资料清单

审计需提供资料清单见表 23-11。

表 23-11　　　　　　　　　　　　**审计需提供资料清单**

被审计单位名称：

因审计需要，需贵单位提供如下资料，并在"提供人/部门"栏注明提供人或部门；如无法提供请在"备注"栏说明。

序号	资料名称	时间范围	要求	提供人/部门	备注
一、会计报表类					
1	财务报表		提供参阅		
2	存货清单、存货盘点表		提供参阅		
3	固定资产清单		提供参阅		
4	纳税申报表		提供参阅		
5	外部审计报告		提供参阅		
6	会计凭证、账册		提供参阅		
7	年度计划预算审批件		提供参阅		
8	银行对账单		提供参阅		
9	销售费用、管理费用汇总、分析表，明细表		打印		

续表

序号	资料名称	时间范围	要求	提供人 / 部门	备注
二、文件资料					
1	财务制度及费用报销标准		提供参阅		
2	组织架构及人员编制		绘表列示		
3	各种内部规定、财务管理制度		列表说明		
4	重要合同、决议清单		列表说明		
5	营业执照		复印		
6	章程、设立文件		提供参阅		
三、各项经营循环（流程）					
1	公司简介		提供参阅		
2	生产管理流程		简单绘制		
3	库存管理、物流、仓储管理流程		简单绘制		
4	销售管理流程		简单绘制		
5	财务请款报账流程		简单绘制		
6	固定资产购建流程		简单绘制		
7	收款流程		简单绘制		
8	退货流程和存货出入库流程		简单绘制		
四、其他资料					

制表：审计部   日期：

23.5.3 结算审计需提供资料清单

结算审计需提供资料清单见表 23-12。

表 23-12   结算审计需提供资料清单

文件名称		备注
一、结算评审文件		
1. 竣工结算分析表	☐	
2. 结算编制过程汇总表	☐	
3. 竣工图核查反馈表	☐	
4. 苗木工程量清单对比表	☐	
5. 硬质及安装投标量与结算量对比表	☐	
6. 主要材料价格对比表	☐	

文件名称		备注
7. 产值汇总表	☐	
8. 联系单 / 签证单登记表	☐	
9. 结算与审计报表	☐	
10. 资料审查表	☐	
11. 结算书（软件版及 Excel 导出版）	☐	
二、审计定案文件		
1. 审计定案分析报告	☐	
2. 结算审核对比表（量差、价差、扣减原因等）	☐	
三、证明材料部分		
1. 招标文件、中标通知书、询标纪要	☐	
2. 投标文件（商务标）	☐	
3. 施工合同及补充合同	☐	
4. 开工报告、竣工报告、延期报告	☐	
5. 联系单、签证单、设计变更单	☐	
6. 工程量计算稿	☐	
7. 竣工图	☐	
8. 隐蔽验收记录（需要时提供）	☐	
9. 其他相关证明文件	☐	

注："√"为已准备齐全；"○"已做完，待签证；在"□"手填。

制表：审计部　　　　　　　　　　　　　日期：

23.5.4　审计发现事项行动计划表

审计发现事项行动计划表见表 23-13。

表 23-13　　　　　　　　　　**审计发现事项行动计划表**

公司名称：　　　　　　　　　　　年　月　日　　　　　审计报告编号：

审计项目	序号	风险程度	审计事项	审计意见与建议	责任人	计划完成时间及说明

备注：①表中"审计项目""序号""风险程度""审计事项""审计意见与建议"栏由审计组填写，"责任人""计划完成时间及说明"由被审计单位填列；②此表在审计发现通知书或审计报告发出后5个工作日之内填列报送审计组。

23.5.5　审计工作底稿

审计工作底稿见表23-14。

表23-14　　　　　　　　　　　　审计工作底稿

编号		报告编号	
被审计单位		审计项目	
编制人		编制日期	
复核人		复核日期	
查证内容及事实			
审计结论			

23.5.6　审计报告封面

审计报告封面见表23-15。

表23-15　　　　　　　　　　　　审计报告封面

<table>
<tr><td colspan="2">　</td></tr>
</table>

股份审〔20××〕第　　号

关于×××公司内部控制
审计报告

主送：
　×××公司经理
　×××公司财务经理（会计）

抄送：
　××公司董事长
　××公司总经理
　××公司审计委员会

20××年××月

23.5.7　审计决定书

审计决定书见表 23-16。

表 23-16　　　　　　　　　　　　　　**审计决定书**

股份审处罚〔20××〕××号

被处罚单位名称：

被处罚个人姓名：

　　××（被处罚单位名称或被处罚个人姓名）于××××年××月××日，拒绝、拖延提供与审计事项有关的资料（或者提供的资料不真实、不完整，或者拒绝、阻碍检查）。依据公司《内部审计管理制度》第42条，决定对××（被处罚单位名称或被处罚个人姓名）处以警告处分。

　　对本处罚决定不服的，可以在收到本处罚决定之日起10日内向公司审计委员会申请申诉。

公司审计部

××××年××月××日

23.5.8　内部控制情况调查表

内部控制情况调查表见表 23-17。

表 23-17　　　　　　　　　　　　　　**内部控制情况调查表**

项目		内容	是	否	备注
组织架构	公司治理结构	公司是否设立董事会			
		董事会职工代表是否由公司职工代表大会选举产生			
		公司是否设立监事会			
		监事会职工代表是否由公司职工代表大会选举产生			
		公司是否聘请了外部董事			
		外部董事是否在公司任职			
	内部机构的设置	公司是否制定组织结构图			
		公司是否制定业务流程图			
		公司是否制定岗（职）位说明书或权限指引			
	运行机制	公司重大决策、重大事项、重要人事任免及大额资金使用是否实行集体决策审批或联签制度			
发展战略	发展战略的制定	公司是否在董事会下设立战略委员会，或相关机构负责发展战略管理工作			
		公司是否设定发展目标和战略规划			

项目		内容	是	否	备注
发展战略	发展战略的实施	公司是否有每个发展阶段的具体目标、工作任务和实施途径			
		公司是否有详细的年度工作计划			
		公司是否编制全面预算，将年度目标进行分解落实			
		公司是否通过宣传培训，使职工清楚公司的发展思路、战略目标和具体举措			
人力资源	人力资源管理	公司是否建立完善的人力资源使用和退出机制			
		公司是否建立科学的业绩考核指标体系			
社会责任	安全生产	公司是否建立了安全生产的管理机构，健全相关制度			
		公司是否建立了安全事故应急和报告机制			
	产品质量	公司是否有产品质量标准体系			
		公司是否有严格的质量控制和检验制度			
	环境保护	公司对降低排放、节约资源是否建立完善的监测考核体系			
	促进就业	公司是否建立公开招聘、公平竞争、公正录用的机制			
	员工权益保护	公司是否建立完善科学的员工培训和晋升机制			
		公司是否建立科学合理的员工薪酬增长机制			
	慈善捐赠	公司是否勇于承担社会责任、积极支持慈善事业			
	信息披露	公司是否单独发布社会责任报告			
企业文化		公司员工是否认同并遵守企业的价值观、经营理念和企业精神			
		公司是否定期对文化建设工作及取得的进展和实际效果进行检查和评估			
资金活动		公司是否制定科学的投融资目标和规划			
		公司是否制定涉及资金授权、批准和审验方面的具体管理制度			
		公司是否建立资金的集中管控模式			
采购业务		公司是否编制需求计划和采购计划			
		公司是否有单独的请购部门负责审核采购计划，办理请购手续			
		公司是否有健全的采购定价机制			
		公司是否制定有明确的采购验收标准			
资产管理	一般资产	公司是否制定相关的资产管理制度、措施			
		公司是否经常梳理资产管理流程，查找资产管理漏洞			

续表

项目		内容	是	否	备注
资产管理	存货	公司是否建立完善的存货内部控制制度，对存货的取得、验收入库、仓储保管、领用发出、盘点清查、销售处置进行控制			
	固定资产	公司是否根据固定资产特点，分析、归纳、设计合理的业务流程，健全固定资产取得、日常维护、更新改造和淘汰处置等环节的风险管控措施			
	无形资产	公司是否建立无形资产的分类管理制度，保护专利权、非专利技术、商标权、著作权、特许权、土地使用权等无形资产安全，提高使用效率			
销售业务	销售计划管理	公司是否根据发展战略和年度生产经营计划，制订合理的年度销售计划，并按规定的权限审批后下达执行			
		公司是否定期对各类产品（商品）的区域销售额、进销差价、销售计划与实际销售情况等进行分析，及时调整销售计划，并经履行相应的审批程序			
	客户开发与信用管理	公司是否有确定的信用模式，通过多种策略和营销方式，促进销售目标实现			
	销售定价	公司是否确定产品基准定价，产品的定价和调价是否经具有相应权限人员的审核批准			
	订立销售合同	公司是否建立健全销售合同订立及审批管理制度，对签订合同的范围、订立程序、审核及审批程序和涉及的部门人员进行详细的规定			
	发货	公司是否制作发货各环节的记录，并填制相应的凭证，设置销售台账，实现全过程的销售登记制度			
	收款	公司是否建立明确的应收票据受理范围和管理措施			
		公司收取的现金、银行本票、汇票等是否及时缴存银行并登记入账			
	客户服务	公司是否建立完善的客户服务制度，并设立专人或部门进行客户服务和跟踪			
	会计系统控制	公司是否加强对销售、发货、收款业务的会计系统控制，详细记录销售客户、销售合同、销售通知、发运凭证、商业票据、款项收回等情况			
研究与开发	立项	公司是否建立完善的立项、审批制度，确定研究开发计划制定原则和审批人			
	研发	公司的自主研发是否建立研发项目管理制度、技术标准、信息反馈制度、研发项目重大事项报告制度和报销制度			
		公司委托（合作）研发是否采用招标、议标等方式确定受托单位，制定规范详尽的委托研发合同			

续表

项目		内容	是	否	备注
研究与开发	结题验收	公司是否建立健全验收制度，严格执行测试程序			
	研究成果开发	公司是否建立研究成果开发制度，促进研究成果的有效转化			
	研究项目入档	公司是否建立研发项目档案，推进有关信息资源的共享和应用			
	研究成果保护	公司是否建立知识产权评审制度、研究成果保护制度、核心研究人员管理制度，及时取得研发成果的权属，加强对专利权、非专利技术、商业秘密及研发资源的管理			
工程项目	工程立项	公司拟建项目是否编制项目建议书，并经过评审后取得有效批文			
		公司是否根据经批准的项目建议书开展可行性研究，编制可行性研究报告，并组织有关部门或委托专业机构对可行性研究报告进行审核和评价			
	工程设计	公司拟建项目是否采用招标方式确定设计单位，建立严格的初步设计审查和批准制度			
		公司拟建项目是否建立严格的概预算编制与审核制度			
	工程招标	公司是否建立了招投标管理制度			
		公司是否履行完备的标书签收、登记和保管手续			
	工程建设	公司在建项目是否建立监理进度监控体系			
		公司在建项目是否建立全面的质量控制制度			
		公司施工中采购的重大设备和大宗材料是否采用招标方式			
		公司是否建立完善的工程价款结算制度			
		公司是否建立严格的工程变更审批制度，严格控制工程变更			
	工程验收	公司是否制定健全的竣工验收管理制度			
		公司是否委托具有相应资质的中介机构对工程竣工决算实施审核			
		公司是否及时收集、整理工程建设各环节的文件资料，建立工程项目档案			
担保业务	受理申请	公司是否制定担保政策和相关管理制度			
		公司是否按照担保政策和相关管理制度对担保申请人的担保申请进行审核			
	调查和评估	公司是否委派具备胜任能力的专业人员对担保申请人资信状况和有关情况进行全面、客观的调查和评估			
	审批	公司是否建立健全担保授权审批制度、认真审查对担保申请人的调查评估报告			

项目		内容	是	否	备注
担保业务	签订担保合同	公司是否建立担保合同会审联签制度			
		公司是否妥善保管担保合同记录			
	担保合同的监督	公司是否定期监测被担保人的经营情况和财务状况，对被担保人进行跟踪和监督，了解担保项目的执行、资金的使用、贷款的归还、财务运行及风险等情况			
外包业务	外包实施方案	公司是否建立和完善业务外包管理制度			
	审核批准	公司是否按照规定的权限和程序审核批准业务外包实施方案			
	选择承包方	公司是否采用公开招标的方式选择承包方			
	签订业务外包合同	公司是否签订业务外包合同，通过合同条款有效规避和降低风险			
	组织实施业务外包	公司是否制定业务外包管控措施			
	业务外包过程管理	公司是否对承包方的履约能力进行持续评估			
	验收	公司是否组织有关职能部门、财会部门、质量控制部门的相关人员，严格按照验收标准对承包方交付的产品或服务进行审查和全面测试			
	会计控制	公司是否加强对外包业务的核算与监督，并在财务报告中进行必要、充分的披露			
财务报告	制订财务报告的编制方案	公司会计政策是否符合国家有关会计法规和监管要求的规定			
		公司会计政策和会计估计的调整是否按规定的权限和程序审批			
		公司是否制定内部会计规章制度和财务流程			
		公司是否明确财务部门的职责分工			
	确定重大事项的会计处理	公司是否对重大事项予以关注			
		公司是否及时沟通需要专业判断的重大会计事项并确定相应会计处理			
	清查资产核实债务	公司是否确定具体可行的资产清查、负债核实计划			
		公司否做好各项资产、负债的清查、核实工作			
		公司是否对清查过程中发现的差异根据国家统一的会计准则和制度进行相应的会计处理			

项目		内容	是	否	备注
财务报告	结账	公司是否核对各会计账簿记录与会计凭证的内容、金额是否一致			
		公司是否检查相关账务处理是否符合国家统一的会计制度和企业制定的核算方法			
		公司是否合理确定本期应计的收入和应计的费用			
		公司是否经常检查因会计差错、会计政策变更等原因需要调整的前期或本期相关项目			
	编制个别财务报告	公司财务报告列示的资产、负债、所有者权益金额是否真实可靠			
		公司财务报告是否如实列示当期收入、费用和利润			
		公司财务报告是否按照规定划清各类交易和事项的现金流量的界限			
		公司是否按岗位分工和规定的程序编制财务报告			
		公司是否按国家统一的会计准则制度编制报告附注			
		公司的财务报告是否经单位负责人、主管会计工作单位负责人和会计机构负责人审核并签字盖章			
	编制合并财务报告	公司编制的合并财务报表是否依据产权关系和会计准则的要求，将实际控制的分支机构纳入合并报表的范围			
		公司编制合并财务报告时，是否保留合并抵销分录及相关标准文件和证据			
		公司是否对合并抵销分录进行交叉复核			
	财务报告的对外提供	公司是否选择符合资质的会计师事务所对财务报告进行审计			
全面预算		公司是否设立预算管理委员会			
		公司的预算草案是否经董事会审核			
		公司的预算是否以正式文件下发各部门执行			
		公司是否建立预算执行责任制度			
		公司是否建立预算执行实时监控制度，及时发现和纠正预算执行中的偏差			
		公司是否建立重大预算项目特别关注制度			
		公司是否建立预算执行情况预警机制			
		公司是否建立健全预算执行情况内部反馈和报告制度			
		公司是否建立预算执行考核制度或办法			

项目	内容	是	否	备注
合同管理	公司是否建立合同分级管理制度			
	公司是否设立专门部门作为合同归口管理部门，对合同实施统一规范管理，具体负责制定合同管理制度，审核合同条款的权利义务对等性，管理合同标准文本，管理合同专用章，定期检查和评价合同管理中的薄弱环节，采取相应控制措施，促进合同的有效履行等			
	公司是否授权财务部门对履行合同进行财务监督			
	公司对外发生经济行为，除即时结清方式外，是否均订立书面合同			
	公司是否建立合同登记管理制度，充分利用信息手段，定期对合同进行统计、分类和归档，详细登记合同的订立、履行和变更、终结等情况			
	公司是否建立合同文本统一分类和连续编号制度，防止或及早发现合同文本的遗失			
内部信息传递	公司是否建立一套级次分明的内部报告指标体系			
	公司是否将内部报告纳入公司统一的信息平台，并建立电子内部报告保管库			
	公司是否建立内部报告的保管制度，按类别保管内部报告			
	公司是否对不同类别的报告按其影响程序规定其保管年限			
	公司是否制定严格的内部报告保密制度，明确保管内容、保密措施、密级和传递范围，防止泄露商业秘密			
	公司是否建立内部报告评价制度			
	公司是否建立反舞弊机制，防范信息交流机制不畅通、信息不对称而产生的虚假财务报告、资产的不适当处理、不恰当的收入和支出、故意的不当关联交易、税务欺诈、贪污以及收受贿赂和回扣等问题			
信息系统	公司是否制定信息系统开发的战略规划和中长期发展计划			
	公司是否建立专门的信息系统归口管理部门			
	公司是否建立规范的信息系统后台操作流程，确保足够的日志记录，保证对后台操作的可监控性			
	公司是否制定信息系统使用操作程序、信息管理制度以及各模块子系统的具体操作规范			
	公司是否有专人负责系统运行的日常维护			
	公司是否建立标准流程来实施和记录系统变更，保证变更过程得到适当的授权			

续表

项目	内容	是	否	备注
信息系统	公司是否建立系统数据定期备份制度，明确备份的范围、频度、方法、责任人、存放地点、有效性检查等内容			
	公司是否建立信息系统开发、运行与维护等环节的岗位责任制度和不相容职务分离制度，防范利用计算机舞弊和犯罪			

填表人：　　　　　　　　　　　　　　　　　联系电话：

23.6　审计查账记录表

审计查账记录表见表23-18。

表 23-18　　　　　　　　　审计查账记录表

被审计部门：　　　　　　问题类别：　　　　　　　　　单位：　元

年		证册编号	凭证号码	内容摘要	金额	会计记录		审计结论
月	日					借	贷	

审计组长（主审）：　　　　审计员：　　　　复核：　　　　审计日期：　年　月　日

第九篇

财务分析管理

第24章 财务分析管理制度

24.1 财务报告与财务分析管理制度

24.1.1 财务报告制度

1. 财务报告制度制定的说明。

为加强公司财务管理，全面系统地反映公司经济活动所形成的财务状况和经营成果，便于公司内、外部信息使用者了解公司的财务状况、经营成果及现金流量情况，依据《中华人民共和国会计法》《企业会计准则》《企业财务通则》、集团公司／总公司《财务报告制度》有关规定，结合公司具体情况制定财务报告制度。

2. 财务报告包括按规定编制的对外财务会计报告及根据管理需要编制的内部会计报表等。

3. 财务会计报告编制的基本原则。

（1）公司所属各单位（下称各单位）要严格执行国家各项财务会计政策和规定，规范会计核算，要根据全面、完整、准确的账簿记录和相关财务会计资料，按照《企业会计准则》和财务报告制度规定的编制基础、编制依据、编制原则、统一的会计政策和会计估计方法进行编报；不得存在账外资产、设置账外账、编造虚假会计信息，不得人为调节利润。任何组织或者个人不得授意、指使、强令财会人员违反财务报告制度和国家统一的会计准则规定。

（2）按照有关规定，以实际发生的交易或事项为依据，对会计报表中各项会计要素进行合理的确认、计量和报告，不得随意改变会计要素的确认和计量标准。

（3）遵循会计稳健性原则，按本制度的规定合理预计各项资产可能发生的损失，定期对计提的各项资产减值准备逐项进行认定、计算，不得计提秘密减值准备。

（4）按照规定的结账日进行结账，不得提前或延迟。年度结账日为公历每年的12月31日；半年度、季度、月度结账日分别为每半年、每季、每月的最后一天。

（5）按规定充分披露本单位的财务信息，不得对重大财务事项隐瞒不报。

4. 财务报告分年度、半年度、季度和月度财务会计报告。

5. 报送时间及份数。

（1）各单位月度财务会计报告的纸质与电子版各一份，于次月3日报送至公司财务资产部；公司财务资产部经审核汇编，于月度终了5日内（节假日不顺延，下同），报送集团公司／

总公司一份。

（2）季度财务报告（半年报告与二季度财务报告合并上报）由各单位于季度末次月 8 日内报送至公司财务资产部，一式三份（财务资产部一份、总会计师一份、审计一份）；公司经审核汇编后，于季度、半年度终了 12 日内报送集团公司 / 总公司一份。

（3）年度财务会计报告各单位依据年终决算会议要求的时间报送至财务资产部，一式三份；公司财务资产部审核汇编后，依据集团公司 / 总公司年终决算会议要求时间向集团公司 / 总公司报送一份。

6. 报告内容。

（1）月度财务会计报告通常仅指会计报表，会计报表的内容、种类和格式等各单位按照财政部、国资委对各年度月份财务快报编报工作的要求及集团公司 / 总公司根据管理需要要求报送的表式的内容进行填报。公司的月度财务会计报告包括快报和企业债务监测补充指标表。

（2）季度财务会计报告由各单位按照公司管理的需求进行编报；半年度中期财务会计报告，包括资产负债表、利润表、现金流量表和附注，其格式和内容与上年度财务报表相一致，并提供中期比较数据，合并报表单位应当编制合并财务报表。

（3）年度财务会计报告须严格按照年终决算会议布置要求，由会计报表、会计报表附注、财务情况说明书和财政部、国资委规定上报的其他相关生产经营、管理资料及集团公司 / 总公司为满足合并要求需提供的信息资料等构成。会计报表包括外部报表和内部报表。外部报表又分为主表、附表，主表主要包括资产负债表、利润表、现金流量表、资产减值准备情况表、应上交应弥补款项表、基本情况表、所有者权益变动表（公司填列）、企业办社会职能情况表（职工医院、物业公司填列），附表依据每年年底集团公司 / 总公司会议的要求做相应变动。内部报表包括存货明细表、应收账款明细表、其他应收款明细表、备用金明细表、预付账款明细表、应付账款明细表、其他应付款明细表、预收账款明细表、应收和应付内部单位款明细表、固定资产及累计折旧明细表及续表（共六张）、期间费用明细表、业务招待费明细表、其他业务利润明细表、营业外收支明细表、拖欠工程及清欠回收情况表、工程项目情况表（本年累计数、自开工累计张数）、应付职工薪酬明细表、账销案存统计明细表。

会计师事务所出具的审计报告作为公司财务会计报告的必备附件与年度财务会计报告一并报送集团公司 / 总公司。

除上述内容外，对于各单位向公司上报的财务会计报告，公司将根据实际管理需要，适当补充内部报表、会计报表附注和财务情况说明书的内容。

7. 财务会计报告编制的工作准备。

（1）进行户数清查。

对下属单位及内部核算单位的户数、管理级次、经营状况等情况进行认真清理，规范界定财务会计报表合并范围和应纳入的汇总单位，并按时向公司报送表，不得随意调整报表合并范围。

（2）全面清查资产，核实债权、债务。

在编制年度财务会计报告前，各单位应做好下述工作。

①清理结算款项，包括各项应收款项、应付款项、应交税费等是否存在，与债务、债权单位的相应债务、债权金额是否一致。

②各种材料、未完工程等存货的实存数量与账面数量是否一致，是否有报废损失和积压物资等。

③各项投资是否存在，投资收益是否按照《企业会计准则》的规定进行确认和计量。

④房屋及建筑物、机器设备、运输工具等各项固定资产的实存数量与账面数量是否一致。

⑤在建工程的实际发生额与账面记录是否一致。

⑥需要清查、核实的其他内容。

通过清查、核实，查明财产物资的实存数量与账面数量是否一致、各项结算款项的拖欠情况及其原因、材料物资的实际储备情况、各项投资是否达到预期目的、固定资产的使用情况及其完好程度等。清查、核实后，应当将清查、核实的结果及其处理办法向公司董事会报告，并根据《企业会计准则》的规定进行相应的会计处理。

（3）计提减值准备。

在查明各项财产、物资实存数量的基础上，认真分析各项资产质量，判断资产是否存在减值迹象，按照《企业会计准则》的规定，合理确认减值损失金额。

（4）进行账务的核对检查工作。

各单位在编制财务会计报告前，应完成下列核对工作。

①核对各会计账簿记录与会计凭证的内容、金额等是否一致，记账方向是否相符。

②依照规定的结账日进行结账，结出有关会计账簿的余额和发生额，并核对各会计账簿之间的余额。

③检查相关的会计核算是否按照《企业会计准则》的规定进行。

④对于《企业会计准则》没有规定统一核算方法的交易、事项，检查其是否按照《企业会计准则》规定的会计信息质量要求和会计计量属性进行确认和计量，相关账务处理是否合理。

经查实后的账面资产、负债有变动的，应当按照资产、负债的定义和确认条件进行确认和计量，并按照《企业会计准则》的规定进行相应的会计处理。

（5）认真梳理本年度财务会计报表编报口径变更以及会计差错、会计政策变更等情况和原因，合理确定需要调整年初数或者本期的相关项目。

（6）清理公司内部、本单位内部形成的内部交易及关联交易，为合并报表、内部交易与往来抵销及关联交易信息披露奠定基础。

8. 财务会计报告编制的一般要求。

（1）编制财务会计报告应按照国资委、财政部的要求，做到"统一编报口径、统一编报格式、统一编报要求"。

①要符合财政部、国资委规定的年度财务报表、月份财务快报格式、指标口径要求。

②使用财政部、国资委统一编制的财务会计报表软件填报。

③按照财政部、国资委的要求，报送纸质文件和电子文档的财务会计报表、报表附注、财务情况说明书、审计报告及国有资本保值增值说明等资料。

（2）各单位应根据登记完整、核对无误的会计账簿记录和其他有关资料编制会计报表，做到内容完整、数字真实、计算准确，不得漏报或任意取舍。

（3）会计报表的填列，以人民币"元"为金额单位，"元"以下填至"分"。

会计报表及会计报表附注，除有特别规定者外，一般应当列示两期比较数据（其中反映某一时点财务状况的时点报表应列示期初和期末的比较数据，反映某一时期经营成果或财务状况变化情况的报表应列示本期和上年同期的比较数据）。

（4）会计报表各项指标数据应填列齐全，不得遗漏。报表之间、会计报表各项目之间，凡有对应关系的数字，应相互一致；会计报表中本期与上期有关数字应相互衔接，保证勾稽关系正确。

（5）会计报表附注和财务情况说明书应按本制度的规定，对会计报表中需要说明的事项做出真实、完整、清楚的说明。

（6）内部单位发生合并、分立情形的，应按照《企业会计准则》的规定，编制相应的财务会计报告。

单位终止营业的，应当在终止营业时按照编制年度财务会计报告的要求，全面清查资产，核实债务，进行结账并编制财务会计报告；在清算期间，应当编制清算期间的财务会计报告。

（7）公司在编制个别会计报表时，如果需要对下属非独立核算单位的报表进行汇总，对内部单位之间发生的往来业务（包括内部往来、拨付所属资金与上级拨入资金、应收款项与应付款项、上下级之间结转的收入、成本、利润，以及上下级资金拨缴产生的现金流量等）进行抵销。抵销的方法和操作程序，可以参照合并财务报表的有关规定。

9. 财务会计报告的提供。

（1）公司对外提供的会计报表应当依次编定页数，加具封面，装订成册，加盖公章。封面应按年度财务会计报表填报要求填列齐全，并由单位相关的负责人签名并盖章。

（2）公司对外提供的财务会计报告的内容、会计报表种类和格式、会计报表附注的主要内容等，按《企业会计准则》和国家有关法律、法规的规定执行。

（3）公司在《企业会计准则》基础上增补的内部管理用会计报表或会计报表附注，原则上只供公司系统内部使用，不对外提供。

10. 年度财务会计报告由公司指定的会计师事务所进行审计。报表审计由公司统一安排，各单位应积极配合，并按审计交换意见书做相应的账务处理。审计报告由财务资产部随同年度财务会计报告送至总公司。

24.1.2　财务分析管理制度

1. 为加强对企业生产经营活动的管理、监督和控制，准确评价企业的经营业绩，及时反馈预算执行差异情况，促进企业财务状况进一步优化，特制定本制度。财务部指派专人负责企业财务分析工作。

2. 财务分析时间。

财务部应根据实际需要进行日常、定期、不定期、专项分析，每月应提供一份财务指标分析报告，每季应召开一次经济活动分析会。

3. 财务分析的基本要求。

（1）财务分析必须以准确、充分的财务数据、统计数据和其他资料为基础和依据。

（2）财务分析应从实际出发，正确总结经验和教训，找出薄弱环节和关键性问题并提出改进措施。

（3）根据财务分析的目的，针对实际情况，灵活选取各种有效的分析方法和分析指标。

4. 财务分析的具体工作内容。

（1）各项收入完成情况及主要原因分析。

（2）各项支出情况及主要原因分析。

（3）营业利润完成情况及其完成的主要因素及采取的措施。

（4）资金运用、债权债务清理情况及其增减变化主要原因分析。

（5）应付福利费收支情况分析。

（6）所有者权益变动情况分析。

（7）现金流量分析。

（8）工资总额收支及劳动生产率完成情况及主要原因分析。

（9）其他重大经济事项分析。

5. 具体操作程序与要求。

（1）对比找出差距。实际与计划比较、实际同上期比较、实际同历史水平比较等，具体操作要求为：相比较的指标性质相同、包括的范围一致、代表的时间相同。

（2）研究查明原因。找出差距后寻找产生差距的原因、影响因素。确定影响因素，应根据经济指标的客观联系，运用逻辑判断的方法来决定，如成本的高低，与工作量的增减、成本管理的好坏、市场情况及外部环境变化等有关。

（3）计算确定影响程度。对产生差距的影响因素从数量上确定其影响程度，既要分析绝对数，也要分析相对数。

（4）总结提出建议。采用书面的方式，对生产经营活动进行总结和评价，针对存在的问题提出建议，制定措施，提高管理水平。

6. 生产经营状况分析。

从产量、产值、质量及销售等方面对企业本期的生产经营活动进行简单评价，并与上年同期水平进行对比说明。

7. 成本费用分析。

（1）分析原材料消耗与上期对比增减变化情况，对变化原因做出分析说明。

（2）分析管理费用与销售费用的增减变化情况（与上期对比）并分析变化的原因，对业务费、销售佣金单列分析。

（3）以本期各产品产量大小为依据确定本企业主要产品，分析其销售毛利，并根据具体情况分析降低产品单位成本的可行途径。

8. 利润分析。

（1）分析主要业务利润占利润总额的比例。

（2）对各项投资收益、汇兑损益及其他营业收入做出说明。

（3）分析利润达成情况及其原因。

9. 存货分析。

（1）根据产品销售率分析本企业产销平衡情况。

（2）分析存货积压的形成原因及库存产品完好程度。

（3）本期处理库存积压产品的分析，包括处理的数量、金额及导致的损失。

10. 应收账款分析。

（1）分析金额较大的应收账款形成原因及处理情况，包括催收或上诉的进度情况。

（2）分析本期未取得货款的收入占总销售收入的比例，比例较大的应说明原因。

（3）分析应收账款中非应收货款部分的数量，包括预付货款、定金及借给外单位的款项等，对于借给外单位和用作其他用途而挂"应收账款"科目的款项应单独列出并做出说明。

（4）季度、年度分析应对应收账款进行账龄分析，予以分类说明。

11. 负债分析。

（1）根据负债比率、流动比率及速动比率分析企业的偿债能力及财务风险的大小。

（2）分析本期增加的借款去向。

（3）季度分析和年度分析应根据各项借款的利率与资金利润率的对比，分析各项借款的经济性，以作为调整借款渠道和计划的依据之一。

12. 其他事项分析。

（1）对发生重大变化的有关资产和负债项目做出分析说明（如长期投资等）。

（2）对数额较大的待摊费用、预提费用超过限度的现金余额做出分析。

（3）对其他影响企业效益和财务状况较大的项目和重大事件做出分析说明。

13. 财务分析结束后，分析人员应及时编制财务分析报告，按照规定时间报送相关领导。

14. 财务分析报告中提供的资料必须真实、准确、完整，如实反映情况；分析的结果要客观、科学，具有指导性。

24.1.3　财务分析报告撰写规定

1. 为使企业财务分析报告的内容与格式达到统一、标准，能够准确揭示经济活动及其效果，真正发挥财务分析的作用，特制定财务分析报告撰写规定。该规定适用于指导所有的财务分析报告撰写工作。

2. 财务分析的方法。

通常选用的财务分析方法包括对比分析法、因素分析法、结构分析法等。

3. 财务分析的阶段。

财务分析工作由以下四个阶段构成。

（1）财务分析信息搜集整理阶段。

（2）战略性会计分析阶段。

（3）财务分析实施阶段。

（4）财务分析综合评价阶段。

4. 财务分析的类型。

财务分析分为定期分析和不定期分析两种，具体规定如下。

（1）定期财务分析包括年度财务分析、月度财务分析等。

（2）不定期财务分析一般指专项财务分析。

5. 生产经营状况分析。

从产量、产值、质量及销售等方面对企业本期生产经营活动进行简单评价并与上年同期水平做对比说明。

6. 成本费用分析。

（1）分析原材料消耗与上期对比增减变化情况，对变化原因做出分析说明。

（2）分析管理费用与销售费用的增减变化情况（与上期对比）并分析变化的原因，对业务费、销售佣金进行分析。

（3）以本期各产品产量大小为依据确定本企业主要产品，分析其销售毛利，并根据具体情况分析降低单位成本的可行途径。

7. 利润分析。

（1）分析主要业务利润占利润总额的比例（主要业务利润按工业、贸易和其他行业分为产品销售利润、商品销售利润和营业利润）。

（2）对各项投资收益、汇兑损益及其他营业收入做出说明。

（3）分析利润达成情况及其原因。

8. 存货分析。

（1）根据产品销售率分析本企业产销平衡情况。

（2）分析存货积压的形成原因及库存产品完好程度。

（3）本期处理库存积压产品的分析，包括处理的数量、金额及导致的损失。

9. 应收账款分析。

（1）分析金额较大的应收账款形成原因及处理情况，包括催收或诉讼的进度情况。

（2）分析本期未取得货款的收入占总销售收入的比例，比例较大的应说明原因。

（3）分析应收账款中应收货款部分的数量，包括预付货款、定金及借给外单位的款项等，对于借给外单位和其他用途而挂"应收账款"科目的款项应单独列出并做出说明。

10. 负债分析。

（1）根据负债比率、流动比率及速动比率分析企业的偿债能力及财务风险的大小。

（2）分析本期增加的借款去向。

（3）季度分析和年度分析应根据各项借款的利率与资金利润率的对比，分析各项借款的经济性，以作为调整借款渠道和计划的依据之一。

11. 其他事项分析。

（1）对发生重大变化的有关资产和负债项目做出分析说明（如长期投资等）。

（2）对数额较大的待摊费用、预提费用超过限度的现金余额做出分析。

（3）对其他影响企业效益和财务状况较大的项目和重大事件做出分析说明。

12. 财务分析报告的标题。

财务分析报告的标题应尽量简洁，而且要突出中心思想。

13. 财务分析报告的结构。

一般情况下，财务分析报告的结构包括以下三部分。

（1）基本情况分析，主要包括财务分析报告的分析期以及企业在分析期内的经营状况等。

（2）各项指标的完成情况及分析。

（3）建议和要求，即应根据企业的具体情况，在财务分析报告中有针对性地提出一些建议。

14. 财务分析报告的起草。

财务分析报告由财务分析主管负责组织起草。财务分析人员先拟定报告的编写提纲，然后在提纲的基础上，依据所搜集整理的资料，选择恰当的分析方法，起草财务分析报告。

15. 财务分析报告的修改和审定。

财务分析报告经财务分析主管审定后，由财务部经理审核，并提出自己的修改意见，再经财务分析人员完善后，交主管领导审批。主管领导审定财务分析报告后，由财务分析人员填写编制单位、编制日期，加盖公章。

24.2　财务报告编制与披露管理制度

一、财务报告编制与披露管理制度说明

1. 为了规范公司财务报告编制与披露，防范不当编制与披露行为可能对财务报告产生的重大影响，保证会计信息的真实、完整，根据国家有关法律法规和《企业内部控制基本规范》《企业内部控制应用指引》等，公司应当制定财务报告编制与披露管理制度。

2. 财务报告，是指公司对外提供的反映公司某一特定日期财务状况和某一会计期间经营成果、现金流量等会计信息的文件。财务报告包括财务报表及其附注和其他应当在财务报告中披露的相关信息和资料。财务报表包括资产负债表、利润表、现金流量表、股东权益变动表等报表。附注是对在资产负债表、利润表、现金流量表和股东权益变动表等报表中列示项目的文字描述或明细资料，以及对未能在这些报表中列示项目的说明等。附注应当披露财务报表的编制基础，相关信息应当与资产负债表、利润表、现金流量表和股东权益变动表等报表中列示的项目相互参照。

3. 财务报告编制与披露制度重点关注涉及财务报告编制与披露的下列风险。

（1）财务报告编制与披露违反国家法律法规，可能遭受外部处罚、经济损失和信誉损失。

（2）财务报告编制与披露未经适当审核或超越授权审批，可能因重大差错、舞弊、欺诈而导致损失。

（3）财务报告编制前期准备工作不充分，可能导致结账前未能及时发现会计差错。

（4）纳入合并报表范围不准确、调整事项或合并调整事项不完整，可能导致财务报告信息不真实、不完整。

（5）财务报告披露程序不当，可能因虚假记载、误导性陈述、重大遗漏和未按规定及时披露导致损失。

4. 财务报告编制与披露内部控制的基本要求。

（1）职责分工、权限范围和审批程序应当明确规范，机构设置和人员配备应当科学合理。

（2）有关对账、调账、差错更正、结账等流程应当明确规范。

（3）起草财务报告、校验、编制财务情况说明书、审核批准等流程应当科学严密。

（4）财务报告的报送与披露流程应当符合有关规定。

二、岗位分工与职责安排

1. 公司应当建立财务报告编制与披露的岗位责任制，明确相关部门和岗位在财务报告编制与披露过程中的职责和权限，确保财务报告的编制与披露和审核相互分离、制约和监督。

2. 公司全体董事、监事和高级管理人员对财务报告的真实性和完整性承担责任。

3. 公司财会部门是财务报告编制的归口管理部门，其职责包括：收集并汇总有关会计信息；制定年度财务报告编制方案；编制年度、半年度、季度、月度财务报告等。

4. 公司内部参与财务报告编制的各单位、各部门应当及时向财会部门提供编制财务报告所需的信息，并对所提供信息的真实性和完整性负责。

5. 公司应当建立投诉举报机制，在确保维护举报人员权益的同时，及时向董事会及其审计委员会报告财务舞弊或造假行为。

6. 公司有关人员对授意、指使、强令编制虚假或者隐瞒重要事实的财务报告的情形，有权拒绝并及时向有关部门和人员报告。

三、财务报告编制准备及其控制

1. 公司财会部门应当制订年度财务报告编制方案，明确年度财务报告编制方法、年度财务报告会计调整政策、披露政策及报告的时间要求等。年度财务报告编制方案应当经公司财务部负责人核准后签发至各参与编制部门。半年度、季度、月度财务报告，可以参照年度财务报告编制方案。

2. 公司应当制定对财务报表可能产生重大影响的交易或事项的判断标准。对财务报表可能产生重大影响的交易或事项，应当将其会计处理方法及时提交董事会及其审计委员会审议。公司不得随意变更会计政策，调整会计估计事项。公司应当将涉及变更会计政策、调整会计估计的事项，及时提交董事会及其审计委员会审议。公司在编制年度财务报告前，应当全面进行资产清查、减值测试和核实债务，并将清查、核实结果及其处理方法向董事会及其审计委员会报告。

3. 公司应当避免出现漏记或多记、提前确认或推迟确认报告期内发生的交易或事项的情形，对交易或事项所属的会计期间实施有效控制。

4. 公司必须在会计期末进行结账，不得为赶编财务报表而提前结账，更不得预先编制财务报表后结账。

5. 公司应当及时对账，将会计账簿记录与实物资产、会计凭证、往来单位或者个人等进行相互核对，保证账证相符、账账相符、账实相符。公司应当建立规范的账务调节制度和各项财产物资和结算款项的清查制度，明确相关责任人及相应的处理程序，避免发生账证不符、账账不符、账实不符的情形。公司应当根据实际情况制定重大调账事项的标准，明确相应的报批程序。

四、财务报告编制及其控制

1. 公司应当按照国家统一的会计准则制度规定的财务报表格式和内容，根据登记完整、核对无误的会计账簿记录和其他有关资料编制财务报表，不得漏报或者任意进行取舍。

2. 公司可以通过人工分析或利用计算机信息系统自动检查财务报表之间、财务报表各项目之间的勾稽关系是否正确，重点对下列项目进行校验。

（1）财务报表内有关项目的对应关系。

（2）财务报表中本期与上期有关数字的衔接关系。

（3）财务报表与附表之间的平衡及勾稽关系。

3. 公司应当真实、完整地在财务报表附注和财务情况说明书中说明需要说明的事项。

4. 公司发生合并、分立情形的，应当按照国家统一的会计准则制度的规定，做出恰当会计判断，选择合理的会计处理方法，编制相应的财务报告。财会部门应将会计处理方法及其对财务报告的影响及时提交董事会及其审计委员会审议。

5. 公司在终止营业和清算期间，应当全面清查资产和核实债务，按照国家统一的会计准则制度的规定，编制财务报告。

6. 公司编制合并财务报表时，应当按照国家统一的会计准则制度的规定，明确合并财务报表的编制范围，不得随意调整合并财务报表的编制范围。财会部门应将确定合并财务报表编制范围的方法以及发生变更的情况及时提交董事会及其审计委员会审议。

五、财务报告的报送与披露及其控制

1. 公司应当明确财务报告报送与披露的程序，确保在规定的时间，按照规定的方式，向内部相关负责人及其外部使用者及时报送财务报告，并根据国家法律法规及部门规章的规定，及

时披露相关信息，确保所有财务报告使用者同时、同质、公平地获取财务报告信息。

2. 公司应当根据国家法律法规和有关监管规定，聘请会计师事务所对公司年度财务报告进行审计，并对选聘会计师事务所做出明确的规定，严格执行相应的标准和程序，报董事会及其审计委员会审议，报股东大会批准。

3. 公司财务部负责人和总经理应与负责审计的注册会计师就其所出具的初步审计意见进行沟通。沟通的情况及意见应经公司财务部负责人和总经理签字确认后，及时提交审计委员会审议。

4. 审计委员会应当审议会计师事务所正式出具的审计报告，评价本年度会计师事务所的审计工作情况，提出下一年度会计师事务所的选聘意见，审议、评价及选聘意见应及时报送董事会审批。公司应根据国家法律法规和有关监管规定履行相关信息披露义务，确保信息披露的真实和完整。

5. 公司应当按照国家法律法规和有关监管规定，将经过审计的财务报告装订成册，加盖公章，并由公司法定代表人、主管会计工作的公司负责人、会计机构负责人签名。

6. 财务报告编制人员作为公司内幕信息知情人，负有保密义务，不得以任何形式向外界泄漏会计报告的内容。

六、财务报告分析评价

1. 财务分析与评价，是指在公司财务报告期末，由公司财务人员根据财务报告及其他相关资料，采用专门方法对公司报告期内财务状况进行分析的过程。

2. 财务分析评价的岗位分工与职责安排。

（1）各分／子公司财务部门是财务分析评价的责任部门，由具体主管财务报告编制的会计人员进行评价分析，由财务部门负责人进行审核、修改后，方可上报公司财务部。

（2）各分／子公司财务部门负责人对财务分析评价报告的真实性与可靠性负责。

（3）公司对财务分析与评价工作的基本要求：方法科学、操作简便；分析深入、评价客观；重点突出、内容全面；确保对财务报告分析、评价的信息真实、及时、规范。

3. 财务分析与评价工作的时间和内容规范。

（1）公司的财务分析评价工作，规定在当季财务报表出来之后的次季 15 天前对上期的资产经营状况进行分析评价，特定情况下根据公司需要也可不定期进行。

（2）财务分析评价报告的主要内容。

①采用比较分析法和因素分析法对当期各项财务预算计划指标的完成情况进行分析评价。

②采用比率分析法对公司的盈利能力、偿债能力、营运能力进行趋势分析。

4. 财务评价指标体系。

（1）公司选择以"比率分析法"作为建立基础财务指标评价体系的主要方法（其他方法为辅），并按各项财务指标的性质和用途分别归属为"短期偿债能力比率指标""长期偿债能力比率指标""盈利能力比率指标""营运能力比率指标"四大类别。

（2）短期偿债能力比率指标主要包括流动比率、速动比率。一般情况下，短期偿债能力比率越高，反映公司短期偿债能力越强，债权人权益越有保障，债权人遭受损失的风险越小。

①流动比率 = 流动资产 ÷ 流动负债。

②速动比率 = 速动资产 ÷ 流动负债，速动资产通常指流动资产中剔除存货后的净额。

（3）长期偿债能力比率指标主要包括资产负债率、产权比率和已获利息倍数。

①资产负债率 = 负债总额 ÷ 资产总额 × 100%，通常公司使用期初、期末的负债总额与资

产总额的平均数计算资产负债率。

②产权比率 = 负债总额 ÷ 所有者权益总额（也称作"资本负债率"）。

③已获利息倍数 = 息税前利润 ÷ 利息费用（也称作"利息偿付保障倍数"）。

（4）盈利能力比率指标主要包括销售毛利率、总资产利润率、所有者权益报酬率等。

①销售毛利率 = 销售毛利 ÷ 销售收入净额，销售毛利是销售收入净额与销售成本的差额。

②总资产利润率 = 息税前利润额 ÷ 总资产平均余额，其中：总资产平均余额 =（期初资产总额 + 期末资产总额）÷2。

③所有者权益报酬率 = 税后净利 ÷ 所有者权益平均余额，其中：所有者权益平均余额 =（期初所有者权益余额 + 期末所有者权益余额）÷2。

（5）营运能力比率指标主要包括应收账款周转率、存货周转率及总资产周转率。

①应收账款周转率 = 当期销售收入净额 ÷ 当期应收账款净额平均余额；应收账款周转天数 = 360 天 ÷ 应收账款周转率。其中：当期应收账款净额平均余额 =（年初应收账款净额 + 年末应收账款净额）÷2。

②存货周转率 = 销售成本 ÷[（期初存货 + 期末存货）÷2]；存货周转天数 =360 天 ÷ 存货周转率。

③总资产周转率 = 销售收入净额 ÷ 平均资产总额。

5. 财务分析评价工作的基本程序。

（1）制定财务分析计划大纲：主要确定分析的主要内容、范围、目的和要求。

（2）收集财务分析基础资料：主要收集与公司资产经营活动相关的预算资料、当期实际财务资料、历史核算资料以及同行业同类型企业的有关资料等。

（3）定量分析：先对可以计量的财务成果及其影响因素按照需要从数量上加以测算、衡量和比较，借以确定财务状况的好坏和财务成果的大小；同时还可从数量上测定影响财务状况和财务成果的各项经济技术指标差异的大小和差异原因。

（4）定性分析：对财务活动及其成果进行合法性、合理性和可行性论证，借以说明公司财务预测的准确性、决策方案的科学性、预算计划的合理性、财务状况的安全性等。

（5）撰写分析与评价报告：在定量分析与定性分析的基础上，进一步把以上定量分析与定性分析的结论结合起来，把个别分析结论综合起来，形成对公司整体财务经营活动的全面分析结论，并针对财务活动中存在的关键问题和薄弱环节，提出改进措施，挖掘内部潜力，改善财务状况，提高经营水平。

七、评估评价

1. 公司审计部负责对公司财务报告的真实性、准确性、完整性进行事后评估评价，并向有关领导和审计委员会书面汇报，并定期或不定期地进行检查、审计。

2. 公司证券部应及时传递证券监管部门和上市公司各项披露要求，以保证公司财务部按规定要求组织编报，降低披露不及时、不规范造成的潜在风险。

3. 建立公司财务报告编制与披露考核体系，加强对有关部门考核，提高财务报告质量，确保按上市公司报告要求规范披露。

八、附则

1. 财务报告编制与披露管理制度由公司董事会负责制定、修改、解释。

2. 财务报告编制与披露管理制度没有规定或与法律、行政法规、部门规章、规范性文件及公司章程的规定不一致的，以法律、行政法规、部门规章、规范性文件及公司章程的规定为准。

3. 财务报告编制与披露管理制度自公司董事会审议通过之日起执行。

24.3　财务报告内部控制制度

一、总则

1. 为规范公司财务报告的编制、提供工作，确保公司财务报告信息真实、准确、完整、及时，没有遗漏，没有虚假陈述，满足报告使用者的需要，根据国家有关法律、行政法规、部门规章、规范性文件的要求，公司需制定财务报告内部控制制度。

2. 财务报告，是指公司对外提供的反映公司某一特定日期财务状况和某一会计期间经营成果、现金流量的文件。

3. 公司应当按照有关法律、行政法规和国家统一的会计制度的规定，按时编制和提供财务报告。

4. 公司编制和对外提供的财务报告，不得含有虚假的信息或者隐瞒重要事实。

5. 公司董事会、监事会及董事、监事、高级管理人员应保证提供的财务报告不存在虚假记载、误导性陈述或重大遗漏，并就财务报告的真实性、准确性、完整性承担个别和连带的法律责任。

6. 编制、对外提供和分析利用财务报告，至少应当关注下列风险。

（1）编制财务报告违反会计法律法规和国家统一的会计准则制度，可能导致公司承担法律责任和声誉受损。

（2）提供虚假财务报告，误导财务报告使用者，造成决策失误，干扰市场秩序。

（3）不能有效利用财务报告，难以及时发现公司经营管理中存在的问题，可能导致公司财务和经营风险失控。

7. 严格执行会计法律法规和国家统一的会计准则制度，加强对财务报告编制、对外提供和分析利用全过程的管理，明确相关工作流程和要求，落实责任制，确保财务报告合法合规、真实完整和有效利用。财务总监负责组织领导财务报告的编制、对外提供和分析利用等相关工作。公司负责人对财务报告的真实性、完整性负责。

二、财务报告的编制

1. 编制财务报告，应当重点关注会计政策和会计估计，对财务报告产生重大影响的交易和事项的处理应当按照规定的权限和程序进行审批。在编制年度财务报告前，应当进行必要的资产清查、减值测试和债权债务核实。

2. 公司应当以实际发生的交易或者事项为依据进行会计确认、计量和报告，如实反映符合确认和计量要求的各项会计要素及其他相关信息，保证会计信息真实可靠、内容完整。

3. 按照国家统一的会计准则制度规定，根据登记完整、核对无误的会计账簿记录和其他有关资料编制财务报告，做到内容完整、数字真实、计算准确，不得漏报或者随意进行取舍。

4. 财务报告列示的资产、负债、所有者权益金额应当真实可靠。

各项资产计价方法不得随意变更，如有减值，应当合理计提减值准备，严禁虚增或虚减资产。各项负债应当反映公司的现时义务，不得提前、推迟或不确认负债，严禁虚增或虚减负债。所有者权益应当反映公司资产扣除负债后由所有者享有的剩余权益，由实收资本、资本公积、留存收益等构成。公司应当做好所有者权益保值增值工作，严禁虚假出资、抽逃出资、资本不实。

5. 财务报告应当如实列示当期收入、费用和利润。各项收入的确认应当遵循规定的标准，不得虚列或者隐瞒收入，推迟或提前确认收入。各项费用、成本的确认应当符合规定，不得随意改变费用、成本的确认标准或计量方法，虚列、多列、不列或者少列费用、成本。利润由收入减去费用后的净额、直接计入当期利润的利得和损失等构成。不得随意调整利润的计算、分配方法，编造虚假利润。

6. 财务报告列示的各种现金流量由经营活动、投资活动和筹资活动的现金流量构成，应当按照规定划清各类交易和事项的现金流量的界限。

7. 附注是财务报告的重要组成部分，对反映公司财务状况、经营成果、现金流量的报表中需要说明的事项，做出真实、完整、清晰的说明。公司应当按照国家统一的会计准则制度编制附注。

8. 公司应编制合并财务报表并明确其合并范围和合并方法，如实反映公司合并范围的财务状况、经营成果和现金流量。

9. 编制财务报告，应当充分利用信息技术，提高工作效率和工作质量，减少或避免编制差错和人为调整因素。

10. 任何单位和个人不得伪造，变造会计资料，不得提供虚假的财务报告。

三、财务报告的对外提供

1. 公司应当依照法律、行政法规和国家统一的会计制度有关财务报告提供期限的规定，及时对外提供财务报告。

2. 对外提供的财务报告反映的会计信息应当真实、完整。

3. 公司对外提供的财务报告应当及时整理归档，报告编制完成应当装订成册，加盖公章，由公司董事长、财务总监及财务经理签名并盖章。

4. 公司年度财务报告应由具有证券期货相关业务资格的会计师事务所审计，有关审计报告由上述会计师事务所盖章及由两名或两名以上注册会计师签名盖章。注册会计师及其所在的事务所出具的审计报告，应当随同财务报告一并提供。

5. 公司董事、高级管理人员应当对定期报告签书面确认意见，监事会应当提出书面审核意见，说明董事会的编制和审核程序是否符合法律、行政法规和中国证监会的规定，报告的内容是否能够真实、准确、完整地反映上市公司的实际情况。

6. 董事、监事、高级管理人员对定期报告内容的真实性、准确性、完整性无法保证或者存在异议的，应当陈述理由和发表意见，并予以披露。

7. 公司董事长、总经理、财务总监和财务经理应对公司财务报告的真实性、准确性、完整性、及时性、公平性承担主要责任。

8. 相关人员应按照上市公司内部信息和外部信息的管理政策，确保信息能够准确传递。

9. 相关人员在编制和传递财务报告的过程中负有保密义务。

四、财务报告的分析利用

1. 公司应当重视财务报告分析工作，定期召开财务分析会议。充分利用财务报告反映的综合信息，全面分析公司的经营管理状况和存在的问题，不断提高经营管理水平。公司财务分析会议应吸收财务管理中心、审计监察部、成本控制中心等部门负责人参加。财务总监应当在财务分析和利用工作中发挥主导作用。

2. 公司应当分析公司的资产分布、负债水平和所有者权益结构，通过资产负债率、流动比率、资产周转率等指标分析公司的偿债能力和营运能力；分析公司净资产的增减变化，了解和掌握公司规模和净资产的不断变化过程。

3. 公司应当分析各项收入、费用的构成及其增减变动情况，通过净资产收益率、每股收益等指标，分析公司的盈利能力和发展能力，了解和掌握当期利润增减变化的原因和未来发展趋势。

4. 公司应当分析经营活动、投资活动、筹资活动现金流量的运转情况，重点关注现金流量能否保证生产经营过程的正常运行，防止现金短缺或闲置。

5. 公司定期的财务分析应当形成分析报告，构成内部报告的组成部分。财务分析报告结果应当及时传递给公司内部有关管理层级，充分发挥财务报告在公司生产经营管理中的重要作用。

五、法律责任

1. 有下列行为之一的，按照相关法律法规的规定，责令限期改正，或并处罚款。

（1）随意改变会计要素的确认和计量标准的。

（2）随意改变财务会计报告的编制基础、编制依据、编制原则和方法的。

（3）提前或者延迟结账日结账的。

（4）在编制年度财务会计报告前，未按照本制度规定全面清查资产、核实债务的。

（5）拒绝国家有关监管部门对财务会计报告依法进行监督检查或者不如实提供有关情况的。

2. 编制、对外提供虚假的或者隐瞒重要事实的财务会计报告，构成犯罪的，依法追究刑事责任。

3. 授意、指使、强令会计机构、会计人员及其他人员编制、对外提供虚假的或者隐瞒重要事实的财务会计报告，或者隐匿、故意销毁依法应当保存的财务会计报告，构成犯罪的，依法追究刑事责任，尚不构成犯罪的，依照相关规定予以罚款。

4. 如因公司各部门或下属各子公司提供材料不及时、不准确，导致定期报告延期披露或者多次修正，影响公司声誉的，公司将追究相关人员的责任。

六、附则

1. 财务报告内部控制制度未尽事宜按有关法律法规、规章、规范性文件执行。

2. 财务报告内部控制制度由公司董事会负责解释。

3. 财务报告内部控制制度自董事会审议通过后生效并实施。

第 25 章　财务分析管理流程

25.1　财务报告编制流程

25.1.1　财务报告编制的目标

财务报告编制的目标：通过规范财务报告编制业务流程，保证财务报告的编制符合国家、企业内部会计制度的规定；保证财务报告的编制规范、信息真实、内容完整、上报及时、反映公允、披露充分恰当，满足外部使用者和企业内部管理的需要。

25.1.2　财务报告编制的风险

财务报告编制的风险：对财务报告编制业务流程设计不合理或控制不力，导致财务报告编制不规范、内容不完整、信息不真实、上报不及时、披露不恰当、不能真实公允地反映企业的财务状况和经营成果情况，或不能满足各方对会计信息的合理需求，甚至违反国家有关规定，受到国家有关监管部门的处罚。

25.1.3　财务报告编制流程与控制点

一、提出财务报告编制方案

企业财会部门应在编制财务报告前制定财务报告编制方案，并由财会部门负责人审核。财务报告编制方案应明确财务报告编制方法（包括会计政策和会计估计、合并方法、范围与原则等）、财务报告编制程序、职责分工（包括牵头部门与相关配合部门的分工与责任等）、编报时间安排等相关内容。

（1）企业财会部门根据财政部、国资委、企业内部财务决算会议的要求，结合实际提出财务报告编制方案。

（2）财务报告编制方案经财会部门负责人审核后，报总会计师审定。

二、布置、落实编制方案

①企业总会计师组织召开财会、审计、销售、采购等相关部门和所属单位领导及财会部门负责人参加的企业年度财务决算工作布置会议，具体布置和落实年度决算工作。

a. 根据企业内部决算会议精神，明确决算编制工作的政策和要求，落实各有关部门的工作职责。

b. 结合企业实际讨论确定财务报表附注的具体内容和重点，明确财务报告编制要求。

c. 与中介机构共同讨论确定决算审计的时间安排和配合工作，明确财务报告的内部审核程序和上报时间。

②财会部门根据决算会议安排，调整和制订正式财务报告编制计划，明确各有关工作的责任目标、部门和人员。

（1）财务报告编制方案提出环节、布置与落实环节的主要风险。

会计政策未能有效更新，不符合有关法律法规；重要会计政策、会计估计变更未经审批，导致会计政策使用不当；会计政策未能有效贯彻、执行；各部门职责、分工不清，导致数据传递出现差错、遗漏、格式不一致等；各步骤时间安排不明确，导致整体编制进度延后，违反相关报送要求。

（2）主要管控措施。

第一，会计政策应符合国家有关会计法规和最新监管要求的规定。企业应按照国家最新会计准则制度规定，结合自身情况，制定企业统一的会计政策。企业应有专人关注与会计相关法律法规、规章制度的变化及监管机构的最新规定等，并及时对企业的内部会计规章制度和财务报告流程等做出相应更改。

第二，会计政策和会计估计的调整，无论是强制还是自愿，均需按照规定的权限和程序审批。

第三，企业的内部会计规章制度至少要经财会部门负责人审批后生效，财务报告流程、年报编制方案应当经企业分管财务会计工作的负责人核准后签发。

第四，企业应建立完备的信息沟通渠道，将内部会计规章制度和财务流程、会计科目表和相关文件及时有效地传达至相关人员，使其了解相关职责要求、掌握适当的会计知识及会计政策并加以执行。企业还应通过内部审计等方式，定期进行测试，保证会计政策有效执行，且在不同业务部门、不同期间内保持一致性。

第五，企业应明确各部门的职责分工，总会计师或分管会计工作的负责人负责组织领导；财会部门负责财务报告编制工作；各部门应当及时向财会部门提供编制财务报告所需的信息，并对所提供信息的真实性和完整性负责。

第六，企业应根据财务报告的报送要求，倒排工时，为各步骤设置关键时间点，并由财会部门负责督促和考核各部门的工作进度，及时进行提醒，对未能及时完成的进行相关处罚。

三、清查资产，核实债务，核对账目

企业应在编制财务报告前，组织财务和相关部门进行资产清查、减值测试和债权债务核实工作；应在日常定期核对信息的基础上完成对账、调账、差错更正等业务，然后实施关账操作。

①财会部门有关人员清查核实货币资金。

②财务、资产占用和管理部门盘点核实实物资产。

③财会、销售、采购等部门函证核实往来账项。

④财会及投资管理部门核实长、短期投资并正确计算权益。

⑤财会部门有关人员核实银行借款及应付利息。

⑥财会人员核对总账和明细账，保证账账相符。

⑦清查盘点、核实结果报有关部门和总会计师审核批准。

（1）该环节的主要风险。

资产、负债账实不符，虚增或虚减资产、负债；资产计价方法随意变更；提前、推迟甚至不确认资产、负债等。

账务处理存在错误，导致账证、账账不符；虚列或隐瞒收入，推迟或提前确认收入；随意改变费用、成本的确认标准或计量方法，虚列、多列、不列或者少列费用、成本；结账的时间、程序不符合相关规定；关账后又随意打开已关闭的会计账簿等。

（2）确保账实相符的主要管控措施。

第一，确定具体可行的资产清查、负债核实计划，安排合理的时间和工作进度，配备足够的人员、确定实物资产盘点的具体方法和过程，同时做好业务准备工作。

第二，做好各项资产、负债的清查、核实工作，包括：与银行核对对账单、盘点库存现金、核对票据；核查结算款项，包括应收款项、应付款项、应交税金等是否存在，与债务、债权单位的相应债务、债权金额是否一致；核查原材料、在产品、自制半成品、库存商品等各项存货的实存数量与账面数量是否一致，是否有报废损失和积压物资等；核查账面投资是否存在，投资收益是否按照国家统一的会计准则制度规定进行确认和计量；核查房屋及建筑物、机器设备、运输工具等各项固定资产的实存数量与账面数量是否一致，清查土地、房屋的权属证明，确定资产归属；核查在建工程的实际发生额与账面记录是否一致等。

第三，对清查过程中发现的差异，应当分析原因，提出处理意见，取得合法证据和按照规定权限审批，将清查、核实的结果及其处理办法向企业的董事会或者相应机构报告，并根据国家统一的会计准则制度的规定进行相应的会计处理。

（3）确保账账相符的主要管控措施。

第一，核对各会计账簿记录与会计凭证的内容、金额等是否一致，记账方向是否相符。

第二，检查相关账务处理是否符合国家统一的会计准则制度和企业制定的核算方法。

第三，调整有关账项，合理确定本期应计的收入和应计的费用。例如，计提固定资产折旧、计提坏账准备等，各项待摊费用按规定摊配并分别记入本期有关科目，属于本期的应计收益应确认计入本期收入等。

第四，检查是否存在因会计差错、会计政策变更等原因需要调整前期或者本期相关项目。对于调整项目，需取得和保留审批文件，以保证调整有据可依。

第五，不得为了赶编财务报告而提前结账，或把本期发生的经济业务或事项延至下期登账，也不得先编财务报告后结账，应在当期所有交易或事项处理完毕并经财会部门负责人审核签字确认后，实施关账和结账操作。

第六，如果在关账之后需要重新打开已关闭的会计期间，须填写相应的申请表，经总会计师或分管会计工作的负责人审批后进行。

四、重大会计或调整事项上报核准或备案

在编制财务报告前，企业应当确认对当期有重大影响的主要事项，并确定重大事项的会计处理。

①财会部门应在决算期末一个月前，将拟在本年决算中处理的重大会计或调整事项，经财会部门负责人、总会计师审核签字后报上级财会部门核准、备案。按规定应报公司核准或备案的应在12月20日前上报。

②财会部门应在决算前将拟在决算中处理的按规定应报税务部门核准的清查盘亏损失等，

经财会部门负责人、总会计师审核签字后报税务部门核准备案。

（1）重大事项会计处理环节的主要风险。

重大事项，如债务重组、非货币性交易、公允价值的计量、收购兼并、资产减值等的会计处理不合理，会导致会计信息扭曲，无法如实反映企业实际情况。

（2）主要管控措施。

第一，企业应对重大事项予以关注，通常包括以前年度审计调整以及相关事项对当期的影响、会计准则制度的变化及对财务报告的影响、新增业务和其他新发生的事项及对财务报告的影响、年度内合并（汇总）报告范围的变化及对财务报告的影响等。企业应建立重大事项的处理流程，报相应管理层审批后，予以执行。

第二，及时沟通需要专业判断的重大会计事项并确定相应会计处理。企业应规定下属各部门、各单位人员及时将重大事项信息报告至同级财会部门。财会部门应定期研究、分析并与相关部门组织沟通重大事项的会计处理，逐级报请总会计师或分管会计工作的负责人审批后下达各相关单位执行。特别是资产减值损失、公允价值计量等涉及重大判断和估计时，财会部门应定期与资产管理部门进行沟通。

五、编制个别财务报表

企业应当按照国家统一的会计准则制度规定的财务报告格式和内容，根据登记完整、核对无误的会计账簿记录和其他有关资料编制财务报告，做到内容完整、数字真实、计算准确，不得漏报或者任意进行取舍。

①企业本部、内部独立核算单位、子公司财会人员根据《企业会计制度》和编制财务报告的有关规定，编制本部门、本单位的财务报表草表。

②财务报表草表经本级会计主管和财会部门负责人审核修改后，报总会计师和单位法定代表人（或主要负责人）审定签字形成正式财务报表上报。

③主（母）体企业财会部门收到所属企业、单位的财务报表后应认真审核。需要组织有关部门或人员集中会审的，可组织集中会审。

④主（母）体企业财会部门将经审核的内部独立核算单位的报表与本部报表汇总，同时按控（参）股子公司报表及本企业投资所占的股比计算应享有的投资权益，编制本级次个别财务报表草表。

⑤个别财务报表草表经会计主管（或科长）、财会部门负责人审核修改后，报总会计师审定形成正式财务报表。

（1）该环节的主要风险。

提供虚假财务报告，误导财务报告使用者，造成决策失误，干扰市场秩序；报表数据不完整、不准确；报表种类不完整；附注内容不完整等。

（2）主要管控措施。

第一，企业财务报告列示的资产、负债、所有者权益金额应当真实可靠。一是各项资产计价方法不得随意变更，如有减值，应当合理计提减值准备，严禁虚增或虚减资产。二是各项负债应当反映企业的现时义务，不得提前、推迟或不确认负债，严禁虚增或虚减负债。三是所有者权益应当反映企业资产扣除负债后由所有者享有的剩余权益，由实收资本、资本公积、留存收益等构成。企业应当做好所有者权益保值增值工作，严禁虚假出资、抽逃出资、资本不实。

第二，企业财务报告应当如实列示当期收入、费用和利润。一是各项收入的确认应当遵循规定的标准，不得虚列或者隐瞒收入，推迟或提前确认收入。二是各项费用、成本的确认应当符合规定，不得随意改变费用、成本的确认标准或计量方法，虚列、多列、不列或者少列费用、成本。三是利润由收入减去费用后的净额、直接计入当期利润的利得和损失等构成。不得随意调整利润的计算、分配方法，编造虚假利润。

第三，企业财务报告列示的各种现金流量由经营活动、投资活动和筹资活动的现金流量构成，应当按照规定划清各类交易和事项的现金流量的界限。

第四，按照岗位分工和规定的程序编制财务报告。一是财会部门制定本单位财务报告编制分工表，并由财会部门负责人审核，确保报告编制范围完整。二是财会部门报告编制岗位按照登记完整、核对无误的会计账簿记录和其他有关资料对相关信息进行汇总编制，确保财务报告项目与相关账户对应关系正确，计算公式无误。三是进行校验审核工作，包括期初数核对、财务报告内有关项目的对应关系审核、报表前后勾稽关系审核、期末数与试算平衡表和审计工作底稿核对、财务报告主表与附表之间的平衡及勾稽关系校验等。

第五，按照国家统一的会计准则制度编制附注。附注是财务报告的重要组成部分，企业对反映企业财务状况、经营成果、现金流量的报表中需要说明的事项，做出真实、完整、清晰的说明。检查担保、诉讼、未决事项、资产重组等重大或有事项是否在附注中得到反映和披露。

第六，财会部门负责人审核报表内容和种类的真实性、完整性，通过后予以上报。

六、编制合并财务报表

企业集团应当编制合并财务报表，分级收集合并范围内分公司及内部核算单位的财务报表并审核，进而合并全资及控股公司财务报表，如实反映企业集团的财务状况、经营成果和现金流量。

①企业报表编制人员核对本单位与合并报表单位的内部交易事项和金额，编制内部交易及内部往来表，发现差异应及时查明原因并进行调整。

②财会部门的会计主管（或科长）和部门负责人审核内部交易表及内部往来表，并签字确认。

③报表编制人员按合并规定编制合并抵销分录，报会计主管（或科长）复核和部门负责人审核确认。

④报表编制人员按核准的合并抵销分录编制合并工作底稿，并形成合并财务报表初稿。

⑤合并财务报表初稿经会计主管（或科长）、财会部门负责人审核确认后，报总会计师审定。

（1）该环节的主要风险。

合并范围不完整；合并内部交易和事项不完整；合并抵销分录不准确。

（2）主要管控措施。

第一，编报单位财会部门应依据经同级法律事务部门确认的产权（股权）结构图，并考虑所有相关情况以确定合并范围符合国家统一的会计准则制度的规定，由财会部门负责人审核、确认合并范围是否完整。

第二，财会部门收集、审核下级单位财务报告，并汇总出本级次的财务报告，经汇总单位财会部门负责人审核。

第三，财会部门制定内部交易和事项核对表及填制要求，报财会部门负责人审批后下发纳入合并范围各单位。财会部门核对本单位及纳入合并范围各单位之间内部交易的事项和金额，如有差异，应及时查明原因并进行调整。编制内部交易表及内部往来表交财会部门负责人审核。

第四，合并抵销分录应有相应的标准文件和证据进行支持，由财会部门负责人审核。

第五，对合并抵销分录实行交叉复核制度，具体编制人完成调整分录后即提交相应复核人进行审核，审核通过后才可录入试算平衡表。交叉复核有助于保证合并抵销分录的真实性、完整性。

七、编制财务报表附注

（1）报表编制人员根据企业的有关规定和对财务报表附注的要求，草拟财务报表附注初稿，送会计主管和财会部门负责人审核。

（2）总会计师组织有关部门和人员对财会部门草拟的财务报表附注进行讨论，提出修改意见。

（3）报表编制人员根据讨论所提修改意见，对财务报表附注进行修改，再报财会部门负责人审核后，送总会计师审定，最终形成完整的财务报告。

八、配合做好审计工作

（1）企业财会部门及有关部门，应当按照企业的规定和财务报表审计工作方案，配合审计中介机构做好财务决算审计工作，及时研究解决审计查出的问题。当存在不同意见时，应及时向企业财会部门反映，请求协调。

（2）企业应做好审计查出问题的整改工作，未经企业同意，不应出具有保留意见的审计报告，否则企业会审时不予通过。

九、审定财务报告

（1）财务报告完成后，财会部门应向企业主要负责人或企业办公会汇报，经审定后由财会部门负责人、总会计师、企业法人代表（或主要负责人）签字并加盖企业公章后上报。

（2）企业对外提供财务报告，应按规定程序报总会计师或企业主要负责人批准。

25.2　财务分析作业流程

25.2.1　财务分析作业程序及方法

一、财务分析基本程序

（一）确定分析内容

财务分析的内容包括分析资金结构、风险程度、盈利能力、经营成果等。报表的不同使用者，对财务分析内容的要求不完全相同。

公司的债权人关注公司的偿债能力，通过流动性分析，可以了解公司清偿短期债务的能力；投资人更加关注公司的发展趋势，更侧重公司盈利能力及资本结构的分析；而公司经营者对公司经营活动的各个方面都必须了解。此外，作为经营者还必须了解本行业其他竞争者的经营情况，以便今后更好地为本公司销售产品定价。

（二）搜集有关资料

一旦确定了分析内容，需尽快着手搜集有关经济资料，进行财务分析。分析者要掌握尽量多的资料，包括公司的财务报表，以及统计核算、业务核算等方面的资料。分析者还需广泛搜集财务信息，比如通过搜集上市公司的证券发行公告、定期公布的财务报告数据、临时公布的报告，或由会计师事务所发布的审计报告，为进一步进行财务分析提供数据和依据。

（三）运用特定方法进行分析比较

分析者在占有充分的财务资料之后，即可运用特定分析方法来比较分析，以反映公司经营中存在的问题，分析问题产生的原因。财务分析的最终目的是进行财务决策，因而，只有分析问题产生的原因并及时将信息反馈给有关部门，方能帮助有关部门进行决策。

财务分析主要针对以下内容进行。

（1）公司的获利能力分析。主要分析公司的主营业务利润是否持续增长。利润是公司生产经营的目标和出发点。

（2）公司的持续经营能力分析。分析公司能否持续经营，公司的持续经营能力关系到公司的发展方向。对于公司持续经营能力分析主要分析公司的战略目标、研究开发费用所占的比例和公司主要营业的业务情况、资产负债情况。

（3）公司管理人的管理能力分析。主要对利润表中的费用进行研究，看是否存在管理费用过高的情况。

（4）公司成长性分析。主要分析公司的潜在利润、产品的成长性、投入和产出是否是一致的。

二、财务分析的基本方法

财务分析基本方法有以下几种。

（1）趋势分析法。趋势分析是指在连续数年的财务报表中，以某一年度为基期，计算出其他各期各项目对基期同一项目的趋势百分比，从而描绘出财务报表各项目的时间变化趋势。通过恰当的趋势分析，我们不但能够了解各财务报表项目的变化趋势，而且通过对过去数据的研究和观察，还能将同一系列指标放到一起去分析，揭示公司存在的问题和预测公司的发展变化，对未来的发展趋势有所了解。

在运用趋势分析法时，应当注意将相关联项目的变化趋势结合起来考虑，比如某企业基期净利润为 100 万元，第二年的净利润为 120 万元，趋势百分比为 120%。光凭此趋势百分比我们并不能对企业经营效率下结论，如果基期企业销售收入为 1 000 万元，第二年的销售收入是1 500 万元，那么该企业的销售净利率实际上是降低了。

在计算各期间的趋势百分比时，首先要选择合适的基期，所选的基期要尽量具有代表性。表 25-1 列示了四川长虹资产负债表和利润表趋势分析。

（2）比率分析法。比率分析是指将同一报表或不同报表中两个项目之间的关系用百分比或倍数的关系表示出来，运用财务指标、比率分析评价公司的财务状况。比率分析法是目前财务分析中运用十分广泛的一项分析工具。比率分析能够将大量的财务报表项目及财务数据转化为若干比率，从而使财务数据的比较突破时间及规模的限制。各种财务比率本身并不重要，只有对其进行时间序列比较或在各竞争对手之间比较时，才能在对比中发现财务比率中包含的有关企业优劣势的重要信息。企业既可以通过单项比率分析来考察特定方面的财务现象，如通过计算流动比率来概括了解企业短期债务偿付能力；也可以通过比率体系分析以综合评价企业的财务状况，如典型的杜邦分析体系，以净资产收益率为中心指标，逐步分解展开，以综合评价企业的经营管理效率、投资管理效率和财务管理效率。

（3）共同比分析法。共同比分析是指在一张财务报表中列示出各具体项目占某综合项目的百分比以反映某一财务报表中各具体项目间的相对重要性，以及各具体项目与综合项目（共同尺度）之间的关系。对企业的财务状况进行前后比较，以及与同行业的企业进行横向比较，可以分析出企业存在的问题。共同比分析法能够消除不同企业规模所带来的影响，进而揭示出企业经营活动的相关特点。

关于共同尺度的选择，一般均以财务报表中某一类合计数为准。比如在共同比资产负债表中，通常以总资产作为共同尺度；在共同比利润表中，通常以主营业务收入作为共同尺度。

就共同比资产负债表而言，分析重点主要在于企业的资本结构以及企业的资源分配情况。就资本结构而言，主要应当分析企业的总资产中股东投入与债权人投入的比例，以及企业债务中长、短期负债的配合情况，进而判断企业的资本结构是否合理；就企业的资源分配情况而言，应当分析企业在各类资产项目中的投入比例如何，判断企业是否存在某类资产比重过大的异常现象，比如存货所占比重过大可能意味着企业存在滞销的情况。

就共同比利润表而言，其分析重点在于各项收入、费用项目的结构情况，以及各项成本费用是如何"侵蚀"销售收入的。

在使用共同比分析法时，比较不同竞争对手之间的共同比报表更能显示出目标分析企业在资金结构和资源分配方面的优势和劣势。表 25-2 和表 25-3 分别列示了四川长虹与其竞争对手的共同比资产负债表和共同比利润表对比。

（4）现金流量分析法。前面介绍的财务分析方法主要侧重于分析利润表或资产负债表。随着人们对现金流量的重视程度与日俱增，现金流量表披露信息也日益完善，现金流量信息已在使用者的决策中获得越来越多的应用。现金流量分析是指对现金流量表上的有关数据进行比较、分析和研究，从而了解企业的财务状况，发现企业在财务方面存在的问题，预测企业未来的财务状况，从而为科学决策提供依据。分析师可以通过考察现金流量以获取对企业经营、投资和筹资效率更深入的了解。

从现金流量的角度对企业进行财务分析具有以下重要作用。

①现金流量分析可以准确评价企业在筹资活动、投资活动和经营活动中的资金运营状况，从而能够从现金流动的角度评价企业的经营业绩。

②对经营活动现金流量、投资活动现金流量和筹资活动现金流量的分析，可以明晰企业现金存量增减变动的具体原因，从而可以为改善企业资金管理指明方向。

③现金流量分析对评估会计利润质量有重要作用，许多虚假的会计利润往往无法带来"真金白银"的现金流入。同时，将现金流量表提供的信息与资产负债表和利润表提供的信息结合起来，可以说明利润的形成与分配以及资金的来源与运用的关系，这对于分析研究企业总体经营与财务状况有重要的意义与作用。

25.2.2　财务分析作业流程与步骤

财务分析的作业流程与步骤可以归纳为：四个阶段、十个步骤。

一、财务分析信息搜集整理阶段

（一）明确财务分析角度

财务分析的内容包括分析资金结构、风险程度、盈利能力、经营成果等。报表的不同使用者，对财务分析内容的要求不完全相同。债权人关注企业清偿短期甚至长期债务的能力；投资人更侧重企业盈利能力及资本结构的分析；而经营者需要了解对企业经营活动的各个方面以及本行业其他竞争者的经营情况。

（二）制订财务分析计划

企业财会部门应在对企业基本情况进行分析研究的基础上，提出财务分析计划草案，并经财会部门负责人、总会计师或分管会计工作的负责人、企业负责人检查、修改、审批。

（三）搜集整理财务分析信息

财务分析人员要搜集掌握尽量多的资料，搜集上市公司的证券发行公告、定期公布的财务报告数据、临时公布的报告，或由会计师事务所发布的审计报告，为进一步进行财务分析提供数据和依据。

二、战略分析与会计分析阶段

（一）企业战略分析

企业战略分析通过对企业所在行业或企业拟进入行业的分析，明确企业自身地位及应采取的竞争战略。企业战略分析通常包括行业分析和企业竞争策略分析。行业分析的目的在于分析行业的盈利水平与盈利潜力。影响行业盈利能力的因素有许多，归纳起来主要可分为两类：一是行业的竞争程度，二是市场谈判或议价能力。

企业战略分析的关键在于企业如何根据行业分析的结果，正确选择企业的竞争策略，使企业保持持久竞争优势和强盈利能力。企业进行竞争的策略有许许多多，重要的竞争策略主要有两种，即低成本竞争策略和产品差异策略。

企业战略分析是会计分析和财务分析的基础和导向，通过企业战略分析，分析人员能深入了解企业的经济状况和经济环境，从而能进行客观、正确的会计分析与财务分析。

（二）财务报表会计分析

会计分析的目的在于评价企业会计所反映的财务状况与经营成果的真实程度。会计分析的作用：一方面通过对会计政策、会计方法、会计披露的评价，揭示会计信息的质量；另一方面通过对会计灵活性、会计估价的调整，修正会计数据，为财务分析奠定基础，并保证财务分析结论的可靠性。进行会计分析，一般可按以下步骤进行：第一，阅读财务报告；第二，比较财务报表；第三，解释财务报表；第四，修正财务报表信息。

会计分析是财务分析的基础，分析人员通过会计分析，对发现的会计原则、会计政策等原因引起的会计信息差异，以一定的方式加以说明或调整，消除会计信息的失真问题。

三、财务分析的实施阶段

财务分析的实施阶段是在战略分析与会计分析的基础上进行的。

（一）财务指标分析

财务指标包括绝对数指标和相对数指标两种。对财务指标进行分析，特别是进行财务比率指标分析，是财务分析的一种重要方法或形式。财务指标能准确反映某方面的财务状况。

进行财务指标分析，应根据分析的目的和要求选择正确的分析指标。债权人要进行企业偿债能力分析，必须选择反映偿债能力的指标或反映流动性情况的指标进行分析，如流动比率指标、速动比率指标、资产负债率指标等；而一个潜在投资者要对企业投资进行决策分析，则应选择反映企业盈利能力的指标进行分析，如总资产报酬率、资本收益率，以及股利报偿率和股利发放率等。正确选择与计算财务指标是正确判断和评价企业财务状况的关键所在。

（二）基本因素分析

财务分析不仅要解释现象，而且要分析原因。因素分析法就是要在报表整体分析和财务指标分析的基础上，对一些主要指标的完成情况，从其影响因素角度，深入进行定量分析，确定各因素对其影响方向和程度，为企业正确进行财务评价提供最基本的依据。

四、财务分析综合评价阶段

财务分析综合评价阶段是财务分析实施阶段的继续。

（一）财务综合分析与评价

财务综合分析与评价是在应用各种财务分析方法进行分析的基础上，将定性分析判断及实际调查情况结合起来，以得出财务分析结论的过程。得出财务分析结论是财务分析的关键步骤，结论的正确与否是判断财务分析质量的唯一标准。结论的得出，往往需要经过几次反复。

（二）财务预测与价值评估

财务分析既是一个财务管理循环的结束，又是另一财务管理循环的开始。应用历史或现实财务分析结果预测未来财务状况与企业价值，是现代财务分析的重要任务之一。

财务分析不能仅满足于事后分析原因，得出结论，而且要对企业未来发展及价值状况进行分析与评价。

（三）财务分析报告

财务分析报告是财务分析的最后步骤。它将财务分析的基本问题、财务分析结论，以及针对问题提出的措施建议以书面的形式表示出来，为财务分析主体及财务分析报告的其他受益者提供决策依据。财务分析报告作为对财务分析工作的总结，还可作为历史信息，以供后来的财务分析参考，保证财务分析的连续性。

财会部门应按照财务分析制度定期编写财务分析报告，并通过定期召开财务分析会议等形式对分析报告的内容予以完善，以充分利用财务报告反映的综合信息，全面分析企业的经营管理状况和存在的问题，不断提高经营管理水平。

该环节的主要风险：财务分析报告的目的不正确或者不明确，财务分析方法不正确；财务分析报告的内容不完整，未对本期生产经营活动中发生的重大事项做专门分析；财务分析局限于财会部门，未充分利用相关部门的资源，影响质量和可用性；财务分析报告未经审核等。

主要管控措施如下。

第一，编写时要明确分析的目的，运用正确的财务分析方法，并能充分、灵活地运用各项资料。分析内容如下。一是企业的资产分布、负债水平和所有者权益结构，通过资产负债率、流动比率、资产周转率等指标分析企业的偿债能力和营运能力；分析企业净资产的增减变化，了解和掌握企业规模和净资产的不断变化过程。二是分析各项收入、费用的构成及其增减变动情况，通过净资产收益率、每股收益等指标，分析企业的盈利能力和发展能力，了解和掌握当期利润增减变化的原因和未来发展趋势。三是分析经营活动、投资活动、筹资活动现金流量的运转情况，重点关注现金流量能否保证生产经营过程的正常运行，防止现金短缺或闲置。

第二，总会计师或分管会计工作的负责人应当在财务分析和利用工作中发挥主导作用，负责组织领导。财会部门负责人审核财务分析报告的准确性，判断是否需要对特殊事项进行补充说明，并对财务分析报告进行补充说明。对生产经营活动中的重要资料、重大事项以及与上年同期数据相比有较大差异的情况要做重点说明。

第三，企业财务分析会议应吸收有关部门负责人参加，对各部门提出的意见，财会部门应充分沟通、分析，进而修改完善财务分析报告。

第四，修订后的财务分析报告应及时报送企业负责人，企业负责人负责审批分析报告，并据此进行决策，对于存在的问题及时采取措施。

25.3　财务报告对外控制流程

25.3.1　财务报告对外提供前审核

财务报告对外提供前需按规定程序进行审核，主要包括财会部门负责人审核财务报告的准确性并签名盖章；总会计师或分管会计工作的负责人审核财务报告的真实性、完整性、合法合规性，并签名盖章；企业负责人审核财务报告整体合法合规性，并签名盖章。

该环节的主要风险：在财务报告对外提供前未按规定程序进行审核，对内容的真实性、完整性以及格式的合规性等审核不充分。

主要管控措施如下。

第一，企业应严格按照规定的财务报告编制中的审批程序，由各级负责人逐级把关，对财务报告内容的真实性、完整性，格式的合规性等予以审核。

第二，企业应保留审核记录，建立责任追究制度。

第三，财务报告在对外提供前应当装订成册，加盖公章，并由企业负责人、总会计师或分管会计工作的负责人、财会部门负责人签名并盖章。

25.3.2　财务报告对外提供前审计

《中华人民共和国公司法》等法律法规规定了企业应编制的年度财务报告需依法经会计师事务所审计，审计报告应随同财务报告一并对外提供。《关于会计师事务所从事证券、期货相关业务有关问题的通知》等还对为特定企业进行审计的会计师事务所的资格进行了规定。因此，相关企业需按规定在财务报告对外提供前，选择具有相应资质的会计师事务所进行签约。

该环节的主要风险：财务报告对外提供前未经审计，审计机构不符合相关法律法规的规定，审计机构与企业串通舞弊。

主要管控措施如下。

第一，企业应根据相关法律法规的规定，选择符合资质的会计师事务所对财务报告进行审计。

第二，企业不得干扰审计人员的正常工作，并应对审计意见予以落实。

第三，注册会计师及其所在的事务所出具的审计报告，应随财务报告一并提供。

25.3.3　财务报告对外提供

一般企业的财务报告经完整审核并签名盖章后即可对外提供；上市公司还需经董事会和监事会审批通过后方能对外提供，财务报告应与审计报告一同向投资者、债权人、政府监管部门等报送。

该环节的主要风险：对外提供财务报告未遵循相关法律法规的规定，导致承担相应的法律责任；对外提供的财务报告的编制基础、编制依据、编制原则和方法不一致，影响各方对企业情况的判断和经济决策的做出；未能及时对外报送财务报告，导致财务报告信息的使用价值降低，同时也违反有关法律法规；财务报告在对外提供前提前泄露或使不应知晓的对象获悉，导致发生内幕交易等，使投资者或企业本身蒙受损失。

主要管控措施如下。

第一，企业应根据相关法律法规的要求，在企业相关制度中明确负责财务报告对外提供的对象，在相关制度性文件中予以明确并由企业负责人监督。例如，国有企业应当依法定期向监事会提供财务报告，至少每年一次向本企业的职工代表大会公布财务报告；上市公司的财务报告需经董事会、监事会审核通过后向全社会提供。

第二，企业应严格按照规定的财务报告编制中的审批程序，由财会部门负责人、总会计师或分管会计工作的负责人、企业负责人逐级把关，对财务报告内容的真实性、完整性，格式的合规性等予以审核，确保提供给投资者、债权人、政府监管部门、社会公众等各方面的财务报告的编制基础、编制依据、编制原则和方法完全一致。

第三，企业应严格遵守相关法律法规和国家统一的会计准则制度对报送时间的要求，在财务报告的编制、审核、报送流程中的每一步骤设置时间点，对未能按时及时完成的相关人员进行处罚。

第四，企业应设置严格的保密程序，对能够接触财务报告信息的人员进行权限设置，保证财务报告信息在对外提供前控制在适当的范围；并对财务报告信息的访问情况予以记录，以便了解情况，及时发现可能的泄密行为，在泄密后也易于找到相应的责任人。

第五，企业对外提供的财务报告应当及时整理归档，并按有关规定妥善保存。

第 26 章　财务分析管理表格

26.1　财务分析要点

财务分析指运用一定的量化分析方法、分析工具及数据资源对企业在产品市场和资本市场的业绩与风险做出合乎逻辑的判断，旨在发现目前存在的财务问题，揭示其产生根源、影响因素以及预测变化趋势，寻求解决方案。企业管理层、外部投资者及债权人进行财务分析通常是利用企业年度报告中披露的财务报表相关注释信息以及其他开放性网络资源，对盈利能力、资产营运效率、偿债能力、现金流状况及所有者权益变动情况进行分析。

企业管理层面对各个类别为数众多的财务比率，如何简约地把握企业基本财务状况呢？

第一，关注企业经营业务的成长性，重点考察营业收入的增长率。

第二，关注企业的资产营运效率，重点考察总资产周转率。

第三，关注企业的资本投资回报，重点考察净资产收益率。

第四，关注企业财务流动性状态，重点考察资产负债率。

将同一报表中的各组成项目之间的关系用百分比的形式表现出来的趋势分析法，叫作纵向分析法。纵向分析是通过编制比较报表进行的，与横向分析不同的是，参加比较的各项目是同一报表中的项目，因而这一种比较报表是自上而下进行的"纵向比较"；同时，在编制纵向的比较报表时，一般选定报表中的某一项目作为基数，其他各项的变化都以该项目与基数相比的百分比表示，所以，这种报表又称"共同比财务报表"。

如在纵向的比较资产负债表中，资产类各项目都以该项占资产总额的百分比表示，而每一负债项目和股东权益项目都分别以其在权益总额中所占的百分比表示。

依据财务分析的逻辑关系与基本步骤，图 26-1 概括性地描述了企业财务分析的基本框架，其基本过程是：在搜集企业年报、企业公告等开放性资源的基础上，通过报表解读与其他相关信息的提炼，运用各种必要的财务分析工具，以问题为导向，依据财务分析的逻辑关系，发现企业存在的财务问题及其影响因素，并对企业财务状况做出判断。很显然，不同信息使用者所关注的财务分析侧重点有所区别，企业财务分析的不同主体决定了财务分析的视角、路径及判断的差异性。

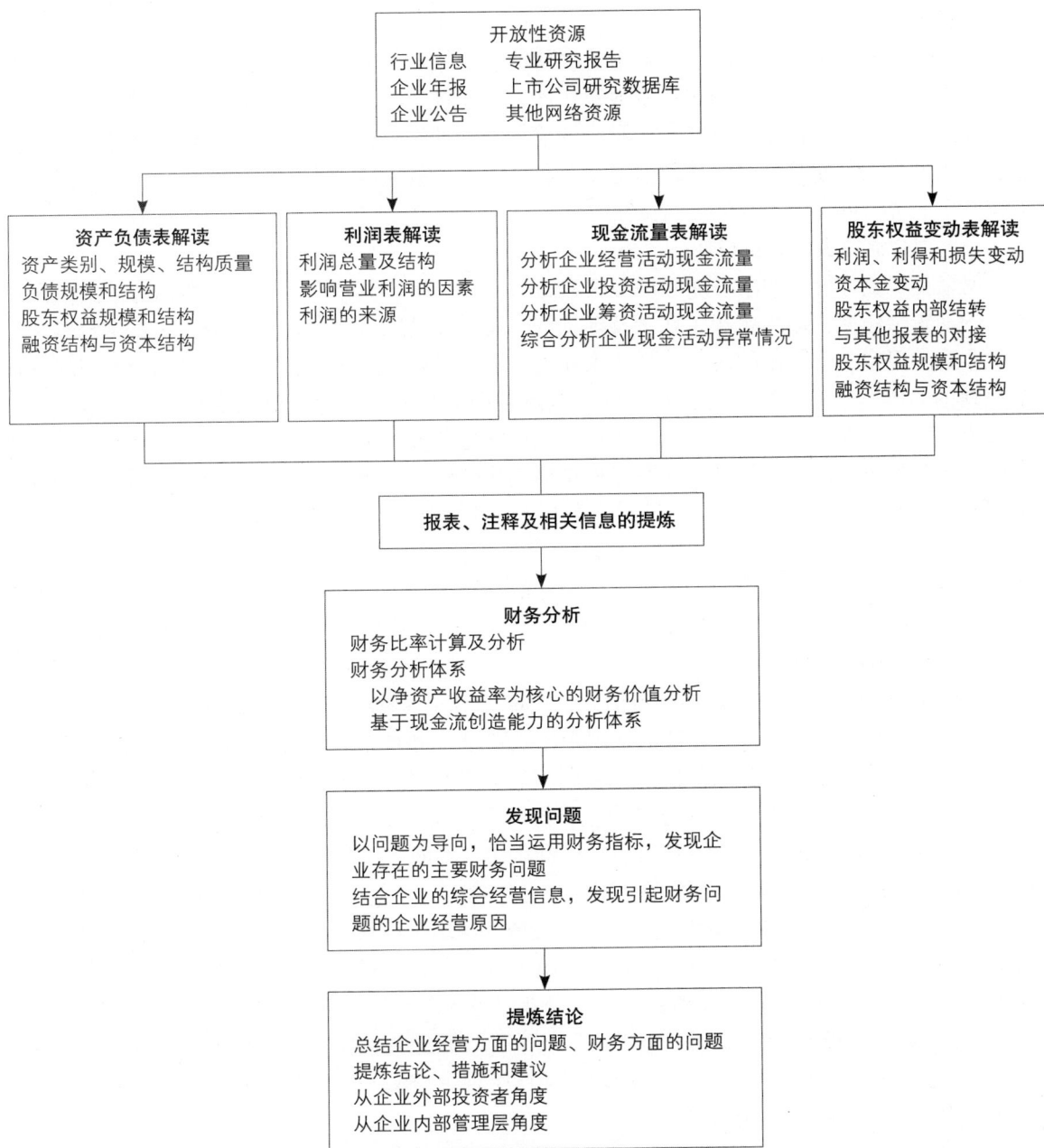

图 26-1　财务分析内容框架

26.2　现金流量表纵向趋势分析表

比较会计报表是趋势分析中常用的一种分析手段，对于现金流量表的比较分析，可以选取最近两期或数期的数据进行比较，分析企业现金流量的变动趋势。具体分析时，可以采用纵向比较分析方法进行。纵向比较分析是将各期会计报表换算成结构百分比形式，再逐项比较分析各项目所占整体比重的变化发展趋势。对现金流量表进行分析，应分别对各项现金流入量和现金流出量进行结构分析。

进行现金流量表分析，可以了解企业的偿债能力、支付能力和盈利能力，便于投资者及潜在投资者决定自己的投资方向和投资数额；便于企业管理者及其他报表使用者了解企业的财务状况和经营状况，分析影响财务状况和经营成果的各种因素，以便从各方面揭露矛盾、找出差距、寻求措施，不断挖掘企业改善财务状况和扩大财务成果的内部潜力，促进企业生产经营活动按照企业价值最大化的目标实现良性运行。

一、现金流量表的分析说明

现金及现金等价物的净增加额出现负数是很正常的事，其金额等于资产负债表的货币资产项目的期末余额减去期初余额。现金及现金等价物的净增加额为负，说明企业在正常经营活动中，收到的现金少于付出的现金，说明企业主要经营活动未带来现金流入，可能会出现经营资金短缺的问题。一般情况下经营活动的现金流量净额是正数，筹资活动的现金流量净额是正数，投资活动的现金流量净额可能是正数，也可能是负数。现金流量中，"现金及现金等价物净增加额"为负数，有可能是企业在建设初期，或者处于扩大发展期间，有大量的投资；"投资活动产生的现金流量净额"，只有在收回投资的期间，比如处置固定资产等，才会出现正数。

现金及现金等价物净增加额 = 经营活动产生的现金流量净额 + 投资活动产生的现金流量净额 + 筹资活动产生的现金流量净额 + 汇率变动对现金及现金等价物的影响

二、如何分析现金流量表

（1）经营活动现金流入量小于流出量，投资活动现金流入量大于流出量，筹资活动现金流入量大于流出量时，说明企业经营活动现金流入不足，主要靠借贷维持经营。如果投资活动现金流入量净额是依靠收回投资或处置长期资产所得，财务状况较为严峻。

（2）经营活动现金流入量小于流出量，投资活动现金流入量小于流出量，筹资活动现金流入量大于流出量时，说明企业经营活动和投资活动均不能产生足够的现金流入，各项活动完全依赖借债维系，一旦举债困难，财务状况将十分危险。

（3）经营活动现金流入量小于流出量，投资活动现金流入量大于流出量，筹资活动现金流入量小于流出量时，说明企业经营活动产生现金流入不足，筹集资金发生了困难，可能主要依靠收回投资或处置长期资产所得维持运营，企业财务状况已陷入了困境。

（4）经营活动现金流入量小于流出量，投资活动现金流入量小于流出量，筹资活动现金流入量小于流出量时，说明企业三项活动均不能产生现金净流入，企业财务状况处于瘫痪状态，企业面临着破产或被兼并的危险。

（5）经营活动现金流入量大于流出量，投资活动现金流入量大于流出量，筹资活动现金流入量大于流出量时，说明企业财务状况良好。但要注意对投资项目的可行性研究，否则增加投资会造成浪费。

（6）经营活动现金流入量大于流出量，投资活动现金流入量小于流出量，筹资活动现金流入量大于流出量时，说明企业经营活动和借债都能产生现金净流入，财务状况较稳定，扩大投资出现投资活动负向净流入也属正常，但注意适度的投资规模。

（7）经营活动现金流入量大于流出量，投资活动现金流入量大于流出量，筹资活动现金流入量小于流出量时，说明企业经营活动和投资活动均产生现金净流入，但筹资活动为现金净流出，说明有大量债务到期需现金偿还。如果净流入量大于净流出量，说明财务状况较稳定，否则财务状况不佳。

（8）经营活动现金流入量大于流出量，投资活动现金流入量小于流出量，筹资活动现金流入量小于流出量时，说明企业主要依靠经营活动的现金流入运营，一旦经营状况陷入危机，财务状况将会恶化。

三、现金流量表的趋势分析

财务趋势分析包括比较财务报表、比较百分比报表、比较财务比率等。现金流量的趋势分析可帮助报表使用者了解企业财务状况变动的原因，并在此基础上预测未来的财务状况，从而为决策提供依据。

其一，指标趋势分析。现金流量动态分析的关键在于通过指标的纵向多期比较，揭示指标在不同期间的变化趋势。可用作动态比较的指标很多，除前述的各项现金流量比率外，现金流量表的任何一个项目均可通过动态比较来从特定方面说明企业现金流量的变化情况。

其二，综合性趋势分析。考察企业经营活动现金流量、投资活动现金流量和筹资活动现金流量三个基本构成部分的动态变化，可对企业现金流量的未来变化趋势做出综合性的推断。

现金流量表纵向趋势分析表见表 26-1。

表 26-1　　　　　　　　　　　现金流量表纵向趋势分析表

会计报表项目	上年金额 ①	本年金额 ②	本年比上年增长	
			金额 ③＝②－①	百分比 ④＝③÷①×100%
1.经营活动产生的现金流量				
销售商品、提供劳务收到的现金				
收到的税费返还				
收到其他与经营活动有关的现金				
经营活动现金流入小计				
购买商品、接受劳务支出的现金				
支付给职工以及为职工支付的现金				
支付的各项税费				
支付其他与经营活动有关的现金				
经营活动现金流出小计				
经营活动产生的现金流量净额				
2.投资活动产生的现金流量				
收回投资收到的现金				
取得投资收益收到的现金				
处置固定资产、无形资产和其他长期资产收回的现金净额				
收到其他与投资活动有关的现金				

续表

会计报表项目	上年金额 ①	本年金额 ②	本年比上年增长	
			金额 ③ = ② － ①	百分比 ④ = ③ ÷ ① × 100%
投资活动现金流入小计				
购建固定资产、无形资产和其他长期资产支付的现金				
投资支付的现金				
支付其他与投资活动有关的现金				
投资活动现金流出小计				
投资活动产生的现金流量净额				
3. 筹资活动产生的现金流量				
吸收投资收到的现金				
取得借款收到的现金				
收到其他与筹资活动有关的现金				
筹资活动现金流入小计				
偿还债务支付的现金				
分配股利、利润或偿付利息支付的现金				
支付其他与筹资活动有关的现金				
筹资活动现金流出小计				
筹资活动产生的现金流量净额				
4. 汇率变动对现金及现金等价物的影响				
5. 现金及现金等价物净增加额				

公司现金流量构成动态比较分析表如表 26-2 所示。

表 26-2　　　　　　　　　　公司现金流量构成动态比较分析表

流入		经营活动			投资活动			筹资活动			未来趋势
		流出	净流量	流入	流出	净流量	流入	流出	净流量	流入	
状态 I	上升	√	√	√		√		√			√	趋势看好
	稳定或变化不明显				√				√			
	下降						√					
状态 II	上升	√	√	√	√	√			√	√		趋势看好
	稳定或变化不明显					√						
	下降										√	

续表

流入		经营活动			投资活动			筹资活动			未来趋势
		流出	净流量	流入	流出	净流量	流入	流出	净流量	流入	
状态Ⅲ	上升				√		√		√		趋势稳定
	稳定或变化不明显	√	√	√							
	下降					√		√		√	
状态Ⅳ	上升				√	√					趋势不乐观
	稳定或变化不明显								√		
	下降	√	√	√				√		√	

表 26-2 中状态Ⅰ表明公司处于成长期。在该时期，公司经营规模将不断扩大，使得经营活动的现金流入、流出和净流量均呈上升趋势；在投资方面，经营性资产投资增加，但投资活动的现金流入一般保持稳定或略有下降；在筹资方面，由了投资需求的增加，必然要求公司大量地对外融资，使得筹资活动现金流入呈上升趋势。若公司处于这种状态，则其现金流量的未来趋势一般看好。

状态Ⅱ同样表明公司处于成长期，与状态Ⅰ不同的是，处于这种状态下的公司一般经营了较长一段时间，且可能接近经营稳定期。在这个时期，公司的经营活动现金流量以及投资活动现金流出和筹资活动现金流入分别呈上升和下降的趋势；但由于状态Ⅰ的投资项目陆续投入使用以及债务陆续到期，投资活动的现金流入及筹资活动的现金流出也呈稳定和上升趋势。若公司处于这种状态，则其现金流量的未来趋势也将继续看好。

状态Ⅲ表明公司处于经营稳定期。在这个时期，公司的经营活动现金流量呈稳定趋势；在投资方面，经营性资产的购建基本完成，使得投资活动的现金流出增加，而现金流入及现金净流量则呈和趋势；在筹资方面，由于投资需求相对减少，即使有投资需求，也基本上可通过经营活动和投资活动的现金流入予以解决，因此筹资活动的现金流入将呈下降趋势，相反，由于以前期间筹资所形成的债务大量到期，使得筹资活动的现金流出呈下降趋势。若公司处于这种状态，其未来的现金流量将不会发生较大变化。

状态Ⅳ表明公司处于经营衰退期。在这个时期，公司的经营规模将渐渐缩减，从而使经营活动现金流量呈递减趋势。在投资方面，由于原经营规模的缩减，可能有大量的闲置资金用于对外投资，或实施多元化拓展，从而使投资活动的现金流出又呈上升趋势，现金流入也可能因此而下降。在筹资方面，则主要是归还所欠旧债，使筹资活动的现金流出保持相对稳定。若公司处于这个时期，其未来短期内的现金流量情况不容乐观，甚至是趋势不佳。

26.3　资产负债表纵向趋势分析表

本节以厦门 WY 股份有限公司为例，做资产负债表纵向趋势分析表的举例介绍。

厦门 WY 股份有限公司（简称"厦门 WY"）的前身为福建省厦门钨品厂，为福建省冶金工业总公司下属的全民所有制国家二级企业。1997 年福建省厦门 WP 进行整体改制，福建省

YJ 总公司作为主发起人以福建省厦门 WP 的整体经营性净资产作为出资，五矿发展股份有限公司、日本东京钨株式会社、日本三菱商事株式会社、韩国大韩重石株式会社、厦门市宝利铭贸易有限公司、福建省五金矿产业进出口公司等其他 6 家发起人以现金作为出资。

厦门 WY 资产负债表纵向趋势分析表见表 26-3。

表 26-3　　　　　　　　　　厦门 WY 资产负债表纵向趋势分析表

资产负债表项目	2022-12-31	2021-12-31	期末（%）	期初（%）	变动情况
流动资产：					
货币资金（亿元）	7.06	7.88	4.58%	6.16%	-1.58 个百分点
应收账款（亿元）	10.9	8.2	7.08%	6.41%	0.67 个百分点
其他应收款（亿元）	3.96	3.51	2.57%	2.74%	-0.17 个百分点
存货（亿元）	43.4	50.1	28.18%	39.14%	-10.96 个百分点
流动资产合计（亿元）	82.7	77.1	53.70%	60.23%	-6.53 个百分点
非流动资产：					
长期股权投资（亿元）	5.67	2.06	3.68%	1.61%	2.07 个百分点
累计折旧（亿元）	3.87	2.92	2.51%	2.28%	0.23 个百分点
固定资产（亿元）	41.4	32.6	26.88%	25.47%	1.41 个百分点
无形资产（亿元）	8.05	2.91	5.23%	2.27%	2.96 个百分点
非流动资产合计（亿元）	58.99	40.49	38.31%	31.63%	6.68 个百分点
资产总计（亿元）	154	128	100.00%	100.00%	0.00 个百分点
负债：					
应付账款（亿元）	10.3	9.06	6.69%	7.08%	-0.39 个百分点
预收账款（亿元）	23.4	12.7	15.19%	9.92%	5.27 个百分点
存货跌价准备（亿元）	0.714 9	0.714 9	0.46%	0.56%	-0.10 个百分点
流动负债合计（亿元）	62.4	57.4	40.52%	44.84%	-4.32 个百分点
长期负债合计（亿元）	31.5	14.6	20.45%	11.41%	9.04 个百分点
负债合计（亿元）	93.9	72	60.97%	56.25%	4.72 个百分点
股东权益：					
实收资本（或股本）（亿元）	6.82	6.82	4.43%	5.33%	-0.90 个百分点
资本公积（亿元）	7.66	7.56	4.97%	5.91%	-0.94 个百分点
盈余公积（亿元）	2.44	2.02	1.58%	1.58%	0 个百分点
股东权益合计（亿元）	60.6	56.3	39.35%	43.98%	-4.63 个百分点
负债和股东权益合计（亿元）	154	128	100.00%	100.00%	0 个百分点

（1）资产结构的分析评价。

第一，从静态方面分析。一般意义而言，流动资产变现能力强，其资产风险较小，而非流动资产变现能力较差，其资产风险较大。所以，流动资产比重较大时，企业资产的流动性强而风险小；非流动资产比重较大时，企业资产弹性较差，不利于企业灵活调度资金，风险较大。该企业本年流动资产比重高达 53.70%，这说明该企业资产的流动性较强，资产风险较小。当然，一个企业的流动资产不宜保持过多，否则会消弱企业的盈利能力。

第二，从动态方面分析。该企业流动资产比重下降了 6.53 个百分点，非流动资产比重上升了，结合各资产项目的结构变动情况来看，变动幅度不是很大，说明该企业的资产结构相对比较稳定。

（2）资本结构的分析评价。

第一，从静态方面分析。该企业本年股东权益比重为 39.35%，负债比重为 60.97%，资产负债率较高，财务风险相对较高。但是，负债比重过高将无法获得财务杠杆收益。

第二，从动态方面分析。该企业股东权益比重下降了 4.63 个百分点，负债比重上升了 4.72 个百分点，表明资本结构比较稳定，但财务实力有所减弱。

26.4　利润表纵向趋势分析表

本节仍然以厦门 WY 股份有限公司为例，做利润表纵向趋势分析表的举例介绍。

厦门 WY 利润表纵向趋势分析表见表 26-4。

表 26-4　　　　　　　　　　厦门 WY 利润表纵向趋势分析表

利润表项目	2022 年度	2021 年度	变动幅度
一、营业收入（亿元）	98.8	88.4	–
减：营业成本（亿元）	68.6	65.6	–4.78 个百分点
销售费用（亿元）	1.91	1.48	0.26 个百分点
财务费用（亿元）	2.25	2.36	–0.39 个百分点
管理费用（亿元）	7.01	5.52	0.86 个百分点
资产减值损失（亿元）	0.472 4	0.637 4	–0.24 个百分点
加：投资收益（亿元）	1.27	0.077 5	1.20 个百分点
二、营业利润（亿元）	13.2	10.1	1.93 个百分点
三、利润总额（亿元）	13.4	10.5	1.68 个百分点
减：所得税费用（亿元）	3.88	1.64	2.07 个百分点
四、净利润（亿元）	4.6	5.26	–1.29 个百分点

从表 26-4 可看出该企业 2013 年度各项财务成果的构成情况：营业利润占营业收入的比重为 13.36%，与 2012 年的 11.43% 相比上升了 1.93 个百分点；利润总额占营业收入的比重为

13.56%，比 2012 年的 11.88% 增长了 1.68 个百分点；净利润占营业收入的比重为 4.66%，比 2012 年的 5.95% 下降了 1.29 个百分点。由此可见，从企业利润的构成上看，营业利润和利润总额占营业收入的结构比重都有所增长，说明 2013 年的盈利能力比 2012 年有所增强；但净利润占营业收入的结构比重下降，说明企业利润的质量不容乐观。

各项财务成果结构增减的原因：从营业利润占营业收入的结构比重的上升来看，主要是由财务费用和资产减值损失的比重下降以及投资收益比重上升所致。利润总额占营业收入的结构比重上升的主要原因就是营业利润占营业收入的结构比重上升。营业成本的下降，销售费用和管理费用的增加，对营业利润、利润总额和净利润结构都产生了一定的有利影响。

26.5　运营状况分析表

26.5.1　存货周转状况分析表

存货是企业流动资产的重要组成部分，由材料（包括原材料、包装物、低值易耗品、委托加工材料等）、在产品和产成品所构成。存货是为了保证企业生产经营需要而储备的各项资产。这些资产在企业再生产过程中不断运动，形成存货周转。存货周转速度越快，即一定期间周转次数越多，或者完成一次周转所需的时间越少，就可以用同量的资产完成更多的生产和销售任务，或者用更少的资产完成同样的生产和销售任务。可见，加速存货周转，有助于充分利用现有物质资源，缓解资金紧张，满足扩大再生产需要。

存货周转率是指企业在一定期间平均存货余额与同期销货成本的比例关系，用以衡量企业存货周转的速度，并测验其销货能力和存货是否适量等经营绩效。

为了正确反映存货的周转过程，存货周转指标可用一定期间的周转次数（即存货周转率）或完成一次周转所需的天数（即存货周转天数）来表示。其计算公式如下。

存货周转率（周转次数）＝存货在一定期间完成的周转额 ÷ 存货平均占用额

存货周转天数 ＝ 计算期天数 ÷ 存货周转次数

（1）存货周转额分为项目周转额和企业总周转额。从各个周转阶段看，周转额是指存货从本阶段向下一阶段过渡的数额，即：材料周转额为材料耗用成本，在产品周转额为完工产品的制造成本，产成品周转额为产品销售成本。从整个企业的存货看，它们是垫支在销货成本上的耗费，必须通过产品销售得到补偿，从而完成一次周转。因此，存货周转额应当按照产品销售成本计算，以便如实反映存货在企业再生产过程中的周转速度。

（2）存货平均占用额，应以期初、期末占用数之和除以 2 计算。即月度存货平均占用额为"（月初存货余额＋月末存货余额）÷2"；季度存货平均占用额为"各月平均占用额之和 ÷3"；年度存货平均占用额为"各季平均占用额之和 ÷4"。

（3）计算期天数：月度按 30 天计算，季度按 90 天计算，年度按 360 天计算。

所以，存货周转指标的具体计算公式可分别写成（以周转天数表示）以下形式。

存货总周转天数 ＝ 存货平均占用额 × 计算期天数 ÷ 产品销售成本 ＝（ 材料平均占用额 ＋
在产品平均占用额 ＋ 产成品平均占用额 ）× 计算期天数 ÷ 产品销售成本

材料周转天数 ＝ 材料平均占用额 × 计算期天数 ÷ 材料耗用成本

在产品周转天数 = 在产品平均占用额 × 计算期天数 ÷ 完工产品制造成本

产成品周转天数 = 产成品平均占用额 × 计算期天数 ÷ 产品销售成本

由上可见，存货总周转天数与分项周转天数在计算口径上存在差异，因而，在深入分析各分项周转天数变动对总周转天数变动的影响程度时，应将它们的计算口径调整一致，才能准确测定出各因素变动的影响情况。从以上计算公式的内在联系看：

存货总周转天数 = 材料周转天数 × 材料耗用成本 ÷ 产品销售成本 + 在产品周转天数 ×

完工产品制造成本 ÷ 产品销售成本 + 产成品周转天数

现举例说明存货周转状况。假设某企业存货周转的上年实际和本年实际有关资料及分析如表 26-5 所示。

表 26-5　　　　　　　　　　　存货周转天数分析表

项目	行次	本年实际	上年实际	差异
年存货平均用地额	（1）	120	100	+20
其中：材料存货	（2）	90	68	+22
在产品存货	（3）	24	26	-2
产成品存货	（4）	6	6	0
产品销售成本	（5）	540	360	+180
材料耗用成本	（6）	240	160	+80
产品制造成本	（7）	320	234	+86
存货总周转天数	（8）=（1）×360÷（5）	80	100	-20
材料周转天数	（9）=（2）×360÷（6）	135	153	-18
在产品周转天数	（10）=（3）×360÷（7）	27	40	-13
产成品周转天数	（11）=（4）×360÷（5）	4	6	-2

计算结果表明，本年存货无论是总周转天数还是分项周转天数，都比上年缩短，企业本年度加强了存货管理，提高了存货运用效率，加速了资金周转。进一步结合材料、在产品、产成品的分项周转情况，分析存货总周转天数缩短 20 天的原因。

本年存货总周转天数 =135×240÷540+27×320÷540+4×540÷540=60+16+4=80（天）

上年存货总周转天数 =153×160÷360+40×234÷360+6×360÷360=68+26+6=100（天）

材料存货周转情况变动的影响：60-68=-8（天）

在产品存货周转情况变动的影响：16-26=-10（天）

产成品存货周转情况变动的影响：4-6=-2（天）

综合影响：（-8）+（-10）+（-2）=-20（天）

上述分析表明，企业本年度存货总周转天数比上年度缩短 20 天，是材料周转天数减少 18 天引起缩短 8 天、在产品周转天数减少 13 天引起缩短 10 天和产成品周转天数减少 2 天引起缩短 2 天的共同结果。所以，企业本年度在供产销和财务管理等各个方面都取得了成绩。

26.5.2　固定资产周转状况分析表

固定资产周转率也称固定资产利用率，是企业销售收入与固定资产净值的比率。计算公式如下。

固定资产周转率 = 销售收入 ÷ 固定资产净值

固定资产周转率主要用于分析对厂房、设备等固定资产的利用效率，比率越高，说明利用率越高，管理水平越高。如果固定资产周转率与同行业平均水平相比偏低，则说明企业对固定资产的利用率较低，可能会影响企业的获利能力。

固定资产周转状况分析表见表 26-6。

表 26-6　　　　　　　　　　　固定资产周转状况分析表

项目	年	年	年
产品销售收入净额			
固定资产年末余额			
固定资产平均余额			
固定资产周转率（次数）			
固定资产周转天数			

26.5.3　应收账款周转状况分析表

一、应收账款周转状况分析

对应收账款周转情况的分析，可通过计算应收账款周转率指标来进行。

应收账款周转率是指赊销收入净额与平均应收账款余额的比率，它可以测定企业某特定期间收回赊销账款的能力和速度。

其计算公式如下。

$$应收账款周转率 = 赊销收入净额 ÷ 平均应收账款余额$$

在上式中，分子应是赊销收入净额，即商品销售收入扣除现销收入、销售折让与折扣后的净额。因为应收账款是由赊销而引起的，分母中的平均应收账款余额是年初应收账款余额和年末应收账款余额的平均数。该指标值越高，表明一年内收回的账款次数越多，意味着平均收回账款的时间越短，应收账款收回得越快；否则，企业的营运资金过多地呆滞在应收账款上，影响正常的资金周转。

应收账款周转天数也是应收账款周转率指标之一，它表示企业从取得应收账款到收回款项并转换为现金所需的时间。

其计算公式如下。

$$应收账款周转天数 = 360 ÷ 应收账款周转率$$

一般而言，应收账款周转天数并无一定的标准，也很难确立一项理想的比较基础，但还是周转一次所需天数越少越好。因为所需天数越少，一年的应收账款周转次数才会越多。一个企业的应收账款周转天数究竟多少才算合适，应视企业的政策并参照同行业所定标准而制定。此外，销货条件改变、现销或分期付款销货政策对正常赊销的影响、同业竞争、物价水平变动、信用或收账政策变更、新产品的开拓等因素均将影响一个企业的应收账款周转率或平均周转天数的变化。严格来说，应收账款周转率或平均周转天数仅表示全部应收账款中的一项平均值而已，确实无法全面反映应收账款中各客户逾期的情形。

应收账款周转状况分析表见表 26-7。

表 26-7　　　　　　　　　　　　**应收账款周转状况分析表**

项目	年	年	年
赊销收入净额			
应收账款年末余额			
应收账款平均余额			
应收账款周转率（次数）			
应收账款周转天数			

二、应收账款的管理及坏账准备情况分析

为了加强应收账款的管理和提高应收账款的周转速度，企业对应收账款要及时进行清理和计提坏账准备。根据国际会计准则，账龄在 2 年以上的应收款项，应视同坏账。而内资企业财务制度规定，3 年以上未收回的应收账款才视同坏账。目前被人们普遍接受的，也是常用的信用期限是 30 天，信用期限一旦确定，买卖双方都要严格执行。

（一）采用账龄分析法进行分析

账龄分析法是依据应收账款拖欠时间的长短来分段估计坏账损失的一种方法，通过分析应收账款的账龄，对不同的拖欠期限分别确定坏账计提比例。拖欠时间短，则计提比例可以小些；拖欠时间长，则计提比例相对大些，3 年以上的可全部计提。另外，在清理应收账款时，对于应收账款余额较大的，可采用老账优于新账的原则确定还款对象，即先发生先偿还。以上方法可促使企业采取有效的措施。

（二）采用应收账款余额百分比法计提坏账准备

我国现行分行业财务会计制度规定，可以按应收账款年末余额的 3%~5% 计提坏账准备。在此方法下各年度末的坏账准备余额和应收账款余额相配比，保持一定的计提比例并在资产负债表中以其净额计入资产总额，避免了资产虚增，符合谨慎性原则，但也存在一些不足。首先，各年的坏账损失费用既不与企业实际发生的坏账相对应，也不与当年发生的赊销收入相对应，其数额难以理解。其次，不能避免因坏账发生的偶然性而导致各年坏账损失的波动性，直接影响了各年经营成果的稳定。

（三）采用赊销百分比法计提坏账准备

赊销百分比法的出发点是：坏账损失的产生与赊销业务直接相关，坏账损失估计数应在赊销净值的基础上乘以一定的比率来计算。因此，赊销百分比法的基础是赊销净额，它反映的是一个时期的数字，以其为基础计算出的坏账损失估计数也是时期数，即当期应计提的坏账准备金额。

赊销百分比法的优点是：不论各年实际发生的坏账如何，只要赊销业务收入波动不大，坏账损失费用就将保持平稳。此法计算简便，容易理解，但也存在一定的缺点。首先，在"坏账准备"账户中一并核算各期的坏账准备金额、实际发生的坏账损失和以前已确认的坏账收回，而在期末时，又不做调整，不能分别反映各个时期的坏账准备金额，从而使得该账户的余额难以理解，甚至会使资产负债表的使用者误解。其次，赊销百分比法的出发点是本期发生的赊销业务量，而不问赊销业务的后续情况。若本期发生的一笔赊销业务款项在本期已经收回，则此业务就不存在风险，但赊销百分比法没有考虑这种情况，仍在期末就其发生额计提一定的坏账准备金。

三、对应收账款坏账损失的预防和分析

在市场经济条件下，各企业业务往来中，有商品赊销就存在坏账风险。为将坏账风险降到最低且坏账发生时不至于引起企业生产经营和财务收支的困难，就要预先按规定比例提取坏账准备金，在坏账实际发生时，再冲销已提的坏账准备。坏账准备分析主要是了解坏账准备是否按规定的提取比例提取，年内"坏账准备"账户注销的坏账额有多少属于应注销的坏账。应收账款是流动资产中的一个重要项目，它的数额大小直接影响企业资金周转。

财会部门的重要职责就是通过对应收账款的分析，尽早收回应收账款，减少坏账发生，将应收账款损失降到最低。一是根据市场行情、竞争者的能力和企业产品质量制定合理的信用条件；二是对应收账款严格管理，采取较好的收账政策。理想的收账策略是既要顺利收回货款，又要维持良好的企业与客户的关系，降低收账费用。这在实际工作中较难做到，但企业管理者可以通过正确、科学地进行应收账款分析，逐步向这一目标迈进，以期加速应收账款周转，减少坏账损失，为企业创造更好的经济效益。

26.6　融资风险变动分析表

融资风险是财务风险的表现方式之一。企业等主体进行融资的过程中可以通过债务融资或是权益融资的方式获得外部资金支持，但在发行股票和进行企业举债等过程中，由于发行人需要还本付息并进行一定程度的质押，企业虽然可以通过外部融资方式获得较好的现金流以维系项目及企业的稳健发展，但基于宏观市场波动、汇率及利率的变动、企业上游融资成本的提升以及其他约束条件的收紧、企业不断发生的非预期事件等，企业融资存在一定的风险。

一、企业融资的途径以及风险的类型

（一）企业融资的途径

企业资金主要来自两个方面。第一，外源性资金，即来源于企业外部的资金。它主要包括：金融机构信贷资金，来自股票市场、企业债券市场的资金，商业信用暂用资金，国家财政资金等。第二，内源性资金，即来源于企业内部的资金。它通常是指企业在生产经营活动中所积攒下来的留存利润。

（二）企业融资的风险类型

企业所面临的融资风险主要有以下两种。第一，支付风险。支付风险是指取得债务融资后，企业经营不善而不能获得足够的资金或现金流来偿付到期债务或利息的风险。支付需求和支付供应是影响企业支付能力的两大因素，只有在企业的支付供应大于支付需求时，企业的支付风险才能控制在合理的范围之内。第二，财务杠杆风险。由于在利润表中负债利息以财务费用在税前扣除，因此适度负债，可以给企业带来节税利益，企业可通过财务杠杆效用优化企业资本结构。但当企业的负债率超过一定比例时，银行就会要求获得与高风险相匹配的高利息，债权人的这种高报酬率要求就不可避免地增加了企业的借款成本。当企业的债务资本所获得的报酬小于其成本支出时，负债就会给企业带来伤害。可见，财务杠杆就是一把双刃剑，如果对这种效应利用不当，就会引发财务杠杆风险。

二、企业融资风险成因分析

（一）企业经营不善引发的融资风险

企业经营风险依据企业是否使用债务可分为营业风险和负债经营风险。营业风险是指企业

在生产经营过程中遇到的不确定情况造成企业经营亏损。造成营业风险的原因主要来自以下几点。首先，因为企业的各项生产要素并非稳定不变的，诸如生产技术、管理水平、人力资源等都在变化着，这些不确定因素的存在，使企业会面临一定的经营风险，损害股东利益。其次，企业融资所获资金用于投资，由于投资活动的未来收益存在着很多不确定性，企业也就面临着所投资金收不回来的风险。最后，由于市场需求千变万化，一旦企业产品不能适应市场的需要，企业就会面临产品滞销的风险。由此可知，上述经营风险的存在都会给企业经营带来不利影响，甚至有可能导致企业的衰退。负债经营风险是指企业使用债务时所增加的风险。当企业负债经营后，一旦企业发生经营亏损，企业便无法按时偿还贷款，企业将很容易陷入债务风险中。

融资风险变动分析表见表 26-8。

表 26-8 　　　　　　　　　　　　　　**融资风险变动分析表**

科目	年				年				差异	
	年初数	年末数	平均数	比重	年初数	年末数	平均数	比重	比重差	升降幅度
流动负债										
长期负债										
负债合计										
所有者权益										
融资总额										

（二）汇率及利率变化带来的融资风险

企业通过负债融得资金，那么市场利率的变动就会给企业的融资安全带来很大的不确定性。通常来说，在经济发展的繁荣期，市场上资本流动活跃，物价快速上涨，这时候国家为了防止经济发展过热，避免经济运行不稳定，便会通过调整货币政策来进行宏观调控，而对利率的调整就是行之有效的手段。一旦利率上升，企业的财务费用就会增加，企业的融资风险就会加大。在经济萧条期，市场环境低迷，社会有效需求不足，经济增长乏力，这时国家便会相应调低贷款利率。利率的调整虽然可以降低企业的融资成本，但银行担心企业会因经济不景气而不能按时还款，便会对企业的贷款申请实施更为严厉的审查，这就使很多企业融不到资金而导致资金链断裂，企业面临破产的危险。因此，利率的变动会给企业带来很大的影响，只有把利率变动程度控制在合理的范围内，不对企业的正常经营活动产生大的影响，企业融资风险才能得到有效控制。

（三）企业融资结构不合理带来的融资风险

企业的融资结构一般是指企业通过各种方式取得资金的一种构成。由于各种筹资方式有其各自的特点，并且在资本成本、内源性资金和外源性资金的比例、长期资金和短期资金数量等方面每个企业各有不同，多数情况下当下的企业筹资资本结构可能并不是最优的资本构成。随着企业生产经营活动的不断开展，企业增加筹资或者减少筹资都会使原有的资本结构发生变化。这种筹资资本结构的不断变化，会加大企业筹资风险。理论上企业的资本结构存在着最优的组合，但这种最优组合在实务中往往是难以形成并长期保持的。所以，企业在融资过程中，要不断优化资本结构，使资本结构趋于合理化，达到企业综合资本成本最低。企业资本总额中自有资本和借入资本比例不恰当，会对企业的经营带来不利影响，增加企业的财务风险。企业借入的外源性资金比例越大，其资产负债率就越高，相应的财务风险也就越大。合理地利用债务融资、配比好债务资本与权益资本之间的比例关系，对于企业降低融资成本、获得财务杠杆效益以及降低企业的财务风险是非常重要的。另外，企业在确定融资结构时，还应关注负债的期限结构，如果长短期负债的期限结构不合理，也会对企业造成不利影响。

（四）企业过度负债带来的融资风险

由于企业的债务资金成本是在税前支付的，企业通过负债融资就可以享受抵税效益和财务杠杆效益。由于债权人的所得报酬率相对较低，负债融资的成本也就较低，企业通过负债筹资，可以大大降低综合资本成本；但如果负债较多，就加大了利息费用，收益减少可能导致企业失去偿债能力。可见，企业负债规模越大，其承担的财务风险也就越大。

在日益激烈的市场竞争环境下，企业的发展总会面临诸多的不确定因素，但风险往往与机遇并存。企业只要能客观合理地认识融资中存在的风险，并积极正确地去规避风险，便能有效抓住机遇，促进自身的健康发展。

26.7　投资回报分析表

萨哈罗·普勒斯（世界银行高级教育经济学家）指出，"回报率"就是在不同的时间点上对成本和收益的一种总结，回报率用年收益（百分比）来表示。投资回报率（Return On Investment，ROI）是指通过投资而应返回的价值，是企业从一项投资性商业活动的投资中得到的经济回报，它涵盖了企业的获利目标。利润与投入的经营所必备的财产相关，因为管理人员必须通过投资和现有财产获得利润。

投资回报率也称"投资的获利能力"，是杜邦公司在19世纪20年代发明的一种投资与收益的评估法，在目前国内外财务分析中，ROI已经成为生产经营企业最根本的绩效评价指标之一。ROI的计算需要两项关键数据：投资成本和投资所产生的经济价值或收益。在投资回报率的解释上，学者们常常与其测算方法相结合，投资回报率等于"内含报酬率"，就是在一段时期内，未来的净现金流量折算到现期，让净现值等于零的折现率。这个含义考虑了要素的时间价值。

投资回报率为企业在一项投资活动中获得的经济报酬率，它是用来衡量企业盈利能力的重要指标，也是衡量投资活动效率的核心指标。

有关投资回报率的计量，1999年被提出的FF测量模型借鉴了内含报酬率的思想。该模型在估计期间内能直接反映投资报酬率且受影响的因素少，但对于估计期间的长度有较高要求，并且将所有行业看作一个整体，很难保证科学性和准确性。尤金·法玛（Eugene F.Fama，1999）和弗伦奇（French，1999）提出了折现现金流模型，该模型将所有上市公司看作一个项目，一定的估算期内根据每年的净现金流量折算成现在的折现率；但该模型受限于估计期间，不能测出每年对应值。

更为直观的方法是费尔德斯坦（Feldstein，1997）提出的，即用资本的产出作为分子直接除以资本存量，这种方法计算简便，易于掌握和理解，于是得到了学者们的普遍接受。我国学者对这一方法进行了完善。2007年北京大学经济研究中心对这种方法进行了完善，在选取资本存量指标时直接利用资产负债表中的资产和净资产，投资回报指标选用利润表中的净利润和息税前利润，两者的比值就是投资回报率。

因此投资回报率的公式如下。

$$投资回报率 = 息税前利润 \div 资产总额$$

$$息税前利润 = 净利润 + 所得税费用 + 利息支出$$

投资回报分析表见表 26-9。

表 26-9　　　　　　　　　　　　投资回报分析表

编号：　　　　　　　　　　　　　　　　　　　　　　　　　日期：　　年　　月　　日

投资编号	投资名称	回收期间	投资金额		收回金额		回收率		收益率		备注
			计划	实际	计划	实际	计划	实际	计划	实际	

26.8　主要财务指标评价分析表

主要财务指标评价分析表见表 26-10。

表 26-10　　　　　　　　　　主要财务指标评价分析表

项目	年	年	年	年同业平均比率
1. 偿债能力分析				
（1）流动比率				
（2）速动比率				
（3）应收款项周转率	次（天）	次（天）	次（天）	次（天）
（4）应付款项周转率	次（天）	次（天）	次（天）	次（天）
2. 资本结构分析				
（1）负债占净值比率	%	%	%	%
（2）净值对固定资产比率	%	%	%	%
（3）长期资金对固定资产比率	%	%	%	%

项目	年	年	年	年同业平均比率
3. 获利能力分析				
（1）销货增加率	%	%	%	%
（2）销货获利率	%	%	%	%
（3）净值获利率	%	%	%	%
（4）资产获利率	%	%	%	%
（5）财务费用率	%	%	%	%
4. 经营管理分析				
（1）存货周期率	次（天）	次（天）	次（天）	次（天）
（2）总资产周转率	次（天）	次（天）	次（天）	次（天）
（3）固定资产周转率	次（天）	次（天）	次（天）	次（天）

26.9　财务比率综合分析

一、成长能力与盈利能力的驱动因素

从长远看，企业的价值取决于其成长能力和盈利能力。这两项能力取决于企业产品市场战略和资本市场战略；而产品市场战略包括企业的经营战略和投资战略，资本市场战略又包括融资战略和股利政策。企业成长能力和盈利能力的驱动因素如图 26-2 所示。

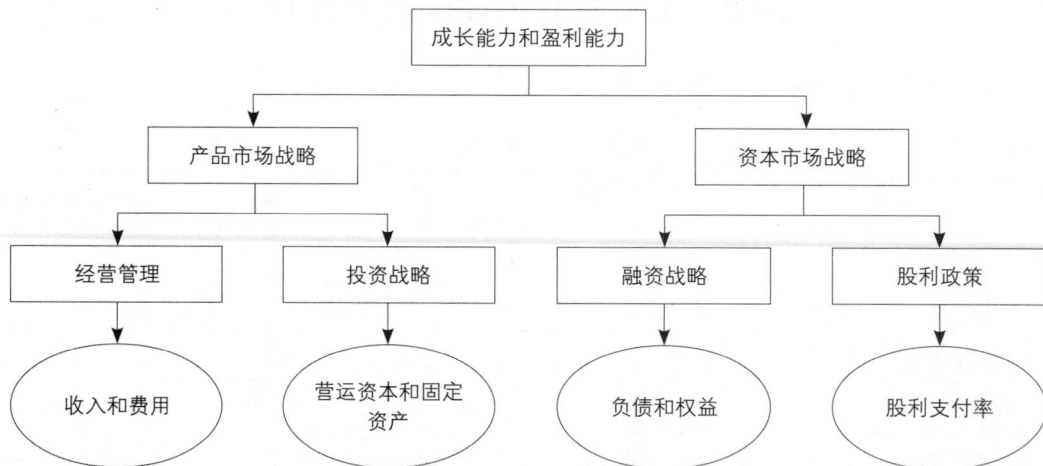

图 26-2　企业成长能力和盈利能力的驱动因素

比率分析的目的就是评价企业在经营管理、投资管理、融资管理和股利政策四个领域的管理效果。有效的比率分析应使各财务比率尽可能与上述驱动因素相联系。尽管比率分析无法使分析人员完全掌握企业经营业绩的全部情况，但有助于分析人员确定需要进一步查明的问题。

二、杜邦分析法及其改进

杜邦分析法是指根据各主要财务比率指标之间的内在联系，建立财务分析指标体系，综合分析企业财务状况的方法。由于该体系是由美国杜邦公司最先采用的，因此称为杜邦分析法。一般而言，净资产收益率被视为衡量企业盈利能力的最重要指标，因此，杜邦分析法将净资产收益率作为全面分析企业业绩的起点。传统的杜邦分析法将净资产收益率分解为销售利润率、资产周转率和权益乘数三部分，公式如下。

$$净资产收益率 = 总资产收益率 × 权益乘数$$
$$= （净利润 / 销售收入）×（销售收入 / 总资产）×（总资产 / 净资产）$$

这样的分解方法虽然使用普遍，但存在一定的缺陷。首先，在计算总资产收益率时，分子的净利润是属于股东的，债权人无权分享，但分母的总资产却包含了股东权益和债务，而且资产还分为营业资产和金融资产（如短期投资），并非所有资产都和企业的经营活动相关。其次，净利润包括经营活动产生的收益、投资收益和利息收益等，对这些收益的区分可以更为清晰地判断企业的经营、融资和投资效率。最后，权益乘数过于简单，并未认识到企业的现金和短期投资等项目实际上是"负债务"。

为了克服上述缺陷，哈佛大学帕利普教授等对传统的杜邦分析法进行了改进，采用如下方法对净资产收益率进行分解。

$$净资产收益率 = 税后净营业利润 / 股东权益 - 税后净利息费用 / 股东权益$$
$$= 税后净营业利润 / 净资产 × 净资产 / 股东权益 - 税后净利息费用 / 净债务 × 净债务 / 股东权益$$
$$= 税后净营业利润 / 净资产 ×（1 + 净债务 / 股东权益）- 税后净利息费用 / 净债务 × 净债务 / 股东权益$$
$$= 营业资产收益率 +（营业资产收益率 - 税后实际利率）× 净财务杠杆$$
$$= 营业资产收益率 + 差价 × 净财务杠杆$$

营业资产收益率计量的是企业使用其营业资产创造营业利润的盈利能力。差价是将债务引入资本结构产生的增量经济影响，只要营业资产收益率高于借款成本，借款就会产生正的影响，反之则会降低净资产收益率。正或负的影响都会被杠杆效应放大，债务净额与股东权益的比率可以计量这种杠杆效应的大小。因此，差价和净财务杠杆的乘积计量了股东的财务杠杆收益，它可以用来衡量企业的财务管理水平。

营业资产收益率可以进一步分解为营业净利润率和营业资产周转率，公式如下。

$$营业资产收益率 = 税后净营业利润率 / 销售收入 × 销售收入 / 净资产$$

其中，（税后净营业利润率 / 销售收入）代表营业净利润率，可以衡量企业的经营管理水平；（销售收入 / 净资产）代表营业资产周转率，可以衡量企业的资产管理水平。

帕利普教授等还将传统杜邦分析法的分析起点由净资产收益率扩展到可持续增长率，计算方法如下。

$$可持续增长率 = 净资产收益率 ×（1 - 股利支付率）$$

可持续增长率是企业在保持盈利能力和财务政策不变时所能取得的增长比率，如果企业打算按高于可持续增长比率的速度增长，那么分析人员应当判断这种增长是基于盈利能力的提升、财务杠杆的提高还是股利的削减。

这样，通过对可持续增长率指标的分解，我们就能够进一步评估企业的经营管理水平、资产管理水平和财务管理水平。财务比率分析的可持续增长框架如图 26-3 所示。

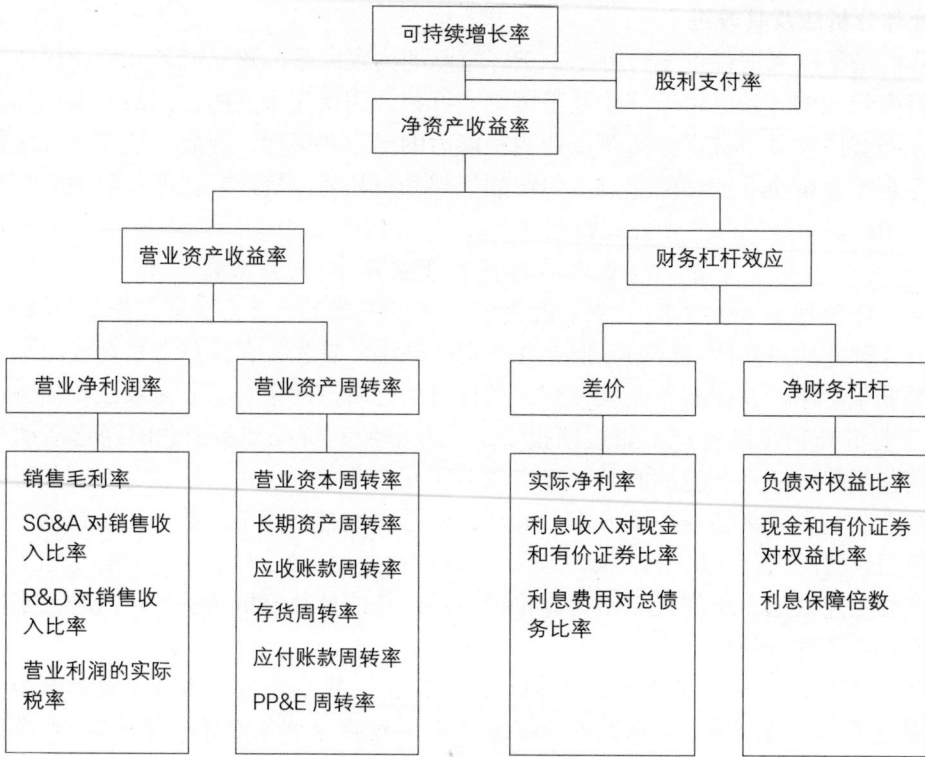

图26-3 财务比率分析的可持续增长框架